本书出版资助项目：汉语海外传播河南省协同创新中心，安阳师范学院汉字文化研究中心，安阳师范学院文学院学科建设经费

孟津方言词典

李润桃

中国社会科学出版社

图书在版编目（CIP）数据

孟津方言词典／李润桃著. -- 北京：中国社会科
学出版社，2024.8. -- ISBN 978 - 7 - 5227 - 3941 - 0

Ⅰ. H172.1 - 61

中国国家版本馆 CIP 数据核字第 2024DE8578 号

出 版 人	赵剑英	
责任编辑	安　芳	
责任校对	张爱华	
责任印制	李寡寡	

出　　版	中国社会科学出版社	
社　　址	北京鼓楼西大街甲 158 号	
邮　　编	100720	
网　　址	http://www.csspw.cn	
发 行 部	010 - 84083685	
门 市 部	010 - 84029450	
经　　销	新华书店及其他书店	

印　　刷	北京君升印刷有限公司	
装　　订	廊坊市广阳区广增装订厂	
版　　次	2024 年 8 月第 1 版	
印　　次	2024 年 8 月第 1 次印刷	

开　　本	710×1000　1/16	
印　　张	22.5	
字　　数	515 千字	
定　　价	128.00 元	

序

张生汉

　　拜读过润桃教授的书稿《孟津方言词典》，受益匪浅。作者对孟津方言词汇理解的深度，以及对方言与地域文化之间关系的把握，让我由衷地佩服。润桃教授长期从事汉语教学与研究，擅长将汉语词汇与传统文化结合起来进行考察，特别是在对古代汉语中某些类型的词语予以文化解读以及探寻其命名缘由方面，有着独到的见解。这是十年前我拜读过她的《汉语词汇与传统文化专题研究》一书后的印象。我想，正是由于这方面的基础，加上她对家乡孟津的地域文化的谙熟和对本地方言的深刻理解，使得这部书稿显得格外厚重、有深度。

　　《孟津方言词典》可圈可点之处甚多，其中有三点是很值得说一说的。

　　第一是收录富赡。书稿共收录词语七千六百余条。作为一部方言词典，它收集了大量的孟津各地常用的特色词，例如："掫 tʂəu⁵³"（把人或物体向上举起）、"欻 tʂ'ua⁵³"（快速迅疾地抓走）、"搌 tʂan⁵³"（用松软干燥的东西轻轻擦抹或按压，来吸去湿处的液体）、"掷 tɕ'yɛ⁵³"（折断、断绝）、"搊 ts'əu³³"（推；用手从下面向上用力把人扶起或把物托起）、"掂 tiɛn³³"（用手提）、"拌 pan⁵³"（丢弃、舍弃；跌倒；婴儿夭折）、"掠 lyɛ³³"（轻轻地扫）、"梃 t'iŋ⁴¹"（打）、"侹 t'iŋ⁵³"（身体平躺在床上或其他物体上）、"投 t'əu⁵³"（说中了）、"搮 uən³³"（用力推）、"熬煎 ɣɔ³³ tsiɛn·"（受折磨）、"待见 tæ⁴¹ tɕiɛn·"（招人喜爱，喜欢）、"欢势 xuan³³ ʂɿ·"（形容小孩儿或小动物活泼，有精神）、"毛捣 mɔ⁵³ tɔ·"（以开玩笑逗乐的方式骗人）、"捏搁 nie³³ kə·"（凑合、将就）、"挡事儿 taŋ⁵³ səɯ⁴¹"（管用，能解决问题）、"挡架 taŋ⁵³ tɕia·"（阻拦）、"丢手 tiəɯ³³ ʂəɯ⁵³"（松开手；放松对人对事的管束）、"摆治 pæ⁵³ tʂʅ·"（修理，整理；治疗；欺负，整治人）等等。这些词语打足了孟津方言词汇的底色，呈现出了它的独有的个性。

此外，词典还录入了大量的蕴涵丰富的文化词语，那些能反映孟津山川形貌、物产农事、民俗民风、民间文艺、历史遗迹等各个方面的词语，几乎囊括殆尽。孟津地多丘岭，长期的旱作农业生发出许多独特的词语，例如"旱井"，其实它是"在干旱缺水的邙岭上挖掘的用以蓄集地面径流的蓄水设施。又说'水窖'"，并不是真正意义上的"井"。邙岭宜种柿树，每到秋季，岭上各种各样的柿果挂满了枝头，卸下来运回家里，可以制成各色食品，于是就有了"柿瓣儿""柿饼""柿霜""柿糠"（困难时期的一种食物。把烘柿、柿皮和谷糠之类搅拌晒干，粉碎后加工成面粉状，可以蒸制成柿糠馍或做成柿糠炒面）、"柿忽挛 sʅ⁴¹ xu³³ luan·"（柿子皮稍晒，放入容器稍捂，出霜后可以食用）、"柿柿馍"（用熟透的柿子汁液和玉米面烙制的饼或蒸制的馒头）、"柿柿醋"等等与柿子有关的族类。

对于那些已经消失，或者正在淡出人们视野的风俗习惯，作者以自己的执着把它留在了这部词典里，这就能使后来者从中更多了解到先人们曾经的生活，以及在这片土地上曾经发生过的事情。例如"添仓儿 tʰien³³ tsʰer³³"，它是旧时孟津的一种礼俗。"春节期间，守孝的媳妇初六才能归宁，一般在娘家住到过了元宵节。返回婆家时，要把准备好的一斗粮食倒进仓内。"再如"煴岁"，也叫"煴柏枝儿"，农历除夕，"在院中的铜盆里面堆些略微潮湿的松柏枝子，点燃使其冒烟，是旧时辞岁守岁的一种仪式。"还有"劳疫布袋"，它是横水镇一带人对香袋的俗称，"每年农历五月初五端午节时，横水人会给儿童佩戴香袋……民间以为佩此可以祛除疫病"。……透过它们，读者自然会对孟津的地域文化有更加深切的感知。我本人也是豫西人，老家巩义（原巩县）的风俗习惯、日常用语有很多与孟津相同或者相似，读到这些方言词语，一种莫名的亲切感便油然而生，勾起一连串童年的回忆：和小伙伴们一起爬到树上够烘柿吃，月光下在麦场上藏老蒙儿，摸瞎子……作者对这类词语的收集、诠释，使这部词典散发着浓郁的乡土气息，同时洋溢着她对故土的一腔炽热的爱恋。

在中国传统方言学里，方言总是被当作本土民俗文化的一部分来记述的，而不单单是为了对一方言语的介绍，所以旧方志的编纂者往往把它归入"风俗志"或"风土志"里。应该说，这是一个很好的传统，这一优良传统在这本词典里得到了很好的发扬。可以说，《孟津方言词典》的问世，不但是作者呈献的一份方言研究的硕果，也为河洛一带民间文化、民间文学的研究提供了一种蕴涵丰富的参考材料。

第二是采集全面。这部词典对方言词语的采集关照到了孟津各个片区，尤其注重对不同区域的不同用语的收录，客观地反映孟津方言词汇的基本面貌，使得这一区域词汇的共性特征和内部差异，几可一览无余。

从词典反映的情况看，孟津方言词汇内部具有较高的一致性，例如名物方面，农作物的叫法大多一致，小麦都叫"麦"，玉米都叫"蜀黍"（也说"玉蜀黍"），棉花都叫"花"，棉花收获后剩下的茎秆叫"花柴"（供烧火用），玉米和高粱的秸秆叫"秫秆"。关于劳作，从土里刨红薯叫"叔红薯 tʂʻʮ³³ xuŋ⁵³ ʂʮ·"，给谷子间苗叫"剔谷子 tʻi³³ ku³³ tsʮ·"，积攒粪肥说"攒粪 tsan⁵³ fən⁴¹"……无论是东乡、西乡还是南部，这些叫法都是一致的。

共性特征还表现在构词（形）上，例如，词典收录"圪"字头的词近百条，它们在东乡、西乡、南部都有分布，其中双音节的为最多，动词如"圪扒、圪别、圪蹦、圪眯、圪帝、圪叨、圪捣、圪蹬、圪扭、圪拧、圪挤、圪眨、圪夹"等，名词如"圪把儿、圪瓶、圪垯（儿）、圪磴儿、圪丁儿、圪台儿、圪痨、圪渣、圪节儿"等，还有一些形容词如"圪拧、圪料"等等，十分丰富。这种情形与孟津所处地理位置有关。孟津位于太行山东南麓，北与济源、孟州接壤，所以词汇上仍带有某些晋语的特点。了解这些特点，对我们探讨语言接触与方言特性形成的关系，是很有帮助的。

正如作者在"引言"中所述，由于地理位置的原因，加之受历史上行政区划变动纷繁的影响，现在的孟津方言也存在明显的内部差异，按照其差异程度，大致可将其划分为东乡、西乡和南部三个小片区。这三个小片区对表达同一事物、同一现象的用词也往往互有异同，或者用词一样而感情色彩有所区别，这些情况词典都尽力呈现，例如，用筷子夹菜，东乡说"抄菜 ts'ɔ³³ ts'æ⁴¹"，西乡说"啄菜 tɔ³³ ts'æ⁴¹"；甘蔗，南部叫"甜蜜秆儿 t'iɛn⁵³ mi³³ kɯɯ⁵³"，西乡说"甜秆 t'iɛn⁵³ kan⁴¹"；益母草，一般叫它"风葫芦儿草 fəŋ³³ xu⁵³ lɻur·ts'ɔ⁵³"，而西乡说"风轱辘儿草 fəŋ³³ ku⁵³ lɻur·ts'ɔ⁵³"。东乡、西乡说"麦余儿"（带有麦糠的麦粒），南部说"穿着布衫哩麦"；东乡、西乡说"睡觉"，南部说"顺床立"等。形容人的脾气、性情和习惯，三个地方都说"㹠古"，但东乡人说它的时候并不带有明显的褒贬色彩，属于偏中性，而从西乡和南部人口里出来则就是贬义的了。

作者注意收录那些因地形地貌的不同而产生的独特的用语，如关于"死"的委婉说法，邙山地势高燥，适宜种红薯和择为墓地，东乡会盟和白鹤地处邙山脚下，因此这一带人往往用"上山""看红薯""看山""看坡"代指死亡；西乡地处邙山岭上，人居高处，已无所谓"看山"与"看坡"，则常常用"看地""看麦"来代指亡故。白鹤、会盟两镇，庄稼地都在黄河滩区，所以这一带人们常把下地干活叫"下滩"等等。释义时，作者注重深入挖掘方言俗语所蕴含的文化信息，这为揭示词语的构词理据和分析词汇内部差异形成的原因，提供了可靠的依据。

第三是挖掘深入，描写细致。孟津方言中，对于同一事物，同一地方的人往往也有不同说法，例如，对于平常、平时这一意思，说的最多的是"平素常 p'iŋ⁵³ su⁴¹ tʂ'aŋ⁵³"，但也说"平素 p'iŋ⁵³ su⁴¹"；表示末尾、最后一个的意思，既说"末尾儿 mo³³ iɯ⁴¹"，也说"末末尾儿 mo³³ mo·iɯ⁴¹"、"末后尾儿 mo³³ xəu⁴¹ iɯ⁴¹"；把客人带来的礼物留下一部分叫"撇篮儿 p'iɛ³³ lɯɯ⁵³"，也说"回篮儿 xuei⁵³ lɯɯ⁵³"等，词典就在释义或例句的后面列出不同的说法，用"‖"隔开。一个意思的多种说法在词条中共现的做法，无疑大大丰富了释义的内容，同时所反映的语言事实也更加客观、全面。

对于称谓，那些仅在某一两个乡镇流通的特别的用语，作者也尽行搜罗，不使遗漏，例如西部横水、煤窑一带对母亲称"呮 nɔ³³"，横水人对外婆称"婆婆儿 p'o⁵³ p'ɻər³³"，南部人对婶婶称"奶 na³³"等。作者调查之全面、挖掘之深入，于此可见一斑。

有些反映孟津风俗习惯的用语，不同地方的人有不同的理解，惯常做法、行事方式也不太一样，例如，"戴红孝"在孟津是一种较为通行的丧葬习俗，但东乡、西乡实施起来并不相同：老人去世后，东乡重孙辈头戴染成红色的孝布，西乡重孙辈则是十字披红，在胸前戴一朵大红花。再如，孟津各地都有"送寒衣儿"的风俗，即农历十月初一，祭奠死去的祖先时，除了食物、香烛、纸钱等一般供物外，还要焚烧五色纸和冥衣，东乡的做法是在大门外用草木灰撒三个圆圈，将"寒衣"放在圈中焚烧，其中两个圈中的"寒衣"奉家鬼，一个圈内的"寒衣"给无家可归的野鬼和残疾鬼；西乡则不撒灰圈，给家鬼的"寒衣"在家门口烧，给野鬼的在十字路口烧。

对这些细微之处，对这些容易被忽略的差异，作者总能在释义中交代得明明白白，这能让读者更容易感受到孟津民间习俗的多样性，更深切理解其方言俗语所包蕴的历史文化内涵。

在区别异同、体现细微差别方面，作者对词语语音形式的精确描写起到了重要作用。从词典的"引言"可以看出，作者对孟津方言的语音系统做过深入的研究，对声母、韵母和声调各方面存在的内部差异，包括合音现象和儿化音变、连读变调、文白异读等现象，都做过详尽的考察和分析。有了这个基础，作者对方言词语语音形式的描写真正做到了准确、细致。

有的方言词语存在两读，其差别仅在某一音节的声调或韵母有异，或是否儿化、是否合音的不同。例如，"廉宬儿"（形容器物空空、里面没有东西），读"k'ɯ^{53} lɐr^{41}"、也读"k'ɯ^{53} lɐr^{33}"，后一音节有去声、阴平两种念法；"得门儿"（知道要领、知道诀窍），既读"tæ^{33} məɯ^{53}"、也读"tei^{33} məɯ^{53}"，"得"的韵母有 æ、ei 的差异；"日头地儿"（太阳光照到的地方），读"ʐι^{33} t'əu·tiɯ^{41}"，也可以把"日头"读成合音，念"zəu^{33} tiɯ^{41}"等等，这些细微之处，词典都能把它们准确标示出来。

再以儿化词语为例，东乡儿化词语最为丰富，而且统一收 [r] 尾；南部朝阳、麻屯、常袋几个乡镇因靠近洛阳，其儿化与洛阳方言一致，韵尾统一收 [ɯ]；西乡则介乎二者之间，有收 [r] 尾的，也有收 [ɯ] 尾的。读者只要看看儿化韵收尾，大致上可以知道某个词语是哪一片的说法，如"抹不开脸儿 mo^{41} pu^{33} k'æ^{33} liɐɯ^{53}"（难为情，不好意思）、"墨水儿 mei^{33} ʂuɯ^{53}"（墨水，比喻学问）等，一看就知道是南部或西乡一些地方的说法，东乡儿化韵不收 [ɯ] 尾；表示不够聪明、有点傻的"不足成儿 pu^{33} tsy^{33} tʂ'əɯ^{53}"，也说"不足场儿 pu^{33} tsy^{33} tʂ'ɐr^{53}"，"不足场儿 pu^{33} tsy^{33} tʂ'ɐr^{53}"

应该是东乡和西乡部分地方的说法。

正是作者的深入挖掘、细致描写，才使这部词典显得如此厚重、有深度。这里边的田野调查之辛苦，对材料分析综合之功力，是不言自明的。

书稿也存在一些缺憾和不足，主要有两点。一是个别词语的"本字"的确立，仍有斟酌的必要，例如表示动作迟缓、萎靡不振的样子的"茶儿 $nieɯ^{33}$"，实际上就是"蔫儿"，这个意思也说"蔫儿巴脑 $nieɯ^{33}$ $ȵ$·pa^{33} $nɔ^{53}$"。一是有的词条的选择不太合理。如"哩慌"，释作"后置成分，放在感觉类形容词后面，用于抱怨某种不舒服的感觉。如：使~丨饿~丨热~"，又出有"闷哩慌""饿哩慌"等条；"哩慌"是跨结构的东西，不如只列表示程度的"慌"，"闷哩慌""饿哩慌"作为例证出现即可。当然，这些不足相对于这部书稿获得的成功来说，是微不足道的。我相信作者会在下次修订中做得更好，使这部方言词典内容更加完善。

我热切希望这部词典能早日与读者见面，以期在方言研究、民俗文化研究方面发挥它应有的作用；同时相信作者会以此为基础，对孟津方言词汇展开系统性的深入研究，并不断取得新的成就。

2024 年 2 月 18 日 于万宁芭蕾雨寓所

目　　录

凡　例

（一）收词范围

本词典收词七千六百余条，主要汇集了孟津方言的常用词，也兼收少量的短语和熟语。为突出方言特色，与普通话仅有语音差别，意义和用法上没有不同的词不收或少收；多义词与普通话完全相同的义项也不收或少收。

（二）编排顺序

1. 词典条目按照孟津方言的声母、韵母、声调为序排列（声韵调顺序见引言）。首字声韵相同声调不同的，按阴平、阳平上、去声的顺序排列；首字声韵调完全相同的，单音节按笔画数排序，多音节的先按首字的笔画数排序，后按第二个字的音序排列，以此类推；笔画数相同的，按照起笔笔形横（一）、竖（丨）、撇（丿）、点（丶）、折（一）的次序排列；起笔笔形相同的按第二笔笔形排列，以此类推。

2. 轻声音节一般排在同形的非轻声音节后，"喽""嘞""哩""了"等轻声字排在相应的去声音节之后。

（三）注音

1. 注音采用国际音标。为节省篇幅，词典正文中的词条注音国际音标外不加 [ ]。

2. 声调标注采用调值标记法标注于音节的右上角，变调标注在本调之后，中间用"丨"隔开；轻声在音节的国际音标后加轻声点。

3. 零声母在音节中不予标注。

（四）释义

1. 一个条目有若干义项的，分条列出，用圆圈数码①②③④表示。

2. 孟津方言有内部差异，一个条目不同地区有不同说法的，列于词条最后；有不同读音的，也列于词条最后，用 ‖ 隔开。

3. 带有特殊色彩的方言词在释义时会特别说明，如褒贬色彩、迷信色彩、戏谑说法等。

（五）其他说明

1. 一般采用通行汉字记录方言词，不专门考求本字。有本字的尽量选用本字，但按实际发音标注读音，如：甭 piŋ⁴¹、没 mu³³、秦椒 ts'in⁵³ ts'iɔ⁴¹、马齿菜 ma⁵³ tsʐ·ts'æ⁴¹，与普通话读音不同的在字下用浪线标出，如前举例。本字不详或无从考证的，用同音字代替，同音字下加着重号。没有同音字的，用"□"表示其书写形式，用国际音标标注其实际读音。

2. 形同音同意义上没有联系的同音词分立条目，在字的右上方标注阿拉伯数字（多音节词标在最后一个字的右上方），如：【百¹】、【百²】、【半年¹】、【半年²】。上条中"本字不详或无从考证的，用同音字代替，同音字下加着重号"的，不再标注阿拉伯数字。

3. 词典条目中有时用（　）括住其中一部分，如果括住的是"儿"，表示其可有可无。注音时，（　）内标注的是儿化音节，不只是"儿"。

4. 例句中用～来代替本条目，无论本条目有几个字，都只用一个～。

5. 多个例子之间用 l 隔开。

6. "引言"中，用 [　] 来标注国际音标，[　] 里的音标有时是一个，有时是一组；词语后 [　] 里的音标是对其的注音。

引　言

孟津历史沿革及地理人口概况

（一）历史沿革

孟津是中华文明的重要发祥地，历史文化厚重，源远流长，境内已发现四十多处裴李岗文化遗址、仰韶文化遗址以及龙山文化遗址。这些遗址的发现，说明这里在远古时期就是古人类聚集生活的重要地区之一。

孟津历史，最早可追溯至华胥氏。华胥氏也称赫胥、赫苏氏，是中国上古时期母系氏族社会杰出的部落女首领，相传其踩雷神脚印而受孕，生伏羲和女娲，传嗣炎帝、黄帝，从而成为中华民族的始祖母。清嘉庆《孟津县志》卷一《沿革考》云："上古为赫苏氏之都。赫苏，是为赫胥。《路史》曰：'赫苏氏之为治也，光耀赫奕而隆名。有不居即以胥而自况，九洛泰定，爰脱洒于潜山。'今津之西境有潜亭山，苏山其故墟也。"①潜山、潜亭山、苏山，皆指的是孟津区的宜苏山。据传，当地山上曾经长满紫苏，故名宜苏山。史书记载，华胥氏部落曾都于宜苏山。华胥氏之后，十世炎帝炎居部族也建都于此，在此生活繁衍。宜苏山有很多炎帝活动的遗迹，这里不仅有炎帝洞，还有炎帝高庙、炎帝宝殿、神农泉等，这里也发现了很多与古史记载的炎帝同时期的古人类活动遗址和遗存，因此，"根

---

① （清）赵擢彤:《孟津县志》，国家图书馆出版社 2013 年影印版，第 97、98 页。

据古文献记载、考古文化遗址及宜苏山的地上文物古迹，可以说明宜苏山是古代炎帝活动的地区"[1]。

孟津是河图的诞生地。伏羲氏生于成纪，但在孟津的图河仰观象于天，俯察法于地，始作八卦，结束了人类结绳记事的混沌时代。传说伏羲就是在发源于孟津朝阳镇伯乐的图河降服龙马而画八卦的，卦沟村、负图村、上河图村、下河图村等村名据此而定，建于晋永和四年（348年）的龙马负图寺也是为纪念伏羲画八卦而修建的。

孟津也是炎黄母族有蟜氏故里，是炎黄文化的肇兴之地。《国语·晋语四》曰："昔少典娶于有蟜氏，生黄帝、炎帝。"[2]有蟜氏是以蜜蜂为图腾的部族，居住在平逢山。《山海经·中山经·中次六经》记载："缟羝山之首曰平逢之山，南望伊、洛，东望谷城之山。无草木，无水，多沙石。有神焉，其状如人而二首，名曰骄虫，是为螫虫，实惟蜂、蜜之庐。"[3]"骄"即"蟜"，为蜜蜂类，有蟜氏应是崇拜蜜蜂的氏族部落。今横水镇张庄村的平逢山主峰龙马古堆的两个山头神似二首，其北黄河岸边发掘的妯娌遗址距今五千年左右，正是古史记载的黄帝时代，文献资料和考古发掘的相互印证，证明"河南孟津龙马古堆即《山海经》所载的平逢山，当是炎黄母族有蟜氏的故里"[4]。

夏代，孟津为孟涂氏封国，因扼据黄河要津而得名。禹娶孟涂氏之女为妻，故夏王朝建立后，另封孟涂氏于华胥故都宜苏山，故宜苏山又名涂山，即北涂山也。

孟津商代为畿内地。史籍记载，商朝末年，纣王日益昏庸暴虐，民怨沸腾。武王为试探商人军事力量和自己的号召力，以行冬祭之名，先至孟津宜苏山祭祀赫胥氏，率领大军来到孟津古渡。在今会盟镇台荫村北修筑

① 李玉洁：《孟津县宜苏山炎帝活动遗迹探索》，《洛阳理工学院学报》（社会科学版）2019年第3期。

② （战国）左丘明撰，（三国吴）韦昭注：《国语》，上海古籍出版社2015年版，第235页。

③ （晋）郭璞注，（清）郝懿行笺疏，沈海波校点：《山海经》，上海古籍出版社2015年版，第173页。

④ 马世之：《有蟜氏故里及其相关问题》，《黄河科技大学学报》2011年第2期。

了观兵台，在扣马村的同盟山下修建会盟台，与各路诸侯结盟，发表了史称"孟津之誓"的《泰誓》，因时机尚未成熟，大军返回。两年后，武王灭商，也是以行冬祭之名，再次会盟诸侯于孟津。渡河之际，伯夷、叔齐扣马而谏，会盟镇扣马村因之而名。

因周武王会八百诸侯于孟津渡，史家遂易孟为盟，改称盟津。

周代在此置平阴、谷城两邑，并在今孟津平乐镇翟泉、金村一带营建成周城，其地在今汉魏故城的中心位置。周元王以下的周天子皆以成周为王都，末代周赧王才又迁回王城。考古发掘显示，成周城整体设计为对称布置的正方形，四面城墙上各有三座城门，城内经纬道路各九条，其里坊设置和管理开我国里坊制度的先河。

秦改平阴、谷城为县；西汉分洛阳北境增设平县；王莽改平县为治平县；东汉复改治平为平县。东汉光武帝建武元年（25年）定都于成周城，并在此基础上进行了一系列的都城建设。自东汉至曹魏、西晋和北魏，这里成为四个朝代的都城。

三国魏时并平县、平阴、谷城县三县为河阴县，隶属河南郡；东晋置河阴郡；隋将河阴并入洛阳县，隶属河南郡；唐初至高宗时从洛阳县划出，先后跨河置大基、柏崖县，玄宗时二县合并，改名为河清县，属河南府；宋时仍为河清县，曾徙治于白坡镇（今孟津区西霞院街道）；金熙宗天眷三年（1140年）废河清县设置孟津县，始以孟津为县名，县治从黄河北岸白坡镇迁至孟津渡（会盟镇花园村），数年以后短时升为陶州；元末设河淮水军元帅府，县名未变；明嘉靖十七年（1538年）黄河水患，县治迁孟津老城；历元、明、清属河南府，治老城不变。

1913年孟津属豫西道，后隶属河南省河洛道；1927年隶属河南省政府豫西行政长官公署；1933年隶属河南第十行政督察专员公署；1949年属洛阳专区；1955年撤销洛阳县建制，平乐、凤台（凤凰台）、海资、麻屯四个区划入孟津；1959年县治由老城迁长华（今城关镇）；1968年属洛阳地区；1971年11月由洛阳地区划属洛阳市；1976年11月复划属洛阳地区；1983年11月重划属洛阳市；2021年3月18日，国务院批复同意撤销洛阳市孟津县、洛阳市吉利区，设立洛阳市孟津区，以原孟津县、吉利区的行政区域为孟津区的行政区域。

（二）地理人口概况

孟津区位于河南省西部偏北，居黄河中下游交界处，属洛阳市市辖区。区域东连偃师市、巩义市，南依洛阳市市区，西临新安县，北依太行山东南麓，与济源市、孟州市相接。全区跨东经112°12′—112°49′，北纬34°43′—34°57′，东西长55.5公里，南北宽26.9公里，面积838.7平方公里。

孟津区地形西高东低，中部高，南北低，形如鱼脊，东部南北两侧为洛河、黄河阶地，较为平坦。西部山区最高海拔481米，东部黄河滩地最低海拔120米，全区平均海拔262米。区境中西部为邙山覆盖，属于黄土高原的一部分。邙山南接洛阳盆地，北至黄河谷地，由西而东贯穿全境，全长约55千米，宽17千米，总面积约568平方千米，占全区总面积的74.8%。邙山为黄土地貌类型，丘陵起伏，呈丘岗形态。其土层渗水率低、黏结性能良好，成为历代帝王将相的埋骨之地。北邙古墓葬的90%位于孟津境内，出土于孟津的历代墓志四千余件，占全国现存墓志的几近半数。

孟津区属黄河水系，主要河流有黄河、金水河及瀍河等。黄河为孟津区的最大河流，黄河自新安县从西进境，向东流入巩义市，蜿蜒区境北部，流经小浪底、西霞院、白鹤、会盟等7个街道和乡镇，流程59千米。孟津境内的两大水利工程小浪底水利枢纽和西霞院反调节水库可以有效控制其流量，兼具防洪、防凌、发电、排沙等多项功能。孟津是古都洛阳北部的重要隘道，是兵家必争之地，这里的黄河段曾设置过不少重要渡口。据清嘉庆《孟津县志》记载，黄河孟津段影响较大的古津主要有7处：孟（盟）津、富平津、小平津、冶坂津、委粟津、平阴津、碄石津。金水河经麻屯镇入洛阳涧河，区境内长6.5千米，流域面积62.7平方千米。瀍河、横水、图河为季节性河流，流量或减少、或干涸。

孟津区地处豫西丘陵地区，属亚热带和温带的过渡地带，季风环流影响明显，春季多风常干旱，夏季炎热雨充沛，秋高气爽日照长，冬季寒冷雨雪稀，年平均降水量为650.2毫米。

2021年经国务院批准，由原孟津县、洛阳市吉利区合并设立洛阳市孟津区，下辖4个街道办事处：西霞院街道、康乐街道、吉利街道、河阳街道，10个镇：城关镇、会盟镇、平乐镇、送庄镇、白鹤镇、朝阳镇、麻屯镇、小浪底镇、横水镇、常袋镇，270 个行政村（社区），面积 838.7 平方千米，总人口 55 万，是洛阳市面积最大的区。孟津区人民政府驻城关镇桂花大道 328 号。

孟津名人辈出，生于孟津的贾谊、韩愈、王铎、李準等文化巨匠，形成了中国历史上一座又一座文化高峰。孟津交通便捷，地处洛阳、焦作、济源三座城市交界之处，集公路、铁路、水路、航空四位一体的立体综合交通枢纽优势明显，是洛阳向豫西北、晋东南辐射的关键区域。孟津风光秀美，小浪底、西霞院两大水利枢纽形成了"万里黄河孟津蓝"的壮丽奇观。汉光武帝陵、龙马负图寺、王铎故居、卫坡古民居、班超纪念馆、北魏万佛山石窟等景区声名远扬。孟津先后荣获"全国文化先进区""全国科技先进区""中国书法艺术之乡""河南省杂技之乡"等多项荣誉。平乐牡丹画、朝阳唐三彩、会盟王铎书法、白鹤黄河石画等特色文化产业效益突出；孟津贡梨、孟津草莓、精品西瓜、红提葡萄和铁谢羊肉汤、黄河大鲤鱼、横水卤肉、平乐脯肉等美味美食享誉中原；都市观光休闲游发展势头全市领先。省级开发区——孟津先进制造业开发区，初步形成了以洛阳石化、宏兴新能、洛阳炼化为龙头的石油化工产业集群，以隆华、鸿元轴承、洛北重工、金彭电动车为龙头的装备制造产业集群，以昊华气体、华久氢能、科博思新材、三杰新材为龙头的新材料新能源产业集群，致力于 2025 年开发区营业收入达 1200 亿元以上，进入全省开发区第一方阵。

孟津方言的内部差异

根据《中国语言地图集》（第 2 版）[1]的汉语方言分区和贺巍的《中原官话分区（稿）》[2]，孟津方言属于中原官话洛嵩片，以孟津区政府所在地城关镇方言为代表。

---

[1]　中国社会科学院语言研究所等：《中国语言地图集》（第 2 版），商务印书馆 2012 年版。

[2]　贺巍：《中原官话分区（稿）》，《方言》2005 年第 2 期。

（一）地域差异

数千年来，孟津所辖区域复杂多变。春秋战国至秦代之前，今孟津区境内分为两个邑，历史上称孟津之东乡、西乡。两个邑以今长华村为分界线，今长华村（包括长华村，史称陈凹）以东称平阴邑，长华村以西称谷城邑。汉代以后，今孟津朝阳、麻屯等地或单独设县或并入洛阳县，与其他县邑不相统属，直到 1955 年，平乐、凤台、海资（今朝阳）、麻屯才又划归孟津。唐宋时期还曾跨河置县。2021 年经国务院批准，孟津县与洛阳市吉利区[①]合并设立洛阳市孟津区。

因以上历史原因，今孟津方言内部有明显差异，我们将其分为东乡、西乡、南部三个区域。[②]方言分区上的东乡指会盟镇、原白鹤镇大部（不包括邙山上的行政村和后来并入的王良乡）、平乐镇和送庄镇；西乡指城关镇、横水镇和小浪底镇；南部主要指朝阳镇、常袋镇和麻屯镇。其差异主要表现在语音方面。

1. 遇摄合口三等字逢知组、章组和日组的字，西乡和东乡今读 [ʮ] 韵，逢庄组读 [u] 韵，二者对立，南部地区则大多读 [u] 韵不读 [ʮ] 韵，如：猪朱珠柱驻住注铸殊除储杵厨书暑鼠黍署薯如汝儒乳。

2. 蟹摄开口二等字见、晓组部分字，西乡和东乡今读 [iæ] 韵，南部地区则大多读 [iɛ] 韵，如：阶街解介界芥届戒械鞋澥蟹。

3. 假摄开口三等字逢章组和日母字，西乡和东乡今读 [ʮə] 韵，南部地区大多读 [ə] 韵，如：遮折车扯奢赊蛇舍社射麝赦惹。

4. 儿化不同。

第一，儿化现象的丰富程度不同。

东乡的儿化最丰富，许多日常生活用语都儿化。西乡和南部的儿化词

① 吉利区地处黄河以北，与属于晋语区的济源市接壤，行政区划上却自 1978 年以来长期归洛阳市管辖，方言分区属于中原官话洛嵩片，造成其方言的双重特征：既有中原官话的显著语音特征，又有晋方言的语音特征 Z 变韵等。本词典关于孟津方言语音系统的描写和收词以原孟津县辖区为主。

② 东乡发音人李宏杰，男，55 岁，会盟镇李庄村人，高中文化，农民。李宏飞，男，47 岁，会盟镇李庄村人，初中文化，农民。西乡发音人王淑先，女，51 岁，城关镇水泉村人，初中文化，无业。南部发音人陈艳艳，女，41 岁，朝阳镇师庄社区人，高中文化，无业。

则少一些。如下面所列词语东乡儿化，西乡和南部则不儿化。

茶缸儿 ts‘a⁵³ kɐr³³　　　　　　　风扇儿 fən³³ ʂɜr⁴¹

宝贝儿 pɔ⁵³ pɐr ·　　　　　　　　圪垯儿 kɯ³³ trɐr ·

开窍儿 k‘æ³³ tɕ‘rɔr⁴¹　　　　　　煤渣儿 mei⁵³ tsʵɐr³³

鸡腿儿 tɕi³³ t‘uɐr⁵³　　　　　　　泡沫儿 p‘ɔ⁴¹ mɽɐr³³

阴天儿 in³³ t‘iɜr³³　　　　　　　　麦莛儿 mæ³³ ts‘rɐr⁵³

耳朵儿 ɦ̩⁵³ tuɐr ·　　　　　　　　鸡爪儿 tɕi³³ tʂuɐr⁵³

小褂儿 siɔ⁵³ kuɐr⁴¹　　　　　　　地界儿 ti⁴¹ tɕiɜr⁴¹

羊羔儿 iaŋ⁵³ kɔr³³　　　　　　　　口罩儿 k‘əu⁵³ tsrɔr⁴¹

手稿儿 ʂəu⁵³ kɔr⁵³　　　　　　　树梢儿 ʂʅ⁴¹ srɔr³³

铁锤儿 t‘iɛ³³ tʂ‘uɐr⁵³　　　　　　小鬼儿 siɔ⁵³ kuɐr⁵³

靠谱儿 k‘ɔ⁴¹ p‘ɽur⁵³　　　　　　　大户儿 ta⁴¹ xur⁴¹

茶几儿 ts‘a⁵³ tɕiɜr³³　　　　　　　阵大儿 tʂən⁴¹ trɐr⁴¹

饭铺儿 fan⁴¹ p‘ɽur⁴¹　　　　　　　伤疤儿 ʂaŋ³³ pɽɐr³³

脚后跟儿 tɕyə³³ xəu⁴¹ kɐr³³　　　大老粗儿 ta⁴¹lɔ⁵³tʂ‘rur³³

刀儿 trɔr³³　　　　　　　　　　　座儿 tsuɐr⁴¹

袄儿 ɣɔr⁵³　　　　　　　　　　　位儿 uɐr⁴¹

第二，儿化韵不同。

南部因地近洛阳，历史上曾归属洛阳县，其儿化韵同洛阳方言，儿化韵统一收 [ɯ] 尾。[①] 南部的儿化韵母共有八个：[əɯ iɯ ɯɯ yɯ ɯ iɐɯ uɐɯ yɐɯ]。

孟津东乡的儿化韵统一收 [r] 尾，其儿化不仅与韵母相关，四呼不同、韵尾不同，儿化韵就不同；前拼声母也会影响到儿化韵。具体来讲，东乡的儿化韵可以分为三大类：普通型儿化韵共有十七个：[er iɐr uɐr ɜr iɜr uɜr yɜr ɔr iɔr ɐr iɐr uɐr yɐr ur ʮr əur iəur]；带舌尖后闪音的儿化韵共六个：[ʵur ʵɐr ʵɐr ʵuɐr ʵɔr iɔr]；带舌尖前闪音的儿化韵共六个：[rɐr rur irɐr irɜr/ ɜr rɔr rəur]。

西乡的儿化韵介于二者之间，既有收 [ɯ] 尾的，也有收 [r] 尾的。其中，收 [ɯ] 尾的儿化韵八个：[əɯ iɯ ɯɯ yɯ ɐɯ iɐɯ uɐɯ yɐɯ]；普通型

---

①　参见贺巍《洛阳方言词典》，江苏教育出版社 2000 年版。

儿化韵十二个：[ər iər uər ɿɚ ყɚ ɔr iɔr ɚ u ყr əur iəur]；带舌尖后闪音的儿化韵共六个：[ɽur ɽəɪ ɽəɪ ɽuəɪ ɽɔr iɔr]；带舌尖前闪音的儿化韵共六个：[ɾer ɾur iɾer iɾ3r/r3r ɾɔr ɾəur]。

（二）新旧差异

孟津方言的新派和老派的差异主要表现在韵母上，老派与普通话不合的韵，新派大多改为与普通话同声同韵。[①]

1. 止摄合口三等的来母字和蟹摄合口一等的来母字老派读合口呼的，新派大多与普通话相同读开口呼，如：雷垒偏类泪累。

2. 果摄合口一等见系字，今老派读法仍保留古合口呼韵母 [uo]，新派与普通话相同读 [ə]，如：棵科颗禾课。

3. 梗摄合口三等字逢见组，通摄合口一等字和三等字逢精组和来母的部分字，老派今读 [yŋ]，新派读同普通话的 [uəŋ]，如：龙拢垄笼松嵩诵颂讼从丛纵粽容。

4. 曾摄入声德韵和职韵的一部分字、梗摄入声陌韵和麦韵的一部分字，老派今读为 [æ] 韵，新派读同普通话的 [ə] 或 [o]，如：陌默泽择责则侧测册策格革客刻克德。

5. 通摄合口三等字入声屋烛韵逢精组，部分字老派读 [y] 韵的，新派读作 [u]，如：足俗肃宿。

6. 臻摄、梗摄、山摄一三等合口韵的字老派今读 [yn] 韵的，新派读作 [uən]，如：笋损榫伦轮论。

孟津方言的声韵调系统

（一）声母

孟津方言声母 24 个，包括零声母。

[①]　新派读音发音人主要有王静逸（女，19 岁，孟津一高学生），李向秀（女，19 岁，孟津一高学生），李馨兰（女，16 岁，孟津一高学生），李梓良（男，14 岁，双槐初中学生）。

p 巴笔办蹦　　p' 皮跑盘旁　　m 马满忙梅　　f 发扶费放　　v 晚味袜闻

t 打当得地　　t' 塌提听头　　n 纳能难暖　　　　　　　　　l 二耳拉列

ts 杂紫酒站　　ts' 擦词翅取　　　　　　　　　s 洒三洗杀

tʂ 占制证账　　tʂ' 缠场沉吃　　　　　　　　ʂ 啥神闪剩　　ʐ 人肉日让

tɕ 叫家脚讲　　tɕ' 其去掐劝　　　　　　　　ɕ 下稀向轩

k 干跟刚给　　k' 咖康肯困　　　　　　　　　x 花红含横　　ɣ 鹅安熬昂

ø 眼牙王玉

声母的顺序：

p　p'　m　f　v　t　t'　n　l　ts　ts'　s

tʂ　tʂ'　ʂ　ʐ　tɕ　tɕ'　ɕ　k　k'　x　ɣ　ø

说明

（1）孟津方言比普通话多出两个声母：[v]、[ɣ]。唇齿浊擦音 [v] 发音时唇齿接触较少，摩擦也较轻。舌根浊擦音 [ɣ] 只出现在开口呼零声母前，发音时喉部摩擦较重。

（2）[n] 与今开口呼韵母和合口呼韵母相拼时实际音值是 [n]，与今齐齿呼韵母和撮口呼韵母相拼时实际音值是 [ɲ]。

（3）[l] 在"儿而二耳"等字中的实际音值是舌尖后浊边音 [ɭ]。

（4）[ts] [ts'] [s] 与齐齿呼韵母和撮口呼韵母相拼发音略带舌面色彩，但与 [tɕ] [tɕ'] [ɕ] 对立。

（5）[tʂ] [tʂ'] [ʂ] 的发音没有标准音的卷舌度高。

（6）孟津方言 24 个声母按如上顺序排列，下文单字音表和词典正文都以声母为纲，采用这个顺序。

音韵特点

（1）古微母字的大部分和以母止摄合口三等字读作 [v] 音，如：网袜挽万晚问文纹蚊闻未微味维唯物无雾舞武务望妄等，武 [vu⁵³] ≠ 五 [u⁵³]、网 [vaŋ⁵³] ≠ 忘 [uaŋ⁴¹]、挽 [van⁵³] ≠ 完 [uan⁵³]。只有少数几个古微母字读零声母：巫诬。

（2）影母、疑母开口一等的字，声母读作 [ɣ]。如：阿 ɣə³³ _阿胶_｜鹅蛾俄讹 ɣə⁵³｜熬熝 ɣɔ³³｜傲鳌 ɣɔ⁴¹｜欧瓯殴 ɣəu³³｜岸暗按案 ɣan⁴¹。影母、疑母开口二等三等的部分字，声母也读作 [ɣ]。如：硬 ɣəŋ⁴¹｜额 ɣə⁵³｜牛

ɣəu⁴¹ ｜坳 ɣɔ⁴¹ ｜挨 ɣæ³³ ｜矮隘捱 ɣæ⁵³。

（3）古知、庄、章组今在孟津方言中有条件地分化为两组：一组读 [tʂ] [tʂʻ] [ʂ]，与精组相对立；一组读 [ts] [tsʻ] [s]，与精组合并。具体情况如下：

知组开口二等字（江摄开口二等字觉韵除外）读作 [ts] [tsʻ] [s]，如：搽 tsʻa³³ ｜茶 tsʻa⁵³ ｜站 tsan⁴¹ ｜摘 tsæ³³ ｜撑 tsʻən³³ ｜掌 tsʻən⁴¹。开口二等江摄觉韵字、开口三等字和合口字读 [tʂ] [tʂʻ] [ʂ]，如：知蜘 tʂʅ³³ ｜桩 tʂuaŋ³³ ｜桌 tʂuo³³ ｜池驰迟持耻 tʂʻʅ⁵³ ｜阵镇 tʂən⁴¹ ｜赵兆 tʂɔ⁴¹ ｜仗杖丈 tʂaŋ⁴¹。

庄组（部分效摄二等、臻摄三等、宕摄三等、江摄二等字除外）开口字全部读作 [ts] [tsʻ] [s]，如：炸闸 tsa⁵³ ｜皱绉 tsəu⁴¹ ｜师狮 sʅ³³ ｜寨债 tsæ⁴¹ ｜使史驶 sʅ⁵³ ｜士柿事仕 sʅ⁴¹ ｜炒吵 tsʻɔ⁵³ ｜稍捎梢 sɔ³³。庄组的今开口部分效摄二等、臻摄三等、宕摄三等、江摄二等字和合口字读作 [tʂ] [tʂʻ] [ʂ]，如：撰 tʂuan⁴¹ ｜庄装 tʂuaŋ³³ ｜霜孀 ʂuaŋ³³ ｜涮 ʂuan⁴¹。

章组止摄开口三等字读 [ts] [tsʻ] [s]，与精组合并，如：之芝支枝肢脂 tsʅ³³ ｜纸只指旨止 tsʅ⁵³ ｜齿 tsʻʅ⁵³ ｜翅 tsʻʅ⁴¹ ｜诗施尸 sʅ³³ ｜示是氏 sʅ⁴¹。其他读 [tʂ] [tʂʻ] [ʂ]，与精组相对立。如：职织 tʂʅ³³ ｜剩胜 ʂən⁴¹ ｜书 ʂʅ³³ ｜招昭 tʂɔ³³ ｜吹炊 tʂʻuei³³ ｜势世誓逝 ʂʅ⁴¹。

（4）保持尖团的对立，古精组字细音前今读 [ts] [tsʻ] [s]，见晓组字细音前今读 [tɕ] [tɕʻ] [ɕ]，二者保持对立而不混淆。如：千 [tsʻiɛn³³] ≠ 牵 [tɕʻiɛn³³]、将 [tsiaŋ³³] ≠ 姜 [tɕiaŋ³³]、全 [tsʻyɛn⁵³] ≠ 权 [tɕʻyɛn⁵³]、切 [tsʻiɛ³³] ≠ 怯 [tɕʻiɛ³³]、秋 [tsʻiəu³³] ≠ 丘 [tɕʻiəu³³]、就 [tsiəu⁴¹] ≠ 旧 [tɕiəu⁴¹]、修 [siəu³³] ≠ 休 [ɕiəu³³]。

（5）古心母字和古邪母多数字读音为 [s]，如：些_心siɛ³³ ｜絮_心sy⁴¹ ｜斜_邪siɛ⁵³ ｜叙_邪sy⁴¹。个别字存在特殊读音，心母特殊读音如：嗽_{流开一候}tsʻəu⁴¹ ｜膝_{臻开三质}tsʻi³³；邪母特殊读音如：词_{止开三之}tsʻʅ⁵³ ｜辞_{止开三之}tsʻʅ⁵³。

（二）韵母

孟津方言共有韵母 42 个，不包括儿化韵。

ʅ 资支师四时	i 体鸡低理地	u 哭绿古佛努	y 雨女去徐举
ɿ 治池实而耳		ʯ 住猪出除树	
		ɯ 黑圪坷胳蛇	
a 八怕妈法大	ia 家掐下加夏	ua 刮夸花挖要	

ə 搁可喝割鹅			yə 确脚学爵嚼
ʅə 这车扯蛇舌	iɛ 接铁血节写	ɥə 说拙	yɛ 靴缺绝哕月
o 薄破馍脖末		uo 锅扩活桌科_老	
æ 挨客裂得再	iæ 解街皆戒界	uæ 歪怪惑_老坏外	
ei 北配美给贼		uei 会贵亏灰位	
ɔ 袄高考好到	iɔ 要叫巧孝票		
əu 斗头稠手牛	iəu 由球旧秋修		
an 暗干看含办	iɛn 眼先见前年	uan 完关宽换暖	yɛn 原娟劝选卷
ən 恩跟肯很恁	in 因紧秦新信	uən 稳滚困嫩蹲	yn 云军群训均
aŋ 昂钢炕夯帮	iaŋ 羊讲强向亮	uaŋ 王光筐黄晃	
əŋ 更坑哼碰杏	iŋ 英经青形醒	uəŋ 瓮翁红脓公	yŋ 用炯穷龙松

韵母的顺序：

ʅ i u y ʅ ʅ ɯ a ia ua ə yə ʅə iɛ ɥə yɛ o uo
æ iæ uæ ei uei iɔ ɔ iɔ əu iəu an iɛn uan yɛn ən in uən yn aŋ
iaŋ uaŋ əŋ iŋ uəŋ yŋ

说明

（1）孟津方言共有 42 个韵母，韵母 [ʅ]、[ɯ]、[ʅə]、[ɥə]、[yə]、[iæ] 是普通话没有的。其对应关系如下（每组前者为孟津方言今读韵母，后者为普通话韵母）：

[ʅ]—[u]、[ɯ]—[ə]、[ʅə]—[ə]、[ɥə]—[uo]、[yə]—[iɔ] [yɛ]、[iæ]—[iɛ]

①[ʅ] 是一个典型的舌尖后圆唇元音，只能跟 [tʂ] [tʂʻ] [ʂ] [z] 相拼。

②[ɯ] 是舌面后高不圆唇元音，既可单独作韵母，也可以作儿化韵的韵尾。

③[ʅə] 和 [ɥə] 只拼舌尖后音 [tʂ] [tʂʻ] [ʂ] [z]，[ə] 的实际读音舌位稍低稍前。

④韵母 [uəŋ] 构成零声母音节时有轻微的摩擦。

（2）孟津方言韵母与普通话今读不一致的情况还有（每组前者为孟津方言今读韵母，后者为普通话韵母）：

[i]—[ei]、[uei]：非飞肥味微维

[uo]—[ə]、[ɔ]：和乐颗棵科_老烙酪勺凿着

[æ]—[ə]、[o]、[iɛ]：责侧色克隔迫默裂猎_老列_老

[uæ]—[uo]: 或_老获_老惑_老

[ən]—[uən]: 问文闻蚊

[yn]—[uən]: 轮抡论_老

[in]—[yn]: 寻

[ei]—[i]、[o]、[ə]: 笔坯披彼墨得德

[uei]—[ei]: 类泪垒雷

（3）孟津方言 42 个韵母按如上顺序排列，下文单字音表和词典正文在同一声母下，以此为序。

音韵特点

（1）止摄合口三等的来母字和蟹摄合口一等的来母字普通话读开口呼的，孟津方言白读音读合口呼 [uei]。如：雷垒儡 luei⁵³ ｜ 类泪累 luei⁴¹。

（2）果摄合口一等见系字，今孟津方言老派读法仍保留古合口呼韵母 [uo]。如：棵科颗 k'uo³³ ｜ 和_{和气}和_{和面}禾火 xuo⁵³ ｜ 课 k'uo⁴¹。

（3）止摄合口三等字非组和蟹摄合口三等字非组废韵孟津方言今读 [i]。如：非飞 fi³³ ｜ 肥 fi⁵³ ｜ 费废肺吠 fi⁴¹ ｜ 未味 vi⁴¹。

（4）蟹摄开口二等见、晓组部分字孟津方言今读 [iæ]。如：阶街 tɕiæ³³ ｜ 解 tɕiæ⁵³_{解开, 讲解} ｜ 介界芥疥届戒 tɕiæ⁴¹ ｜ 鞋 ɕiæ⁵³ ｜ 澥邂懈蟹械 ɕiæ⁴¹。

（5）假摄开口三等字逢章组和日母孟津方言今读 [ʅə] 韵。如：遮折浙 tʂʅə³³ ｜ 者哲 tʂʅə⁵³ ｜ 车 tʂ'ʅə³³ ｜ 扯 tʂ'ʅə⁵³ ｜ 奢赊 ʂʅə³³ ｜ 蛇舍 ʂʅə⁵³ ｜ 社射麝赦 ʂʅə⁴¹ ｜ 惹 ʐʅə⁵³。

（6）遇摄合口三等字逢知组、章组和日组孟津方言今读 [ʯ] 韵，逢庄组读 [u]，二者对立。如：猪朱珠株诛蛛硃 tʂʯ³³ ｜ 煮拄主 tʂʯ⁵³ ｜ 著箸诸柱驻住注铸 tʂʯ⁴¹ ｜ 殊 tʂ'ʯ³³ ｜ 除储褚杵厨 tʂ'ʯ⁵³ ｜ 处_{处所} tʂ'ʯ⁴¹ ｜ 书输_{运输} ʂʯ³³ ｜ 暑鼠黍署薯 ʂʯ⁵³ ｜ 树 ʂʯ⁴¹ ｜ 输_{输赢} ʐʯ³³ ｜ 汝儒孺乳 ʐʯ⁵³。

臻摄合口三等字入声术韵逢章组孟津方言今也读 [ʯ] 韵，如：出 tʂ'ʯ³³ ｜ 术述秫 ʂʯ⁵³。

遇摄合口三等字逢知组、章组和日组读 [ʯ] 韵时有例外："竖"读 ʂu⁴¹。遇摄合口三等字逢庄组孟津方言今读 [u] 韵时也有例外："数_{名词}"读 ʂʯ⁴¹。

（7）梗摄合口三等字逢见组，通摄合口一等字和三等字逢精组和来母的部分字，孟津方言今读 [yŋ]。如：龙拢垄笼陇 lyŋ⁵³ ｜ 松嵩 syŋ³³ ｜ 诵颂

讼 syŋ⁴¹｜从丛 ts'yŋ³³｜纵粽 tsyŋ⁴¹｜容融溶 yŋ⁵³。

（8）曾摄入声德韵和职韵的一部分字、梗摄入声陌韵和麦韵的一部分字，孟津方言白读音为 [æ] 韵。如：陌默 mæ³³｜泽择责则 tsæ⁵³｜侧测册策 ts'æ³³｜色啬 sæ³³｜隔 kæ³³｜格革 kæ⁵³｜客刻 k'æ³³｜克 k'æ⁵³｜核审核 xæ⁵³｜额 æ⁵³｜得得到德 tæ³³｜特忒 t'æ³³｜勒肋 læ³³。

（9）宕摄开口三等字入声药韵逢精组、见组、影组和来母，江摄开口二等字入声觉韵逢见组和晓组，孟津方言今读 [yə] 韵。如：爵嚼 tsyə⁵³｜鹊雀 ts'yə⁴¹｜削 syə³³｜脚角觉 tɕyə³³｜推確殼 tɕ'yə³³｜学 ɕyə⁵³｜略掠 lyə³³｜虐瘧约药钥岳乐音乐 yə³³。

（10）曾摄、宕摄和梗摄的开口一二等入声德铎麦韵逢见组晓组时，流摄、果摄的开口一等上声厚哿韵逢见组晓组时，有读后高不圆唇元音 [ɯ] 韵的。如：胳 kɯ³³｜圪忔 kɯ⁵³｜坷 k'ɯ³³｜黑 xɯ³³｜蛤蛤蟆 xɯ⁵³。

（11）通摄合口三等字入声屋烛韵逢精组，部分字白读不读合口读撮口 [y] 韵。如：足 tsy³³｜俗 sy⁵³｜肃 sy³³｜宿 sy³³。

（12）臻摄、梗摄、山摄一三等合口韵的字在普通话中今读齐齿呼或合口呼的，孟津方言今读撮口呼。如：笋损桦 syn⁵³｜伦轮 lyn⁵³｜论 lyn⁴¹｜劣 lyɛ³³｜恋 lyɛn⁴¹｜倾顷 tɕ'yŋ³³。

（三）声调

孟津方言有三个声调，不包括轻声。

① 阴平 33　　　　　　安秧阿德塌家肩掐千稀先
② 阳平上 53　　　　　美米麻搅卡楷显前使挤娶
③ 去声 41　　　　　　去气赣汉下线岔路料骂拗

说明

孟津方言的阴平调末尾略上扬，去声末尾也略有上扬，但不是升调和曲折调。

声调特点

（1）孟津方言声调最主要的特点就是只有三个调类，普通话的阳平和上声合二为一，我们称之为"阳平上"。

（2）在入声的归属上，孟津方言与中原官话的特点一致：清入字、次浊入字归阴平，全浊入字归阳平上。

（3）孟津方言有些字声调的归类比较特殊。如：木 mu³³ ｜墨 mei³³ ｜月 yɛ³³ ｜六 lu³³ ｜笔 pei³³ ｜药 yə³³ ｜柏 pæ³³ ｜球 tɕ'əu³³ ｜侧厕册策 ts'æ³³ ｜倾 tɕ'yŋ³³ ｜脚角觉 tɕyə³³ ｜力 li³³ ｜陆 lu⁵³ ｜姑 ku⁵³ ｜哥 kə⁵³ ｜爸 pa⁵³ ｜嫩 luən⁵³ ｜叔 ʂu⁵³ ｜块 k'uæ⁵³ ｜传 tʂ'uan⁴¹。

（三）声韵配合关系

1.声韵配合简表

孟津方言的声韵配合关系如表一。

表中把韵母分为开齐合撮四类，声母分成八类。空格表示声韵不相拼合。

表一

声母＼韵母	开口呼	齐齿呼	合口呼	撮口呼
p p' m	办笔怕跑忙毛把	比宾皮品边名民	布不㧟扑木母目	
f v	发饭放袜挽网问	非飞肥废未味微	扶服物雾舞武务	
t t' n l	大单她汤南蓝而	地爹提天里俩两	赌短团土奴乱路	
ts ts' s	砸炸站才茶仓贼	挤焦齐前墙西洗	组遵钻醋错素酸	聚足宿娶蛆俗肃
tʂ tʂ' ʂ ʐ	占张缠成神闪人		住猪锄春顺树如	
tɕ tɕ' ɕ		家讲巧掐虾享系		举撅卷去圈虚轩
k k' x ɣ	杆给肯卡好安恩		古管困会混红糊	
ø		衣一因银应影眼	五屋挖完王我卧	院鱼雨原月越元

2.声韵调配合总表

表中列有 1139 个音节。其中开口呼 442 个，齐齿呼 299 个，合口呼 286 个，撮口呼 88 个，有音无字的 24 个，不计声调则只有 441 个音节。

孟津方言的声韵调配合关系见表二至表七。

几点说明

（1）本表声母和韵母顺序依前文声母表和韵母表的顺序；

（2）表中空格表示拼不出字；

（3）有意义但无适当字记录的，表中用圆圈数码表示，并在表下加注；

（4）表中有的字读音和用法比较特别的，在表下加注说明。

表二

声\调\韵	ɿ 阴阳去 平上声 33 53 41	i 阴阳去 平上声 33 53 41	u 阴阳去 平上声 33 53 41	y 阴阳去 平上声 33 53 41	ʅ 阴阳去 平上声 33 53 41	ʮ 阴阳去 平上声 33 53 41	ɯ 阴阳去 平上声 33 53 41
p p' m		逼鼻避 批皮屁 蜜米觅	不补布 扑谱铺 木亩墓				
f v		非肥废 微味	福否富 物武雾				
t t' n l		低敌地 踢体替 妮你腻 立里利	都读肚 秃土兔 奴怒 绿卤路	女 捋驴滤	耳贰		
ts ts' s	滋纸字 呲齿刺 丝时四	积挤祭 七齐砌 西洗细	租组做 聪醋 苏素	足咀聚 蛆取去 须俗续			
tʂ tʂ' ʂ ʐ		竹触铸 搐锄怵 梳熟竖		只直治 吃迟式 湿拾世 日	猪主柱 出除处 书暑树 输儒擩		
tɕ tɕ' ɕ		鸡儿计 其起气 稀喜系		菊举句 区渠去 虚许蓄			
k k' x ɣ		骨鼓故 哭苦裤 呼壶户					胳圪 坷坷 黑核后
ø		一椅义	屋五误	淤雨育			①

① ɯ³³ 囊：脏乱

式 tʂʅ⁴¹：公~，方~

做 tsu⁴¹：文读，白读 [tsəu⁴¹]

输 ʐʮ³³：败，负。"运输"的"输"读 [ʂʮ³³]

表三

韵 / 调 / 声	a 阴阳去 平上声 33 53 41	ia 阴阳去 平上声 33 53 41	ua 阴阳去 平上声 33 53 41	ə 阴阳去 平上声 33 53 41	yə 阴阳去 平上声 33 53 41	ʅə 阴阳去 平上声 33 53 41	iɛ 阴阳去 平上声 33 53 41
p p' m	巴拔罢 趴爬怕 妈麻骂	② ③					憋别别 撇瞥 灭乜
f v	发罚 袜						
t t' n l	搭打大 塌他拓 纳拿那 蜡喇拉	④ 娘 俩			 略		爹叠 铁 捏 猎⑧趔
ts ts' s	眨杂诈 擦茶岔 杀厦唛	 ⑤	抓		嚼 雀 削		节姐借 切且窃 些斜谢
tʂ tʂ' ʂ ʐ	傻啥 ①		抓爪 欻欻 刷耍 接			遮哲这 车扯撤 赊蛇社 热惹	
tɕ tɕ' ɕ		加贾架 掐卡掐 瞎霞吓			脚⑥ 撅 学		劫杰 怯茄 歇⑨亵
k k' x ɣ	呷嘎 咖卡 哈哈 啊		瓜寡挂 夸垮跨 花滑画	割哥个 渴可嗑 喝河贺 恶鹅饿			
ø		压芽轧	哇娃瓦		约　⑦		叶野夜

① za^{53}："人家"的合音词（因使用频率高，作为一个独立的音节看待。下同）

② pia^{33}：快速地糊上

③ $p'ia^{33}$：拟声词，器物破碎的声音；形容头发紧贴头皮的样子

④ tia^{53}："底下"或"地下"的合音词

⑤ sia^{53}："谁家"的合音词

⑥ $tɕyə^{53}$："几个"的合音词

⑦ $yə^{41}$："一个"的合音词

⑧ $liɛ^{53}$：斜拿着或端着

⑨ $ɕiɛ^{53}$：揭开，掀开

唛 sa^{41}：除掉不合格或没用的东西

娘 nia^{53}：对母亲的称谓

抓 $tsua^{53}$："做啥"的合音词

表四

声＼调＼韵	ʮə	yɛ	o	uo	æ	iæ	uæ
	阴平33 阳上53 去声41	阴平33 阳上53 去声41	阴平33 阳上53 去声41	阴平33 阳上53 去声41	阴平33 阳上53 去声41	阴平33 阳上53 去声41	阴平33 阳上53 去声41
p			拨薄簸		掰摆败		
p‘			坡婆破		拍排派		
m			摸馍磨		麦埋卖		
f							
v							
t				多朵跺	呆逮戴		
t‘				托妥唾	特抬泰		
n				搦挪糯	奶耐		
l				洛萝摞	裂来赖		
ts		绝		作左坐	摘责在		
ts‘				搓　错	猜材菜		
s		雪踅		缩锁②	涩甩赛		
tʂ	拙			桌浊③			跩拽
tʂ‘				戳戳辍			揣搋踹
ʂ	说所			搠勺硕			摔甩帅
ʐ	①			弱			
tɕ		决噘倔				街解届	
tɕ‘		缺撧				⑤	
ɕ		靴穴				鞋澥	
k				锅括过	格改盖		乖拐怪
k‘				科④课	客楷慨		㧟快
x				豁活货	嗨孩害		槐坏
ɣ					哀矮爱		
ø		月哕		窝我卧			歪崴外

① ʐʮə^{53}：肮脏不堪

② suo^{41}：“四个”的合音词

③ tʂuo^{41}：“这一个”的合音词

④ k‘uo^{53}：~利，痛快，干净利索

⑤ tɕ‘iæ^{53}：“起来”的合音词

甩 sæ^{53}：摇摆，挥动

跩 tʂuæ^{53}：阔气，吃穿用度讲究

表五

声 \ 韵调	ei	uei	ɔ	ɔi	əu	iəu	an
	阴阳去 平上声 33 53 41	阴阳去 平上声 33 53 41	阴阳去 平上声 33 53 41	阴阳去 平上声 33 53 41	阴阳去 平上声 33 53 41	阴阳去 平上声 33 53 41	阴阳去 平上声 33 53 41
p p' m	笔彼辈 坯陪配 墨美昧		包保刨 抛跑炮 冒猫貌	标表摽 飘瓢票 喵苗庙			班板半 攀盘判 满慢
f v							翻返范 晚万
t t' n l	得得	堆①队 推腿退 磊累	叨捣稻 掏逃套 孬挠闹 捞牢涝	雕屌掉 挑条跳 鸟尿 聊撂		兜陡豆 偷投透 搂搂漏	单胆蛋 摊谈探 南难 溇烂
ts ts' s	贼 谁睡	嘴罪 催翠 虽随穗	遭找燥 操炒懆 捎嫂潲	焦　焦 悄瞧俏 消小笑		诹走皱 搊瞅嗽 搜擞瘦	簪崭站 参馋灿 山伞散
tʂ tʂ' ʂ ʐ		锥赘 炊锤 水税 蕊瑞	招　照 超潮 烧少邵 绕照			粥㧣昼 抽稠臭 收手售 ②揉肉	毡展战 缠 扇闪善 染
tɕ tɕ' ɕ				交搅叫 敲巧翘 器晓孝			
k k' x ɣ	给给 尅	归鬼跪 亏葵愧 辉回惠	糕搞膏 尻烤靠 薅豪浩 熬袄傲			沟狗够 抠㪍叩 休猴厚 欧牛沤	肝擀赣 看砍看 憨喊旱 安俺暗
ø		偎苇魏		腰摇要			

① tuei^{53}：迎面相撞；抵消

② zəu^{33}："日头"的合音词

得 tei^{53}：驾车时吆喝马牛的声音

尅 k'ei^{53}：逮住；训斥

膏 kɔ^{41}：给机械设备加润滑油使润滑

照 ʐʂ^{41}：照镜子，照射

休 xəu^{33}：表禁止或劝阻

㪍 k'əu^{53}：指人性格刁钻不退让

搊 ts'əu^{33}：从下向上用力把人或把物托起

㧣 tʂəu^{53}：把人或物向上举起

闪 ʂan^{53}：撇下；剩下

表六

韵 调 声	iɛn 阴阳去 平上声 33 53 41	uan 阴阳去 平上声 33 53 41	yɛn 阴阳去 平上声 33 53 41	ən 阴阳去 平上声 33 53 41	in 阴阳去 平上声 33 53 41	uən 阴阳去 平上声 33 53 41	yn 阴阳去 平上声 33 53 41
p p' m	编扁变 篇便骗 棉面			锛本笨 喷盆喷 颟门闷	彬　殡 拼品聘 敏		
f v				分粉粪 闻问			
t t' n l	蔫撵念	端短段 湍团 暖 銮乱	联练	恁恁	拎林赁	蹲盹炖 吞臀褪 嫩嫩	轮论
ts ts' s	尖剪贱 迁钱纤 鲜　线	钻纂钻 躜攒窜 酸　算	全 宣癣镟	怎 参磣衬 糁渗	津尽进 亲秦吣 新寻信	遵 村存寸 孙	骏 询汛
tʂ tʂ' ʂ ʐ		砖转赚 穿船申 拴　涮 软		真枕镇 深晨趁 身神慎 仁认		谆准 春纯 顺 润	
tɕ tɕ' ɕ	肩碱件 牵钳芡 锨显县		娟卷倦 圈拳券 轩悬楦		筋紧近 钦琴 鑫衅		军　郡 群 熏　训
k k' x ɣ		关管灌 宽款 欢缓换		根①② ③哏 很恨 恩④摁		滚棍 坤捆困 婚浑混	
ø	烟沿宴	剜碗	冤缘怨		阴隐饮	温稳	晕匀运

① kən53：身体被硬物所硌有不适感

② kən41：用手向上方够取东西

③ k'ən33：雕刻；削去一部分

④ ən53：身体被硬物所硌有不适感

纂 tsuan53：把所有力量聚集起来

尽 tsin53：优先

颟 mən33：脑子不灵活，笨

表七

声＼韵调	aŋ 阴阳去 平上声 33 53 41	iaŋ 阴阳去 平上声 33 53 41	uaŋ 阴阳去 平上声 33 53 41	əŋ 阴阳去 平上声 33 53 41	iŋ 阴阳去 平上声 33 53 41	uəŋ 阴阳去 平上声 33 53 41	yŋ 阴阳去 平上声 33 53 41
p p' m	帮绑棒 胮旁胖 牤盲			崩绷泵 烹棚碰 懵猛梦	冰饼病 乒凭 明命		
f v	方房放 网望			风缝奉			
t t' n l	当挡荡 汤糖烫 齉攘 狼浪	② 娘 梁亮	③	灯等凳 熥疼 能能 冷楞	叮顶定 听停梃 拧宁 领另	东董洞 通桶㑲 齉脓弄 聋	龙
ts ts' s	脏 葬 仓 ① 桑嗓丧	将奖酱 枪墙呛 箱想像		增 挣 撑层蹭 生省	精井净 青情睛 星醒姓	棕总粽 葱 鬆怂宋	棕 松
tʂ tʂ' ʂ ʐ	章掌账 昌常唱 商赏上 秧瓤让		庄奘撞 疮闯创 霜爽双	蒸整正 称成秤 声绳剩 扔仍		钟肿种 冲崇铳 绒	
tɕ tɕ' ɕ		江讲犟 羌强 香响项			惊景镜 轻擎庆 兴行幸		炯 穷 凶雄
k k' x ɣ	刚港杠 康扛炕 夯航行 航		光广逛 筐狂旷 慌黄晃	羹梗更 坑 哼恒杏 硬		公拱共 空孔控 轰红横	
ø		央养样	汪往忘		英影应	翁瓮	拥永用

① ts'aŋ⁴¹：蹭上；倚物摩擦解痒

② tiaŋ⁵³："顶上"的合音词

③ tuaŋ⁵³：拟声词，重物落地声或强烈撞击声

杏 xəŋ⁴¹：白读音，文读 [ɕiŋ⁴¹]

齉 naŋ³³：鼻子不通气；说话鼻音重，不清楚

娘 niaŋ³³：伯母

能 nəŋ³³：小儿学站立

奘 tʂuaŋ⁵³：形容人好端架子，自高自大

梃 t'iŋ⁴¹：打

睛 ts'iŋ⁴¹：只管

齉 nuəŋ³³：鼻涕多

孟津方言的音变

孟津方言的音变现象主要包括合音、儿化音变、轻声、连读变调等。

（一）合音

两个音节经常连用，说快了，往往合成一个音节，这种现象叫合音。孟津方言的合音现象比较普遍，除了北方话中常见的数量短语、方位短语、程度副词、疑问代词等合音现象，还有称呼、常用的动词、名词、地名等合音，分别叙述如下。

1.合音的种类

（1）数量短语的合音

一个 $[i^{33|53}\ kə\cdot] \rightarrow [yə^{41}]$，写作"哟"

两个 $[liaŋ^{53}\ kə\cdot] \rightarrow [lia^{53}]$，写作"俩"

三个 $[san^{33|53}\ kə\cdot] \rightarrow [sa^{33}]$，写作"仨"

四个 $[sꞵ^{41}\ kə\cdot] \rightarrow [suo^{41}]$

五个 $[u^{53}\ kə\cdot] \rightarrow [uo^{41}]$

六个 $[liou^{41}\ kə\cdot] \rightarrow [luo^{53}]$

七个 $[ts'i^{33|53}\ kə\cdot] \rightarrow [ts'yə^{53}]$

八个 $[pa^{33|53}\ kə\cdot] \rightarrow [pa^{53}]$

九个 $[tɕiəu^{53}\ kə\cdot] \rightarrow [tɕiəu^{53}\ uo^{41}]$

十个 $[ʂꞳ^{53}\ kə\cdot] \rightarrow [ʂuo^{53}]$

十二个 $[ʂꞳ^{53}\ Ꭓ^{41}\ kə\cdot] \rightarrow [ʂꞳ^{53}\ la^{41}]$

几个 $[tɕi^{53}\ kə\cdot] \rightarrow [tɕyə^{53}]$

说明：

数词从一到十以及"几"都可以和量词"个"合音，但没有"二个"，只有"两个"；两位数以上的数词与"个"组合时遵循此规律，唯一不同的是"两"不能出现在个位数，只有"二"可以。

（2）方位短语的合音

方位词"里头""顶上""底下""地下"经常合读，其中"里头"读合音时既可以用在单音节名词之后，也可用在多音节名词之后；"顶上""底下"读合音时既可以用在名词之后，也可以用在动词之后；"地下"读合音时一般用在动词之后。

里头 [li⁵³ t'əu·] → [liəu⁵³]

屋～　门～　船～　碗～　面～　汤～　饭～　班～　乡～　城～　村～　锅～　水～　羊圈～　屋子～　书包～　立柜～　学校～　大队～　肚子～　院子～　饭店～　抽屉～　布袋儿～　瓦缸儿～　裤兜儿～　小卖部～　大队部～　合作社～　电影院～

顶上 [tiŋ⁵³ ʂaŋ·] → [tiaŋ⁵³]

头～　山～　床～　脚～　房～　门～　树～　墙～　书～　包儿～　桌儿～　石头～　放～　贴～　拴～　扔～　搁～　粘～

底下 [ti⁵³ ɕia·] → [tia⁵³]

床～　树～　山～　书～　墙～　碗～　座儿～　桌子～　大门～　被子～　大路～　埋～　搁～　垫～　支～　塞～　撂～　钻～

地下 [ti⁴¹ ɕia·] → [tia⁵³]

掉～　扔～　搁～　下～　埋～　跪～

（3）一般名词、时间名词和处所名词的合音

弟兄们 [ti⁴¹ ɕyŋ·mən·] → [tiɯ⁴¹ mən·]

亲家 [ts'in⁴¹ tɕia·] → [ts'iɛn⁴¹]

亲家母 [ts'in⁴¹ tɕia·mu⁵³] → [ts'iɛn⁴¹ mo·]

日头地儿 [ʐ̩³³ t'əu·tiɯ⁴¹] → [ʐəu³³ tiɯ⁴¹]

落花生 [luo³³ xua³³ sən³³] → [la⁵³ sən³³]

木耳 [mu³³ ʅ⁵³] → [mɻur³³]

清早 [ts'iŋ³³ tsɔ·] → [ts'iaŋ³³]

时候儿 [sʅ⁵³ xəur⁴¹] → [srəur⁵³]

前晌 [ts'iɛn⁵³ ʂaŋ·] → [ts'iaŋ⁵³]

后晌黑儿 [xɔ⁴¹ ʂaŋ·xər³³] → [xaŋ⁴¹ xər³³]

门外 [mən⁵³ uæ⁴¹] → [mɻʅ⁵³]，写作"閛"

跟前儿 [kən³³ ts'iɯ⁵³] → [kɯ⁣ɯ³³]

（4）动词语的合音

起来 [tɕ'i⁵³ læ·] → [tɕ'iæ⁵³]

下来 [ɕia⁴¹ læ·] → [ɕiæ⁴¹]

出来 [tʂ'ʅ³³ læ·] → [tʂ'uæ³³]

知道 [tʂʅ⁵³ tɔ·] → [tʂuo⁵³]／[tʂɔ⁵³]，写作"着"

没有 [mu⁵³ iəu·] → [miəu³³]／[miɔ³³]，写作"冇"

做啥 [tsəu⁴¹ ʂa⁴¹] → [tsua⁵³]，写作"抓"

给我 [kei³³ uo⁵³] → [kuo⁵³]

（5）人称代词、指示代词和疑问代词的合音

你们 [ni⁵³ mən·] → [nən⁵³]，写作"恁"

这个 [tʂʅə⁴¹ kə·] → [tʂuo⁴¹]

那个 [na⁴¹ kə·] → [nuo⁴¹]

哪个 [na⁵³ kə·] → [nuo⁵³]

怎么 [tsən⁵³ mə·] → [tsa⁵³]，写作"咋"

什么 [ʂən⁵³ mə·] → [ʂa⁴¹]，写作"啥"

（6）程度副词的合音

这么 [tʂʅə⁴¹ mə·] → [tʂən⁴¹]，写作"阵"

那么 [na⁴¹ mə·] → [nən⁴¹]，写作"恁"

（7）副词短语（副词＋中心词）的合音

不应 [pu³³|⁵³ iŋ⁴¹] → [piŋ⁴¹]，写作"甭"

不要 [pu³³|⁵³ iɔ⁴¹] → [pɔ⁵³]，写作"覅"

只要 [tsʅ⁵³ iɔ⁴¹] → [tsiɔ⁴¹]

只有 [tsʅ⁵³ iəu⁵³] → [tsəu⁴¹]

（8）称呼的合音

人家 [zən⁵³ tɕiæ·] → [za⁵³]／[ʐɹ̩ə⁵³]，写作"伢"

谁家 [sei⁵³ tɕiæ·] → [sia⁵³]

你（恁）家 [ni⁵³（nən⁵³）tɕia³³] → [nia⁵³]

（9）地名的合音

李家庄 [li⁵³ tɕia³³ tʂuaŋ³³] → [lia⁵³ tʂuɐr³³]

吕家村 [ly⁵³ tɕia³³ tsʻuən³³] → [lia⁵³ tsʻuən⁴¹]

李家台 [li⁵³ tɕia³³ tʻæ⁵³] → [lia⁵³ tʻɐu⁵³]

朱家仓 [tʂʯ³³ tɕia³³ tsʻaŋ³³] → [tʂua³³ tsʻɐr³³]

朱家沟 [tʂʯ³³ tɕia³³ kəu³³] → [tʂua³³ kəur³³]

丁家沟 [tiŋ³³ tɕia³³ kəu³³] → [tiɛn³³ kəur³³]

说明：

孟津方言合音现象中的数量短语、程度副词、代词类、表处所的方位短语、地名等，在运用时一定要读合音，不能分开读。而称呼语、副词短语、动词语、名词类则可分可合，但读合音的频率相对较高。

2.合音的音变规律

孟津方言合音的音变规律为：合音声母为前字声母；合音韵母主要为后字韵母，有时来自前后字韵母的拼合，也有来自前字韵母的；合音声调可为前字声调、后字声调或变为新的声调。

（二）儿化音变

孟津方言的儿化类型比较复杂。南部的朝阳、麻屯、常袋因地近洛阳，其儿化同洛阳方言，儿化韵统一收 [ɯ] 尾，南部的儿化韵母共有八个：[əɯ iɯ uɯ yɯ ɐɯ iɐɯ uɐɯ yɐɯ]。孟津东乡的儿化韵统一收 [r] 尾，其儿化不仅与韵母相关，四呼不同、韵尾不同，儿化韵就不同；前拼声母也会影响到儿化。东乡的儿化韵可以分为三大类：普通型儿化韵共有十七个：[ɛr iɛr uɛr ɜr iɜr uɜr yɜr ɤ ɪɔr ər iər uər yər ur ʯr əur iəur]；带舌尖后闪音的儿化韵共六个：[ʅʯr ʅɤr ʅɤr ʅuɐr ʅɔr iɔr]；带舌尖前闪音的儿化韵共六个：[ɿɛr ɿur iɿɛr iɿɜr/ɿɜr ɿɔr ɿəur]。西乡的儿化介于二者之间，既有收 [ɯ] 尾的，也有收 [r] 尾的。具体来讲，西乡的儿化现象可以分为五种情况：[ɿə][ʯə] 两韵母因自带儿化色彩，故没有儿化韵；普通型儿化韵共十二个：[ɛr iɛr uɛr iɜr/yɜr yɜr ɔr iɔr ə ur ʯr əur iəur]；收 [ɯ] 尾的儿化韵共有八个：[əɯ iɯ uɯ yɯ ɐɯ iɐɯ uɐɯ yɐɯ]；带舌尖后闪音的儿化韵共六个：[ʅʯr ʅɤr ʅɤr ʅuɐr ʅɔr iɔr]；带舌尖前闪音的儿化韵共六个：[ɿɛr ɿur iɿɛr iɿɜr/ɿɜr ɿɔr ɿəur]。下面以城关镇为代表，简述孟津方言的儿化音变。

1. 不儿化的

[ɿə][yə] 两个韵母本身自带儿化色彩，因此没有儿化韵。

2. 收 [ɯ] 尾的儿化

收 [ɯ] 尾的儿化音变主要与韵尾或单元音韵母的类型有关，此类儿化共有八种类型，儿化韵与基本韵的关系如下表。

表八

原韵母	儿化韵	例词
ɿ ʅ uə ən ẽ ei ɯ	əɯ	写字儿 sie⁵³ tsəɯ⁴¹ 果汁儿 kuo⁵³ tʂəɯ³³ 大门儿 ta⁴¹ məɯ⁵³ 信封儿 sin⁴¹ fəɯ³³ 小辈儿 siɔ⁵³ pəɯ⁴¹ 摸黑儿 mo³³ xəɯ³³
æ an	ɐɯ	球拍儿 tɕ‘iɐɯ³³ p‘ɐɯ³³ 上班儿 ʂaŋ⁴¹ pɐɯ³³
i in iŋ	iɯ	书皮儿 ʂʅ³³ p‘iɯ⁵³ 白菜心儿 pæ⁵³ ts‘æ⁴¹ siɯ³³ 病儿 piɯ⁴¹
uei uən uəŋ	uɯ	汽水儿 tɕ‘i⁴¹ ʂuɯ⁵³ 木棍儿 mu³³ kuɯ⁴¹ 小虫儿 siɔ⁵³ tʂ‘uɯ⁴¹
y yn yŋ	yɯ	金鱼儿 tɕin³³ yɯ⁵³ 合群儿 xə⁵³ tɕ‘yɯ⁵³
iæ iɛn	iɐɯ	过界儿 kuo⁴¹ tɕiɐɯ⁴¹ 花边儿 xua³³ piɐɯ³³ 睁眼儿 tsəŋ³³ iɐɯ⁵³
uæ uan	uɐɯ	一块儿 i³³⁵³ k‘uɐɯ⁴¹ 吸管儿 ɕi³³ kuɐɯ⁵³
yɛn	yɐɯ	花卷儿 xua³³ tɕyɐɯ⁵³ 圆圈儿 yɛn⁵³ tɕ‘yɐɯ³³

3. 普通型儿化

普通型儿化与普通话儿化音变相同或相似，变化时，在原韵尾直接加卷舌动作，或去掉原韵尾再加上卷舌动作。普通型儿化韵与基本韵的关系如下表。

表九

原韵母	儿化韵	例词
a aŋ	ɐr	打哈哈儿 ta⁵³ xa³³ xɐr・ 歇晌儿 ɕiɛ³³ ʂɐr⁵³ 瓜瓤儿 kua³³ zɐr⁵³
ia iaŋ	iɐr	豆芽儿 təu⁴¹ iɐr⁵³ 一样儿 i³³⁵³ iɐr⁴¹
ua uo uaŋ	uɐr	菜花儿 ts‘æ⁵³ xuɐr³³ 耍货儿 ʂua⁵³ xuɐr⁴¹ 小筐儿 siɔ⁵³ k‘uɐr³³
iɛ	iɜr/yɜr	翻页儿 fan³³ iɜr³³ 树叶儿 ʂʅ⁴¹ yɜr³³
yə yɛ	yɜr	赤巴脚儿 tʂʅ̩³³ pa・tɕyɜr³³ 木橛儿 mu³³ tɕyɜr⁵³

原韵母	儿化韵	例词
ɔ	ɔr	好好儿 xɔ⁵³ xɔr³³　草稿儿 tsʻɔ⁵³ kɔr⁵³
iɔ	iɔr	裤腰儿 kʻu⁴¹ iɔr³³
ə	ər	唱歌儿 tʂʻaŋ⁴¹ kər³³　扑棱蛾儿 pʻu³³ ləŋ · ɣər⁵³
u	ur	破五儿 pʻo⁴¹ ur ·　杏儿核儿 xəu⁴¹ xur⁵³
ʮ	ʮr	一出儿 i³³ tʂʻʮr³³
əu	əur	厚厚儿 xəu⁵³ xəur³³　铁钩儿 tʻiɛ³³ kəur³³
iəu	iəur	卜绺儿 pu⁵³ liəur ·　米油儿 mi⁵³ iəur⁵³

4. 带舌尖后闪音的儿化

双唇音声母 [p pʻ m] 和舌尖中边音 [l] 与韵母 [a aŋ u o uo ɔ iɔ] 构成的音节儿化时，在原韵母之前或介音后增加了舌尖后闪音 [ɽ]，韵母同时带卷舌动作。舌尖中边音声母 [l] 构成的音节儿化后，[l] 被舌尖后闪音取代。带舌尖后闪音的儿化韵与基本韵的关系如下表。

表十

原韵母	儿化韵	例词
a	ɽɛr	腊八儿 la³³ pɽɛr³³　号码儿 xɔ⁴¹ mɽɛr⁵³　伤疤儿 ʂaŋ³³ pɽɛr³³
aŋ		鞋帮儿 ɕiæ⁵³ pɽɛr³³　声旁儿 ʂəŋ³³ pʻɽɛr⁵³
u	ɽur	面麫儿 miɛn⁴¹ pɽur⁵³　一步儿 i³³⁵³ pɽur⁴¹
o	ɽər	白脖儿 pæ⁵³ pɽər⁵³　老婆儿 lɔ⁵³ pʻɽər⁵³　泡沫儿 pʻɔ⁴¹ mɽər³³
uo	ɽuər	一摞儿 i³³⁵³ lɽuər⁴¹
ɔ	ɽɔr	书包儿 ʂu³³ pɽɔr³³　气泡儿 tɕʻi⁴¹ pʻɽɔr⁴¹　兔毛儿 tʻu⁴¹ mɽɔr⁵³
iɔ	iɽɔr	树苗儿 tʂʻʮ⁴¹ miɽɔr⁵³　打水漂儿 ta⁵³ tʂʻuei⁵³ pʻiɽɔr³³

5. 带舌尖前闪音的儿化

唇齿音 [f v]、舌尖中音 [t tʻ n]、舌尖前音 [ts tsʻ s]、舌面音 [tɕ tɕʻ ɕ] 与韵母 [a aŋ u ia iɛ ɔ iɔ əu uei] 构成的音节儿化时，在原韵母之前或介音后增加了舌尖前闪音 [ɾ]，韵母同时带卷舌动作。

表十一

原韵母	儿化韵	例词
a	ʅɚr	圪垯儿 ku³³ tɣɚr· 麦茬儿 mæ³³ ts'ɣɚr⁵³ 煤渣儿 mei⁵³ tsɣɚr³³
aŋ		药方儿 yɔ³³ fɣɚr³³ 稀汤儿 ɕi³³ t'ɣɚr³³
u	ɣur	画图儿 xua⁴¹ t'ɣur⁵³ 大老粗儿 ta⁴¹ lɔ⁵³ ts'ɣur³³
ia	iɣɚr	每家儿 mei⁵³ tɕiɣɚr³³ 一下儿 i³³|⁵³ ɕiɣɚr⁴¹
iɛ	iɣɜr/ɣɜr	一圪节儿 i³³ ku³³ tsɣɜr³³ 一捏儿 i³³ nɣɜr³³ 锅贴儿 kuo³³ t'iɣɜr³³
ɔ	ɣɔr	桃儿 t'ɣɔr⁵³ 豆腐脑儿 tǝu⁴¹ fu· nɣɔr⁵³ 一道儿 i³³|⁵³ tɣɔr⁴¹
iɔ		请假条儿 ts'iŋ⁵³ tɕia⁴¹ t'ɣɔr⁵³ 鸟儿 nɣɔr⁵³ 睡觉儿 sei⁴¹ tɕɣɔr⁴¹
ue	ɣǝur	提兜儿 t'i⁵³ tɣǝur³³ 线头儿 sien⁵³ t'ɣǝur⁵³ 小偷儿 siɔ⁵³ t'ɣǝur³³
iuei		袄袖儿 yɔ⁵³ sɣǝur⁴¹ 初九儿 tʂ'u³³ tɕɣǝur⁵³

（三）轻声

轻声在物理属性上的表现主要表现为音长变短、音强变弱，音高受前一个字声调的影响变得不定。轻声有时会引起声母的变化，轻声音节中的不送气清塞擦音往往变成送气的清塞擦音，如"伙计"读作 xuo⁵³ tɕ'i·；送气清塞音往往变成不送气清塞音，如"糊涂"读作 xu⁵³ tu·；塞音也可以变成边音，如"兄弟"表示弟弟的意思时读作 ɕyŋ³³ li·。轻声也会引起韵母的变化甚至脱落，如"婆家 po⁵³ tɕiæ·""人家 zǝn⁵³ tɕiæ·""鼻子 pi⁵³ tsǝ·""桌子 tʂuo³³ tsǝ·""豆腐 tǝu⁴¹ f·""他们 t'a⁵³ m·"。

1.轻声音节的主要规律

（1）语气词"哩、了（lǝ·）、喽（lɔ·）、嘞（læ·）、吧、呀"等一般读轻声。

王栓家是村里人口儿最多哩。

俺老李家明朝都从山西长子县迁到李家庄了。

你可看好咱哩东西儿，嫑弄丢喽。

你这身儿衣裳咋阵好看嘞？

下大了，咱停一会儿再走吧？

今儿这天真冷呀！

（2）"哩、着（tʂuo·）、过"等助词和"上、下、里、边"等方位名词一般读轻声。

哩：我~书　小红~衣裳　慢慢儿~说　好好儿~干　高兴~不能行　吃~撑死了

吃着　看着　听过　见过　桌子上　房坡儿上　地下　底下　屋里　这边儿　那边儿

（3）"头儿、子、儿、头、们"等后缀一般读轻声。

头儿：想~　盼~　吃~　说~　看~　念~　多~　干~　弄~

婆子　身子　皮子　苇子　花儿　歌儿　石头　砖头　我们　咱们

（4）动词或形容词后面表趋向的"上、来、去、上来、起来"等一般读轻声。

关上　盖上　戴上　上来　进来　出去　过去　爬上来　走上来　说起来　听起来

（5）叠音词、重叠词及重叠式的后一个音节一般读轻声。

蛛蛛（蜘蛛）　虹虹（蜻蜓）　退儿退儿（地蜘蛛）　公公　走走　看看　翻翻　烤烤

（6）习惯上后一个音节读轻声的双音节词。

根脚　憋肚　鳖虎　鳖胡　憋屈　暖和　柴火　应承　匀实　稳当　红火　腌臜　硬是　硬扎　疑心　恶水　外气　外先　恶子　恶心　婆家　娘家　公家　人家　毛捣　木梳　圪颤　毛蛋　气死　木枕　成色　媒人　好处　难处　害处　晃荡　打听　叫唤　尾巴　西瓜　萝卜　黄瓜　膏药　溜达　凉快　月亮　唠叨　庄稼　商量　招呼　指甲　耳朵　巴掌　扁担　扁垛　老实　摆治　铺衬　铺摊　吆喝　饼馍　腻抹　腻歪　冰盘（大圆瓷盘子）　批掰（批讲、分析）　笸箩（pu⁵³ luo·）　咳嗽（tsʻəu·）　出息（sy·）　灯笼儿（ləur·）　横胡儿（雕鸮）

2. 孟津方言里的轻声有的有区别意义的作用

蒸馍 tʂən³³ mo⁵³（蒸馒头，动词）　　　　蒸馍 tʂən³³ mo·（蒸的馒头）

烙馍 luo³³ mo⁵³（烙制面饼，动词）　　　烙馍 luo³³ mo·（烙制的饼）

火烧 xuo⁵³ ʂɔ³³（用火烧）　　　　　　火烧 xuo⁵³ ʂɔ·（用火烤制的饼）

利害 li⁴¹ xæ⁴¹（利和害）　　　　　　　利害 li⁴¹ xæ·（可怕）

运气 yn⁴¹ tɕʻi⁴¹（把气运到身体某处）　运气 yn⁴¹ tɕʻi·（命运）

（四）变调

孟津方言的变调主要有形容词叠字变调、"一、三、七、八、不"和"圪""没""黑""坷"的变调。

1.形容词叠字变调（词典正文中，此类变调只注变调不注本调）

形容词叠字变调主要有以下几种类型：

单音节形容词重叠后往往儿化，儿化后，第一个字读本调，第二个儿化音节读阴平调。

稠稠儿 tʂʻəu⁵³ tʂʻəur³³　　好好儿 xɔ⁵³ xɔr³³　　瘦瘦儿 səu⁴¹ srəur³³

黄黄儿 xuaŋ⁵³ xuɐr³³　　慢慢儿 man⁴¹ mɐɯ³³　　满满儿 man⁵³ mɐɯ³³

扁扁儿 piɛn⁵³ piɐɯ³³　　白白儿 pæ⁵³ pɐɯ³³　　远远儿 yɛn⁵³ yɐɯ³³

近近儿 tɕin⁴¹ tɕiɯ³³　　甜甜儿 tʻiɛn⁵³ tʻiɯ³³　　早早儿 tsɔ⁵³ tsrɔr³³

薄薄儿 po⁵³ pɽɘr³³　　厚厚儿 xəu⁴¹ xəur³³　　冷冷儿 ləŋ⁵³ ləɯ³³

静静儿 tsiŋ⁴¹ tsiɯ³³　　短短儿 tuan⁵³ tuɐɯ³³　　大大儿 ta⁴¹ trɐr³³

红红儿 xuəŋ⁵³ xuɯ³³　　长长儿 tʂʻaŋ⁵³ tʂʻɐr³³

双音节形容词重叠 AABB 式第一个和第三个音节读本调，第二个和第四个重叠音节读轻声。ABB 式是后字叠音，ABB 式的变调一般是第一个音节读本调，第二个音节读轻声，第三个音节读阳平上。

AABB 式：干干净净 kan³³ kan·tsiŋ⁴¹ tsiŋ·

漂漂亮亮 pʻiɔ⁴¹ pʻiɔ·liaŋ⁴¹ liaŋ·

利利索索 li⁴¹ li·suo⁵³ suo·

扎扎实实 tsa³³ tsa·ʂʅ⁵³ ʂʅ·

毛毛糙糙 mɔ⁵³ mɔ·tsʻɔ⁴¹ tsʻɔ·

客客气气 kʻə⁵³ kʻə·tɕʻi⁴¹ tɕʻi·

ABB 式：清亮亮 tsʻiŋ³³ liaŋ·liaŋ⁵³

厚墩墩 xəu⁴¹ tuən·tuən⁵³

薄溜溜 po⁵³ liəu·liəu⁵³

稀薄薄 ɕi³³ po·po⁵³

凉丝丝 liaŋ⁵³ si·si⁵³

红丢丢 xuəŋ^{53} tiəu · tiəu^{53}

凉阴阴 liaŋ^{53} in · in^{53}

黑嘟嘟 xuɯ^{33} tu · tu^{53}

明唧唧 miŋ^{53} tsi · tsi^{53}

2. "一、三、七、八、不"变调

孟津方言中，"一、三、七、八、不"都读阴平，连读时会发生变调，规律是去声音节前读阳平上，非去声前读本调。

一 i$^{33|53}$+去声：一致　一共　一个　一定　一样　一遍　一下　一倍

　　i^{33}+非去声：一生　一身　一天　一两　一体　一手　一直　一百

三 san$^{33|53}$+去声：三下　三栋　三类　三句　三夜　三步　三令五申

　　san^{33}+非去声：三军　三秋　三皇　三人　三年　三思　三言两语

七 ts'i$^{33|53}$+去声：七部　七大　七号　七夜　七个　七寸　七上八下

　　ts'i^{33}+非去声：七尺　七成　七人　七律　七折　七绝　七嘴八舌

八 pa$^{33|53}$+去声：八字　八卦　八戒　八倍　八万　八拜之交

　　pa^{33}+非去声：八两　八角　八一　八音　八荒　七嘴八舌

不 pu$^{33|53}$+去声：不去　不够　不睡　不变　不胜　不是　不再

　　pu^{33}+非去声：不好　不同　不可　不停　不如　不久　不敢

3. "圪""没""黑""坷"的变调

"圪" [kɯ^{33}] 是一个构词前缀，构词能力极强，大量存在于晋方言及与晋方言交界的官话中。孟津方言中"圪"字头的词数量众多，"圪"本字为阴平调，去声音节（也可是由去声变读的轻声音节）前变读阳平上，非去声（或无可恢复的本调，或是由非去声变读的轻声音节）前读本调。

kɯ$^{33|53}$+去声：圪别　圪燎　圪颤　圪癔　圪晃　圪亚

kɯ^{33}+非去声：圪垯　圪捣　圪漏　圪巴　圪帛　圪瓶　圪蹦

"没" [mu^{33}]，否定副词，相当于普通话的"没有"。"没"本字为阴平调，去声音节前变读阳平上，非去声音节前读本调。

mu$^{33|53}$+去声：没治　没啥　没有　没正形　没势儿　没样儿

mu^{33}+非去声：没材料　没耳性　没出息　没合什　没眼色

"黑" [xuɯ^{33}]，孟津方言中既可做名词，也可做形容词，还可以做构词前缀。"黑"本字为阴平调，去声音节（也可是由去声变读的轻声音节）

前变读阳平上，非去声音节前读本调。

xɯ³³⁵³＋去声：黑地　黑捞　黑丧　黑厌　黑瘦　黑户儿　黑话儿

xɯ³³＋非去声：黑色　黑风　黑红　黑手　黑老鸹　黑灯瞎火

"坷" [k'ɯ³³] 是一个构词前缀，其本调为阴平，去声音节（也可是由去声变读的轻声音节）前变读阳平上，非去声音节前读本调。

k'ɯ³³⁵³＋去声：坷垃　坷泡儿　坷漏儿　坷搂儿

k'ɯ³³＋非去声：坷烦　坷嚓　坷台儿　坷膝盖儿　坷蹭人

（五）文白异读现象

孟津方言的文白异读现象比较普遍，既有系统性的文白异读，也有不成系统的；文白异读的类型既有声母的异读，也有韵母和声调的异读。举例列表如下：

表十二

	白读	文读		白读	文读
液	[i⁵³] 输～	[iɛ⁴¹] ～化气	绿	[lu³³] ～色	[ly³³] 嫩～
藏	[ts'iaŋ⁵³] ～起来	[ts'aŋ⁵³] 隐～	嫩	[luən⁴¹] ～黄瓜	[nən⁴¹] 稚～
墨	[mei³³] ～水儿	[mo³³] ～子	喉	[xu⁵³] ～咙	[xəu⁵³] ～舌
笼	[ləu⁴¹] 灯～儿	[luəŋ⁵³] ～络	厕	[ts'æ³³] ～所	[ts'ə³³] ～身其间
尾	[i⁵³] ～巴	[vi⁵³] 首～	六	[lu³³] ～月	[liəu⁴¹] ～～大顺
生	[sən³³] ～煤火	[səŋ³³] ～人	披	[p'ei³³] ～衣裳	[p'i³³] 荆斩棘
外	[uei⁴¹] ～爷	[uæ⁴¹] ～人	横	[xuəŋ⁵³] ～水镇	[xəŋ⁴¹] 纵～
塑	[suo³³] ～料	[su⁴¹] ～造	唾	[t'u⁴¹] ～沫	[t'uo⁴¹] ～手可得
秧	[zaŋ³³] 薅～	[iaŋ³³] ～苗	做	[tsəu⁴¹] ～鞋	[tsuo³³] ～工作
硬	[ɣəŋ⁴¹] 单用	[in⁴¹] 坚～	牛	[ɣəu⁵³] 水～	[niəu⁵³] ～奶
嗽	[ts'əu·] 咳～	[səu⁴¹] ～喘	照	[zɔ⁴¹] ～眼	[tʂɔ⁴¹] ～顾
鲜	[syɛn³³] 新～	[siɛn³³] ～卑	裂	[læ³³] ～口子	[liɛ³³] 分～
退	[t'uən⁴¹] ～着走	[t'uei⁴¹] ～步	触	[tʂu⁵³] 接～	[tʂ'u⁵³] ～动
殊	[tʂ'ʅ³³] 特～	[ʂʅ³³] ～途同归	所	[suo⁵³] ～长	[suo⁵³] 死得其～
式	[tʂʅ⁴¹] ～样儿	[ʂʅ⁴¹] 开幕～	伸	[tʂ'ən³³] 胳膊	[ʂən³³] ～张正义

	白读	文读		白读	文读
舒	[tʂʻʅ³³] ~坦	[ʂʅ³³] ~服	深	[tʂʻən³³] ~浅	[ʂən³³] ~奥
簸	[pu⁴¹] ~箕	[po⁵³] ~东西	输	[zʅ³³] ~赢	[ʂʅ³³] 运~
宿	[sy³³] ~舍	[su³³] 风餐露~	核	[xu⁵³] ~桃	[xɔ⁵³] 原子~
容	[yŋ⁵³] ~易	[zuəŋ⁵³] 包~	膝	[tsʻi³³] 坷~盖儿	[si³³] 促~长谈
寻	[sin⁵³] ~人	[syn⁵³] ~~觅觅	轮	[lyn⁵³] ~到	[luən⁵³] 车~
联	[lyɛn⁵³] ~衣裳	[liɛn⁵³] ~系	烈	[læ³³] ~士	[liɛ³³] 激~

词典例句常用词语注释

不腔 [pu³³ tɕʻiaŋ³³]，语气副词，表示假设或推测，"不一定"的意思。如：他 ~ 能去。

薆 [po⁵³]，"不要"的合音词，表示劝阻或禁止的语气。如：你可看好孩子，~ 叫他去马路上玩儿。

半年 [pan⁴¹ niɛn⁵³]，语气副词，由时间名词虚化而来，表示吃惊、恍然大悟的语气。如：~ 是你呀？我真没认出来。

甮 [piŋ⁴¹]，"不应"的合音词，表示劝阻或禁止，语气比"薆"更为强烈。如：你 ~ 说了中不中？

没 [mu³³]，否定副词，相当于"没有"，可以作动词，也可以作否定副词。如：家里 ~ 人｜今儿领导 ~ 来，有啥事儿跟我说。

冇 [miəu⁴¹]，也读 [miɔ³³]，"没有"的合音词。

多咱 [tuo⁵³ tsan⁴¹]，疑问代词，"什么时候"的意思。如：咱 ~ 去北京呀？

单门儿 [tan³³ məɯ⁵³]，情状副词，表示主观上刻意去做某事，相当于普通话的"故意、特意"。如：他知道老王今儿来，~ 躲出去了。

那坨儿 [na⁴¹ tʻuɐr⁵³]，那里。如：~ 蚊子可多，咱不去那儿啊。

那儿着 [nʐɐr³³ tʂuo·]，指示代词，"那样"的意思。如：叫你这着弄你非～弄，弄砸了吧？

年时年 [niɛn⁵³ sʅ·niɛn⁵³]，去年。如：～厂里效益不老好。

恁 [nən⁵³]，第二人称代词，既可以表示单数，也可以表示复数。

恁 [nən⁴¹]，指示代词，①那。如：～着｜～着晚儿。②那么，那样。如：你这孩子咋～不听说嘞？

哩 [li·]，①结构助词，可以用在定中之间、状中之间、动补之间。如：我～鞋湿了｜你慢慢～走，甭慌｜小红唱～怪好听哩。②时态助词。如：我是夜儿去～商场。③语气助词。如：老潘家是村儿里最有钱儿～。

了 [lə·]，语气词，可以用在陈述句、祈使句、疑问句和感叹句中，有完足句子、舒缓语气的作用。如：天快明～｜你先走吧，甭等他～｜小刚去哪儿～｜今儿这天快热死～。

嘞 [læ·]，①用疑问句中表示疑问。如：天都黑了，你咋还不回来吃饭～？②用在感叹句中表示较委婉的感叹语气。如：你做这饭咋阵好吃～！

喽 [lɔ·]，①用在动词后，表示动作的完成。如：吃～饭咱去逛街吧？②用在动补短语后表示可能。如：你哟人能拿动～？恁俩人抬着去吧。

了 [liɔ⁵³]，动态助词，表示完成态。如：我洗～衣裳咱可去看电影去。

抓 [tsua⁵³]，"做啥"的合音词。如：你这是～哩呀？

就 [tsəu⁴¹]，①表示即将发生或实现。如：你不应慌哩，再过一会儿～弄好了。②表示两件事情紧接着发生。如：他一见我～跑了。

些微 [syɛ³³ vi⁵³]，程度副词，表示的程度不深。如：我哩脚还～疼一点儿。

旋 [syɛn⁴¹]，时间副词，①临时。如：没事儿，～弄也来及喽。②立即，马上。如：她到家～擀面条～炒菜。

这坨儿 [tʂʅɔ⁴¹ tʰuɐr⁵³]，这里。如：我改～等着你，你去买吧。

这着 [tʂʅɔ³³ tʂuo·]，指示代词，"这样"的意思。如：你光～弄可不中呀！

阵 [tʂəŋ⁴¹]，"这么"的合音词，程度副词，表示的程度高。如：今儿这天咋～热嘞？

　　阵着 [tʂən⁴¹ tʂʅə·]、阵着晚儿 [tʂən⁴¹ tʂʅə· vɯɯ⁵³]，现在。如：～这孩子们真享福，想吃啥吃啥。

　　较起 [tɕiɔ⁴¹ tɕʻi⁵³]，程度副词，表示的程度不深。如：～点点儿香油就好吃了。

　　刚刚儿 [tɕiaŋ³³ tɕiɚ·]，也说"刚 [tɕiaŋ³³]""刚刚 [tɕiaŋ³³ tɕiaŋ³³]""才刚 [tsʻæ⁵³ tɕiaŋ³³]"，时间副词，表示动作行为发生在不久之前。

　　血 [ɕiɛ³³]、忒 [tʻæ³³]、百 [pæ³³]、通 [tʻuən³³]、怪 [kuæ⁴¹]、死 [sʅ⁵³]、滂 [pʻaŋ³³]、梆 [paŋ³³]，程度副词，表示的程度高。

　　改 [kæ⁵³]，大致相当于普通话的"在"，可以做动词，也可以作介词。如：我～洛阳哩｜小红～家打扫卫生哩。

　　黑地 [xɯ⁵³ ti·]，夜晚。

　　后晌 [xɔ⁴¹ ʂaŋ·]，下午。

　　一势 [i³³⁵³ ʂʅ⁴¹]，一直。如：你要～这样儿，这事儿可弄不成。

　　夜儿 [iɚ⁴¹]，昨天。如：～村儿里唱戏了。

　　哟 [yə⁴¹]，"一个"的合音词。如：大半夜哩，你～人也不害怕？

音节表

p		p'a	22	mei	38	va	53	tuan	71
pi	1	p'ia	22	mɔ	39	van	53	taŋ	71
pu	1	p'iɛ	22	miɔ	40	vən	54	tiaŋ	72
pa	7	p'o	23	man	41	vaŋ	54	tuaŋ	72
pia	9	p'æ	24	miɛn	42	**t**		təŋ	72
piɛ	9	p'ei	24	mən	43			tiŋ	73
po	9	p'ɔ	25	min	44	ti	56	tuəŋ	73
pæ	10	p'iɔ	25	maŋ	44	tu	57	**t'**	
pei	12	p'an	25	məŋ	45	ta	58		
pɔ	13	p'iɛn	26	miŋ	45	tia	62	t'i	75
piɔ	14	p'ən	27	**f**		tiɛ	62	t'u	76
pan	14	p'in	27			tuo	62	t'a	76
piɛn	16	p'aŋ	27	fi	47	tæ	63	t'iɛ	77
pən	17	p'əŋ	28	fu	47	tei	64	t'uo	77
pin	18	p'iŋ	28	fa	48	tuei	64	t'æ	78
paŋ	18	**m**		fan	48	tɔ	65	t'uei	79
pəŋ	18			fən	50	tiɔ	66	t'ɔ	79
piŋ	19	mi	30	faŋ	51	təu	67	t'iɔ	80
p'		mu	31	fəŋ	52	tiəu	68	t'əu	81
		ma	33	**v**		tan	68	t'an	82
p'i	20	mo	35	vi	53	tiɛn	69	t'iɛn	83
p'u	21	mæ	36	vu	53	tuan	70	t'uən	84

tʂəu	169	ʂʐ̩	187	z̩əŋ	206	tɕʻin	221	kei	240
tʂan	169	ʂʮ	189	z̩uəŋ	206	tɕʻyn	221	kuei	240
tʂuan	169	ʂa	190	**tɕ**		tɕʻiaŋ	221	kɔ	241
tʂən	170	ʂua	191			tɕʻiŋ	221	kəu	241
tʂuən	171	ʂʐ̩ə	191	tɕi	207	tɕʻyŋ	222	kan	243
tʂaŋ	171	ʂʮə	191	tɕy	208	**ɕ**		kuan	244
tʂuaŋ	172	ʂuo	192	tɕia	208			kən	245
tʂəŋ	173	ʂuæ	193	tɕyə	209	ɕi	223	kuən	245
tʂuəŋ	173	ʂuei	193	tɕiɛ	210	ɕy	224	kaŋ	245
tʂʻ		ʂɔ	194	tɕyɛ	210	ɕia	224	kuaŋ	246
		ʂəu	195	tɕiæ	210	ɕyə	226	kəŋ	247
tʂʻu	175	ʂan	197	tɕiɔ	211	ɕiɛ	226	kuəŋ	247
tʂʻʐ̩	175	ʂuan	197	tɕiəu	212	ɕyɛ	226	**kʻ**	
tʂʻʮ	177	ʂən	197	tɕiɛn	212	ɕiæ	226		
tʂʻua	178	ʂuən	198	tɕyɛn	212	ɕiɔ	227	kʻu	248
tʂʻʐ̩ə	179	ʂaŋ	199	tɕin	213	ɕiɛn	227	kʻɯ	248
tʂʻuo	179	ʂuaŋ	200	tɕyn	214	ɕyɛn	228	kʻa	249
tʂʻuæ	179	ʂəŋ	201	tɕiaŋ	215	ɕin	228	kʻua	249
tʂʻuei	179	**ʐ̩**		tɕiŋ	215	ɕyn	229	kʻə	249
tʂʻɔ	180			**tɕʻ**		ɕiaŋ	229	kʻuo	250
tʂʻəu	180	ʐ̩ʮ	202			ɕiŋ	229	kʻæ	250
tʂʻan	181	z̩a	202	tɕʻi	217	ɕyŋ	230	kʻuæ	251
tʂʻuan	181	z̩ua	202	tɕʻy	218	**k**		kʻei	251
tʂʻən	182	z̩ʐ̩ə	203	tɕʻia	219			kʻuei	251
tʂʻuən	183	z̩ʮə	203	tɕʻyə	219	ku	231	kʻɔ	251
tʂʻaŋ	183	z̩uæ	203	tɕʻiɛ	219	kɯ	233	kʻəu	252
tʂʻuaŋ	184	z̩ɔ	203	tɕʻyɛ	219	ka	236	kʻan	253
tʂʻəŋ	184	z̩əu	203	tɕʻiæ	219	kua	236	kʻuan	254
tʂʻuəŋ	185	z̩uan	204	tɕʻiɔ	219	kə	237	kʻən	254
ʂ		z̩ən	204	tɕʻiəu	220	kuo	238	kʻuən	254
		z̩uən	206	tɕʻiɛn	220	kæ	239	kʻaŋ	254
ʂu	187	z̩aŋ	206	tɕʻyɛn	221	kuæ	240	kʻuaŋ	255

孟津方言词典

p

pi

【秕子】pi³³ tsʅ‧ 用来给崩坏的条状物加固或定型的东西。如：这棵树又细又高，得弄～秕住，要不是风一刮就折了。

【秕住】pi³³ tsʅ‧ ①细长物体崩坏但未折断开来，用其他长条状物体捆缚住使坚固。如：这条板凳腿跛了，先弄哟棍儿～它吧。②人畜受伤骨折，用夹板固定伤处，类似打石膏。

【□挤蛋儿】pi³³ tsi‧tɤu⁴¹ 指特别各啬小气的人。如：刘青通～哩，甭跟他共事儿。

【秕谷】pi⁵³ ku‧ 只有空壳或籽实不饱满的谷物。如：今年庄稼收成不好，一亩地能有二斗～。

【鼻儿】piɯ⁵³ 物体上可穿过的小孔。如"门～""针～"。

【鼻子】pi⁵³ tsʅ‧ ①鼻子。②鼻涕。如：才感冒哩时候儿光流清～。

【鼻子不透气儿】pi⁵³ tsʅ‧pu³³⁵³ t'əu⁴¹ tɕ'iɯ⁴¹ 因伤风感冒而鼻塞。

【鼻子尖】pi⁵³ tsʅ‧tɕiɛn³³ 嗅觉灵敏。如：就你～，隔十里地闻着可来了。

【鼻子眼儿】pi⁵³ tsʅ‧iɤu⁵³ 鼻孔。如：君君冻着了，～不透气儿，一势哭。

【鼻圪垯儿】pi⁵³ kɯ³³ tɤr‧ 鼻头。如：老话儿说～大哩人有福气。

【鼻圪痂儿】pi⁵³ kɯ³³ tɕiɤr‧ 鼻屎，鼻子的分泌物。‖ 也说"鼻圪渣儿 pi⁵³ kɯ³³ tsɤr"。

【鼻窟窿儿】pi⁵³ k'u³³ luɯ‧ 鼻孔。

【鼻凹儿】pi⁵³ uɤr³³ 鼻子两侧凹处。

【哔叽】pi⁴¹ tɕi³³ 一种斜纹纺织品，有毛织和棉织两种。如：俺达年轻哩时候儿，能穿一件儿～衣裳就通跩着哩。

【滗】pi⁴¹ 挡住渣滓或泡着的东西，把液体倒出去。如：鱼儿蒸好了得先～了水再烹油。

【算子】pi⁴¹ tsʅ‧ ①一种有空隙用来蒸制食物的炊具，过去多由竹片制成，现在则多是铁、铝、不锈钢等合金材料制成。如：今儿蒸了三～馍。②一种镂空的可以过滤杂质的金属盖网。如：盖下水道口儿哩铁～叫偷了。

【鎞】pi⁴¹ 把刀的刃部在布、皮、石头等上面反复摩擦几下，使锋利。如：～刀｜～刀布。

pu

【卜噔】pu³³ təŋ³³ 从高处掉下来的声音。

【卜捏】pu³³ niɛ‧用手指反复揉捏。如：你～了半天了，中了没有？

【卜喃】pu³³ nan‧吃饭和自语的声音。如：他嘴里～了半天，也不知道说了点儿啥。

【卜黏】pu³³ niɛn· 嘴巴轻轻地咀嚼。如：你慢点儿～～咽喽吧！

【卜溜子摔拐】pu³³ liəu⁵³ tsʅ· ʂuæ⁵³ kuæ⁵³ 形容人衣衫不整的样子。如：你看你穿那叫啥？～哩，难看死了。

【卜郎鼓儿】pu³³ laŋ· kur⁵³ 货郎所拿的有柄小鼓，两侧以绳系坠，摇动时"卜郎"作响，故名。如：赶会哩时候儿给孩子买了哟～。

【卜楞】pu³³ ləŋ· 摇晃，摆动。如：还没有刚给他一提哩，他哩低脑摇哩～～哩。

【卜叽】pu³³ tsi· 踩在水里的声音。如：小军看见哟小水坑儿可跑过去了，跳进去～～踩哩可高兴了。

【卜叽叽哩】pu³³ tsi· tsi⁵³ li· 后加成分，表示程度高。如：酸～。

【卜咂】pu³³ tsa· 嘴不停地开合并发出声响。如：小闺女儿家吃饭揾着嘴慢点儿嚼，不应～嘴！

【卜津】pu³³ tsin· 液体慢慢向外渗出。如：缸可能没有铕好，还给外头～水哩。

【卜甩】pu³³ sæ· 形容较软的东西来回摆动。如：你那头发忒长了，干活儿哩时候儿～来～去不安全，铰了吧？

【不甩乎】pu³³ sæ⁵³ xu· 不在乎，不当回事，不放在眼里。如：他觉着各人怪能哩，村里人他谁都～。‖西乡说"不口甩 pu³³ tsʻiəu³³ sæ·"。

【不美】pu³³ mei⁵³ ①心情不愉快，不舒服。如：这一回没有评上职称，他心里通～哩。②不舒服，有病。如：这两天有点儿～，不想动弹。③事情办得不妥当。如：这事儿你弄哩可真～。‖也说"不美气 pu³³ mei⁵³ tɕʻi⁴¹"。

【不翻儿】pu³³ fɐuɪ· 一种特色美食。孟津不翻儿一般是以上好的绿豆为原料，经涨发、去皮，磨成豆浆，加入鸡蛋和食盐调成糊状，烙制时盛一勺倒在中间鼓起的铁鏊子里，熟后用锅铲铲出。因饼很薄烙时不须将饼子翻个儿，故而得名。不翻儿可以空口蘸蒜汁吃，也可以做汤。

【不翻儿汤】pu³³ fɐuɪ· tʻaŋ³³ 用不翻儿做的汤，有大小锅之分，大锅不翻儿汤是清素的，小锅不翻儿汤用的是骨头汤，配头儿也多一些。制作时将三张不翻儿叠着放在碗里，放些事先煮好的黄花菜、海带丝、木耳、粉条之类，浇上一勺滚烫的素汤或骨头汤，倒上醋，撒上胡椒粉，就成了酸辣可口的不翻儿汤。

【不翻个儿】pu³³ fan³³ kər⁴¹ 形容不识大体、不通情理的人。如：他这人一辈子～，跟谁都搁合不好。

【不忿儿】pu³³⁵³ fɐuɪ⁴¹ ①不平、不服气。如：你有啥～哩？人家谁不比你强？②不满。如：你也不应～，这事儿就这了。

【不打点】pu³³ ta⁵³ tiɛn⁵³ ①不好，不中用。②没有预先考虑；没有准备。如：妞妞这孩子啥事儿老是～，临到头儿了慌了吧？

【不大点儿】pu³³⁵³ ta⁴¹ tiɐuɪ⁵³ 小；少。如：他那房子才～，够谁住喽？

【不大儿】pu³³⁵³ trɐr⁴¹ 指体积小或年龄小。如：你那时候儿才～一点儿，还不懂事儿。

【不打置】pu³³ ta⁵³ tʂʅ· 不理。如：不应生气了，下响～她都中了。

【不搭腔】pu³³ ta³³ tɕʻiaŋ³³ 不接话；不说话。如：你耳朵聋了？叫你恁些声儿你都｜她俩不对劲儿，平时就～。

【不得了】pu³³ tæ³³ liɔ⁵³ 表示程度高或情况很严重，无法收拾。如：可～了，听说老王家三口儿叫车撞了。

【不待见】pu³³⁵³ tæ⁴¹ tɕiɛn· 不喜欢。如：你还看不出来呀？恁妈一点儿～恁二哥。

【不得】pu³³ tei⁵³ 否定副词，表示没机会做某事，感到无奈和惋惜。如：俺都今儿去吃桌，你～去。

【不得够】pu³³ tei³³ kəu⁴¹ 不够。如：咱阵多地哩，这点儿肥料～，再买点儿吧。

【不得劲儿】pu³³ tei³³ tɕiɯ⁴¹ ①不舒服，生病。如：夜儿个晌午吃哩有点儿辣了，一黑地胃里一势～。②因不合适或不顺手而用起来不舒服。如：这板凳有点儿高，坐着～。③心里不安，难受。如：看孩子哭成那样儿，她心里也怪～哩。

【不对劲儿】pu³³⁵³ tuei⁴¹ tɕiɯ⁴¹ 两人或两家有矛盾，不和睦；不对头。如：他弟儿俩有点儿～，很少来往 | 看情况是不是有点儿～呀? 可能要出事儿。

【不对眼法儿】pu³³⁵³ tuei⁴¹ iɛn⁴¹ frɚ‧ 脾气不合。如：他跟他媳妇儿就是～，俩人生了一辈子气。‖ 也说"不对眼儿 pu³³⁵³ tuei⁴¹ iɛɯ⁴¹"。

【不当不正】pu³³ taŋ³³ pu³³⁵³ tʂəŋ⁴¹ 物品摆放的位置不合适，影响行动。如：屋里搁那哟板凳～哩，正好挡住路。

【不定】pu³³⁵³ tiŋ⁴¹ 说不定; 没准儿。如：早点儿收拾收拾那间屋子吧，孩子们～啥时候儿就回来了。

【不丁兑】pu³³ tiŋ³³ tuei‧ 指人不实在，不可靠。

【不透气儿】pu³³⁵³ t'əu⁴¹ t'ɕiɯ⁴¹ 不开窍。如：不应跟他说了，这孩子一点儿～。

【不听说】pu³³ t'iŋ³³ ʂuə³³ 不听别人的话。如：你这孩子咋阵～嘞，也起来动动，不应一势改那儿坐着了。

【不停势儿】pu³³ t'iŋ⁵³ ʂuei⁴¹ 一直不停地忙。如：清早起来到阵着晚儿，他～哩一势干。

【不耐】pu³³⁵³ næ⁴¹ ①经受不住。如：你买这件儿衣裳颜色忒浅，～脏。②不能持久。如：这柴火～烧。

【不能行】pu³³ nəŋ⁵³ ɕiŋ⁵³ 后置成分。非常；受不了。如：屋里头脏哩～，甭进去了。

【不赖】pu³³⁵³ læ⁴¹ 好，不坏。如：这一回买哩红薯还怪～哩，又甜又面。‖ 也说"不孬 pu³³ nɔ³³"。

【不来事儿】pu³³ læ⁵³ səɯ⁴¹ 两人或两家有矛盾互不来往。如：小平给涓生吵过

架，两家儿阵着晚儿还～。

【不娄儿】pu³³ ləɯ⁵³ 形容不是难事，很容易完成。如：放心吧，这点儿活儿～他干。‖ 西乡说"不鲁 pu³³ lu⁵³"。

【不娄儿吃】pu³³ ləɯ⁵³ tʂʻɿ³³ 不太多，能够吃完。如：就这点儿饭? ～。‖ 西乡说"不鲁吃 pu³³ lu⁵³ tʂʻɿ³³"。

【不露脸儿】pu³³⁵³ ləu⁴¹ liɛɯ⁵³ 丢人，不光彩。如：你真～，办这叫啥事儿?

【不罗盖儿】pu³³ luo⁵³ kɯ⁴¹ 孟津西乡人称膝盖。‖ 也说"不郎盖儿 pu³³ laŋ⁵³ kɯ⁴¹"。

【不楞登】pu³³ ləŋ‧ təŋ‧ 后加成分，表示程度。如"傻～"。

【不自在】pu³³⁵³ tsɿ⁴¹ tsæ‧ ①感觉拘束不自然。如：第一次见面，俩人都有点儿～。②因小病而感不适。如：今儿有点儿～，不想去上班儿了。

【不足成儿】pu³³ tsy³³ tʂʻəɯ⁵³ 不够聪明，有点傻。如：这孩子有点儿～。‖ 也说"不足场儿 pu³³ tsy³³ tʂʻɚ⁵³"。

【不咋】pu³³ tsa⁵³ 表示程度低，相当于普通话的"不太、有点儿不"，曲折地表达说话人的建议、不满，或表示谦虚、谨慎。如：这着干～对呀。

【不咂】pu³³ tsa‧ 后加成分，相当于"不好吗"。如：你再坐一会儿～，又不慌着干啥。

【不扎实】pu³³ tsa³³ ʂɿ‧ 物体不牢固; 身体不结实。如：你做这板凳儿咋阵～嘞 | 老九那身体～，成天不是这儿就是那儿哩。

【不咋样儿】pu³³ tsa⁵³ iɚ⁴¹ 不怎么样。如：你介绍哩这哟人可～呀! ‖ 也说"不咋着 pu³³ tsa⁵³ tʂuo⁵³""不咋的 pu³³ tsa⁵³ ti⁵³"。

【不全换】pu³³ tsʻyɛn⁵³ xuan‧ 不齐全。如：家里东西～，咱还是去饭店包桌吧。

【不是】pu³³⁵³ ʂɿ⁴¹ ①不对、错误。如：对不起了，今儿这事儿是我哩～。②表示假设，"要不是"的意思。如：～你说，我还不知道这事儿哩。

【不是是啥】pu$^{33|53}$ ʂʅ^{41} ʂʅ^{41} ʂa^{41} 对某件事或某个人肯定的意思，但是比"就是"更肯定。如：～，他不听劝，这一回吃亏了吧？

【不是我说】pu$^{33|53}$ ʂʅ^{41} uo^{53} ʂuə^{33} 与别人意见不同或批评别人时，表达自己的观点，多用作插说语。如：～，你原先就不该这着办。

【不盯顾】pu^{33} sy^{53} ku · 没有注意到，不知道。如：我跟二婶改这儿说话儿哩，～他去了没有。

【不治】pu$^{33|53}$ tʂʅ^{41} 不管用；没本领。如：这药～，吃喽一点儿不见轻｜他一点儿都～，甭叫他来。

【不值顾】pu^{33} tʂʅ^{53} ku · 不合算，划不来。如：还是等等叫恁大捎去吧，～专门儿跑一趟。‖ 也说"不值当 pu^{33} tʂʅ^{53} taŋ^{41}"。

【不值啥】pu^{33} tʂʅ^{53} ʂa^{41} 很容易。如：这事儿～，放心吧，保准给你办好。

【不治事儿】pu$^{33|53}$ tʂʅ^{41} səu^{41} 不管用。如：这药都喝了十来服了，一点儿～。

【不治尬】pu$^{33|53}$ tʂʅ^{41} ka^{53} 不能用，不管用。如：你平常喷哩怪大哩，到正经事儿上可～了吧？

【不住点儿】pu$^{33|53}$ tʂʯ^{41} tiɐu^{53} 雨不停。如：今儿这雨清早起来都～哩一势下，地里该淹了。

【不主贵】pu^{33} tʂu^{53} kuei^{41} 不自尊，贱。如：看你那～那样儿！

【不着】pu^{33} tʂuo^{53} 不知道。"着"，"知道"的合音词。如：这几天也～咋了，吃点儿东西儿都难受。‖ 西乡也读"pu^{33} tʂə^{53}"。

【不着家】pu^{33} tʂə^{33} tɕia^{33} 不在家待。如：李成山成天～，家里哩事儿连问都不问。

【不照道儿】pu$^{33|53}$ tʂɔ^{41} tɔr^{53} 傻，不懂事；前后不一，不按常理办事。如：你咋阵～嘞，这事儿就不该你去哩。

【不照路儿】pu$^{33|53}$ tʂɔ^{41} lur^{41} 不合条理。如：你这事儿办哩都～，这会中？

【不照脸儿】pu$^{33|53}$ tʂɔ^{41} liɐu^{53} 指人与人因合不来或其他事情不见面。如：他俩不对劲儿，俩人就～。

【不沾儿】pu^{33} tʂuɐu^{33} 不行。如：你说这法儿一点儿都～。

【不沾弦】pu^{33} tʂan^{33} ɕiɛn^{53} 源于旧时戏班子里的行话，指学徒学唱时不合弦合拍。孟津话里一般指一个人能力不行，或者做事不靠谱。如：他这人有点儿～，你最好不应叫他去弄这事儿。

【不壮】pu$^{33|53}$ tʂuaŋ^{41} ①不结实。如：这绳儿一点儿都～，轻轻一拽可断了。②土地不肥沃。如：这块儿地～，得多上点儿粪。③庄稼生长不旺盛。如：黄瓜秧儿又黄又细，咋阵～嘞？④身体虚弱。如：茂生从小身子都～，成天不是这儿就是那儿。

【不中】pu^{33} tʂuəŋ^{33} 对所指事物表示否定。如：这事儿这着办可～。

【不中用】pu^{33} tʂuəŋ^{33} yŋ^{41} 没用，不起作用。如：人老了，～了，这点儿活儿都干不动了。

【不成器】pu^{33} tʂʻən^{53} tɕʻi^{41} 不成东西，比喻没出息。如：他家俩孩子都～，媳妇儿也寻不上。

【不吃劲】pu^{33} tʂʻʅ^{53} tɕin^{41} 不受影响；无关紧要。如：人够了，他来不来都～。

【不舒服】pu^{33} ʂʯ^{33} fu · 精神上感到不愉快，身体上感到难受。如：我这两天觉着～，想请几天假。‖ 也说"不出坦 pu^{33} tʂʻʯ^{33} tʻan ·"。

【不失闲儿】pu^{33} ʂʅ^{33} ɕiɐu^{53} ①指人忙忙碌碌，闲不住。如：俺妈改家一天～哩一势忙。②指小孩子过于活泼好动，一会儿都停不下来。如：你这孩子，一天到晚～，看一天使死我了。

【不识逗】pu^{33} ʂʅ^{53} təu^{41} 经不起玩笑。如：她这人～，你可不应再戳她了。‖ 也说"不吃逗 pu^{33} tʂʻʅ^{33} təu^{41}""不识要 pu^{33} ʂʅ^{53} ʂua^{53}"。

【不识足】pu^{33} ʂʅ^{53} tsy^{33} 不知足，贪婪。如：

这人有点儿忒~了。

【不识数儿】pu³³ ʂʅ⁵³ ʂʯ⁴¹ 不懂事；不知好歹；缺乏识别能力。如：他这人有点儿~，不应理他了。

【不识要】pu³³ ʂʅ⁵³ ʂua⁵³ 经不起玩笑而恼羞变脸。如：你甭逗他了，他这人~。

【不识劝】pu³³ ʂʅ⁵³ tɕʻyɛn⁴¹ 不听别人的劝说。如：老话儿说"听人劝吃饱饭"，你可不能。‖ 也说"不识说 pu³³ ʂʅ⁵³ ʂuə³³"。

【不识好赖】pu³³ ʂʅ⁵³ xɔ⁵³ læ⁴¹ 不分好坏。如：你真~，人家是为你好你都不知道。

【不胜】pu³³ˡ⁵³ ʂəŋ⁴¹ 不如；比不上。如：我今儿还~去逛街了。

【不认哩】pu³³ˡ⁵³ zən⁴¹ li· 不认识。如：这亲戚跟咱家远了，我都~。

【不任咋儿】pu³³ˡ⁵³ zən⁴¹ tsɣʅ⁵³ 什么都还没做，什么条件都不具备。如：还~哩你可花了恁些钱儿了？

【不认亲儿】pu³³ˡ⁵³ zən⁴¹ tsʻiɯ³³ 指人不讲情面，六亲不认。如：他这人~，你不应去寻他了，没用。

【不瓤】pu³³ zaŋ⁵³ 不错、能干。如：他真~，一前晌儿给这活儿可都干完了。

【不起眼儿】pu³³ tɕʻi⁵³ iɛɯ⁵³ 不惹人注意。如：这人长哩一点儿也~。

【不几】pu³³ tɕi⁵³ 形容时间短、数量少。如：还有~天都该开学了，得赶紧写你哩暑假作业了。

【不拘】pu³³ tɕy³³ 不论、不管。如：恁几个~谁去，去哟就中了。

【不觉起】pu³³ tɕyə³³ tɕʻi⁵³ 没注意到，没觉察到，不知不觉。如：说了一会儿话儿，~可晌午了，该做饭了。‖ 也说"不觉意 pu³³ tɕyə³³ i⁴¹"。

【不叫一回】pu³³ˡ⁵³ tɕiɔ⁴¹ i³³ xuei⁵³ 不算一回事；不光彩。如：你弄这真~，这能说过去喽？

【不屈】pu³³ tɕʻy³³ 不冤枉，应该。如：你看你给这弄成啥了？怪不哩恁妈打你哩，~。

【不敲家司】pu³³ tɕʻiɔ⁵³ tɕia³³ ʂʅ· 喻指两人

之间不来往。如：老王跟老潘就~。

【不腔】pu³³ tɕʻiaŋ³³ 语气副词，表示假设或推测，不一定。如：他~知道这事儿。

【不腔中】pu³³ tɕʻiaŋ³³ tʂuŋ³³ 不一定能行。如：你得叫老四去说，我说~。

【不腔实】pu³³ tɕʻiaŋ³³ ʂʅ· 不结实。如：再换一根儿绳子吧，这根儿绳儿~，褒断喽。

【不晓理劲儿】pu³³ ɕiɔ⁵³ li⁵³ tɕiɯ⁴¹ 指人不通情理，不懂道理的样子。如：瞧她那~，往后甭理她。

【不显轻】pu³³ ɕiɛn⁵³ tɕʻiŋ³³ 疾病经治疗没有好转。如：老大都化疗了五回了，病儿一点儿也~。

【不兴】pu³³ ɕiŋ³³ 不允许；不通行。如：阵着晚儿农村结婚也~大操大办了。

【不谷远儿】pu³³ ku³³ yɛɯ⁵³ 很近。如：他干活儿哩地这离家~，走着去就中了。

【不够本儿】pu³³ˡ⁵³ kəu⁴¹ pəu⁵³ ①赔本。如：我三百二批哩，三百卖给你，我还~哩，我图哟啥？②吃亏，不合算。如：请吃请喝也没有办成事儿，真~。

【不够数儿】pu³³ˡ⁵³ kəu⁴¹ ʂʯ⁴¹ ①脑子笨，傻。如：他这人~，你不应跟他一般见识。②不懂事。如：你咋阵~嘞？你能坐主桌？

【不靠板】pu³³ˡ⁵³ kʻɔ⁴¹ pan⁵³ 形容人不值得信赖。如：他这人一点儿~，你可不应光指着他。

【不靠谱儿】pu³³ˡ⁵³ kʻɔ⁴¹ pʻɣɯ⁵³ 不靠谱原指演奏乐曲时不依靠乐谱，即兴发挥。现比喻一个人说话办事不可靠，也可指某人不稳重，或不能让人信任。如：你咋阵~嘞，给你说了几遍儿了还没买回来。

【不看摊儿】pu³³ kʻan³³ tʻɯ³³ 管不好自己的事情。如：这孩子~。

【不吭不哈儿】pu³³ kʻəŋ³³ pu³³ xɣ³³ 默不作声，保持沉默观望的态度。如：你不应看老三~哩，心里可做事儿了。

【不合算】pu³³ xɣ⁵³ suan⁴¹ 代价大但回报小。

如：这项目投资太大，回本还慢，~。

【不好受】pu³³ xɔ⁵³ ʂəu⁴¹ 有病；心里不舒服。如：他有点儿~，改家诓了两天。

【不依】pu³³ i³³ ①不答应。如：这孩子你~他他就绝食，真没法儿了。②不愿意，不行。如：谁惹咱了？咱~他去。

【不一场儿】pu³³ i³³ tʂʻɚ⁵³ 不一回事。如：这事儿跟那事儿~。

【不要】pu³³⁵³ iɔ⁴¹ 表示禁止、劝阻。‖也读合音"pɔ⁵³"。

【不由哩】pu³³ iəu⁵³ li· ①不自觉地；抑制不住。如：听到掌声我真高兴，~就想蹦几蹦，可惜老了蹦不动！②不能依从。如：孩子们哩事儿孩子们当家儿，~咱了。

【不应¹】pu³³⁵³ iŋ⁴¹ 不要、不用。如：你~光听老王哩，也看看老张是咋说哩。‖也读合音"piŋ⁴¹"，写作"甭"。

【不应²】pu³³⁵³ iŋ⁴¹ "病"的分音词。如：孩子今儿有点儿~哩，看着可没劲儿。

【不安生】pu³³ ɣan³³ səŋ³³ 坐卧不安稳，一直乱动；不能安心生活。如：宝宝夜儿黑地翻过来掉过去，睡哩可~了｜他哟人搅哩一家儿~。

【卜拉】pu⁵³ la· ①用手在物体表面摩来摩去使干净或平整。如：床上掉了点儿馍渣儿，你赶快~~。②扒拉，搅动。如：菠菜好熟，搁锅里头~两下儿都熟了。

【卜绺（儿）】pu⁵³ liəu·（liəu·） 表数量，用于线、麻、发、须等。如：一~头发。

【卜溜】pu⁵³ liəu· 表数量，近于说一排或一行。如：树底下坐了一~人。

【卜畜】pu⁵³ lin· 用鞭子或树枝抽打后身上凸起的红印。如：他大拿着树枝儿撵着他打，打哩他身上一~一~都是红印儿。

【卜穗儿】pu⁵³ suɯ⁴¹ 穗子或像穗子一样的东西。如：面生虫了，里头都是面~。

【筥箩】pu⁵³ luo· 用竹子或荆条编成的长圆形的器具，可以盛放食物或粮食。

如：俺妈晒了一~萝卜片儿。

【醭儿】pɭur⁵³ ①酱油、醋、酒及其他物品因久放腐败或受潮后表面所生的白色霉菌。如：这馍都长白~了，不能吃了。②水果表面的一层白霜。如：李子上那一层白~可不应卜拉掉喽。

【布袜子】pu⁴¹ va³³ tsʅ· 旧时百姓用自家织的白粗布做的袜子。做袜子有纸样子，将纸样子铺在双层布上剪下来，再将剪好的两片袜筒缝起来，下面缝上纳好的袜底。布袜子没有弹性，因此上面开口比较大。

【布袋（儿）】pu⁴¹ tæ·（tɐɯ）· ①大口袋，用来盛放粮食和其他物品。如：今年秋天收成不赖，俺家打了十几~稻子。②小口袋。如：没有多少东西儿，拿哟小~就中了。

【布袋儿】pu⁴¹ tɐɯ³³ 衣服口袋。如：老张有糖尿病，走路哩时候~里总是装着几块儿糖。

【布圪绫儿】pu⁴¹ kɯ³³ liu· 用废旧衣物撕成的碎布条。如：你再多撕点儿~吧，咱明儿得去绑绑豆角了。

【布扣儿】pu⁴¹ kʻəur⁴¹ 用布做的扣，可以用布条编结成各种花型的盘扣，也可以用布包住塑料或金属扣制成。

【布毫】pu⁴¹ xɔ· 胃里难受，不舒服。如：今儿一天心里都可~。

【布衫儿】pu⁴¹ sɐɯ· 用布做的单上衣。如：过去穷，一件儿~姊妹几个轮着穿。

【□】pu⁴¹ 西乡指牲畜下崽儿。如：老母猪才~了一窝儿猪娃儿。

【步步】pu⁴¹ pu⁴¹ 用步子丈量长短。如：你~这块儿地有多长儿。

【拊】pu⁴¹ 抱。如：你~住孩儿，我去做饭。

【拊老盆儿】pu⁴¹ lo⁵³ pʻəɯ· 孟津葬俗，出殡时，由长媳拊老盆儿。下葬时，老盆儿放在棺木头部埋入坟中。

【菢】pu⁴¹ 禽鸟孵化蛋卵。

【簸箕】pu⁴¹ tɕʻi· ①用竹篾或柳条编成的器具，三面有边沿，一面敞口，用来簸粮食等。也有用铁皮、塑料制成的，多用来清除垃圾。②簸箕形的指纹。

【簸箕油】pu⁴¹ tɕ'i·iəu⁵³ 以蚌壳状容器装的护肤油。

pa

【八百辈子】pa³³ pæ³³ pei⁴¹ tsꞮ· 夸张的说法，时间很久了。如：这都是 ~ 前哩事儿了，你还记着哩？‖ 也说"八百年 pa³³ pæ³³ niɛn⁵³"。

【八百张儿】pa³³ pæ³³ tʂɚr³³ 喻指人不守规矩太疯张，多指女性。如：看你那 ~ 样子。

【八辈子攀不住这亲戚】pa³³ˈ⁵³ pei⁴¹ tsꞮ· p'an⁴¹ pu³³ˈ⁵³ tʂꞮ⁴¹ tʂɚ⁴¹ ts'in³³ ts'i· 形容二人没有血缘关系或关系很远。如：咱 ~，不应眼气人家了。

【八面儿光，四面儿净】pa³³ˈ⁵³ miɐu⁴¹ kuaŋ³³，sꞮ⁴¹ miɐu⁴¹ tsiŋ⁴¹ 形容非常世故圆滑，各方面都应付得很周到。如：老郑这人办事儿可真是 ~，谁都不得罪。

【八抬大轿】pa³³ t'æ⁵³ ta⁴¹ tɕiɔ⁴¹ 旧时官员出行或结婚时迎娶新娘的八人抬的轿子。

【八字儿】pa³³ˈ⁵³ tsɐu⁴¹ 用天干地支表示人出生的年、月、日、时，合起来是个八个字。迷信的人认为根据生辰八字可以推算出一个人的命运好坏。‖ 也说"生辰八字儿 səŋ³³ tʂ'ən⁵³ pa³³ˈ⁵³ tsɐu⁴¹"。

【八字儿步儿】pa³³ˈ⁵³ tsɐu⁴¹ pꞮur⁴¹ 走路时两脚向左右两边分开呈八字形状的步子。如：阵半天了，他才迈着 ~ 过来了。

【八字儿胡儿】pa³³ˈ⁵³ tsɐu⁴¹ xur⁵³ 上唇留的中间断开，两边向左右略下垂，呈八字形状的胡子。

【八字儿还没有一撇哩】pa³³ˈ⁵³ tsɐu⁴¹ xan⁵³ miɐu⁴¹ i³³ p'iɛ³³ li· 事情尚未提上议事日程，还早着呢。如：这事儿 ~，咋可传哩哪儿都知道了。

【八仙桌】pa³³ siɛn³³ tʂꞮ³³ 一种桌面方正、四边长度相等的高脚方桌，每边可坐两人，四边围坐八人犹如八仙，故民间雅称八仙桌。八仙桌是民间上房屋中的主要家具之一，靠中堂摆放，年节或招待客人时才用。

【八成儿】pa³³ tʂ'əɯ⁵³ ①多半，大概，可能。如：今儿这天 ~ 得下雨。②喻指人不够数，不聪明。如：你看你那 ~ 样儿。

【八九不离十】pa³³ tɕiəu⁵³ pu³³ˈ⁵³ li⁴¹ ʂꞮ⁵³ 相差不多，接近正确答案。如：这一车煤有多沉，俺爷一看，都能估哟 ~。

【八个】pa³³ˈ⁵³ kə· 数量词。也读合音"pa⁵³"。

【八竿子打不着】pa³³ kan³³ tsꞮ· ta⁵³ pu³³ tʂuɔ⁵³ 形容关系疏远，不相干。如：他一发财，~ 哩亲戚就都来了。

【八碗儿】pa³³ uɐn⁵³ 孟津当地春节或重要宴请时招待客人吃的酒席，由八个扣碗和四碟凉菜组成。八个扣碗一般是红烧肉、松肉、丸子、扁垛、炸豆腐、咸食儿、白菜、海带等，四碟凉菜一般是凉拌菠菜、莲菜、银条、胡萝卜等。‖ 也说"八碗儿四 pa³³ uɐn⁵³ sꞮ⁴¹"。

【巴】pa³³ 盼望，希望。如：我 ~ 着你能早点儿调回来哩。

【巴不得】pa³³ pu³³ tæ³³ 迫切盼望。如：他会管你呀？他 ~ 你走哩远远儿哩才好哩！‖ 也说"巴不哩 pa³³ pu³³ li·"。

【巴望】pa³³ vaŋ⁴¹ 盼望。如：杨薇 ~ 着爸爸能早点儿回来。

【巴达杏儿】pa³³ ta⁵³ xɐu⁴¹ 一种优良品种的杏，出自西域，特点是个大核甜。

【巴头儿】pa³³ t'ɚur· 盼头，希望。如：他连中专都没有考上，眼看没有啥 ~ 了。

【巴着】pa³³ tʂuɔ· 盼望，希望。如：恁妈就 ~ 你能上哟好大学。

【巴掌】pa³³ tʂaŋ ①手掌。②量词。如：小宝不听说，挨了他妈两 ~。

【扒头儿】pa³³ t'ɚur· 可以用手扒住的地方。如：这墙上连哟 ~ 都没有，咋爬上去呀？

【扒扠】pa³³ ts'a· ①手攀着东西向上爬。如：地上落阵多，你非要 ~ 到树上是弄啥哩。②日子不富裕，很紧张。如：老王家日子儿一势过哩～哩。③辛苦；劳碌。如：老张～了一辈子，总算养大了四个孩子。‖ 也说"扒扒扠扠 pa³³ pa·ts'a³³ ts'a·"。

【扒扠子命】pa³³ ts'a·tsɿ·miŋ⁴¹ 指一辈子忙忙碌碌辛勤劳作的人的命运。如：张宇就是～，一辈子没有歇过一天。

【扒车】pa³³ tʂ'ɤ³³ 攀上低速行驶的汽车。

【扒锔】pa³³ tɕy⁴¹ 铁制的两头弯曲带尖，用于固定或拉紧物件的连接器。有小一些的，用来锔碗锔盆；也有大的，用来连接大梁和椽子。

【扒高儿上低】pa³³ kɔr³³ ʂaŋ⁴¹ ti³³ 形容人经常上高处危险的地方。如：你都七十了，还成天～哩，也不怕摔着。

【芭蕉扇儿】pa³³ tɕiɔ³³ ʂuɑr⁴¹ 用蒲葵叶子做的扇子。

【吧嗒】pa³³ ta· 嘴上下开合并发出声响。如：你不应改那儿～嘴了，不好听。

【疤（儿）】pa³³（pɤr³³）①伤口、疮口痊愈后留下的痕迹。如：肖红胳膊上有一块儿～。②果蔬或器物上像疤的痕迹。如：苹果上有点儿干～不要紧，也能放一段儿时间。

【疤瘌子】pa³³ la·tsɿ 伤口、疮口痊愈后留下的痕迹。如：晓红是过敏体质，腿上都是蚊子咬哩～。

【把边儿】pa⁵³ piɑr³³ 在最边儿上。如：他弟儿俩倒是改一条街住着哩，哟东哟西都是～哩。

【把大门儿】pa⁵³ ta⁴¹ mɤu⁵³ 看守大门。如：张勇改丽豪小区～，可负责任了。‖ 也说"把门儿 pa⁵³ mɤu⁵³"。

【把儿】pɤr⁵³ ①量词，用于扎起来的少量的东西。如：买了一～韭菜，响午包扁食吃。②量词，用于一只手能够握持的数量。如：一～黑豆。

【把屎把尿】pa⁵³ sɿ⁵³ pa⁵³ niɔ⁴¹ 指照顾婴幼儿。

【把式】pa⁵³ ʂɿ· ①称赶车人或有某种技艺的人。如：盖房子砌墙老王可是哟老～了。②指技术手艺。如：他～可好了。

【把滑】pa⁵³ xua⁵³ 增加摩擦力使不滑。如：这双运动鞋鞋底儿都是大花纹儿，可～了。

【把教】pa⁵³ tɕiɔ· 用手托着婴幼儿的臀部及大腿根儿使其大小便。如：小孩子能～还是尽量不应穿纸尿裤。

【把戏儿】pa⁵³ ɕiu· 杂技。如：耍～。

【把兄弟儿】pa⁵³ ɕyŋ³³ tiu⁴¹ 结拜的兄弟。如：他俩是～，走哩可近了。

【屄屄】pa⁵³ pa³³ ①屎；粪便（多用于幼儿）。②形容脏东西。如：贝贝过来，不敢摸莲菜，～。‖ ①也说"屎屄屄 sɿ⁵³ pa⁵³ pa³³"。

【拔毒】pa⁵³ tu⁵³ 指使用拔罐的方法使热毒或寒毒发散开来；或用贴敷膏药的方法使疮口破开，脓血流出，消炎止痛，收敛疮口。

【拔萝卜】pa⁵³ luo⁵³ pu· 逗弄小儿的一种游戏，双手捧小儿的头往上提。如：拔拔萝卜拔拔葱，长哩高。

【拔凉】pa⁵³ liaŋ⁵³ 水很凉。如：冬天河里头水～～哩。

【拔尖儿】pa⁵³ tsiɛu³³ 第一流，突出。如：牛牛从小到大样样儿～，他爸妈可省心了。

【拔节儿】pa⁵³ tsiɤr³³ 指水稻、小麦、高粱、玉米等农作物生长到一定阶段时，主茎的各节自下而上依次迅速生长。

【拔秧儿】pa⁵³ zɤr³³ 瓜果蔬菜过了收获期，把秧子拔掉。如：茄子不结了，该～了。

【拔干】pa⁵³ kan³³ 指敷上某些药物后能使溃烂的伤口干燥收敛。

【拔气门儿芯儿】pa⁵³ tɕ'i⁴¹ miu⁵³ ɕiu³³ 气门芯是充气轮胎等的气门上用弹簧或橡皮管做成的活门，空气压入不易漏出。拔气门芯儿是放气，比喻泄气。如：出啥事了？咋没精打采哩？跟拔了气门芯儿一样？

【耙】pa⁴¹ ①一种可以碎土及平地的农具。如：借恁家哩 ~ 使使吧。②用耙碎土平地。如：你今儿去山上 ~ ~ 那块儿地吧。

【把儿】pɻɛr⁴¹ ①器物上便于握持的部分。如：茶壶 ~ ｜刀 ~ 。②花、叶、果实的蒂部。如：茄子 ~ 上有刺儿，摘茄子哩时候儿小心点儿。

pia

【□】pia³³ 快速地一下子糊上。如：你先给这张报纸 ~ 到墙上吧。

【□】pia³³ 扇嘴巴的声音。

【□唧】pia³³ tsi · ①形容用脚踩水的声音。如：刚刚改小水坑儿里 ~ ~ 要了半天水了，咋叫就不回来。②嘴咀嚼食物时发出的声音。如：小孩子吃饭不应 ~ 嘴，不好看。‖②也说"□喳 pia³³ tsa · "。

piɛ

【瘪堵】piɛ³³ tu · ①难为。如：这题有点儿难，孩子 ~ 了半天还做不出来。②人、动物、植物发育不良。如：这孩子 ~ 着就不长。‖ 也说"瘪瘪堵堵 piɛ³³ piɛ³³ tu⁴¹ tu · "。

【憋屈】piɛ³³ tɕʻy · 有委屈或烦恼却不能发泄。如：这事儿 ~ 哩他可长一阵子才缓过来。

【鳖泛潭】piɛ³³ fan⁴¹ tʻan⁵³ 鳖在水潭中四处乱窜翻腾，潭水翻腾乱成一片。形容场面非常混乱。

【鳖物儿】piɛ³³ vur³³ 晋语。如：看你那 ~ 样儿，谁想理你？

【鳖子儿】piɛ³³ tsəur⁵³ 晋语。如：这 ~ 孩子，还憋我哩。

【鳖孙】piɛ³³ suən³³ 晋语。如：你这 ~ ，去哪儿弄了这一身泥圪巴？

【鳖形（儿）】piɛ³³ ɕin⁵³（ɕiɯ⁵³）骂人长得丑陋或脾性不好。如：瞧你那 ~ ，还想去唱戏哩，想都不应想。‖ 也说"鳖样儿 piɛ³³ iɐr⁴¹ "。

【鳖虎儿】piɛ³³ xur · 蝙蝠。

【鳖胡】piɛ³³ xu · 指人语言空洞无据，糊涂不清。如：你说那是 ~ ，才不是那回事儿哩。

【别】piɛ⁴¹ 固执、不随和。如：小山脾气有点儿 ~ ，得顺着他说。

po

【拨】po³³ 匀给别人东西。如：我吃不了阵些米，~ 给你点儿吧？

【拨灯棍儿】po³³ təŋ³³ kuɯ⁴¹ 拨去油灯的灯花，把灯捻挑出来的小棍子，多用铁丝等做成。‖ 西乡说"灯钉儿 təŋ³³ tiɯ³³ "。

【拨子】po³³ tsɻ · 劂苇子的工具，为金属制成的薄片，可以把细苇子一破为二。

【拨眼】po³³ iɛn⁵³ 猫狗等小动物生下来后，需要把眼睛上的薄膜去掉，使眼睛睁开。

【玻璃瓦】po³³ li³³ ua⁵³ 屋里暗，在房顶开孔安装的玻璃。

【剥麻批儿】po³³ ma⁵³ pʻiɯ³³ 将苘麻等的韧皮纤维从麻茎上剥取下来。

【剥苇子】po³³ uei⁵³ tsɻ · 将苇叶和苇虱从芦苇茎上剥落下来。

【箔】po³³ 涂抹金属粉的方形纸，有金银两色，祭祀时当作阴间纸钱烧化。

【□糊】po³³ xu · 稍稠的饭、粥等坐底烧煳；饭、粥烧糊后产生的特殊味道。如：今儿熬哩油茶糊涂忒稠，~ 了｜糊涂面条儿有点儿 ~ 味儿，不好喝。

【脖鬏儿】po⁵³ tsɻəur · 女孩儿头发扎在一起形成的辫子或刷子。如：红红家妈给她绑了好几个小 ~ ，再别上花卡子，可好看了。

【脖筋】po⁵³ tɕin · 脖子左右的筋脉。如：

你看你瘦哩~都露出来了。

【箔子】po⁵³ tsɿ· 用苇子或高粱秆儿编的帘子，晾晒东西用，也可以搭在椽子上做房屋的顶棚。

【薄姬岭】po⁵³ tɕi³³ liŋ⁵³ 山名，在孟津麻屯镇薄姬岭村附近。传说文帝年间，洛阳一带蝗虫成灾，文帝母亲薄姬亲往洛阳治理蝗灾。她选择住在蝗灾最严重的一道岭上指挥灭蝗，她让官兵把拌有毒药的粮食磨碎撒在禾苗上，蝗虫吃了就会中毒死去，就这样控制住了蝗灾。薄姬为民除蝗灾，深得当地百姓的敬佩与感激，人们将薄姬指挥灭蝗的那道岭叫作薄姬岭，又在岭北修建了一座薄姬庙，又叫娘娘庙，用以供奉薄姬娘娘。每逢农历四月初八和六月初六，娘娘庙附近都会举办盛大的庙会，很多善男信女都会来焚香祭拜。

【薄溜儿溜儿】po⁵³ liəur· liəur⁵³ 很薄。如：面条儿得擀哩~哩才好吃。

【薄生生儿哩】po⁵³ səŋ· səɯ⁵³ li· 比较薄。如：今儿和面哩时候儿加了点儿盐跟碱，拽哩面~，又薄又筋道。

【薄气】po⁵³ tɕ'i· 气量小，与人交往时吝啬刻薄。如：她这人通~哩，不能共事。

【薄衣裳】po⁵³ i³³ ʂaŋ· 单层的比较薄的衣服。如：天冷了，~该洗洗收起来了。

【簸】po⁵³ 处理三角债的一种方式。张三欠李四钱，李四又欠王五钱，李四让张三还钱给王五就叫簸。

pæ

【百¹】pæ³³ 数词，十的十倍。

【百²】pæ³³ 程度副词，表示的程度高。如：苦瓜吃着~苦，还真有人好吃。

【百没是处】pæ³³ mu· sɿ⁴¹ tʂ'ʅ⁴¹ 心里不舒坦；身体不舒服。如：这两天觉着~哩，咋着都不得劲儿。

【百儿】pæɯ³³ 人死后一百天后人对死者进行祭祀。‖ 西乡说"百日 pæ³³ ʐ̩⁴¹"。

【百涩】pæ³³ sæ³³ 味道非常涩。如：这柿柿吃着~，没有溇好。

【百生法儿】pæ³³ səŋ³³ fɤr³³ 想尽所有办法，做出最大努力，以达成目的。如：人家不叫他去，他~还是去了。

【百十个】pæ³³ ʂ̩· kə⁴¹ 一百个左右的约数。如：今儿去参观哩学生还不少哩，得有~。‖ 也读合音"pæ³³ ʂuo⁴¹"。

【百苦】pæ³³ k'u⁵³ 味道非常苦。如：这药~，真喝不下去。

【伯】pæ³³ ①父亲。②伯父。

【柏崖仓】pæ³³ ia⁵³ ts'aŋ³³ 东西魏第二次邙山会战后，高欢命在诸州滨河及渡口所在之处置仓积谷，供军旅，备饥馑。柏崖城因城置仓，但规模极小，后渐废弃。唐玄宗年间，为解决关中与洛阳之间粮食物资的转运问题，又重修启用了柏崖仓。

【柏崖山】pæ³³ ia⁵³ san³³ 柏崖山位于孟津白鹤镇河清村西，因崖生丛柏而得名，是邙山西北部的制高点之一，雄踞小浪底大坝南端，扼守黄河最后一段峡谷出口。传说吕洞宾曾在此炼丹并有七律《柏崖山》。魏至唐设有柏崖城和柏崖仓，负责黄河漕运和物资转运。"柏崖樵歌"是古孟津十二景之一。

【柏崖城】pæ³³ ia⁵³ tʂ'əŋ⁵³ 东魏骁将侯景为抵御西魏的东进而在柏崖山上构筑的城防工事。

【掰活】pæ³³ xuo· ①用言语教诲，开导。如：你好好~~他，叫他想开点儿。②手把手地教人学会某种技能。如：军生都没有种过地，你~~他咋给洋柿柿打杈哩。

【白卜□□】pæ⁵³ pu· ts'ia· ts'ia· 白得不好看。如：你炒冬瓜也不掌点儿酱油儿，~哩，看着就不想吃。

【白醭儿】pæ⁵³ pɤur⁵³ 酱油、醋表面生的白色的霉菌。

【白脖儿】pæ⁵³ pɻər⁵³ 指那些不懂装懂，喜欢卖弄，光说外行话的人。如：他是哟～，还好乱支招儿。

【白木耳】pæ⁵³ mu³³ ɦ⁵³ 银耳。

【白馍】pæ⁵³ mo⁵³ 用小麦面粉蒸的馒头。

【白毛儿雪】pæ⁵³ mɻɔr⁵³ syɛ³³ 指山沟中因大风搅起的大雪。如：今儿去赵坡，走到沟里，风刮起来那～打哩脸生疼。

【白毛儿汗】pæ⁵³ mɻɔr⁵³ xan⁴¹ 因生病或身体虚弱而冒出的虚汗。如：王东喝了一大碗姜汤，出了一身儿～，身上松多了。

【白面汤】pæ⁵³ miɛn⁴¹ t'aŋ³³ 用白面糊搅到开水里做的粥。如：黑地不想喝米汤了，做点儿～吧？

【白地】pæ⁵³ ti⁴¹ 没有耕种的空地。如：大渠边儿还有一块儿～哩，收拾收拾种点儿红薯吧？

【白地儿】pæ⁵³ tiɯ⁵³ 白色的底子。如：这件儿衣裳是～蓝花儿，可好看了。

【白搭】pæ⁵³ ta³³ 没有用处；不起作用。如：你去了也～，他才不会承你哩情哩。‖ 也说 "白搭蜡 pæ⁵³ ta³³ la³³"。

【白豆儿】pæ⁵³ tɻəur⁴¹ 黄豆。

【白条子】pæ⁵³ t'ɕi⁵³ tsɻ· 鲢鱼。

【白汤】pæ⁵³ t'aŋ· 煮过面条、饺子的面汤。

【白梨儿】pæ⁵³ liɯ⁵³ 梨的一种，果实圆形，果皮黄色微白，酸甜多汁。

【白脸奸臣】pæ⁵³ liɛn⁵³ tɕiɛn³³ tʂ'nɛ· 指戏曲中以白粉涂面的角色，是反面形象，多指奸诈之人。

【白字儿】pæ⁵³ tsɯ⁴¹ 别字。

【白茬儿】pæ⁵³ ts'ɻɛr⁵³ 未经油漆的木制家具。如：这桌子还是～哩。

【白事儿】pæ⁵³ səɯ⁴¹ 丧事。如：俺隔墙儿办～哩，请了两班儿响器。

【白生生儿】pæ⁵³ səŋ· səɯ⁵³ 形容又白又嫩。如：妞妞长哩真好看，脸儿～哩，可不像你。

【白扯橛儿】pæ⁵³ tʂ'ɻɛ⁵³ tɕɥɛr⁵³ 没有报酬，没有效果。如：这事儿忙活了一场儿，最终还是～。

【白说】pæ⁵³ ʂuɛ³³ 说话或批评不起作用。如：你说了也～，他谁哩话儿也听不进去。

【白话】pæ⁵³ xua· 谎话。如：你不应改这说～了。

【白鹤】pæ⁵³ xə⁴¹ 地名，因周灵王骑仙鹤歇驾于此而得名。白鹤镇位于孟津东北部，自古以来就是洛阳北部军事重镇，交通要冲。古时这里沿河有四大要津，硖石津、平阴津（白鹤古渡）、委粟津、冶坂津（铁谢古渡），都是中国著名古津。

【白蒿】pæ⁵³ xɔ³³ 茵陈。其嫩芽可入药，与大枣配伍是茵陈大枣汤，有退寒湿、清热去火、补气养血的功效，茵陈嫩芽也可加少许面粉做蒸菜吃。

【白日儿】pæ⁵³ iɯ⁴¹ 白天。如：大～你睡啥觉哩！

【白眼窝儿】pæ⁵³ iɛn⁵³ uer³³ 指戏曲中的坏人、两面派。

【白云观】pæ⁵³ yn⁵³ kuan⁴¹ 李密之妹白云公主入道处，在孟津会盟镇花园村南翠屏山中。白云观初创于隋末乱世，时李密广结天下豪杰，揭竿于瓦岗驰骋于河洛之间。其妹随兄南征北战，见百姓流离，生灵涂炭，遂生厌战之心，萌修行之念，于翠屏山土窑中修炼。唐玄宗开元年间，白云公主去世，玄宗封其为白云圣母，命各地设庙祭祀，白云观即建于此时，宋元明清多次重修，香火鼎盛。日军侵华时，白云观被炸毁。现庙宇为 1980 年复建。

【摆】pæ⁵³ 衣物用洗衣粉或肥皂等揉搓后再用清水漂洗。如：盆儿里衣裳洗了了，你再～一下水就中了。

【摆布】pæ⁵³ pu· 故意折腾。如：你就是改这～人哩，这也不中那也不中。

【摆谱儿】pæ⁵³ p'ɻur⁵³ 摆架子，摆阔。如：这人没啥本事，还好～。

【摆调】pæ⁵³ tio· 支使人。如：你咋这着～

人嘞？

【摆拉】pæ⁵³ la· 形容浅薄的人走来走去地在人前炫耀、显摆。如：王香没事儿就好改街上～来～去哩。

【摆酒席】pæ⁵³ tsiəu⁵³ si⁵³ 置办酒席，请人吃饭。‖ 也说"摆官场儿 pæ⁵³ kuan³³ tʂʻɐr·"。

【摆治】pæ⁵³ tʂʅ· ①修理，整理。如：我自行车哩把有点儿死，你给我～～吧？②治疗。如：这病儿没法～了。③欺负，为难，整治人。如：你再孬，看我不～死你。

【摆场儿】pæ⁵³ tʂʻɐr⁵³ 摆酒席请人吃饭。如：恁家阵大哩喜事儿，你得摆哟大场儿。‖ 也说"支场儿 tsʅ³³ tʂʻɐr⁵³"。

【摆水】pæ⁵³ ʂuei⁵³ 从井里把水提上来时，先用钩担把桶放到水面，用力地摆动钩担，利用水桶的倾斜将水灌进水桶中。

【摆架子】pæ⁵³ tɕia⁴¹ tsʅ· 指人自高自大，装腔作势。如：老刘通能～哩，我不去给他说。

【摆供】pæ⁵³ kuəŋ⁴¹ 摆放供品来祭祀神灵。

【摆阔气】pæ⁵³ kʻuo⁴¹ tɕʻi· 指讲究排场，显示阔气。如：王建涛通能～哩，年下回来请了十几桌。

【败毒】pæ⁴¹ tu⁵³ 消毒，清除体内炎症。

【败家子儿】pæ⁴¹ tɕia³³ tsɯ⁵³ 指任意挥霍家产的不争气的子弟。

【败劲】pæ⁴¹ tɕin⁴¹ ①瓜果蔬菜生长期结束。如：黄瓜～了，不好好儿结了。②指人年老体衰。如：人过喽六十就～了，啥都干不动了。

【败兴】pæ⁴¹ ɕin⁴¹ 兴致被意外出现的令人不愉快的事情打消了。如：真～，还没走哩车可坏了。

【败火】pæ⁴¹ xuo⁵³ 指吃凉性的食物或药物来消除体内的热毒。如：金银花儿可～了，你没事儿多喝点儿。‖ 也说"去火 tɕʻy⁴¹ xuo⁵³"。

【败火药】pæ⁴¹ xuo⁵³ yə³³ 清热解毒的中药。如：这几天牙疼，得吃点儿～。

【拜把子】pæ⁴¹ pa⁵³ tsʅ· 结拜兄弟。

【拜天地】pæ⁴¹ tʻien³³ ti⁴¹ 举行婚礼时，新婚夫妇向天地全神、父母高堂以及双方互相进行叩拜行礼，表示婚配完成。

pei

【背债】pei³³ tsæ⁴¹ 背负债务。如：他做了这两年生意，背了不少债。

【背床】pei³³ tʂʻuan⁵³ 指睡觉（多含贬义）。如：都响午了，你还改这儿～哩？

【背阁】pei³³ kə³³ 传统民俗活动之一。一般是在成年人的肩背上绑扎上铁支架，身穿古装的小朋友被固定在支架上，他们化装成戏剧角色，或手持红缨枪或甩着长长的水袖，在几米高的空中进行表演，每架阁都展示一出传统戏剧故事。

【背锅儿】pei³³ kuɐr³³ 驼背，形容其像背上背了一口锅一样。‖ 也说"罗锅儿 luo⁵³ kuɐr³³"。

【背黑锅】pei³³ xɯ³³ kuo³³ 比喻代人受过，泛指受冤枉。如：想叫我背这哟黑锅不可能。

【笔】pei³³ ①写字画图的工具。②量词。如：一～钱儿｜一～好字儿。

【笔帽儿】pei³³ mɻər⁴¹ 套在笔尖上起保护作用的筒状物。

【笔筒儿】pei³³ tʻɯ⁵³ 用陶瓷、竹木等制成的插笔的筒状物。

【笔尖儿】pei³³ tsiɐu³³ 笔的写字的尖端部分。

【笔架儿】pei³³ tɕiɻɐr⁴¹ 搁笔或插笔的架子。

【碑挺】pei³³ tʻin⁵³ 形容人健壮魁梧。如：小伙子～一样。

【彼此彼此】pei⁵³ tsʻʅ⁵³ pei⁵³ tsʻʅ⁵³ 双方情况差不多，分不出高低上下。如：恁俩～，都不听说。

【备不住】pei⁴¹ pu· tʂʅ⁴¹ 说不定。如：今儿这天～要下哩。

【备方儿】pei⁴¹ fɤr· 药引子。如：马蜂窝能当～。

【背】pei⁴¹ ①运气不好。如：今年点儿咋阵～嘞？弄啥啥不成。②偏僻。如：他家改～街住哩。③不让人知道。如：这事儿可不能～着恁妈。

【背绑着手】pei⁴¹ paŋ· tʂuo· ʂəu⁵³ 双手交叉在背后站立或走路的一种姿势。如：小贝整天学他爷～走路儿，笑死人了。‖也说"背着手 pei⁴¹ tʂuo· ʂəu⁵³"。

【背风】pei⁴¹ fəŋ³³ 指风不易吹到的地方。如：这墙后头～，你先立到这。

【背地里】pei⁴¹ ti⁴¹ li· 不当着大家的面，背后，私下里。如：恁爹～不知道偷给了老二多少钱儿哩。

【背时】pei⁴¹ sʐ⁵³ 不合时宜。如：这东西儿早都～了，谁还买？

【背街】pei⁴¹ tɕiæ³³ 偏僻的街道。如：～上生意不好。

【背圪崂儿】pei⁴¹ kɯ³³ lɤr³³ 指房屋、街巷的偏僻的角落或不容易被人发现的地方。如：这～里头，一天都不见哟人。

【背亏】pei⁴¹ kʻuei³³ 吃亏。如：放心吧，这事儿上肯定不会叫她～哩。

【背雨】pei⁴¹ y⁵³ 躲避雨淋。如：下大雨哩时候儿可千万不能去大树底下～。

【背阴儿】pei⁴¹ iɯ³³ 阳光照不到的地方。如：杜鹃得搁到～哩地这才长哩好。

【被面儿】pei⁴¹ miɯ⁴¹ 棉被正面的布，多以漂亮的花布或绸缎为之。

【被套儿】pei⁴¹ tʻrɔr⁴¹ 加网的棉絮。‖也说"网套儿 vaŋ⁵³ tʻrɔr⁴¹"。

【被头儿】pei⁴¹ tʻɤur⁵³ 缝在被子挨头的部位的布，便于拆洗。在没有被罩的时代，它可以保持被子的干净清洁。

【被里儿】pei⁴¹ liɯ⁵³ 被子贴身盖的一面的布，多用纯白的棉布制成。

【辈儿】pɤr⁴¹ 辈分。如：他家～可高了。‖也说"辈分儿 pei⁴¹ fɤɯ·"。

pɔ

【包】pɔ³³ ①管，负责。如：这事儿不赖，工资可以，还～吃～住。②赔偿。如：金福家孩子改工地上出事儿了，工头儿～了他十万块钱儿。

【包儿】pɔr³³ 量词，用于成包的东西。如：一～糖｜一～拉森。

【包桌】pɔ³³ tʂuo³³ 不点菜，订酒店搭配好的整桌的酒席。如：年下哩时候儿，好些酒店光～，不点菜。

【宝贝蛋儿】pɔ⁵³ pei⁴¹ tɐu⁴¹ ①指喜爱、珍视的东西。如：这哟瓷瓶儿可是老王哩～，谁都不叫摸。②称自己或别人年幼的子女或孙子女。如：贝贝可是老李哩～，走到哪儿引到哪儿。

【饱登登哩】pɔ⁵³ təŋ· təŋ⁵³ li· 形容吃得很饱。如：今儿这菜不赖，吃哩～。‖也说"饱墩墩哩 pɔ⁵³ tuən· tuən⁵³ li·"。

【饱圪得儿】pɔ⁵³ kɯ⁵³ tər· 吃得过饱后打的嗝儿。

【覅】pɔ⁵³ "不要"的合音词，否定副词，表示禁止或劝阻。如：孩子睡觉哩，恁都能不能～吭气儿？

【保不住】pɔ⁵³ pu³³⁵³ tʂʅ⁴¹ ①难免；可能。如：不应操心了，～他早回家了。②不能保持。如：连着下了一星期雨，今年这麦恐怕～了。

【保本儿】pɔ⁵³ pəɯ⁵³ 本钱或资金没有受到损失。如：这一趟不赔不赚，刚能～。

【保准儿】pɔ⁵³ tʂɯ⁵³ 一定、肯定。如：你放心吧，这事儿～能成。

【报丧】pɔ⁴¹ saŋ³³ 向亲友报告父母的死讯。按照传统，孝子要亲自到长辈亲戚或需要帮助料理丧事的人家门口去跪着磕头报丧，但不能进对方的大门。

【报喜】pɔ⁴¹ ɕi⁵³ 妇女生第一个小孩时，男方到女方家里去报告喜讯。

【报应】pɔ⁴¹ iŋ· 迷信的人认为种恶因得

到恶果。如：他坏事儿干尽了，总有一天会有～哩。

【刨子】pɔ⁴¹ tsŋ· 刨平木料表面的工具。由一个刀片斜嵌在长方形木块内构成，也有以铁架构成者，双手把住，在工件上来回推动刨平刨光木料。

【刨花儿】pɔ⁴¹ xuɤ³³ 刨木料时刨下的薄片，多呈卷状。

piɔ

【朦】piɔ³³ 肥肉。如：看俺孬蛋这一身儿～，家司着哩！

【表表汗】piɔ⁵³ piɔ· xan⁴¹ 发汗。如：小红冻着了，叫她喝点儿姜汤～就好了。

【表面儿】piɔ⁵³ miɯn⁴¹ 事物的外在现象。如：他～上看着怪和气哩，其实脾气大着哩。

【表姊妹】piɔ⁵³ tsŋ⁵³ mei· 姑表、姨表、舅表姐妹。

【表亲】piɔ⁵³ ts'in³³ 与祖母、母亲的兄弟姐妹的子女的亲戚关系以及与祖父、父亲的姐妹的子女之间的亲戚关系。

【表兄弟】piɔ⁵³ ɕyŋ³³ ti· 姑表、姨表、舅表兄弟。

【裱白鞋】piɔ⁵³ pæ⁵³ ɕiæ⁵³ 丧礼上孝眷男女所穿之旧便鞋需要按鞋帮式样覆缀上一层白孝布，谓之裱白鞋。父母双亡者，子、女、媳鞋帮满白，单亡者鞋帮后部留黑寸许，且白布均毛边。其他孝眷所裱白鞋留黑长度视亲疏定长短，且全是光边。‖ 也说"裱鞋 piɔ⁵³ ɕiæ⁵³"。

【裱糊】piɔ⁵³ xu⁵³ 旧时指用纸糊墙壁或顶棚。

【摽】piɔ⁴¹ ①紧紧捆绑物体使其相连。如：椅子腿儿活了，使铁丝～住。②物体之间紧紧挨在一起。如：他有点儿怯，俩腿～到一坨儿啦。③人与人之间关系紧张较上了劲。如：他俩～上劲儿了。④人与人互不相让地比劲头。如：

大家伙儿你追我赶，～着往前干。

【摽住膀儿】piɔ⁴¹ tsʅ· pɤɤ⁵³ 指大家齐心合力团结起来一起干事。如：大家～好好干，肯定能提前修好这一条路。

pan

【扳】pan³³ 拉、引使折断。如：孟津年俗民谣有"二十七儿，～柏枝儿"哩说法儿。

【扳不倒儿】pan³³ pu³³ tɤɤ⁵³ ①不倒翁，一种人形的儿童玩具，因上重下轻，用手扳倒后，松手仍能直立。②比喻处世圆滑，官位稳固的人。如：他这人才是哟～哩，谁告也没用。

【扳不住锤儿】pan³³ pu³³⁵³ tʂʅ⁴¹ tʂ'ɯ⁵³ 指用杆秤称东西时秤太低，给的分量不足。‖ 也说"秤锤砸住脚了 tʂ'əŋ⁴¹ tʂ'uei⁵³ tsa⁵³ tʂʅ· tɕyə³³ lə·"。

【扳牌】pan³³ p'æ⁵³ 打扑克牌时，先翻一张确定庄家或主牌。

【扳子】pan³³ tsʅ· 扳手，拧紧或松开螺丝、螺母的工具。

【班沟】pan³³ kəu³³ 村名，位于孟津区小浪底镇东南瀍河岸边，是东汉班氏家族的祖居地。班沟村目前已经没有班姓村民，但村中仍有班家古井、班家古槐、班家藏兵洞等地名。

【班沟遗址】pan³³ kəu³³ i⁵³ tsʅ⁵³ 又称班家古寨，为距今 7000 年左右的裴李岗时期古文化遗址。班沟遗址位于班沟村东南方向，土寨呈长方形，目前还有一段保存完好的古寨墙，长约百米，数米高，在遗址区发现了裴李岗时期的石磨盘和陶片。

【班婕妤山】pan³³ y⁵³ san³³ 地名，又名班婕妤山，在今孟津小浪底镇班沟村，因山上有汉成帝妃子班婕妤的衣冠冢而得名。

【般配】pan³³ p'ei⁴¹ 指婚姻的双方家庭及

个人的各方面情况都相当。如：王飞跟刘霞真怪～哩。

【拌】pan⁵³ ①丢弃、舍弃。如：这东西儿一辈子也使不着，～喽吧？②跌倒。如：天黑，没有看见路上有哟坑，快～死我了。③婴儿夭折。如：老四家那哟小伙子都哟生儿了害病～了，可惜死了。④效果不好。如：丽娟穿那衣裳难看死了，给人都趁～了。

【拌醋】pan⁵³ ts'u⁴¹ 把各种落地水果，卖不出去的虫害果等，加冷开水酿制成醋。

【拌材】pan⁵³ ts'æ⁵³ 形容人或物无用。如：这孩子是哟～。

【板】pan⁵³ 民间称棺材。

【板子麻烫】pan⁵³ tsʐ·ma⁵³ t'aŋ· 用半发面炸的油条，因其长而扁平名之。如：年年过年下俺妈都炸一大盆儿～。‖西乡说"破鞋底子麻烫 p'o⁴¹ ɕiæ⁵³ ti⁵³ tsʐ·ma⁵³ t'aŋ·"。

【板子牙】pan⁵³ tsʐ·ia⁵³ 指又宽又大的上门牙。如：小闺女儿家长俩大～真好看。

【板着脸】pan⁵³ tʂuo·liɛn⁵³ 不苟言笑，面部呈现出严厉的神态。如：他成天～，跟谁欠他二斗黑豆儿样。

【板脚】pan⁵³ tɕyə³³ 因鞋子瘦小或过硬而穿着不舒服。如：这鞋穿着～。

【办事儿】pan⁴¹ səu⁴¹ 办理喜事或丧事。如：他家～哩时候儿，去哩人可多了。

【办人】pan⁴¹ zən⁵³ 中年或老年男子娶妻或续弦。如：老张想再办哟人，你给说说吧？

【半铺二三】pan⁴¹ p'u⁴¹ h̩⁴¹ san³³ 事情做到半途没有再做下去。如：这哟事儿弄哩～哩，咋收场儿哩？

【半辈子】pan⁴¹ pei⁴¹ tsʐ· 半生，指中年以前或中年以后。如：他这后～只能住养老院了。

【半片子¹】pan⁴¹ p'iɛn⁴¹ tsʐ· 事情做了一半或将近一半还没完成。如：衣裳才做了～，缝纫机可坏了。

【半片子²】pan⁴¹ p'iɛn⁴¹ tsʐ· 指不太正常、不精道的小姑娘。如：看你那～劲儿。

【半发面】pan⁴¹ fa³³ miɛn⁴¹ 未完全发酵好的面团，适合做烙饼、火烧等。

【半大不小】pan⁴¹ ta⁴¹ pu³³ sio⁵³ 指介于大小之间。如：你也～了，该懂事儿了。

【半吊子】pan⁴¹ tio⁴¹ tsʐ· ①指不通事理、胡说乱扯、行为鲁莽的人。如：他有点儿～，你可不应搭理他。②指知识不丰富技术不熟练却不懂装懂的人。如：他是哟～，他可干不了这活儿。

【半天】pan⁴¹ t'iɛn³³ ①白天的一半，指上午或下午。如：这点儿地～就种上了，不值啥。②形容很长的时间。如：我都等你～了，你咋还不来呀？③表示发现从前不知道的情况。如：恁哥说今儿有贵客来，～是你呀？

【半烫面】pan⁴¹ t'aŋ⁴¹ miɛn⁴¹ 一半死面一半烫面和成的面团，宜制作菜角、烙饼等。

【半通腰儿】pan⁴¹ t'uəŋ³³ iɔɹ³³ 事情的一半；山腰；行程的一半等。如：这活儿才干到～，你可不能撂挑子｜邙岭～上有哟庙｜才走到～，车可坏了。

【半年¹】pan⁴¹ niɛn⁵³ 指一年的一半时间。

【半年²】pan⁴¹ niɛn⁵³ 形容恍然大悟，原来如此的意思。如：这事儿我想了可长时间想不明白，今儿个一问伙计～是这着哩。

【半路儿出家】pan⁴¹ lɿur⁴¹ tʂ'ʯ³³ tɕia³³ 指由别的专业改行过来。如：我也是～，还得好好学。

【半拉子】pan⁴¹ la³³ tsʐ· 一半。如：这活儿你干了哟～丢到这可不中呀！

【半拉儿】pan⁴¹ lɿɛr⁴¹ 半个。如：大西瓜～俺俩也吃不完。

【半截儿】pan⁴¹ tsiɿɛr⁵³ 一半；半段。如：～砖｜～话儿。‖也说"半截子 pan⁴¹ tsiɛ⁵³ tsʐ·"。

【半截儿袖儿】pan⁴¹ tsiɿɛr⁵³ sɿəur⁴¹ 短袖。如：今儿下雨了，穿着～还有点儿冷哩。

【半糙子】pan⁴¹ tsʻɔ⁴¹ tsɿ· 指知识不丰富或技术不熟练的人。如：他也是哟～，弄了半天也没弄好。‖ 也说"半通儿 pan⁴¹ tʻɯ³³"。

【半前响儿】pan⁴¹ tsʻiɛn⁵³ ʂɐr· 上午的一半或上午的中间。如：这活儿不多，～就干完了丨你～可记着喂孩子点儿奶粉。

【半死不活】pan⁴¹ sɿ⁵³ pu³³ xuo⁵³ 形容毫无生气。如：这几盆儿花儿～哩，板喽吧？

【半新不旧】pan⁴¹ sin³³ pu³³⁵³ tɕiəu⁴¹ 不新但也不很旧。如：她穿了一身儿～哩衣裳，收拾哩干干净净哩。

【半生不拉熟】pan⁴¹ səŋ³³ pu³³ la³³ ʂu⁵³ 不是十分熟。如：这菜炒得～哩，我咬不动。

【半中腰儿】pan⁴¹ tʂuaŋ³³ iɔ³³ ①指高大物体的中间的位置。如：那山高着哩，你甭走到～走不动喽，那可没法儿了。②事情进程的中间。如：你甭干到～不干喽可不好看。

【半桩子】pan⁴¹ tʂuaŋ³³ tsɿ· 半大的人或动物。如：这几个～孩子能吃着哩。

【半成儿】pan⁴¹ tʂʻəɯ⁵³ 指人傻，不够数。‖ 也说"对成儿 tuei⁴¹ tʂʻəɯ⁵³"。

【半晌儿】pan⁴¹ ʂɐr⁵³ 半上午。如：都～了，你咋还睡着不起来嘞？

【半斤八两】pan⁴¹ tɕin³³ pa³³ liaŋ⁵³ 过去一斤合十六两，因此半斤就等于八两，比喻不相上下。如：恁俩～，都差不多儿。

【半后响】pan⁴¹ xɤ⁴¹ ʂaŋ· 下午的一半或下午的中间。

【半夜黑地】pan⁴¹ iɛ⁴¹ xɯ³³⁵³ ti· 半夜。如：医院打来电话，她～还得去会诊。

【拌嘴】pan⁴¹ tsuei⁵³ 发生口角；争执。如：他俩拌了几句儿嘴。

【拌牲口】pan⁴¹ səŋ³³ kʻəu· 把草料拌匀喂牲口。

【绊脚索儿】pan⁴¹ tɕyə³³ suɐr⁵³ ①为防恶狗伤人，在狗脖子上用绳索系的木棍。②称离不开身的小孩儿。如：妞妞是她奶哩～，她奶哪儿也去不成。

piɛn

【边儿边儿边儿】piɛɯ³³ piɛɯ³³ piɛɯ³³ 强调处于最边缘的地方。如：你去坐到那～，也不怕掉下去！

【边儿边儿起】piɛɯ³³ piɛɯ³³ tɕʻi⁵³ 最边儿上。如：他家是最～哩那一家儿。

【边儿边儿沿儿沿儿】piɛɯ³³ piɛɯ³³ iɛɯ⁴¹ iɛɯ⁴¹ 紧靠边沿的地方。如：～都扫哩干干净净哩。

【边儿起】piɛɯ³³ tɕʻi· 旁边。如：挤死了，你给～挪挪吧？

【编排】piɛn³³ pʻæ· 也写作"编派"，背后议论别人，编造谣言中伤人。如：这些事儿一听就是～人哩，不应信。

【编圈】piɛn³³ tɕʻyɛn³³ 设置圈套。如：我觉着他这是～叫咱钻哩。

【编筐儿】piɛn³³ kʻuɐr³³ 用荆条、玉米皮等纵横交织编制成筐子。

【鞭】piɛn³³ 成串的小爆竹。

【鞭子】piɛn³³ tsɿ· 鞭打或驱赶人畜的用具。

【扁】piɛn⁵³ 没牙齿的人用牙龈碾碎食物。如：俺奶没有牙了，馍搁到嘴里～～就咽了。

【扁垛】piɛn⁵³ tuo· 一种粉条做成的特色美食。把煮好的红薯粉条和红薯粉面和在一起，加葱姜蒜、盐、五香粉等和匀，放笼屉上摊一寸厚薄，蒸熟即可。扁垛主要用作熬菜的配菜及制作扣碗。

【扁豆儿】piɛn⁵³ təur⁴¹ 又名滨豆、鸡眼豆，豆科小扁豆属，一年生或越年生草本植物。子粒扁薄，凸透镜形，嫩叶、青荚、豆芽可作蔬菜食用。

【扁担】piɛn⁵³ tan· 挑或抬东西用的扁而长的工具，一般用竹子或木头制成。

【扁担蚂蚱】piɛn⁵³ tan· ma³³ tsa· 蚂蚱的一种，青色，体长，能飞。

【扁疵凹窝儿】piɛn⁵³ tsʻɿ· ua⁴¹ uɐr³³ 指器

物变形得很厉害。如：你看你给这篮儿挤哩~哩，还咋使哩？

【扁食】piɛn⁵³ ʂʅ· 饺子。

【扁食片儿】piɛn⁵³ ʂʅ· pʻiɛu⁵³ 饺子皮。

【扁食馅儿】piɛn⁵³ ʂʅ· ɕiɛu⁴¹ 饺子馅。

【缠】piɛn⁵³ ①把布边折起使不露毛边，用针缝合。如：你这裤腿儿咋是毛边儿嘞？叫恁妈给你~哟边儿再穿。②把袖子或裤腿挽上去。如：先~起来袄袖儿再刷碗，甭给衣裳弄湿喽。

【变花儿】piɛn⁴¹ xuɐr³³ 万花筒。

【变天（儿）】piɛn⁴¹ tʻiɛn³³（tʻiɛu³³）指天气由晴转阴或由阴转晴，多指前者。如：看着要~，晒那稻子得赶紧收了。

【变着法儿】piɛn⁴¹ tʂuo· frɐr³³ 想尽各种办法。如：他妈天天~给他做好吃哩。

【变戏法儿】piɛn⁴¹ ɕi⁴¹ frɐr· 表演魔术。‖也说"变魔术 piɛn⁴¹ mo⁵³ ʂʅ·"。

【辫子】piɛn⁴¹ tsʅ· 把头发分股交叉编成的长条。

【辫蒜】piɛn⁴¹ suan⁴¹ ①为方便保存，把蒜头带茎编成辫子。②形容人或动物两腿瘫软，走路不稳，两腿左右交叉着走的样子。如：他今儿喝哩有点儿多，走路跟~哩一样。‖西乡说"摽蒜 pio⁴¹ suan⁴¹"。

【辫（儿）】piɛn⁴¹（piɛu⁴¹）①把头发编成辫子。如：~辫子。②像编辫子一样把带茎叶的蔬菜或农作物等编成串儿，利于晾晒或保存。如：出了蒜得~好挂起来晾干。③量词，用于编成串的蔬菜或农作物等。如：几~蒜。‖③也说"辫子 piɛn⁴¹ tsʅ·"。

pən

【奔楼儿头】pən³³ lɐur· tʻɐu⁵³ 额头饱满，向前凸出明显。如：~，下雨不愁，眼儿改窝儿里头。

【本本分分】pən⁵³ pən· fən⁴¹ fən· 安分守己，不惹是生非。如：这孩子平常看着~哩，咋会惹阵大哩麻烦？

【本命年】pən⁵³ miŋ⁴¹ niɛn⁵³ 以出生年份的十二生肖计算，每过十二年到同一生肖时，即为人的本命年。民间认为本命年对一个人来讲流年不利，须系红腰带，穿红色衣物来避凶趋吉，除灾除难。

【本地哩】pən⁵³ ti⁴¹ li· 当地居民；当地特产。如：这人一听说话儿就不是咱~｜这果子是咱~，可甜了。

【本地造儿】pən⁵³ ti⁴¹ tsɔr⁴¹ 当地生产的东西。如：买收割机得买~，坏了好修。

【本儿¹】pəu⁵³ 量词。如：一~书｜一~日记。

【本儿²】pəu⁵³ ①本子。如：课~｜日记~。②本钱。如：这赔~哩买卖谁干？

【本家】pən⁵³ tɕia³³ 同一宗族的人。如：咱给运涛家还是~哩，不远。

【奔头儿】pən⁴¹ tʻɐur· 美好的生活前景。如：孩子考上北京哩大学了，他觉着日子又有~了。

【笨】pən⁴¹ ①原生的，未经杂交的果蔬或农作物。如：这梨儿是咱这哩~梨儿，圪垯忒大，渣儿还多。②笨拙，不灵巧，不灵活。如：你这孩子咋~手~脚哩嘞？③不聪明，理解能力和记忆能力差。如：你咋阵~嘞？讲了半天咋还不会？

【笨蛋】pən⁴¹ tan⁴¹ 晋语，骂人蠢笨。如：你咋恁~嘞？教你阵几遍儿还学不会。

【笨鸟儿先飞】pən⁴¹ nɔr⁵³ siɛn³³ fi³³ 手脚慢或技能差的人比别人提前做事，以勤补拙。

【笨手笨脚】pən⁴¹ ʂɐu⁵³ pən⁴¹ tɕyɛ³³ 形容人动手能力差，手脚不伶俐。如：这孩子~哩，干不了这活儿。

【笨劲儿】pən⁴¹ tɕiuɜ⁴¹ 笨拙的样子；粗笨的力量。如：看你那~，扣儿都扣不好｜干这活儿不能光会使~，得学会使巧劲儿。

【笨狗】pən⁴¹ kəu⁵³ 家里养的一般狗种。

pin

【鬓角儿】pin⁴¹ tɕyɜɹ³³ 耳朵前边长头发的部位，也指长在那里的头发。

paŋ

【帮】paŋ³³ ①物体的两旁。如：床~有点儿活了，得修修。②指一定范围的地方。如：俺那~哩人都改洛阳买房子。③白菜等蔬菜外层较老较厚的叶子。

【帮】paŋ³³ 掰掉部分枝叶。如：你去地里头~点君荙菜吧？

【帮子】paŋ³³ tsɿ· 白菜等蔬菜叶子的外层。如：白菜~都是喂猪哩。

【帮场儿】paŋ³³ tʂʻɚ⁵³ 捧场。如：事儿上人多热闹，到时候儿恁都来帮帮场儿啊！

【帮腔】paŋ³³ tɕʻiaŋ³³ 帮着别人说话。如：你不应给他~了，这事儿就怨他。

【帮光】paŋ³³ kuaŋ³³ 沾光；得到好处。如：他当上镇长，咱也能帮帮光。

【梆】paŋ³³ 表示程度高，相当于"很、特别"，一般修饰限定意义为生硬、艰涩的形容词，如"梆硬""梆沉""梆疼"等。如：这玉蜀黍没煮熟，~硬，没法儿吃。

【梆梆卖油哩】paŋ³³ paŋ³³ mæ⁴¹ iəu⁵³ li· 水黾的俗称。水黾身体细长，非常轻盈。其前脚短，可以用来捕捉猎物；中脚和后脚细长，长着具有油质的细毛，具有疏水性，使其可以在水面快速滑行。水黾以掉落在水上的昆虫或其他动物的碎片为食，栖居环境包括湖泊、池塘等静水水面以及溪流等流动水面。

【梆打儿】paŋ³³ tɚr· ①卖油人叫卖的器具，用空木加柄制成，用细棍敲击。②形容被打击的对象。如：他成了人

家出气哩~了。

【绑腿带儿】paŋ⁵³ tʻuei⁵³ tɐɯ⁴¹ 用来裹腿的宽布带子，宽 4.5 厘米，长 70 厘米，两端留有穗子。旧时冬日为保暖，用其扎裤脚。

【膀子】paŋ⁵³ tsɿ· 肩膀。如：受凉了，这几天~疼。

【半个】paŋ⁴¹ kə⁴¹ 一半儿。如：西瓜忒大了，哟吃不完，买~吧？

【傍黑儿】paŋ⁴¹ xəɯ³³ 天刚黑的时候。如：~哩时候儿小慧回来了。

【棒槌】paŋ⁴¹ tʂʻuei· ①旧时捶砸五谷以脱粒或洗衣时用来捶洗衣物的木棒。②讥讽人蒙昧无知，一窍不通。如：这家伙真是哟~。

【棒实】paŋ⁴¹ ʂɿ· 形容人身体强壮。如：三爷都八十了，身体还~着哩。

pəŋ

【迸】pəŋ³³ 向外发出或喷射。如：这孩子，没事儿改这~玉蜀黍豆儿耍。

【迸弹子儿】pəŋ³³ tʻan⁴¹ tsəu⁵³ 一种儿童游戏。游戏双方各自拥有几个透明或花色的玻璃球，游戏时，一方将玻璃球放在比较远的地方，另一方趴在地下，把自己的玻璃球用手指弹射出去，能击中对方的玻璃球则收归自己所有，不能击中则换人。‖ 也说"迸琉璃蛋儿 pəŋ³³ liəu⁵³ li· trɚr⁴¹""打弹子儿 ta⁵³ tʻan⁴¹ tsəu⁵³"。

【崩】pəŋ³³ ①裂开。如：一到冬天，手上~哩都是裂子。②刀具、锄头等碰到坚硬的物体上，刃部出现了豁口。如：割草哩时候儿镰碰住石头了，~了哟豁子。③枪毙。如：听说东乡有哟人杀人了，判下来了，叫~了。④事情协商不成，谈判破裂。如：两人一会儿可说~了。

【崩米花儿】pəŋ³³ mi⁵³ xuɚr³³ 把大米放进

爆米花的压力锅内，锅用炭火加热到一定温度和压力后，打开铁盖，大米就膨化成酥脆的米花。

【崩玉蜀黍豆儿】pəŋ³³ y³³ ʂʅ⁵³ ʂʅ·tɤur⁴¹ 用压力锅使玉米粒膨化成玉米花。

【绷子】pəŋ³³ tsʅ· 刺绣时用来绷紧布帛的竹圈。

【嘣】pəŋ³³ 拟声词，形容心跳或物体碎裂的声音。

【绷住嘴】pəŋ⁵³ tʂʅ·tsuei⁵³ 闭住嘴，抿住嘴。如：～，不应哭了！

【镚子儿】pəŋ⁴¹ tsɤr⁵³ 指极少的钱。如：辛辛苦苦干了半天，～都没有，白干了。

【蹦蹦跶跶】pəŋ⁴¹ pəŋ·ta³³ ta· 随便地蹦蹦跳跳；跳跃。如：小红～跑过来了。

【蹦蹦车】pəŋ⁴¹ pəŋ·tʂʻʅɤ³³ 一种电机发动的小三轮车，因行走时"嘣嘣"作响比较颠簸而得名。因其方便廉价，以前多安装篷子做载人的工具。‖ 也说"三马子 san³³ ma⁵³ tsʅ·"。

【蹦枣儿】pəŋ⁴¹ tsɤr⁵³ 不经过努力侥幸办成的事情。如：谁也没想到，这一回叫她拾了哟～。

piŋ

【冰】piŋ³³ ①水在摄氏零度以下凝结成的固体。②冷、凉。如：这水阵～，热热再洗吧。③把东西放入水缸、冰箱、冷库等使其变凉。如：你给那几根儿黄瓜放到缸里～上。‖ ①也说"冰凌 piŋ³³ liŋ·"。

【冰盘】piŋ³³ pʻan· 大圆搪瓷盘子，宴席上上菜上馍用。

【冰凌碴儿】piŋ³³ liŋ·tsʻɤr⁵³ 刚结冰时所形成的薄而脆的碎冰。

【冰凌坠儿】piŋ³³ liŋ·tʂuɯ⁴¹ 雪后屋檐檐头融化的滴水凝成的透明的冰柱。

【冰糕】piŋ³³ kɔ³³ 冰棍儿。如：渴死了，买俩～吃吧？

【饼馍】piŋ⁵³ mo· 用面烙制的饼，不加油盐等，一般用来卷菜吃，与加油盐的"油馍"不同。

【并膀儿】piŋ⁴¹ pɤr⁵³ 肩并肩。如：他俩～走着，谁也没看见路上有坑。

【甭】piŋ⁴¹ "不应"的合音词，"不要"的意思。如：你～去了，他俩改那儿就中了。

【甭吭气儿】piŋ⁴¹ kʻəŋ³³ tɕʻiu⁴¹ 沉默不出声。如：到时候儿你～，叫我跟他说。

【病儿见轻】piɯ⁴¹ tɕien⁴¹ tɕʻiŋ³³ 症状减轻，病情见好。如：老刘哩～了，你甭操心了。

【病儿秧儿秧儿】piɯ⁴¹ zɤr³³ zɤr· 指身体虚弱，久病缠身的人。如：王平是哟～，成年吃药。

【病字儿圴漏儿】piŋ⁴¹ tsɤɯ⁴¹ kʻɯ⁵³ lɤur· 指汉字偏旁"疒"，如"疾病"的外边部分。

【病根儿】piŋ⁴¹ kəɯ³³ 没有完全治好的旧病。如：娟娟这是月子里头坐下哩～，不好治。

p'

p'i

【批】p'i³³ 用腻子等涂抹。

【批八字儿】p'i³³ pa³³⁵³ tsəu⁴¹ 一种迷信活动，是一种根据天干地支、阴阳五行等理论推测人的吉凶祸福的传统命理学。八字，也叫生辰八字，是人出生时年、月、日、时的四组干支历日期，合起来就是八个字。如：～哩说这门儿亲事儿大吉大利。

【批掰】p'i³³ pæ· 把事情的前因后果讲清楚。如：这事儿我得好好跟你～～。

【批作业】p'i³³ tsuo³³ iɛ³³ 批改作业。如：王老师～认真着哩。

【批假】p'i³³ tɕia⁵³ 批准假期。如：老师说期中考试哩时候儿一律不～。

【批卷儿】p'i³³ tɕyəu⁴¹ 批阅试卷。如：今儿才考完，明儿才有时间～哩。‖ 也说"判卷子 p'an⁴¹ tɕyan⁵³ tsʅ·"。

【批讲】p'i³³ tɕiaŋ⁵³ ①对事情的来龙去脉进行解释。如：这件事儿还是叫王主任给大家～～吧。②对存在的问题进行讲解。如：老师～作业哩时候儿一定要认真听讲。

【批灰】p'i³³ xuei³³ ①涂抹木器用的一种黏稠物质，由桐油和石灰等调制而成，干燥后非常结实。②用腻子涂抹。

【剥】p'i³³ 用刀把长条状物品剖开。如：竹子得先～成竹批儿再来编成竹篮儿竹筐儿。

【剥苇子】p'i³³ uei⁵³ tsʅ· 用篾刀把苇子破成两条或三条，是打苇席的一个步骤。

【帔】p'i³³ 长条状物品裂开缝隙。如：这根儿竹竿～了，不能使了。

【劈脸】p'i³³ liɛn⁵³ 照脸、正对着脸。如：他爹走过来，拿起来茶杯，～可浇上去了。‖ 也说"劈头盖脸 p'i³³ t'əu⁵³ kæ⁴¹ liɛn⁵³"。

【□】p'i⁵³ 表示比较的介词，相当于普通话的"比"。如：这根儿木头～那根儿短点儿。

【皮（儿）】p'i⁵³（p'iɯ⁵³）①包在或围在外面的一层东西。如：新书最好包上～儿。②某些薄片状的东西。如：豆腐～儿。③酥脆的东西受潮后变韧。如：拉森放～了，吃起来不香了。④顽皮。如：这孩子真～。⑤由于受申斥或责罚次数过多而感觉无所谓。如：老挨嚷，他早都～了。

【皮棉】p'i⁵³ miɛn⁵³ 去掉棉籽的棉絮。

【皮子】p'i⁵³ tsʅ· 皮革或毛皮。

【皮匠】p'i⁵³ tɕiaŋ⁴¹ ①制造皮革或缝制皮裘的手工业者。如：梁志天当了一辈子～，手艺儿呱呱叫。②旧称制鞋或修补鞋的工匠。如：老张是哟老～了，鞋修哩可好了。

【皮实】p'i⁵³ ʂʅ· 指人身体结实不易生病。

如：这孩子真～，轻易没有这儿那儿过。

【皮筋儿】p'i⁵³ tɕiɯ³³ 用橡胶制成的线状或环状物品，多用来捆扎，也可用来游戏。‖ 也说"橡皮筋儿 siaŋ⁴¹ p'i⁵³ tɕiɯ³³"。

【皮球】p'i⁵³ tɕ'iɐu⁵³ 儿童的游戏用具，用橡胶制成的空心球，有弹性。如：当当可喜欢拍～了。

【皮货】p'i⁵³ xuo⁴¹ 毛皮货物的总称。

【皮袄】p'i⁵³ ɣɔ 用兽皮毛作为夹里的上衣，多用羊皮缝制。如：他这件儿～穿了好些年了，有哩地这都快磨成光板儿了。

【皮碗儿】p'i⁵³ uɐu⁵³ 塑料碗。

【皮痒了】p'i⁵³ iaŋ⁵³ lə · 对小孩子调皮捣蛋的训斥之语。如：你～是不是？

【疲沓】p'i⁵³ t'a · 形容工作作风松懈拖拉。如：失败的教训在于～，抓而不紧。‖ 也说"疲疲沓沓 p'i⁵³ p'i⁵³ t'a³³ t'a ·"。

【屁大点儿事儿】p'i⁴¹ ta⁴¹ tiɐu⁵³ səɯ⁴¹ 形容事情很小，不值一提。如：你不应～拍哪儿去说，得沉住气。

【屁事儿】p'i⁴¹ səɯ⁴¹ 小事；无关紧要的事。如：厂里一大堆事儿，你这点儿～算啥？

【屁股蛋儿】p'i⁴¹ ku · tɐu⁴¹ 臀部鼓起的两团肉。‖ 也说"屁股圪蛋儿 p'i⁴¹ ku · kɯ⁵³ tɐu ·""屁股蛋子 p'i⁴¹ ku · tan⁴¹ tsʅ ·"。

【屁股蹲儿】p'i⁴¹ ku · tuɯ³³ 身体失去平衡屁股着地摔倒。如：踩了哟西瓜皮，摔了哟～。

【屁股脸儿】p'i⁴¹ ku · liɐu⁵³ 长辈戏称小孩儿的脸。如：你那～卜拉卜拉就中了，还使啥香皂儿哩？

【屁股沟子】p'i⁴¹ ku · kəu³³ tsʅ · 臀部当中两个屁股蛋子之间的沟。如：孙涛最会溜领导哩～了。

【屁股眼儿】p'i⁴¹ ku · iɐu⁵³ 肛门。

【屁也没有】p'i⁴¹ iɛ⁵³ mu⁵³ iəu · 什么也没有。如：谁说今儿城里头有会？我去看了，～！

p'u

【扑腾】p'u³³ t'əŋ · ①鸟类或禽兽前后或上下不规则地乱动。如：小虫儿～了半天才死了。②敢闯荡，能干事。如：乔红～劲儿可不小，都开了好几家儿公司了。③重物落地的声音。

【扑通】p'u³³ t'uəŋ³³ 拟声词，落水的声音。

【扑来】p'u³³ læ · 做事情有闯劲儿，敢作敢为。如：这哟娘儿们～劲儿可不小。

【扑勒】p'u³³ læ · 指人邋遢，不修边幅。如：你这孩子年纪轻轻哩，咋阵～嘞？‖ 也说"扑歇 p'u³³ ɕiɛ ·"。

【扑楞】p'u³³ ləŋ · ①鸟类抖动翅膀。如：那哟小虫儿～了好几下儿也没飞起来。②鸟类翅膀抖动的声音。如：我咋听着厨房里有～～哩声儿嘞？是不是有鸟儿钻进来了？③树冠。如：这种树树干粗，～也不小。

【扑楞蛾儿】p'u³³ ləŋ · ɣər⁵³ 飞蛾。

【扑偅】p'u³³ ts'a · 煮猪食。如：今儿～了一大锅猪食。

【扑嚓】p'u³³ ts'a · 东西掉地上打碎的声音。

【扑甩】p'u³³ sæ · ①手或其他东西来回摆动。如：你成天啥也不干，光～着手闲逛会中？②形容头发自然披散开来的样子。如：你哩头发又多又长，～着不好看，绑起来吧？‖ 也说"卜甩 pu³³ sæ ·"。

【扑散】p'u³³ san · 捆着的东西散开来。如：头发没绑好，一跑步可～开了。‖ 也说"披散 p'ei³³ san ·"。

【脯囊子】p'u³³ naŋ⁵³ tsʅ · 猪胸腹部又肥又松的肉。

【铺摊】p'u³³ t'an · 表数量，用于一摊一摊的东西。如：你给地底下弄哩一～，连下脚哩地这都没有了。

【铺草铺儿】p'u³³ ts'ɔ⁵³ p'ʅur⁴¹ 为逝者搭建的临时停放床铺。在上房屋正中用两条板凳凳起的门板上先铺上箔子，上面再铺上秆草（根数根据逝者年龄而定，一岁一根）、褥子、床单等，把穿好送老衣的逝者移居于此。

【铺衬】p'u³³ ts'ən· 零碎的布头或破布、旧布，可以用来抿圪帛做鞋和鞋垫。

【瘸塌】p'u³³ t'a· 形容人马劳困的样子。如：干了一天活儿，使~了。

【蒲草】p'u⁵³ ts'ɔ· 学名水烛，香蒲科香蒲属水生或沼生多年草本植物。植株高大，叶片较长，幼嫩时可食，老熟后可作编织材料，也可造纸。花粉入药，称"蒲黄"，能消炎、止血、利尿。雌花序粗大，成熟后的蒲绒（止血毛），可填床枕。

【蒲扇儿】p'u⁵³ ʂɚr⁴¹ 用蒲草编成的扇子。

【谱儿】p'ʐ̩ʅ⁵³ ①乐谱。如：他歌儿唱哩怪好，就是不会看~。②排场。如：邢田那人好摆~。③计划，主意。如：这事儿到底能成不能？你心里有~没有？

p'a

【啪了】p'a³³ lə· 指气球等因破损而泄气。如：气球吹哩忒大了，~。

【爬走】p'a⁵³ tsəu⁵³ 走。如：赶快~吧，孩子们都改家等着吃饭哩。

【爬秧儿】p'a⁵³ zɚ³³ 植物藤蔓开始生长。如：倭瓜开始~了。

【爬起来】p'a⁵³ tɕ'i·læ 从躺或坐的地方起来。如：日头都晒住屁股了，还不赶紧~吧。

【爬过去】p'a⁵³ kuo·tɕ'y 晋语，滚过去，滚一边儿去。如：快~，不应改我眼前头晃了。‖ 也说"爬一边儿去 p'a⁵³ i³³ piæu³³ tɕ'y·"。

【爬高上低】p'a⁵³ kɔ³³ ʂaŋ⁴¹ ti³³ 形容小孩子或小动物活泼好动，喜欢到处攀爬。如：这孩子~哩一会儿不失闲儿。

【耙子】p'a⁵³ tsʅ· 一种农具，木把儿，铁齿，有三齿、四齿及多齿不等。铁耙子的主要作用是翻地，挖红薯、土豆等，超过四齿的耙子则主要用来平整土地。

【箔子】p'a⁵³ tsʅ· 用长竹竿作把儿，竹篾或铁丝作齿制作的工具，用以搂柴草或翻晒谷物等。

【怕头儿】p'a⁴¹ t'rəur· 害怕的人或事。如：我有啥~？东西又不是我弄丢哩。

【怕事儿】p'a⁴¹ səu⁴¹ 怕惹是非。如：胆小~。

【怕死鬼（儿）】p'a⁴¹ sʅ⁵³ kuei⁵³（kuɯ⁵³）怕死的人。如：小王真是~托生哩，天一黑连门儿都不敢出。

【怕生】p'a⁴¹ səŋ³³ 认生。如：这孩子~，一到黑地都不叫人家㧟，光寻他妈。

【怕丑】p'a⁴¹ tʂ'əu⁵³ 害羞。如：这孩子~，不敢见人。

p'ia

【□】p'ia³³ ①器皿打碎的声音。如：玻璃杯掉地下~一下儿打了。②物体撞击声。如：风忒大了，门~哩一声儿碰上了。③人或东西倒下的声音。如：我才听见~哩一声儿，你去看看啥东西儿掉地下了。④两手相拍的声音。如：老曹讲哩真好，大家~~~一势拍手。

p'iɛ

【撇】p'iɛ³³ ①把汤上面的浮沫或油去掉。如：肉焯水哩时候儿得记着给上面哩沫子~干净。②留下人或物。如：先给咱姑哩篮儿~~，叫她先走吧。

【撇篮儿】p'iɛ³³ lɚ⁵³ 把客人拿来的礼物留下一部分。‖ 也说"回篮儿 xuei⁵³ lɚ⁵³"。

【撇旱地】p'iɛ³³ xan⁴¹ ti⁴¹ ①一块地一年只

种一茬庄稼。②吃席的前一顿或一天不吃饭，空开肚子。

【撇水漂儿】p'iɛ⁵³ ʂuei⁵³ p'iɾ̩ər³³ 一种游戏，把碎瓦片平着抛向水面，瓦片在水面上跳跃，以跳跃的次数多为赢。‖也说"打水漂儿 ta⁵³ ʂuei⁵³ p'iɾ̩ər³³"。

【□】p'iɛ⁵³ 用手折植物的枝叶。如：小红~了两枝儿月季扎到花瓶儿里。

【撇拉】p'iɛ⁵³ la· ①碗口或盆口的部分向外倾斜，敞开的角度大。如：这碗~哩忒很，盛不了多少东西儿。②走路时腿向外拐。如：这孩子走路腿~哩怪很哩！‖也说"撇呲 p'iɛ⁵³ tsʅ·"。

【撇洋腔】p'iɛ⁵³ iaŋ⁵³ tɕ'iaŋ³³ 孟津把当地人说普通话或外地话叫撇洋腔。如：他才出去几年，可学会~了。

p'o

【坡地】p'o³³ ti⁴¹ 山坡上开垦出来的土地。如：老李改南山上开了几十亩~，都种成花椒树了。

【坡头儿】p'o³³ t'əur⁵³ 对邙山上山路尽头的一些地方的称谓。如：大~｜小~。

【坡底下】p'o³³ ti⁵³ ɕia· 山坡的下面。‖也读"p'o³³ tia⁵³"。

【坡上】p'o³³ ʂaŋ· 孟津的会盟镇和白鹤镇地处邙山脚下黄河岸边，称呼邙山上的村镇为坡上。

【坡跟儿】p'o³³ kəɯ³³ 与前掌呈缓坡状逐渐抬高的鞋跟。

【破鞋】p'o³³ ɕiæ· 破了的鞋。如：给家里那些~收拾收拾卖喽吧？

【叵烦】p'o³³ fan· 不耐烦，纠结。如：你这孩子真~人。

【婆】p'o⁵³ 外婆。如：俺~家是坡上哩。

【婆婆儿】p'o⁵³ p'əɯ³³ 横水对外婆的称谓。

【婆子】p'o⁵³ tsʅ· 婆婆。如：香芹家~可好了。

【婆子家】p'o⁵³ tsʅ· tɕiæ· 婆婆家。如：娟

娟~路子怪宽哩，阵大哩事儿都能摆平喽。

【破】p'o⁴¹ ①劈开、剖开。如：这苇子怪粗哩，得~开才能使。②找开零钱。如：零钱不够了，你给我这一百~开吧。③舍弃、豁出去生命、财物、时间、脸面等。如：我~上这条老命跟他干。

【破箅子】p'o⁴¹ mi⁵³ tsʅ· 用刀把整棵的剥好的芦苇破成两三条。‖也说"破苇子 p'o⁴¹ uei⁵³ tsʅ·"。

【破命】p'o⁴¹ miŋ⁴¹ 拼命。如：你一个人就是~干又能干多少呀？

【破费】p'o⁴¹ fi⁴¹ 浪费，奢侈。如：少点点儿菜，吃饱就中了，不应忒~了。

【破法儿】p'o⁴¹ fær· 民间迷信思想认为有些不好的劫难有破解的办法。如：你说这事儿有~没有？

【破死破活】p'o⁴¹ sʅ⁵³ p'o⁴¹ xuo⁵³ 拼尽全力努力工作。如：老马~哩干了一年，年跟儿一算账，不挣还赔了不少。

【破上】p'o⁴¹ ʂaŋ· 不顾一切，豁出去了。如：白菜地里不打药了，~都叫虫吃了，也不吃药泡出来哩菜了。‖也说"豁上 xuo³³ ʂaŋ·"。

【破家五鬼】p'o⁴¹ tɕia³³ u⁵³ kuei⁴¹ 形容一个人很败家，败家子儿。如：你看那老王家恁有钱，阵着晚儿还不是都给他那哟~哩儿子给败光了？

【破鞋】p'o⁴¹ ɕiæ⁵³ 本指破旧的鞋子。后用作詈词，指放荡淫乱作风不正的女人。

【破孝】p'o⁴¹ ɕio⁴¹ 办丧事过程中把准备好的白布撕成一条一条的孝布。

【破五儿】p'o⁴¹ ur· 正月初五。旧时认为初五、十四、二十三这三天不是黄道吉日，即所谓的"破败日"，必须要破除，即破五。这一天要把初一积攒到现在的垃圾等倒出去，名曰送穷。饮食上，孟津传统习俗，正月初五与初一一样饮食，过了初五，年就算过完了，人们就可以开业、工作或从事其他活动了。

p'æ

【拍煤茧儿】p'æ³³ mei⁵³ tɕiɐɯ⁵³ 把煤和黄土加水拌匀制成方形的煤块。

【拍哒】p'æ³³ ta· 聊天。如：先不应走哩，咱俩~一会儿吧？‖ 也说"拍 p'æ³³"。

【拍哪儿】p'æ³³ nʐɐr⁵³ 到处。如：你也不收拾收拾屋里，衣裳扔哩~都是。‖ 也说"拍处儿 p'æ³³ tʂʅ⁴¹"。

【拍儿】p'æɯ³³ 一种摆放饺子或馒头、面条的器具，用针和麻绳将秫秫秆固定在一起，修剪成如算子的圆形。‖ 西乡说"算子拍儿 pi⁴¹ tsʅ· p'æɯ³³"。

【拍闲话儿】p'æ³³ ɕiɛn⁵³ xuɐr⁴¹ 扯闲话。如：该去接孩子了，不应改那儿~。

【排场】p'æ⁵³ tʂʅaŋ· ①铺张奢侈的形式和场面。如：老王走到哪儿排场可不小。②形容人长得帅、漂亮。如：小飞长哩阵排场，咋就寻不下哟媳妇嘞？

【牌楼儿】p'æ⁵³ lɐur⁵³ 做装饰用的建筑物，多建于街市要冲或名胜之处，由两个或四个并列的直柱，上面有檐额。

【牌九】p'æ⁵³ tɕiəu⁵³ 骨牌，牌类娱乐用具。

【派饭】p'æ⁴¹ fan⁴¹ 安排工作人员到某户人家吃饭。如：恁着下乡驻村哩时候儿都是吃~。

【派头儿】p'æ⁴¹ t'ɐur⁴¹ 气派，架势。如：王书记~可大了，出来进去前呼后拥哩。

p'ei

【坯】p'ei³³ 土坯，用泥土在模子里夯瓷实后做成的长方形土块，晾干后垒墙用。如：他脱了一冬天~，开春儿准备盖房子。

【坯模儿】p'ei³³ mʐər⁵³ 做土坯的木框。

【披麻戴孝】p'ei³³ ma⁵³ tæ⁴¹ ɕio⁴¹ 丧礼上孝眷的穿戴。所谓披麻，是指丧礼上男女孝眷所穿孝服由粗麻布制成，不敉边不钉扣不缀带，只用麻批儿束腰间。所谓戴孝，是指男女孝眷头缠白孝布，俗称"孝头带"。‖ 也读"p'i³³ ma⁵³ tæ⁴¹ ɕio⁴¹"

【披风】p'ei³³ fəŋ³³ 披在肩上的没有袖子的外衣，后也泛指斗篷。‖ 也读"p'i³³ fəŋ³³"

【披头散发】p'ei³³ t'əu⁵³ san⁴¹ fa³³ 披散着头发，形容头发散乱，仪容不整。如：你也不收拾收拾，成天~哩，跟憨子一样。‖ 也读"p'i³³ t'əu⁵³ san⁴¹ fa³³"

【呸】p'ei⁵³ 拟声词。①人吐痰或吐唾沫时发出的声音。②听到不吉利的话时嘴里发出的声音，民间认为以这种方式能将坏事破解。③表示斥责或鄙薄义的叹词。如：~！甭改这胡说八道！

【陪送】p'ei⁵³ suəŋ· 结婚时娘家送嫁妆给新娘；也指送给新娘的嫁妆。如：她结婚哩时候儿，娘家~了十床被子。‖ 也说"陪嫁 p'ei⁵³ tɕia⁴¹"。

【陪客】p'ei⁵³ k'æ· 办红白喜事时，主人特别邀请的陪伴和招待客人的人。

【赔不是】p'ei⁵³ pu³³⁵³ sʅ· 赔礼道歉，承认错误。如：也不是啥大不了哩事儿，赔啥不是哩！

【赔本儿赚吆喝】p'ei⁵³ pəɯ⁵³ tʂuan⁴¹ io³³ xə· 白白辛苦，没有任何收获。

【赔钱儿】p'ei⁵³ ts'iɐɯ⁵³ ①做生意未获利反而有亏空。如：跑这一趟不挣钱儿还~哩。②因各种原因需要给人经济补偿。如：他家儿子砸了人家玻璃，得给人家~。‖①也说"赔本儿 p'ei⁵³ pəɯ⁵³"。

【配】p'ei⁴¹ 鸟类、牲畜交配的统称。如：他那人都不算人，是骡马~哩。

【配鬼亲】p'ei⁴¹ kuei⁵³ ts'in³³ 旧俗，未婚配的男女死后可以找同样情况的男女结冥婚，合葬在一起。

【配药】p'ei⁴¹ yo³³ 根据医生开的处方配制药物。

p'ɔ

【抛秧】p'ɔ³³ zaŋ³³ 水稻的一种种植方式。育秧时用小盘下苗，种植时把其均匀地抛撒到整好的水田中即可。

【泡】p'ɔ³³ 东西虽体积大但质地松软，分量轻；膨胀；不坚硬。如：花是～哩，一包花也没多重｜羽绒服洗洗晒干了拍拍都～起来了｜桐木都是～哩，不能做家具。

【脬】p'ɔ³³ 量词，用于屎尿。如：憋了一大～尿。

【刨】p'ɔ⁵³ 除去，不计算在内。如：～了本钱，这一趟不赚啥钱儿。

【炮制】p'ɔ⁵³ tʂ'ɿ⁴¹ ①加工中药材。②随意支使人。如：你这家伙赇是改这～人哩呀！

【刨树】p'ɔ⁵³ ʂʮ⁴¹ 把树连根刨挖出来。

【跑】p'ɔ⁵³ ①逃走。如：夜儿黑地鸡窝儿没关好，～了两只老母鸡。②液体因挥发而损耗。如：给那汽油桶盖儿拧紧，不应叫～喽。③牵引并固定电线等。如：想装联通机顶盒得重新再～线。‖③也说"走线 tsəu⁵³ sien⁴¹"。

【跑买卖】p'ɔ⁵³ mæ⁵³ mæ⁴¹ 来往各地做生意。如：老秦一年到头改外头～，年根儿才回来。

【跑腿儿】p'ɔ⁵³ t'ur⁵³ 指在别人手下做一些为人奔走的杂活儿。如：我只是哟～哩，不当家儿。

【跑堂哩】p'ɔ⁵³ t'aŋ⁵³ li· 旧时指酒店饭馆的服务员。如：她爷年轻哩时候儿改县里饭馆儿当～，靠这养活了一家人。

【跑羔儿】p'ɔ⁵³ kɔr³³ 羊发情。

【跑旱船】p'ɔ⁵³ xan⁴¹ tʂ'uan· 一种民间文娱活动。一人扮演女子站在用竹片等和布扎成的无底船中间，另一人扮演艄公手持木桨作划船状，二人边舞边唱，犹如船在水面划行。‖也说"耍旱船 ʂua⁵³ xan⁴¹ tʂ'uan·"。

【泡馍】p'ɔ⁴¹ mo⁵³ 孟津当地的一种特色美食，用肉汤加少量水烩馒头。如：他可好吃～了。

p'iɔ

【飘】p'iɔ³³ 轻浮，不踏实，不稳当。如：他倒是怪能干哩，就是有点儿～。

【飘带儿】p'iɔ³³ tɛur⁴¹ 旗帜、衣帽上做装饰用的带子，刮风时随风飘扬。

【飘轻】p'iɔ³³ tɕ'iŋ³³ 分量很轻。如：这东西儿～，一点儿不沉。

【漂鱼儿】p'iɔ³³ yu⁵³ 农历每年六月六前后，黄河流域雨水增多，河水变得浑浊，水中缺氧，黄河里经常会有大量的鱼漂浮在水面上，是两岸百姓捞鱼的好时机。小浪底水库建成以后，每年都有几次调水调沙，水库放水时也会出现漂鱼的现象。‖也说"流鱼儿 liəu⁵³ yu⁵³"。

【漂白】p'iɔ⁵³ pæ⁵³ ①用漂白粉使衣物变白。如：他哩白汗衫儿都发黄了，得～咑才能穿。②通过各种方式使坏人坏事合理化正常化。

【瞟】p'iɔ⁵³ 斜着眼睛看。如：他给屋里～了一眼，看见小贝爬到桌子上了。

【瓢】p'iɔ⁵³ ①舀水或掭取面粉等的工具，多用对半剖开的葫芦做成，也有铁制的。②量词。如：一～水。

【票贩子】p'iɔ⁴¹ fan⁴¹ tsɿ· 倒卖火车票或其他票证的人。

【票子】p'iɔ⁴¹ tsɿ· 纸质的钞票。

【票证】p'iɔ⁴¹ tʂəŋ⁴¹ 20 世纪物资紧张时期国家发布的布票、粮票、油票等证券的统称。

p'an

【攀亲戚】p'an³³ ts'in³³ ts'i· 跟地位高的人结亲戚或拉关系。如：她成天想法儿跟领导家～。

【攀高枝儿】pʻan³³ kɔ³³ tsəu³³ 与社会地位比自己高、经济能力比自己强的人家结亲。如：老邢家闺女可是攀上高枝儿了，听说嫁给了局长家儿子。

【盘】pʻan⁵³ 垒、砌、搭（炕、灶）。如：～炕｜～火。

【盘腿儿】pʻan⁵³ tʻuɯ⁵³ 一种坐姿，两腿弯曲交叉平放着。如：她改床上～坐着，手里绑着笤帚。

【盘腾】pʻan⁵³ tʻəŋ· ①折腾。如：你真能～，有空儿不能歇歇？②踏。如：牛跑到庄稼地里，给蜀黍苗儿都～倒了。

【盘儿】pʻuɯ⁵³ ①盘子，盛放物品的浅底的器具，比碟子大，多为圆形。②用盘子盛放的菜肴。如：今儿刘柳过生儿哩，咱炒俩～庆祝庆祝。③用于计量用盘子盛放的东西。如：洗一～樱桃吧？④表示动作行为的量，相当于"次""回""下"等。如：下一～棋。

【盘儿秤】pʻuɯ⁵³ tʂʻəŋ⁴¹ 杆秤的一种，秤杆的一端系着一个盘子，称重时把要秤的东西放在里面。

【盘缠¹】pʻan⁵³ tʂʻan· 外出旅行所需的交通、饮食和住宿等的费用。如：穷家富路，还是多带点儿～。

【盘缠²】pʻan⁵³ tʂʻan· 拖累。如：老王走哩急，孩子们没有受～。

【盘脚盘儿】pʻan⁵³ tɕyə³³ uɯpʻa· 平坐地上，将右脚盘放于左腿上，左脚盘放于右腿上的坐姿，类似于佛教的跏趺坐。

【盘扣儿】pʻan⁵³ kʻəur⁴¹ 用布条缠结成的中式衣服上用的纽扣，用来固定衣襟或装饰。

【盘火】pʻan⁵³ xuo⁵³ 砌炉子。‖也说"盘煤火 pʻan⁵³ mei⁵³ xuo·"。

【□】pʻan⁵³ 浅浅地锄。如：地里草忒多了，你后响去～～吧？

【盼头儿】pʻan⁴¹ tʻəur· 指希望实现的良好愿望。如：阵着他最大哩～就是孙子儿能好起来。

【盼星星盼月亮】pʻan⁴¹ siŋ³³ siŋ· pʻan⁴¹ yɛ⁵³ liaŋ· 日夜等待、期盼，形容期盼实现愿望的急切心情。如：她～，好不容易盼到闺女出门儿。

【襻带】pʻan⁴¹ tæ⁴¹ ①架子车的两个车把之间系的一条"U"形绳子，拉车的时候套在一侧肩膀上来拉牵引着车前进，不用单靠臂力来拉。②裤子上的背带。

【襻带儿鞋】pʻan⁴¹ tɐuɯ⁴¹ ɕiæ⁵³ 20世纪六七十年代很流行的一种带襻儿的女式布鞋，襻儿起固定防掉的作用。

【襻带裤】pʻan⁴¹ tæ⁴¹ kʻu⁴¹ 小孩子穿的带背带的裤子，有的襻带就是在裤子上接了个马甲，有的则只是简单的两根肩带。

【襻儿】pʻɐuɯ⁴¹ ①系衣裙的带子。②用布做的扣住纽扣的套。③外形、用途或功能类似于襻儿的东西。如：笒头～｜鞋～。‖②也说"扣鼻儿 kʻəu⁴¹ piɯ⁵³"。

pʻiɛn

【偏】pʻiɛn³³ 偏袒，对人不公平，可特指父母对子女的态度。如：当家长哩，不能～这哟向那哟，要公平。‖也说"偏向 pʻiɛn³³ ɕiaŋ⁴¹"。

【偏旁（儿）】pʻiɛn³³ pʻɐr⁵³ 汉字合体字的组成部分，旧称左为偏，右为旁，今泛称合体字的任一部分。

【偏分头】pʻiɛn³³ fən³³ tʻəu⁵³ 一种发型。头发分向两边，一边多一边少。

【偏方儿】pʻiɛn³³ frɐr³³ 民间流传的土方。如：～有时候儿也怪管用哩。

【偏门儿】pʻiɛn³³ məuɯ⁵³ 大门旁边的侧门，和"正门"相对。

【偏心眼儿】pʻiɛn³³ siŋ³³ iɐuɯ⁵³ 偏向一方，不公平。如：他妈～，光向着老大。‖也说"偏心 pʻiɛn³³ siŋ³³"。

【偏开口儿】pʻiɛn³³ kʻæ³³ kʻəur⁵³ 裤子腰部在一侧开口，旧时女裤多如此设计。

【谝】pʻiɛn⁵³ 自夸，炫耀。如：老张就好～

他改山西包工哩事儿。

【谝能】p'iɛn⁵³ nəŋ⁵³ 在别人面前炫耀本领。如：你不应光~了，也下手干干？

【谝刺】p'iɛn⁵³ ts'ʅ· 说长道短，议论是非。如：他这人就好~人。

【谝闲话儿】p'iɛn⁵³ ɕiɛn⁵³ xuer⁴¹ 聊天；说闲话。如：不应光改这儿~了，赶快干活儿吧！

【片】p'iɛn⁴¹ 用刀斜着切成薄片。如：你先使刀给这上边儿哩肥肉~下来吧。

p'ən

【喷】p'ən³³ 说闲话，聊天；吹牛。如：天还早着哩，咱再~会儿吧｜你不应光~，事儿办成喽再说。

【喷喷】p'ən³³ p'ən· 聊一会儿天。如：不应慌着走哩，再~。

【喷粪】p'ən³³ fən⁴¹ 詈语，骂人胡说八道、言语污秽。如：你可不应听他满嘴~，根本就不是那回事儿。

【喷达】p'ən³³ ta· 喷闲话儿。如：这老头儿通能~哩，天南海北他啥都知道。

【盆儿】p'əɯ⁵³ ①盆子。如：先前结婚送礼都是送洗脸~，毛巾。②量词，用于盆装的东西。如：泡了一大~衣裳。

【盆儿泼大雨】p'əɯ⁵³ p'o³³ ta⁴¹ y⁵³ 形容雨非常大，像用盆往下泼一样。如：下着~，哪儿也去不了。

【喷儿香】p'əɯ⁴¹ ɕiaŋ³³ 香味浓郁，非常香。如：今儿这排骨炖哩不赖，~~哩。

p'in

【拼盘儿】p'in³³ p'aɯ⁵³ 把两种以上的凉菜放在一个盘子里拼成的菜。如：就咱俩人，要哟~再要哟热菜就够咱俩吃哩了。

【拼兑】p'in³³ tuei⁴¹ 拼凑；对付着用。如：家伙儿不够一个人一个，大家伙儿~着使吧。

【拼凑】p'in³³ ts'əu⁴¹ 把细小零碎的东西合在一起。如：剩这点儿布~~还能做哟褥子面儿哩。

【拼死拼活】p'in³³ sʅ⁵³ p'in³³ xuo⁵³ 形容工作非常勤奋，拼命干。如：她男人死哩早，她~哩干，才养活大了这仨孩子。

【贫嘴呱嗒舌】p'in⁵³ tsuei⁵³ kua³³ ta·ʂʅə⁵³ 指喋喋不休不停地说话使人厌烦；插科打诨地说些没意思的话。如：这孩子~哩，一看就不是哟实诚人。‖也说"穷嘴呱嗒舌 tɕ'yŋ⁵³ tsuei⁵³ kua³³ ta·ʂʅə⁵³"。

【品味儿】p'in⁵³ viuɚ⁴¹ 吃东西时细细地品尝味道。

【姘】p'in⁴¹ 没有夫妻关系的男女长期发生性行为。

【姘头】p'in⁴¹ t'əu· 指长期具有非婚性行为的男女。

【聘礼】p'in⁴¹ li⁵³ 订婚时男方向女方家送的礼金和礼品。

p'aŋ

【滂】p'aŋ³³ 表示程度高，"特别""很"的意思，一般修饰限定跟气味有关的形容词。如：这屋里头啥东西儿坏了，~臭~臭哩。

【膀】p'aŋ³³ 衣服肥大。如：这衣裳穿着忒~了。

【□】p'aŋ³³ 小事情；看不起的人或事。如：这算哟~，一会儿都弄完了｜王军算哟~，甭搭理他。

【旁边儿】p'aŋ⁵³ piɛɯ³³ 四周；附近。如：俺村儿~有哟鱼儿池。

【旁哩】p'aŋ⁵³ li· 别的；其他的。如：我就知道这，~就不知道了。

【胖墩墩哩】p'aŋ⁴¹ tuən·tuən⁵³ li· 形容人身材矮胖而结实。如：小健~，看着怪结实哩。

【胖墩儿】p'aŋ⁴¹ tuu³³ 指身体矮胖的少儿。如：东东从小都是哟小～。

【胖乎乎哩】p'aŋ⁴¹ xu·xu⁵³ li·指婴幼儿胖得匀称，胖得可爱。如：这小孩儿～，多可爱！

p'əŋ

【烹】p'əŋ³³ ①家业破落。如：他家俩孩子都不正干，再大哩家业也叫弄～了。②不行了，不好了。如：～了，～了，我出来哩时候儿忘关火了。

【棚】p'əŋ⁵³ ①为遮蔽太阳或风雨而搭建的设施，用竹木搭架子，上面覆盖帆布或柴草。②搭棚。如：快下雨了，给煤堆～～吧，不应叫淋喽。

【碰势儿】p'əŋ⁴¹ ʂəu⁴¹ 有时候。如：卖猪头肉哩不是天天出摊儿，～能买着。‖也说"对势儿 tuei⁴¹ ʂəu⁴¹"。

【碰见】p'əŋ⁴¹ tɕiɛn·遇见。如：我今儿上街～恁老师了。

【碰运气】p'əŋ⁴¹ yn⁴¹ tɕ'i·希望侥幸获得成功。如：这事儿是～哩，有时候儿便宜有时候儿一点儿也不便宜。

p'iŋ

【乒乓儿球】p'iŋ³³ p'rər³³ tɕ'iəu⁵³ 乒乓球。

【平不塌】p'iŋ⁵³ pu·t'a³³ 不起眼。如：高刚改单位表现～哩，一般。

【平白无故】p'iŋ⁵³ pæ⁵³ vu⁵³ ku⁴¹ 无缘无故。如：～哩，人家帮咱抓哩？

【平辈儿】p'iŋ⁵³ pər⁴¹ 同辈。如：你跟建新是～。

【平房】p'iŋ⁵³ faŋ⁵³ 只有一层且不起脊的房子。

【平逢山】p'iŋ⁵³ fəŋ³³ san³³ 广义的平逢山是北邙山的别名，位于伊洛之北，包括今新安县东部和孟津全境的邙山。狭义的平逢山东连谷城山，西接青要

山，南望伊洛，北至河曲，是炎黄母族有蟜氏的故里。

【平头（儿）】p'iŋ⁵³ t'əu⁵³（t'rəur⁵³）①脑袋后边扁平的头型。②头发较短，向上竖起，头顶成一平面的男子发型。‖②也说"小平头儿 sio⁵³ p'iŋ⁵³ t'rəur⁵³"。

【平头儿百姓】p'iŋ⁵³ t'rəur⁵³ pæ⁵³ sin⁴¹ 无职无权，不担任领导职务的人。如：咱哟～，怕啥哩？

【平头正脸】p'iŋ⁵³ t'əu⁵³ tʂəŋ⁴¹ liɛn⁵³ 形容相貌端正。如：小高长哩～哩，个子也不低，咋不中？

【平乐】p'iŋ⁵³ luo·孟津区平乐镇平乐村名，位于孟津东南部，地处汉魏故城遗址，因公元 62 年东汉明帝为迎接西域入贡飞燕铜马筑"平乐观"而得名。

【平乐脯肉】p'iŋ⁵³ luo·p'u⁵³ zəu⁴¹ 孟津平乐镇的一种特色美食，洛阳市非物质文化遗产之一。制作时先将红薯粉条煮至六七成熟时捞出剁碎，加上猪肉馅、土鸡蛋、红薯粉面、鲜肉汤、葱姜蒜和秘制的调料一起搅拌均匀，放入容器中，把馅料铺排成长方块儿，放油锅炸至七成熟，再上笼蒸一小时即成。吃时切成薄片或长条状放碗中，撒上香菜或鲜韭，点缀以老醋、黑胡椒粉，浇入高汤上桌。由于这道菜在制作时雏形是铺出来的，故取其谐音"脯肉"。

【平乐牡丹画儿】p'iŋ⁵³ luo·mu⁵³ tan·xuɐr⁴¹ 被誉为"中国牡丹画第一村"的孟津平乐村村民创作的以牡丹为题材的画作。平乐村村民有着崇尚文化艺术的优良传统，改革开放以来，随着洛阳牡丹花会的举办，平乐村村民将创作主题集中到牡丹画上，至今已形成一定的规模和特色。2014 年，平乐镇平乐村成为首批河南省特色文化基地。

【平乐郭氏正骨】p'iŋ⁵³ luo·kuo³³ s̩⁴¹ tʂəŋ⁴¹ ku³³ 起源于孟津区平乐镇平乐村，世居平乐的郭氏家族第十七代郭祥泰是

平乐郭氏正骨的创始人。平乐位于洛阳，邻近嵩山少林寺，由于其特殊的地理位置而受洛阳明末清初正骨名医祝尧民（自称薛衣道人）及少林伤科影响较大。平乐郭氏正骨医术创始至今已有二百余年，经过漫长岁月的积淀，以其疗法独特、医德清廉的美名盛传于世，成为名震华夏的一大学术流派。2008 年 6 月平乐郭氏正骨入选第一批国家级非物质文化遗产扩展名录。

【平素常】p'iŋ⁵³ su⁴¹ tʂ'aŋ⁵³ 平常，平时。如：~老李都是九点都睡了，今儿咋十二点了，他家灯还着着哩？‖ 也说"平素 p'iŋ⁵³ su⁴¹"。

【平展展哩】p'iŋ⁵³ tʂan·tʂan⁵³ li·平而整齐。如：睡起来卜拉卜拉床，单子~多好。‖ 也说"平崭崭哩 p'iŋ⁵³ tsan·tsan⁵³ li·"。

【苹果醋】p'iŋ⁵³ kuo·ts'u⁴¹ 民间用落下或有伤的苹果酿制的果醋。

【凭啥】p'iŋ⁵³ ʂa⁴¹ ①为什么。如：你~不叫俺进？②根据什么。如：你可不能冤枉人，你~说东西儿是俺孙子儿弄打哩？

m

mi

【觅】mi³³ 雇、租，常用来指雇人，也可以指雇车、船、轿子等。如：你赶紧去~哟车吧，再不走可迟了。

【弥】mi³³ 缝补；补缀。如：这裤子太短了，~上一截儿才能穿。

【眯】mi³³ ①眼睛微微合上。如：你先~住眼儿。②小睡。如：我天天晌午都得~一会儿。

【咪咪】mi³³ mi· ①猫。②猫的叫声。

【密流扎圈儿】mi³³ liəu⁵³ tsa³³ tɕ'uɐu³³ 形容太满。如：缸里头粮食装哩~哩，盖都盖不住。

【密扎扎哩】mi³³ tsa·tsa⁵³ li· 针脚很密。

【蜜】mi³³ 蜂蜜。

【蜜蜜】mi³³ mi· 幼儿对乳房、奶头的称呼。

【蜜蜜罐儿】mi³³ mi³³ kuɐu⁴¹ ①地黄。②原生做砧木的柿树结的果实。

【蜜蜂儿】mi³³ fəu· 蜜蜂。

【米】mi⁵³ 大米。孟津沿黄河一带有灌溉的便利，种植水稻较多，这里一般把大米叫米，以与小米区别。

【米汤】mi⁵³ t'aŋ³³ ①蒸大米捞饭时留下的米油。没有电饭锅时，焖米饭时水量和火候掌握不好很容易煳锅。民间大多把大米用水煮开一会儿，捞出用笼屉蒸熟，米油可以当汤喝。②用少量

的大米或小米熬的稀饭。如：咱今儿黑地喝~吃包子吧？

【米油儿】mi⁵³ iəur⁵³ 大米或小米煮的粥上边浮着的一层黏稠液体。中医认为其味甘性平，具有滋阴长力，肥五脏百窍，利小便通淋的作用。其中小米油儿尤其滋润，北方地区多作为产妇的营养品饮用。如：娟小时候儿奶不够吃，她奶天天熬~喂她。

【弭】mi⁵³ 用橡皮擦掉。如：这一行字儿都写错了，~喽重写吧。

【迷迷瞪瞪】mi⁵³ mi·təŋ⁴¹ təŋ· 形容人心里不清楚，迷迷糊糊地。如：李兰成天~，光算错账。

【迷瞪】mi⁵³ təŋ· 迷糊；糊涂。如：你咋阵~嘞？夜儿个说哩是三点钟不是四点。

【迷瞪儿】mi⁵³ təu· 发愣或糊涂。如：你不应改这装~了，孩子们都知道了。

【迷瞪眼儿】mi⁵³ təŋ·iɐu⁵³ 指迷迷糊糊的人。如：他是哟~，你跟他说不清楚。

【迷路】mi⁵³ lu⁴¹ 找不到正确的道路。

【迷魂汤】mi⁵³ xuən·t'aŋ³³ 比喻能让人迷惑的语言、计谋和圈套等。如：你甭给我灌~了，不中就是不中。

【眯】mi⁵³ 尘土等杂物进入眼中。如：今儿风大，~住眼了。

【篾子】mi⁵³ tsʅ· 加工好的芦苇批儿。剥去外皮的芦苇先用刀剖成几片，用碌子反复碾压使平整顺滑，才可以用来

编织苇席。

【弥】mi⁴¹ 把裂缝弥合起来。如：汤太稠了，锅盖儿上哩眼儿叫～住了，鬡哩哪儿都是。

【弥住眼儿】mi⁴¹ tʂʅ·iɐu⁵³ ①熬粥时汤汁把锅盖的小孔糊住了。②打煤球时有些眼不通，下煤时要用火柱扎，否则易灭。

【眯眯眼儿】mi⁴¹ mi⁴¹ iɐu⁵³ 眼睛小睁不大，好像眯着一样。如：他俩长哩怪像哩，都是小～。

【鬡儿】məu⁴¹ 一种类似哨子的玩具，一般用柳树枝制成。反复扭转嫩柳枝，使皮层松动，再抽出木质硬芯形成空管，可以吹响。也可用苇子秆制成。如：他伯撧了点儿柳枝儿，给孩子们做了好几个～～。

mu

【木】mu³³ ①麻木。如：冷死了，手都冻～了。②反应迟钝；不灵敏。如：夜儿黑地看书看到两点，低脑都～了。‖①也说"木圪登儿登儿哩 mu³³ kuʔ³³ təu·təu⁵³ li·"。

【木头橛儿】mu³³ t'ɐu·tɕyɚ⁵³ 一头削尖可以插入地下或钉入物体表面能起到固定、悬挂、支撑等作用的短木棍。如：改墙上钉哟～吧，叫我给这俩镰挂起来。

【木桶】mu³³ t'uəŋ⁵³ 盛东西的器皿。用木板拼成桶身，用四五根铁环箍紧，顶端加木或铁的提梁。

【木耳】mu³³ ʅ⁵³ 木耳科木耳属植物，是重要的食用菌。‖也读合音"mʅɚ³³"。

【木镰】mu³³ liɛn⁵³ 一种较轻巧的镰刀，镰头是一窄长铁片，根部有眼儿钉在木把上。

【木植】mu³³ ʅ· 木头。如：冬天辛亮买了一大堆～，开春想做点儿家具。

【木梳】mu³³ ʂu· 梳子，因其多用木头制成，故名。

【木锨】mu³³ ɕiɛn· 一种木制农具，似锨，前端方阔，打场、扬场时用来铲取谷物。

【木圪垯垯】mu³³ kuʔ³³ ta·ta⁵³ 形容人老实木讷，沉默寡言，不善言谈。如：高彤有点儿忒老实了，见了老丈人，～哩，连句话儿都不会说。‖也说"面圪登儿登儿哩 miɛn⁴¹ kuʔ³³ təu·təu⁵³ li·"。

【木碗儿】mu³³ uɐn⁵³ 从前儿童所用木制的碗。‖也说"木楞儿 mu³³ ləu·"。

【没】mu³³ 没有。如：人家都去看电影了，你咋～去嘞？

【没边儿】mu³³ piɐu³³ 指说话夸张过头。如：你不应喷起来～了，说点儿实在哩吧！

【没边儿没沿儿】mu³³ piɐu³³ mu³³⁵³ iɐu⁴¹ ①形容水面开阔广大。如：陆浑水库可大了，～哩。②指说话不靠板，不着边际。如：你这话儿说哩～，啥意思呀？

【没脾气】mu³³ p'i⁵³ tɕ'i· ①指人性格温和，不乱发脾气。如：刘顺儿这人～，你咋说都中。②没办法。如：王娟一哭二闹三上吊，弄哩李铁柱一点儿也～。

【没屁眼儿哩事儿】mu³³⁵³ p'i⁴¹ iɐu⁵³ li·səu⁴¹ 缺德事。如：他成天干那～，也不怕报应。

【没法儿】mu³³ fɚ³³ 没有办法。如：他要是笔试都过不了，谁也～。‖也说"没门儿 mu³³ məu⁵³"。

【没大没小】mu³³⁵³ ta⁴¹ mu³³ sio⁵³ 喜欢跟人开玩笑，不顾及尊卑长幼。如：他这人历来好说笑，～惯了。

【没得】mu³³ tei⁵³ 否定副词，表示"应该做但没做"或"要发生但没发生"。如：幸亏我跑哩快，～叫人家逮住。

【没头儿】mu³³ t'ɚu⁵³ 事情没完没了，难以解决。如：这事儿复杂着哩，沾上就～了，我可管不了。

【没耳性】mu³³ ɻ̩⁵³ siŋ· 没记性，说了不改。如：你这人就是～，上一回罚款还没交又叫贴单子了。

【没脸（儿）】mu³³ liɛn⁵³(lieɯ⁵³) 感到羞耻，丢脸。如：算了吧，我可～再去求人家了。

【没滋搭味儿哩】mu³³ tsɿ³³ ta³³ vɚ⁴¹ li· ①指饭菜没什么味道或人没什么味觉。如：今儿晌午这饭吃着～。②形容没什么意思的闲话。如：他俩睡不着，～胡扯了一会儿才睡了。

【没嚼头儿】mu³³ tsyə⁵³ t‘ɚur· 指饭菜太软烂不筋道。如：羊肉炖哩忒烘了，～。

【没材料】mu³³ ts‘æ⁵³ liɔ· 指人不成器，不成材，不中用。如：他家属老大～哩。

【没事儿寻事儿】mu³³⁵³ sɚu⁴¹ sin⁵³ sɚu⁴¹ 故意找茬。

【没星儿秤】mu³³ siɯ³³ tṣ‘əŋ⁴¹ ①过去用的木杆秤，用金属钉星星点点地镶嵌在秤杆上，标示刻度，没有星的秤不能用来称物。比喻那些说话做事没有分寸、不知轻重的人。如：他就是哟～，不知道话儿该咋说事儿该咋做。②形容人不精到，有些傻。如：你真是哟～，这也能弄丢？

【没治了】mu³³⁵³ tṣɿ⁴¹ lə· 没有任何办法，不可挽回。如：这孩子～，你越说他越跟你反着来。

【没准儿】mu³³ tṣuɯ⁵³ 说不定；没有确定的时间地点。如：这事儿还～哩，等等再说吧。‖ 西乡也说"没忖儿 mu³³ ts‘uɯ⁵³"。

【没正形】mu³³⁵³ tṣəŋ⁴¹ ɕin⁵³ 举止滑稽可笑，喜欢闹着玩儿。如：你都多大了，还跟孩子们闹腾哩，～。

【没成色儿】mu³³ tṣ‘əŋ⁵³ sɚu· 不成才，不会办事儿。如：你咋阵～嘞？阵简单哩事儿都办不好。

【没吃头儿】mu³³ tṣ‘ɿ³³ t‘ɚr· 不好吃，一般指骨头多肉少的菜肴。如：螃蟹光壳儿没肉，没啥吃头儿。

【没出息】mu³³ tṣ‘ɿ³³ sy· 不务正业，没有发展前途，多指青少年。如：你也忒～了吧？这都不敢去？

【没势（儿）】mu³³⁵³ ṣɿ⁴¹（sɚu⁴¹）没本事。如：你咋阵～嘞，这都弄不好。

【没啥】mu³³⁵³ sa⁴¹ ①没有什么东西。如：就这吧，他家穷着哩，也～赔你。②没关系。如：你不应给心里去，～。

【没人样儿】mu³³ zən⁵³ iɚr⁴¹ ①因不注重打扮或疾病折磨变得憔悴邋遢。如：李山叫病折磨哩都～了。②指品行不端，不像人。如：你看你都四十了，成天吊儿郎当哩没哟人样儿，啥时候儿才懂事儿呀！‖ 也说"没人形儿 mu³³ zən⁵³ ɕiɯ⁵³"。

【没任咋儿】mu³³⁵³ zən⁴¹ tsɚr⁵³ ①没做任何事。②刚开始，还没怎么样。如：还～哩你可忘本儿了？

【没任啥儿】mu³³⁵³ zən⁴¹ sɚr⁵³ 什么也没有。如：松枝嫁过来哩时候儿家里～，人家也没有嫌弃咱。

【没屎事儿】mu³³ ṣɿ⁵³ təⁱɑu⁵³ sɚu⁴¹ 闲着什么事也没有。如：你成天～，这儿逛逛那儿逛逛，还怪美哩。

【没戏】mu³³⁵³ ɕi⁴¹ 没指望，没希望。如：这事儿估计又～了。

【没窟窿儿嬔蛆】mu³³ k‘u³³ luŋ· fan⁴¹ ts‘y³³ 没事找事，故意找茬，无事生非。如：你甭～了，改家里安生几天吧。

【没规程儿】mu³³ k‘uei³³ tṣ‘əu· 没有规矩，没有准儿。如：他家孩子们可～了｜去不去还～哩，到时候儿再说吧。

【没看头儿】mu³³⁵³ k‘an⁴¹ t‘ɚr· 不好看。如：这戏～，咱回去吧？

【没合什】mu³³ xə⁵³ ṣɿ· 没本事；没能力。如：他算是～哩，一辈子就会种地。

【没有了】mu³³ iɔuei⁴¹ lə· 对死的讳称。‖ 也读合音"mieɯ⁴¹ lə·"。

【没眼法儿】mu³³ iɛn⁵³ fɚr· 俩人不对脾气，感情不和。如：他俩～，说不了几句儿就吵开了。

【没眼色】mu³³ iɛn⁵³ sæ· 看不清情况，不会随机应变。如：你咋恁～嘞，看不出来他俩是开玩笑哩呀？

【没样儿】mu³³⁵³ iɐr⁴¹ 形容言行随便，不守规矩，不讲礼貌。如：他家哩孩子都惯哩～，一点儿都不听说。

【没王蜂儿】mu³³ uaŋ⁵³ fəu³³ 指家长、老师不在时胡作非为的小孩子，也指单位没有主要领导人时的状态。如：王老师有病儿请了一星期假，一年级成了～了。

【没影儿】mu³³ iu⁵³ ①看不见或找不到了。如：小东才将家儿还改这耍土哩，扭脸儿可～了。②没有根据，不符合实际情况。如：～哩事儿，你可不应瞎说。

【□拉】mu³³ la· 随意地擦擦。如：你慌啥哩？～～脸再走不迟。

【牡丹】mu⁵³ tan· 芍药科芍药属植物，为多年生落叶灌木，是重要的观赏植物，中国十大名花之一，牡丹是洛阳市花，洛阳牡丹久负盛名。

【牡丹饼】mu⁵³ tan·piŋ⁵³ 据传为武则天创制，洛阳特产之一。牡丹饼以油酥面包入精心泡制的牡丹花酱馅心，烤制而成。‖也说"鲜花牡丹饼 sien³³ xua³³ mu⁵³ tan·piŋ⁵³"。

【墓碑】mu⁴¹ pei³³ 立在坟墓前面的石碑，一是起标识作用，二是记载逝者的生平。

【墓堂】mu⁴¹ t'aŋ⁵³ 墓室。

【墓筒儿】mu⁴¹ t'uu⁵³ 指竖穴土坑墓的竖穴。

【墓骨堆儿】mu⁴¹ ku³³ tuu· 坟头，在墓穴上方堆起的土堆。

【□糊】mu⁴¹ xu· ①头晕。如：今儿低脑有点儿～，我得回去歇歇。②糊涂。如：人老喽都有点儿～了。

【□糊蛋】mu⁴¹ xu· tan⁴¹ 形容成天晕头晕脑，脑子不开窍的人。如：石超是哟～，你跟他讲不清道理。

【□糊虫儿】mu⁴¹ xu· tʂ'uu⁵³ 指糊里糊涂的小孩子。

ma

【妈】ma³³ 对母亲的称谓。

【妈儿】mɐr³³ ①指哺乳期妇女的乳房及乳汁。②指小儿的阴茎。

【妈圪垯儿】ma³³ ku³³ tɐr· 指妇女的乳头。

【抹】ma³³ ①捋下来卷起的袖子。如：我占着手哩，你给我袄袖～下来吧。②脱掉，去掉。如：她进屋～下来手帽儿就赶快去做饭了。③用布擦。如：～桌子。④撤职，罢免。如：他哩主任叫～了。⑤称东西时去掉零头。如：老板，给零头～了吧？

【抹板】ma³³ pan⁵³ 棺木下葬后，由死者的女儿或孙女下到墓穴中，用孝布擦干净棺木。

【抹牌】ma³³ p'æ⁵³ ①起牌。②打牌。

【抹身子】ma³³ ʂən³³ tʂʅ· 用热水擦身子。

【蚂蚱】ma³³ tsa· 蝗虫的俗称。蚂蚱繁殖力极强，数量多，极易聚集在一起啃食禾谷的青苗形成蝗灾。

【□爪】ma³³ tʂua⁵³ 指人糊涂不清，麻惹难缠。如：你这人咋阵～嘞？

【马鳖】ma⁵³ piɛ· 蚂蟥，为水蛭类。咬人、马腿部，能将口器钻入皮肤内吸血，需用力拍打才松嘴退出。‖也读"ma⁵³ piɛn·"

【马蜂】ma⁵³ fəŋ· 膜翅目胡蜂科昆虫。‖也说"黄蜂 xuan⁵³ fəŋ·""胡蜂 xu⁵³ fəŋ·"。

【马蜂蜇住屁股眼儿】ma⁵³ fəŋ· sɣɛ⁵³ tʂu⁴¹ p'i⁴¹ ku· iɐu⁵³ 形容人倔强任性，不让干什么非干什么。如：你这孩子，真是～了，不叫你去井边儿你光去。

【马蜂窝（儿）】ma⁵³ fəŋ· uo³³（uɐr³³）①马蜂的窝。如：俺家窗户外头有哟小～。②比喻麻烦的事情。如：你这一回可捅了～了。

【马大哈】ma⁵³ ta⁴¹ xa³³ ①粗心大意。如：考试哩时候儿可好好审题，可不敢～

啊！②粗心大意的人。如：这哟～，又忘拿身份证了。

【马蹄沟】ma⁵³ t'i⁵³ kəu³³ 白鹤镇宁嘴村的一处山坳。传说刘秀被王莽军队追到此地，无处藏身之时，一匹马奋起前蹄在草地上刨了一个坑并挡在上面，刘秀藏身其中方躲过追击。

【马蹄酥梨儿】ma⁵³ t'i⁵³ su³³ liɯ⁵³ 一种中熟梨品种，果实色呈金黄，果肉细腻无渣，松脆多汁，味甜而浓。

【马蹄黄梨儿】ma⁵³ t'i⁵³ xuaŋ⁵³ liɯ⁵³ 一种中熟梨优良品种，果体硕大，形圆色黄，肉质稍粗，味甜松脆，耐储存。‖也说"金屁股 tɕin³³ p'i⁴¹ ku·"。

【马屯】ma⁵³ t'uən⁵³ 村名，在今孟津小浪底镇，因周穆王西征时在此养马而得名。

【马路壕儿】ma⁵³ lu⁴¹ xɔʐ⁵³ 马路边的小沟。

【马骡】ma⁵³ luo⁵³ 驴父马母生的骡子。

【马齿菜】ma⁵³ tsʐ·ts'æ⁴¹ 学名"马齿苋"，马齿苋科马齿苋属石竹目草本植物。马齿苋叶肥厚多汁，无毛，茎常带紫色，叶互生，楔状长圆形或倒卵形，多野生，药食两用。

【马叽溜儿壳儿】ma⁵³ tɕi³³ liəuɾ·k'əɾ³³ 蝉蜕。

【马扎子】ma⁵³ tsa³³ tsʐ·一种小型坐具。铁制或木制的腿交叉，上面绷上布面或麻绳等，不用时能够合拢，便于携带。

【马勺】ma⁵³ ʂuo⁵³ 舀水的长柄木勺，用来舀取大锅里的汤、粥、菜。

【马驹儿】ma⁵³ tɕyɯɾ⁵³ 小马。

【马脚儿】ma⁵³ tɕɔɾ·晾晒东西的支架。

【马虾】ma⁵³ ɕia³³ 小龙虾。

【马虎眼儿】ma⁵³ xu·iɯɾ⁵³ 用装糊涂的办法抵赖或改口。如：你不应给我打～，这事儿你今儿非办不中。

【马牙枣儿】ma⁵³ ia⁵³ tsɔɾ⁵³ 一种大枣，因果实为长锥形或长卵形，下圆上尖，上部歪向一侧，形似马牙而得名。马牙枣品质上乘，8月下旬至9月上旬成熟，较其他枣类成熟期早。

【马院】ma⁵³ uan⁴¹ 又名"马苑"，村名，在今孟津白鹤镇，传说是隋炀帝狩猎养马的地方。

【马王爷三只眼】ma⁵³ uaŋ⁵³ yɛ⁵³ san³³ tsʐ³³ ien⁵³ 比喻神通广大的人物。如：我要不给他露一手儿，他也不知道～。

【麻¹】ma⁵³ ①苘麻，锦葵科苘麻属植物，常见于路旁、田野、荒地等。苘麻全身均可入药，麻秆入水沤制后剥下的纤维可制麻绳、麻袋等，有极高的经济价值。②苘麻的纤维。

【麻²】ma⁵³ 身体的某个部位因压迫或其他刺激而产生的麻木的感觉。如：坐哩时间长了，腿都～了。

【麻包】ma⁵³ pɔ³³ 麻袋。

【麻包蛋】ma⁵³ pɔ³³ tan⁴¹ 小马泡，一年生匍匐草本植物，一株可结十几枚如葡萄大小的果实。‖也说"麻轱辘蛋 ma⁵³ ku³³ lu·tan⁴¹"。

【麻批儿】ma⁵³ p'iuɾ³³ 麻纤维未捻成绳时的丝缕。如：一到冬天，俺妈都去供销社买一捆～，回来捻成麻绳做鞋。

【麻烫】ma⁵³ t'aŋ·发面做的油炸食品，有瓷麻烫和虚麻烫两种。传统炸麻烫时按比例把白面、碱、盐、明矾掺和均匀，加水和成稍软的面团，面饧好后做成长条状双批儿或扭股炸制。20世纪麻烫是孟津农村走亲戚时常带的礼品。

【麻烫篮儿】ma⁵³ t'aŋ·lœɯ⁵³ 喻指女孩儿。孟津当地逢年过节时走亲戚多是扤一篮子麻烫和其他点心等。旧观念认为女孩子成人后要出嫁，生个女孩子只是将来多了个亲戚而已。

【麻利】ma⁵³ li·①敏捷；干净利索，不拖泥带水。如：刘娟儿干活通～哩。②快速，迅速。如：天快黑了，咱得～点儿了。

【麻子】ma⁵³ tsʐ·①感染天花或出水痘痊愈后留下的疤痕，类似芝麻大小的浅坑，故称麻子。②指脸上有麻子的人。

【麻子眼儿】ma⁵³ tsʐ·iœɯ⁵³ 天色已暗，但还未完全黑。如：才～黑你可睡觉了？

【麻酥酥】ma⁵³ su·su⁵³ ①麻味儿比较重。如：这家儿做哩麻婆豆腐吃着辣辣儿哩，~哩，不赖。②人的麻筋儿被撞后的感觉。‖也说"麻嗖嗖 ma⁵³ səu·səu⁵³"。

【麻蒴儿】ma⁵³ suɐr³³ 麻蒴儿就是指苘麻的果实。在零食匮乏的年代，麻蒴儿是可以吃的。刚落花的麻蒴儿不老不嫩，去掉麻蒴儿的外皮，吃里面白色饱满的籽，味道青涩中夹杂些甜味儿。

【麻缠】ma⁵³ tʂʻan⁵³ 麻烦纠缠的意思，用来形容人难以对付或事情十分棘手难办。如：这事儿通~哩，不好办。

【麻绳（儿）】ma⁵³ ʂəŋ⁵³（ʂəuⁿ⁵³）①少量麻批儿拧成的细绳，用来纳鞋底、缂鞋等。②用多股麻经儿合成的较粗的绳子，用来捆绑货物，做井绳等。

【麻秧儿】ma⁵³ zɐr³³ 形容人糊涂、难缠。如：你这孩子咋阵~嘞？咱明儿去可不中了？‖也说"麻秧儿不清渣儿 ma⁵³ zɐr³³ pu³³ tsʻin³³ tsɐr³³"。

【麻经儿】ma⁵³ tɕiɯ³³ 一种生麻绳，但未经合股捻紧，制作省工，粗糙价廉，多捆物用。

【麻筋儿】ma⁵³ tɕiɯ³³ 人身上踝骨、肘关节处比较敏感的部位，磕碰到会有酥麻的感觉。

【麻秆儿】ma⁵³ kɐu⁵³ ①麻的茎沤去纤维后剩下的光棍儿。②形容身材又高又瘦的人。如：你瘦哩跟~样，还减啥肥哩！

【麻忽挛】ma⁵³ xu³³ luan· 乱麻团。

【麻尾俏】ma⁵³ i⁵³ tsʻiɔ⁴¹ 毛色灰黑的喜鹊。如：~尾巴长，娶了媳妇忘了娘。‖也说"花尾俏 xua³³ i⁵³ tsʻiɔ⁴¹"。

【阒】mɻɐr⁵³ ①旧称大门外面或村镇空地。②会盟、白鹤、小浪底、城关、横水等镇村名后缀，集中在老孟津沿黄河这一狭小区域内，出现在清末到民国期间，历史不长。如：潘家~｜刘家~。

mo

【末屡儿屡儿】mo³³ trur·trur⁵³ 指一排、一队的最后一个。如：他个儿低，上体育课哩时候儿老是排~。‖也说"末末屡儿 mo³³ mo·trur³³"。

【末子】mo³³ tsʐ· 碎末。如：一袋儿饼干改包儿里揉成碎~了，还咋吃？

【末尾儿】mo³³ iɯ⁵³ 末尾，最后一个。如：肖刚学习可不好，啥时候儿考试都是~。‖也说"末末尾儿 mo³³ mo·iɯ⁵³""末后尾儿 mo³³ xəu⁴¹ iɯ⁵³"。

【摸】mo³³ ①偷。如：王刚这孩子手脚不干净，就好偷东~西哩。②在黑暗中辨认方向和道路。如：夜儿黑地回来哩时候儿迷路了，~到铁谢才迷过来。

【摸不着】mo³³ pu³³ tʂuɔ⁵³ 寻不着，找不到。如：巧萍家住哩可偏了，我去了几回还是~。

【摸脉】mo³³ mæ³³ 摸脉指中医"望闻问切"中的"切"，中医摸脉摸的是脉搏跳动，当内脏、气血出现病变的时候，就会通过脉搏表现出来，因此，摸脉是中医诊断疾病的重要参考标准之一。

【摸着】mo³³ tʂuɔ⁵³ 辨认得出来；找得到。如：不应管了，我能~喽。

【摸楚】mo³³ tʂʻʐ· 指人做事慢、磨叽。如：华华可~了，弄啥都慢。‖也说"摸摸楚楚 mo³³ mo·tʂʻʐ⁵³ tʂʻʐ·"。

【摸楚蛋】mo³³ tsʻʐ·tan⁴¹ 指做事慢的人。如：老王真是哟~。

【摸脚尖儿】mo³³ tɕyɐ³³ tɕiɐr³³ 少儿游戏。几个孩子爬到梨树上（梨树枝干平直，方便上下移动），互相摸其他人的脚尖，被摸到的算输。

【摸瞎子】mo³³ ɕia³³ tsʐ· 在一个特定的空间里，用黑布蒙住一个人的双眼，让他去抓其他人，被抓住的人要当瞎子来抓人。

【摸黑儿】mo³³ xər³³ 指在没有光亮、没有灯光的地方做事。如：夜儿黑地他～走了三十里地回来哩。

【摸鱼儿】mo³³ yu⁵³ 人站在水里用手抓鱼。

【馍】mo⁵³ 馒头。

【馍花儿】mo⁵³ xuɐr³³ 馒头屑。如：吃馍哩时候儿使手接着点儿，不应掉哩哪儿都是～。

【磨】mo⁵³ ①拖沓，耗时间。如：～了一清早，这点儿活儿还没有干完哩。②折磨，使人受苦伤神。如：这孩子真～人。

【磨坡儿】mo⁵³ pʻɐr³³ 斜坡、缓坡。如：去赵坡哩路是～，不陡，光是怪长哩。

【磨轱辘蛋】mo⁵³ ku³³ lu·tan⁴¹ 葫芦科植物瓜蒌的果实，其皮和子仁均有药用价值。

【磨人】mo⁵³ zən⁵³ 小孩儿任性缠磨人。如：君君冻着了不舒服，这几天可～了。‖也说"磨势人 mo⁵³ ʂ·zən⁵³""精磨人 tsiŋ³³ mo⁵³ zən⁵³"。

【磨治】mo⁵³ tʂʅ· 没完没了的纠缠。如：这家伙真能～人，烦死了。

【磨牙】mo⁵³ ia⁵³ ①夜间睡眠时出现的咬牙和磨牙行为。②费口舌，说废话。如：我得走了，没工夫跟你改这～了。

【磨牙掉嘴】mo⁵³ ia⁵³ tiɔ⁴¹ tsuei⁵³ 翻来覆去地说一些闲话、废话。

【磨洋工】mo⁵³ iaŋ⁵³ kuəŋ³³ 故意拖延时间，不干或少干活。也泛指工作懒散拖沓。贬义。如：你不应这～了，今儿这活儿非干完不中。

【魔怔】mo⁵³ tʂəŋ· 言行异于常人，神志不清。如：老李都有点儿～了，见谁就给人家说他叫骗哩事儿。‖也说"魔魔怔怔 mo⁵³ mo·tʂəŋ⁴¹ tʂəŋ·"。

【□□地】mo⁵³ lyŋ·tiⁿ⁴¹ 播种后用砘子把松散的土壤压实。

【磨】mo⁴¹ 转，掉转。如：立柜这着搁不好，～到这边儿吧?

【磨不开脸儿】mo⁴¹ pu³³ kʻɐ³³ liɐⁿ⁵³ 难为情，不好意思。如：有啥话儿晴说了，有啥～哩!

【磨盘】mo⁴¹ pʻan⁵³ 安放磨扇，盛放磨碎谷物面粉的大的环形石盘。

【磨房】mo⁴¹ faŋ· 磨面的屋子。

【磨道】mo⁴¹ tɔ⁴¹ 人工石磨周围人畜走的道儿。

【磨豆腐】mo⁴¹ təu⁴¹ fu· 制作豆腐的全过程俗称为磨豆腐。农历腊月二十五，民间有推磨做豆腐的习俗，民谚称"二十五，磨豆腐"。

【磨叽】mo⁴¹ tsi· 动作缓慢，办事拖拖拉拉不利索。如：不应～了，快点儿走吧! ‖也说"磨磨叽叽 mo⁴¹ mo·tsi³³ tsi·"。

【磨扇儿】mo⁴¹ ʂɐuⁿ⁴¹ 石磨上的两扇上下叠加在一起的圆盘状石盘，二者的磨合面有錾刻的沟槽，通过相互挤压和研磨磨碎谷物。

【磨棍儿】mo⁴¹ kuɯ⁴¹ 用来推石磨的木棍。

【磨红薯】mo⁴¹ xuəŋ⁵³ ʂʅ· 把洗净的红薯放进机器中，加水粉碎。过滤出红薯渣，静置几天后沉淀出红薯粉，可做凉粉、粉条等。

mæ

【麦】mæ³³ 麦子，通常指小麦。

【麦罢】mæ³³ pa⁴¹ 麦收之后的一段时间。如：孟津民谣"下大了，～了，赤屎子孩子长大了"。

【麦忙天】mæ³³ maŋ⁵³ tʻiɛn³³ 收割麦子的大忙季节。如：～哩时候儿清早四点人都下地了。

【麦芒儿】mæ³³ vɐr⁵³ 麦穗上的针状刺。如：今年种哩麦～可长。

【麦地】mæ³³ ti⁴¹ 种麦子的田地。如：今儿得去～里薅草哩。

【麦低脑】mæ³³ ti³³ nɔ· 连一段麦秆的麦穗。如：今年忒旱，山上哩麦长哩不好，光割了一布袋～。

【麦兜儿】mæ³³ tɐur³³ 一种农具，一根长把上有两个弯曲的木齿，作用是把麦秸兜到近处。

【麦天】mæ³³ t'iɛn· 麦子成熟收割的时候。

【麦头里】mæ³³ t'əu⁵³ li· 收麦的前夕；麦子即将收割的时候。如：~下了一场雨，有哩麦都生芽儿了。

【麦叽儿叽儿】mæ³³ tsiu⁴¹ tsiu· 一种小型蝉。

【麦茬儿】mæ³³ ts'ɿɛr⁵³ ①麦子收割后，留在地里的根茎。②小麦收割后准备种植或已经种植的作物。如：~红薯。

【麦茬儿红薯】mæ³³ ts'ɿɛr⁵³ xuaŋ⁵³ ʂʅ· 麦子收割之后种的红薯。

【麦场】mæ³³ tʂ'aŋ⁵³ 打麦子的场院，麦子收割后，晾晒、碾场、起场、扬场、收麦、堆麦秸垛都在麦场进行。

【麦仁儿饭】mæ³³ zəu⁵³ fan⁴¹ 用脱过皮的麦仁儿或玉米粒通过慢火熬煮出来的食物。

【麦假】mæ³³ tɕia⁵³ 20世纪收麦时农村学校放的假。如：小时候儿放~哩时候儿，学生哩任务就是拾麦。

【麦秸】mæ³³ tɕiɛn· 麦子的秸秆。麦秸可以作薪柴、喂牲口，也可以铺苫屋顶。碾压过的麦秸还可以编草帽和工艺品。

【麦秸垛】mæ³³ tɕiɛn· tuo⁴¹ 暂时用不到的麦秸在场院中堆成的堆。

【麦秸火】mæ³³ tɕiɛn· xuo⁵³ ①用麦秸烧的火，火起得快又大，但持续时间很短。②形容人的脾气急躁，容易发火，又容易消气。如：不应理他，他那~脾气，一会儿就好了。‖②也说"秆草火 kan⁵³ ts'ɔ· xuo⁵³"。

【麦个儿】mæ³³ kər⁴¹ 割下来的麦子捆成的捆儿。

【麦糠】mæ³³ k'aŋ· 紧贴在麦粒外面的皮儿，脱下后叫麦糠。

【麦口儿】mæ³³ k'əur⁵³ 收麦的时候。如：~家儿家儿都忙哩脚不点地儿。‖也说"麦口儿期 mæ³³ k'əur⁵³ tɕ'i·"。

【麦黄杏儿】mæ³³ xuaŋ⁵³ xəur⁴¹ 接近麦收时节成熟的杏。‖也说"麦熟杏儿 mæ³³ ʂu⁵³ xəur⁴¹"。

【麦牛儿】mæ³³ ɣəur⁵³ 麦子里生的黑色象鼻虫。

【脉象】mæ³³ siaŋ⁴¹ 中医学名词，指脉搏的快慢、强弱、深浅等情况，是中医辨证的依据之一。如：你这~有点儿弱呀！

【脉气】mæ³³ tɕ'i· 风水；地脉的气势（迷信的人讲风水所说的地形的好坏）。如：这块儿地~好。

【默默无闻】mæ³³ mæ³³ vu⁵³ vən⁵³ 指不出名，也不被人知道。如：老张是从朝鲜打仗回来哩，改农村~哩种了一辈子地。

【买路钱】mæ⁵³ lu⁴¹ ts'iɛn⁵³ 旧时指为了平安过路而向盗匪或其他恶势力缴纳的钱财。

【买家儿】mæ⁵³ tɕiɛr· 买东西的人。如：老话儿说"~没有卖家儿精"。

【买药】mæ⁵³ yə³³ 买西药。

【埋人】mæ⁵³ zən⁵³ 埋葬死者，通常有一定的仪式。

【迈步儿】mæ⁴¹ pɿur⁴¹ 抬腿向前迈。如：芳芳才九个月，可会~了。

【迈腿】mæ⁴¹ t'uei⁵³ 抬腿。如：这墙低，一~就过去了。

【卖不动】mæ⁴¹ pu³³⁵³ tuəŋ⁴¹ 货物滞销。如：这种衣裳有点儿贵，~。

【卖不上价儿】mæ⁴¹ pu³³⁵³ ʂaŋ⁴¹ tɕiɛrɿ⁴¹ 指货物卖的价格比较低，不符合心理预期。如：今年这李子~，才两块钱儿一斤。

【卖豆腐】mæ⁴¹ təu⁴¹ fu· 七星瓢虫。其产卵于有蚜虫的植物寄主上，成虫和幼虫均以多种蚜虫、木虱等幼虫和卵为食。‖西乡说"麦大夫 mæ³³ tæ⁴¹ fu·"。

【卖东西儿哩】mæ⁴¹ tuaŋ³³ səu· li· 售货员；售卖物品的人。如：供销社那哟~孬着哩。

【卖赖】mæ⁴¹ læ⁴¹ 说别人闲话。

【卖喽】mæ⁴¹ lɔ‧ 不小心让器物掉到地上摔碎。如：端好碗，看着脚下点儿，不应给碗 ~ 。

【卖嘴】mæ⁴¹ tsuei⁵³ 说漂亮话，带贬义。如：你不应光 ~ 了，今儿咱就去寻他去。

【卖嘴哩】mæ⁴¹ tsuei⁵³ li‧ 靠语言来忽悠或哄骗别人的人。如：他就是哟 ~ ，你可不应信他哩话儿。

【卖俏】mæ⁴¹ tsʻiɔ⁴¹ 指妇女卖弄衣着风情等。

【卖家儿】mæ⁴¹ tɕiɤr‧ 卖东西的人。

【卖价儿】mæ⁴¹ tɕiɤr⁴¹ 出售商品的价格。

【卖劲儿】mæ⁴¹ tɕiui⁴¹ 尽量使出自己的力量。如：王选这人实在，干活儿通 ~ 哩。

【卖狗皮膏药哩】mæ⁴¹ kɤu⁵³ pʻiɔ⁵³ kɔ³³ yɤ‧ li‧ ①走街串巷，在街头表演武术并兜售伤科药品的人。②指喜欢夸大吹牛的人。如：他那话儿你能听？他就是哟 ~ 。

【卖夜眼】mæ⁴¹ iɛ⁴¹ iɛn‧ 漫不经心地东张西望左顾右盼。如：好好看路，不应 ~ 了。

【卖盐哩】mæ⁴¹ iɛn⁵³ li‧ 卖盐的人。如：今儿这菜打死 ~ 了。

mei

【墨老】mei³³ 磨墨汁的墨块；墨汁。

【墨斗儿】mei³³ tɤur⁵³ 木工常用工具，由墨仓、线轮、墨线（包括线锥）、墨签四部分构成，作用是弹直线或做记号。

【墨儿】mɤui³³ 用墨在经线上打的记号，织两个墨儿等于织完一个布。

【墨汁儿】mei³³ tʂuɯ³³ 用墨加水研磨成的汁。

【墨水儿】mei³³ ʂuɯ⁵³ ①墨水。②比喻学问，文化知识。如：他一肚子 ~ 。

【墨水儿瓶儿】mei³³ ʂuɯ⁵³ pʻiɯ⁵³ 装墨水的瓶子。

【墨盒儿】mei³³ xɤr⁵³ 盛放墨汁的一种方形盒子，由盒、盖两部分组成。盒内放海绵，灌上墨汁储存起来；盒盖内嵌一黑色薄石片，揿笔用。

【默老写】mei³³ siɛ⁵³ 凭借记忆把读过的文章写出来。‖ 也说"背写 pei⁴¹ siɛ⁵³"。

【美】mei⁵³ ①好；得意；舒服。如：这事儿办哩怪 ~ 哩｜老师表扬了他几句儿，~ 哩他不能行｜人家都下地干活儿了，你改家吹着空调看电视，怪 ~ 哩。②令人满意。如：这一顿饭吃哩还怪 ~ 哩。

【美气】mei⁵³ tɕʻi‧ ①生活富裕，心情舒坦。如：人家家过哩真 ~ 。②健康，舒服。如：今儿有点儿不 ~ 。

【眉豆】mei⁵³ tɤur⁴¹ 一种宽扁豆，因其荚果扁平，形状像弯弯的眉毛，故名。

【眉高眼低】mei⁵³ kɔ³³ iɛn⁵³ ti³³ ①指面部所呈现的高兴和不高兴的表情，脸色的变化。②形容善于察言观色。如：你这孩子都不知道 ~ ，还跟他开玩笑哩。

【眉眼儿】mei⁵³ iɤu⁵³ ①眉毛和眼睛，泛指相貌。如：这闺女儿 ~ 长哩怪好看哩。②看得上眼。如：她俩一点儿没 ~ ，谁也不理谁。③没眼色。如：这孩子一点儿 ~ 也没有。

【媒婆儿】mei⁵³ pʻɤr⁵³ 指旧时以做媒为职业的妇女。

【媒人】mei⁵³ zɤn‧ 男女婚事的撮合者，婚姻介绍人。‖ 也说"说媒哩 ʂuɔ³³ mei⁵³ li‧"。

【煤模子】mei⁵³ mu⁵³ tsʅ‧ 打煤球的模子。

【煤土】mei⁵³ tʻu⁵³ 和煤用的黄土。

【煤渣子】mei⁵³ tsa³³ tsʅ‧ 烧过但没烧透的煤块。

【煤池儿】mei⁵³ tʂʻuɛ⁵³ 砖砌的和煤的池子。

【煤气】mei⁵³ tɕʻi⁴¹ 煤没有完全燃烧产生的有毒气体。如：他夜儿黑地中 ~ 了，还怪玄乎哩。

【煤火】mei⁵³ xuo‧ 砖砌的烧煤的火炉子。

【煤火眼儿】mei⁵³ xuo‧ɯɛi⁵³ 火口，多用铁铸成，扣在火眼处。

【煤火台儿】mei⁵³ xuo‧tʻɤɯ⁵³ 炉台儿，放锅碗的地方。

【昧】mei⁴¹ ①借或拾到东西不归还。如：

他拾了哟钱儿包儿谁也没有说，~起来了。②违背心意。如：~良心。

cm

【冒冒失失】mɔ³³ mɔ·ŋ³³ ŋ·ŋ³³ ŋ· 莽撞冒失的样子。如：你这孩子，弄啥都~哩，都不能稳当点儿？‖也说"冒失 mɔ³³ ŋ·"。

【冒失鬼儿】mɔ³³ ŋ·kuei⁵³ 冒失的人。如：你真是哟~呀！

【毛背心儿】mɔ⁵³ pei⁴¹ siɯ³³ 用毛线织的没有袖子的坎肩。

【毛病儿】mɔ⁵³ piɯ⁴¹ ①疾病。如：这孩子腿有点儿~，得做手术。②器物发生的损伤或故障。如：这车有点儿~，不能跑长途。③缺点。如：你这丢三落四哩~得改改了。

【毛票儿】mɔ⁵³ p'iɔ̝ɻ⁴¹ 角票。如：得多换点儿~，卖菜哩时候儿好给人家找。

【毛毛雨】mɔ⁵³ mɔ·y⁵³ 指很小的雨。如：这点儿~没事儿，咱还是去吧！

【毛毛虫】mɔ⁵³ mɔ·tş'uəŋ⁵³ 昆虫纲鳞翅目昆虫的幼虫。广泛分布于全球各地，且经常活跃于树叶、树干等地方，春天和夏天多。有的幼虫身上有很多有毒的刚毛，人接触到皮肤会出现红肿。

【毛捣】mɔ⁵³ tɔ· 以开玩笑逗乐的方式骗人。如：他通好~人哩，不应理他。

【毛豆儿】mɔ⁵³ tɤɯ⁴¹ 大豆的嫩荚，外表多毛，果实青色，可带壳煮食或剥壳做蔬菜用。

【毛蛋】mɔ⁵³ tan· 经过孵化，蛋内已经出现成形带毛的雏鸡，但未能孵出小鸡的蛋。

【毛桃儿】mɔ⁵³ t'ɔɻ⁵³ 野生的桃树上结的果实。

【毛栗子】mɔ⁵³ li³³ tsʅ· 板栗树的果实，因其果实包裹在毛茸茸的壳中而名。

【毛驴儿】mɔ⁵³ lyɯ⁵³ 驴。

【毛辣子】mɔ⁵³ la³³ tsʅ· 黄刺蛾的幼虫，体色为鲜艳的绿色，身上的有毒刺毛触到人体后会引起皮疹，产生疼痒和肿胀。‖东乡说"洋辣子 iaŋ⁵³ la³³ tsʅ·"。

【毛辣子罐儿】mɔ⁵³ la³³ tsʅ·kuɐɯ⁴¹ 黄刺蛾的茧蛹，灰白色，表面光滑，具有六七条褐色的纵条纹，形似雀蛋，故名"雀瓮"。‖东乡说"洋辣子罐儿 iaŋ⁵³ la³³ tsʅ·kuɐɯ⁴¹"。

【毛料】mɔ⁵³ liɔ· 用兽毛纤维或人造毛等纺织成的衣料。如：俺达有一件儿~中山装，过年过节才舍哩穿。

【毛蓝布】mɔ⁵³ lan⁵³ pu⁴¹ 比深蓝色稍浅的蓝色的布料。如：他有一件儿~哩小大衣，穿了好些年。

【毛篮儿】mɔ⁵³ lɐɯ⁵³ 孩子们认干娘时，干娘专门为孩子编的小篮。如：说大话儿，使小钱儿；串亲戚，扛~。（指人面儿上说得漂亮，实际却吝啬小气）‖也说"小毛篮儿 siɔ⁵³ mɔ⁵³ lɐɯ⁵³"。

【毛儿¹】mɤɻ⁵³ 因空气湿度大，物体表面长出的霉菌。如：这馍搁哩时间忒长了，都长~了。

【毛儿²】mɤɻ⁵³ 用于否定句中，跟在某些名词后，表示这种事物根本不存在，起加强否定的作用。如：说是叫十几个人来帮咱哩，到阵着连哟人~也没见着。

【毛糙】mɔ⁵³ ts'ɔ· ①粗糙，不精细。如：这活儿干哩忒~了。②形容人办事粗心马虎，不稳当，不谨慎。如：你这人也忒~了，弄这会中？‖也说"毛毛糙糙 mɔ⁵³ mɔ·ts'ɔ³³ ts'ɔ·"。

【毛圪垯（儿）】mɔ⁵³ kɯ³³ ta·(tɐɻ·) ①毛线帽顶部的毛球。②毛衣或衣物上因摩擦起的球。

【毛圪绫儿】mɔ⁵³ kɯ⁵³ liɯ· 松鼠，因其毛茸茸的尾巴像布条儿，故名。

【毛枸头】mɔ⁵³ kəɯ⁴¹ t'əɯ· 楮实子，构树的果实，球形，成熟时为橙红色，肉质，瘦果具小瘤。楮实子与根共入药，功能是补肾、利尿、强筋骨。

【毛烘烘】mɔ⁵³ xuəŋ·xuəŋ⁵³ 形容头发乱。如：你那头发成天～哩，你就不会梳梳？

【毛衣儿】mɔ⁵³ ɯ·鸟兽的毛。如：这哟公鸡哩毛衣儿真好看，叫我薅几根儿吧。

【卯窍】mɔ⁵³ tɕʻiɔ·①对心思，合得来、配合默契。如：俺俩共事多年，特别～。②解决问题的关键。如：你就不知道这事儿哩～改哪儿哩。

【茅粪】mɔ⁵³ fən·人粪尿。如：菜地里多上～，菜才长哩好。

【茅桶】mɔ⁵³ tʻuəŋ⁵³ 用来挑大粪的桶，多是铁制或塑料的。

【茅子】mɔ⁵³ tsʅ·厕所。如：他家～改后头哩。

【茅子拘挛儿】mɔ⁵³ tsʅ·tɕy⁵³ luɐu·厕所的墙。

【茅草】mɔ⁵³ tsʻɔ·禾本科白茅属植物。适应性强，耐阴、耐瘠薄和干旱，适应各种土壤。茅草可以搭苫房顶，饲喂牲畜，烧火做饭，嫩茅草和茅草根还可以吃，是困难时期小孩的美食。茅草尤其是茅草根还有药用价值，可以起到祛风除湿、解渴消暑、清热解毒等效果。

【茅草房】mɔ⁵³ tsʻɔ·faŋ⁵³ 用茅草苫盖屋顶的房子。

【茅勺】mɔ⁵³ ʂuo⁵³ 舀茅粪的工具。

【茅缸】mɔ⁵³ kaŋ³³ 旱厕贮存人粪尿的池子。如：哟，鸭子掉到～里淹死了。

【茅牙根】ma⁵³ ia⁵³ kən³³ 茅草的根。

【猫尿】mɔ⁵³ niɔ⁴¹ 对酒的戏谑说法。如：灌了二两～，又改这儿胡说哩！

【猫耳朵儿】mɔ⁵³ ʅ⁵³ tuɐr·①猫的耳朵。②指汉字偏旁"阝"，如"都邓"的右边偏旁和"降陟"的左边偏旁。固定在字右的"阝"是"邑"的变形，固定在字左的"阝"是"阜"的变形。

【猫洗脸】mɔ⁵³ si⁵³ liɛn⁵³ 不用毛巾，只是用手捧水洗脸，其状与猫洗脸类似，

【猫叫春儿】mɔ⁵³ tɕiɔ⁴¹ tʂʻuɯ³³ 开春时节，猫开始出现发情的症状，发出叫声吸引异性。

【猫惊尸儿】mɔ⁵³ tɕiŋ³³ səɯ³³ 诈尸。

【猫盖屎】mɔ⁵³ kæ⁴¹ sʅ⁵³ ①猫生性爱清洁，拉屎后，多用爪子刨土、灰等将屎盖住，但往往不能完全覆盖。②形容干活毛糙，只在表面上、形式上敷衍应付。如：你看你干这活儿，跟～哩一样儿。

【猫娃儿】mɔ⁵³ uɐr⁵³ 刚出生的小猫。

【冒】mɔ⁴¹ 超过（原定的数目）。如：这哟月钱儿又花～了，还～哩不少哩。

【冒泡儿】mɔ⁴¹ pʻiɔr⁴¹ 形容在QQ群或微信群里发声。如：这着中不中？谁冒哟泡儿吧！

【冒肚】mɔ⁴¹ tu⁴¹ 拉肚子。如：孩子吃啥吃坏了，一势～。

【冒尖儿】mɔ⁴¹ tɕiɐr³³ 盛放的东西超出容器口沿鼓起了尖儿。

【冒梢】mɔ⁴¹ sɔ⁴¹ 玉米生长雄花。

【冒橛子高】mɔ⁴¹ tɕyɛ⁵³ tsʅ·kɔ³³ 称量东西时秤尾高高翘起。如：老刘卖东西儿哩时候儿秤～，生意可好了。

【冒坏水儿】mɔ⁴¹ xuæ⁴¹ ʂuɯ⁵³ 出坏主意，坏点子。如：小小年纪不学好，一天到晚净～。

【冒烟儿】mɔ⁴¹ iɯ³³ ①因着火或太热而升起的烟雾。如：他热哩低脑上直～。②形容非常生气。如：气哩他鼻子直～。

【帽儿】mɣɔr⁴¹ 帽子。

【帽儿带儿】mɣɔr⁴¹ trɐr⁴¹ 帽子两侧的带子。

【帽儿圪垯儿】mɣɔr⁴¹ kɯ³³ trɐr·瓜皮帽的顶端的小球状物，有红、黑两种，用布包物做成。

miɔ

【喵】miɔ³³ 拟声词，形容猫叫的声音，或是人呼唤猫的声音。

【冇】miɔ³³ 孟津西乡话，"没有"的合音词。如：今儿该老王值班儿了，他～来，咋办？‖ 东乡读"miɐu³³"。

【瞄】miɔ³³ 偷偷地看；很快地看。如：我只～了他一眼，连他长哩啥样儿都没看清。

【描眉画眼儿】miɔ⁵³ mei⁵³ xua⁴¹ iɐu⁵³ 形容女子梳妆打扮，浓妆艳抹。如：小闺女儿家，不应成天～哩，难看死了。

【描红】miɔ⁵³ xuəŋ⁵³ 初学毛笔书法的方法，用毛笔直接在作为范本的红字上书写。

【庙会】miɔ⁴¹ xuei⁴¹ 在寺庙附近定期举办的集市。

man

【埋怨】man⁵³ yɛn· 因为不顺心或不如意而责备、抱怨。如：这事儿你～不着人家。

【蛮】man⁵³ 说话的口音与本地不同。如：他媳妇儿是四川哩，说话儿可～了。

【蛮子】man⁵³ tsʅ· 指说话带外地口音的人。‖ 也说"南蛮子 nan⁵³ man⁵³ tsʅ·"。

【满】man⁵³ 形容胸腹间堵塞、胀满的感觉。如：这几天觉着心里可～，啥也不想吃。

【满打满算】man⁵³ ta⁵³ man⁵³ suan⁴¹ 全部算在内。如：这一回～才挣了两三千块。

【满当当哩】man⁵³ taŋ· taŋ· li· 容器里东西装得很满。如：这碗汤盛哩～，你端哩时候儿小心点儿。‖ 也说"满满当当 man⁵³ man· taŋ³³ taŋ·"。

【满嘴跑火车】man⁵³ tsuei⁵³ pʻɔ⁵³ xuɔ⁵³ tʂʅ³³ 形容随口胡说。如：他～，他那话儿不能听。

【满嘴喷粪】man⁵³ tsuei⁵³ pʻən³³ fən⁴¹ 斥责人说话难听、下流。如：你不应改这～了，丢人！

【满世界】man⁵³ ʂʅ⁴¹ tɕiæ· 到处。如：这事还没有公布哩，你可不应～说去。

【满上】man⁵³ ʂaŋ· 斟满酒。如：快点儿给恁叔～。

【满劲】man⁵³ tɕin⁴¹ 兴致勃勃。如：王军～想去哩，你给他泼凉水抓哩？

【满共】man⁵³ kuəŋ⁴¹ 一共。如：你记住，三婶～借了咱五千块。

【满月】man⁵³ yɛ· 婴儿出生满一个月。孟津习俗，小孩满月时要宴请亲友以示庆贺，宴席上主要的食物是面。

【瞒三不瞒四】man⁵³ san³³ pu³³ man⁵³ si⁴¹ 指妇女怀孕三个月时还不太明显，四个月时就能看出来了。

【蔓菁】man⁵³ tsiŋ· 十字花科芸薹属草本植物，肉质块根可鲜食，也可切片晒干后熬稀饭，香味独特。

【蔓菁缨儿】man⁵³ tsiŋ· iu³³ 蔓菁的茎叶。

【漫】man⁴¹ 水从田埂、堤坝或器物口沿上流出来。

【漫天地】man⁴¹ tʻiɛn³³ ti⁴¹ 野外较荒凉的地方。如：你去那～里抓哩？

【漫天要价儿】man⁴¹ tʻiɛn³³ iɔ⁴¹ tɕiɐr⁴¹ 交易时卖家要价极高。如：你这不是～呀，哪儿有阵贵哩苹果哩？

【漫长脸儿】man⁴¹ tʂʻaŋ⁵³ liɐu⁵³ 稍长的脸型。‖ 也说"马脸儿 ma⁵³ liɐu⁵³""驴脸儿 ly⁵³ liɐu⁵³"。

【墁】man⁴¹ 往脸上或其他地方涂抹东西。如：我才扭脸儿，蛋蛋可给脸上～了一脸泥糊涂。

【墁地】man⁴¹ ti⁴¹ 用砖铺地。如：上房屋盖好了，光剩～了。

【慢坡儿】man⁴¹ pʻər³³ 坡度小的斜坡。如：上小坡头儿一路～。

【慢腾腾哩】man⁴¹ tʻəŋ· tʻəŋ⁵³ li· 形容动作迟缓。如：快迟到了，你咋还～一点儿不着急？

【慢撒气】man⁴¹ sa³³ tɕʻi⁴¹ 车胎所充的气慢慢地外溢。如：我哩自行车后带～，得去修修。

【慢性儿】man⁴¹ siu⁴¹ 指人性情温和，不急躁。如：王红是～，干啥都是不慌不忙哩。

【慢工出细活儿】man⁴¹ kuəŋ³³ tʂ‘ʯ³³ si⁴¹ xuər⁵³ 工作进展较慢，但质量高。如：～，你不应催。

miɛn

【绵羊】miɛn⁵³ iaŋ⁵³ 羊的一种，角较山羊短小，性情温顺，毛长而软，可纺毛线，皮可做裘皮大衣。

【棉籽儿饼】miɛn⁵³ tsɤɯ⁵³ piŋ⁵³ 棉籽榨油后余下的渣子，有微毒，可以添加到饲料中，但不能超过百分之二十。

【棉清油】miɛn⁵³ ts‘iŋ³³ iəu⁵³ 棉籽油精炼后的油，清理了棉酚等有毒物质，可供人食用。棉清油中含有大量人体必需的脂肪酸，宜与动物脂肪混合食用，棉清油中亚油酸的含量特别多，能有效抑制血液中胆醇上升，维护人体的健康。

【棉靴】miɛn⁵³ ɕyɛ³³ 鞋沿较深，鞋帮鞋底中夹有棉花的鞋，冬季穿用可以保暖御寒。

【棉袄】miɛn⁵³ ɣɔ· 两层布中间夹有棉絮的上衣，冬天穿着可御寒保暖。

【棉衣裳】miɛn⁵³ i³³ ʂaŋ· 絮了棉花的衣服，冬季穿用。

【棉油】miɛn⁵³ iəu⁵³ 棉花籽榨的油，颜色较其他油深红，精炼后可供人食用。

【腼腆】miɛn⁵³ t‘iɛn· 形容人性格内向，胆小含羞，不善于与人交往。如：这孩子有点儿忒～了，见了人话儿都不会说。

【面】miɛn⁴¹ ①面粉。②蔬菜水果水分少，口感绵软粉糯，与"脆"相对。如：这红薯干～，真好吃。③指人言语行为迟缓或内向不活泼。如：这孩子不吭不哈哩，有点儿～。‖③也说"面不登儿哩 miɛn⁴¹ pu·təɯ³³ li·"。

【面薄儿】miɛn⁴¹ pʯɯ⁵³ 做面食时为了防止粘连而撒的干面粉。

【面条儿】miɛn⁴¹ t‘rɔr⁵³ 面粉加水揉成较硬的面团，之后用压、擀制、抻拉等手段制成的条状或小片状的面食。

【面条儿菜】miɛn⁴¹ t‘rɔr⁵³ ts‘æ⁴¹ 一年生草本植物，因叶片窄长形似面条而名。别名麦瓶草，盖因多生于麦地，其果实似瓶而名。常生于麦田中或荒地草坡。其嫩叶及幼茎可食，全草均可药用。

【面儿】miɛɯ⁴¹ ①粉末。如：药～。②量词。如：他俩才见了几～可订婚了。

【面儿沙】miɛɯ⁴¹ sa³³ 极细的河沙。

【面儿面儿土】miɛɯ⁴¹ miɛɯ·t‘u⁵³ 极细的土。

【面子话儿】miɛn⁴¹ tsʯ· xuɛr⁴¹ 表面的冠冕堂皇的敷衍的话。如：他说哩都是～，你不应当真。‖也说"面儿上哩话儿 miɛɯ⁴¹ ʂaŋ· li· xuɛr⁴¹"。

【面剂儿】miɛn⁴¹ tsiɯ⁴¹ 做饺子、馒头时从揉好的长条形面上分出来的小块。

【面渣头儿】miɛn⁴¹ tsa³³ t‘rəur· 做馒头时用来发酵的面团。一般是蒸馒头时留下来的一小团发好的面，放在面缸中自然风干，下次蒸馒头时当酵母使用。用面渣头儿蒸馍，需头天晚上先用少许水把其泡开捏成泥，加入少许面粉发酵。第二天再加入足量的面粉进行发酵蒸制。

【面生】miɛn⁴¹ səŋ³³ 面貌生疏。如：这人没见过，看着～。

【面熟】miɛn⁴¹ ʂu⁵³ 面貌熟悉。如：这小伙子看着～，就是想不起来叫啥了。‖也说"脸儿熟 liɛɯ⁵³ ʂu⁵³"。

【面善】miɛn⁴¹ ʂan⁴¹ 面容慈善和蔼。如：恁舅奶看着怪～哩，脾性肯定可好。

【面人儿】miɛn⁴¹ zəu⁵³ 用染色的糯米面捏成的人物像，可食用，也可供孩童把玩。

【面圪垯】miɛn⁴¹ kɯ³³ ta· ①白面加水搅成很稠的面糊，水开后慢慢倒入搅散，也可以淋入鸡蛋，民间认为清淡养胃，是适合老人和病人食用的粥品。有时没时间熬稀饭时也可以做，方便快捷。②白面加开水搅成稍软的团，水开后一小块一小块地夹到水中煮熟，当主食吃，一般是没馒头或馒头不够时应急的吃法。

【面瓜】miɛn⁴¹ kua³³ ①指口感绵软甜糯的甜瓜、南瓜等。如：我好吃～，不好吃脆瓜。②形容老实本分或软弱怯懦的人。如：靳东是哟老～，改家一点儿家儿都不当。

【面糊涂】miɛn⁴¹ xu⁵³ tu· 白面做的没有圪垯的面汤。

【面忽挛】miɛn⁴¹ xu³³ luan· 一种大柿子，扁圆形，光滑无棱，成熟后口感面甜，水分较少。

【面和心不和】miɛn⁴¹ xuo⁵³ sin³³ pu³³ xuo⁵³ 指人与人之间表面上很和气，心里却有矛盾。如：他两家儿是～，心事儿还不少哩。

【面叶儿】miɛn⁴¹ yɜr³³ ①一种面食。和好的面擀成大片后切成又宽又长的面条，不加任何调料煮熟即可。面叶儿就咸菜是民间养胃的绝佳饭食。②也比喻身体虚弱，性格软弱、不坚强的人。如：这孩子长哩跟细～一样。

mən

【闷儿】məuɯ³³ 大人逗小孩儿的一种游戏。先用双手蒙住自己的脸部，口中喊"闷儿"，然后突然放开双手露出脸部，同时发出"呱"的声音，使幼儿发笑。或自己先藏身某处，等孩子找到时突然现身，并发出"呱"的声音，逗幼儿开心。

【闷儿闷儿】məuɯ³³ məuɯ³³ 形容哭声。如：孬蛋改学校叫老师嚷了，到家见着他妈，哭哩～哩。

【闷声发大财】mən³³ ʂəŋ³³ fa³³ ta⁴¹ tsʻæ⁵³ 不声不响地做自己的事情，赚自己的钱。如：人家老郑光知道～，啥闲事儿都不掺搅。

【顢】mən³³ 脑子不灵活、笨。如：这孩子咋阵～嘞？‖也说"顢不得儿哩 mən³³ pu³³ tər³³ li·"。

【门鼻儿】mən⁵³ piɯ⁵³ 门上挂门环或锁的金属小环。

【门补儿】mən⁵³ pɭur⁵³ 门扇背后的横掌，引申也指把几块碎木板连在一起的东西也叫门补儿。

【门孯儿】mən⁵³ pɭur⁵³ 老门板背后掌上的灰尘，是备方儿，有创伤时可以用来止血。

【门板儿】mən⁵³ pɐuɯ⁵³ ①房屋上比较简易的木板门。②店铺临街的一面作用像门的一块一块木板，早上卸下，晚上装上。

【门帮（儿）】mən⁵³ paŋ³³（pɭɐr³³）门框的两侧。

【门面儿】mən⁵³ miɐuɯ⁴¹ ①店铺房屋临街的部分。如：他有几间～想出租。②面子，体面。如：字儿是哟人哩～。‖①也说"门面儿房 mən⁵³ miɐuɯ⁴¹ faŋ⁵³"。

【门风】mən⁵³ fəŋ³³ 家风。如：他家～可不好了，十里八乡都知道。

【门缝儿】mən⁵³ fɐuɯ⁴¹ 门的缝隙。‖也读"mən⁵³ vɐuɯ⁴¹"。

【门底下】mən⁵³ ti⁵³ ɕia· 门洞的下边。孟津民居的大门、二门等都修建有门洞，门洞上有平顶，下边可以放置架子车和一些生产工具等杂物。如：锄改二门儿～搁着哩，你去拿吧。‖也读"mən⁵³ tia⁵³"。

【门搭儿】mən⁵³ tɐr³³ 传统房屋门上的一个构件，扣在门鼻儿上，用来固定门扇之用。

【门道】mən⁵³ tɔ· 诀窍，窍门。如：内行看～，外行看热闹。

【门墩儿】mən⁵³ tuɯ³³ 托住门扇转轴的墩子，一般是石制的，也有木头的。

【门当户对】mən⁵³ taŋ³³ xu⁴¹ tuei⁴¹ 男女双方家庭经济情况和社会地位大致相当，符合传统理念中认为可以结婚的条件。

【门头儿】mən⁵³ t'ɿɤuɿ⁵³ 门框的上部。

【门儿¹】mɯu⁵³ ①门户。如：俺家大~是朝北开哩。②门路。如：人家小潘家有~，给他安插到宾馆儿上班儿了。③家族。如：咱李家~里头就没有出过这种人。

【门儿²】mɯu⁵³ 量词。如：一~课。

【门脸儿】mən⁵³ liɤu⁵³ 房屋外立面有装饰的入口。

【门楼儿】mən⁵³ lɤuɿ⁵³ 大门上头牌楼式的顶。

【门子】mən⁵³ tsɿ· 门路，能帮助解决问题的人情关系。如：人家家有~。

【门口儿】mən⁵³ tsuɯu⁵³ 对联的横批。

【门插儿】mən⁵³ ts'ɿɤuɿ³³ 插门的木棍。

【门扇儿】mən⁵³ ʂɯu⁴¹ 门的可以自由开合的部分。

【门蒨儿】mən⁵³ tɕ'iɤuɿ⁴¹ 门框下面挨着地面的横木。

【门圪崂儿】mən⁵³ kɯu³³ lɤuɿ· 门背后的角落。如：笤帚改上房屋~搁着哩。

【门口儿】mən⁵³ k'əuɿ⁵³ 进出房间的通道口；门跟前。如：给~那哟缸挪挪，都过不去了。

【门外先】mən⁵³ uæ⁴¹ siɛn· 门的外边。‖也读"mən⁵³ uei⁴¹ siɛn·"。

【闷哩慌】mən⁴¹ li·xuaŋ 闲着没事感觉无聊。如：这几天下雨出不去，觉着有点儿~。

【闷嘴葫芦】mən⁴¹ tsuei⁵³ xu⁵³ lu· 形容不喜欢多说话的人。如：老牛就是哟~，坐那儿一黑地一句话儿也不说。

【闷气】mən⁴¹ tɕ'i⁴¹ 压抑在心里的不愉快心情。如：你有啥就说出来，不应生~。

【闷葫芦】mən⁴¹ xu⁵³ lu· 指不爱说话，不善言辞的人。如：他是哟~。

min

【抿】min⁵³ ①嘴唇稍稍沾一下碗或杯子，略微喝一点儿。如：她不会喝酒，叫她少~就中了。②用手或刷子蘸水抹在头发上。如：看你头发支杈成啥了，使水~~吧。

【抿嘴儿】min⁵³ tsuɯ⁵³ 嘴唇稍合拢。如：她~笑了笑，一句话儿也没说。

【抿圪帛】min⁵³ kɯu³³⁵³ pæ· 在面板或荆笆上刷一层糨糊，上铺一层铺衬，铺平整后再刷糨糊铺铺衬，如此往复几次后晒干即成一张圪帛。旧时圪帛是做鞋垫、鞋底和鞋帮的必备材料。

maŋ

【牤实】maŋ³³ ʂɿ· 粗壮结实。如：这孩子看着怪~哩。

【牤牛】maŋ³³ ɣəu⁵³ 公牛。

【牤牛蛋子】maŋ³³ ɣəu⁵³ tan⁴¹ tsɿ· 指鲁莽、愣头愣脑的人。如：你以后做事儿可得多考虑考虑，不应当那~了。

【邙山】maŋ⁵³ san³³ 邙山为秦岭山脉余脉，崤山支脉，横亘于洛阳北部的黄河南岸，东西绵延数百里。邙山是典型的黄土丘陵地貌，不仅是道家文化的发源地，也是历代军事上的战略要地，更有无数帝王名人葬于此地，素有"生居苏杭，死葬北邙"之说。邙山核心区域位于古都洛阳城区以北的孟津，其山顶部宽阔平缓，南北两坡陡峭，沟谷发育，峰峦起伏，风光旖旎，是登高远眺的好去处。"邙山晚眺"即是古孟津十景之一。‖也说"北邙 pei³³ maŋ⁵³"。

【忙罢】maŋ⁵³ pa⁴¹ 指事情结束以后。如：其他事儿咱~喽这一段儿再说，中不中？

【忙哩脚不点地儿】maŋ⁵³ li·tɕyə³³ pu³³ tiɛn⁵³ tiɯ⁴¹ 忙得没有停下来的时候。如：你没看我成天~，哪儿有时间去呀？

【忙活】maŋ⁵³ xuo· 忙碌。如：~了半天，还不够孩子们吃哩。

【忙活活哩】maŋ⁵³ xuo·xuo⁵³ li· 紧张忙乱。如：你成天~，都弄了点儿啥？

məŋ

【蒙¹】məŋ³³ ①欺骗。如：你可不应～我，我阵着就去。②胡乱猜测。如：你会就会，不会不应乱～。

【蒙²】məŋ³³ 昏迷；使昏迷。如：我有点儿～，先去促一会儿。

【蒙蒙登登】məŋ³³ məŋ·təŋ³³ təŋ· 精神恍惚、迷迷糊糊的样子。如：我今儿一天一势～哩，不知道咋了？

【猛不得儿哩】məŋ⁵³ pu·tər³³ li· 突然；猛然。如：你～一说，我还真想不起来了。

【猛子】məŋ⁵³ tsʅ· 游泳的人一下把头扎入深水中。如：扎～。

【猛雨】məŋ⁵³ y· 来势猛，雨量大的雨。

【蒙脸纸】məŋ⁵³ liɛn⁵³ tsʅ⁵³ 人死后盖在脸上的纸。

【蒙汗药】məŋ⁵³ xan⁴¹ yə³³ 吃了使人失去知觉的药。

【孟津】məŋ⁴¹ tsin· 洛阳市下辖区名，古属豫州，帝尧之时，其地为孟涂氏封国，因"孟地置津"而得名。

【孟津梨儿】məŋ⁴¹ tsin·liuɪ⁵³ 孟津特产，孟津梨已经有两千多年的栽培历史，品类繁多。代表品种为天生伏梨，历史上被称为贡梨。其外观呈短葫芦形，皮黄绿色，皮薄脆酥，口感酸甜适宜，多汁无渣。孟津天生伏梨是洛阳名优特产，也是全国地理标志农产品，其主产地在孟津县会盟镇及周边地区。

【孟津古渡】məŋ⁴¹ tsin·ku⁵³ tu⁴¹ 孟津为黄河中下游交界处的古老渡口，旧址在今会盟镇扣马村一带。商朝末年，武王伐纣时，曾在此与诸侯会盟，因此又称"盟津"。黄河在今孟津区境内全长59千米，分布着七个著名古津，分别为孟（盟）津、富平津、小平津、平阴津、冶坂津、委粟津、碄石津。"孟津古渡"为古孟津十景之一。

【孟津关】məŋ⁴¹ tsin·kuan³³ 孟津关是洛阳北边的重要门户，位于黄河孟津段的孟津渡，遗址在今孟津会盟镇扣马村北约五华里处的黄河夹心滩。东汉末年，汉灵帝为抵御黄巾军进犯汉魏故城洛阳，命大将军何进在孟津渡口建设防御工事，固守洛阳北部门户，因扼守孟津渡口而得名。孟津关北濒黄河，南依邙岭，有山河依托，关隘便于坚守，形成了以关制河、以河卫关的局势。随着古黄河河道变迁，孟津关今已难觅影踪。

【孟津观兵】məŋ⁴¹ tsin·kuan³³ piŋ³³ 武王于孟津盟会诸侯，举行的大规模军事演习。据史籍记载，为了检验自己的号召力，试探各诸侯国的态度和商王纣的反应，武王在孟津聚集八百诸侯，举行阅兵仪式，发"泰誓"，史称"孟津观兵"。其地在旧县城东，由于伐纣条件还不成熟，武王暂时收兵，以待时机。

【孟津口】məŋ⁴¹ tsin·k'əu⁵³ 黄河孟津段的一处地名。打捞窝以东不足四百米就是孟津口，在新安县、济源市、孟津区三地的交会处。自打捞窝以下，黄河水由新安县境内进入孟津口，孟津口的黄河南岸是孟津区，黄河的北岸是济源。相传，孟津口是大禹开凿。

【梦见】məŋ⁴¹ tɕiɛn· 做梦时见到。如：我夜儿黑地做梦～张宇了。

【梦话儿】məŋ⁴¹ xuɐr⁴¹ 睡梦中说的话。如：你夜儿黑地做啥梦了？一势说～。

miŋ

【名儿】miuɪ⁵³ 名字。如：他爸给他起哩大～，他妈给他起哩小～。

【明】miŋ⁵³ ①天亮。如：天～了，该起来了。②公开。如：有话儿～说。③光明磊落的。如：～人不做暗事儿。

【明摆着】miŋ⁵³ pæ⁵³ tʂuo・ 明显地摆在面前，非常清楚。如：这事儿～是他不对。

【明媒正娶】miŋ⁵³ mei⁵³ tʂəŋ⁴¹ tsʻy⁵³ 得到认可的，正式的婚姻。如：她可是～嫁到恁家哩。

【明明】miŋ⁵³ miŋ⁵³ 显然如此；真的，确实。如：咱夜儿～说好哩，你咋变卦了？

【明打明】miŋ⁵³ ta⁵³ miŋ⁵³ 明明白白地。如：你干脆～哩给他说清楚，看他咋办。

【明儿黑地】miɯ⁵³ xɯ³³|⁵³ ti・ 明天晚上。如：～南边儿演电影，咱去看吧？‖也说"明儿黑剌儿 miɯ⁵³ xɯ³³ lɻɚ・"。

【明唧唧哩】miŋ⁵³ tsi・tsi⁵³ li・ 形容物体明得发亮。如：小慧薅秧手上磨了哟燎泡，～。‖也说"明浆浆哩 miŋ⁵³ tsiaŋ・tsiaŋ⁵³ li・"。

【明儿日儿】miɯ⁵³ iɯ⁵³ 明天。如：咱～去城里头吧？‖也说"明儿个 miɯ⁵³ kə・""明儿 miɯ⁵³"。

【明儿□】miɯ⁵³ tsʻiaŋ³³ 明天早上。

【明着欺负人】miŋ⁵³ tʂuo⁵³ tɕʻi³³ fu・zən⁵³ 依仗权威明摆着欺负人。如：你这不是～呀？

【明处】miŋ⁵³ tʂʻʅ・ ①光线充足的地方。如：屋里忒黑，看不清，咱去～看看。②公开的场合。如：你有话儿说到～，甭改这阴阳怪气儿哩。

【明说】miŋ⁵³ ʂɥə³³ 明明白白地说出来。如：我就～喽吧，我不想叫他去。

【明镜儿】miŋ⁵³ tɕiɯ⁴¹ 比喻心里想得非常明白。如：听他装糊涂，他心里跟～一样，啥不知道？

【明晃晃哩】miŋ⁵³ xuaŋ・xuaŋ⁵³ li・ 非常亮；光线闪烁。如：大清早起来，日头都～，看着都热。

【明眼儿人】miŋ⁵³ iɐɯ⁵³ zən⁵³ 指社会经验丰富，有鉴别能力，善于观察的人。如：你这着弄不中，～一看就知道是假哩。

【铭旌】miŋ⁵³ tsiŋ⁴¹ 竖在灵柩前旌表死者生平事迹和功劳的旗幡，由长条形红色丝绸制成，出殡时由女儿女婿所持，棺木下葬后，撕下姓名部分留作纪念，主体盖在棺木之上。

【铭旌芯儿】miŋ⁵³ tsiŋ⁴¹ siɯ³³ 铭旌上写持有者名字的地方，后世一般用纸书写，固定在铭旌之上，下葬时撕下。

【命】miŋ⁴¹ 命运。指生死、贫富和一切遭遇，迷信者认为一切都是上天预先安排好的。如：人家美菊～好，寻哩婆家可有钱儿了。

【命根儿】miŋ⁴¹ kəɯ³³ 比喻最重要或最受重视的人或事物。如：俩孙子儿才是她哩～哩。‖也说"命根子 miŋ⁴¹ kən³³ tsʅ・"。

f

fi

【非】fi³³ 偏偏；就是要。如：车上没座儿了，刚刚还～哭着要去。

【非得】fi³³ tei· 必须，一定要。如：学生们都下学了，就他～写完作业才走。

【肥】fi⁵³ ①动物脂肪多。如：过去一年养一头大～猪，过年杀了吃肉。②汤汁含油多。如：老板！舀一碗牛肉汤，要～点儿啊！

【肥膘】fi⁵³ piɔ³³ 指牲畜的肥肉。

【费】fi⁴¹ 小孩子淘气，爱爬高上低。如：小伙子就是比小闺女儿～。

【费死那劲儿了】fi⁴¹ sʅ⁵³ na· tɕiuɯ⁴¹ lə· 非常吃力；非常费劲。如：今儿～才弄了这一点儿，你可得省着点儿使。

【费气力】fi⁴¹ tɕ‘i⁴¹ li· 小孩调皮捣蛋。如：这哟小孩儿真～，一会儿都不安生。

fu

【妇女】fu³³ ny· 指年纪稍长的女人。

【府绸】fu³³ tʂ‘əu⁵³ 府绸是由棉、涤、毛、棉涤混纺纱织成的平纹细密织物，垂感好，手感和外观类似于丝绸，故称府绸。

【浮头儿】fu³³ t‘rɚ⁵³ 表面，最上面。如：这一筐苹果～一层儿看着怪大，下头都是小哩。‖ 也说"浮头儿起 fu³³ t‘rɚ⁵³ tɕ‘i·"。

【复三】fu³³ san³³ 复三是传统丧葬礼俗之一。死者下葬后的第三天，家属要带上祭品到坟前进行招魂祭拜，圆坟培土，然后可以脱去孝服。

【跗面】fu³³ miɛn⁴¹ 脚面，脚背。如：我哩脚～高，这双鞋穿着勒哩慌。

【凫水】fu⁵³ ʂuei⁵³ 人或者动物在水上漂浮游动，嬉戏打闹。如：孩子们一放伏假就成天去滩里～玩儿。

【伏里天】fu⁵³ li· t‘iɛn³³ 从头伏到三伏的天气。如：俺家离稻子地近，～又湿又热，难过着哩。

【伏假】fu⁵³ tɕia⁵³ 暑假。

【扶鸾】fu⁵³ luan⁵³ 旧时求神占卜吉凶的一种仪式。扶鸾者焚香祷告后，神就会附体，扶鸾者手执罗笔在沙盘上写出祝祷结果。

【浮皮潦草】fu⁵³ p‘i⁵³ liɔ⁵³ ts‘ɔ· 形容不认真，不仔细。如：他办啥事都是～哩，一点儿都不认真。

【佛】fu⁵³ 佛教的神。

【否定】fu⁵³ tiŋ⁴¹ 指不承认事物的存在或事物的真实性。如：俺都商量了半天，人家一句儿话儿可给俺～了。

【服不住】fu⁵³ pu³³⁵³ tʂʅ⁴¹ 无法降服。如：耀邦家媳妇儿厉害着哩，耀邦可～她。

【附】fu⁵³ 被鬼神附体，指神经错乱的人或神婆神汉以死人的口吻说话。

【富态】fu⁴¹ t'æ· 形容人的形体肥胖。如：恁婆子看着怪~哩。

fa

【发】fa³³ ①发财，富裕。如：今年莲菜贵，老高承包那几十亩地可~了。②发酵；膨胀。如：天冷，面没有~开。③发散；发泄。如：~汗｜~脾气。④一些刺激性较强的食物可能诱发热毒、寒湿等疾病。

【发泡】fa³³ p'o³³ 松软，不结实。如：桐树木头~，不能做家具。

【发面】fa³³ miɛn⁴¹ 指加了面肥的面团在一定温度、湿度条件下，让酵母充分繁殖产气，促使面团膨胀的过程。

【发面饼】fa³³ mien⁴¹ piŋ⁵³ 用发酵的面团烙制或烤制的饼。

【发面馍】fa³³ mien⁴¹ mo⁵³ 用发酵的面团蒸制的馒头。

【发福】fa³³ fu³³ 发胖。如：老王可是有点儿~了，肚子都起来了。

【发物儿】fa³³ vrur³³ 使旧病复发或炎症扩大的食品。如：你身上有伤不应吃鱼儿了，鱼儿是~。

【发冷】fa³³ ləŋ⁵³ 因身体不适而感到寒冷。如：冻着了，身上一阵儿阵儿~。

【发愣】fa³³ ləŋ⁴¹ 发呆。如：你今儿有啥心事儿？咋光改这~嘞？

【发圪垯】fa³³ kɯ³³ ta· 青春痘。‖西乡也说"糟圪垯 tsɔ³³ kɯ³³ ta·"。

【发糕】fa³³ ko³³ 玉米面、白面或米粉发酵后蒸制的面食，可加糖、红枣、葡萄干等。‖也说"虚糕 ɕy³³ ko·"。

【发困】fa³³ k'uən⁴¹ 感到困倦。如：夜儿黑地没睡好，今儿前响儿一势~。‖也说"犯困 fan⁴¹ k'uən⁴¹"。

【发汗】fa³³ xan⁴¹ 用药物等使身体出汗退烧。如：受凉了喝点儿姜汤发发汗逗就好了。

【发昏】fa³³ xuən³³ ①头晕。如：今儿低脑光~，有点儿不得劲儿。②头脑不清醒。如：老李~了，非给孩子们分家不中。

【发癔症】fa³³ i⁴¹ tsən· 睡觉时出现说梦话，梦游等症状。如：夜儿黑地你~跑到俺屋里了，你知道不知道？

【发疟子】fa³³ yə³³ tsɿ· 疟疾病发作。如：俊强这几天~，去不了学。

【法儿】frer³³ 办法，方法，主意。如：这可咋办呀？我是一点儿~也没有了。‖也说"法子 fa³³ tsɿ·"。

【乏】fa⁵³ ①人困乏。如：今儿使哩有点儿~，早点儿睡吧。②煤炭燃烧将尽。如：火~了，再添块儿煤球儿吧？

【乏儿】frer⁵³ ①指庄稼的一茬或一季。如：这~豆角长哩怪好哩。②指人的年龄相仿。如：小丽跟小娟是一~哩，都考上大学了。③一拨儿；一段时间。如：这一~感冒还怪厉害哩，传哩可快。

fan

【反】fan³³ 颠倒的；方向相背的，与"正"相对。如：慌慌张张哩，衣裳都穿~了。

【反了天了】fan³³ lə· t'iɛn³³ lə· 指孩子们打闹、折腾得厉害。如：我一会儿没改家，恁都可~。

【反正】fan³³ tʂən⁵³ ①不管怎样，结果都不会改变。如：~人都走了，我还去弄啥哩？②表示坚决肯定的语气。如：不管咋说，我~是要去哩。‖西乡读"fan³³ tʂən⁴¹"。

【幡儿】fɛɯ³³ 出殡时，长孙手持的为死者招魂的标识。

【翻白眼儿】fan³³ pæ⁵³ iɛɯ⁵³ ①指看人时黑眼珠偏斜，露出较多的眼白，是失望、愤恨或不满的表现。②指病势危险时的生理现象。如：他一势~哩，是不是快不中了？

【翻馍批儿】fan³³ mo⁵³ p'iɯ³³ 烙饼时用来给饼翻面儿的竹制或铁制的长条形片状物。

【翻毛儿皮袄】fan³³ mɻɔr⁵³ p'i⁵³ ɣɔ· 毛皮的毛朝外的皮袄。

【翻毛儿皮鞋】fan³³ mɻɔr⁵³ p'i⁵³ ɕiæ⁵³ 皮革的反面朝外的皮鞋，与"光面皮鞋"相对。

【翻面儿】fan³³ miɯu⁴¹ 煎烤食物时变换不同的面。

【翻塘】fan³³ t'aŋ⁵³ 由于水质、水量或天气的原因，水中的鱼大量地浮到水面上，造成大量死亡。

【翻腾】fan³³ t'əŋ· ①乱找乱翻。如：你改这~啥哩？②食物在胃里不消化引起的要呕吐的感觉。如：不中，得去医院看看，我胃里~哩难受。

【翻领】fan³³ liŋ⁵³ 衣服领子的一种样式。领子的上部或全部翻转向外，领口敞开。

【翻撕气】fan³³ sɻ⁵³ tɕ'i· 旧话重提。如：咱光说这事儿，甭~。

【翻色】fan³³ sæ· 把旧衣服翻过来做。如：这件儿衣裳旧了，~~再穿吧。

【翻箱倒柜】fan³³ siaŋ³³ tɔ⁵³ kuei⁴¹ 翻动箱子和柜子，形容彻底搜查。

【翻场】fan³³ tʂ'aŋ⁵³ 碾场时要经常把碾过的麦秸翻一遍，以使碾场均匀。翻场时要把麦秸挑起来搅一搅，把里面的麦粒抖落下来，便于再次碾压。

【翻烧饼】fan³³ ʂɔ³³ piŋ· 躺着来回翻身。如：你~哩呀？翻来掉过去哩不睡。

【翻身儿】fan³³ ʂəu³³ 躺在床上时翻转身体，换个姿势。

【翻闲话儿】fan³³ ɕiɛn⁵³ xuɐr⁴¹ 传话，挑拨是非。如：高平家媳妇儿通好~哩，你可不应啥话儿都给她说。‖ 也说"翻嘴子 fan³³ tsuei⁵³ tsɻ·"。

【翻闲话儿老婆儿】fan³³ ɕiɛn⁵³ xuɐr⁴¹ lɔ⁵³ p'ɻɛ̌r⁵³ 挑唆是非的人。如：她就是哟~，成天就好传闲话儿。

【翻跟头儿】fan³³ kən³³ t'ɻəur· 身体向下翻转而后恢复原状。如：王勇~翻哩好着哩!

【翻过来掉过去】fan³³ kuo·læ·tiɔ⁴¹ kuo·tɕ'y· 翻来覆去，辗转反侧。如：他侹到床上，~，就是睡不着。

【翻红薯秧儿】fan³³ xuɐn⁵³ ʂʅ·zɐr³³ 红薯秧在水分充足的情况下，茎节处会生出大量的次生根，次生根大量吸收养分和水分，会造成藤蔓徒长，薯块生长慢，使红薯减产。因此，要经常翻动红薯秧，控制次生根的生成，抑制徒长，使薯块快速生长，提高产量。

【翻瓦】fan³³ ua⁴¹ 翻修房屋。如：灶火漏雨了，得~~。‖ 西乡说"翻色 fan³³ sæ·"。

【反】fan⁵³ 造反。如：~了你了，还学会犟嘴了!

【反面儿】fan⁵³ miɯu⁴¹ 物体的背面，与"正面"相反。如：小红可仔细了，作业本儿使嘍正面儿再使~。

【反手】fan⁵³ ʂəu⁵³ 左手。如：治治正手打乒乓球打哩不赖，~也会打。

【反犬旁】fan⁵³ tɕ'yen⁵³ p'aŋ⁵³ 汉字偏旁"犭"，如"猫""狗"等字的左偏旁。

【反文儿】fan⁵³ vəu⁵³ 汉字偏旁"攵"，如"牧""放"等字的右偏旁。

【返帖儿】fan⁵³ t'uɐr³³ 下帖儿时，男方拿帖儿（聘书）和礼物到女方家，女方仅收下礼物，拒收帖儿。男方回去后隔一段时间再去，并且增加礼钱，女方才收下帖儿。

【樊山】fan⁵³ san³³ 地名，在今孟津白鹤镇王良、桐乐行政村附近。相传这里西汉时是武阳侯樊哙的封地，樊哙死后也安葬于此的樊家岭。

【犯不上】fan⁴¹ pu³³⁵³ ʂaŋ⁴¹ 没必要；不值得。如：算了，咱~跟他生这气。‖ 也说"犯不着 fan⁴¹ pu³³ tʂuo⁵³"。

【犯甩人】fan⁴¹ sæ⁵³ zən⁵³ 某人或某件事对自己干扰引起的烦感。如：我正

改这看书哩，他唠唠叨叨一势说，真
~ 人！

【饭桌】fan⁴¹ tʂʅ₃₃ 吃饭用的桌子。

【饭中了】fan⁴¹ tʂuaŋ³³ lə· 饭做好了。如：
~，赶快来吃吧！

【饭圪痂儿】fan⁴¹ kɯ³³ tɕiɤr· 吃饭时掉到
衣服上或其他地方的饭汤形成的脏污。

【泛醒】fan⁴¹ siŋ· ①人或动物昏死过去后
又苏醒过来。如：他中暑晕过去了，他
妈又是给他灌藿香正气水儿又是给他
扇扇儿，半天他才 ~ 过来。②植物出
现枯萎症状后经管护又重现生机。如：
打了两回药，这几棵黄瓜又 ~ 过来了。

【蟆蛋】fan⁴¹ tan⁴¹ 家禽或鸟类产卵。如：
这俩老母鸡 ~ 可勤了。

【蟆子儿】fan⁴¹ tsəɯ⁵³ 昆虫类产卵。

【蟆软蛋】fan⁴¹ zuan⁵³ tan⁵³ 母鸡因缺钙导致
蟆了软皮鸡蛋，引申指人因为害怕而
犯软，因犯软而反悔。如：这哟老母鸡
光 ~｜你可不能 ~，说话儿得算话儿。

fən

【分班儿】fən³³ pɛɯ³³ 把多人分成几个组
进行工作或开展活动。如：咱 ~ 干吧？
这着快。

【分盆儿】fən³³ p'ɯ⁵³ 盆栽花卉生长过于
繁茂时，分出一部分另外栽种。

【分家】fən³³ tɕia³³ 生活在一起的大家族把
财产分开，各自成家生活。如：她 ~ 哩
时候儿啥也没要。

【分洋】fən³³ iaŋ⁵³ 人民币的货币单位分的
别称，一元等于十角，一角等于十分。

【坟坡】fən⁵³ p'o³³ 村名，在原煤窑乡清河
村。这里东临大宴沟，西临清河峡谷，
三国时是曹操和袁绍互相攻伐的战场。
曹操在清河之战中以少胜多，但也损
失惨重。战争结束后，曹操命部下将
阵亡将士礼葬于此，并亲自写祭文，
焚香祭拜，树碑纪念。

【坟地】fən⁵³ ti· 坟墓所在的地方。如：
他家哩 ~ 叫平了，过年过节哩时候儿
他奶都是改大门口儿供飨。‖ 也说"茔
地 iŋ⁵³ ti·"。

【坟头儿】fən⁵³ t'ɤur⁵³ 在墓穴上堆起的土
堆。如：他达那 ~ 上长了一棵槐树。

【粉¹】fən⁵³ 物体自然破碎变成粉末。如：
这条路上铺这砖不咋着，还没几年哩
可 ~ 了。

【粉²】fən⁵³ 用石灰粉刷墙壁。如：这哟
屋里墙都掉皮了，得再 ~ ~。

【粉皮儿】fən⁵³ p'iɯ⁵³ 用绿豆或红薯淀粉
做成的片状食品。

【粉面儿】fən⁵³ miɯ⁴¹ 用绿豆或红薯等制
成的淀粉。

【粉坊】fən⁵³ faŋ· 加工粉面、粉条、粉
丝、粉皮等的作坊。

【粉嘟噜哩】fən⁵³ tu· lu⁵³ li· 淡红色，多
用来形容幼儿的脸色。如：这孩子那
小脸蛋儿 ~，真好看。

【粉条儿】fən⁵³ t'ɤɔr⁵³ 用绿豆或红薯淀粉
做成的条状食品。

【粉浆】fən⁵³ tsiaŋ³³ 制作红薯淀粉时剩余
的原浆经发酵而成的浆水，酸味独特，
是制作浆面条的主要原料。

【粉浆面条儿】fən⁵³ tsiaŋ³³ miɯn⁴¹ t'ɤɔr⁵³ 孟
津特色美食之一，先将粉浆煮开，放
入白面条或杂粮面条略煮，加入青菜，
勾入面糊，调味即可。‖ 也说"浆面
条儿 tsiaŋ³³ miɯn⁴¹ t'ɤɔr⁵³"。

【粉刺】fən⁵³ ts'ʅ⁵³ 痤疮。是毛囊皮脂腺单
位的一种慢性炎症性皮肤病，多发于
青少年。

【粉丝儿】fən⁵³ səɯ³³ 用绿豆或红薯淀粉
做成的丝状食品。

【粉芡】fən⁵³ tɕ'iɯn⁴¹ 用淀粉加水调制成的糊。

【份儿¹】fəɯ⁴¹ 集体送礼时各人分摊的钱。‖
也说"份子 fən⁴¹ tsʅ·"或"份子钱儿 fən⁴¹
tsʅ· ts'iɯn⁵³"。

【份儿²】fəɯ⁴¹ ①地位；身份。如：他这
事儿办哩真掉 ~。②地步；程度。如：

老辛再穷也不至于到这~上吧？③资格；权利。如：这好事儿会有咱哩~？

【份儿饭】fəɯ⁴¹ fan⁴¹ 按份儿卖或供应的饭。

【粪¹】fən⁴¹ 用作肥料的人、家畜、家禽的粪便。如：庄稼一枝花，全靠~当家。

【粪²】fən⁴¹ 指昆虫、鱼类等生物的孳生繁殖。如：这鱼儿逮回来才几条，阵着越~越多了。

【粪门儿】fən⁴¹ məɯ⁵³ 肛门。‖ 也说"屁股眼儿 p'i⁴¹ ku·ieɯ⁵³""屁眼儿 p'i⁴¹ ieɯ⁵³"。

【粪坑】fən⁴¹ k'əŋ³³ 积攒牲畜粪便的土坑。

faŋ

【方片儿】faŋ³³ p'ieɯ⁴¹ 扑克牌中的一种花色。‖ 也说"方块儿 faŋ³³ k'ueɯ⁴¹"。

【方儿】frer³³ 中医开的药方子。如：我还搁着怹着晚儿哩~哩，按着这再抓几服药吃吃。

【方口儿鞋】faŋ³³ k'əɯr⁵³ ɕiæ⁵³ 鞋口呈方形的布鞋。

【方块儿】faŋ³³ k'ueɯ⁴¹ 四方形的块状物。如：做红烧肉哩时候儿，肉切成大一点儿哩~炖着好吃。

【方圆左近】faŋ³³ yɛn⁵³ tsuo⁵³ tɕin⁴¹ 附近。如：这~哩医生都看遍了，一点儿也不见好。

【妨】faŋ³³ 妨碍，妨害。迷信的人认为因命相、时辰、方位等相克，命硬的人会给他人带来不幸。如：他生下来他妈都死了，都说他命硬，他妈是他~死哩。

【防着点儿】faŋ⁵³ tʂuo·tieɯ⁵³ 做好准备，防止意外情况的发生。如：这一段儿村儿里光丢东西儿，你可~，出来进去门可关好。

【纺花】faŋ⁵³ xua³³ 旧时用木制纺花车把搓好的棉絮条抽成线，纺成一个个的线穗。

【纺花车子】faŋ⁵³ xua³³ tʂʅ⁷ʅ³³ tsʅ· 旧时纺线的工具。

【房坡儿】faŋ⁵³ p'ɤr³³ 房顶的斜坡。如：~上长了好些瓦松。

【房圪崂儿】faŋ⁵³ kɯ³³ lɔr³³ 房子的角落。如：纺花车改~里头搁了好些年了，没用过。

【房橡宸儿】faŋ⁵³ k'ɯ³³ lɿer· 仅建好了框架，结构未封顶，未完工的房子。如：他家光垒了哟~，圈了哟围墙。

【放鞭】faŋ⁴¹ piɛn³³ 点燃鞭炮。

【放屁】faŋ⁴¹ p'i⁴¹ ①一种生理现象，从肛门放出臭气。②詈语，形容说话没有根据，胡说八道。如：你听他~，根本都没有那回事儿。

【放屁虫】faŋ⁴¹ p'i⁴¹ tʂʰuəŋ⁵³ 斑蝥，鞘翅目芫青科昆虫。躯体略呈长圆形，背部有 3 条黄色或棕黄色的纹，胸腹部乌黑色。斑蝥关节出能分泌一种气味辛辣的黄色液体斑蝥素，有特殊臭气。

【放炮】faŋ⁴¹ p'ɔ⁴¹ ①点燃鞭炮。②车胎爆裂。

【放炮哩】faŋ⁴¹ p'ɔ⁴¹ li· 结婚娶亲时陪同放炮的人，一般由新郎的弟弟或子侄辈担任。

【放生】faŋ⁴¹ səŋ³³ 把捉住的小动物或鱼类放归自然界。

【放水】faŋ⁴¹ ʂuei⁵³ ①扒开田地的田埂引水浇地。如：老王去滩里头~了。②戏称小便。

【放血】faŋ⁴¹ ɕiɛ³³ ①屠宰动物时把血放出来。如：杀猪哩时候儿得先~。②商家赔本销售。如：商场今儿大~，满场都是半价。③中医治疗某种疾病时需要针刺某处放一些血出来。④歹徒行凶，杀害人。如：再不说就给他放放血。

【放学】faŋ⁴¹ ɕyɔ⁵³ 下课后学生离开学校。

【放空炮】faŋ⁴¹ k'uəŋ³³ p'ɔ⁴¹ 讥讽只许诺不落实的现象。如：你不应光~，这事儿一定得办成喽。

【放荒】faŋ⁴¹ xuaŋ³³ 秋冬时节点火烧掉干枯的野草。

【放烟火】faŋ⁴¹ iɛn³³ xuɔ· 燃放烟火。

【放羊】faŋ⁴¹ iaŋ⁵³ ①赶羊到田野或山上吃草。②撒手不管。如：三年级哩语文老师今儿请假了，你看紧点儿，可不能叫学生～喽。

fəŋ

【风毛儿】fəŋ³³ mʐɔr⁵³ 斗篷头部帽子边缘缝的一圈毛皮。

【风帽儿】fəŋ³³ mʐɔr⁴¹ 为了遮风而戴的遮盖住脑袋只留出眼睛的大帽子。

【风张】fəŋ³³ tʂaŋ· 形容女子无节制的嬉笑打闹，举止轻狂。如：这闺女有点儿～，不能寻。‖ 也说"风风张张 fəŋ³³ fəŋ³³·tʂaŋ³³ tʂaŋ·"。

【风纪扣儿】fəŋ³³ tɕi⁴¹ kʰəur⁴¹ 中山装等制服的领子上的金属扣子，扣在脖子的正前方。

【风掀】fəŋ³³ ɕiɛn· 风箱，压缩空气而产生气流的装置，用来鼓风使炉火旺盛。‖ 西乡也说"风匣子 fəŋ³³ ɕia⁵³ tsʅ·"。

【风圪墶】fəŋ³³ kɯ³³ ta· 荨麻疹。

【风葫芦儿草】fəŋ³³ xu⁵³ lʐur· tsʰɔ⁵³ 益母草。益母草茎直立，钝四棱形，每节叶出开一簇白花，串起能像轮子一样旋转，故名。益母草性微寒，味苦辛，其根、茎、花、叶、实，皆可入药，具有活血、祛瘀、调经、消肿的功效。‖ 西乡也说"风轱辘儿草 fəŋ³³ ku⁵³ lʐur·tsʰɔ⁵³"。

【封】fəŋ³³ 庆贺亲友婚礼、寿诞、添丁时送礼金。如：老张家闺女出门儿，咱给她～多些呀？

【封封儿】fəŋ³³ fəɯ³³ 旧时用红纸包封好钱物，送礼或酬谢用。

【封儿】fəɯ³³ 红包。如：小孬结婚哩时候儿，他舅给他封了哟大～。

【封火】fəŋ³³ xuo⁵³ 不使用煤火时，给炉子添加煤块儿或煤球，把炉子下面塞住，上面盖住，抑制其燃烧，以节省用煤。

【疯】fəŋ³³ ①精神不正常。如：他小时候儿他妈都～了。②形容人到处乱逛，四处游玩。如：你～到哪儿去了，还不回来做饭。③形容女子轻佻放荡，行为不检点。如：这女人忒～了，你少跟她出去。

【疯三道四】fəŋ³³ san³³ tɔ⁴¹ sʅ⁴¹ 形容人轻浮的样子。如：这闺女成天～哩，也没人管她。

【疯长】fəŋ³³ tʂaŋ⁵³ ①小孩子短时间内长高许多。如：东东这半年～哩，都一米八了。②植物只长叶子不开花结果。如：今年种哩豆角儿光～叶儿不结豆角儿。

【疯狗】fəŋ³³ kəu⁵³ ①患狂犬病的狗。②詈语。如：你咋跟～样，逮谁咬谁。

【逢年过节】fəŋ³³ niɛn⁵³ kuo⁴¹ tsiɛ³³ 过各种节日的时候。如：～哩时候儿，他姊妹几个都回老家聚聚。

【蜂儿】fəɯ³³ 蜜蜂。

【蜂窝儿煤】fəŋ³³ uɐr³³ mei⁵³ 煤球。

【凤凰山】fəŋ⁴¹ xuaŋ·san³³ 凤凰山是首阳山孟津境内的部分，《诗经·大雅·卷阿》"凤凰鸣矣，于彼高岗"即指此山。凤凰山为汉魏故城成周城北侧制高点，也是整个孟津县境东部的制高点。居住在附近的孟津百姓观山识天，民谚"凤凰山戴帽长工睡觉"，意为凤凰山顶乌云笼罩预示天要下雨。"凤山欲雨（首阳生云）"也是古孟津十景之一。

【缝儿】fəɯ⁴¹ 缝隙。如：山墙上裂了一道～，你闲喽给它揽堁揽堁。

V

vi

【味道儿】vi⁴¹ tɔɾ· 物质所具有的能使舌头得到某种味觉的特性。如：今儿这菜 ~ 不赖。

【味儿】viɯ⁴¹ 味道。如：你闻闻，这屋里是不是有一股儿啥 ~ ？

【未见得】vi⁴¹ tɕiɛn⁴¹ tæ³³ 不一定，说不定。如：不应不得劲儿了，这 ~ 不是好事儿。

vu

【物儿】vuɾ³³（指人的）样子；能耐。如：看你那 ~ ？

【物件儿】vu³³ tɕiɐɯ⁴¹ 泛指成件的东西。如：搬喽家这些 ~ 都使不上了，拌喽吧。

【舞抡】vu³³ lyn· 手持物体来回挥舞。如：你不应乱 ~ 了，招打着人喽。

【无业游民】vu⁵³ iɛ³³ iəu³³ min⁵³ 没有正当职业的人。如：他初中毕业就不上学了，成了 ~ 。

【武戏】vu⁵³ ɕi⁴¹ 与"文戏"相对，以武打动作的表演为主的戏曲。如：老百姓都很喜欢看 ~ 。

【武艺儿】vu⁵³ iɯ⁴¹ 技术、能力。如：她哩 ~ 可大啦，还敢去告书记哩。

【舞咋】vu⁵³ tsa· 手足乱动。如：你改这 ~ 啥哩 ~ ？

【舞舞咋咋】vu⁵³ vu· tsa³³ tsa· 张牙舞爪，咋咋呼呼。如：他光说光 ~ 哩，就是不敢真打。

【物色】vu⁴¹ sæ· 寻找。如：我想寻哟保姆，你给我 ~ 哟合适哩吧？

【雾星】vu⁴¹ siŋ· 下的小雨像落雾一样。如：今儿清早起来 ~ 了一点儿，地上有点儿湿。

va

【袜子】va³³ tsʅ· 一种穿在脚上的服饰用品。

van

【挽¹】van⁵³ 牵引；拉。如：两人手挽着手出去了。

【挽²】van⁵³ 请求，央求。如：俩孩子非 ~ 着他去赶会不中。

【挽住圪垯儿了】van⁵³ tsʅ· kɯ³³ tɾɛɾ· lə· 事情完成，有了结果。如：这事儿拖了一年，总算 ~ ！

【挽着手】van⁵³ tʂuo· ʂəu⁵³ 手拉着手。

【挽人】van⁵³ zən⁵³ 缠磨人。如：这孩子忒 ~ 了，一点儿不听说。

【挽花儿】van⁵³ xuɐɾ³³ 指手的动作灵巧多

变且快速。如：你看巧玲打毛衣多快，手跟 ~ 哩一样。

【绾】van⁵³ ①盘绕成结。如：她哩头发改后头 ~ 了一下。②向上卷起。如：你给我哩袄袖儿给上头再 ~ ~ 。

【绾哟圪垯儿】van⁵³ yə⁴¹ kuɯ³³ tɤr · ①给线或绳子打结。②喻指事情完成一个阶段或全部完成。如：这事儿总算能 ~ 了。

【晚辈儿】van⁵³ pəɯ⁴¹ 辈分低的人。如：你是 ~ 哩，就不能少说两句儿？

【晚稻子】van⁵³ tɔ⁴¹ tsɿ · 指插秧期较晚或成熟期较晚的水稻。

【晚熟】van⁵³ ʂu⁵³ 指农作物生长期长，成熟较晚。

【晚儿】mɐɯ⁵³ 与"阵着""恁着"连用表示时间，"这时候""那时候"的意思。如：阵着 ~ 这孩子不好管了。

【万把块钱儿】van⁴¹ pa · kʰuæ⁴¹ tsʻiɐɯ⁵³ 一万元左右。如：他跑一趟车就能挣 ~ 。‖也说"万把块 van⁴¹ pa · kʰuæ⁴¹"。

【万儿八千】van⁴¹ hɿ · pa³³ tsʻiɛn³³ 一万或接近一万。如：~ 改你这儿不算啥，你就给他算了。

【万金油儿】van⁴¹ tɕin³³ iəɯ⁵³ ①以薄荷油、樟脑、桉叶油等加石蜡制成的膏药，清凉而有强烈刺激性药味，可防治蚊虫叮咬、头晕鼻塞、晕车晕船等。②喻指什么都会、什么都能干的人。‖也说"清凉油儿 tsʻiŋ³³ liaŋ⁵³ iəɯ⁵³"。

vən

【文明棍儿】vən⁵³ miŋ⁵³ kuɯ⁴¹ 手杖。

【文文气气】vən⁵³ vən · tɕʻi⁴¹ tɕʻi · 形容斯文的样子。如：小伙子戴着眼镜，看着 ~ 哩。‖也说"文气 vən⁵³ tɕʻi ·"。

【文理不通】vən⁵³ li⁵³ pu³³ tʻuəŋ³³ 指文章在词句和内容方面都不通达。如：写哩啥文章，~ ，能看？

【文绉绉哩】vən⁵³ tsəu · tsəu⁵³ li · ①说话或写作时少用口语多用书面语。如：你说话儿不应成天 ~ ，老百姓听不懂。②举止斯文，言谈文雅。如：这哟老师戴着眼镜儿，看着 ~ 。

【文戏】vən⁵³ ɕi⁴¹ 只重唱、念、做，而不表演武打的戏剧，与"武戏"相对。

【文曲星】vən⁵³ tɕʻy³³ siŋ³³ 星名。旧时传说其主文运，也指重要的文职官员及文采盖世的人。

【蚊帐钩儿】vən⁵³ tʂaŋ⁴¹ kəɯ³³ 蚊帐上的铁钩，人进出时钩起蚊帐方便出入。

【闻味儿】vən⁵³ viu⁴¹ 闻味道。如：今儿他又炸又炖忙了一天，光 ~ 都闻饱了。

【闻闻】vən⁵³ vən · 闻一下。如：你 ~ ，这西瓜是不是坏了？

【闻见】vən⁵³ tɕiɛn · 闻到，嗅到。如：你 ~ 了没有？这是啥味儿？

【问问】vən⁴¹ vən · 打听一下。如：没事儿，我就是 ~ 。

【问路（儿）】vən⁴¹ lu⁴¹（lʐuɯ⁴¹）打听道路。如：刚刚儿 ~ 那人看着像王东家老三吧？

【问住了】vən⁴¹ tʂʉ · lə · 被问得无言答对。如：这一回可叫 ~ ，我还真没读过这本书。

【问着了】vən⁴¹ tʂuo⁵³ lə · 所问之人恰巧知道所问之事。如：你可算 ~ ，老李家哩事儿王宝柱知道哩一清二楚哩。‖也说"问对人了 vən⁴¹ tuei⁴¹ zən⁵³ lə ·"。

【璺儿】mɐɯ⁴¹ 瓷器、玉器或玻璃等物因外力作用而出现裂缝，但没有完全裂开或脱落。如：这哟碗上有哟 ~ ，得锔锔才能使哩。

vaŋ

【芒儿】vɐr⁵³ 某些禾本科植物（如大麦、小麦等）子实的外壳上长的针状物。

【网兜儿】vaŋ⁵³ təur³³ 用线绳等编成的网状兜子，装东西用。

【网套儿】vaŋ⁵³ t'ɔr⁴¹ 弹好的棉絮加工成型后外面用纱网罩起来，一则固定被胎形状，二则方便拆洗被褥。

【网儿】vɐr⁵³ 妇女罩头发用的发网。

【往年】vaŋ⁵³ niɛn⁵³ 以往，从前。如：~ 这时候儿稻子都割完了。

【往里迷】vaŋ⁵³ li⁵³ mi⁵³ 形容只为自己打算，爱贪小便宜的行为。如：他这人光 ~，光想占便宜。

【往来】vaŋ⁵³ læ⁵³ 有来有回，指人与人之间来回走动。如：那哟事儿完喽，俺两家儿再没有 ~ 过。

【往后】vaŋ⁵³ xəu⁴¹ 自此以后。如：~ 你大了，得撑起来咱这哟家。

【忘性】vaŋ⁴¹ siŋ · 好忘事的毛病。如：俺哥 ~ 大，成天不是丢这就是丢那。

【望马台】vaŋ⁴¹ ma⁵³ t'æ⁵³ 会盟镇扣马村、花园村附近邙山上的一处高台，西魏武帝定都于洛阳，牧马于河津，在此筑台望远。

【望山跑死马】vaŋ⁴¹ san³³ p'ɔ⁵³ sʅ⁵³ ma⁵³ 远远地虽然能看见大山，但要到达还需要很长的路走，教导人们不要因为胜利在望就斗志松懈，不再努力。

【望夏】vaŋ⁴¹ ɕia⁴¹ 伏里天娘家给出嫁的女儿送消夏物品。

【望远镜儿】vaŋ⁴¹ yɛn⁵³ tɕiɯ⁴¹ 用来观测遥远物体的光学仪器。

t

ti

【低头秤】ti³³ t'əu⁵³ tʂ'ən⁴¹ 用杆秤称东西时秤杆尾部低，说明分量不足。

【低脑】ti³³ nɔ· 脑袋。如：就他那～难剃。

【低脑盖儿】ti³³ nɔ· kɐ̃ɯ⁴¹ 天灵盖。如：今儿有点儿冻着了，～疼。

【低拉】ti³³ la· 低着。如：小军心情不好，开会哩时候儿一势～低脑一声儿不吭。

【低瓜皮】ti³³ kua³³ p'i⁵³ 形容人贪吃，爱占小便宜。如：你真～，看见吃哩都走不动了。

【低哟下儿】ti³³ yə⁴¹ ɕiɐr⁴¹ 向人低头认错。如：这事儿不大，你～就过去了。

【提溜儿】ti³³ ləur· ①手提东西。如：他手里～着一条鱼儿回来了。②抓住小孩的衣领等部位把小孩提起来。如：贝贝尪到客厅地上打滚儿，他爸给他～到沙发上了。

【提溜儿耷连】ti³³ ləur· ta³³ liɛn· ①形容物体纷乱下垂的样子。②形容人衣衫不整的样子。如：你看你穿那衣裳，～哩叫啥？③形容人不高兴、不愿意的样子。如：你～哩叫谁看哩？

【滴拉】ti³³ la· ①下垂。如：恁阳台外头～了哟啥？②液体零星、不间断地滴落。如：垃圾袋儿烂了，菜汤儿～哩哪儿都是。‖ 也说"滴溜儿 ti³³ ləur·"。

【滴拉孙儿】ti³³ la· suɯ³³ ①孙子的后辈。②詈语。如：我要是说瞎话，我是～。

【滴溜儿】ti³³ ləur· 房檐下垂挂的冰溜子。

【底墒】ti⁵³ ʂaŋ³³ 种庄稼以前土壤中已有的湿度。如：今年春天下了几场雨，菜地～好。

【底下】ti⁵³ ɕia· 在某一物体或某一表面之下或下面。如：窗户～有哟笤帚你给我拿过来吧？‖ 也读合音"tia⁵³"‖ 也说"底下起 tia⁵³ tɕ'i·"。

【牴】ti⁵³ 牛羊用角顶触人或其他动物。如：那哟牛疯了，～了好几个人了。

【牴架】ti⁵³ tɕia⁴¹ ①牲畜等以角相互攻击。②一种少儿游戏。两人或多人各用双手扳起自己的一条腿至另一腿的膝盖上方，单腿在地上蹦，伺机用扳起的膝盖来攻击别人，倒地或双脚着地者输。可以进行单挑独斗，也可以进行集体项目。‖ 也说"怼架 tuei⁵³ tɕia⁴¹""怼拐 tuei⁵³ kuæ⁵³"。

【的确良】ti⁵³ tɕ'yə³³ liaŋ⁵³ 涤纶的俗称。的确良有纯纺的，也有与棉、毛混纺的，通常用来做衬衫短袖。如：小时候能穿上～衬衫可高兴了。

【涤卡】ti⁵³ k'a⁵³ 涤纶卡其布的简称，用涤纶纱线织造的卡其布。具有结实耐用、弹性好、挺括、易洗快干等特点，是20世纪流行的面料。如：他那一件

儿~中山装穿了二十年了，都洗毛边
儿了。

【地铺（儿）】ti⁴¹ pʻu⁴¹（pʻɤur⁴¹）把铺盖铺
在地上做成的铺位。如：俺都上高中
哩时候儿都是睡哩~，还是大通铺。

【地道】ti⁴¹ tɔ·①没有异物；纯正的，未
掺杂的。如：他哩孟津话儿说哩不
很~。②谓技能、工作或材料的质量
够标准。如：这活儿干哩真~。③为
人合乎一定的道德规范。如：瞧着张
东方这人可不咋~呀。‖也说"地地
道道 ti⁴¹ ti·tɔ⁴¹ tɔ·"。

【地这】ti⁴¹ tʂɤ·地方。如：这~阵脏，
赶快扫扫吧！

【地转儿】ti⁴¹ tʂuɐu⁴¹陀螺的俗称。从前
多用木头制成，上大下小，上圆下尖，
用鞭子抽打使旋转。如：他揙~搔哩
可好了。

【地当】ti⁴¹ taŋ·蜘蛛目螲蟷科的通称。
体长1—3厘米，螯肢发达，前端有几
排刺组成的螯耙。穴居有蛛丝的洞中，
穴口盖有用碎屑、蛛丝、泥土编织的
可以开启的活盖，俟其他小虫误入而
捕食之。

【地出律】ti⁴¹ tʂʻɿ³³ ly·①爬行动物，类
似壁虎，菜地常见。②形容人个子不
高，走或跑得很快。如：小虎跟~一
样，窜哩快着哩。

【地曲联儿】ti⁴¹ tɕʻy³³ lyɐu·地皮菜，学
名地耳，蓝藻门念珠藻科植物。雨后
在河滩或山坡草地里生长出来，可食
用，也可入药。

【地下】ti⁴¹ ɕia·①地面之上。如：馍掉~
脏了，撕了皮再吃吧。②地面之下。
如：~室。‖①也读合音"tia⁵³"‖南
部读"tia⁴¹"。

【弟儿们】tiɯ⁴¹ mən·有血缘关系或没有
血缘关系但亲密无间的兄弟。如：咱
谁跟谁呀，不应见外了。

【弟儿俩】tiɯ⁴¹ lia⁵³弟兄两个。如：人家~
处哩可好了。

【弟兄们】ti⁴¹ ɕyŋ·mən·弟弟和哥哥们。

【第二日儿】ti⁴¹ hɿ⁴¹ iɯ³³第二天。

tu

【嘟囔】tu³³ naŋ·①含糊不清地小声嘟囔。
如：他哟人改后头坐着，圪栽着头儿，
小声儿~着啥。②翻来覆去地说。如：
你不应改这儿~了，说了一百遍儿了。‖
也说"嘟嘟囔囔 tu³³ tu·naŋ³³ naŋ·"。

【嘟噜（儿）】tu³³ lu·(lɤur·)指累累下垂
的成串的东西。如：俺姑从葡萄架子上
拣大哩给我摘了儿~。

【屡儿】tʂɤur³³蜂或蝎子的尾部。如：夜儿
黑地去逮蝎子，叫蜇了好几~。

【独骨都蒜】tu⁵³ ku³³ tu·suan⁴¹独头蒜。

【毒】tu⁵³①酷烈、猛烈。如：今儿这日
头真~，甭出去了。②尖锐。如：你
哩眼真~，一下儿可认出来他了。

【毒气】tu⁵³ tɕʻi·①有毒的气体。②人体
内的热毒、湿毒等。③喻指人有志气，
有骨气。如：巧梅人小，还怪有~哩，
真给这事儿干成了。

【堵头儿】tu⁵³ tʻɤur·为了多装东西，架
子车车厢的前后安的板子。如：卸车
哩时候儿先给后头那~拿下来。

【肚子】tu⁵³ tsɿ·可食用的牛羊猪等动物
的胃。如：村儿里夜儿有人杀猪，老八
买了一些肠子、~。

【肚子】tu⁴¹ tsɿ·①躯干的一部分。如：~
疼｜大~。②量词。如：一~学问。

【肚不脐儿】tu⁴¹ pu³³ tsiɯ³³肚脐。‖也说
"肚脐眼儿 tu⁴¹ tsʻi⁵³ iɐui⁵³""肚木脐儿
tu⁴¹ mu·tsiɯ³³"。

【肚带】tu⁴¹ tæ⁴¹围绕着骡马牛等的肚子两
端系在套绳或鞍子上的绳子或皮带。

【肚囊子】tu⁴¹ naŋ⁵³ tsɿ·①肥胖人凸出的
腹部。如：黄智~忒大了，腰都弯不下
去了。②肠胃。如：安安这孩子~不好，
光冒肚。③食量大。如：这个大~，一

顿能吃三大碗烩面。

ta

【耷蒙】ta³³ məŋ· 眯缝着眼。如：老金只管～着眼儿，理都没理小王。

【耷拉】ta³³ la· ①下垂。如：她眼皮儿一～，给没看见一样。②不高兴的样子。如：你脸～恁长叫谁看哩？

【搭把手儿】ta³³ pa·ṣəur⁵³ 从旁协助别人做某事。如：你甭干站着，过来～。

【搭头儿】ta³³ t'rəur³³ 买东西时，给够分量后另加的部分。如：这是～，不要钱儿。

【搭理】ta³³ li· 对别人的言语和行为有反应。如：他这人就这样，对谁都是爱～不～哩。

【搭家使】ta³³ tɕia³³ ʂʅ· 共事。如：咱俩不～。‖也说"敲家使tɕʰio³³ tɕia³³ ʂʅ·"。

【搭腔】ta³³ tɕʰiaŋ³³ 答话，回答别人的问题。如：问了好几遍，他也不～。

【打】ta⁵³ ①易碎的器皿或蛋类被摔碎。如：才买哩哟大花碗，叫猫给扒下来～了。②虫蛀衣物形成小孔。如：这件儿毛衣叫虫儿～了。③表示身体的某种动作。如：～嗝得儿。④粮食收成。如：今年一亩地能～八百斤麦。⑤蔬菜水果受了霜冻。如：苹果开花儿哩时候儿叫霜～了。

【打补丁】ta⁵³ pu⁵³ tiŋ· 缝上补丁。如：阵着晚儿日子儿好过了，裤子上打哟小补丁孩子就不穿了。

【打不住】ta⁵³ pu³³⁵³ tʂʅ⁴¹ 不止。如：这块儿地今年收成肯定不赖，一亩地八百斤～。

【打别】ta⁵³ piɛ⁴¹ 争辩，抬杠。如：这孩子老好跟大人～，犟着哩。

【打梆子】ta⁵³ paŋ³³ tsʅ· 舌头击打上颚发出声音以引起注意。

【打墓】ta⁵³ mu⁴¹ 挖墓穴。

【打面包】ta⁵³ miɛn⁴¹ pɔ³³ 把废纸或烟盒折成正方形或三角形的多层纸包，叫面包。打面包时，甲方放一个面包在地上，乙方拿自己的一个面包用力击打对方的面包，靠产生的风或适当的角度把地上的面包扇翻面即获胜，对方的面包归你。‖也说"摔面包ʂuæ³³ miɛn⁴¹ pɔ³³""拍面包 pʰæ³³ miɛn⁴¹ pɔ³³"。

【打鸣儿】ta⁵³ miur⁵³ 公鸡大声啼叫。

【打发】ta⁵³ fa· ①给予钱物。如：这点儿钱儿还不够～要饭哩哩。②出嫁姑娘。如：她公婆死哩早，俩小姑子都是她～哩。③辞退。如：这哟保姆不中，还是早点儿～喽吧。

【打幡儿】ta⁵³ fɛur³³ 一种葬俗。幡儿也叫引魂幡，用各色纸套剪而成，用长竹竿挑起。出殡时由长孙举起，下葬后插在坟上，亲友一起用馒头击打，打得越烂越好。打过幡儿的馒头还要拿回去给孩子们吃，据说吃了晚上睡觉不磨牙。

【打提溜儿】ta⁵³ ti³³ ləur· 手攀附在东西上，身体悬空晃荡。如：你扒着阵细哩树枝儿～，也不拍拌下来。

【打哆嗦】ta⁵³ tuo³³ suo· 打颤。如：天真冷，冻哩他直～。

【打稻子】ta⁵³ tɔ⁴¹ tsʅ· 把收割的稻子在打稻机上进行脱粒。打稻机是直径二尺左右的圆筒状，上面布满了铁丝制成的倒V形的钝尖。打稻子时，每人手持一把稻子，放到快速转动的打稻机上，并不停地翻转，直至稻粒全部脱落。

【打吊针】ta⁵³ tiɔ⁴¹ tʂən³³ 输液。如：他拉肚子发发烧，打了三天吊针才好点儿了。

【打弹子儿】ta⁵³ tʰan⁴¹ tsəur⁵³ 少儿游戏，进玻璃球儿。

【打铁】ta⁵³ tʰiɛ³³ 锻造钢铁器具。如：俺达年轻哩时候儿改铁业社学过～。

【打胎】ta⁵³ tʰæ³³ 人工堕胎。

【打套儿】ta⁵³ tʰɔr⁴¹ 早做计划，早早准备。

如：这事儿得早～。

【打头儿】ta⁵³ t'ɿəur⁵³ 从头开始，首先。如：这件事儿要～说起来，还真不怨李莉。

【打通关】ta⁵³ t'uəŋ³³ kuan³³ ①宴席上一个人跟在座所有人依次划拳喝酒，赢则通过，输则饮酒再划，直到全体通过为止。②玩游戏时一次打通所有关卡。

【打能能】ta⁵³ nəŋ³³ nəŋ· 小孩儿学站。如：飞飞才九个月可会～了。‖西乡说"打能儿能儿 ta⁵³ nəu³³ nəu·"。

【打来回】ta⁵³ læ⁵³ xuei· 去某地又折回来。如：俺家离洛阳不远，骑自行车一天能打哟来回。

【打捞窝】ta⁵³ lɔ⁵³ uo³³ 打捞窝是黄河由新安县境进入孟津县境交界点的一处漩涡。湍急的河水冲撞上一堵峭壁，在河中形成巨大的漩涡。这里虽然凶险，但数千年来一直是穷人守望着"捞河财"的地方。夏秋之际，百川灌河，被泡塌的房屋的大梁檩条、山沟煤矿中冲出的炭块、落水的牛羊驴骡、断了缆绳的小船等涌向打捞窝。岸边的青壮年男人腰腹间系着葫芦，有的用抛钩，有的用竹竿，有的用渔网，冒着生命危险在此捞取财物，故名。

【打渣子】ta⁵³ tsa³³ tsɿ· 开玩笑，随便胡扯。如：他这人光好～，一点儿正形没有。

【打籽儿】ta⁵³ tsəu⁵³ 植物开花后结成种子。如：这哟萝卜不应蘷，留着叫它开花儿～哩。

【打岔】ta⁵³ ts'a⁴¹ ①两人对话时一人岔开话题，或第三者插入说其他的事情。如：你不应～，咱先给这哟事儿说清楚再说。②因耳聋或其他原因听错别人的话。如：老杨耳朵有点儿背，光好乱～。

【打草苫儿】ta⁵³ ts'ɔ⁵³ ʂməŋ³³ 用麻绳把脱了粒的稻草编成草垫子，草苫儿可以铺床和苫盖大棚。‖也说"打苫儿 ta⁵³ ʂməŋ³³"。

【打草稿儿】ta⁵³ ts'ɔ⁵³ kɔr⁵³ 初步写出文稿、画出画稿。

【打死卖盐哩】ta⁵³ sɿ· mæ⁴¹ iɛn⁵³ li· 俏皮话，极言饭菜口味儿太咸。如：今儿这红烧肉～了，都没法儿吃。

【打席】ta⁵³ si⁵³ 用芦苇篾子编织席子。如：俺妈手可快了，论～谁也比不上她。‖西乡说"编席 piɛn³³ si⁵³"。

【打置】ta⁵³ tʂɿ· 搭理，理睬。如：他那人人品不咋样，我懒哩～他。‖西乡说"打正 ta⁵³ tʂəŋ⁴¹"。

【打车轮儿】ta⁵³ tʂʅ³³ luu· 双手侧扶地使身体腾空斜转一圈再站立起来。‖西乡也说"打车溜儿 ta⁵³ tʂʅ³³ ləur·"。

【打缠】ta⁵³ tʂ'an⁴¹ ①不正经，开玩笑。如：我还有正事儿哩，不敢～。②不规范，不正式。如：你做这桌子一头儿高一头儿低，赌是～哩，这会能使？

【打春儿】ta⁵³ tʂ'uu⁵³ 立春。如：今儿～，咱吃春饼吧？

【打场】ta⁵³ tʂaŋ⁵³ 在平整好的场地上将收割的麦子、稻子、高粱等脱粒。如：他家劳力少，收秋哩时候儿都是邻居们帮着收割～。

【打虫】ta⁵³ tʂ'uəŋ⁵³ 用药物驱除消化道寄生虫。

【打虫药】ta⁵³ tʂ'uəŋ⁵³ yɔ³³ 用来驱除消化道寄生虫的药物。

【打水漂儿】ta⁵³ ʂuei⁵³ p'iɔr³³ 一种游戏，把扁形瓦片或石片水平用力扔出，石片碰水面后因惯力原理遇水面再弹起再飞，不断在水面上向前弹跳，直至惯力用尽后沉水。现比喻一个人投入金钱或者精力较多，却没有丝毫收益。

【打霜】ta⁵³ ʂuaŋ³³ 下霜。

【打驹儿】ta⁵³ tɕyuu³³ 马驴等大牲畜发情或交配。

【打圈儿】ta⁵³ tɕyuæu⁴¹ 猪发情或交配。

【打恰】ta⁵³ tɕ'ia⁴¹ 劝诫。如：你得好好～～恁妈哩。

【打敲儿】ta⁵³ tɕ'iɔr³³ 一种少儿游戏。敲儿是一个两头尖的短木棒，游戏时，将敲儿放在地上，用一根长木棍敲击其一头，待敲儿跳起时，用长木棍用力击打，打出距离远的为胜。

【打下手儿】ta⁵³ ɕia⁴¹ ʂəur⁵³ 给人帮忙，辅助别人做一些事情。如：恁妈做饭哩时候儿你也不应光坐着，给恁妈打打下手儿。

【打响指儿】ta⁵³ ɕiaŋ⁵³ tsəuɪ⁵³ 中指击打大拇指根部肌肉后，产生振动，发出声音。

【打嗝得儿】ta⁵³ kuɪ⁵³ tər· 呃逆。如：孩子可能吃了风了，后响一势～。

【打圪颤】ta⁵³ kuɪ⁵³ tʂan· ①因寒冷身体颤抖。②小孩儿撒尿时身体打颤。如：看看孩子尿了没有，我看见他打了哟圪颤。

【打瓜】ta⁵³ kua· 西瓜的一个变种，果实较西瓜小，种子多而大，栽培这种瓜主要是为收瓜子儿。因吃时多用手打开，故称打瓜。

【打瓜皮】ta⁵³ kua³³ pʻi⁵³ 不务正业、不正经，喜欢掂二话的人。如：他这人哪壶不开提哪壶，是哟～。

【打捆儿】ta⁵³ kʻuɯ⁵³ 把零散之物捆成一束。如：今儿黑地先给铺盖打好捆儿，明儿搬家公司来就快了。

【打呼噜】ta⁵³ xu³³ lu· 打鼾。如：张政睡觉好～，谁也不愿意跟他住哟屋。

【打喝闪儿】ta⁵³ xə³³ ʂəuɪ· 打哈欠。如：收拾收拾睡吧，孩子一势改那儿～哩。

【打哈哈】ta⁵³ xa³³ xa· 开玩笑。如：你不应光改这～了，咱说说正事儿。

【打花棍儿】ta⁵³ xua³³ kuɯ⁴¹ 一种民间娱乐活动。花棍儿是一段两头带缨儿（两头缠上彩色布条）的棍，玩的人手拿花棍儿舞出各种花样。

【打火闪】ta⁵³ xuo⁵³ ʂan· 打闪。

【打滑】ta⁵³ xua⁵³ ①指车轮或皮带轮转动时由于摩擦力不够而空转。②路有冰雪，人或牲畜脚下站不住，走不稳。

【打夯】ta⁵³ xaŋ³³ 用夯把地基地面砸密实。

【打哇哇】ta⁵³ ua³³ ua· 小孩一边发声一边用手拍打嘴唇哇哇作声。

【打哟来回】ta⁵³ yə⁴¹ læ⁵³ xuei· 一定时间内能到某地一去一回。如：有高铁了，去北京一趟一天都能～。

【打哟照面儿】ta⁵³ yə⁴¹ tʂɔ⁴¹ miɐuɪ⁴¹ 短暂地见面、露面，或说上几句话，以示关切和重视。如：人家恁远跑来了，你咋着也得跟人家～吧？

【打眼】ta⁵³ iɛn⁵³ 把贵重财物暴露于外，容易引起盗贼注意。如：你这件儿古董忒～了，轻易不应拿出来叫人家看。

【达】ta⁵³ ①父亲。②称呼与父亲平辈但小于父亲的同宗男子。

【达那蛋】ta⁵³ na· tan⁴¹ 詈语。如：去恁～吧，早知道这我不来了。

【哒哒】ta⁵³ ta⁵³ 喝令牲口左转的口令。

【大】ta⁴¹ 用在时间名词前，强调某一时间的特殊性，从而说明这一时间该做什么不该做什么。经常用在"大"后的词语有：年下、正月、清早、响午、礼拜天、过节、冬天、夏天、热天等。如：～响午哩，热死了，你慌着去地里抓哩？

【大伯】ta⁴¹ pæ³³ 称呼与父亲同辈的同宗最年长男子。

【大半响儿】ta⁴¹ pan⁴¹ ʂər⁵³ 多半天。如：恁俩有啥事儿可说哩，说了～还没说完？

【大板子牙】ta⁴¹ pan⁵³ tsʐ· ia⁵³ 特别宽大的门牙，不美观。如：田心眉眼长哩都好看，就是那俩～有点儿破相。

【大婆儿】ta⁴¹ pʻər· 旧时有妾的人的正妻。‖也说"大老婆儿ta⁴¹ lɔ⁵³ pʻər⁵³"。

【大喷家儿】ta⁴¹ pʻən³³ tɕiɚr· 爱说大话的人。如：他就是哟～，啥事儿也办不成。

【大米汤】ta⁴¹ mi⁵³ tʻaŋ³³ 用大米熬的稀饭。

【大妈】ta⁴¹ ma³³ 旧时有妻妾的人家妾的子女对父亲正妻的称呼。

【大马蛉】ta⁴¹ ma⁵³ liŋ⁵³ 蝉脱壳后的成虫，也说马叽溜儿。‖西乡说"老马蛉 lɔ⁵³ ma⁵³ liŋ⁵³"。

【大麻籽儿】ta⁴¹ ma⁵³ tsəuɪ⁵³ 蓖麻的种子。

【大拇指头】ta⁴¹ ma· tsʐ³³ tʻəu· 手的拇指。

【大拇脚指头】ta⁴¹ ma · tɕye³³ tsʅ³³ t'əu · 大脚趾。

【大□□】ta⁴¹ mo · mo⁵³ 架子大，傲慢无礼。如：他~哩给那儿一坐，谁也不理。

【大毛】ta⁴¹ mo⁵³ 扑克中的大王。‖ 也说"大王 ta⁴¹ uaŋ⁵³"。

【大明大摆】ta⁴¹ miŋ⁵³ ta⁴¹ pæ⁵³ 公开的；光明正大的。如：你~哩赚来了，我看谁敢说啥!

【大名儿】ta⁴¹ miɯ⁵³ 正式的名字。如：东东是小名儿，他哩~叫杨祖康。‖ 也说"大号儿 ta⁴¹ xɔr⁴¹""学名儿 ɕye⁵³ miɯ⁵³"。

【大翻把（儿）】ta⁴¹ fan³³ pa⁵³（pʅɚr⁵³）完全相反。如：他说哩跟你说哩是哟大~。

【大粪】ta⁴¹ fən⁴¹ 肥田用的人粪尿。如：多上点儿~菜长哩恶着哩。

【大低脑】ta⁴¹ ti³³ nɔ · ①指妻子出轨的男人。②同"㞞尿儿"。

【大肚子】ta⁴¹ tu⁴¹ tsʅ · 妇女怀孕。如：她都~了你还不让着她点儿?

【大肚汉儿】ta⁴¹ tu⁴¹ xɐɯ⁴¹ 讥讽吃得多的人。如：他真是哟~，一顿能吃三大烩面。

【大冬天哩】ta⁴¹ tuəŋ³³ t'iɛn · li · 寒冷的冬天。如：~给孩子穿哩阵薄，也不怕冻着。

【大腿根儿】ta⁴¹ t'uei⁵³ kəɯ³³ 大腿和身体相连的地方。如：夏天小孩子哩~好淹，得勤洗勤扑粉。

【大腿压二腿】ta⁴¹ t'uei⁵³ ia³³ ɦ̩⁴¹ t'uei⁵³ 跷二郎腿。如：你~哩坐到那儿，都不知道给咱妈帮帮忙?

【大头儿】ta⁴¹ t'ɚur⁵³ 出份子时出钱最多；在某一事中占比最多。如：他俩合伙儿开了哟店，王利出哩~。

【大天白日儿】ta⁴¹ t'iɛn³³ pæ⁵³ iɯ · 大白天。如：~开着灯，不费电呀?

【大年初一儿】ta⁴¹ niɛn⁵³ tʂ'u³³ iɯ³³ 正月初一，农历一年的第一天。

【大年三十儿】ta⁴¹ niɛn⁵³ san³³ ʂəɯ⁵³ 腊月三十，农历一年的最后一天。

【大年下】ta⁴¹ niɛn⁵³ ɕia · 春节期间。加"大"表示重视，这几天人们应该高高兴兴、快快乐乐，不宜说不吉利的话，不宜做不吉利的事。如：你少说两句儿吧，~哩，可不敢生气。

【大娘】ta⁴¹ niaŋ³³ 对大伯妻子的称呼。‖ 西乡读"ta⁴¹ niaŋ⁵³"。

【大绿豆】ta⁴¹ lu⁵³ təu · 青豆。旧时物资短缺，赶会时卖的食品很少，大绿豆是其中之一。煮熟的咸青豆放在纸卷成的锥状小筒中，是小孩最美味的零食。

【大料】ta⁴¹ liɔ⁴¹ 一种调味料。‖ 也说"大茴香 ta⁴¹ xuɛn⁵³ ɕiaŋ ·""八角儿 pa³³ tɕyr³³"。

【大溜儿】ta⁴¹ liəur⁴¹ 别人怎么做自己也跟着怎么做。如：上礼哩时候儿随~都中了，人家上多咱也上多。

【大字儿】ta⁴¹ tsəu⁴¹ ①用毛笔写大字。②毛笔字教学中指大楷。

【大字儿不识】ta⁴¹ tsəu⁴¹ pu³³ ʂʅ⁵³ 不识字。如：俺奶~哟，思想可通先进哩。

【大尽】ta⁴¹ tsin⁴¹ 农历中有三十天的月份。如：今年腊月是~，有三十儿。

【大粗脖子】ta⁴¹ ts'u³³ po⁵³ tsʅ · 因为碘缺乏造成的甲状腺肿。‖ 也说"大脖子病儿 ta⁴¹ po⁵³ tsʅ · piur⁴¹"。

【大前儿日儿】ta⁴¹ ts'iɯ⁵³ iɯ · 大前天，前天的上一天。‖ 也说"大前儿个 ta⁴¹ ts'iɯ⁵³ kə ·"。

【大前年】ta⁴¹ ts'iɛn⁵³ niɛn · 前年的前一年。如：王宏伟是~调到二中哩。

【大晴天】ta⁴¹ ts'iŋ⁵³ t'iɛn³³ 晴天，表示强调。如：今儿是哟~，赶紧给被子拿出来晒晒吧!

【大清早起来】ta⁴¹ ts'iŋ³³ tsɔ · tɕ'i⁵³ læ · 清晨，表示时间还很早。如：你唱歌儿哩声儿能不能小点儿? ~孩子还睡觉哩。

【大姓儿】ta⁴¹ siɯ⁴¹ 指某一地域人数众多、势力强大的姓氏。如：李姓是李庄村儿哩~。

【大氅】ta⁴¹ tʂ'aŋ⁵³ 棉大衣。如：俺语文老师有哟蓝～，袄袖儿都磨哩起明发亮哩了还穿着哩。

【大舌头儿】ta⁴¹ ʂɹ⁵³ tʼɹəur・ 形容舌头不灵活，说话不清楚。如：王平说话儿有点儿～，听着还怪费劲哩。

【大手】ta⁴¹ ʂou⁵³ 大便。

【大手大脚】ta⁴¹ ʂou⁵³ ta⁴¹ tɕyə³³ 不知节约俭省，任意挥霍财物。如：他～惯了，多少钱儿也不够他花。

【大晌午】ta⁴¹ ʂaŋ⁵³ u・ 正中午，这段时间一般人要休息不能打扰。如：～哩恁改这使电钻，还叫人家睡觉不叫？

【大肉】ta⁴¹ zəu⁴¹ 猪肉。

【大鸡蛋杏儿】ta⁴¹ tɕi³³ tan・xəu⁴¹ 一种个大色黄椭圆形外形类似鸡蛋形状的杏。

【大价钱】ta⁴¹ tɕia⁴¹ tsʼiɛn・ 高价。如：今儿这车菜卖了哟～。

【大襟儿】ta⁴¹ tɕiuɯ³³ 指纽扣偏在一侧的中式上衣或袍子的外边的衣襟，通常从左侧到右侧盖住底襟。

【大后年】ta⁴¹ xəu⁴¹ niɛn・ 后年的下一年。如：晶晶～才该上高中哩。

【大后日儿】ta⁴¹ xəu⁴¹ iuɯ・ 大后天，后天的下一天。如：俺俩～想去郑州一趟。

【大户儿】ta⁴¹ xur⁴¹ ①指人口多、分支繁的家族。如：姓刘哩改咱村儿是～，人最多。②旧指有钱有势的人家。如：她奶是～人家哩小姐，娘家可有钱儿了。

【大牙】ta⁴¹ ia⁵³ 臼齿。如：小虎门牙换完了，～还没换哩。

【大鸭蛋】ta⁴¹ ia³³ tan⁴¹ 考试得零分。如：你考了哟～还有理了？

【大约摸儿】ta⁴¹ yə³³ mɹər³³ 可能，差不多。如：买了一百斤肉，千把块钱儿哩菜，事儿上使～该够了吧？

【大油】ta⁴¹ iəu⁵³ 猪油。

【大宴沟】ta⁴¹ iɛn⁴¹ kəu³³ 地名，在今孟津小浪底镇，因魏武帝曹操战胜袁绍后曾在此设宴犒赏将士而得名。

【大碗儿花儿】ta⁴¹ uæn⁵³ xuær³³ 山牵牛，花白色或粉色，状似碗似喇叭。‖也

说"喇叭花儿 la⁵³ pa・xuær³³"。

【大阳河古寨】ta⁴¹ iaŋ⁵³ xə⁵³ ku⁵³ tsæ⁴¹ 遗址名，位于今孟津城关镇寺河南村的自然村大阳河。大阳河村中多数人家都姓贾，其七世祖贾之彦，字汉公，号瀍溪，清朝进士，做过甘肃省会宁邑侯。康熙五十五年（1716年），他辞官归故里，在村中建立义学，亲自教导后生。在今村子南边、瀍河北岸，义学旧舍文昌阁尚存。大阳河古寨现存许多明清时期的古建筑宅院。这些宅院临瀍河东西排列，坐北朝南，多为三进院落。每进院落均有上房和对称的厢房，最后一进的上房为砖券靠山窑洞，分上下两层。窑外崖壁皆砌以青砖，上面嵌有青石匾额，匾额内容丰富。

tia

【□】tia⁵³ "地下"的合音词。‖南部也读"tia⁴¹"。

【□】tia⁵³ "底下"的合音词。

tiɛ

【跌趄】tiɛ³³ liɛ・ ①走路歪歪斜斜。如：他喝哩有点儿多，走路一～一～哩。②东西放得不规整。如：你那桌儿咋阵～嘞？

tuo

【多】tuo³³ 表数量大，与"少"相反。如：菜不～了，再买点儿吧？

【多多少少】tuo³³ tuo・ʂə⁵³ ʂə・ 或多或少。如：人家办事儿，咱～总得意思意思吧？

【多头儿】tuo³³ tʼɹəur・ 多出的部分。如：东西儿够使了，这点儿～你拿回去吧。

【多嘴】tuo³³ tsuei⁵³ 不该说而说。如：这事儿你不知道，不应~。

【多心】tuo³³ sin³³ 乱起疑心。如：我又不是说你哩，你不应~。

【多】tuo⁵³ ①表示程度深。如：不论~难，他都能扛过去 | ~高哩山他都能爬上去。②用以询问数量。如：孩子~大了？

【多暂】tuo⁵³ tsan⁵³ ①疑问代词，问时间，相当于多会儿，什么时候。如：你~来哩都不说一声儿。②指时间太晚。如：都~了你还不走？ || 也说"多暂晚儿 tuo⁵³ tsan⁵³ · veu⁵³"。

【多钱儿】tuo⁵³ ts'iɯ⁵³ 多少钱。如：这哟裙儿~？

【多时】tuo⁵³ sʅ⁴¹ 什么时候。如：都~哩事儿了，你还记着哩？

【朵儿】tuer⁵³ 量词。如：一~花儿。

【躲清闲】tuo⁵³ ts'in³³ ɕien· 躲开繁杂的事物以求得清净。如：人家都忙死了，你倒好，跑到这儿~来了。

【垛子肉】tuo⁴¹ tsʅ· ʐəu⁴¹ 牛羊肉煮熟以后，趁热垛垛起来，用重物挤压在一起，吃时用刀切薄片。

【垛起来】tuo⁴¹ tɕ'i· læ· 把物品整齐地堆放起来。

【跺】tuo⁴¹ 高高抬起脚使劲猛踩。如：他爹生气了，一脚~开门要打他妈。

tæ

【得】tæ³³ 获得；得到。如：这一回考试良子~了年级第一名。|| 也读"tei³³"。

【得门儿】tæ³³ məɯ⁵³ 知道要领，知道诀窍。如：刘虹吃石榴吃哩还怪~哩。|| 也读"tei³³ məɯ⁵³"。

【得理不让人】tæ³³ li⁵³ pu³³ ʐaŋ⁴¹ ʐən⁵³ 在争执中由于占理而不客气地与对方争吵或打闹。如：消消气儿吧，不应再吵了，咱也不能~。

【得喽便宜还卖乖】tæ³³ lɔ· p'ien⁵³ i· xan⁵³ mæ⁴¹ kuæ³³ 自己多占了利益还要自夸，美化自己的行为。如：你不应~了，各人心里清楚就中了。

【得济】tæ³³ tsi⁴¹ 年老特别是有病时能得到晚辈的赡养和照料。如：他可得了老三哩济了，偎到床上这些年全靠人家伺候哩。

【得劲】tæ³³ tɕin⁴¹ 指人身材长得匀称。如：你看人家，长哩多~。

【逮】tæ⁵³ ①买。如：~鸡娃儿 | ~猪娃儿。②有；碰上。如：这孩子不挑食，~住啥吃啥 | 他~谁就跟谁喷。

【逮起来】tæ⁵³ tɕ'i· læ· 逮捕。如：听说高平叫~了。

【□】tæ⁵³ 猛拉；猛揪。如：你拽住单子那头儿，咱俩使劲儿~~。

【带把儿】tæ⁴¹ pɛr⁴¹ 不自觉地在说话中间带脏字或骂人的话。如：他这人说话儿光~。

【带把儿□】tæ⁴¹ pɛr⁴¹ t'əŋ³³ 家中有离不开人的老人或小孩儿。如：她家有哟~，哪儿也去不了。

【带把儿哩】tæ⁴¹ pɛr⁴¹ li· 俗称男孩子。如：老张家又生了哟~，将来有他受症哩。

【带襻儿鞋】tæ⁴¹ p'ɛu⁴¹ ɕiæ⁵³ 鞋帮靠近脚踝处缝有布襻儿，可以防止鞋子掉落。

【带犊儿】tæ⁴¹ tʀur³³ 指女子怀孕后再嫁所生的子女。

【待】tæ⁴¹ ①对待。如：俺婆~俺可好了。②招待。如：人家娘家来十几个人哩，咱咋~人家呀？

【待搭不理】tæ⁴¹ ta⁴¹ pu³³ li⁵³ 不愿理睬。如：你跟他说话，他老是~哩。|| 也说"待理不理 tæ⁴¹ li⁵³ pu³³ li⁵³"。

【待见】tæ⁴¹ tɕien· 招人喜爱，喜欢。如：老王家那孙子儿真招人待见，可聪明了。

【待客】tæ⁴¹ k'æ³³ 办红白喜事时摆酒席，请人吃饭。如：小王孩子满月，初五儿晌午改家~哩。

【戴孝】tæ⁴¹ ɕiɔ⁴¹ 死者的亲属在一定时期

内穿着孝服，或在袖子上戴黑纱，穿裱糊的白鞋，以示哀悼。

【戴红孝】tæ⁴¹ xuəŋ⁵³ ɕiɔ⁴¹ 一种葬俗。老人去世后，东乡重孙辈戴头部染成红色的孝。西乡重孙辈则是十字披红，在胸前戴一朵大红花。

【戴眼镜儿】tæ⁴¹ iɛn⁵³ tɕiɯ· ①人戴上近视镜、老花镜、太阳镜等矫正或保护视力。②为防止散养的鸡相互啄伤给鸡鼻子上戴上眼镜，遮住其两边视线，让其只能看到前方。

tei

【得】tei³³ ①兴奋，满足，舒服。如：九点了你还睡着不起来，你咋恁～嘞？②需要。如：这活儿～两天才能干完。

【得劲儿】tei³³ tɕiɯ⁴¹ 幸福，舒适，惬意。如：他正睡哩～哩，电话响了。

【得一会儿】tei³³ i⁵³ xuɯ⁴¹ 需要一些时间。如：你先走吧，我这活儿还～才能干完哩。

【得】tei⁵³ 驾车时对马驴等牲畜呼喊的声音。

tuei

【堆垛儿】tuei³³ tuɐr⁴¹ 体积。如：他家割哩稻子～不小。

【堆罪】tuei³³ tsuei· 得罪。如：我也不知道咋～人家了，人家都不给我说话儿了。

【兑账】tuei⁵³ tʂaŋ⁴¹ 指用物品抵偿债务。如：真是没钱儿了，要不是拿厂里那货～吧？

【怼】tuei⁵³ ①用粗暴的语言批评、诘难、反驳他人。如：老苗才说了王超几句儿，王超可～回去了。②争吵、吵架。如：俺俩才～了一架。

【怼嘴】tuei⁵³ tsuei⁵³ 顶嘴。如：这孩子，学会跟恁妈～了。

【怼刮】tuei⁵³ kua· 不接受别人善意的批评或训斥，反而训斥或责骂对方。如：我还没劝她几句儿哩，叫她～了我一顿。‖也说"怼呛 tuei⁵³ tsʻiaŋ⁴¹"。

【撑】tuei⁵³ ①向人投掷石块儿或用拳头撞击。如：小强先使砖头～住小刚了，小刚才打他哩。②碰、撞。如：他骑车下坡儿哩时候没捏住闸，～到树上了。③吃、喝。如：半桩儿孩子正长身体哩，一顿能～三四个蒸馍。

【撑住】tuei⁵³ tʂʅ· ①碰撞上人或物。②有时候。如：卖豆腐哩～清早来～后响来。

【对半儿分】tuei⁴¹ pɐu⁴¹ fən³³ 双方各分得一半。

【对半儿利】tuei⁴¹ pɐu⁴¹ li⁴¹ 指能获得与本钱相当的高额利润。如：听说是～哩，我看这事儿能干。

【对脾气】tuei⁴¹ pʻi⁵³ tɕʻi· 合心意；脾气相合。如：这俩人～，俩合哩不赖。

【对门儿】tuei⁴¹ məu⁵³ 大门相对的房子；大门相对的住户。如：俺跟江涛家住～。

【对付】tuei⁴¹ fu· 勉强；凑合。如：这东西儿不好买，先修修～着使吧。

【对方儿】tuei⁴¹ frɐr³³ 指姓名完全相同的两个人。

【对路儿】tuei⁴¹ lɻur⁴¹ 合乎路数，是那么回事。如：人家老潘这招儿才～哩。

【对子】tuei⁴¹ tsʅ· 对联。如：今年这～不买了，叫牛牛写吧。

【对症】tuei⁴¹ tʂən⁴¹ 医生判断的病情和开的药方与疾病症状相符，能缓解或治愈疾病。

【对势儿】tuei⁴¹ ʂɐu⁴¹ 有时候；碰上合适的时机。如：这活儿～一天也能挣千儿八百哩。‖也说"对住 tuei⁴¹ tʂʅ⁴¹"。

【对劲儿】tuei⁴¹ tɕiɯ⁴¹ 对脾气，关系密切。如：他两家儿不～，你可少掺和。

【对襟儿】tuei⁴¹ tɕiɯ³³ 中式服装上衣的一种式样，两襟对开，纽扣在胸前正中。

【对过儿】tuei⁴¹ kuɐr⁴¹ 在街道、河流的另一边。

【对火儿】tuei⁴¹ xuɐr⁵³ 向别的吸烟者要过纸烟，燃着自己的烟。如：今儿忘拿打火机了，对哟火儿吧？

【对眼儿】tuei⁴¹ iɐn⁵³ ①一种眼疾。一眼或两眼的瞳孔经常向中间倾斜。②合乎自己的心意。如：寻媳妇是买眼镜儿~哩，非得人家相中喽才中哩。‖①也说"斗鸡眼儿 tuei⁴¹ tɕi³³ iɐn⁵³"。

tɔ

【刀头】tɔ³³ t'uɐ· 供飨时用的肉，一般是三斤左右的猪肉。

【刀子嘴豆腐心】tɔ³³ tsʅ·tsuei⁵³ tɔu⁴¹ fu·sin³³ 形容人说话尖刻但心地善良。如：她这人是~，人其实不赖。

【叨叨】tɔ³³ tɔ· 说起来没完没了。如：这几句儿话儿你~了一前响儿了，烦不烦呀？

【啄】tɔ³³ ①指鸡、鸟等嘴比较尖锐的禽类啄取食物。如：小鸡儿又改那儿~稻子哩，快点儿撵撵。②指用筷子夹取食物的动作。如：你不应光~菜，也吃点儿米饭。

【啄菜】tɔ³³ ts'æ⁴¹ 用筷子夹菜。如：不应光说话儿了，~，~。

【啄架】tɔ³³ tɕia⁴¹ 鸡鸭鹅等相斗。

【捣】tɔ⁵³ ①欺骗、坑害人。如：隔墙儿老王不是哟好东西儿，你甭老跟着他，防着他~你。②破坏。如：好好儿一家儿人家儿，叫她~散了。

【捣包】tɔ⁵³ pɔ³³ 小孩调皮可爱。如：这孩子还怪~哩！

【捣包货】tɔ⁵³ pɔ³³ xuɔ⁴¹ 指调皮捣蛋不务正业的人。如：那是哟~，成天东游西逛不干正事儿。

【捣蛋】tɔ⁵³ tan⁴¹ 调皮，不服管教。如：这孩子通~哩，你得管管他。

【捣腾】tɔ⁵³ t'əŋ⁴¹ ①胡乱翻腾；挪动位置。如：这孩子一来，给这屋里~哩乱七八槽哩｜屋里几件家具叫她~来~去，还怪新鲜哩。②买进卖出货物。如：王刚这一段又~药材哩。

【捣脊梁骨儿】tɔ⁵³ tsi³³ liaŋ·kur³³ 背后议论，指责。如：你这着干不怕人家捣你脊梁骨儿？

【捣人】tɔ⁵³ zən⁵³ 使手段使人上当。如：这一家儿通~哩，甭去他家买东西。‖也说"捣干人 tɔ'yə³³ kan·zən⁵³""捣达人 tɔ'yə³³ ta·zən⁵³"。

【捣鸡毛】tɔ⁵³ tɕi³³ mɔ⁵³ 对不老实、不正派的人的称谓。如：他这哟人鬼点子可多，是哟~，跟他打交道，得小心点儿。

【捣鼓】tɔ⁵³ ku· 反复摆弄。如：这洗衣机他~了半天了，也没有修好。

【捣憨子摸电线】tɔ⁵³ xan⁵³ tsʅ·mo³³ tiɛn⁴¹ siɛn⁴¹ 怂恿别人去干傻事、坏事。

【倒】tɔ⁵³ 把茶水或汤粥等在两个容器间互相倾倒，使其温度尽快降下来。

【倒霉蛋儿】tɔ⁵³ mei⁵³ tuɐr⁴¹ 指常遇到倒霉事的人。如：他真是哟~，这种事儿看叫他碰上了。

【倒头】tɔ⁵³ t'əu⁵³ 指人死亡。

【倒头纸】tɔ⁵³ t'əu⁵³ tsʅ⁵³ 给刚死的人首次烧的纸钱，迷信的人认为可以让其灵魂归天。

【倒茬儿】tɔ⁵³ ts'ɐr⁵³ 同一块地里有计划按顺序地轮种不同类型的农作物。

【倒线】tɔ⁵³ siɛn⁴¹ 把线倒在篗儿上。

【倒手】tɔ⁵³ ʂəu⁵³ ①两只手替换着做事。如：这绳儿忒勒哩慌，我得倒倒手。②从一个人手上转到另一个人手上（多指货物的买卖）。如：这批货到我手里，都不着倒了几回手了。

【倒劲儿】tɔ⁵³ tɕiuu⁴¹ 使绳或线绕着的劲儿往回倒，放松。‖也说"鼓劲儿 tɔu⁴¹ tɕiuu⁴¹"。

【倒血霉】tɔ⁵³ ɕiɛ³³ mei⁵³ 非常倒霉。如：这一回~了，叫他坑哩不轻。‖也说"倒八辈子霉 tɔ⁵³ pa³³⁵³ pei⁴¹ tsʅ·mei⁵³"。

【倒牙】tɔ⁵³ ia⁵³ 吃过多的酸东西，使牙齿酸软。如：这李子真酸，吃了哟都~了。

【捯□】tɔ⁵³ ɲ· 梳洗打扮，整理自己的仪容。如：今儿黑地请人吃饭，你也稍微~~。

【到点儿】tɔ⁴¹ tiɯi⁵³ 到开始或结束某件事情的时间了。如：~了，该下班儿了。

【到家】tɔ⁴¹ tɕia³³ 表示程度高到无以复加的地步，一般只作补语。如：世上就没有恁丑哩人，他真是丑~啦。

【铸】tɔ⁴¹ 把废铁废铝等销熔后浇铸成器物。如：使二百易拉罐就能~哟铝锅。

【倒沫】tɔ⁴¹ mo³³ 指刍动物进食后经过一段时间又将半消化的食物从胃里返回嘴里再次咀嚼。

【倒粪】tɔ⁴¹ fən⁴¹ 把堆着的粪翻开打碎。

【倒地】tɔ⁴¹ ti⁴¹ 翻地。如：该种白菜了，今儿得去菜地倒倒地。

【倒贴】tɔ⁴¹ tʰiɛ³³ ①赔本儿。如：这一趟没有赚钱儿，还~了不少。②指妇女给情夫财物。

【倒扎门儿】tɔ⁴¹ tsa³³ məɯ⁵³ 结婚后男方到女方家生活，子女姓氏也随女方。‖也说"招女婿 tʂɔ³³ ny⁵³ sy·"。

【倒栽葱】tɔ⁴¹ tsæ³³ tsʰuəɳ³³ 指人摔倒时头先着地，双脚朝上的姿态。

【倒刺儿】tɔ⁴¹ tsʰəɯ⁴¹ 手指甲两侧及下端因干裂而翘起的小片表皮，形状像刺。如：连着干了几天地里活，手上都是~。‖也说"肉刺儿 ʐuɛ⁴¹ tsʰəɯ⁴¹"。

【倒气儿】tɔ⁴¹ tɕʰiɯ⁴¹ 指人死之前急促地喘气。如：老九快不中了，改那儿~哩。‖也说"逗气儿 təɯ⁴¹ tɕʰiɯ⁴¹"。

【倒烟】tɔ⁴¹ iɛn³³ 指烟不从烟囱出去，反而从灶口冒出。

【道儿道儿】tɔɤ⁴¹ tɔɤ· ①线条。如：孩子给墙上画哩净~。②规矩；风俗习惯。如：这里头~还真不少哩。

【稻秧】tɔ⁴¹ zaɳ³³ 稻子的幼苗。

【稻子】tɔ⁴¹ tsɿ· 水稻及水稻的籽实。

【稻子个儿】tɔ⁴¹ tsɿ· kər⁴¹ 割稻子时，人们用稻草把稻子捆成的一个一个的小捆儿，便于运输和打稻子。

【稻草】tɔ⁴¹ tsʰɔ· 脱粒后水稻的秸秆，多用来打草苫、草绳，饲喂牲畜。

【稻莠儿】tɔ⁴¹ iəur⁵³ 学名稗草，生长在稻田里的一种杂草。稗草形状似稻子，一般比水稻要高出一截，植株也比水稻健壮，但种子很小，是养马牛羊等的一种好的饲草。

tiɔ

【刁】tiɔ³³ ①形容人奸猾。如：这人太~，不好共事儿。②形容过于挑剔苛求。如：这闺女嘴忒~，这不吃那不吃，通难伺候着哩。

【刁黏】tiɔ³³ nio⁵³ 不好对付。如：他媳妇儿~着哩！

【屌】tiɔ⁵³ ①男阴。②詈语。如：你看你那~样儿，寻你吃哟饭这不中那不中哩。

【屌】tiɔ⁵³ 牲口踩住缰绳或套时喝令其抬脚的口令。

【屌毛】tiɔ⁵³ mɔ⁵³ ①男阴。②詈语。

【屌毛灰】tiɔ⁵³ mɔ⁵³ xuei³³ ①詈语。②形容事情很轻微，不值一提。如：这算哟~呀！

【屌样儿】tiɔ⁵³ iɐr⁴¹ 詈语。如：看你那~，你能弄成这事儿嘍？

【吊儿郎当】tiɔ⁵³ ɻ· laɳ⁵³ taɳ· 形容人仪容不整、作风散漫、态度不严肃等。如：他成天~哩，没个正形。

【吊死鬼儿】tiɔ⁴¹ sɿ⁵³ kuur⁵³ ①槐树上的一种害虫，学名国槐尺蠖，主要吃国槐树叶，并吐丝下垂。②形容人脸色难看，不高兴的样子。如：你成天拉着那~脸儿叫谁看哩？

【吊梢儿眉】tiɔ⁴¹ sɔr³³ mei⁵³ 眉毛的后半部分向上翘起，仿佛吊起来似的。

【吊线】tiɔ⁴¹ siɛn⁴¹ 瓦工、木工干活时，用线吊重物形成垂线，借以取直。

【吊孝】tiɔ⁴¹ ɕiɔ⁴¹ 逝者尸首移至灵堂后，亲友到灵前进行祭奠的一种习俗。

【吊着脸】tiɔ⁴¹ tʂuo·liɛn⁵³ 板着脸，做出不高兴的样子。如：她成天～，跟谁欠她多少钱儿一样。

【掉¹】tiɔ⁴¹ 剩下。如：你快点儿去吧，面条儿就～一点儿了，迟了就没有了。

【掉²】tiɔ⁴¹ 旋转、调换、调整。如：你～过来看看。

【掉底儿】tiɔ⁴¹ tiɯ⁵³ 输光。如：今儿手气不好，输～了。‖ 也说"底儿掉tiɯ⁵³ tiɔ⁴¹"。

【掉地下】tiɔ⁴¹ ti⁴¹ ɕia· 掉到地上。如：筷子～了，赶紧拾起来吧。‖ 也读合音"tiɔ⁴¹ tia⁵³"。

【掉头】tiɔ⁴¹ t'əu⁵³ 车船等转向相反的方向。

【掉了】tiɔ⁴¹ lə· ①落了。如：树上哩梨儿～一地。②价钱降下来了。如：今儿这菜价儿～不少，便宜多了。

【掉秤】tiɔ⁴¹ tʂ'əŋ⁴¹ 折秤，体重减轻。如：黑地不吃饭，第二日儿肯定～。

【掉价儿】tiɔ⁴¹ tɕiɛr⁴¹ ①价格、地位等下降。如：今儿这白菜～了，赶紧多买点儿存起来吧？②言行与身份不合，有损声望。如：你干这事儿不怕～？

【掉下颏子】tiɔ⁴¹ ɕia⁴¹ k'ə³³ tsʅ· 喻指没意思的话。如：你不应光说那～哩话儿了。

【掉魂儿】tiɔ⁴¹ xuɯ⁵³ 小孩因受了严重惊吓而出现病症，迷信认为是灵魂出窍了。

【掉哟个儿】tiɔ⁴¹ yə·kər⁴¹ 互相调换位置。如：恁俩～试试看中不中？

təu

【都】təu³³ ①范围副词，表示总括。如：别人～去，你咋不去嘞？②时间副词，表示完成，是"已经"的意思。如：～半夜了，你咋还不睡？

【都】təu· 同"们"，表示人称的复数。如：俺～｜恁～｜咱～。

【兜篷】təu³³ p'əŋ· 幼儿冬季出门时穿的棉披风，有带帽子和不带帽子两种，作用是防寒保暖。如：给孩子戴好～再出去，不应叫冻着了。

【兜底儿】təu³³ tiɯ⁵³ 把底细全部说出来。如：人家还没诈他几句儿哩，他可～都说了。

【兜带】təu³³ tæ⁴¹ 套牲口时套在其肚子下面的绳子。

【兜儿】trəur³³ 衣服的口袋。如：你那裤子～浅，钥匙不应给那里头装。

【兜儿兜儿】trəur³³ trəur· 幼儿胸前系的类似围裙的布片。上边缀有带子，挂在脖子上，左右有两根带子系在身后。作用是防止幼儿吃饭或玩耍时弄脏衣服。

【斗】təu⁵³ ①盛东西的器皿。②涡状指纹。如：老话儿说"十指九斗，不做就有"。‖ ②也说"螺luo⁵³"。

【斗方】təu⁵³ faŋ³³ 春节时贴在斗上的方形红纸，上写"满斗焚香"等字。斗内盛满粮食，供插香用。

【抖】təu⁵³ ①打开包着或卷着的东西。如：你～开看看这包儿里头是啥。②抖搂（尘土等）。如：你看你，也不知道～～身上哩土。

【陡坡】təu⁵³ p'o³³ 坡度大的坡。如：下～哩时候儿可得慢点儿，不应刹不住车喽。

【斗嘴】təu⁴¹ tsuei⁵³ 用话互相指责或开玩笑。如：他俩没有一天不～哩。

【斗鸡儿】təu⁴¹ tɕiɯ³³ 一种儿童游戏。两个人都把自己的一条腿用手勾住，用另一条腿跳着去撞击对方。

【斗鸡眼儿】təu⁴¹ tɕi³³ iɯ⁵³ 两眼向内斜视的眼疾。

【豆腐汤】təu⁴¹ fu·t'aŋ³³ 洛阳豆腐汤据说源自朱元璋的"珍珠翡翠白玉汤"，其制作方法是高汤中放粉条和白豆腐、炸豆腐，煮开煮软后再加入姜粉、十三香、白胡椒粉、青菜碎、葱碎、鸡精、盐和葱油搅拌均匀即可出锅。

【豆儿】trəur⁴¹ ①豆类作物。②豆类作物的籽实。如：孟津习俗，农历二月二要吃炒～。

【豆角儿】təu⁴¹ tɕrɔr³³ 豆科豇豆属的一年生蔬菜。

【豆芽儿菜】təu⁴¹ iɐr⁵³ ts‘æ⁴¹ ①豆芽。②喻指人身材高瘦单薄。如：王刚又瘦又高，长哩跟～一样。

【独孤落儿】təu⁴¹ ku³³ lɽuər· 自己一个人。如：天恁黑，他～可去山上寻羊去了，也不害怕。

【逗住】təu⁴¹ tsʅ· 得到。如：今儿王孬可～了，舀了好几条老棉鱼儿。

【逗住事儿】təu⁴¹ tsʅ· səu⁴¹ 得到意外之财。如：刘鑫这一回出去～，挣哩不少。

【逗秤】təu⁴¹ tsʻəŋ⁴¹ 买卖货物时，利用秤高秤低来获利。

【敤】təu⁴¹ 将缠绕的线散开理顺，与"缠"相反。如：这毛线都缠成蛋了，你慢慢给它～开吧。

tiəu

【丢】tiəu³³ 把物品遗失在某处。如：今儿前响儿逛超市哩时候儿～了十块钱儿。

【丢蛋鸡】tiəu³³ tan⁴¹ tɕi³³ ①母鸡没有在家里下蛋，而是跑到了别处，造成鸡蛋遗失。②形容丢三落四的人。如：你真是哟～。

【丢点儿】tiəu³³ tiəu⁵³ 刚开始下雨时雨滴零星落下。如：～了，赶紧收粮食吧！‖ 也说"滴点儿 ti³³ tiəu⁵³"。

【丢沙包】tiəu³³ sa³³ pɔ³³ 用碎布缝成圆形，内装沙子或豆类、米类谷物。玩的时候分班儿，一班儿拿沙包丢向另一班儿，打中为输，接住为赢。

【丢色】tiəu³³ sæ· 因不喜欢而冷落别人。如：我可～他。

【丢三忘四】tiəu³³ san³³ uaŋ⁴¹ sʅ⁴¹ 形容马

虎或记忆力不好而经常忘记事情。如：人老喽记性不好，成天～哩。

【丢手】tiəu³³ ʂəu⁵³ ①松开手。如：你扶好，我可～了啊！②放松对人对事的管束。如：孩子大了，该～了。

【丢手巾】tiəu³³ ʂəu⁵³ tɕin· 我国传统的民间儿童游戏。许多人围成一个大圆圈蹲下或坐下，丢手绢的人沿着圆圈外行走，悄悄地将手绢丢在其中一人的身后，快跑一圈再到这里时，被丢了手绢的人如果没有发现算输。被丢手绢的人如果发现要迅速起身追逐丢手绢的人，丢手绢的人如果先跑到被丢手绢人的位置蹲下为赢，被追上为输，输者要表演节目。

【丢人】tiəu³³ zən⁵³ 丧失体面。如：你又没有干过～哩事儿，你怕啥？‖ 也说"丢脸 tiəu³³ liɛn⁵³"。

【丢人败兴】tiəu³³ zən⁵³ pæ⁴¹ ɕiŋ⁴¹ 做出不体面让人扫兴的事情。如：你不应改这瞎唱了，～哩，也不怕人家笑话。‖ 也说"败兴 pæ⁴¹ ɕiŋ⁴¹"。

【丢人现眼】tiəu³³ zən⁵³ ɕiɛn⁴¹ iɛn⁵³ 做出不体面让人丢脸的事情。如：你不应改这～了，赶紧回家吧！

【丢凯气】tiəu³³ k‘æ⁵³ tɕ‘i· 丢面子。如：这事儿办哩可～。

tan

【端午节】tan³³ u· tsiɛ³³ 中国传统节日之一，时间是每年的农历五月初五，相传是为了纪念屈原投江而死。这一天一般要吃用苇子叶包的粽子，在门口插上艾草以避邪。

【担待】tan³³ tæ· ①宽容，原谅。如：孩子不懂事儿，你多～。②承担，担当。如：你不应这着说，我可～不起。

【担担子】tan³³ tan⁴¹ tsʅ· ①在扁担的两头挂上东西用肩膀挑起来。②承担有一定难度的任务。如：年轻人要敢~，敢吃苦。

【担水】tan³³ ʂuei⁵³ 挑水。

【单薄】tan³³ po· ①衣服穿得太少，不能御寒。如：阵冷哩天儿，你咋穿哩恁~嘞？②体弱。如：她身子~，叫她少干点儿吧。

【单门儿】tan³³ məuɹ⁵³ 情状副词，表示主观上刻意去做某事，相当于普通话的"故意、特意"。如：王双柱才精哩，他知道今儿得干重活儿，~请病假不来。‖ 也说"单没身儿 tan³³ mu·ʂəu³³""单没齐儿 tan³³ mu·ts'iu⁵³""单没出儿 tan³³ mu·tʂʅ³³"。

【单方儿】tan³³ frer³³ 民间流传的对某种疾病有特效的中药方。如：老话儿说：~治大病儿。‖ 也说"偏方儿 p'iɛn³³ frer³³"。

【单立人儿】tan³³ li³³ ʐəu⁵³ 汉字偏旁"亻"，如"仁""保"的左偏旁。‖ 也说"单人旁 tan³³ ʐən⁵³ p'aŋ⁵³"。

【单另】tan³³ liŋ⁴¹ 另外，单独。如：老张不吃羊肉，~给他做一锅素烩面吧！

【单子】tan³³ tsʅ· 床单。如：阵着都流行铺粗布~。

【单传】tan³³ tʂ'uan⁵³ 几代都只有一个儿子传宗接代。如：他家三代~。

【单身汉】tan³³ ʂən³³ xan⁴¹ 单身的成年男子。如：他四十了还是~，也不说结婚。‖ 也说"光棍儿汉 kuaŋ³³ kuɯ⁴¹ xan⁴¹"。

【单鞋】tan³³ ɕiæ⁵³ 鞋帮和鞋底内没有棉花、皮毛等保暖层的鞋，与"棉鞋"相对。

【单过】tan³³ kuo⁴¹ 儿女结婚后与父母分开单独过日子。

【单裤】tan³³ k'u⁴¹ 只有一层布的裤子。如：大冬天你穿一条~，冷不冷？

【单衣裳】tan³³ i³³ ʂaŋ· 单层的衣服。如：今儿天阵冷，你咋还穿着~嘞？

【单眼皮儿】tan³³ iɛn⁵³ p'iɯ⁵³ 上眼皮的下缘没有褶儿，与"双眼皮"相对。

【耽搁】tan³³ kə· 耽误。如：你忙你哩，不应~你哩正事儿。

【胆大包天】tan⁵³ ta⁴¹ po³³ t'iɛn³³ 形容胆量极大。如：你真是~呀！你敢惹他？

【胆儿】tan⁵³ tɐɯ⁵³ 胆子，胆量。如：男哩~大，女哩~小。

【胆（儿）大】tan⁵³（tɐɯ⁵³）ta⁴¹ 胆子大。如：小东可~了，黑地呦人都敢下滩。

【胆（儿）小】tan⁵³（tɐɯ⁵³）sio⁵³ 胆子小。如：牛牛~着哩，天一黑就不敢出门儿了。

【担】tan⁴¹ 量词，用于计量成担的东西。如：一~谷子。

【淡话儿】tan⁴¹ xuɐɹ⁴¹ 没有多大意义的闲话。如：你光说点儿这~有啥用呀！‖ 也说"咸淡话儿 ɕiɛn⁵³ tan⁴¹ xuɐɹ⁴¹"。

【蛋】tan⁴¹ ①鸡蛋。如：一天一个~就能保证基本哩营养。②睾丸。如：人家哩事儿，干你~疼？‖ ②也说"蛋子儿 tan⁴¹ tsəu⁴¹"。

【蛋疼】tan⁴¹ t'əŋ· ①形容空虚无聊到了极点。如：这一段儿没活儿干，成天改家闲哩~。②表示事情与人没有任何关系。如：他俩吵架关你~？

【蛋清儿】tan⁴¹ ts'iu³³ 蛋白。

【蛋黄儿】tan⁴¹ xuɐɹ⁵³ 蛋黄。

【蛋坷漏儿】tan⁴¹ k'ɯ⁵³ ləuɹ· 鸡蛋空壳。

tiɛn

【掅】tiɛn³³ 提。如：~点儿东西儿去看看恁老丈人吧。

【掅兑】tiɛn³³ tuei· 节约；调配。如：人家老张会~，小日子过哩还怪美哩。

【掅二鼻儿】tiɛn³³ ʅ⁴¹ piu⁵³ 说幽默的话；说风凉话。如：就你好~。‖ 也说"掅二话儿 tiɛn³³ ʅ⁴¹ xuɐɹ⁴¹"。

【颠倒颠】tiɛn³³ to· tiɛn³³ 与事实完全相反。如：他跟你说哩正~。

【颠三倒四】tiɛn³³ san³³ to⁵³ sʅ⁴¹ 说话、做事错乱，没有次序。如：老四真是岁数大了，说话儿~哩。

【点】tiɛn⁵³ ①水开后加入少量冷水使水停止沸腾。如：煮饺子一般得～两三回。②使液体一点一点地向下滴落。如：～眼药水儿。③点播。如：～玉蜀黍｜～拉森。④一个一个地查对。如：～名。⑤在许多人或事物中选定对象。如：～菜。⑥引着火。如：～灯。

【点卯】tiɛn⁵³ mɔ⁵³ 旧时官衙官员查点到班人数，因在卯时进行，故称。今泛指点名。如：他天天啥事儿也没有，光八点去单位～就回来了。

【点头儿】tiɛn⁵³ tʻɤur⁵³ 头微微向下一动，表示赞成、允许等意。如：咱这事儿非得一把手～才中。

【点灯】tiɛn⁵³ təŋ³³ 点燃油灯。

【点主】tiɛn⁵³ tʂʅ⁵³ 丧礼中，出殡前一天，请德高望重之人或阴阳先生用朱笔在木制的牌位上补足"神"字之竖和"主"字之点以及圈点其他部位的仪式。

【点势】tiɛn⁵³ ʂʅ· ①指人实在；踏实。②有能力；有次序。如：这孩子干事儿怪～哩。③指吃饭不挑食不扭捏。‖也说"点点势势 tiɛn⁵³ tiɛn· ʂʅ⁴¹ ʂʅ·"。

【点儿背】tiɛur⁵³ pei⁴¹ 不走运；背兴。如：今年他真～，干啥赔啥。

【点货】tiɛn⁵³ xuo⁴¹ 商店等清点和检查实存货物。

【踮脚】tiɛn⁵³ tɕɤə³³ 腿脚有毛病走起路来一颠一颠的样子。

【电棒】tiɛn⁴¹ paŋ⁴¹ 日光灯。

【电烙铁】tiɛn⁴¹ luo³³ tʻiɛ· 电熨斗。

【电话儿】tiɛn⁴¹ xuɛr⁴¹ 一种可以传送与接收声音的远程通信设备。

【垫补】tiɛn⁴¹ pu· 未到饭时，临时吃少量食品充饥。如：这还有俩馍，谁饥喽先～～。‖也说"垫垫 tiɛn⁴¹ tiɛn·"。

【垫猪圈】tiɛn⁴¹ tʂʅ³³ tɕɤɛn⁴¹ 农村饲养生猪时，隔一段时间要往猪圈里垫一些土和秸秆杂草之类的，一则可以起到保暖和防潮湿的作用，二则经过猪的踩踏使肥、土、草交融可以沤制高质量的农家肥。‖也说"垫圈 tiɛn⁴¹ tɕɤɛn⁴¹"。

【垫肩】tiɛn⁴¹ tɕiɛn³³ 衬在服装肩部呈半圆形或椭圆形的衬垫物，是塑造肩部造型的重要辅料。垫肩的作用是使人的肩部保持水平状态。

【垫牙】tiɛn⁴¹ ia⁵³ 食物黏而硬，贴在牙上，咀嚼时牙齿不能合拢，有不舒服的感觉。如：这菜不能吃，～。

tuan

【端架子】tuan³³ tɕia⁴¹ tsʅ· 指人由于地位提高而自高自大，为显示身份而装腔作势。如：宋江平才当上乡长可端起来架子了。

【短】tuan⁵³ ①缺少；欠。如：咱还～老七家五百块钱儿哩。②为人不仗义。如：少跟他打交道，他那人～着哩。③缺点。如：打人不打脸，揭人不揭～。

【短处】tuan⁵³ tʂʻʅ· 缺点或把柄。如：你咋恁怵他嘞？你是不是有啥～攥他手里哩？

【短胳膊短腿儿】tuan⁵³ kuʔ³³ po· tuan⁵³ tʻuur⁵³ 形容人个子矮小。如：叫贾军儿去会中？他～哩，够都够不着。

【短工】tuan⁵³ kuəŋ· 短时间受雇干活的人。

【断顿儿】tuan⁴¹ tuur⁴¹ 上顿不接下顿，没有饭吃了。

【断奶】tuan⁴¹ næ⁵³ 婴幼儿到一定月份后停止吃母乳，改吃其他食物。如：娇娇家妈妈不好，她七个月都～了。

【断亲】tuan⁴¹ tsʻin· 亲戚之间因为不和睦或关系疏远而不再往来。如：她家跟她舅家、姨家都～了，早都不走了。

【断手】tuan⁴¹ ʂəu⁵³ 掌心横向的一条纹路贯穿手掌左右，手掌好像从中断开一样，民间认为这种手打人特别疼。‖也说"折手 ʂʅə⁵³ ʂəu⁵³"。

【断气儿】tuan⁴¹ tɕʻiuɯ⁴¹ 停止呼吸；死亡。

【断喙】tuan⁴¹ xuei⁴¹ 大型养鸡场为防止鸡相互啄伤，将鸡的喙部剪断。

【缎子】tuan⁴¹ tsʅ 一种质地较厚，一面平滑有光彩的丝织品。如：她结婚哩时候儿娘家陪送了六条 ~ 被子。

【锻磨】tuan⁴¹ mo⁴¹ 石匠锻造石磨。

tuən

【敦实】tuən³³ ʅ· 粗壮而结实。如：这孩子长哩怪 ~ 哩。‖ 也说"敦敦实实 tuən³³ tuən·ʅ⁵³ ʅ·"。

【墩子火】tuən³³ tsʅ· xuo⁵³ 办事儿时砌的大肚子炉灶。

【墩儿】tuɯ³³ 矮凳子。

【踲】tuən³³ ①颠簸使身体震荡碰撞。如：上山哩路老赖，骑着自行车快 ~ 死我了。②提起篮子、筐子、布袋等重重地往下放，使所容之物紧实。如：你给布袋再使劲 ~ ~，还能再装点儿哩。③腿脚猛然落地，因震动而受伤。如：夜儿从楼上下来踩空了，~ 住腿了。

【蹲级】tuən³³ tɕi³³ 指学生留在原年级重新学习。‖ 也说"留级 liəu⁵³ tɕi³³""蹲班 tuən³³ pan³³"。

【蹲坑儿】tuən³³ k'əɯ³³ 上厕所。

【盹儿】tuɯ⁵³ 短时间的睡眠。如：他坐到躺椅上打 ~ 哩功夫，孩子可跑哩没影儿了。

【囤】tuən⁴¹ 用荆条、竹篾等编成的大型存粮器具。‖ 也说"圈 tɕ'yɛn³³"。

taŋ

【当不当，正不正】taŋ³³ pu³³ taŋ³³，tʂəŋ⁴¹ pu³³⁵³ tʂəŋ⁴¹ 指放置的位置不好。如：这画儿挂哩 ~ 哩，难看死了。

【当兵哩】taŋ³³ piŋ³³ li· 指军人，带有不尊重或随便的语气。

【当牌】taŋ³³ p'æ⁵³ 打扑克；打麻将。如：

刘向菊好 ~，一当就是一黑地，家里头哩事儿啥也不管。

【当面儿】taŋ³³ miɛu⁴¹ 面对面。如：这事儿恁俩得 ~ 说清楚。

【当面儿锣对面儿鼓】taŋ³³ miɛu⁴¹ luo⁵³ tuei⁴¹ miɛu⁴¹ ku⁵³ 双方正面交锋。

【当头儿】taŋ³³ t'əur⁵³ 当领导，做负责人。如：人家 ~ 还不干哩，咱慌啥哩?

【当头儿】taŋ³³ t'əur· ①打牌时感觉没意思，不想玩了。如：一把一块钱儿都不想出，这牌还有啥 ~ 哩? ②做领导感到没意思，不想当了。如：当哟小科长成天受夹板儿气，还有啥 ~ 哩? ‖ ①也说"打头儿 ta⁵³ t'əur·"。

【当天】taŋ³³ t'iɛn³³ 同一天。如：通知才下来，钱儿 ~ 都得交，催哩也忒紧了吧?

【当通腰儿】taŋ³³ t'uəŋ³³ iɚ³³ 指较长物体的中间。如：这梯子咋从 ~ 断了呀?

【当中】taŋ³³ tʂuəŋ³³ ①指物体的正中间。如：院子 ~ 搁了哟桌子，还叫咋走路哩? ②指一定范围之内，中间。如：队长就从他们 ~ 选。

【当家儿】taŋ³³ tɕiɚr³³ 主持家中事务。如：你呀，真是不 ~ 不知道柴米贵。

【当家儿哩】taŋ³³ tɕiɚr³³ li· ①管理事务并有决定权的人。如：俺队里头汪兵是 ~，这事儿你得给他说。②指配偶。如：恁 ~ 不改家，这事儿你说喽算不算?

【当紧】taŋ³³ tɕin⁵³ 要紧。如：赶会有啥 ~ 哩? 咱又不买啥东西儿。‖ 也说"关紧 kuan³³ tɕin⁵³"。

【当糠疮儿】taŋ³³ k'aŋ³³ tʂ'uɚ· 出麻疹。

【当院儿】taŋ³³ yɛu⁴¹ 院子当中。如：~ 垒哟水池子，咋看咋别扭。

【挡事儿】taŋ⁵³ səu⁴¹ 管用，能解决问题。如：这药怪 ~ 哩，一吃肚子可不疼了。

【挡架】taŋ⁵³ tɕia· 阻拦。如：我根本都 ~ 不住。

【当】taŋ⁴¹ 以为，认为。如：你偷偷摸摸办的事还 ~ 别人不知道哩。

【当饭吃】taŋ⁴¹ fan⁴¹ tʂ'ʅ³³ 吃一些零食就

不吃饭了。如：这薯片儿能～？

【当是】taŋ⁴¹ sʅ⁴¹ 以为是，一般表示自己判断错误。如：我还～王平哩，半年是你哩呀！

【档】taŋ⁴¹ 指棺木前后的两块木板。孟津习俗，档头一定要用柏木，因柏木有特殊气味，可以防止穿山甲进入棺木食人之脑。‖ 也说"档头儿 taŋ⁴¹ tʻɿəur・"。

tiaŋ

【□】tiaŋ⁵³ "顶上"的合音词，……的上面；高处。如：桌子～有哟杯子｜房坡儿～长哩都是瓦松。

【□起】tiaŋ⁵³ tɕʻi・上面。如：山～有哟庙，烧香哩还怪多哩。‖ 也说"□□起 tiaŋ⁵³ tiaŋ⁵³ tɕʻi⁵³"。

tuaŋ

【□】tuaŋ⁴¹ 拟声词，事物相撞发出的巨响。如：他正睡觉哩，□哩一声儿给他吓醒了。

təŋ

【灯台】təŋ³³ tʻæ⁵³ 指旧时的油灯，包括灯座、灯杆、灯托、灯碗和钳子。如：小老鼠，上～。偷油吃，下不来。

【灯捻儿】təŋ³³ niɐui⁵³ 油灯中用来点火的灯草或棉条。

【灯笼儿】təŋ³³ ləur・一种笼状灯具。其外层多以细竹篾或铁丝等制骨架，而蒙以纸或纱类等透明物，内燃灯烛，供照明、装饰或玩赏。

【灯罩儿】təŋ³³ tsɿɔʅ⁴¹ 灯上集中灯光或防风的东西。

【灯芯儿绒】təŋ³³ siui³³ zuəŋ⁵³ 一种布料，通过割绒、刷绒等加工处理后，使织物表面呈现形似灯芯状明显隆起的绒条。‖ 也说"灯草绒 təŋ³³ tsʻɔ⁵³ zuəŋ⁵³""条绒 tʻiɔ⁵³ zuəŋ⁵³"。

【灯碗儿】təŋ³³ uɐui⁵³ 油灯上盛油的小碗。

【登倒】təŋ³³ tɔ・①把东西从一个容器转移到另一个容器。如：这玉蜀黍改这哟瓦罐儿里头好好儿哩，你～它咋哩？②把水从一个器皿倒到另一个器皿，使温度尽快降下来。如：水有点儿烧，你再拿哟碗～～。

【登高爬低哩】təŋ³³ kɔ³³ pʻa⁵³ ti³³ li・指人踩凳子、上树、上房、爬墙等危险的行为。如：你都阵大年纪了，可不敢再～了，不应再拌倒喽。

【澄沙糕】təŋ³³ tsʻa⁵³ kɔ³³ 由豌豆和柿饼、枣做成的孟津特色美食。泡好的豌豆蒸或煮熟，加面粉、少许碱面和糖捣成泥状，稍澥，加热至成熟，放在特制容器中，一层豆沙一层柿饼枣铺好，放置一晚后切块食用。‖ 也读"təŋ³³ tsa⁵³ kɔ³³"。

【蹬】təŋ³³ ①穿。如：撂喽电话，他～上鞋可走了。②用脚用力地踩踏。如：你使劲儿～一下儿就穿上了。③朋友间关系破裂。如：他俩因为升职哩事儿闹～了。

【蹬鼻子上脸】təŋ³³ pi⁵³ tsʅ・şaŋ⁴¹ liɐn⁵³ 指人不知好歹、得寸进尺。如：你不应～了，再不中咱就不说了。

【蹬被子】təŋ³³ pei⁴¹ tsʅ・睡觉时把被子蹬开。如：你可看好孩子，黑地睡觉不应叫他～。

【凳】təŋ⁴¹ 用凳子或砖石把东西支起来使不着地。如：恁俩给这几布袋玉蜀黍～起来吧，搁地上潮。

【瞪眼儿】təŋ⁴¹ iɐui⁵³ 跟人生气时瞪大眼睛。如：你不应光会吹胡子～，得学着讲道理。

【瞪眼儿米汤】təŋ⁴¹ iɐui⁵³ mi⁵³ tʻaŋ³³ 形容很稀的米粥。如：黑地饭光～，啥都没有？‖ 也说"瞪心儿茶 təŋ⁴¹ siui³³ tsʻa⁵³"。

tiŋ

【丁】tiŋ³³ 用冰镇，或者用冷水浸泡，使东西变凉。如：给黄瓜放到井水里头～一～再吃吧。

【丁岗苗儿】tiŋ³³ kaŋ³³ miɔr⁵³ 蒲公英。根状茎可入药，性凉。‖ 也说"黄花苗儿 xuaŋ³³ xua³³ miɔr⁵³"。

【钉杠锤】tiŋ³³ kaŋ³³ tʂʻuei⁵³ 游戏石头剪子布的通俗叫法。

【虹虹】tiŋ³³ tiŋ· 蜻蜓。

【顶门势儿】tiŋ⁵³ mən⁵³ ʂəuɯ⁴¹ 负起责任，撑起家庭的门面。如：他家就靠老二～哩。

【顶门盖儿】tiŋ⁵³ mən⁵³ kɐuɯ⁴¹ 额头。

【顶风】tiŋ⁵³ fəŋ³³ 逆风。如：今儿刮哩北风，咱顶着风走哩。

【顶子床】tiŋ⁵³ tsɿ· tʂʻuaŋ⁵³ 床的四角有立柱，上面有顶的床。

【顶嘴】tiŋ⁵³ tsuei⁵³ 顶撞；还嘴。如：恁妈说你几句儿，你还学会～了？

【顶事儿】tiŋ⁵³ ʂəuɯ⁴¹ ①能胜任某项工作。如：孩子大了，～了。②有效，管用。如：这药怪～哩，吃了两回烧可退了。③替别人承担责任。如：你一看就知道了，这事儿是叫王杰来～哩。

【顶桌】tiŋ⁵³ tʂʐə³³ ①供送礼品用的竹编小桌子。②未出殡时放在棺木头前地下，下葬后放在坟前的小桌子。

【顶针儿】tiŋ⁵³ tʂəuɯ³³ 做针线活时戴在手指上的金属箍，上有许多小坑用来顶住针鼻儿，使针能轻松穿过要缝制的衣物。

【顶账】tiŋ⁵³ tʂaŋ⁴¹ 用财物来抵消欠账。如：今年哩工资都～还不够哩。

【顶上】tiŋ⁵³ ʂaŋ· 物体的上面。‖ 也读合音"tiaŋ⁵³"。

【定盘星儿】tiŋ⁴¹ pʻan⁵³ siuɯ³³ 杆秤上标志起算点的星儿。

【定底儿】tiŋ⁴¹ tiuɯ⁵³ 最后；末了。如：这事儿～还是没弄成。

【定钱】tiŋ⁴¹ tsʻiɛn· 购买或租赁时预付一部分钱，作为达成交易的保证金。如：房子租好了，～都交过了。

【定亲】tiŋ⁴¹ tsʻin³³ 男女定下婚约。‖ 也说"订婚 tiŋ⁴¹ xuən³³""下定 ɕia⁴¹ tiŋ⁴¹"。

【定日子儿】tiŋ⁴¹ ʐʅ³³ tsəuɯ· 定下结婚的日期。

【定圪痂儿】tiŋ⁴¹ kuɯ³³ tɕiɐr· 指伤口结痂。如：妮妮腿上哩疮疤都～了，快好了。‖ 也说"清圪痂儿 tɕʻiŋ⁴¹ kuɯ³³ tɕiɐr·""清住皮儿 tɕʻiŋ⁴¹ tʂʅ⁴¹ pʻiuɯ⁵³"。

tuəŋ

【东帮】tuəŋ³³ paŋ³³ 东边。如：这边儿没有，你去梨园～寻寻。

【东风不称盐】tuəŋ³³ fəŋ³³ pu³³ tsʻəŋ³³ iɛn⁵³ 孟津会盟对"精书"人的讥讽。春夏多刮东风，潮气重，"精书"们认为此时买盐花钱多。

【东倒西歪】tuəŋ³³ tɔ⁵³ si⁵³ uæ³³ 摇摇晃晃站不稳的样子。如：几个人喝哩～哩，还咋回家？

【东拉西扯】tuəŋ³³ la³³ si³³ tʂʻ'ʐ⁵³ 谈话没有主题，随意闲扯。如：你有事儿说事儿，不应改这～哩。

【东西（儿）】tuəŋ³³ si·（siuɯ·） 泛指各种物品。如：桌子上～一大堆，还咋坐那儿写作业哩？

【东厦子】tuəŋ³³ sa⁵³ tsɿ· 孟津传统民居中坐东向西的房子。如：～到夏天嘹后响西晒，热着哩。

【东乡】tuəŋ³³ ɕiaŋ³³ ①先秦时的平阴邑。春秋战国至秦代之前，今孟津区境内分为两个邑，历史上称孟津之东乡、西乡，两个邑以今长华村为分界线，今长华村（包括长华村，史称陈凹）以东称平阴邑。②泛指某一区域内东边的村落。如：你明儿去～游游，说不准能寻着人。

【东一句儿西一句儿】tuəŋ³³ i³³⁵³ tɕyɯ⁴¹ si³³ i³³⁵³ tɕyɯ⁴¹ 说话没有主题，随意闲聊；说话语无伦次。如：俩人～哩说了一会儿话就睡了｜他～也不知道说了点儿啥。

【冬凌】tuəŋ³³ liŋ· 冰。

【冬凌橛儿】tuəŋ³³ liŋ· tɕyɤʀ⁵³ 房顶积雪融化后，雪水在房檐结成的冰锥子。

【董】tuəŋ⁵³ ①胡乱折腾；玩弄。如：我才半天不改家，你看你给家里头～成啥了｜你可看好孩子，甭叫他～水。②指胡乱折腾的败家子行径。如：老张家恁大家业都叫他儿～完了。

【捶】tuəŋ⁵³ 用拳面直击。如：我就轻轻儿～了他一下儿，他可俚地下了。

【捶祸】tuəŋ⁵³ xuo⁴¹ 惹祸；闯祸。如：这孩子从小到大可不少～。

【懂事儿】tuəŋ⁵³ sɯ⁴¹ 明白事理。如：这孩子怪～哩。

【懂行】tuəŋ⁵³ xaŋ⁵³ 在某一方面有专业知识，内行。如：这事儿老董～，叫他来问问。

【动不动】tuəŋ⁴¹ pu³³⁵³ tuəŋ⁴¹ 指某种现象（说话人不希望出现的）频繁发生。如：你有点儿耐心，不应～都嚷孩子。

【动脑子】tuəŋ⁴¹ nɔ⁵³ tsʅ· 思考问题。如：遇见事儿得多～。

【动身儿】tuəŋ⁴¹ ʂəɯ³³ 出发。如：反正得去一趟，不胜早点儿～去吧。

【动势儿】tuəŋ⁴¹ ʂəɯ⁴¹ 房屋基础不牢，结构出现问题。如：这墙～了，得想想法儿。

【动手】tuəŋ⁴¹ ʂəɯ⁵³ 打人。如：咱有话儿好好说，可不能～。

【冻柿】tuəŋ⁴¹ sʅ· 一种即食柿子，发黄后摘下即可食用，耐冻，可挂枝头越冬。

【冻着】tuəŋ⁴¹ tʂuo· 感冒。如：宝宝～了，去医院看看吧？

t'

t'i

【剔谷子】t'i³³ ku³³ tsʅ· 给谷子间苗。

【堤】t'i³³ 堤坝。如：黄河大 ~ 上砌了好些坝子。

【踢腾】t'i³³ t'əŋ· 将产业、钱财等大肆挥霍，糟蹋。如：他爹给他留哩恁大哩家业，不几年可叫他 ~ 完了。

【踢拉】t'i³³ la· 把鞋后帮踩在脚后跟下。如：听见卖猪头肉哩吆喝声儿，他 ~ 着鞋可跑出去了。

【踢拉板儿】t'i³³ la·pɐɯ⁵³ 拖鞋。

【踢键儿】t'i³³ tɕieɯ⁴¹ 一种游戏，一人或多人踢用羽毛做的键子，键子落地者为输。

【踢瓦儿】t'i³³ uɐr⁵³ 一种儿童游戏，画许多方格，用单腿把瓦片踢进各个方格内。

【体己】t'i⁵³ tɕ'i· ①亲近的；贴心的。如：~ 话儿。②家庭成员中个人私存的财物。亦泛指私人积蓄。如：~ 钱。

【提搭不起来】t'i⁵³ ta·pu³³ tɕ'i⁵³ læ⁵³ 指人本身不成器，别人想扶也扶不起来。

【提头儿】t'i⁵³ t'rəur· 红薯与红薯秧之间的主干。

【提头儿大红薯】t'i⁵³ t'rəur·ta⁴¹ xuəŋ⁵³ ʂʅ· 提头儿下的主枝上结的红薯，一般个头较大。

【提子】t'i⁵³ tsʅ· 舀油、酱油等液体的器具，有长长的把儿，往往按重量制成大小不一的一套。

【题】t'i⁵³ 题目。如：算术 ~。

【剃头】t'i⁴¹ t'əu⁵³ 男子理发。

【剃头挑子】t'i⁴¹ t'əu⁵³ t'io³³ tsʅ· 剃头师傅挑的担子。剃头挑子上的东西，主要有以下几类：一是剃头的工具，即剃刀、梳子等。二是辅助用具，如水盆、烧水的炉子，供顾客坐的凳子及围在他们身上的手巾等。

【剃头挑子一面儿热】t'i⁴¹ t'əu⁵³ t'io³³ tsʅ·i³³⁵³ mieɯ⁴¹ zɻə³³ 一厢情愿；单相思。如：刘大双是 ~，人家王娟根本就不同意。

【剃头哩】t'i⁴¹ t'əu⁵³ li· 为人理发的师傅。

【剃精精儿】t'i⁴¹ tsiŋ³³ tsiɯ· 农历腊月二十七理发。旧时在年前要沐浴理发，打扫个人卫生。腊月二十七时间尚早，此时理发正合适。如：俗话儿说"二十七儿，~"。

【剃㳆屎儿】t'i⁴¹ ɕin⁴¹ tɕ'rəur⁵³ 农历腊月二十九理发。二十九有时已经是腊月最后一天了，琐事繁杂，这时再沐浴理发就太晚了，故言。如：俗话儿说"二十九儿，~"。

【剃光葫芦】t'i⁴¹ kuaŋ³³ xu⁵³ lu· 剃光头。

【剃憨花儿】t'i⁴¹ xan³³ xuɐr³³ 农历腊月二十八理发。二十八理发有点儿晚了，故言。如：俗话儿说儿："二十八儿，~"。

t'u

【秃】t'u³³ ①人或动物没有毛发。如：这哟鸡儿哩毛儿都快掉~了。②尖的器物因磨损而不锋利。如：他天天写字儿，毛笔都快写~了。

【秃舌子】t'u³³ ʂŋə⁵³ tsŋ· 指因舌头有毛病而吐字不清的人。如：他有点儿~，听他说话怪费劲儿哩。‖ 也说"突噜舌 t'u³³ lu·ʂŋə⁵³"。

【突噜】t'u³³ lu· 下垂拖拉貌。如：孩子哩裤子都快~到地上了，还不赶紧提提？

【土】t'u⁵³ ①本地的；地方性的。如：这着说忒~，不好听。②民间沿用的；非现代化的（区别于"洋"）。如：~洋结合。③不合潮流的。如：~里~气。

【土包子】t'u⁵³ po³³ tsŋ· 指没有见过大世面的人，含讥讽义。如：他就是哟~，没有进过城。

【土坯】t'u⁵³ p'ei³³ 把黏土放在模型里经过夯打制成的土块，可以用来盘灶、盘炕和砌墙。如：他家那几间~房子都快塌了，关紧该翻瓦翻瓦了。‖ 也说"坯 p'ei³³"。

【土埋半截儿】t'u⁵³ mæ⁵³ pan⁴¹ tsyɚ⁵³ 谓人生过半，已近衰老，没有什么作为了。如：我都是~哩人了，不中用了。

【土腥气】t'u⁵³ siŋ³³ tɕ'i⁴¹ 泥土的气味。如：这一条草鱼儿一股子~，不好吃。

【土车子】t'u⁵³ tʂ'ʅə³³ tsŋ· 指喜欢哄骗别人，支使别人干活，自己什么也不干的人。如：刘宏才是哟~哩，光说不动。‖ 也说"推土车子 t'uei³³ t'u⁵³ tʂ'ʅə³³ tsŋ·"。

【土气】t'u⁵³ tɕ'i· 指式样、风格等赶不上潮流，不时髦。如：这件衣裳哩式样忒~了，怪不哩孩子不穿。

【土骨堆】t'u⁵³ ku³³ tuei· 堆积起来的土堆。

【土坷垃】t'u⁵³ k'ɯ⁵³ la· 土块。如：种地哩时候儿得给~敲碎。

【土话儿】t'u⁵³ xuɐr⁴¹ 在很小区域内流行的方言。如："圪漏"是孟津~，就是普通话哩"大碗儿"。

【吐口儿】t'u⁵³ k'əur⁵³ 开口说话，表示同意。如：俺爷要不~，俺家谁也不敢去。

【图啥哩】t'u⁵³ ʂa⁴¹ li· 指无所求或从中得不到好处，很不值得。多用于疑问句。如：人家哩事儿人家都不急，你倒来回窜了好几回了，~？

【图河】t'u⁵³ xə⁵³ 黄河的支流之一，起源于孟津朝阳镇伯乐原，长度约十五千米，传说此条河就是伏羲降服龙马，并据其背负纹理而画八卦的所在，故名图河。其沿岸村庄至今仍沿用"负图""上河图""下河图""卦沟"等古老村名，其岸边有始建于晋代的龙马负图寺。图河是一条季节河，夏秋雨后，群流汇聚，图河暴涨，浊浪排空，气势蔚为壮观，"图河夏涨"是著名的古孟津十景之一。‖ 也说"孟河儿 məŋ⁴¹ xɚ⁵³""雷河儿 luei⁵³ xɚ⁵³""雷泽 luei⁵³ tsæ⁵³"。

【吐沫】t'u⁴¹ mo· 唾液。如：他改广场吐了一口~，叫罚了五块钱儿。

【吐沫星儿】t'u⁴¹ mo·siɯ³³ 说话时从口中喷溅出来的唾液。如：王老师讲课哩时候儿好激动，~喷哩老远。

【兔儿】t'ɷr⁴¹ 兔子。

【兔儿毛儿乱飞】t'ɷr⁴¹ mɻɔr⁵³ luan⁴¹ fi³³ ①空中飘浮物多。如：这风刮哩哪儿都是~哩，脏死了。②形容人或动物到处乱跑。如：狗给鸡子撵哩~哩。‖ ②也说"兔儿毛儿乱窜 t'ɷr⁴¹ mɻɔr⁵³ luan⁴¹ ts'uan⁴¹"。

【兔孙儿】t'u⁴¹ suɯ³³ 詈语。如：你这哟~，看给我这芝麻地糟蹋成啥了。

t'a

【塌鼻子】t'a³³ pi⁵³ tsŋ· 指双眼之间的鼻梁不高，略有塌陷。

【塌矇眼儿】t'a³³ ŋməŋ·uæi⁵³ 眼皮下垂。如：老张塌矇着眼儿养了一会儿神儿，又开始喷开了。

【塌菜馍】t'a³³ ts'æ⁴¹ mo· 孟津特色面食。面粉加水和成软硬适中的面团，擀成两张又薄又圆的大片，中间放上红薯叶、苋菜等时令蔬菜，周边压实，放在鏊子上烙熟，切块蘸蒜汁吃。

【塌洒】t'a³³ sa· ①不修边幅。如：他这个人真～，早晚都是歪戴帽子趿拉着鞋。②没志气、不长进。如：看你那～样儿。

【塌账】t'a³³ tʂaŋ⁴¹ 欠别人的钱。如：我哪儿有钱儿买房呀，塌了一屁股账。

【塌秧儿】t'a³³ zɚ³³ ①植物缺乏水分茎叶不挺拔。如：茄子得浇浇了，都有点儿～了。②做蒸菜时水分太多或蒸的时间太长。如：榆钱儿蒸哩时候儿有点儿长，都～了。‖也说"塌架儿 t'a³³ tɕiɚr⁴¹"。

【塌锅儿】t'a³³ kuɚr³³ 饭菜煮得太烂，蒸得太过。

【塌窟窿】t'a³³ k'u³³ luəŋ· 欠账。如：他家这些年一势塌着窟窿哩。

【溻】t'a³³ ①汗湿透衣裳、被褥等。如：清早睡醒出了一身汗，枕头都～湿了。②湿的衣物等紧贴在身上。如：湿衣裳～到身上通难受哩，快换喽吧！

【他都】t'a⁵³ təu· 他们。

t'iɛ

【帖儿】t'ɛr³³ 婚事确定后男方给女方下的聘书，上书男女双方生辰八字和婚礼日期等事项。

【贴边儿】t'iɛ³³ piær³³ 在衣服边上另加的一层布。

【贴补】t'iɛ³³ pu· ①以财物相助。如：他妈月月都得～他点儿钱儿。②补足花费。如：才上班儿工资不够花，原来存哩钱儿都～进去了。

【贴门款儿】t'iɛ³³ məŋ⁵³ k'uæu⁵³ 人家有人去世时，要先在自家大门上贴两方白纸，告知邻里其家有丧事。

【贴身儿】t'iɛ³³ ʂən³³ 紧挨着身体的。如：买了几件儿～衣裳。

【贴金】t'iɛ³³ tɕin³³ 指吹捧。如：你不应给他脸上～了。

【铁丝儿】t'iɛ³³ sɚ³³ 铁丝。

【铁生】t'iɛ³³ səŋ· 铁制品生锈。如：菜刀一势没用，都～了。

【铁锹】t'iɛ³³ ɕiɛn³³ 铁锹的俗称。

【铁杆儿蒿】t'iɛ³³ kæu⁵³ xɔ³³ 小蓬草（小飞蓬）。

【铁业社】t'iɛ³³ iɛ³³ ʂɤ⁴¹ 20世纪农村地区成立的合作社组织，主要生产一些农具和农村的日用品，其成员半工半农，挣农业工分。

【铁蛋】t'iɛ⁵³ tan· 初生蛋，只有蛋清没有蛋黄的小蛋。

【铁谢】t'iɛ⁵³ siɛ⁴¹ 古村名，河南省传统村落之一，位于孟津区白鹤镇东部。其村中谢姓祖先祖居山西长子县，以打铁为生，明初迁居孟津，因名"铁谢"。铁谢历史文化底蕴厚重，铁谢古渡口是孟津段黄河的重要渡口之一，国家级文物保护单位汉光武帝陵坐落于此，特色美食铁谢羊肉汤更是美名远播。

t'uo

【托盘儿】t'uo³³ p'æu· 端饭菜时放置碗盏的盘子；也用来盛礼物。

【托梦】t'uo³³ məŋ⁴¹ 死去的人的灵魂在人的梦中出现并有所嘱托。如：夜儿黑地他奶～给他，说觉着冷，叫他送衣裳。

【托底儿】t'uo³³ tiɯ⁵³ 知道底细。如：这事儿得找哟～哩人去办，可不能掉地下喽。

【托生】tʻuo³³ sən· 迷信的人认为人或畜生死后灵魂会转世。如：你下辈子～到有钱儿人家享享福吧。

【托儿】tʻuɐr³³ 假扮顾客为店主销售商品的人。如：咱走吧，甭理他，这人咋看都像是～。

【托儿所】tʻuo³³ h̩⁵³ ʂuo⁵³ 照管婴幼儿的地方。

【脱白】tʻuo³³ pæ⁵³ 认有干娘的孩子到十二周岁时举行的一种成年仪式。孩子到十二周岁那一天，由母亲带领，带上一丈二尺白布、二十四个馒头、四色礼、礼肉到干娘家举行"脱白"仪式。到了干娘家，要先到干娘家先人灵位前进行祭祀，母亲把带来的一丈二尺白布搭在孩子身上，干娘把事先准备好的一丈二尺红布也搭在孩子身上。"脱白"仪式结束后，孩子的母亲请干娘同回自己家参加孩子十二周岁生日宴席。白布和红布留下，孩子结婚时，干娘用它们做一床喜被送给干儿子以示祝贺。

【脱坯】tʻuo³³ pʻei³³ 用模子把泥土制成土坯。

【脱喽裤子放屁】tʻuo³³ lɔ· kʻuⁱ⁴¹ tsɿ· faŋ⁴¹ pʻiⁱ⁴¹ 形容做没有任何意义的事，费力不讨好。如：你这才是～，多此一举。

【脱孝】tʻuo³³ ɕio⁴¹ 旧时指服丧期满，脱去孝服。

【庹】tʻuo³³ 一种约略计算长度的单位，以成人两臂左右平伸来测量的长度，约合五尺。如：这面儿墙四～长。

【㝹毛儿】tʻuo³³ mɔr⁵³ 鸟兽换毛。

【妥】tʻuo⁵³ 完成。如：给这点儿干完就～了。

【妥贴】tʻuo⁵³ tʻiɛ· 完满。如：那事儿办哩怪～哩，不赖。

【坨儿】tʻuɐr⁵³ 地方，处所。如：这～｜那～。

tʻæ

【忕】tʻæ³³ 表示超量级的程度副词，相当于普通话的"过于"。如：你买哩～多

了，使不了阵些。

【胎毛儿】tʻæ³³ mɔr⁵³ 新生婴儿的头发。

【胎毒】tʻæ³³ tu⁵³ 妊娠期胎儿被母体的邪毒（多指热毒）侵袭而引起出生后出现一系列症状的病症。主要表现为皮肤过敏反应，也有出现消化道症状的。

【胎里带哩】tʻæ³³ li· tæ⁴¹ li· 指人的某些疾病或习性与父母的遗传有关。如：他这毛病儿是～，不好去根儿。

【胎儿】tʻɯ³³ ①瓜果开花后结的果实。如：等第一个倭瓜坐住～喽，就得给倭瓜秧打顶。②指人的某种状态。如：看你那死鬼～。

【特殊】tʻæ³³ tʂʻʅ³³ 与一般人或一般情况不同。如：通知八点开会你九点才来，你咋恁～嘞？

【台（儿）】tʻæ⁵³（tʻɯ⁵³）①高出附近区域的平面。如：讲～。②像台儿的地方；能放器物的地方。如：井～｜锅～。

【抬牌】tʻæ⁵³ pʻæ⁵³ 玩纸牌时，把洗整齐的纸牌的上面一部分放在下面。

【抬头秤】tʻæ⁵³ tʻəu⁵³ tʂʻəŋ⁴¹ 用杆秤称东西时，秤杆尾部高高翘起，说明给的分量很足。

【抬头纹儿】tʻæ⁵³ tʻəu⁵³ vɐr⁵³ 额头的皱纹，抬头向上看时尤为明显，故名。

【抬秤】tʻæ⁵³ tʂʻəŋ⁴¹ 一种大型杆秤，秤东西时需要两个人抬着。

【抬价儿】tʻæ⁵³ tɕiɐr⁴¹ 卖东西的人抬高货物的价格。

【抬阁儿】tʻæ⁵³ kər⁴¹ 旧时民间迎神赛会中的一种游艺项目。在木制的四方形小阁里有两三个人装扮成戏曲故事中的人物，由别人抬着游行。

【抬杠】tʻæ⁵³ kaŋ⁴¹ 拿歪理与人顶牛，争论。如：刘军这人通好跟人家～哩。

【太】tʻæ⁴¹ 程度副词，表示的程度高。如：咱要真这着弄哩话，是不是有点儿～不给老李面子了？

【太仓村】tʻæ⁴¹ tsʻaŋ³³ tsʻuən³³ 孟津区平乐镇村名，在镇政府西，因古为历代皇

家粮仓而得名。

【太师椅】t'æ⁴¹ sɿ³³ i⁵³ 一种传统坐具。椅背、扶手与椅面间成直角，样子庄重严谨，用料厚重，多与八仙桌配套使用。

【太公太婆】t'æ⁴¹ kuəŋ³³ t'æ⁴¹ p'o⁵³ 亲家儿女对亲家长辈的称谓。

t'uei

【推磨】t'uei³³ mo⁴¹ ①用人力使磨转动，把粮食磨成面粉。②互相推诿，故意延宕时间。如：恁甭改这 ~ 了，快点儿给我盖喽这哟章吧！

【推头】t'uei³³ t'əu⁵³ 用推子理发。‖ 也说"推头发 t'uei³³ t'əu⁵³ fa ·"。

【推桶箍儿】t'uei³³ t'uəŋ⁵³ kur³³ 一种儿童游戏。桶箍是木桶上的圆铁箍，推的工具是一根稍粗的铁丝，一头弯成钩，再把钩弯成直角，另一头弯成把即可。游戏时，用铁钩推着这个铁箍滚着走。铁钩子也可以换成一根竹棍或别的，只要能推着铁圈滚就行。20 世纪娱乐设施很少，儿童课余时间经常在空地上比赛推铁箍，推得又快又远的获胜。

【推子】t'uei³³ tsɿ · 理发工具，有上下重叠的两排带刃的齿，使用时上面的一排齿左右移动，把头发剪下来。

【推小车儿】t'uei³³ sio⁵³ tʂ'ɯ³³ 一种民俗文化活动。车上坐一妇女，推车人做出各种滑稽有趣的动作与她互动，引观众发笑。

【腿肚子】t'uei⁵³ tu⁴¹ tsɿ · 小腿背后鼓起的肌肉。如：爬山回来 ~ 疼了好几天。

【腿肚子转筋儿】t'uei⁵³ tu⁴¹ tsɿ · tʂuan⁴¹ tɕiur³³ 腿部抽筋。如：这一段儿黑地光 ~，医生说可能是缺钙了。

【腿都跑细了】t'uei⁵³ təu⁵³ p'ɔ⁵³ si⁴¹ lə · 形容奔走忙碌的辛苦。如：为他这工作哩事儿，我 ~。‖ 也说"腿都跑断了 t'uei⁵³ təu³³ p'ɔ⁵³ tuan⁴¹ lə ·"。

【腿脚儿】t'uei⁵³ tɕyɤr³³ 指下肢的活动能力。如：老了，~ 不利落了。

【腿狢剌儿】t'uei⁵³ xɯ⁵³ lɻɤr⁴¹ 两腿之间。如：给孩子那 ~ 扑点儿粉，不应叫淹喽。

【腿窝儿】t'uei⁵³ uɤr³³ 膝盖后的窝。

【退儿退儿】t'uɯ⁴¹ t'uɯ · 地蜘蛛，生活在河滩沙地的一种昆虫，在沙地筑凹形沙坑，自己躲在底部沙土下，以掉进沙坑的昆虫为食。因经常退着走，故名。

【退婚】t'uei⁴¹ xuən³³ 解除婚约。如：他俩三月订哩婚，五月可 ~ 了。‖ 也说"退亲 t'uei⁴¹ ts'in³³"。

【蜕皮】t'uei⁴¹ p'i⁵³ 某些动物生长期间老化的表皮脱落，长出新的表皮。如：长虫 ~ 了。

t'ɔ

【掏】t'ɔ³³ 用手或其他工具伸进某物的开口处，把里边的东西取出来。如：他从布袋儿里头 ~ 出来仨鸡蛋。

【掏包儿哩】t'ɔ³³ pɻɔr³³ li · 指从别人的口袋或皮包中偷取财物的小偷。

【掏耳塞】t'ɔ³³ ɻ⁵³ sæ · 用挖耳勺或其他工具把耳屎清除出来。

【掏缯】t'ɔ³³ tsəŋ⁴¹ 把牵好的线一根一根地均匀分开，从缯中穿过来。

【掏空儿】t'ɔ³³ k'uɯ⁴¹ 儿童骑带大梁的自行车时所采用的一种特殊骑行方式。20 世纪时自行车大多是 28 型号的，儿童个子矮，坐在自行车座上脚够不着脚蹬，只能左脚踏在脚蹬上，右脚从平梁下伸过车右踩住右脚蹬，交替使劲骑行。

【掏窑】t'ɔ³³ io⁵³ 挖窑洞。

【掏窑儿】t'ɔ³³ ɻɔr⁵³ 盗墓。

【逃荒】t'ɔ⁵³ xuaŋ³³ 因遇到灾荒而跑到外乡谋求生路。如：解放前，俺村儿不少人都 ~ 去了陕西。

【桃木剑】t'ɔ⁵³ mu · tɕiɛn⁴¹ 用桃木制作的

剑，据说能够避邪。如：他家屋门儿
上挂着哟~。

【桃木棍儿】t'ɔ⁵³ mu·kuɯ⁴¹ 桃树枝做的
　拐棍，上山时可以手扶，据说也可以
　驱蛇。

【桃儿】t'ɔr⁵³ 桃树的果实。

【桃花儿雪】t'ɔ⁵³ xuɐr³³ syɛ³³ 阴历三月间
　下的雪。

【桃红】t'ɔ⁵³ xuɐn⁵³ 像桃花一样的颜色。

【淘】t'ɔ⁵³ 洗米洗菜等。

【淘米】t'ɔ⁵³ mi⁵³ 用水清洗米类谷物。

【淘气】t'ɔ⁵³ tɕ'i⁴¹ 指小孩子调皮捣蛋，乱
　说乱动。如：这孩子忒~了，一会儿
　都不安生。

【套¹】t'ɔ⁴¹ 哄骗，引诱说出实际情况。
　如：到底是孩子哩，三句儿两句儿可
　叫~出来实话儿了。

【套²】t'ɔ⁴¹ 把棉花、丝绵等平整地铺在
　被褥或棉衣裤里缝好。如：今儿前响
　儿给孩子~了两身儿棉衣裳。

【套子】t'ɔ⁴¹ tsʅ·用了比较长时间，已经
　板结的棉絮。

【套剪】t'ɔ⁴¹ tsiɛn⁵³ 在一块衣料上裁剪两
　件以上的衣服时，作合理的安排，尽
　量减少废料。

【套袖儿】t'ɔ⁴¹ srəur⁵³ 套在衣袖上的单层
　袖筒，保护衣袖。

【套车】t'ɔ⁴¹ tʂ'ʅ³³ 把车上的套套在拉车
　的牲口身上。

【套儿】t'ɔr⁴¹ 棉被或棉衣中絮的棉絮。

【套儿屋】t'ɔr⁴¹ u³³ 两间相连的屋子里边的
　一间。‖ 也说"套间儿t'ɔ⁴¹ tɕiɯ³³"。

【套近乎儿】t'ɔ⁴¹ tɕin⁴¹ xur·为达到某种
　目的而拉近关系。如：你不应改这~
　了，有啥事儿直说。

【套裤】t'ɔ⁴¹ k'u⁴¹ 旧时套在裤子外边，只
　有两条裤腿的裤子。初春或深秋换季
　时，穿棉衣热，穿夹衣凉，身体虚弱
　的老年人便在夹裤外穿上棉的套裤，
　其两腿各自为体互不相连，套在腿上，
　上有带子系在腰带上。

t'iɔ

【挑】t'iɔ³³ 用扁担等两头挂着东西，放在
　肩膀上担着。

【挑担子】t'iɔ³³ tan⁴¹ tsʅ·①用扁担挑东西。
　②比喻承担较重要的任务。如：这项
　目下来叫老王来~，他肯定能干好。‖
　也说"挑挑子t'iɔ³³ t'iɔ³³ tsʅ·"。

【挑头儿】t'iɔ³³ t'rəur·可以挑拣的余地。
　如：这红薯烂哩忒多，没啥~了。‖
　也说"挑拣头儿t'iɔ³³tɕiɛn⁵³ t'rəur·"。

【挑理儿】t'iɔ³³ liɯ⁵³ 指责别人在礼节上的
　不足。如：卫东想着来看你都不赖了，
　你就不应再~了。

【挑刺儿】t'iɔ³³ ts'əɯ⁴¹ 故意挑剔指责别人
　言语行为上的缺点和过失。如：咱干
　好咱哩活儿，不应怕他们~。

【挑食儿】t'iɔ³³ ʂəɯ⁵³ 对食物有所偏爱，有
　的爱吃，有的不爱吃就不吃。如：这
　孩子~，通难伺候着哩。

【挑花眼了】t'iɔ³³ xua³³ iɛn⁵³ lə·因过分挑
　拣而无所适从，不辨真伪、好坏。如：
　挑来挑去都~，也不知道该买啥了。

【条盘儿】t'iɔ⁵³ p'ɯ·端送饭菜的方形木
　盘子。

【条凳】t'iɔ⁵³ təŋ⁴¹ 长条形的板凳，可坐两
　三人。

【条椽】t'iɔ⁵³ tʂ'uan·连襟。‖ 也说"一
　担挑i⁵³ tan⁴¹ t'iɔ³³""挑担t'iɔ⁵³ tan⁴¹"。

【条几】t'iɔ⁵³ tɕi·一种又窄又长的桌子，
　长一丈多，宽一尺多，摆放陈设用品。

【条杆儿】t'iɔ⁵³ kɐɯ·指人的身材。如：
　这媳妇儿~不赖。

【挑】t'iɔ⁵³ 用棍棒等的一头举起或支起。

【挑明】t'iɔ⁵³ miŋ⁵³ 把别人不清楚或有意
　对人隐瞒的事情向人说明白。如：今
　儿咱~喽说吧，这事儿是王主任交代
　下来哩，不想干也得干。

【挑大梁】t'iɔ⁵³ ta⁴¹ liaŋ⁵³ 指承担重要的、

起支柱作用的工作。如：研究所阵着可是一帮八零后改这 ~ 哩。

【挑头儿】t'iɔ⁵³ t'rəur⁵³ ①带头把大家组织起来做某事。如：这事儿谁 ~ 就叫谁干。②担负主要责任。如：这哟项目由张总 ~。‖ ②也说 "牵头儿tɕ'iɛn³³ t'rəur⁵³"。

【挑灯】t'iɔ⁵³ təŋ³³ 油灯的灯芯因燃烧变短或结花时，需用拨灯棍儿把其挑起一些或拨掉煤油灯的灯芯燃成灰烬的部分，使灯光更明亮。

【挑事儿】t'iɔ⁵³ səu⁴¹ 挑拨是非。如：你不应改这 ~ 了。

【挑棍儿】t'iɔ⁵³ kuɯ⁴¹ 一种少儿游戏。预先收集一大把冰棒棍，洗干净。玩的时候要席地而坐，把手中的冰棒棍在一定高度上撒下，然后一根一根取出，抽取的时候只能拿一根，碰到别的棍儿算输，轮到对方抽。抽出的归自己，最后看谁的棍多谁就赢。

【调菜】t'iɔ⁵³ ts'æ⁴¹ 将菜洗后切丝或切片，加油盐等佐料调拌匀后生吃。如：俺姨调哩菜可好吃了。

【笤帚】t'iɔ⁵³ pʐ⁂ · 由去掉籽粒的高粱穗、稻穗、谷子穗绑成的用来扫床铺或扫地的工具。‖ 也说 "笤帚圪垯t'iɔ⁵³ pʐ⁂ · kuɯ³³ ta · "。

【粜粮食】t'iɔ⁴¹ liaŋ⁵³ ʂ⁂ · 卖粮食。

【跳皮筋儿】t'iɔ⁴¹ p'i⁵³ tɕiɯ³³ 跳皮筋是20世纪后期兴起的一种儿童游戏活动。皮筋是用橡胶制成的有弹性的细绳，勾连成一个三米左右的圈，先由两人各拿一端把皮筋抻长，其他人轮流跳。跳皮筋有挑、勾、踩、跨、摆、碰、绕、掏、压、踢等十余种腿部基本动作，同时还可组合跳出若干个花样来。按规定动作，完成者为胜，中途跳错或没钩好皮筋时，就换另一人跳。皮筋高度从脚踝处开始到膝盖，到腰到胸到肩头，再到耳朵头顶，然后举高 "小举" "大举"，难度越来越大，跳者用脚不许手钩皮筋，边舞边唱着自编的有一定节奏的歌谣。

【跳房子】t'iɔ⁴¹ faŋ⁵³ tsʅ · 在地上画出一些大大小小的格子，然后按照格子的单双，一边向前跳，一边要把石块踢到正确的格子里，出界或者跳错了格子都算失败。比较经典的玩法有两种，一种是跳四格房，一种是跳十格房。四格房是一个四个正方形组成的，而十格房的最后两格比较大。

【跳楼】t'iɔ⁴¹ ləu⁵³ 从楼上跳下自杀。

【跳井】t'iɔ⁴¹ tsiŋ⁵³ 跳到井里自杀。

【跳□起来】t'iɔ⁴¹ ts'iaŋ³³ tɕ'i⁵³ læ · 早上很早的时候。如：~ 就改这使电锯，还叫人家睡不叫了？

【跳山羊】t'iɔ⁴¹ san³³ iaŋ⁵³ 类似体操项目 "鞍马"。一个人当 "山羊"，其他人助跑一段后，撑住 "山羊" 的背或双肩，双腿分开从 "山羊" 头上越过。"山羊" 会越长越高，先是手撑脚背或小腿，然后手撑膝盖，再站直。这个游戏一般男生玩得比较多。

【跳绳儿】t'iɔ⁴¹ ʂəɯ⁵³ 一种民俗娱乐活动和健体运动，可以一人，也可以多人一起在环摆的绳中做各种跳跃动作，能有效训练个人的反应能力和耐力，有助于保持个人体态健美和协调性，从而达到强身健体的目的。

【跳圈儿】t'iɔ⁴¹ tɕ'uaɣ³³ 一种儿童游戏，在地上画许多连环的圈，在里面跳进跳出，脚不能踩线。

【跳格儿】t'iɔ⁴¹ kər³³ 一种儿童游戏，在地上画若干方格，一只脚着地，踢着一个瓦片依次经过各个方格。

【跳河】t'iɔ⁴¹ xə⁵³ 跳到河里自杀。

t'əu

【偷偷摸摸】t'əu³³ t'əu · mo³³ mo · 暗地里做，不让人知道。如：你 ~ 干哩那些事儿，你觉着我不知道呀？

【偷嘴吃】t'əu³³ tsuei⁵³ tʂʅ· 偷吃东西。如：成天光~，咋能减喽肥哩呀？

【偷笑】t'əu³³ siɔ⁴¹ 暗中高兴。如：老马哩官儿叫抹了，好些人都~哩。

【偷鸡摸狗】t'əu³³ tɕi mo³³ kəu⁵³ 偷盗（一般指小偷小摸）。如：这孩子不学好，从小就好~哩。

【头喷儿花（儿）】t'əu⁵³ p'ɯ⁵³ xuɚ³³ ①首次摘的棉花。②果蔬初次开的花。

【头伏】t'əu⁵³ fu⁵³ 夏至后第三个庚日起到第四个庚日前一天的一段时间。

【头发茬儿】t'əu⁵³ fa·ts'ɚ⁵³ 新长出的短发。

【头发旋儿】t'əu⁵³ fa·syæu⁵³ 胎儿孕育到20周左右时，根据生长发育的需要，在子宫中会有较大的旋转和蠕动，再加上重力的作用，胎儿的头发生长方向会向头皮倾斜，头发会沿着倾斜的方向生长，形成旋涡，这就是发旋。大多数人的发旋只有一个，也有两三个的；至于旋转的方向，更多的是顺时针，也有逆时针的，但没有种族和地域的区别，纯粹是一种生理现象。

【头儿起】t'əu⁵³ tɕ'i· 意为"端、尽头"。如：这~｜那~｜头~。

【头疼脑热】t'əu⁵³ t'əŋ⁵³ nɔ⁵³ ʐə³³ 泛指一般的小毛病。如：谁也免不了会有哟~哩。

【头难剃】t'əu⁵³ nan⁵³ t'i⁴¹ 比喻人难缠；难以应付。如：他这人哩~哩，可不好说话儿了。

【头年】t'əu⁵³ niɛn· 去年。如：他~借哩钱儿还没还哩，咋又来借哩？

【头里】t'əu⁵³ li· ①先前；事前。如：你咋不说？②表示"前面、空间或次序靠前的部分"。如：你先~走，我一会儿就去了。

【头儿头儿】t'ɚu⁵³ t'ɚu· 对领导、负责人的俗称。如：恁单位哩~是谁？我得跟他说说这事儿。

【头七】t'əu⁵³ ts'i³³ 人死后第一个七天。

【头绳儿】t'əu⁵³ ʂɚu⁵³ 束发用的毛线细绳。

【头日儿】t'əu⁵³ iɯ· 前一天。如：~我还看

见老王走路哩，今儿咋听说他偏瘫了？

【头牯】t'əu⁵³ ku· 专指水牛、黄牛等牛类牲口。

【头一名】t'əu⁵³ i³³ miŋ⁵³ 第一名。如：这孩子脑子管用还用功，回回考试都是~。

【投】t'əu⁵³ 说中了。如：那哟算命哩还差不多儿，说哩都怪~哩。

【敲】t'əu⁵³ 捅炉子。如：给煤火~一~。

【透】t'əu⁴¹ ①（面食、米饭、菜等）从里到外都馏热了。如：今儿这馍没馏~，里头还是冰哩。②清楚明白；清醒透彻。如：我话儿都说到这份儿上了，还点不~你？

【透风】t'əu⁴¹ fəŋ³³ 风可以吹过。如：屋门是不是没关严？咋觉着~嘞？

【透钻】t'əu⁴¹ tsuan· 指人聪明伶俐。‖也说"透作 t'əu⁴¹ tsuo·"。

【透气儿】t'əu⁴¹ tɕ'iu⁴¹ ①空气可以通过。如：这屋子哩门窗关哩严严实实哩，一点儿也不~。②开窍。如：你只要稍微一点拨，他就~了。

【透雨】t'əu⁴¹ y⁵³ 指久旱之后彻底解决旱象的降水。

t'an

【贪多嚼不烂】t'an³³ tuo³³ tsyə⁵³ pu³³⁵³ lan⁴¹ 比喻学习内容过多，不易理解和记忆，反而效果不好。

【摊】t'an³³ ①按人头平均出钱。如：这笔钱儿咱五个人平~。②恰巧遇上事情而受到牵累。如：谁也没想到会~上这档子事儿。

【摊煎饼】t'an³³ tsiɛn³³ piŋ· 把加了盐、五香粉、葱花和鸡蛋的面糊舀到鏊子里摊开烙成薄饼。

【摊场】t'an³³ tʂ'aŋ⁵³ 把收获的庄稼在场上摊匀摊平进行晾晒或碾场。

【滩地】t'an³³ ti⁴¹ 黄河滩涂里的田地。

【滩里】t'an³³ li· 黄河滩上。

【弹腾】t'an⁵³ t'əŋ· 折腾、能干。如：庆伟真能～，这几年可不少挣。

【弹花】t'an⁵³ xua³³ 旧时把弹花弓吊起来，左手扶弓背，右手用弹花锤敲打弓弦，靠弓弦的振动把棉花弹蓬松。

【弹子儿】t'an⁴¹ tsəɯ⁵³ 用手弹射的小玻璃球，有的里面有花纹。

【探肩儿】t'an⁴¹ tɕiəɯ³³ 指头和肩略向前伸，上身不挺拔的一种身姿。如：刘芳有点儿～，小三儿没有相中。

t'iɛn

【天边儿】t'iɛn³³ piəɯ³³ ①形容很远的地方。如：你就是走到～也不能忘嘹恁妈。②比喻说再多的理由也没用。如：这一回你就是说到～也没用，没有指标。

【天明】t'iɛn³³ miŋ⁵³ 太阳快要露出地平线时天空发出光亮。如：等一会儿～咱再走不迟。‖ 也说"天亮 t'iɛn³³ liaŋ⁴¹"。

【天地桌】t'iɛn³³ ti⁴¹ tʂuə³³ 旧时结婚仪式上新郎新娘拜天地时前边放的供奉天地全神的桌子。

【天底下】t'iɛn³³ ti⁵³ ɕia· 天下，泛指全世界。如：～再也寻不着像老七那样儿哩好人了。

【天短】t'iɛn³³ tuan⁵³ 白天的时间短。如：冬天～，五点钟天都黑了。

【天天儿】t'iɛn³³ t'iəɯ³³ 每天。如：这孩子不听说，～说也不中。

【天蓝】t'iɛn³³ lan⁵³ 像晴空一样的蓝色。

【天灵盖儿】t'iɛn³³ liŋ⁵³ kəɯ⁴¹ 人或某些动物头顶的骨头，起保护大脑的作用。‖ 也说"低脑盖儿 ti³³ nɔ·kəɯ⁴¹"。

【天生】t'iɛn³³ səŋ³³ 天然生成的；先天具有的。如：谁也不是～啥都会，都是一点儿一点儿学哩。

【天生伏梨儿】t'iɛn³³ səŋ³³ fu⁵³ luɪ⁵³ 孟津梨的代表品种，历史上被称为贡梨，有两千多年的栽培历史。天生伏梨儿

主产于孟津区，其外观呈短葫芦形，皮黄绿色，果肉鲜美，汁多，味甜，石细胞少，质地细脆，落地即酥，被誉为"洛阳金橘"。

【天长】t'iɛn³³ tʂ'aŋ⁵³ 白天的时间长。如：夏天～，八点了天还不黑。

【天好】t'iɛn³³ xɔ⁵³ 天气晴朗。如：等到～喽再晒萝卜干儿。

【天旱】t'iɛn³³ xan⁴¹ 长时间没有降水或降水很少。如：今年春天～，一场透雨也没下。

【天意】t'iɛn³³ i⁴¹ 上天的旨意。如：这是～，你得想开点儿。

【添】t'iɛn³³ 生孩子。如：老徐家又～了哟大胖小子。

【添仓儿】t'iɛn³³ ts'ɚ³³ 旧时的一种礼仪。春节期间，守孝的媳妇初六才能归宁，一般在娘家住到过了元宵节。返回婆家时，要把早已准备好的一斗粮食倒进仓内。

【添水】t'iɛn³³ ʂuei⁵³ 往锅里放水。如：扁食快包完了，你～煮吧。‖ 也说"添锅 t'iɛn³³ kuɔ³³"。

【添箱】t'iɛn³³ siaŋ³³ 女孩子出嫁时，娘家的亲戚陪送的一些日用品、衣物、钱财等。

【甜】t'iɛn⁵³ ①糖的味道。②淡，没有味道。如：这饭咋阵～嘞？你没放盐吧？③说话动听；惹人喜爱。如：妞妞小嘴儿可～了，见谁都叫。

【甜蜜秆儿】t'iɛn⁵³ mi³³ kəɯ⁵³ 甘蔗。‖ 西乡说"甜秆 t'iɛn⁵³ kan⁴¹"。

【甜面叶儿】t'iɛn⁵³ mien⁴¹ yɚ³³ 和好的面擀成薄片，又宽又长的长条，水开下锅煮好后不加任何作料直接食用。

【甜头儿】t'iɛn⁵³ t'əɯ· ①微甜的味道。如：这菜吃起来带点儿～。②好处，利益。如：你不给人家点儿～，人家会真心跟着你干？

【甜汤】t'iɛn⁵³ t'aŋ³³ ①淡的面粥。如：今儿没空儿，咱打点儿～喝吧？②有甜

味的粥或汤。

【甜哩圪腻】t'ien⁵³ li·kɯ⁵³ ni⁴¹ 太甜。如：这银耳汤~，我不喝了。

【甜草根儿】t'ien⁵³ ts'ɔ·kəɯ³³ 甘草。‖也说"甜草 t'ien⁵³ ts'ɔ·"。

【甜丝丝哩】t'ien⁵³ sʅ·sʅ⁵³ li· 有淡淡的甜的味道。如：这茶喝着~哩，还怪好喝哩。

【甜秫秆儿】t'ien⁵³ ʂʅ⁵³ kəɯ⁴¹ 指有甜味的高粱、玉米等的秸秆。

【甜茄子】t'ien⁵³ tɕ'iɛ⁵³ tsʅ· 龙葵。卵圆形叶，结小黑果。民间认为其叶拍熟烫后贴在伤口上可以止血消炎。‖也说"紫茄子 tsʅ⁵³ tɕ'iɛ⁵³ tsʅ·"。

【甜骨浓浓】t'ien⁵³ ku³³ nuəŋ·nuəŋ⁵³ ①甜味太浓。如：这菜~哩，不好吃。②放盐少。

【填房】t'ien⁵³ faŋ⁵³ 指女子嫁给丧妻的男子。

【填憨】t'ien⁵³ xan³³ 替人出力，出冤枉力。如：老高光会给人家~，老了不中用了叫撵出来了。

【填还】t'ien⁵³ xuan· ①无代价地给。如：你挣恁些钱儿都~了谁了？②白白养活。如：他~了儿孙一辈子，临老了谁也不管他。

【舔沟子】t'ien⁵³ kəɯ³³ tsʅ· 巴结，拍马屁。如：他就靠着改领导跟前儿~才升上去哩。‖也说"溜沟子 liəɯ³³ kəɯ³³ tsʅ·"。

t'uən

【褪】t'uən⁴¹ ①收缩或晃动身体某部分，使套在它上面的东西脱下来。如：这针得打到屁股上，你给孩子哩裤子朝下~~。②向后倒着走路。如：听说~着走能治腰间盘突出。

t'aŋ

【汤】t'aŋ³³ ①蔬菜或肉类加水熬煮后调味的咸汤。如：鸡蛋~｜酸辣肚丝~｜连~肉片。②水中加少许米熬成的粥，孟津的粥中放米很少，熬好后勾少许玉米面等，比较稀。如：黑地烧~哩时候儿多掌点儿拉森。③代指早饭和晚饭，盖因早晚多吃汤汤水水的食物而言。如：孟津本地人清早跟黑地碰见人打招呼都是问"你喝~了没有"。

【汤面条儿】t'aŋ³³ mien⁴¹ t'ɔr⁵³ 水加调料、菜肴和面条煮熟的以汤为主的面食。如：咱黑地喝~吧？

【汤汤水儿水儿】t'aŋ³³ t'aŋ·ʂuɯ⁵³ ʂuɯ· 比较稀的粥或带汤的饭，利于消化吸收，是人不舒服时或病人康复期的饮食。

【汤药】t'aŋ³³ yɔ³³ 经熬制而成的中草药。

【蹚】t'aŋ³³ 涉水或在较密集的植物丛中行进。如：你从麦地里头~着过来吧。

【蹚蹚路儿】t'aŋ³³ t'aŋ·lɤur⁴¹ 探路。如：前头不知道能走不能，咱先改这等着，叫小王先去~。

【唐坡】t'aŋ⁵³ p'o³³ 村名，在今孟津朝阳镇，因守护南唐后主李煜墓而设置。

【堂】t'aŋ⁵³ 量词，用于分节的课程，一节叫一堂。如：今儿前响儿五年级有两~算术课。

【堂门儿】t'aŋ⁵³ məɯ⁵³ 墓室与墓筒连接的入口。

【棠梨儿】t'aŋ⁵³ liu⁵³ 杜梨。

【堂姊妹】t'aŋ⁵³ tsʅ⁵³ mei· 同一个祖父的姐妹。

【堂兄弟儿】t'aŋ⁵³ ɕyŋ³³ tiuɯ⁴¹ 同一个祖父的兄弟。

【塘地】t'aŋ⁵³ ti⁴¹ 用十指耙儿搂地。

【溏鸡屎】t'aŋ⁵³ tɕi³³ sʅ· 呈稀糊状的鸡屎。如：后头养哩鸡儿，地上都是~，你慢点儿走。

【溏心儿】t'aŋ⁵³ siu³³ 指蛋类煮过或腌过后蛋黄还没有完全凝结，是半流动的状态。

【躺椅】t'aŋ⁵³ i⁵³ 靠背长而向后倾斜的椅子，人可以躺在上面。

【糖包儿】tʰaŋ⁵³ pɔr³³ 一种包糖的发面食品。

【糖纸】tʰaŋ⁵³ tsʅ⁵³ 包在糖果外面的纸。

【糖人儿】tʰaŋ⁵³ ʐəɯ⁵³ 用糖稀吹的小人。

【糖圪垯儿】tʰaŋ⁵³ kuʔ tɐr· 糖块。如：给孩子抓一把~叫孩子吃。

【糖糕】tʰaŋ⁵³ kɔ³³ 一种用烫面包糖炸制而成的食品。

【烫发头】tʰaŋ⁴¹ fa³³ tʰəu⁵³ 头发烫过的发型。

tʰəŋ

【煺】tʰəŋ³³ 把凉了的东西再加热或烤干。如：看你哩衣裳湿成这，赶紧脱喽改火上~~。

【□】tʰəŋ³³ 拟声词，有力的走路声或跺脚声。如：老刘都八十了，走路还~~哩怪有劲儿哩。

【□势】tʰəŋ³³ ʂɿ· 万一。如：你先不应收拾哩，~再来人喽还得使哩。

【腾地】tʰəŋ⁵³ ti⁴¹ 把田地里种植的农作物清除掉，使地空出来。如：该种白菜了，得赶快腾一块儿地出来。

【腾地这】tʰəŋ⁵³ ti⁴¹ tʂɤ· 腾出地方。如：你先腾了地这喽我再搬。

【腾出来】tʰəŋ⁵³ tʂʰʅ· læ· 把房子或家具里的东西拿走，使空出来。如：你赶紧给老房子~，有人想租哩。

tʰiŋ

【听房】tʰiŋ³³ faŋ⁵³ 新婚的晚上，同龄男女躲在新房窗下，偷听新婚夫妇的谈话和活动。

【听头儿】tʰiŋ³³ tʰəur³³ 值得听的地方。如：今儿这戏一点儿~都没有。

【听着点儿门儿】tʰiŋ³³ tʂuo· miəu· məu⁵³ 留意是否有人敲门。传统农村院落的大门一般是木头的，晚上要从里面插上门闩，晚归的人不能从外打开，需要敲门。

【听说】tʰiŋ³³ ʂʉə³³ 听话、乖。如：这孩子可~了，叫他咋他就咋。‖也说"听话儿tʰiŋ³³ xuɐr⁴¹"。

【侹】tʰiŋ⁵³ 身体平躺在床上或其他物体上。如：我~一会儿，你引着孩子出去转转吧。

【莛儿】tʰiɯ⁵³ 草本植物的茎，如：韭菜~｜油菜~。

【侹床儿了】tʰiŋ⁵³ tʂʰuɐr⁵³ lə· ①指人生病时间长。如：他爷都~三年了，他伺候哩可好了。②指人快不行了。如：老林快~，不中了。

【停】tʰiŋ⁵³ ①均等，平均分配。如：反正总共就阵些，恁俩~半儿砍算了。②表示等分的量词。如：他啥也没干，三~还要占一~，有点儿说不过去吧。③死人停放在凳起来的草铺上。如：老王家媳妇儿不中了，听说想~五天。

【停停当当】tʰiŋ⁵³ tʰiŋ· taŋ³³ taŋ· 妥当、妥帖。如：老高给家里事儿安排哩~才出差走。‖也说"停当tʰiŋ⁵³ taŋ·"。

【停一会儿】tʰiŋ⁵³ i³³⁵³ xuɯ⁴¹ 等一会儿。如：我还有点儿事儿，你~再来吧？

【梃】tʰiŋ⁴¹ 打。如：再不听说叫恁爷~你一顿。

【□】tʰiŋ⁴¹ ①对着干。如：我就看恁俩谁能~过谁。②拖延。如：不知道他能~过年下不能。

tʰuəŋ

【通¹】tʰuəŋ³³ 程度副词，表示程度高。如：他这人嘴上说哩~好听哩，真遇着事儿一点儿指望不上。

【通²】tʰuəŋ³³ 了解；懂得。如：你这人咋一点儿不~人情嘞？

【通不中哩】tʰuəŋ³³ pu³³ tʂuəŋ³³ li· 差得远。如：你这手艺儿还~，还得好好练。‖也说"差哩远哩 tsʰa³³ li· yɛn⁵³ li·"。

【通长】t'uəŋ³³ tʂ'aŋ⁵³ 全长。如：这块儿料子～三米，能做俩裙儿不能？

【通祺】t'uəŋ³³ tɕ'i⁵³ 订婚。

【同辈儿】t'uəŋ⁵³ pəu⁴¹ 同一个辈分的人。如：你跟刘顺生是～哩。

【同盟山】t'uəŋ⁵³ məŋ⁵³ san³³ 山名，在孟津会盟镇扣马村南，是首阳山阴的一处高岗。相传当年是周武王大会诸侯的会盟台，也是登高远眺的好去处。

【同着】t'uəŋ⁵³ tʂou· 当着；面对着。如：这事儿你可不应～咱嫂子说。

【通共】t'uəŋ⁵³ kuəŋ· 一共、全部。如：今年～就打了阵些儿麦，干脆都存到面粉厂吧？‖ 也说"通满 t'uəŋ³³ man⁵³"。

【桶梁儿】t'uəŋ⁵³ liɐŋ³³ 桶的提手。

【桶箍儿】t'uəŋ⁵³ kur³³ 箍桶的铁圈。

【恸】t'uəŋ⁴¹ 悲伤。如：他妈死哩时候儿，他哭哩可～了。

【弹腾】t'an⁵³ t'əŋ· 折腾、能干。如：庆伟真能～，这几年可不少挣。

【弹花】t'an⁵³ xua³³ 旧时把弹花弓吊起来，左手扶弓背，右手用弹花锤敲打弓弦，靠弓弦的振动把棉花弹蓬松。

【弹子儿】t'an⁴¹ tsəɯ⁵³ 用手弹射的小玻璃球，有的里面有花纹。

【探肩儿】t'an⁴¹ tɕiɛɯ³³ 指头和肩略向前伸，上身不挺拔的一种身姿。如：刘芳有点儿～，小三儿没有相中。

t'iɛn

【天边儿】t'iɛn³³ piɛɯ³³ ①形容很远的地方。如：你就是走到～也不能忘喽恁妈。②比喻说再多的理由也没用。如：这一回你就是说到～也没用，没有指标。

【天明】t'iɛn³³ miŋ⁵³ 太阳快要露出地平线时天空发出光亮。如：等一会儿～喽咱再走不迟。‖也说"天亮 t'iɛn³³ liaŋ⁴¹"。

【天地桌】t'iɛn³³ ti⁴¹ tʂuə³³ 旧时结婚仪式上新郎新娘拜天地时前边放的供奉天地全神的桌子。

【天底下】t'iɛn³³ ti⁵³ ɕia· 天下，泛指全世界。如：～再也寻不着像老七那样儿哩好人了。

【天短】t'iɛn³³ tuan⁵³ 白天的时间短。如：冬天～，五点钟天都黑了。

【天天儿】t'iɛn³³ t'iɛɯ³³ 每天。如：这孩子不听说，～说也不中。

【天蓝】t'iɛn³³ lan⁵³ 像晴空一样的蓝色。

【天灵盖儿】t'iɛn³³ liŋ⁵³ kəɯ⁴¹ 人或某些动物头顶的骨头，起保护大脑的作用。‖也说"低脑盖儿 ti³³ nɔ· kəɯ⁴¹"。

【天生】t'iɛn³³ səŋ³³ 天然生成的；先天具有的。如：谁也不是～啥都会，都是一点儿一点儿学哩。

【天生伏梨儿】t'iɛn³³ səŋ³³ fu⁵³ lɯ⁵³ 孟津梨的代表品种，历史上被称为贡梨，有两千多年的栽培历史。天生伏梨儿主产于孟津区，其外观呈短葫芦形，皮黄绿色，果肉鲜美，汁多，味甜，石细胞少，质地细脆，落地即酥，被誉为"洛阳金橘"。

【天长】t'iɛn³³ tʂ'aŋ⁵³ 白天的时间长。如：夏天～，八点了天还不黑。

【天好】t'iɛn³³ xɔ⁵³ 天气晴朗。如：等到～喽再晒萝卜干儿。

【天旱】t'iɛn³³ xan⁴¹ 长时间没有降水或降水很少。如：今年春天～，一场透雨也没下。

【天意】t'iɛn³³ i⁴¹ 上天的旨意。如：这是～，你得想开点儿。

【添】t'iɛn³³ 生孩子。如：老徐家又～了哟大胖小子。

【添仓儿】t'iɛn³³ ts'ər³³ 旧时的一种礼仪。春节期间，守孝的媳妇初六才能归宁，一般在娘家住到过了元宵节。返回婆家时，要把早已准备好的一斗粮食倒进仓内。

【添水】t'iɛn³³ ʂuei⁵³ 往锅里放水。如：扁食快包完了，你～煮吧。‖也说"添锅 t'iɛn³³ kuo³³"。

【添箱】t'iɛn³³ siaŋ³³ 女孩子出嫁时，娘家的亲戚陪送的一些日用品、衣物、钱财等。

【甜】t'iɛn⁵³ ①糖的味道。②淡，没有味道。如：这饭咋阵～嘞？你没放盐吧？③说话动听；惹人喜爱。如：妞妞小嘴儿可～了，见谁都叫。

【甜蜜秆儿】t'iɛn⁵³ mi³³ kəɯ⁵³ 甘蔗。‖西乡说"甜秆 t'iɛn⁵³ kan⁴¹"。

【甜面叶儿】t'iɛn⁵³ mien⁴¹ yʒɚ³³ 和好的面擀成薄片，又宽又长的长条，水开下锅煮好后不加任何作料直接食用。

【甜头儿】t'iɛn⁵³ t'əɯr· ①微甜的味道。如：这菜吃起来带点儿～。②好处，利益。如：你不给人家点儿～，人家会真心跟着你干？

【甜汤】t'iɛn⁵³ t'aŋ³³ ①淡的面粥。如：今儿没空儿，咱打点儿～喝吧？②有甜味的粥或汤。

【甜哩圪腻】t'iɛn⁵³ li‧kuɯ⁵³ ni⁴¹ 太甜。如：这银耳汤~，我不喝了。

【甜草根儿】t'iɛn⁵³ ts'ɔ‧kəɯ³³ 甘草。‖也说"甜草 t'iɛn⁵³ ts'ɔ‧"。

【甜丝丝哩】t'iɛn⁵³ sʅ‧sʅ⁵³ li‧ 有淡淡的甜的味道。如：这茶喝着~哩，还怪好喝哩。

【甜秫秆儿】t'iɛn⁵³ ʂʅ⁵³ kəɯ⁴¹ 指有甜味的高粱、玉米等的秸秆。

【甜茄子】t'iɛn⁵³ tɕ'iɛ⁵³ tsʅ‧ 龙葵。卵圆形叶，结小黑果。民间认为其叶拍熟烫后贴在伤口上可以止血消炎。‖也说"紫茄子 tsʅ⁵³ tɕ'iɛ⁵³ tsʅ‧"。

【甜骨浓浓】t'iɛn⁵³ ku³³ nuəŋ‧nuəŋ⁵³ ①甜味太浓。如：这菜~哩，不好吃。②放盐少。

【填房】t'iɛn⁵³ faŋ⁵³ 指女子嫁给丧妻的男子。

【填憨】t'iɛn⁵³ xan³³ 替人出力，出冤枉力。如：老高光会给人家~，老了不中用了叫攮出来了。

【填还】t'iɛn⁵³ xuan‧ ①无代价地给。如：你挣恁些钱儿都~了谁了？②白白养活。如：他~了儿孙一辈子，临老了谁也不管他。

【舔沟子】t'iɛn⁵³ kəɯ³³ tsʅ‧ 巴结，拍马屁。如：他就靠着改领导跟前儿~才升上去哩。‖也说"溜沟子 liəɯ³³ kəɯ³³ tsʅ‧"。

t'uən

【褪】t'uən⁴¹ ①收缩或晃动身体某部分，使套在它上面的东西脱下来。如：这针得打到屁股上，你给孩子哩裤子朝下~~。②向后倒着走路。如：听说~着走能治腰间盘突出。

t'aŋ

【汤】t'aŋ³³ ①蔬菜或肉类加水熬煮后调味的咸汤。如：鸡蛋~｜酸辣肚丝~｜连~肉片。②水中加少许米熬成的粥，孟津的粥中放米很少，熬好后勾少许玉米面等，比较稀。如：黑地烧~哩时候儿多掌点儿拉森。③代指早饭和晚饭，盖因早晚多吃汤汤水水的食物而言。如：孟津本地人清早跟黑地碰见人打招呼都是问"你喝~了没有"。

【汤面条儿】t'aŋ³³ miɛn⁴¹ t'ɔɹ⁵³ 水加调料、菜肴和面条煮熟的以汤为主的面食。如：咱黑地喝~吧？

【汤汤水儿水儿】t'aŋ³³ t'aŋ‧ ʂuɯ⁵³ ʂuɯ‧ 比较稀的粥或带汤的饭，利于消化吸收，是人不舒服时或病人康复期的饮食。

【汤药】t'aŋ³³ yɔ³³ 经熬制而成的中草药。

【蹚】t'aŋ³³ 涉水或在较密集的植物丛中行进。如：你从麦地里头~着过来吧。

【蹚蹚路儿】t'aŋ³³ t'aŋ‧ lɻ⁴¹ 探路。如：前头不知道能走不能，咱先改这等着，叫小王先去~。

【唐坡】t'aŋ⁵³ p'o³³ 村名，在今孟津朝阳镇，因守护南唐后主李煜墓而设置。

【堂】t'aŋ⁵³ 量词，用于分节的课程，一节叫一堂。如：今儿前响儿五年级有两~算术课。

【堂门儿】t'aŋ⁵³ məɯ⁵³ 墓室与墓筒连接的入口。

【棠梨儿】t'aŋ⁵³ liɯ⁵³ 杜梨。

【堂姊妹】t'aŋ⁵³ tsʅ⁵³ mei‧ 同一个祖父的姐妹。

【堂兄弟儿】t'aŋ⁵³ ɕyŋ³³ tiɯ⁴¹ 同一个祖父的兄弟。

【塘地】t'aŋ⁵³ ti⁴¹ 用十指耙儿搂地。

【溏鸡屎】t'aŋ⁵³ tɕi³³ sʅ‧ 呈稀糊状的鸡屎。如：后头养哩鸡儿，地上都是~，你慢点儿走。

【溏心儿】t'aŋ⁵³ siɯ³³ 指蛋类煮过或腌过后蛋黄还没有完全凝结，是半流动的状态。

【躺椅】t'aŋ⁵³ i⁵³ 靠背长而向后倾斜的椅子，人可以躺在上面。

【糖包儿】t'aŋ⁵³ pⱼɔr³³ 一种包糖的发面食品。

【糖纸】t'aŋ⁵³ tsʅ⁵³ 包在糖果外面的纸。

【糖人儿】t'aŋ⁵³ zɱ⁵³ 用糖稀吹的小人。

【糖圪垯儿】t'aŋ⁵³ kuⁿ³³ tɐr· 糖块。如：给孩子抓一把 ~ 叫孩子吃。

【糖糕】t'aŋ⁵³ kɔ³³ 一种用烫面包糖炸制而成的食品。

【烫发头】t'aŋ⁴¹ fa³³ t'əu⁵³ 头发烫过的发型。

t'əŋ

【烠】t'əŋ³³ 把凉了的东西再加热或烤干。如：看你哩衣裳湿成这，赶紧脱喽改火上 ~ ~ 。

【□】t'əŋ³³ 拟声词，有力的走路声或跺脚声。如：老刘都八十了，走路还 ~ ~ 哩怪有劲儿哩。

【□势】t'əŋ³³ ʂ· 万一。如：你先不应收拾哩，~ 再来人喽还得使哩。

【腾地】t'əŋ⁵³ ti⁴¹ 把田地里种植的农作物清除掉，使地空出来。如：该种白菜了，得赶快腾一块儿地出来。

【腾地这】t'əŋ⁵³ ti⁴¹ tʂɤ· 腾出地方。如：你先腾了地这喽我再搬。

【腾出来】t'əŋ⁵³ tʂʰʅ· læ· 把房子或家具里的东西拿走，使空出来。如：你赶紧给老房子 ~ ，有人想租哩。

t'iŋ

【听房】t'iŋ³³ faŋ⁵³ 新婚的晚上，同龄男女躲在新房窗下，偷听新婚夫妇的谈话和活动。

【听头儿】t'iŋ³³ t'əur⁵³ 值得听的地方。如：今儿这戏一点儿 ~ 都没有。

【听着点儿门儿】t'iŋ³³ tʂuo· mⱼɐ· məɯ⁵³ 留意是否有人敲门。传统农村院落的大门一般是木头的，晚上要从里面插上门闩，晚归的人不能从外打开，需要敲门。

【听说】t'iŋ³³ ʂɤ³³ 听话、乖。如：这孩子可 ~ 了，叫他咋他就咋。‖ 也说"听话儿 t'iŋ³³ xuⱼ⁴¹"。

【侹】t'iŋ⁵³ 身体平躺在床上或其他物体上。如：我 ~ 一会儿，你引着孩子出去转转吧。

【莛儿】t'iɯ⁵³ 草本植物的茎，如：韭菜 ~｜油菜 ~ 。

【侹床儿了】t'iŋ⁵³ tʂʰuɐr⁵³ lə· ①指人生病时间长。如：他爷都 ~ 三年了，他伺候哩可好了。②指人快不行了。如：老林快 ~ ，不中了。

【停】t'iŋ⁵³ ①均等，平均分配。如：反正总共就阵些，恁俩 ~ 半儿砍算了。②表示等分的量词。如：他啥也没干，三 ~ 还要占一 ~ ，有点儿说不过去吧。③死人停放在凳起来的草铺上。如：老王家媳妇儿不中了，听说想 ~ 五天。

【停停当当】t'iŋ⁵³ t'iŋ· taŋ³³ taŋ· 妥当、妥帖。如：老高给家里事儿安排哩 ~ 才出差走。‖ 也说"停当 t'iŋ⁵³ taŋ·"。

【停一会儿】t'iŋ⁵³ i³³⁵³ xuɯ⁴¹ 等一会儿。如：我还有点儿事儿，你 ~ 再来吧？

【梃】t'iŋ⁴¹ 打。如：再不听说叫恁爷 ~ 你一顿。

【□】t'iŋ⁴¹ ①对着干。如：我就看恁俩谁能 ~ 过谁。②拖延。如：不知道他能 ~ 过年下不能。

t'uəŋ

【通¹】t'uəŋ³³ 程度副词，表示程度高。如：他这人嘴上说哩 ~ 好听哩，真遇着事儿一点儿指望不上。

【通²】t'uəŋ³³ 了解；懂得。如：你这人咋一点儿不 ~ 人情嘞？

【通不中哩】t'uəŋ³³ pu³³ tʂuəŋ³³ li· 差得远。如：你这手艺儿还 ~ ，还得好好练。‖ 也说"差哩远哩 tsʰa³³ li· yɛn⁵³ li·"。

【通长】t'uəŋ³³ tʂ'aŋ⁵³　全长。如：这块儿料子～三米，能做俩裙儿不能？

【通祺】t'uəŋ³³ tɕ'i⁵³　订婚。

【同辈儿】t'uəŋ⁵³ pəu⁴¹　同一个辈分的人。如：你跟刘顺生是～哩。

【同盟山】t'uəŋ⁵³ məŋ⁵³ san³³　山名，在孟津会盟镇扣马村南，是首阳山阴的一处高岗。相传当年是周武王大会诸侯的会盟台，也是登高远眺的好去处。

【同着】t'uəŋ⁵³ tʂuo·　当着；面对着。如：这事儿你可不应～咱嫂子说。

【通共】t'uəŋ⁵³ kuəŋ·　一共、全部。如：今年～就打了阵些儿麦，干脆都存到面粉厂吧？‖也说"通满 t'uəŋ³³ man⁵³"。

【桶梁儿】t'uəŋ⁵³ liɐ̃³³　桶的提手。

【桶箍儿】t'uəŋ⁵³ kuɐ³³　箍桶的铁圈。

【恸】t'uəŋ⁴¹　悲伤。如：他妈死哩时候儿，他哭哩可～了。

n

ni

【你】ni^{53} 第二人称单数。

【泥圪巴】ni^{53} kuu^{33} pia· 泥巴。如：小冬从滩里回来，弄了一身～。

【泥兜儿】ni^{53} $trour^{33}$ 建筑工地上用的盛泥的布兜子。

【拟山园】ni^{41} san^{33} yen^{53} 明末清初王铎建在北邙山山谷中的园林，其地在今孟津区会盟镇大坡口半坡东南。1637年，王铎购买孟津城西之贫瘠荒谷，沿谷上下修建了拟山园，园中主要建筑有崚嵘山房，范蠡、张良祠，南华轩，羽衣舍，洗砚池，白术台，觉海寺等。李自成农民军曾三次至孟津，拟山园屡遭破坏。乾隆中叶，拟山园原址作了县府演练兵马的校场。民国时期拍卖给了农民，即今粮库西边之旧校场拟山园废址。其在孟津老城建的府第后花园称再芝园，亦称拟山园。王铎作有《拟山园赋》，还把自己的诗文合集取名《拟山园选集》。

【湿】ni^{41} 用泥涂墙。如：山墙都露开土坯了，该～～了。‖ 也说"搅湿 $tcis^{53}$ ni·"。

【腻】ni^{41} 用脚在地上摩擦。如：他紧赶两步，～死了一条蛐蜒。

【腻虫】ni^{41} $ts'uən^{33}$ 蚜虫。‖ 也说"汗虫 xan^{41} $ts'uən^{33}$·"。

【腻抹】ni^{41} mo· 泥瓦工用来抹灰泥的工具，有铁腻抹和木腻抹两种。如：他那～都使了好几年了。‖ 也说"抹子 mo^{41} $ts\eta$·"。

【黏】ni^{41} 胶或糊状物黏连或胶合在一起，引申为黏着、贴近。如：这小孩儿一天到晚～着她妈就不下地儿。

【黏歪】ni^{41} uæ· 因过于亲近而使人心生厌烦。如：恁俩也忒～了，得注意点儿影响。

nu

【努】nu^{53} 没力气硬做。如：你抬不动，搁这吧，不应～着嗓。

【奴式】nu^{53} η· 对人卑躬屈膝，不自信。如：他那人通～哩。

ny

【女猫】ny^{53} mo^{53} 雌猫。

【女大不中留】ny^{53} ta^{41} pu^{33} $tsuon^{33}$ $liou^{53}$ 女孩长大后要出嫁到夫家成为别人家的媳妇。如：真是～，还没过门哩，就偏着婆家了。

【女大不由人（儿）】ny^{53} ta^{41} pu^{33} iou^{53} zon^{53}（$zour^{53}$）女孩长大后逐渐不受父母约束，自己的事情喜欢自己做主。如：真是～，阵着说她啥也不听了。

【女大十八变】ny⁵³ ta⁴¹ ʂʅ⁵³ pa³³⁵³ piɛn⁴¹ 女孩进入青春发育期，身体面貌等发生较大变化，越变越漂亮。

【女里女气】ny⁵³ li・ny⁵³ tɕ'i・ 形容男子的相貌、语言、动作等像女人一样。如：单位小王成天说话儿~哩，叫人听了可不舒服了。

【女娶客】ny⁵³ ts'y⁵³ k'æ・ 结婚时，陪同新郎一起到女方家迎娶新娘的妇女，一般是新郎的嫂子或婶子，要求相貌周正，属相不克，口齿伶俐。如：明儿迎亲哩时候儿得去四个~。

【女婿】ny⁵³ sy・ ①女儿的丈夫。②年轻女子自称自己的丈夫；称年轻女子的丈夫。

【女送客】ny⁵³ suəŋ⁴¹ k'æ・ 结婚时，送新娘出嫁的妇女，一般是新娘的嫂子或婶子。

【女客】ny⁵³ k'æ³³ 红白喜事上的女宾。如：晌午吃饭哩时候儿，~坐西屋，男客坐东屋。

na

【那儿】nɐr³³ 那样。如：不叫你~你非~，惹了大麻烦了吧？

【那儿着】nɐr³³ tʂuo・ 那样着。如：你要非~干哩话，我可不跟你合伙儿了啊？

【纳底子】na³³ ti⁵³ tsʅ・ 用圪帛一层一层糊成鞋底，用布包边，用针和麻绳把鞋底密密地缝一遍。‖ 也说"纳鞋底儿na³³ ɕiæ⁵³ tiɯ⁵³"。

【纳子儿】na³³ tsɤɯ⁵³ 一种游戏活动。挑选指头肚大小的石子儿，两人席地而坐，玩时抛起一个石子，按规定抓取地上剩下的，先一次一个，再一次两个……谁先收完地上的石子为取胜方。

【纳鞋垫儿】na³³ ɕiæ⁵³ tiɯ⁴¹ 用单层圪帛包上布，用针和线密密地缝一遍。

【妠】na³³ 孟津南部人对婶婶的称谓。

【妠那屄】na³³ na⁴¹ pi³³ 詈语。

【哪帮】na⁵³ paŋ³³ 哪里，哪边。如：王红排哩东边儿哩队，李丽排哩西边儿哩队，咱排~？

【哪儿】nɐr⁵³ 什么地方。如：咱今儿去~打球呀？

【哪儿跟哪儿】nɐr⁵³ kən³³ nɐr⁵³ 指人说话办事不着边际。如：你说这都~呀，八竿子打不着哩事儿。

【拿不出手】na⁵³ pu³³ tʂ'u³³ ʂəu⁵³ 指礼物太轻，不好意思送人。如：一点儿小礼物，~，表表心意吧！

【拿捏】na⁵³ niɛ・ ①拘束，不自然。如：你见喽恁叔自然点儿，甭~。②自视甚高因而摆条件，刁难人。如：他仗着会一点儿手艺儿，光想~人。

【拿手】na⁵³ ʂəu⁵³ 擅长。如：做饭他可~了，一会儿就能张罗一大桌子菜。

【那帮】na⁴¹ paŋ³³ 那里。如：~有一棵樱桃树，今年结哩还怪多哩。‖ 也说"那帮起na⁴¹ paŋ³³ tɕ'i・"。

【那坨儿】na⁴¹ t'uɐr⁵³ 那里。如：听说~有卖鞭炮哩，咱去买点儿吧？

【那儿】nɐr⁴¹ ①那里。如：~有一棵树，给窗户挡哩严严实实哩。②那时候。如：从~往后，他两家儿再也不来往了。

【那股劲儿】na⁴¹ ku⁵³ tɕiɯ⁴¹ 那个样子。如：老李咋~嘞？说好哩事儿可变卦了。

【那一阵子】na⁴¹ i³³⁵³ tʂən⁴¹ tsʅ・ 那段时间。如：~不着咋了，光胃疼。

【那哟】na⁴¹ yə⁴¹ 那一个。如：我不要这哟，你给我拿~吧！

nia

【娘】nia⁵³ 母亲。

【□】nia⁵³ "你家"的合音词。

【□哩】nia⁵³ li・ 你的，你们的。

【□都】nia⁵³ təu・ 你们。‖ 也说"□们nia⁵³ mən・"。

niɛ

【捏箔】niɛ³³ po³³ 把金银箔捏成元宝状，一般是祭扫时用。

【捏蛋儿】nie³³ tɛuɯ⁴¹ 抓阄，从预先做好记号的纸卷或纸团中每人抓取一个以决定某事。如：今儿黑地大队开会，~选队长。

【捏儿】nirɜr³³ 量词，表示的量小，用食指和拇指所能捏住的粉状物为一捏儿。

【捏搁】nie³³ kə· 凑合、将就。如：馍不多了，先~喽这一顿再蒸吧。

【茶儿】nieɯ³³ 发呆、动作迟缓、萎靡不振的样子。如：孩子今儿有点儿~，是不是不得劲儿呀？ ‖ 也说"茶儿头巴脑 nieɯ³³ t'əu⁵³ pa³³ nɔ⁵³"。

nuo

【搦】nuo³³ ①手指与手掌紧紧攥成拳头状；手中紧握某物。如：抽血哩时候儿你得使劲儿~住手｜你手里~哩啥东西儿？②使劲按压。如：他两只手使劲~住小丽哩脖子，小丽脸都憋紫了。

【挪】nuo⁵³ 挪动，移动位置。如：咱俩给这桌子~到窗户儿底下吧？

【挪地这】nuo⁵³ ti⁴¹ tʂə· 换个地方，搬家。如：怪不哩我寻不着恁家了，~你也不说一声儿。

【挪窝儿】nuo⁵³ uɐr³³ 离开原来的地方。如：他改那儿打游戏，一前晌儿都没~。

【□】nuo⁵³ "哪个"的合音词。如：乖乖听话儿，这娃儿娃儿咱家~都有，先不买了啊？

【□】nuo⁴¹ "那个"的合音词。如：~人那话儿你可不敢信！

næ

【奶¹】næ⁵³ 对祖母的称谓。

【奶²】næ⁵³ 乳汁。

【奶穗儿】næ⁵³ suɯ⁴¹ 奶头。

【奈何】næ⁴¹ xə⁵³ 对付、招架、招弄。如：他出了名儿哩赖，谁也~不了他。

【耐】næ⁴¹ 受得住，禁得住。如：这鞋~穿。

【耐磨人】næ⁴¹ mo·zən⁵³ 变着法地缠磨人。如：你这孩子真能~。 ‖ 也说"磨耐人 mo⁵³ næ⁴¹ zən⁵³"。

【耐脏】næ⁴¹ tsaŋ³³ 颜色重的衣物等能穿用较长时间而不显脏。如：这单子~。

nɔ

【孬】nɔ³³ ①不讲理；无赖。如：这人~着哩，不应理他。②质量差。如：这东西儿看着不~，能要。

【孬蛋】nɔ³³ tan⁴¹ ①喜欢捣乱，坏主意多。如：你这孩子咋阵~嘞？不叫你动你非动。②对调皮捣蛋的孩子的爱称，孟津人多用此为男孩子乳名。

【孬孙】nɔ³³ suən³³ 詈语。

【孬种】nɔ³³ tʂuəŋ⁵³ ①不讲理；不规矩；品质恶劣。如：王孬单门儿拿弹弓打俺哩鸡子，多~吧！②指怯懦胆小的人。如：不应看他恁厉害，公安一来他可成~了。

【孬好】nɔ³³ xɔ⁵³ 好歹。如：他~是恁伯哩，你可不敢这着说他。

【唛】nɔ³³ 孟津西部横水、煤窑一带对母亲的称谓。

【挠头】nɔ⁵³ t'əu⁵³ 用手抓头，形容事情复杂，难以处理。如：这事儿真叫人~，不知道该咋办。

【挠锄】nɔ⁵³ tʂ'ʅ· 中耕除草农具，似锄头而小。多用于谷子幼苗期的定苗、松土和除草。用挠锄锄地时只刮一层地皮，一点一点轻轻松土，像挠痒痒一样，故名。

【挠钩】nɔ⁵³ kɐu· 长把钩子，钩树枝时用。

【恼丧】nɔ⁵³ saŋ· 烦气。如：她这两天正～哩，你可不应惹她。

【脑】nɔ⁵³ 扛。如：我才看见他～着锄去地里了。

【脑子眼儿疼】nɔ⁵³ tsɿ· iɐu⁵³ t‘əŋ⁵³ 因环境嘈杂或心情烦乱而感到头疼。如：不应蹦了中不中？吵哩我～。

【脑阁儿】nɔ⁵³ kər⁴¹ 一种娱乐活动。一个人背上背着铁架子，上有一两个小孩子装扮成戏曲故事里的人物做各种动作。

【脑油】nɔ⁵³ iɐu· ①头皮分泌的油脂和含脂肪的物质。脑油过大可能会导致毛囊炎，还可能诱发头痛，应少食辛辣油腻的食物，禁忌烟酒、以清淡的饮食为主。②头皮分泌的油脂污染衣物和被褥导致的油腻及异味。如：被子一股～味，得拆洗拆洗了。

【闹丧】nɔ⁴¹ saŋ³³ 旧时女儿在夫家不明不白地死去，娘家人前去问明情况，要求夫家给说法。

【闹洞房】nɔ⁴¹ tuəŋ⁴¹ faŋ⁵³ 新婚的晚上，新郎的朋友熟人等在新房里跟新人说笑逗乐。

【闹鬼】nɔ⁴¹ kuei⁵³ 迷信指鬼怪作祟。

niɔ

【嬲】niɔ⁵³ ①指女子刁钻、厉害。如：这闺女真～。②形容人难说话，不好沟通。如：他这人有点儿～，不好打交道。

【嬲把儿】niɔ⁵³ pʐer⁴¹ 形容人说话时爱强词夺理，无理占三分。如：辛凯说话儿通～哩，你不应跟他打缠。‖也说"长牙嬲把儿 tʂ‘aŋ⁵³ ia⁵³ niɔ⁵³ pʐer⁴¹"。

【绕】niɔ⁵³ ①绳或线缠绕在一起，理不出头绪。②纠缠。如：你跟他就～不清这理儿。

【尿泡儿短】niɔ⁴¹ p‘ɔʐ³³ tuan⁵³ 小便较频繁。

【尿盆儿】niɔ⁴¹ p‘əɯ⁵³ 接尿的盆子。

【尿桶】niɔ⁴¹ t‘uəŋ⁵³ 接尿的桶。

【尿素裤子】niɔ⁴¹ su⁴¹ k‘u⁴¹ tsɿ· 20世纪中叶，我国需从日本进口尿素，装尿素的袋子是一种白色的化学纤维，被称作"尼龙"，当时布票紧张，有些百姓就把尿素袋子染黑后做裤子来穿着。

【尿臊气】niɔ⁴¹ sɔ³³ tɕ‘i⁴¹ 尿的臊味。如：孩子尿到床上了，一股子～。

【尿哟壶里头】niɔ⁴¹ yɔ⁵³ xu⁵³ li⁵³ t‘əu· 形容一些人关系密切，观点一致。如：他俩今儿～啦。‖也读"niɔ⁴¹ yɔ⁵³ xu⁵³ liɐu·"。

niɐu

【妞】niɐu³³ 称小女孩，孟津多以此为女孩名。‖也说"妞妞 niɐu³³ niɐu·"。

【牛皮纸】niɐu⁵³ p‘i⁵³ tsɿ⁵³ 一种韧性大、拉力强的黄纸，多用于包装。

【牛气】niɐu⁵³ tɕ‘i· 骄傲自得的神气。如：他阵着晚儿～哩很，谁都看不上。

【扭】niɐu⁵³ 拧。如：衣裳洗了先使点儿劲儿～～，再搭到绳儿上。

【扭屁股掉腰】niɐu⁵³ p‘i⁴¹ ku·tiɔ⁴¹ ɕiɔ³³ 形容女人走路时故意扭动腰身的风骚姿态。如：走哟路～哩，叫谁看哩？

【扭头儿摆尾儿】niɐu⁵³ t‘ɾəur⁵³ pæ⁵³ iɐu⁵³ 形容人躺在床上时来回翻腾的样子。如：睡觉也不好好睡，～哩，翻过来掉过去哩折腾。

【扭捏】niɐu⁵³ niɛ· 言谈举止不大方、难为情的样子。如：她～了半天，才答应试试。

【扭脸儿】niɐu⁵³ liɐu⁵³ 比喻极短的时间。如：前响儿才给你说喽，你咋～可忘了？

【扭锥儿】niɐu⁵³ tʂuɯ· 昆虫类的蛹。

【拗】niɐu⁴¹ 不随和，不顺从，固执。如：这孩子～哩很，咋说都不听。

nan

【男猫】nan⁵³ cɔ⁵³ 雄性的猫。

【男方】nan⁵³ faŋ³³ 婚姻关系中的男性。

【男娶客】nan⁵³ tsʻy⁵³ kʻæ· 结婚时，陪同新郎一起到女方家里娶亲的两位男子，一般是新郎的同辈兄弟或长辈，要长相周正，属相不克，并且是能说会道、会处理关系的利量人。

【男哩】nan⁵³ li· ①男性。如：今儿去哩都是~，就我哟女哩。②丈夫。如：她家~改广州打工哩，家里地里就她哟人。

【男子汉】nan⁵³ tsʅ· xan⁴¹ 男人，强调其勇敢坚强有担当。如：你得像哟~，好好保护妹妹。

【男人】nan⁵³ zən· ①男子汉。如：你成天婆婆妈妈哩，一点儿~样儿也没有。②指女子的配偶。如：她~没有哩早，她哟人给俩孩子拉扯大哩。

【男客】nan⁵³ kʻæ³³ 男性的客人。如：这一桌五个~，三个女客。

【唵】nan⁵³ 用手掌拿着东西往嘴里塞填。如：你这孩子，拿住啥都给嘴里~。

【南边儿】nan⁵³ piɛu³³ 靠南的那一边。如：村儿~有哟小卖铺儿。‖ 也说"南头儿 nan⁵³ tʻɿɐur⁵³"。

【难打缠】nan⁵³ ta³³ tsʻan⁴¹ 形容人不好共事，不好处。如：这人通~哩，心眼儿忒多。

【难得】nan⁵³ tæ³³ 很难，不容易。如：你~出来一回，多转两天再回去。

【难处】nan⁵³ tsʻʅ⁴¹ 困难。如：她有她哩~，你也得体谅体谅她。

【难缠】nan⁵³ tsʻan³³ 难对付。如：这小闺女儿可~了。

【难说】nan⁵³ ʂɥə³³ 说不准。如：这事儿也~最后会咋收场。

【难说话儿】nan⁵³ ʂɥə³³ xuɐr⁴¹ 难于通融或商量事情。如：老九通~哩，这事儿恐怕跟他商量不通。

【难看】nan⁵³ kʻan⁴¹ ①不好看。如：这衣裳真~。②不体面，不光荣。如：你这不是办我~哩呀？

【摊】nan⁴¹ ①泥土中水分过多地面松软。

人走在上面陷了进去。如：稻子地里都是稀泥糊涂，都~到我大腿根儿了。②用力把物体摁进去。如：扎稻子哩时候~哩深点儿。

【摊住】nan⁴¹ tsʅ· 用力按住。如：你先~住甭动，我去拿哟绳儿来拴住它。

【摊手印儿】nan⁴¹ ʂɐu⁵³ iuɪ⁴¹ 按指纹。

niɛn

【蔫儿巴脑】niɛu³³ ɦ·pa³³ nɔ⁵³ 精神不振，不活泼。如：你不应看夏强~哩，这孩子通有心眼儿哩。

【年把地儿】niɛn⁵³ pa·tiu⁴¹ 一年左右。如：再有~这路就修好了。

【年头儿】niɛn⁵³ tʻɪɐur⁵³ ①一年的开头几天。如：这可是咱~都商量好哩，你可不能反悔。②年份。如：这酒可有~了，还是恁大哥结婚哩时候儿买哩。

【年头里】niɛn⁵³ tʻɐu⁵³ li· 年前。如：~他去山西跑了一趟。

【年年】niɛn⁵³ niɛn· 每年。如：他家~都种西瓜。

【年时年】niɛn⁵³ sɿ·niɛn⁵³ 去年。如：~俺村儿修了哟文化广场。

【年三十儿】niɛn⁵³ san³³ ʂɐu⁵³ 除夕；一年当中最后一天。如：今儿都~了，你咋还不回家？

【年成儿】niɛn⁵³ tsʻɐu⁵³ 指一年中农作物的收获。如：今年雨水忒多，~不好。‖ 也说"年景儿 niɛn⁵³ tɕiu⁵³"。

【年轻轻哩】niɛn⁵³ tɕʻiŋ·tɕʻiŋ⁵³ li· 很年轻，含有惋惜的意思。如：刘刚~出车祸成了瘫痪，怪可惜哩。

【年下】niɛn⁵³ ɕia· 过农历新年的一段时间。如：今年~我想回一趟老家。

【年根儿】niɛn⁵³ kɐu³³ 年末、年底。如：快到~了，咱那几笔账得结算了。

【年根儿起】niɛn⁵³ kɐu³³ tɕʻi· 快到春节的那几天。如：都~了，恐怕来不及了吧？‖也说"年根儿垓儿 niɛn⁵³ kəɯ³³ kɐɯ·"。

【年关】niɛn⁵³ kuan³³ 指阴历年底。旧时商业往来，年底必须结清欠账，欠债的人过年如过关，故称。

【年月】niɛn⁵³ yɛ³³ 时代；岁月。如：这都啥 ~ 了，你还说这话儿，也不怕人家笑话。

【捻】niɛn⁵³ ①用手指或手掌搓转东西。如：~ 绳儿。②接续。如：这根儿绳儿忒短了，再 ~ 上一截儿吧。

【捻转儿】niɛn⁵³ tʂuɐɯ⁴¹ 陀螺。

【撰独条】niɛn⁵³ tu⁵³ t'ɕi⁵³ 极端自私的人。遇到有利的事情总想单干，不愿与别人分享。

【碾子】niɛn⁵³ tʂ· 播种后把覆盖的虚土压实的工具。一般用人力或畜力在前拉着，跟在耧子后，将耧过的虚土轧实，保护墒情，提高种子的发芽率。

【碾席】niɛn⁵³ si⁵³ 苇席编好后用石磙碾压使平整。

【碾转儿】niɛn⁵³ tʂuɐɯ⁴¹ 河南的一种特色美食。夏至前后人们将灌浆将满，但又未完全黄熟的小麦穗头割下，在木板上搓去麦芒与壳，只留下带青皮的麦粒，炒熟后上石磨碾压成许淡青圆条状的食物即碾转儿。碾转儿可凉拌也可炒着吃，是人们尝新的一种方式。

【碾场】niɛn⁵³ tʂ'aŋ⁵³ 用牲口拉的石碾在摊平的麦子等谷物上反复碾压，使麦粒等从穗子上或硬壳中脱离下来。

【黏不拉叽】niɛn⁵³ pu³³ la³³ tsi³³ 令人生厌的黏的感觉。如：泥鳅好吃，就是不好开剥，~ 哩，捏不住。

【黏黏糊糊】niɛn⁵³ niɛn· xu⁵³ xu· 形容很黏。如：今儿这糊肚面条儿 ~ 哩，怪好喝。

【黏骨拽拽哩】niɛn⁵³ ku· tʂuæ· tʂuæ⁵³ li· 东西发黏，黏手。如：你去弄啥了？手上 ~ 哩。

【念叨】niɛn⁴¹ tɔ· 因惦念某人或某事而经常提起。如：恁奶成天 ~ 你。

【捻儿】niɛn⁴¹ ①煤油灯、蜡烛等供点燃的线绳、棉条等。如：灯不明，你拨拨灯 ~ 吧。②爆竹等的导火线。如：这哟炮落 ~ 了，没响。

【碾】niɛn⁴¹ ①除去谷物皮壳的石制工具，由碾磙和碾盘等组成。②用碾除去谷物的皮壳。

【碾盘】niɛn⁴¹ p'an· 又大又圆的石盘，中间有一圆洞，内插一根木柱，磙子用木框框着固定在木柱上。木框上插有一根长棍，用牲口来拉或人推，使磙子与碾盘产生摩擦，从而对谷物去皮、粉碎。

【碾簇子】niɛn⁴¹ mi⁵³ tʂ· 用石碾把用刀剖开的芦苇来回碾压，使成为扁平的篾子，以利于编织苇席。

【碾稻子】niɛn⁴¹ tɔ⁴¹ tʂ· 用碾除去稻壳。‖也说"碾大米 niɛn⁴¹ ta⁴¹ mi⁵³"。

nuan

【暖被窝儿】nuan⁵³ pei⁴¹ uo³³ 冬季天冷时，先睡的人为后睡者暖热被窝；也指将热水瓶或热水袋放入被中，使被窝变温暖。

【暖房】nuan⁵³ faŋ⁵³ ①民间习俗，在结婚前一天晚上让小男孩在新房的床上睡觉。②搬迁新居后亲友备礼到其家中看望恭贺。

【暖房】nuan⁵³ faŋ· 孵化鸡鸭鹅的温室。

【暖袖儿】nuan⁵³ ʂɚur⁴¹ 为了御寒而缝制的一截棉袖筒，可增加棉衣袖子的长度，手冷时可以交叉插入取暖。

【暖水瓶儿】nuan⁵³ ʂuei⁵³ p'iur⁵³ 冬天用来暖脚的玻璃瓶，一般是用输液后的瓶子。

【暖手】nuan⁵³ ʂəu⁵³ 冬季手凉时用热水瓶或把手放入温暖处，使手暖和起来。

【暖鸡娃儿】nuan⁵³ tɕi⁵³ uɐr· 孵小鸡。

【暖脚】nuan⁵³ tɕyɔ³³ 冬季脚冷时把脚放到温暖处使其暖和起来。

【暖壶】nuan⁵³ xu⁵³ 保温瓶的一种，外面有竹篾、铁皮、塑料等做成的壳，内装由双层玻璃制成的瓶胆，通常用来保存热水。

【暖和气儿】nuan⁵³ xuo·tɕ'ɯ⁴¹ 暖和的气息（多用于否定，极言暖和的气息之少）。如：大冬天哩，屋里一点儿～都没有，立也立不住。‖也说"热乎气儿ʐɿə³³ xu·tɕ'ɯ⁴¹"。

【暖和和哩】nuan⁵³ xuo·xuo⁵³ li· 形容温暖得让人感觉很舒服。如：这屋里～，不冷不热，正好。

nən

【恁】nən⁵³ 人称代词。①第二人称代词单数。如：～家几口儿人？②第二人称代词复数。如：～仨不上课去河里头摸鱼儿哩事儿老师知道了，等着挨批吧！

【恁们】nən⁵³ mən· 第二人称代词复数，你们。

【恁都】nən⁵³ təu· 你们。如：都响午了，～还去不去了？

【恁俩】nən⁵³ lia⁵³ 你们两个。如：～去哪儿了？恁妈寻了恁半天了。

【恁】nən⁴¹ 表示程度高，那么。如：星期天街上～多人，你就不应去凑那热闹啦。

【恁们】nən⁴¹ mən· 表示程度更加深。如：～大哩房子还不够你住？

【恁大】nən⁴¹ ta⁴¹ 那么大，极言其大。如：～哟西瓜你哟人都吃了？

【恁大儿】nən⁴¹ trɚ⁴¹ 那么小，极言其小。如：～哟西瓜会有八斤？

【恁些】nən⁴¹ siɛ³³ 那么多。如：你来就来吧，还拿～东西儿抓哩？

【恁些儿】nən⁴¹ syɚ³³ 那么少。如：你买～布够做啥喽？

【恁着】nən⁴¹ tʂɿə· ①这么，这样。如：不中～吧？咱都去跑一趟吧？②那时；以前。如：你～胖哩就走不动了。

【恁着晚儿】nən⁴¹ tʂɿə· vɐ̃⁵³ 那个时候。

如：～哩人可受罪了！

【恁长】nən⁴¹ tʂ'aŋ⁵³ 那么长。如：～一根儿绳儿还不够使唤？

【恁长儿】nən⁴¹ tʂ'ɚ⁵³ 那么短。如：～哩棍儿够不着，再寻一根儿长点儿哩吧！

naŋ

【囊实】naŋ³³ ʂɿ· 指人胃口好吃得多。如：这孩子还怪～哩。

【囊】naŋ⁵³ 形容事物的奇妙。如：这件事儿还怪～哩。

【囊气】naŋ⁵³ tɕ'i· 志气。如：这孩子怪有～哩，说弄猪场还真弄成了。

【齉鼻子】naŋ³³ pi⁵³ tsɿ 因鼻子通气不畅而说话不清，鼻音浓重。如：这小伙子哪儿都好，就是有点儿～。

【攮】naŋ⁵³ ①用刀子或针刺。如：小山出去打架，叫人家～了一刀。②打针注射。如：再哭，给你屁股上～一针。

【攮子】naŋ⁵³ tsɿ 一种短而尖的匕首。

【饟】naŋ⁵³ 拼命往嘴里塞食物。如：不停势儿哩给嘴里～，不怕噎住喽？

niaŋ

【娘】niaŋ³³ 对伯母的称谓。如：他大～可年轻就死了。

【娘儿们】niɚ⁵³ mən· 妇女。如：恁～家坐一桌，俺都喝酒哩坐一桌。

【娘儿俩】niɚ⁵³ lia⁵³ 母女两个。如：她哟比哟还难说话儿。

【酿】niaŋ⁴¹ 酿造。‖老派读"zaŋ⁵³"。

nəŋ

【能能】nəŋ³³ nəŋ· 婴儿刚刚学会独自短时间站立但又不稳当。如：贝贝都会～了，快会走了。‖也说"打能能 ta⁵³ nəŋ³³ nəŋ·"。

【能】nəŋ⁵³ ①聪明、本事大。如：阵着晚儿这人真～，都上月亮上了。②精明，处事圆滑。如：这人～着哩，你可不应叫他骗喽。③能愿动词。如：那哟老婆儿都～上去你还上不去？

【能豆儿】nəŋ⁵³ təur⁴¹ 指那些自以为是，爱耍小聪明，喜欢表现自己，爱逞能的人。多含贬义。如：你真是哟～，啥都会。

【能耐】nəŋ⁵³ næ· 本领；技能。如：他～大着哩，啥事儿都难不住他。

【能哩不轻】nəŋ⁵³ li· pu³³ tɕ'iŋ³³ 形容一个人好显摆，自以为能干。如：你～，你见谁这着弄过？‖也说"能尿哩不轻 nəŋ⁵³ tɕ'iəu⁵³ li· pu³³ tɕ'iŋ³³"。

【能咋咋哩】nəŋ⁵³ tsa· tsa⁵³ li· ①喜欢表现自己；爱逞能。如：你看王利～那样儿，就她啥都知道啥都会。②夸耀小孩子聪明，大人能干。如：小虎才哟生儿，都走哩～了。

【能说会道】nəŋ⁵³ ʂuə³³ xuei⁴¹ tɔ⁴¹ 口才好，很会说话。如：王平～哩，我看就叫她去接待吧？

【能人儿】nəŋ⁵³ ʐuər⁵³ 能干的人；在某些方面有特殊才能的人。如：王刚可是哟～，厂里机器出点儿毛病他都会修。

【能掐会算】nəŋ⁵³ tɕ'ia³³ xuei⁴¹ suan⁴¹ 能用手指掐算，指有未卜先知的本领。如：张轩平常～哩，咋没算出来他会叫人家抢喽？

【能干】nəŋ⁵³ kan⁴¹ 有能力，会做事。如：这哟小伙子怪～哩！

niŋ

【拧头摆尾儿】niŋ⁵³ t'əu⁵³ pæ⁵³ iuɪ⁵³ 形容人的身体扭来扭去。如：你改这儿～抓

哩？好好坐好！

【宁】nin⁴¹ 踩踏。如：这圪嶙儿上哩土忒喧了，你再使劲～～。

nuəŋ

【哝哝叽叽】nuəŋ³³ nuəŋ· tsi³³ tsi· 形容说话声音小且含混不清、磕磕绊绊。如：开会哩时候儿老王发言就～说了几句，谁也没听清他说哩啥。

【哝叽】nuəŋ³³ tsi· ①形容一个人说话不利量，办事不利索。如：建平这人通～哩，他恐怕不中。②长时间低声抽泣或嘟囔。如：我还没咋说你哩，你～啥哩？

【齈鼻子】nuəŋ³³ pi⁵³ tsɿ· 鼻子的一种炎症，鼻涕多，鼻子通气不畅。

【□】nuəŋ³³ ①蔬果存放时间过长而腐烂。如：那俩梨儿都～了，扔喽吧。②食物炖煮得过于软烂。如：今儿这面条儿煮哩有点儿～。

【□不查查】nuəŋ³³ pu³³ ts'a· ts'a⁵³ 形容路面湿滑、泥泞难行的样子。如：才下了雨，街上～哩，不好走。

【农】nuəŋ⁵³ 勉强而为。如：就这吧，先～着往前走着再说。

【浓捏头儿】nuəŋ⁵³ niɛ· t'əur⁵³ 办法。如：我要是有一点儿～，我都不会来寻你哩。

【浓捏儿】nuəŋ⁵³ niɛr· 时间副词，表示短暂的时间。如：他说是来帮忙哩，才～干了一会儿可走了。

【脓祝】nuəŋ⁵³ tʂʯə³³ 疮口内像塞子一样的硬脓块儿。如：你这哟圪垯儿里头有哟～，得挤出来。

【弄不弄】nuəŋ⁴¹ pu³³⁵³ nuəŋ⁴¹ 语气副词，表示很容易就出现某种动作行为（这种行为是说话人不希望出现的）。如：你～都请假，这工作不想干了吧？

l

li

【立木】li³³ mu³³ 建造木结构房屋时，墙中砌的一根木头，用其把木头的房屋框架支撑起来。

【立睖眼儿】li³³ ləŋ·iɐɯ⁵³ ①用力睁大眼睛。如：他跳着脚儿~跟他妈吵。②外眼角向上挑。

【立字据】li³³ tsʅ⁴¹ tɕy· 写下字据。如：你要不放心，咱~吧。

【立早章】li³³ tsɔ⁵³ tʂaŋ³³ 由"立"和"早"组成的"章"姓，口语中用以区别"弓长张"。

【立射庄】li³³ ʂʅ⁴¹ tʂuaŋ³³ 村名，在今孟津送庄镇朱寨村，因李世民在此箭射白鹿而得名。

【立芥】li³³ tɕiæ⁴¹ 十字花科，芸薹属下的一种植物。块根圆锥形，可整块或切丝盐腌或酱渍供食用。如：俺妈今年又种了一畦儿~，想多腌点儿芥菜丝儿。‖ 也说"芥菜 tɕiæ⁴¹ tsʻæ""芥菜疙瘩 tɕiæ⁴¹ tsʻæ·kɯ³³ ta·"。

【立柜】li³³ kuei⁴¹ 一种直立的较高的木柜，前面开门，有的装有隔板或若干抽屉，多用来存放衣物等。如：小红出去哩时候儿她妈给她陪送了仨~，村儿里头人都眼气死了。

【沥沥拉拉】li³³ li·la³³ la· ①雨点零星地、不间断地降落。如：这雨~下了一整天。②容器中液体太满不断溢出。如：你不会给盆里水倒点儿？一路走一路~哩。③指女子月经断断续续持续时间长。如：这哟月身上~了十几天，再也不干净了。

【李子】li⁵³ tsʅ· 蔷薇科李属植物的果实。核果形状为球形、卵球形或近圆锥形。如：老百姓常说"桃养人，杏伤人，~树下抬死人"，李子真不能多吃。‖ 也读"li³³ tsʅ·"。

【李家庄儿】li⁵³ tɕia³³ tʂuɐr³³ 孟津会盟镇村庄名，地处邙山脚下黄河岸边，黄河滩区种植水稻和莲菜，建有"银滩""沿黄廊道""万亩荷塘"等休闲旅游景区。‖ 也读合音"lia⁵³ tʂuɐr³³"。

【李园】li⁵³ yɛn⁵³ 唐代名相李泌的墓园，在孟津白鹤镇河清村柏崖山听涛峰、香岩峰、独秀峰三山环抱的桃源坪之上，下临清溪。墓园主要建筑有照壁、石阙、神道碑、祁门、望柱、墓前石刻群、享堂、墓冢等，墓园旁有李公祠，供后人凭吊。今墓园虽毁，遗址尚存。

【礼】li⁵³ 为了表示尊敬或庆贺而赠送的物品，泛指一切礼物。如：这回办事儿收哩~都搁好，往后还得给人家还~哩。

【礼单儿】li⁵³ tɐɯ³³ 过红白喜事时，记录亲友所送礼物名称和数量的单子。

【礼桌】li⁵³ tʂuə³³ 婚丧寿宴中负责清点收受礼品、酬谢送礼、差遣人员等事物的桌子及人员。

【礼肉】li⁵³ ʐəu⁴¹ 三斤左右的猪肉，结婚、回门、丧礼、供飨等礼仪环节中都要用到的礼物。

【里头】li⁵³ tʰəu· 里边。如：你去看看屋~有人没有。‖也读合音"liəu⁵³"。

【里儿】liu⁵³ 与"表儿"相对，衣服或被褥里面的部分。

【里精外迷】li⁵³ tsiŋ³³ uæ⁴¹ mi⁵³ 形容人自私自利，只为自己打算。如：你真是~哩。

【里间儿】li⁵³ tɕiuɯ³³ 相连的几间屋子里不直接与室外相通的房间。如：你先改外间儿坐坐，我去~看看孩子醒了没有。‖也说"里屋 li⁵³ u³³""套儿屋 tʰɔr⁴¹ u³³""套间儿 tʰɔ⁴¹ tɕiuɯ³³"。

【里圪崂儿】li⁵³ kɯ³³ lɔr³³ 旧时窑洞民居中套窑之间的过道。如：俺奶给好吃哩都收拾到~了。

【□心】li⁵³ sin· 胃酸过多，致使胃部感觉不舒服。如：清早饭吃了俩红薯，半晌儿可~开了，往上冒酸水儿。

【理料】li⁵³ liɔ· 料理；办理；处理。如：家里哩事儿还没有~好，我咋走哩呀？

【梨木】li⁵³ mu· 梨树加工成的木材，材质坚硬沉重，一般制作案板用。

【梨儿】liu⁵³ 蔷薇科梨属植物的果实，营养价值很高，具有止咳化痰、清热降火、养血生津、润肺去燥等功效。孟津古来多植梨树且品种丰富、品质优良。传统品种有：孟津天生伏梨儿、圪垯梨儿、花红梨儿、白梨儿等。

【梨儿醋】liu⁵³ tsʰu⁴¹ 民间用落下或有伤的梨子酿制的果醋。

【梨儿圪垯】liu⁵³ kɯ³³ ta· 梨核。如：这梨儿倒好吃，就是~忒大了。

【梨园儿】li⁵³ yuɯ⁴¹ 种植梨树的果园。

【犁】li⁵³ ①翻地用的农具，用畜力或机器牵引。②用犁翻地。

【剺】li⁵³ 刀或草叶的锋芒把人的皮肤划开口子。如：手叫小刀~了一下。

【厉害】li⁴¹ xæ· ①形容人的性格凶狠，暴戾易怒。如：那人~着哩，你可甭惹他。②批评责备他人。如：你~她抓哩，又不是她错了。

【利】li⁴¹ ①锋利。如：这刀可~了，不应割住手喽。②利益。如：卖饭比其他生意~儿大。③（卖货物）快。如：这批货出手怪~哩！④（自行车等骑行）快。如：这辆车骑着可~了。

【利儿】liu⁴¹ 指从事生产、交易、货款等所得超过本钱的收获。如：这几年干装修~还不少。

【利亮】li⁴¹ liaŋ· 形容人说话办事麻利，利索。如：王娟这人通~着哩。

【利市儿】li⁴¹ səu· 主家给帮忙干活的人封的红包。

【利煞煞哩】li⁴¹ sa·sa⁵³ li· ①做事干脆利落不拖泥带水。如：他干活儿~，恁清放心了。②打扮得干净利索。如：王妞啥时候儿都是收拾哩~。

【离母肉】li⁴¹ mu⁵³ ʐəu⁴¹ 婚礼前男方送给女方家的肉。

【离散散哩】li⁴¹ san·san⁵³ li· 形容粥稀不黏糊。如：这米汤熬哩~，一点儿也不黏糊。

【离核儿】li⁴¹ xur⁵³ 桃杏等水果的果肉与核能分离。

【哩】li· ①结构助词，可以用在定中之间、状中之间、动补之间。如：我~包儿丢了｜你慢慢~走，不慌｜你说~怪好听，到时候办不成咋办？②时态助词。如：我还是改百货大楼那儿见~他。③语气助词。如：你这是弄啥~？④作构词成分。如：我~个乖乖呀！

【哩事儿】li·səu⁴¹ 表示原因的后置成分。如：天冷~，种哩黄瓜都是瘪瘪堵堵哩。

【哩慌】li·xuaŋ³³ 后置成分，放在感觉类形容词后面，用于抱怨某种不舒服的感觉。如：使～｜饿～｜热～。

lu

【绿木仁儿】lu³³ mu³³ ʐəɯ· 青苔。如：夏天那一棵老榆树上长哩都是～。

【绿菜】lu³³ ts'æ⁴¹ 青菜。

【绿圪垯】lu³³ kɯ³³ ta· 尚未成熟的绿色水果。如：柿柿还是～哩，不能吃。

【辘轳】lu³³ lu· 民间利用轮轴原理制成的从井里提水的装置，由辘轳头、支架、井绳、水桶等部分构成。

【卤面条儿】lu⁵³ miɛn⁴¹ t'ɔr⁵³ 将蒸熟的细面条与炒好的菜卤混合，使面充分吸收卤汤入味后上笼屉蒸制而成。‖ 也说"卤面 lu⁵³ miɛn·"。

【绿豆】lu⁵³ təɯ⁴¹ 豆科豇豆属植物绿豆的种子，具有清热解毒，消暑，利水的功效。

【路】lu⁴¹ 种类，类型。如：他俩是一～货。

【路儿】lɯr⁴¹ 门路，方法。如：他～熟，这事儿就叫他办吧。‖ 也说"路子 lu⁴¹ tsɿ·"。

【路数】lu⁴¹ ʂɿ· ①武术上的招式。如：一看他那～，就知道他学哩少林拳。②背景，来历，底细。如：摸不清这人哩～，他也不敢接腔。③做事的方式方法。如：做啥事儿都得按～来，可不能胡来。

【露水珠儿】lu⁴¹ ʂuei· tʂʅ³³ 露珠。

ly

【捋】ly³³ ①卷袖子。如：给我哩袄袖儿～上去。②顺着枝条采树叶或花。如：咱明儿去～槐花儿吧？

【缕缕续续】ly³³ ly· sy⁴¹ sy· 断断续续，接连不断。如：这几天～有人来寻他。

【缕续】ly³³ sy· 小零食。如：这孩子正顿不好好吃饭，光吃～。

【驴布袋】ly⁵³ pu⁴¹ tæ· 甜地丁。‖ 也说"米布袋 mi⁵³ pu⁴¹ tæ·"。

【驴粪蛋儿外面儿光】ly⁵³ fən⁴¹ təɯ⁴¹ uæ⁴¹ miɐɯ· kuaŋ³³ 形容做人做事都只求表面好，实际上不怎么样。

【驴踢马跳】ly⁵³ t'i³³ ma⁵³ t'io⁴¹ 形容小孩子活蹦乱跳，非常欢实喜动。如：成天～哩，怪不哩一会儿可饿了。

【驴年马月】ly⁵³ niɛn⁵³ ma⁵³ yɛ³³ 没有这样的年月，表示事情根本不可能实现。如：这事儿还不着到～了，你不应等了。

【驴耳朵儿】ly⁵³ ɻ⁵³ tuɐr· 私密话被人听去时的戏谑说法，因驴耳朵长，故言。如：你是～呀？成天支棱着听闲话儿哩？

【驴骡】ly⁵³ luo⁵³ 马父驴母生的骡子。

【驴脸】ly⁵³ liɛn⁵³ 形容人的脸长，脸上毫无笑容。如：他成天拉着一张～，谁也不理。

【驴驹儿】ly⁵³ tɕyɯ³³ 初生或不满一岁的驴。

【驴肝肺】ly⁵³ kan³³ fi⁴¹ 坏心肠。如：你可不应拿人家哩好心当成～呀。

【捋】ly⁵³ ①整理线绳类物品。如：你先给这线～～吧。②综合分析，梳理事情脉络。如：咱先甭慌，慢慢把事儿～一～。

【□】ly⁴¹ 用棍棒打人。如：再不听说，叫恁爸～你一顿。

ɻ

【二】ɻ⁵³ 指人性格行为古怪，与别人不一样。如：这哟家伙～着哩。

【儿马】ɻ⁵³ ma⁵³ 公马。

【儿猫】ɻ⁵³ mɔ⁵³ 公猫。

【儿骡】ɻ⁵³ luo⁵³ 公骡。

【儿子儿】ɻ⁵³ tsəɯ· ①小孩子。如：你哟小～家知道啥？②某些幼小的动物。如：俺家贝贝逮来哩时候儿还是没满月哩小～哩。

【耳朵儿背】ɻ⁵³ tuɐr· pei⁴¹ 听觉不灵敏。

如：俺爷~，你得大点儿声儿。‖ 也说"耳朵儿沉 Һ̩⁵³ tuer·tʂ'ən⁵³"。

【耳朵儿帽儿】Һ̩⁵³ tuer·mɻɔr⁴¹ 戴在耳朵上防寒的物品。

【耳朵儿塞驴毛儿】Һ̩⁵³ tuer·sæ³³ ly⁵³ mɻɔr⁵³ 叫人不应时的戏谑说法。

【耳朵儿垂儿】Һ̩⁵³ tuer·tʂ'ɯɯ⁵³ 即耳垂，是耳轮下端非常柔软的部分，里面含有结缔组织和脂肪，无软骨。一般是针灸和临床采血常用的部位。如：老人家常说，~大哩人有福气。

【耳朵儿根儿软】Һ̩⁵³ tuer·kəur³³ ʐuan⁵³ 形容缺乏主见，容易听信他人的话。如：他~，架不住人家三句儿好话就同意了。

【耳朵儿眼儿】Һ̩⁵³ tuer·iɛu⁵³ ①外耳道。如：你那~里头耳塞可多，我给你掏掏吧？②在耳垂上扎的孔。如：扎~疼着哩。‖ 也说"耳朵儿窟窿儿 Һ̩⁵³ tuer·k'u³³ luɯ·"。

【耳塞】Һ̩⁵³ sæ· 耳屎。

【耳熟】Һ̩⁵³ ʂu⁵³ 听着熟悉。如：这哟名儿听着怪~哩，就是想不起来他哩样子了。

【耳势】Һ̩⁵³ ʂ̩· 搭理，搭话。如：这人不懂事儿，不应~他。

【耳刮子】Һ̩⁵³ kua³³ tʂ̩ 耳光。如：我气哩甩了他仨~。‖ 也说"耳巴子 Һ̩⁵³ pa³³ tʂ̩·"。

【揎】Һ̩⁵³ ①打、揍。如：你再捣鸡毛小心我~你。②捉住、逮住。如：他欠钱儿不还，躲到今天才~住他。

【二把权】Һ̩⁴¹ pa⁴¹ ts'a³³ 不十分内行的人。如：他是哟~，不治尬，不应叫他来。

【二百五儿】Һ̩⁴¹ pæ³³ ur⁵³ 指傻头傻脑，不很懂事而又倔强莽撞的人，贬义。如：他这哟人通~着哩，你甭理他。

【二半吊子】Һ̩⁴¹ pan⁴¹ tiɔ⁴¹ tʂ̩· 形容犯傻，或者做事不认真，吊儿郎当，贬义。古代一千钱为一吊，五百钱为"半吊子"，比"半吊子"更差的称"二半吊子"，就是"二百五"了。如：他这哟人是哟~，你不应跟他一般见识。

【二半夜】Һ̩⁴¹ pan⁴¹ iɛ⁴¹ 小半夜。

【二拇指头】Һ̩⁴¹ ma·tʂ̩³³ t'əu· 食指。

【二门】Һ̩⁴¹ mən⁵³ 多重院落中大门进去的第二道门。如：她整天大门不出~不迈哩，外头哩啥事儿也不知道。

【二伏】Һ̩⁴¹ fu⁵³ 中伏。

【二道贩子】Һ̩⁴¹ tɔ⁴¹ fan⁴¹ tʂ̩· 指从生产者手中买进货物再加价卖出以获利的小贩。如：没有实名制哩时候儿，春运火车票好些都叫~走了。

【二蛋】Һ̩⁴¹ tan⁴¹ ①老人对莽撞晚辈的戏谑称谓。如：你这哟~，可甭去井边玩耍！②对某些行事鲁莽、胆大妄为的人的称谓。如：人家来了十几个人哩，他哟人都敢去跟人家硬扛，真~。

【二来】Һ̩⁴¹ læ⁵³ 第二。如：这一来就该你去哩，~也寻不下人。

【二溜子】Һ̩⁴¹ liəu³³ tʂ̩· 讥称游手好闲、不务正业的人的称谓。如：他这哟人一点儿力也不想出，光耍嘴皮子，真是哟~。

【二郎腿】Һ̩⁴¹ laŋ⁵³ t'uei⁵³ 坐的时候把一条腿搭在另一条腿上的姿势。如：他坐到沙发上，跷着~，嘴里叼着烟，看着怪神气哩。

【二周年】Һ̩⁴¹ tʂəu³³ niɛn·（人死后）满两年。

【二手】Һ̩⁴¹ ʂəu⁵³ 指已经经过一次或多次交易的商品。如：这台电视机虽然是~，看起来还怪新哩。‖ 也说"二手货 Һ̩⁴¹ ʂəu⁵³ xuo⁴¹"。

【二家旁人】Һ̩⁴¹ tɕia³³ p'aŋ⁵³ ʐən⁵³ 与自己没有关系的其他人。如：咱是亲戚哩我才下劲儿帮你哩，要是~我才不管哩。

【二屄儿牌】Һ̩⁴¹ tɕ'ɻəur⁵³ p'æ⁵³ 指头脑简单，做事莽撞不考虑后果的人，贬义。如：你咋跟哟~一样，瓣活都瓣活不明白。‖ 也说"二屄儿 Һ̩⁴¹ tɕ'ɻəur⁵³"。

【二杆子】Һ̩⁴¹ kan⁵³ tʂ̩ 指脾气火暴，做事莽撞的人。如：你那~劲儿也该改改了。

【二话儿】Һ̩⁴¹ xuɻr⁴¹ ①别的话。如：上一回给王师傅说了哟事儿，人家~不说都给办了。②不同的意见（指后悔、

抱怨、讲条件等）。如：就你好掂～，
领导都对你有意见了。

【二婚头儿】ɻ^{41} xuən^{33} t'ɻəu^{53} 第二次结婚
的人。

【二一添作五】ɻ^{41} i^{33} t'iɛn^{33} tsuo^{33} u^{53} 本是
珠算除法的一句口诀，是二分之一等
于零点五的意思。借指双方平分或平
均承担责任和义务。如：咱们～，哟
人分一百七不就妥了？

【二尾子】ɻ^{41} i^{41} tsɻ · 指身体器官发育异
常，同时拥有雄性和雌性两种性器官
的两性人。也用来蔑称那些女里女气、
不阴不阳、不男不女的男性。

la

【拉不下来脸儿】la^{33} pu$^{33|53}$ ɕia^{41} læ^{53} liəɯ^{53}
不好意思驳别人的面子；讲情面，顾
面子。如：要说你去说，我真～。

【拉不开栓】la^{33} pu^{33} k'æ^{33} ʂuan^{33} 打枪时枪
栓拉不开，比喻因缺少钱财或人手而
周转不开。如：厂里活儿多人少，有
点儿～了。

【拉偏架】la^{33} p'iɛn^{33} tɕia^{41} 拉架时偏向一
方。如：你当领导哩，可不能～。‖
也说"拉偏套 la^{33} p'iɛn^{33} t'c'^{41}"。

【拉倒】la^{33} to^{53} 算了，完结。如：你去就
去，不去～，我才不管哩。

【拉套】la^{33} t'o^{41} ①在车辕的前面或侧面
帮着拉车。如：这匹马是～哩。②比
喻帮助别人，替人出力。如：他这一
辈子就是替人家～哩。

【拉碴】la^{33} ts'a^{33} 杂乱，乱蓬蓬的。如：
他好几天没有休息了，胡子～哩，看
着怪没精神哩。

【拉着灯】la^{33} tʂuo · təŋ^{33} 开灯。如：叫我
先～，咱进屋说。

【拉秧儿亲戚】la^{33} zɤr^{33} ts'in^{33} ts'i · 亲缘关
系比较远的亲戚。

【拉嫁妆】la^{33} tɕia^{41} tʂuaŋ · 婚礼前一天，

男方去女方家拉嫁妆，新娘的侄子、
侄女、兄弟押送嫁妆，男方要封封儿
给押送嫁妆的人。

【拉稀】la^{33} ɕi^{33} ①拉肚子。②比喻害怕。
如：他看着怪能哩，老刘一来他可～了。

【拉话儿】la^{33} xuɤr^{41} 交谈，谈心。如：两
家儿离哩近，俩老婆儿没事儿好改一
坨儿～。

【啦儿啦儿】lɤr^{33} lɤr^{33} 把小孩子尿时的
嘘声。

【蜡】la^{33} 蜡烛。

【蜡渣黄】la^{33} tsa^{33} xuaŋ^{53} 形容人的肤色像
蜂蜡渣子一样黄。

【辣子】la^{33} tsɻ · 辣椒。如：这一回买这～
咋一点儿不辣嘞？

【拉】la^{53} 交谈；聊天。如：没有事儿喽咱
俩～～闲话儿。

【拉森】la^{53} sən^{33} 花生。

【拉森仁儿】la^{53} sən^{33} zɤr^{53} 花生米。

【拉硗】la^{53} tɕ'i · 指桑骂槐地对自己不满
的人发泄、谩骂。如：你有啥意见说
出来，不应改那儿～人。

【刺】la^{53} ①划破、拨开。如：今儿切菜
哩时候给手上～了哟口子。②用刀来
回割。如：这刀真笨，半天才～下来
一小块儿肉。

【喇叭花儿】la^{53} pa · xuɤr^{33} 二丑或其种子。

【喇嘛鸡】la^{53} ma · tɕi^{33} 形容邋里邋遢不
讲卫生，不利量的人。如：世伟家媳
妇是哟～，一点儿都不收拾。

【落】la^{41} 留下，剩下。如：我得回去一趟，
手机～家里了。

lia

【俩】lia^{53} 数量词"两个"的合音词。

【俩生儿】lia^{53} səɯ^{33} 两周岁。如：贝贝
快～了。

【俩旋儿】lia^{53} syɐɯ^{53} 头上有两个发旋。如：
妞妞低脑上有～。

lə

【了】lə· 语气词，用在句末表示陈述语气，报告一种新情况，有时有完足句子的作用。如：他早就走了｜孩子去哪儿了｜车厢里头快挤死了。

lyə

【掠】lyə³³ 轻轻地扫。如：~地｜~场。

【掠场】lyə³³ tʂ'aŋ⁵³ 扬场时用扫帚尖轻轻地把上面的麦余儿等扫去。

liɛ

【咧咧】liɛ³³ liɛ³³ 喝令牲口右转的口令。

【□折】liɛ⁵³ tʂʅə· 整洁干净。如：她啥时候儿出去都收拾哩 ~ 着哩。‖ 也说"列折折哩 liɛ⁵³ tʂʅə· tʂʅə⁵³ li·""列列折折 liɛ⁵³ liɛ· tʂʅə³³ tʂʅə·"。

【趔】liɛ⁴¹ ①斜着抱。如：她一只手 ~ 着孩子，一只手扶着自行车把。②用两个手指拿碗。如：你 ~ 着碗可小心点儿，看打喽。③腿脚有点儿跛，走路不得劲儿。如：他走路一 ~ 一 ~ 哩，可费劲儿了。

【趔斜】liɛ⁴¹ siɛ· 走路不稳，东倒西歪的样子。

lyɛ

【□】lyɛ⁴¹ 用棍子、鞭子敲打或鞭打。如：孩子改学校犯了错儿，我今儿狠狠地 ~ 了他一顿。

luo

【烙馍】luo³³ mo⁵³ 用鏊子烙制面饼。

【烙馍】luo³³ mo· 用鏊子烙制的薄面饼。

【烙铁】luo³³ t'iɛ· 旧时人们熨烫衣服的工具。烙铁的主体是一个三角形或椭圆形的铁块，一端是长长的铁把。使用时，先把烙铁在炭火上烧热，然后放在垫上湿布的衣物上进行熨烫。

【烙油馍】luo³³ iəu⁵³ mo· 用鏊子烙制加了葱花、油酥的面饼。

【落头儿】luo³³ t'əur· 得到的东西，通常指得到的东西很少。如：干这事儿没啥 ~。

【落驾沟】luo³³ tɕia⁴¹ kəu³³ 村名，在今孟津白鹤镇，代王刘恒和其母亲薄姬一次朝觐从洛阳返回代地时，在此遇大风雨车摧衣湿，在此落驾避雨，故名。村南山上有薄姬庙。

【落脚儿】luo³³ tɕyʒr³³ 指临时停留或暂住。如：甭哭了，先寻哟 ~ 哩地这安置住再说。

【落户儿】luo³³ xur⁴¹ 在他乡安家长期居留。如：他家是从他爷那一辈儿都 ~ 到陕西了。

【落捻儿】luo³³ niɐu⁴¹ 放鞭炮时，捻儿燃烧后，鞭炮未响。

【落枕】luo³³ tʂən⁴¹ 因睡觉时受寒或枕枕头的姿势不合适，以致脖子疼痛，转动不便。

【落篗儿】luo³³ yʒr³³ 把拐子上的线倒到篗儿上。

【罗面】luo⁵³ miɛn⁴¹ ①旧时磨面时使用的工具。罗筛固定在罗面柜的一个立轴上，磨过的面粉入筛，经过来回推拉，细面粉漏下，粗颗粒倒入磨顶重磨，如此反复，直至磨到麸皮为止。②用罗把面粉过一遍，以去除面中的虫子等杂物。

【罗面雨】luo⁵³ miɛn⁴¹ y⁵³ 形容像罗过的面一样细小的雨丝。

【罗敷寨】luo⁵³ fu⁵³ tsæ⁴¹ 地名，位于孟津白鹤镇的紫岩山上，相传是罗敷的故里。罗敷是东汉人，她不仅容貌美丽，还是采桑养蚕的能手。罗敷寨中还有罗敷楼遗址，即秦氏楼。罗敷寨建筑奇特，古朴典雅，曲径通幽，是黄河岸边的一个著名景点。

【罗圈儿腿】luo⁵³ tɕ'yɐu³³ t'uei⁵³ 一种下肢畸形病症。表现为双足并拢时，两侧膝关节的内侧有明显的间隙，看起来双侧下肢像箩筐一样，故名。

【罗圈椅】luo⁵³ tɕ'yɛn³³ i⁵³ 我国传统的椅子样式。其明显的特征是圈背连着扶手，后高前低，坐靠时背部可靠臂部也可倚扶圈形的扶手，感觉比较舒适。

【罗锅儿】luo⁵³ kuɐr³³ 驼背。

【萝卜片儿】luo⁵³ pu · p'iɐu⁴¹ 把萝卜切成片状进行腌制或晒制。

【萝卜丝儿】luo⁵³ pu · sɐu³³ 用礤子把萝卜擦成的细丝。

【萝卜馅儿扁食】luo⁵³ pu · ɕiɐu⁴¹ piɛn⁵³ ʂʅ · 用煮熟的萝卜丝和肉调味作馅的饺子。

【萝卜干儿】luo⁵³ pu · kɐu³³ 用萝卜晒制或腌制的食物。

【萝卜缨儿】luo⁵³ pu · iu³³ 萝卜的叶子。

【箩头】luo⁵³ t'əu³³ 盛土用的筐子，一般用荆条编成，主体是个筐子，上有长襻儿供挑或抬。

【骡子】luo⁵³ tsʅ · 哺乳动物，是驴和马交配所生的杂种。比驴大，毛多为黑褐色。

【骡驹儿】luo⁵³ tɕyɯ³³ 初生或不满一岁的骡子。

【摞起来】luo⁴¹ tɕ'i · læ 把东西重叠向上码放起来。

læ

【肋巴扇儿】læ³³ pa³³ ʂɐu⁴¹ 肋骨。

【肋子】læ³³ tsʅ · 肋骨或靠近肋骨的地方。如：这几天右边儿~那儿有点儿疼。

【勒】læ³³ 系，围。如：外先冷，你~好围巾再出去。

【勒呆】læ³³ tæ · 指人不讲卫生，邋遢。

如：他这人通~哩，十天半月不洗脸。

【裂子】læ³³ tsʅ · 手脚因寒冷干燥形成的裂口。如：他哩脚后跟儿一到冬天都是~。

【来路】læ⁵³ lu⁴¹ 来历。如：这货~不正，咱可不应买。

【来来】læ⁵³ læ · 试试，干干。如：不应光说人家，你~？

【来钱儿】læ⁵³ ts'iai⁵³ 能赚到钱。如：这生意~快。

【来事儿】læ⁵³ sɐu⁴¹ ①来往，交往。如：他两家儿平常就不~。②有眼色，会办事。如：小王可会~了，跟谁都怪好哩。

【来真哩】læ⁵³ tʂən³³ li · 不只是嘴上说说，要付诸行动。如：这一回可是~了，你小心点儿。

【来及】læ⁵³ tɕi⁵³ 还有时间，能够赶得上。如：不应慌，能~喽。

【来劲儿】læ⁵³ tɕiu⁴¹ ①起劲，正在兴头上。如：打麻将打哩正~哩，没电了。②指人不知收敛，越发张扬。如：越说你你还越~了。

【赖】læ⁴¹ ①产品质量不好；庄稼长势不好。如：这衣裳忒~了，洗了一和可摘哩穿不了了｜今年这洋柿柿长哩可老~呀！②指人品行不好。如：这人通~着哩，你少跟他打交道。

【赖天】læ⁴¹ t'iɛn³³ 阴雨天。如：这一星期一势是~，稻子都没地这晒。

【赖路】læ⁴¹ lu⁴¹ 坑洼不平或泥泞难行的路。如：到~上喽慢点儿开。

【赖菜】læ⁴¹ ts'æ⁴¹ 赖皮。如：他这人忒~，不应理他。

【赖菜货】læ⁴¹ ts'æ⁴¹ xuo⁴¹ 耍赖皮的人。如：这是哟~，一点儿不讲理。

【赖账】læ⁴¹ tʂaŋ⁴¹ ①不承认、不肯归还所欠债务和所借物品。如：你得催紧点儿，小心他~不还。②不承认自己说过的话、做过的事。如：这可是咱说好哩，你可不能~。

【癞蛤蟆】læ⁴¹ xuɤ⁵³ ma· 蟾蜍。

【嘞】læ· ①用在特指问句中表示疑问。如：我哩裤子~？②用在感叹句中表示较委婉的感叹语气。如：你做这饭咋阵好吃~！

luei

【累赘】luei³³ tʂuei⁴¹ ①啰嗦，不简洁。如：他说话儿忒~。②感到多余或麻烦的事物。如：出几天门，带阵些东西儿也不嫌~。

【垒砖哩】luei⁵³ tʂuan³³ li· 在工地上干垒墙等体力活的人。如：他改工地就是哟~，挣不了怎多钱儿。

【垒窝儿】luei⁵³ uɤ³³（鸟）筑巢。如：小燕儿又飞回来了，改房檐儿底下~哩。

【雷劈了】luei⁵³ p'i³³ lə· 雷雨天人或动物被雷电击中。

【雷子】luei⁵³ tsʅ· 一种较粗、较响的大爆竹。如：这俩大~声儿大，捂住孩子哩耳朵儿。

【泪】luei⁴¹ ①眼泪。②蜡烛淌油。③土由高处顺坡下流。如：墙上哩土往下~了。

【泪人儿】luei⁴¹ zɤ⁵³ 哭泣不止，泪流满面的样子。如：不应说了，看孩子都哭成~了。

【泪窝儿浅】luei⁴¹ uɤ³³ ts'iɛn⁵³ 形容人爱哭。如：这孩子~，动不动就好哭。

lɔ

【捞】lɔ³³ 拽住，拉住。如：天黑路不平，你~着点小花儿啊。

【捞摸】lɔ³³ mo· ①偷。如：他光好~人家哩东西儿。②慌忙胡乱地拿。如：他随手儿~了一件衣裳就走了。

【唠叨】lɔ³³ tɔ· 说话没完没了；啰唆。如：你阵着咋变哩阵~嘞？

【唠唠】lɔ³³ lɔ· 猪的俗称，是用呼唤猪的声音来称之。

【老鳖尾】lɔ⁵³ piɛ³³ i³³ 老鳖尾巴尖尖的，说一个人吝啬也叫"尖"，老鳖尾就成了吝啬、抠门儿、占人便宜的人的代称。如：你这哟~，一分钱儿舍不哩花，也不着攒着给谁哩。

【老辈儿】lɔ⁵³ pəu⁴¹ 老一辈的人。如：~人说哩没错，吃人家嘴短，拿人家手短。‖ 也说"老辈子lɔ⁵³ pei⁴¹ tsʅ·"。

【老表】lɔ⁵³ piɔ⁵³ 对姨、姑、舅家平辈的兄弟姊妹的称谓。

【老半天】lɔ⁵³ pan⁴¹ t'iɛn³³ 形容时间长，语气比"半天"更强调。如：我排了~队，也没有买着。

【老婆】lɔ⁵³ p'o⁵³ 外祖母的母亲。

【老婆】lɔ⁵³ p'ɤ̩⁵³ ①年岁大的妇女。如：这~改这坐了一后晌了，也没人来寻她。②对婆婆的背称。如：俺~栽着腿了，还不能下地儿哩。

【老婆儿嘴】lɔ⁵³ p'ɤ̩⁵³ tsuei⁵³ ①形容人的嘴像因为缺了牙齿而显得凹入的老太太的嘴一样。②形容人嘴碎，像老太太一样啰唆。如：你快成~了，成天叨叨哩没完。

【老婆子】lɔ⁵³ p'o⁵³ tsʅ· ①年岁大的妇女（含贬义）。如：你这死~，心眼儿咋阵赖嘞？②年纪大的丈夫对妻子的爱称。

【老婆子拐线】lɔ⁵³ p'o⁵³ tsʅ· kuæ⁵³ siɛn⁴¹ 蚊子的幼虫孑孓的俗称，因其游泳时身体剧烈地左右扭动，像老太太拐线时的样子，故名。

【老盆儿】lɔ⁵³ p'əu⁵³ 老盆儿又叫"吉祥盆""阴阳盆"等，是在灵前祭奠烧纸所用的瓦盆。老盆儿正中有一圆孔，可以将迷魂汤漏掉。孟津习俗，出殡时，老盆儿由长媳抱着，下葬时随棺木一起埋入墓穴中。

【老母猪】lɔ⁵³ mu⁵³ tʂʅ· 未经阉割，用来繁殖猪崽的母猪。

【老暮坷岔眼儿】lɔ⁵³ mu⁴¹ k'uɤ³³ ts'a³³ iɤu⁵³

形容人容颜老去的样子。

【老马蛉神仙】lɔ⁵³ ma⁵³ liŋ⁵³ sən⁵³ siɛn · 蝉蜕。

【老美¹】lɔ⁵³ mei⁵³ 很称心、很舒服、很满意。如：老张哩闺女考上北大了，心里~呀!

【老美²】lɔ⁵³ mei⁵³ 美国。如：抗美援朝一开始，~就叫打蒙了。

【老末儿】lɔ⁵³ moɾər³³ 称排在最后的人。如：这一回考试孙莉又是~。

【老棉鱼儿】lɔ⁵³ miɛn⁵³ yuɿ⁵³ 鲶鱼。

【老本儿】lɔ⁵³ pəuɿ⁵³ 最后的本钱。如：这一回他连~都拿出来了。

【老佛爷】lɔ⁵³ fu⁵³ iɛ · 佛。

【老法儿】lɔ⁵³ fɹər³³ 传统的方法。如：这~听说怪管用哩，要不试试?

【老坟】lɔ⁵³ fən⁵³ 祖辈留下的坟地。

【老底儿】lɔ⁵³ tiuɿ⁵³ 指个人的出身、经历等。如：他哩~我一清二楚。

【老达】lɔ⁵³ ta⁵³ 干爹。

【老掉牙】lɔ⁵³ tio⁴¹ ia⁵³ 陈旧过时。如：你说这事儿都~了。

【老等】lɔ⁵³ təŋ⁵³ 见"长脖子老等"。

【老头儿】lɔ⁵³ t'ɾəuɿ⁵³ ①年岁大的男子。如：这~可好下棋了。②对公公的背称。如：俺~勤勤着哩。‖也说"老汉儿 lɔ⁵³ xɐuɿ⁵³"。

【老头儿开口笑】lɔ⁵³ t'ɾəuɿ⁵³ k'æ³³ k'əu⁵³ sio⁴¹ 老笨甜瓜，白沙瓤，成熟后表皮裂有小口，口感干面甜。

【老头子】lɔ⁵³ t'əu⁵³ tsɿ · 年纪大的妻子对丈夫的爱称。

【老天爷】lɔ⁵³ t'iɛn³³ iɛ · 迷信的人认为的天上主宰一切的神灵。

【老娘】lɔ⁵³ nia⁵³ 干娘。

【老奶】lɔ⁵³ næ⁵³ 曾祖母。

【老娘儿们】lɔ⁵³ niɐɿ⁵³ mən · 戏称年纪稍长的妇女。

【老哩】lɔ⁵³ li · 称长辈（与"小哩"相对）。如：你膺~哩，不应跟他们小哩一门样儿。

【老路儿】lɔ⁵³ lɿuɿ⁴¹ 以前走过的熟悉的路。

如：这路不知道修通了没有，咱还是走~吧。

【老俩】lɔ⁵³ lia⁵³ 指老年夫妇。如：风琴家~过哩通潇洒着哩。

【老了】lɔ⁵³ lə · 称老年人死了。

【老来俏】lɔ⁵³ læ⁵³ ts'io⁴¹ 指妇女年老仍喜欢装扮自己。

【老杂毛】lɔ⁵³ tsa⁵³ mɔ⁵³ 詈语，骂年纪大的人。

【老砟皮】lɔ⁵³ tsa⁵³ p'i⁵³ ①不时髦，老土。如：这身儿衣裳真是~，难看死了。②詈语，骂年纪大的人。

【老早（儿）】lɔ⁵³ tsɔ⁵³（tsɿɔɾ⁵³）很早。如：这事儿我~都听说了，你咋才知道?

【老皂人】lɔ⁵³ tsɔ⁴¹ zən⁵³ 指年纪大，世事练达知礼有经验的人。如：恁达可是哟~。

【老灶爷】lɔ⁵³ tsɔ⁴¹ yɛ⁵³ 灶神，中国传统民间信仰和道教中的神祇，总管家中一切事务。灶神左右随侍两神，一捧"善罐"、一捧"恶罐"，随时将一家人的行为记录保存于罐中，年终时向玉皇大帝报告。民间传说，灶神每年腊月二十三晚上天汇报，除夕日返回人间。‖也说"灶王爷 tsɔ⁴¹ uaŋ⁵³ yɛ⁵³"。

【老粗儿】lɔ⁵³ ts'ɾuɿ³³ 指没有上过学或没有文化的人。如：他是哟大~，你不应跟他一般见识。

【老亲】lɔ⁵³ ts'in · 上一辈人结的亲戚关系。

【老□】lɔ⁵³ ts'iaŋ⁴¹ 西乡称干亲家公。

【老□□】lɔ⁵³ ts'iaŋ⁴¹ mo · 西乡称干亲家母。

【老是】lɔ⁵³ sɿ⁴¹ 总是。如：你~说星期天带孩子去公园儿，啥时候能兑现呀?

【老师儿】lɔ⁵³ səuɿ³³ 对有某种特殊技艺的手艺人的尊称，后来用来称陌生人则相当于从前的"师傅"或"同志"。

【老俗套】lɔ⁵³ sy⁵³ t'ɔ⁴¹ 老风俗。

【老小】lɔ⁵³ sio⁵³ 排行最小的。如：他是~，哥姐都让着他。

【老小孩儿】lɔ⁵³ sio⁵³ xɐuɿ⁵³ 形容年老的人

像小孩子一样爱闹脾气，要由晚辈来安慰来哄。如：妈都成 ~ 了，不叫去非去，咋说都不中。

【老掌柜】lɔ⁵³ tʂaŋ⁵³ kuei· 对父母公婆的背称。如：俺家 ~ 哩话儿不敢不听呀！

【老丈人】lɔ⁵³ tʂaŋ⁴¹ zən· 称妻子的父亲。

【老鼠疮】lɔ⁵³ ʂʅ· tʂʻuaŋ³³ 瘰疬，颈部的一种疾病。

【老实巴脚儿】lɔ⁵³ ʂʅ· pa³³ tɕyɜr³³ 形容人规规矩矩，谨慎胆小。如：他这人一辈子 ~ 哩，这事儿肯定不是他干哩。

【老实圪垯】lɔ⁵³ ʂʅ· ku³³ ta· 未见过世面规矩本分的人。如：他是哟 ~ ，你不说他不敢走。

【老人儿】lɔ⁵³ zmɜ⁵³ 供职多年的人。如：他是 ~ 了，能照顾尽量多照顾。

【老家】lɔ⁵³ tɕia⁵³ 原籍。如：俺 ~ 是河南哩。

【老气】lɔ⁵³ tɕʻi· ①形容人的长相、肤色、心态等比实际年龄要老。如：新来哩服务员长哩有点儿 ~ 。②形容服装等的颜色深暗、样式陈旧。如：这件儿衣裳太 ~ 了，咱买艳些点儿哩吧？③形容人没有朝气、暮气沉沉的样子。

【老姑奶】lɔ⁵³ ku³³ næ⁵³ 父亲的姑奶。

【老胳膊老腿儿】lɔ⁵³ kuɯ³³ po· lɔ⁵³ tʻɯ³³ 形容老年人身体器官老化，不灵便。如：我这 ~ 估计走不了恁远了吧？

【老公公】lɔ⁵³ kuəŋ³³ kuəŋ· 丈夫的父亲。‖也说"公公 kuəŋ³³ kuəŋ·"。

【老抠儿】lɔ⁵³ kʻəur³³ 吝啬；小气。如：他是出名哩 ~ ，不应想叫他出一分钱儿。

【老户儿】lɔ⁵³ xur⁴¹ 在某地世代居住的人家。如：他家是村里 ~ ，乾隆年间从山西迁过来哩。

【老虎鞋】lɔ⁵³ xu· ɕiæ⁵³ 小儿穿的鞋，鞋头有老虎的刺绣。

【老虎杠子】lɔ⁵³ xu· kaŋ⁴¹ tsʅ· 饮酒时让人喝酒的一种办法，两人同时说出老虎、鸡、虫子、杠子中的任意一个，谁说出的能吃掉或制服对方（老虎吃鸡，鸡吃虫子，虫子拱杠子，杠子打老虎）谁赢，输的一方喝酒。

【老伙哩】lɔ⁵³ xuo⁵³ li· 大家族的集体财产。如：这房子是 ~ ，不能分。

【老衣儿】lɔ⁵³ iu³³ 老人健在时，其后代为其准备的寿衣。旧时民间对寿衣的质料、颜色、做工、式样及制作时间、制作人等均有讲究。如：寿衣不能用缎子，否则会断子绝孙；不能用带毛的衣料，否则死者会转世为畜生等。

【老一乏儿】lɔ⁵³ i³³ fɜr⁵³ 指年纪比较大的年龄大致相同的同辈人。‖也说"老一辈儿 lɔ⁵³ i³³ˡ⁵³ pəu⁴¹"。

【老哇】lɔ⁵³ ua⁴¹ 乌鸦的俗称，因其鸣叫时发出"哇哇"的声音名之。‖也说"黑老哇 xuɯ³³ lɔ⁵³ ua⁴¹"。

【老爷】lɔ⁵³ iɛ· 曾祖父。

【老妖婆】lɔ⁵³ iɔ³³ pʻo⁵³ 贬称打扮妖艳的老年妇女。

【老冤儿】lɔ⁵³ yɯ³³ ①贬称乡下土里土气的人。如：你真是哟 ~ ，这都没见过？②称出力不讨好或经常吃亏的人。如：老王苦活儿累活儿都干了，钱儿领哩最少，真是哟 ~ 。

【老样儿】lɔ⁵³ iɜr⁴¹ ①旧有的规矩。如：咱今年分配还是 ~ ，按工分分粮食分钱儿。②原来的习惯；原来的做派。如：宏伟头日儿说哩怪好哩，第二日儿还是 ~ ，一下学可钻到网吧了。

【劳疫布袋】lɔ⁵³ i⁵³ pu⁴¹ tæ· 横水人对香袋的俗称。每年农历五月初五端午节时，横水人会给儿童佩戴香袋。香袋用布包香草、艾叶、五谷等，制成鸡心、带穗银牌、荷包等式样，民间以为佩此可以祛除疫病。

【牢靠】lɔ⁵³ kʻɔ⁴¹ 稳妥可靠。如：他办事儿可 ~ 了，你放一百个心。

【嘍】lɔ· 语气词。①用在动词后，表示动作的完成。如：给这草苫儿卖 ~ 咱可买哟电视机。②用在动补短语后表示可能。如：你哟人能拿动 ~ ？恁两人抬着去吧。

【喽喂】lɔ·uæ· 表示疑问的功能语气词。如：你一去十天不能回来，家里老人孩子~？

【捞面条】lɔ⁵³ miɛn⁴¹ tʰɔɹ⁵³ 打卤面。

【落菢鸡】lɔ⁴¹ pu⁴¹ tɕi³³ 整日卧在窝中想要孵化小鸡的母鸡。

【落空窝儿】lɔ⁴¹ kʰuəŋ³³ uɐɹ³³ 指老母鸡卧在无蛋的空窝里想孵化小鸡。民间一般在其尾部系上红布条，赶其出窝，其他鸡会追逐它、啄它，使其活动，不能落窝。

liɔ

【撩】liɔ³³ 把下垂的东西掀起来。如：她~起衣裳给孩子喂奶。

【了】liɔ⁵³ 动态助词，用在动词、形容词后表示动作或性状的实现。如：甭慌，我吃~饭去。

【敹】liɔ⁵³ 指临时、粗率地缝纫、修补。如：我裤子缝儿开了，你给我~几针吧？

【敹边儿】liɔ⁵³ piɐu³³ 用针线斜着缝边。

【燎】liɔ⁵³ 物体太靠近火被烧焦。如：甭离火怎近，招着给衣裳~喽丨这肉搁火上~一~都能吃了。

【燎泡】liɔ⁵³ pʰɔ· 因火烫、摩擦或上火而出的水泡。如：这两天上火了，嘴上出了好几个~。

【尥蹶子】liɔ⁴¹ tɕyɐ³ tsʅ· ①骡马等跳起来，用后腿向后踢。②喻指人生气时向后踢的行为。

【料子】liɔ⁴¹ tsʅ³ 化纤布料。如：我小时候儿，能穿一件儿~衣裳都跩着哩。

【料礓】liɔ⁴¹ tɕiaŋ· 沙粒、黄土凝结之石。

【撂】liɔ⁴¹ ①放、搁。如：这孩子也不着慌啥哩，~下碗就跑了。②扔，摔。如：这东西儿没用了，~了吧。

【撂拌】liɔ⁴¹ pan⁵³ ①扔掉或丢弃东西。如：这衣裳都烂成这样儿了，赶紧~了吧。②死。如：这一窝儿猪娃儿都~了。

哟都没成。

【撂翻了】liɔ⁴¹ fan³³ lə· ①打架斗殴时把对方打倒在地。如：老四个子大，哟人~了仨。②喝酒时灌醉了对方。如：红兵量大，给他们都~了。

【寥地儿烤火一面儿热】liɔ⁴¹ tiɯ⁴¹ kʰɔ⁵³ xuɔ⁵³ i³³⁵³ miɐu⁴¹ ʐʅ³³ ①在野外烤火只有向火的一面热。②喻指一厢情愿。如：他俩这事儿不中，~，腊梅不愿意。

【寥天地里】liɔ⁴¹ tʰiɛn³³ ti⁴¹ li· 村外空旷的野地里。如：这~，去哪儿寻呀？‖也说"寥天野地 liɔ⁴¹ tʰiɛn³³ iɛ⁵³ ti⁴¹"。

【撂倒】liɔ⁴¹ tɔ⁵³ 弄倒，打倒。如：就你那身板儿，我一伸手都给你~了。

【撂手】liɔ⁴¹ ʂəu⁵³ 丢开，不继续做下去。如：你撂开手不应管了，天塌不了。

ləu

【搂】ləu³³ 用手或带齿的工具把东西聚拢到一起。如：秋天他一下学就去山上~树叶儿沤粪。

【炉掌儿】ləu⁵³ tsʰɐu⁴¹ ①煤火的炉膛和炉底之间承煤漏灰的铁箅子。②形状相似的炸油饼。‖西乡说"炉盘儿 ləu⁵³ pʰɐu⁵³"。

【搂】ləu⁵³ 搂抱。如：孩子想睡哩，你~住哄哄她吧。

【搂儿】ləuɹ⁵³ 足够；能使人满足。如：这锅饭不~他哟人吃哩。

【耧】ləu⁵³ 用来播种的农具，由耧腿、耧铧、耧斗及机架组成，播种时前面由人或牲口牵引，后边由人扶持并稍加摇晃，可以均匀播种。

【篓儿】ləuɹ⁵³ ①用竹篾、荆条、苇篾等编成的盛物器，一般为圆桶形。②量词，计量可以用篓盛装的物品。如：一~稻子。

【漏】ləu⁴¹ ①东西从孔洞或缝隙中滴下或掉出来。如：布袋上有哟大窟窿，土豆都快~完了。②物体上有孔洞或缝隙。如：锅~了，得补补了。

【漏瓢】ləu⁴¹ pʻiɔ⁵³ 漏粉条的葫芦瓢，用剖开的大葫芦制成，一般底部钻七个大孔，孔有圆有扁，漏出的粉条也有圆粉条、扁粉条的区分。

【漏粉条儿】ləu⁴¹ fən⁵³ tʻɤɾ⁵³ 粉条加工技艺。传统的手工漏制粉条主要有五道工序：一是和面，将红薯粉加水和成不稠不稀、能够随着敲打从漏瓢自然落下的面糊；二是漏，一般采用一手握漏瓢一手敲打的方式，使漏瓢里的粉面糊从孔洞中漏出，粉条是否粗细均匀全由拿漏瓢者控制；三是煮，漏在热锅里的粉条，经水煮后漂了起来就算熟了；四是上竿，煮熟的粉条要迅速捞到冷水缸里冷却，冷却后的粉条要挂在竹竿或木杆上晾晒；五是冰冻和晾晒，上竿的粉条要及时拿到外面架起来，确保晚上能结冰冻起来，冻过的红薯粉条才容易抖散开来，吃起来也才更筋道，再晒干就可以长期保存了。

【漏风】ləu⁴¹ fəŋ³³ ①物体上有孔洞或缝隙，风能透过。如：这窗户~，得修修了。②指人由于牙齿脱落，说话时聚不住气。如：她哩门牙掉了好几个，说话光~。

【漏锄】ləu⁴¹ tʂʻʮ· 锄麦的农具。刃部与一般锄相似，但上端有大孔，锄地时大孔可漏土，土附麦苗根部使不倒伏。

【露屁股裤子】ləu⁴¹ pʻiⁱ ku· kʻu⁴¹ tsʮ· 幼儿穿的裆部不缝合的裤子，方便拉屎撒尿时不弄脏弄湿裤子，因屁股露在外边，故名。‖也说"开裆裤 kʻæ³³ taŋ³³ kʻu⁴¹"。

【露脸儿】ləu⁴¹ liɐu⁵³ 因受到赞扬或得到荣誉而感到脸上有光。

【露馅儿】ləu⁴¹ ɕiɐu⁴¹ 比喻不肯让人知道而隐瞒的事情暴露出来。如：他一势给他妈要钱儿，说学校要交这费那费，老师一来家访，他撒哩谎都~了。

【露一手儿】ləu⁴¹ iⁱ³³ ʂɐu⁵³ 把自己的拿手本领展现出来。如：今儿叫老刘给大家~，来一段儿《沙家浜》中不中？

liəu

【流边儿流沿儿】liəu³³ piɯɑ³³ liəu³³ iɯɑ⁴¹ 盛放的东西与容器的口沿平齐。如：~一碗水。

【流尖儿】liəu³³ tsiɯɑ³³ 盛放的东西略微突出容器的口沿。如：~一碗饭。‖也说"冒尖儿 mɔ⁴¹ tsiɯɑ³³"。

【溜溜达达】liəu³³ liəu· ta⁵³ ta 缓步而行；闲逛。如：不应管我，电影院儿又不远，我~就去了。

【溜墙根儿】liəu³³ tsʻiaŋ⁵³ kəu³³ 偷听房间里的人说话。如：这人就好~，叫逮住好几回了，也不嫌寒碜哩慌。

【溜肩儿】liəu³³ tɕiɯɑ³³ 肩膀向下斜垂。如：她有点儿~，西装得加哟小垫肩。

【溜沟子】liəu³³ kəu³³ tsʮ· 巴结人，拍马屁。如：他就是靠~升上来哩。

【□】liəu⁵³ "里头"的合音词。

【刘秀坟儿】liəu⁵³ siəu⁴¹ fəu⁵³ 东汉光武帝刘秀的陵墓原陵，又称汉陵，光武帝陵，位于今孟津白鹤镇铁谢村附近。原陵北临黄河，南瞻邙山，神道阙门巍峨，气势壮观。原陵有三大奇特之处：枕河蹬山，一反帝王选陵常规，为两千年封建历史之殊例；园中至今保存有隋唐古柏一千四百多株，拔地通天，庄然肃穆；每当谷雨前后的雨后，陵园柏林之中紫烟袅袅、虹光四射，宛如仙境，人称"汉陵晓烟"，为古孟津十景之一。

【柳蒲穗儿】liəu⁵³ pʻu⁵³ suɯ⁴¹ 柳树的花序，每年柳树发叶的同时生出，嫩时花色青绿，形如桑椹，花老时出白棉，如下雪般随风飘落，嫩柳蒲穗儿和柳叶可以开水焯过后凉拌吃，也可以沤成酸菜吃。

【柳毛儿毛儿】liəu⁵³ mɻɚ⁵³ mɻɚ· 柳树带白色绒毛的种子。

【留门儿】liəu⁵³ məu⁵³ 因为有人未归而不锁门。如：你得先打哟电话，叫恁妈给你 ~ 。

【留头发】liəu⁵³ tʻəu⁵³ fa· 不剪头发使长长。

【留着肚子】liəu⁵³ tʂuo· tu⁴¹ tsʅ· 指因为有其他想法而有意地不吃饱。如：清早饭少吃点儿，~ 晌午吃大餐。

【留后路儿】liəu⁵³ xəu⁴¹ lɻur⁴¹ 做事时预先留的退路。如：你可得给各人 ~ ，先不应说死了。

【留后手儿】liəu⁵³ xəu⁴¹ ʂəur⁵³ 做事时留的转圜余地。如：放心吧，你看老王不慌不忙哩，他肯定 ~ 了。

【留尾巴儿】liəu⁵³ i⁵³ pɻɚ· 做事不利落、不完满，留下一些未完的事情，给别人带来麻烦。

【留一手儿】liəu⁵³ i³³ ʂəur⁵³ 做事时没有使出全部的本事。如：没想到你还 ~ ，没有都教给人家。

【流里流气】liəu⁵³ li· liəu⁵³ tɕʻi· 形容有流氓习气的人。如：这人 ~ 哩，一看就不是好人。

【流水席】liəu⁵³ ʂuei⁵³ si⁵³ ①客人陆续来到，随到随吃随走的宴客方式。②宴席中的每道菜都离不开汤水，且吃完一道菜撤下，再上另一道菜，如行云流水，故称。

【流水账】liəu⁵³ ʂuei⁵³ tʂaŋ⁴¹ ①记载每日金钱或货物出入的、不分类别的账目。②比喻不加分析、罗列现象的叙述或记载。如：写日记不能记成 ~ ，既要客观真实，也要有详有略。

【琉璃蛋儿】liəu⁵³ li· təu⁴¹ 儿童玩的玻璃小球。

【琉璃圪嘣儿】liəu⁵³ li· ku⁵³ pəu· ①一种用薄玻璃吹制而成的儿童玩具。头大，呈扁圆形，中接细长管，用嘴吹，极薄的玻璃在气流鼓动下能发出"圪

嘣圪嘣"的声音。如：~ ，坷啪儿一会儿。②因其易碎，用来形容身体素质差，动不动就生病的人。如：你看你，动不动就害病，简直成了 ~ 了。

【瘤子】liəu⁵³ tsʅ· 肿瘤。

【六指儿】liəu⁴¹ tsəur³³ 手或脚长了六个指头。

【六个】liəu⁴¹ kə· 数量词。‖也读合音"luo⁵³"。

【馏¹】liəu⁴¹ 把凉了的熟食再蒸热。

【馏²】liəu⁴¹ 再次搜索、寻找，恐有遗漏。如：咱抽空儿去地里 ~ 红薯吧？

【镏子】liəu⁴¹ tsʅ· 戒指的俗称。

【溜】liəu⁴¹ 指动作熟练敏捷。如：小洁英语单词背哩 ~ 着哩。

【溜儿】liəur⁴¹ 量词，用于成块、成排、成行的人或物。如：给我切一 ~ 西瓜｜商店门口儿排了两 ~ 队｜路边儿种了一 ~ 杨树。

【遛遛】liəu⁴¹ liəu· 随便走走。如：吃完饭出去 ~ ，不应成天歪到沙发上不动。

lan

【拦腰】lan⁵³ iɔ³³ 正对着腰部；从半中央。如：从后边儿窜过来俩人，~ 箍住他摔倒地上。

【揽住】lan⁵³ tʂʅ· 用绳子把物品束缚在什么地方。如：架子车上装哩草得使绳儿 ~ ，甭翻喽。

【揽活儿】lan⁵³ xuer⁵³ 寻找活计。如：这半年没有 ~ ，改家歇哩够够儿哩。

【蓝英英哩】lan⁵³ iŋ· iŋ⁵³ li· 蓝色。

【漤柿柿】lan⁵³ sʅ⁴¹ sʅ· ①制作柿子产品的一道工序，用热水或石灰水浸泡柿子以除去其涩味。②该工序制作的柿子产品。

【懒蛋】lan⁵³ tan⁴¹ 形容懒惰的人。如：你这哟大 ~ ，该起来了。‖也说"懒虫 lan⁵³ tʂʻuaŋ⁵³"。

【懒驴上套屎尿多】lan⁵³ ly⁵³ ʂaŋ⁴¹ tʻɔ⁴¹ sʅ⁵³

niɔ⁴¹ tuo³³ 形容人懒事多，找借口不愿干活。如：你真是～，事儿真多。

【懒腰】lan⁵³ iɔ³³ 困倦时双臂向上伸展，腰身挺直，以消除疲劳。

【篮儿】lɐui⁵³ 篮子，用竹篾、柳条等编成的容器，上面有提梁。

【烂肚子蛤蟆】lan⁴¹ tuʅ⁴¹ tsʅ·xuɯ⁵³ ma·蟾蜍。

【烂泥扶不上墙】lan⁴¹ ni⁵³ fu⁵³ pu³³⁵³ ʂaŋ⁴¹ ts'iaŋ⁵³ 比喻由于能力差或水平低，别人帮助也成不了事儿。

【烂乎乎儿哩】lan⁴¹ xu·xur⁵³ li·形容肉类等食品炖煮得非常软烂。如：今儿·这牛肉炖哩～，可好吃了。

【滥好人】lan⁴¹ xɔ⁵³ zən⁵³ 指对人一味和善，无原则、无是非的人。如：你光当～哩，其实两边儿都不落好儿。

liɛn

【连毛尾儿】liɛn⁵³ mɔ⁵³ iɯ³³ 蔬菜外边黄烂的叶子。

【连拖带拽】liɛn⁵³ t'uo³³ tæ⁴¹ tʂuæ⁴¹ 拖拽着人或物向前走。如：老王不想来，俺俩～哩总算给她捞来了。

【连汤肉片儿】liɛn⁵³ t'aŋ³³ zəu⁴¹ p'iɐi⁴¹ 洛阳水席中的经典菜式。精瘦肉加淀粉、蛋清、盐等略腌后滑熟，葱姜蒜爆香，依次加入木耳、香菇、黄花菜等配菜和滑熟的肉，淋入水淀粉，调味即成。

【连吃带捎】liɛn⁵³ tʂʅ³³ tæ⁴¹ sɔ³³ 到饭店或别人家吃饭并且打包带走。‖也说"连吃带拿 liɛn⁵³ tʂʅ³³ tæ⁴¹ na⁵³"。

【连晌儿】liɛn⁵³ ʂɐr·中午不休息，上午下午连着干活。如：今儿搭哟～也得给这活儿干完喽。

【连脚裤】liɛn⁵³ tɕyə³³ k'u⁴¹ 小儿穿的带脚的裤子。

【连襟儿】liɛn⁵³ tɕiɯ³³ 姐姐的丈夫和妹妹的丈夫之间的关系。

【连阴天】liɛn⁵³ in·t'iɛn³³ 接连多日的阴天。

【连阴坷泡儿】liɛn⁵³ in·k'ɯ⁵³ p'ɔr·下雨时积水中如果有许多水泡，预示着有连阴雨。

【连阴雨】liɛn⁵³ in·y⁵³ 指连续多日的阴雨过程。

【莲蓬】liɛn⁵³ p'əŋ⁵³ 莲花开过后的花托，倒圆锥形，里面生长有莲子。如：咱后晌去滩里拽～吧?

【莲子儿】liɛn⁵³ tsəu⁵³ 莲菜的种子。

【莲菜】liɛn⁵³ ts'æ·莲科植物，水生类蔬菜，地下根茎藕可做菜或淀粉，其各部分均可供药用。

【莲圪垯】liɛn⁵³ kɯ³³ ta·两节藕之间的部分，有药用价值。如：听说～下奶，你多给小平炖点儿汤喝吧。

【莲花儿】liɛn⁵³ xuɐr³³ 荷花。

【莲叶儿】liɛn⁵³ yɜr³³ 荷叶。

【脸白】liɛn⁵³ pæ⁵³ 有面子，有脸气。如：还是老王～，能借来刘刚哩订书机。

【脸皮厚】liɛn⁵³ p'i⁵³ xəu⁴¹ 形容不容易害羞。如：王刚～哩子弹都打不透。

【脸皮儿薄】liɛn⁵³ p'iɯ⁵³ po⁵³ 形容容易害羞。如：桃生～，咋着都张不开嘴。

【脸盘儿】liɛn⁵³ p'ɯ⁵³ 脸庞。如：兰娟哩～怪好看哩。

【脸气】liɛn⁵³ tɕ'i·面子。如：人家是看老王哩～才没有罚咱款。

【脸圪蛋儿】liɛn⁵³ kɯ⁵³ tɐuɯ⁴¹ 脸的两旁部分，也泛指脸，多用于儿童或妇女。如：强强～叫风刮哩都皴了。‖也说"脸蛋儿 liɛn⁵³ tɐuɯ⁴¹"。

【脸红】liɛn⁵³ xuəŋ⁵³ 心理素质比较差的人在紧张或激动时产生的一种反应，多是由于害羞或羞愧所致。如：你～啥哩?

【镰】liɛn⁵³ 镰刀。

【炼油】liɛn⁴¹ iəu⁵³ 加热动物肥肉或脂肪，使油流出。

【链蛋儿】liɛn⁴¹ tɐuɯ⁴¹ 狗交配时阳物抽不出来的现象。

luan

【挛】luan⁵³ ①一些树木尤其是枣树经常出现的病害。有些枣树会在盛夏或者夏末秋初长出枝条短缩丛生，叶片细小卷曲的枝叶，在植物病理学上称之为"枣疯病"，也叫"丛枝病"，患枣疯病的枣树叶子卷曲痉挛，民间称此枣树挛了。枣疯病是我国枣树严重病害之一，发病枣树病枝不能结果且传染性极强，常导致整株或成片死亡，严重影响红枣产量和品质。②把东西揉成一团。如：被子都～成一忽挛了，还不赶快抻抻。③把食物稍微咀嚼一下即成团咽下。如：俺奶牙都快掉光了，吃东西都是～～就咽了。

【□】luan⁵³ 烹饪肉类的方法，把肉片炒后稍炖煮加盐，可长时间保存。

【乱】luan⁴¹ ①没有秩序，没有条理。如：屋里头～哩都没有下脚哩地这。②形容状态，忙乱、闹腾。如：外头忒～，咱去屋里头说。③表示动作行为，指跨辈分或跨越男女关系开一些过分的玩笑。如：民间习惯，兄弟能跟嫂子～，大伯子可不能跟弟媳妇～。

【乱叭叭】luan⁴¹ pa·pa⁵³ 乱七八糟的样子。如：你也不收拾收拾，哪儿都是～哩。

【乱了套了】luan⁴¹ lə·tʻɔ⁴¹ lə· 次序或秩序被打乱了。如：老师一走，班里可～。

【乱糟糟哩】luan⁴¹ tsɔ·tsɔ⁵³ li· 形容环境杂乱或内心烦乱。如：屋里～，看着就心烦。

【乱七八糟】luan⁴¹ tsʻi³³ pa³³ tsɔ³³ ①形容非常混乱，毫无条理和秩序。如：小茹不好收拾，家里啥时候儿都是～哩。②形容非常杂乱、肮脏，多指不好的人或事。如：你都上初中了，多看点儿文学名著，少看～哩网络小说。

【乱窜】luan⁴¹ tsʻuan⁴¹ 到处跑。如：你看好孩子，不应叫他们～。

【乱哄哄哩】luan⁴¹ xuəŋ·xuəŋ⁵³ li· 形容声音嘈杂。如：外头～，出啥事儿了？

lyɛn

【敛】lyɛn⁵³ ①把散在地上的东西归拢在一起。如：你给路上哩雪～～吧？②给农作物和蔬菜施肥。如：我泡了点儿拉森饼，沤几天喽可～～茄子跟洋柿柿。

【敛蜀黍】lyɛn⁵³ ʂʯ⁵³ ʂʯ· 给玉米施肥和培土，防止其倒伏。

【联】lyɛn⁵³ 把破的衣物缝缀好。如：孩子哩衣裳挂叉了，你给它～～吧？

【练把式】lyɛn⁴¹ pa⁵³ ʂʯ· 练武功。

【练练】lyɛn⁴¹ lyɛn· 比试比试，多指在力量上的较量。如：不服气？咱出去～！

【练练手儿】lyɛn⁴¹ lyɛn· ʂəur⁵³ 利用机会锻炼自己的技艺。如：他才学了美发，想改他妈这儿～。

【练嘴皮子】lyɛn⁴¹ tsuei⁵³ pʻi⁵³ tsʯ· 耍嘴皮子。如：他光会～，一上手儿可不中了。

【恋家】lyɛn⁴¹ tɕia³³ 想家或不愿意离开家。如：老马～，才出去几天可光想着回去。

lin

【临了】lin⁵³ liɔ⁵³ 末了，最后。如：他改俺家白吃白住了半月，～还拿走了哟 MP3。

【临街】lin⁵³ tɕiæ³³ 孟津传统民居中和街相邻的房子，与上房屋相对，一侧开街门，大户人家多在这里会客。

【另外】lin⁴¹ uæ⁴¹ 除此之外。如：咱先给这弄清喽，那一批货～再说。

【赁房子】lin⁴¹ faŋ⁵³ tsʯ· 租赁别人的房子。如：咱去洛阳做生意得先赁哟房子住。

luən

【抡】luən³³ 随意说。如：有啥说啥，你可不应胡~。

【论堆儿】luən⁴¹ tuɯ³³ 不用称，按堆出售。如：他家哩红薯~卖，怪便宜哩。

【论天】luən⁴¹ tʻiɛn³³ 按天计算工资。如：她干这活儿是~哩，干一天有一天哩。

【论理】luən⁴¹ li⁵³ 讲道理。如：你说这话儿都给人家不~了啊。

【论喽】luən⁴¹ lɔ· 按照某个方面来说。如：~学习，她姊妹俩哟比哟搁劲儿。

【论说】luən⁴¹ ʂʻə³³ 按理说。如：~男方得先去女方家提亲。

【论个儿】luən⁴¹ kər⁴¹ 不用称，按大小个儿出售。如：西瓜~卖了，哟四块钱儿。‖ 也说"撂个儿 liɔ⁴¹ kər⁴¹"。

【嫩】luən⁴¹ ①形容植物初生时柔弱鲜嫩的状态。如：豌豆尖儿~哩时候儿可好吃了。②比喻人在处理事情时没有经验，不老练。如：这小伙子还是有点儿~，没有经验。

【嫩绰绰哩】luən⁴¹ tʂʻuo·tʂʻuo⁵³ li· 鲜嫩可爱的样子。如：这生菜~哩，调着吃都中。

lyn

【轮（儿）】lyn⁵³（lyɯ⁵³）①民间计算年岁的方法，一轮儿是十二岁。如：我也是属猪哩，比你大一~。②事情落到某个人头上。如：这好事儿能~着咱喽？③按着次序一个接着一个来。如：不应慌，哟哟~着来。

【轮班儿】lyn⁵³ pɐɯ³³ 轮流、替换着（做）。如：他们厂上工是~哩，三班儿倒。

【轮着】lyn⁵³ tʂuo· 按一定顺序轮流着，替换。如：他弟儿仨~伺候他妈，这哟月该他家了。

【淋感冒了】lyn⁵³ kan⁵³ mɔ·lə· 因被雨淋而患了感冒。

【淋雨】lyn⁵³ y⁵³ 人或物被雨浇湿。

laŋ

【郎当】laŋ⁵³ taŋ³³ 用在数词后，表示大约的年龄。如：你看你，都二十~岁儿哩人了，还没一点儿正形。

【郎猪】laŋ⁵³ tʂʅ³³ 打圈儿的公猪。

【狼巴子】laŋ⁵³ pa³³ tsʅ· 狼。如：甭哭了，再哭~都来了。

【狼查】laŋ⁵³ tsʻa· ①简单粗暴，不讲方式。如：你办事儿咋阵~嘞？②伤风败俗，不讲礼数。如：咱这儿就没有阵~哩事儿。

【狼烟】laŋ⁵³ iɛn³³ 浓烟。如：砖瓦窑生火了，大冒~。

【狼烟咕咚】laŋ⁵³ iɛn³³ ku³³ tuəŋ· 形容环境杂乱，烟雾弥漫。如：你改灶火弄啥哩？灶火里头~哩，我还当失火了。‖ 也说"烟咕咚咚哩 iɛn³³ ku³³ tuəŋ·tuəŋ⁵³ li·"。

【朗利】laŋ⁵³ li· 做事干脆利落。如：桃生说话儿办事儿可~了。

【浪】laŋ⁴¹ ①指女子卖弄风情，行为放荡。如：李刚家媳妇成天改外头~，他根本管不住。②泛指张扬、风骚的行为。如：不应改那儿~了，学生看见不好。③形容人长时间在外游荡，不归家。如：没事儿拍处~，钱儿也花光了吧？

【浪当】laŋ⁴¹ taŋ· 不务正业，到处乱晃。如：你不应成天拍哪儿~了，也寻点儿正事儿干干。

liaŋ

【两不沾儿】liaŋ⁵³ pu³³ tsɐɯ³³ 二者毫无关系。如：赵鑫顺跟这事儿~，你扯他抓哩？

【两把刷子】liaŋ⁵³ pa⁵³ ʂua³³ tsʅ· 比喻本领或技能。如：看不出来，曹刚还真有 ~。‖ 也说"两下子 liaŋ⁵³ ɕia⁴¹ tsʅ·"。

【两半儿】liaŋ⁵³ pɐu⁴¹ ①把一个完整的东西分成大致均等的两部分。如：给这苹果切成 ~，她俩哟人一半儿。②指器皿破裂不完整，不一定是均匀地一分为二。如：瓷盆掉地下了，拌成 ~ 了。

【两边儿】liaŋ⁵³ piɐu³³ 两侧。如：他家 ~ 都没住人。

【两码事儿】liaŋ⁵³ ma⁵³ sɘu⁴¹ 两件不同的事情。如：这事儿跟刘顺那事儿是 ~，咋能也恁着干嘞？

【两面儿脸儿】liaŋ⁵³ miɐu⁴¹ liɛu⁵³ 当面一套背后一套。如：王军这人可是哟 ~，你得提防着他点儿。

【两点儿水儿】liaŋ⁵³ tiɐu⁵³ ʂuɯ⁵³ 汉字偏旁"冫"，"冰""凌"等字左边的偏旁。

【两天儿】liaŋ⁵³ t'iɐu³³ 表示时间很短。如：快了，再过 ~ 都好了。

【两头儿捣】liaŋ⁵³ t'rɐur⁵³ tɔ⁵³ 指有些人为了挑起事端，在甲乙双方跟前说对方的坏话。如：要不是他 ~，老吴跟老张不会闹到这一步儿。

【两头儿挂橛儿】liaŋ⁵³ t'rɐur⁵³ kua⁴¹ tɕʮɣr⁵³ 从开始到现在两头都不是整年、整月或整日。如：我嫁到恁家 ~ 都三年了。

【两头儿黑】liaŋ⁵³ t'rɐur⁵³ xu³³ 某些中间人玩弄欺骗手段从交易中得到钱财，因为买、卖双方都不知道，故名。如：他改这桩买卖里玩儿 ~，可没少捞钱儿。‖ 也说"两头儿摧 liaŋ⁵³ t'rɐur⁵³ tɕ'yə³³"。

【两岔子】liaŋ⁵³ ts'a⁴¹ tsʅ· 指人们说话或做事不一致，是完全相反的。如：恁俩走到 ~ 去了，咋能接住嘞？‖ 也说"两岔儿 liaŋ⁵³ ts'rɐr⁴¹"。

【两清】liaŋ⁵³ ts'iŋ³³ 双方相关事项处理完毕，互不相欠。如：咱这一趟都 ~ 了啊。

【两手儿】liaŋ⁵³ sɘur⁵³ 手法；做法。如：不应说，老李那 ~ 还真管用。‖ 也说"两招儿 liaŋ⁵³ tsɘr³³"。

【两下里】liaŋ⁵³ ɕia⁴¹ li· 双方。如：这事儿咱 ~ 都得照顾到。

【两个】liaŋ⁵³ kə· ①表示确定的数量。如：他 ~ 都报名儿去当兵了。②表示不定的数量，可以言多也可以言少。如：就你那 ~ 钱儿够买机器喽丨王俊晓阵些年又包工又跑运输哩，手里头还是有 ~ 钱儿哩。‖ 也读合音"lia⁵³"。

【两口儿】liaŋ⁵³ k'ɘur⁵³ 夫妻两个。如：人家小 ~ 过好喽咱也高兴。‖ 也说"两口子 liaŋ⁵³ k'ɘu⁵³ tsʅ·"。

【两响炮】liaŋ⁵³ ɕiaŋ⁵³ p'ɔ⁴¹ 二踢脚，一种双响爆竹。

【两姨姊妹】liaŋ⁵³ i⁵³ tsʅ⁵³ mei· 一种亲属关系，表示姐妹的子女之间的关系。

【凉棚】liaŋ⁵³ p'əŋ⁵³ 用竹木搭起，上覆盖茅草的棚子，可以遮阳避雨，多搭建在需要看守的果园、瓜田边。

【凉粉汤】liaŋ⁵³ fən· t'aŋ³³ 孟津特色美食，又叫"头脑汤"，用红薯凉粉、豆腐、粉条等和骨汤烩制而成。孟津西乡和南部有大年初一五更喝"头脑汤"的习俗，民间认为喝了"头脑汤"，新的一年会更聪明。

【凉茶】liaŋ⁵³ ts'a⁵³ 可以清除暑热祛除风邪的茶水。20世纪六七十年代人民公社时，农村每至春夏时节，生产队会用大锅熬煮凉茶给社员们喝，以降温祛暑祛除风邪。凉茶一般用茅草根、竹叶、甘草等清热去火的中草药熬制。

【凉瓦瓦哩】liaŋ⁵³ ua· ua³³ li· 冰凉。如：天忒冷了，手脚都冻哩 ~。

【凉荫儿】liaŋ⁵³ iu⁴¹ 树木或建筑物遮蔽日光的地方。如：热死了，坐到树底下 ~ 里头歇歇吧。

【凉荫荫哩】liaŋ⁵³ in· in⁵³ li· 凉快的感觉。如：树底下 ~，坐这儿凉快一会儿吧。

【梁周寺】liaŋ⁵³ tʂəu³³ sʅ⁴¹ 位于孟津会盟镇屋鸾村，为纪念唐代政治家狄仁杰而建。梁周寺始建于唐开元二十三年（735年），20世纪70年代初拆除，延续一千二百多年。寺院规模宏伟，青松翠柏，晨钟暮鼓。梁周寺有古桥一座，因狄仁杰被追赠为"梁国公"，故称"梁桥"，"梁桥残雪"为古孟津十景之一。

【亮旗荒】liaŋ⁴¹ tɕ'i⁵³ xuaŋ³³ 地名，在今孟津白鹤镇落驾沟，因代王刘恒在这里遇雨晾晒旗帜而得名。

【晾】liaŋ⁴¹ ①把热的东西放置一会儿，使温度降下来。如：茶忒烧了，～一会儿再喝。②把物品放在通风或阴凉的地方使干燥。如：衣裳有点儿潮，拿出去～～吧。

【量】liaŋ⁴¹ 估计；断定。如：这黑灯瞎火哩，～他也跑不远。

ləŋ

【冷盘儿】ləŋ⁵³ p'ɯ⁵³ 因菜肴食用时都是凉的，故名。冷盘切配的主要原料是熟料，与热菜烹调方法有着截然不同的区别。它的主要特点是：选料精细、口味甘香、脆嫩、爽口不腻、色泽艳丽、造型整齐美观。在上餐次序上，冷盘通常都是放在最前面，起着垫饥、开胃的作用。

【冷子圪垯儿】ləŋ⁵³ tsʅ· kɯ³³ trɛr· 冰雹。如：桃树正开花儿哩，一场～给花都打落了。‖ 也说"冷子 ləŋ⁵³ tsʅ·"。

【冷水】ləŋ⁵³ ʂuei⁵³ 凉水。如：你还改月子里头哩，不应摸～。

【棱儿】ləɯ⁴¹ 物体上一条条凸起来的部分。

【愣】ləŋ⁴¹ 失神，发呆。如：不应改这～着了，赶快倒茶呀！

【愣头儿青】ləŋ⁴¹ t'rəur⁵³ ts'iŋ³³ 指办事鲁莽，遇事不考虑后果的人。如：刚强就是哟～，一句儿不对，可跟人家打起来了。

【愣儿吧怔】ləŋ⁴¹ hʅ⁵³ pa³³ tsəŋ³³ 又傻又愣。如：这孩子看着咋～嘞？‖ 也说"愣儿吧叽哩 ləŋ⁵³ hʅ⁵³ pa³³ tsi³³ li·"。

liŋ

【灵】liŋ⁵³ ①灵活；灵巧；反应敏捷。如：耳朵～｜心～｜鼻子～。②灵验，有效验。如：这药还怪～哩，孩子一吃可不冒肚了。③灵枢或关于死人的。如：守～。

【领】liŋ⁵³ 主持家务；当家。如：咱这家儿恁妈～哩不赖。

【领情】liŋ⁵³ ts'iŋ⁵³ 接受帮助或礼物而表示感激。如：管他～不～哩，咱该尽哩心尽到就中了。

【领儿】liɯ⁵³ 衣服上围绕脖子的地方。‖ 也说"领子 liŋ⁵³ tsʅ·"。

【领窝儿】liŋ⁵³ uɐr³³ 指前后衣片在肩部缝合后，再与领子缝合的部位。

【零票儿】liŋ⁵³ p'iɤr⁴¹ 零碎的、币值小的钱币，如"毛""分"等。如：你去换点儿～，咱坐公交车哩时候儿使。‖ 也说"零钱儿 liŋ⁵³ ts'iɯr⁵³"。

【零蛋】liŋ⁵³ tan⁴¹ 考试时没有得到一分。‖ 也说"零分儿 liŋ⁵³ fəɯ³³""大鸭蛋 ta⁴¹ ia³³ tan⁴¹"。

【零头儿】liŋ⁵³ t'rəur· 不够一定单位的零碎数量。如：咋还一百零一哩？～给去喽吧？

【零嘴儿】liŋ⁵³ tsɯ⁵³ 正常一日三餐之外的零食。如：妮妮正顿儿饭不吃，光好吃～，这可不好。‖ 也说"零食儿 liŋ⁵³ ʂəɯ⁵³"。

【零碎儿】liŋ⁵³ suɯ⁴¹ 指零零碎碎的小东西。‖ 也说"零儿八碎儿 liŋ⁵³ hʅ⁵³ pa³³⁵³ suɯ⁴¹"。

【零活儿】liŋ⁵³ xuɐr⁵³ 零碎的工作。如：俺叔身体不好，没有出去打工，平时就改近处干点儿～。

luəŋ

【拢】luəŋ⁵³ 用梳子梳理头发。如：你等一会儿，叫我 ~ ~ 头发。

【笼】luəŋ⁵³ ①笼屉，用竹篾、木条编成或铁制的器具，用来蒸食物。②量词，用于笼屉盛放的食物。如：蒸了一 ~ 馍。

【笼布】luəŋ⁵³ pu⁴¹ 蒸馒头、包子时在笼屉上铺的布，起防粘连的作用。

【笼头】luəŋ⁵³ t'əu · 用绳子或皮革制成的，套在牛马等牲口头上用来系缰绳挂嚼子的用具。

【笼儿】luɯ⁵³ 用竹篾、木条或金属丝等编制而成的养鸟或虫的器具。

【拢共】luəŋ⁵³ kuəŋ⁴¹ 总共，一共。如：~ 仨鸡蛋，恁姊妹俩分着吃喽吧。

lyŋ

【龙马负图寺】lyŋ⁵³ ma⁵³ fu⁵³ t'u⁵³ sʅ⁴¹ 古寺庙，初建于晋穆帝永和四年（348 年），距今已有一千六百多年，在今孟津会盟镇雷河村。龙马负图寺是为纪念伏羲氏降龙马、据河图绘八卦而修建。寺内现存有明嘉靖年间所建大殿一座，室内东西山墙上镶嵌有石碑二十四通，有著名学者朱熹、程颐、程颢、邵雍、张载、周敦颐、王铎等人撰述的碑铭诗赋，是研究伏羲画卦的重要历史资料。

【龙马古堆】lyŋ⁵³ ma⁵³ ku³³ tuei · 村名，亦山名，平逢山最高双峰之一，在今孟津横水镇张庄村。相传蚩尤进犯中原，黄帝派其子应龙迎敌。应龙经平逢山、红崖头几大战役，一举平定战乱。应龙死后，和他的战马一起被埋在平逢山，在山顶的最高处形成了马头龙身的大土堆，故名龙马古堆。

【龙洞寺遗址】lyŋ⁵³ tuəŋ⁴¹ sʅ⁴¹ i⁵³ tsʅ⁵³ 位于孟津会盟镇李庄村北部银滩双槐古村遗址南部，为唐代诗人王维故居舍宅为寺。王维的祖父王胄，是武则天时的朝廷乐官，双槐村有王胄的别业，名为龙洞山庄。王维九岁时，父亲去世，其母崔氏携全家搬至双槐村龙洞山庄。他在此度过了自己的青少年时期，与青梅竹马的表妹刘氏完婚。唐肃宗上元二年（761 年），王维逝世。龙洞山庄改建为龙洞寺，又名龙门洞寺，是禅宗的重要道场。因为是王维故居，天下士人常慕名而来，在此读书。因黄河多次泛滥，龙洞寺遗址早已无存。

【龙须面】lyŋ⁵³ sy³³ miɛn⁴¹ 一种极细的挂面。

【龙抬头】lyŋ⁵³ t'æ⁵³ t'əu⁵³ 农历的二月初二龙抬头是中国民间的一个传统节日，在古代又被称作"春耕节"。农历的二月初是惊蛰时分，雨水增多，农事活动也逐渐开始。民间认为龙可以兴云降雨，此时祭祀龙王祈雨，让神明保佑丰收。

【龙卷风】lyŋ⁵³ tɕyɛn⁵³ fəŋ³³ 一种风力极强而范围不太大的涡旋，状如漏斗，风速极快，破坏力很大。

【龙王庙】lyŋ⁵³ uaŋ⁵³ miɔ⁴¹ 祭祀龙王的庙。

【龙王爷】lyŋ⁵³ uaŋ⁵³ iɛ⁵³ 对神话传说中在水里统领水族的龙王的尊称，其职掌是兴云降雨。

【垄儿】lyɯ⁵³ ①耕地上搂起的一行一行的土埂，在上面种植农作物。②指一畦一畦或一行一行的庄稼。如：他割了俺一 ~ 麦。

ts

tsๅ

【支】tsๅ³³ ①支撑。如：这桌子坏了一条腿，使几块儿砖～着哩。②砌垒，建造。如：年下家里客多，得改院儿里头～哟煤火做饭。③支使、调遣。如：老刘懒着哩，各人坐到椅子上不动弹，～哩孩子们团团转。

【支支吾吾】tsๅ³³ tsๅ·u³³ u· ①说话含混躲闪。如：他～了半天也没有说清。②用含混的话搪塞应付，以掩盖真实情况。如：问了他半天，他～哩就是不说。

【支夯】tsๅ³³ ts'a· 形容头发张开或竖起来。如：看你那头发～成啥了，赶快梳梳吧。

【支□】tsๅ³³ tsuɐr· 指人可靠，可信。如：没事儿，人家通～哩。

【支儿】tsɤuɯ³³ 家族的分支。如：李家这几～人都怪旺哩。

【支喇¹】tsๅ³³ la· 食用油或含油食物时间太长腐败的味道。如：这包儿点心有点儿～了，不能吃了。

【支喇²】tsๅ³³ la· 形容刺痛的感觉。如：手上拉了哟口子，一湿水～着疼。

【支楞】tsๅ³³ lәŋ· ①竖起、挺起、翘起。如：你改那儿听啥哩恁用心，～着耳朵听。②植物水分充足显得水灵。如：下了几场雨，有点儿蔫哩秋苗都～起

来了。

【支锅儿】tsๅ³³ kuɐr³³ 支起油锅炸东西。如：俺妈今儿～哩，想炸点儿焦片儿。

【支糊子扯叶儿】tsๅ³³ xu⁵³ tsๅ· tʂ'ɭə⁵³ yɜr³³ 马虎，敷衍塞责。如：你弄啥都是～哩，这会中？

【支应】tsๅ³³ iŋ· 伺候、听候使唤。如：你回去睡吧，今儿黑地我来～咱妈。

【芝麻蒴儿】tsๅ³³ ma·suɐr³³ 芝麻的果实，由多个子房相合而成，内含许多种子，成熟后，种子通过荚片爆裂而释放出来。

【芝麻胆儿】tsๅ³³ ma·tɐuɯ⁵³ 喻指人胆小怕事。如：就他那～？他才不敢去哩。

【芝麻轱辘儿】tsๅ³³ ma·ku⁵³ lɻur· 一种软体大青虫，学名豆丹，天蛾科昆虫豆天蛾的幼虫。豆丹以吃豆类、洋槐树等的叶子为生，孟津种大豆少，种芝麻多，因此叫"芝麻轱辘儿"。

【芝麻秆儿】tsๅ³³ ma·kɐuɯ⁵³ 芝麻的秆茎，晒干可以当柴烧。

【芝麻叶儿】tsๅ³³ ma·yɜr³³ 芝麻的叶片，可以凉拌做菜，也可以晒干做芝麻叶面条。

【芝麻盐儿】tsๅ³³ ma·iɐuɯ⁵³ 芝麻炒熟后，加盐擀成的碎末，用来拌面条吃。

【吱扭】tsๅ³³ niәu· 拟声词。①开门的声音。如：门儿咋～～一势响嘞？②木轮的车子行进时发出的声音。如：独轮车推着一势～～响。

【指头肚儿】tsʅ³³ t'əu·rur⁴¹ 手指最末端的手掌面软肉部分，与指甲相对。

【指头节儿】tsʅ³³ t'əu·tsyɜr³³ 指头的关节处。如：冬天摸凉水多，～疼。

【指甲门儿】tsʅ³³ tɕia·məu⁵³ 指甲顶部与肉连接处。

【指甲草儿】tsʅ³³ tɕia·ts'ɤr⁵³ 凤仙花，因可入药治疗灰指甲，故名。民间通常把鲜花加上白矾捣碎来染指甲，为传统美甲方法。

【指甲盖儿】tsʅ³³ tɕia·kɐu⁴¹ 指甲。

【梓泽】tsʅ³³ tsæ⁵³ ①古代孟津西部的一个大泽，由瀍河三源的众泉汇聚而成，地在今横水镇的会瀍村、文公村、铁楼村、谢沟村及常袋乡、麻屯镇西部一带。②晋代石崇在此处建造的园林金谷园的别称。

【滋味儿】tsʅ³³ viu⁴¹ 味道；感觉。如：这菜～不赖｜黑地睡不着觉儿那～通难受哩。

【滋腻】tsʅ³³ ni· ①形容人的皮肤滋润、细腻、娇嫩。如：春桃哩皮肤真～，又细又白。②指生活过得舒服，滋润。如：你这日子儿过哩怪～哩。

【滋润】tsʅ³³ zuən· 舒服，自在。如：人家刘娟家日子儿过哩通～哩。

【滓泥】tsʅ³³ ni· 河流、湖泊、池塘中沉淀的泥沙及腐质物。

【子儿】tsəɯ⁵³ ①种子。如：瓜～。②小而坚硬的块状物或粒状物。如：棋～｜枪～。

【止血毛儿】tsʅ⁵³ ɕiɜ³³ mɤr⁵³ 学名水烛，又叫蒲草。其雌花序粗大，状如蜡烛，成熟后的蒲绒可以按于伤口止血，故名。

【仔细】tsʅ⁵³ si· ①节俭，节约，精打细算。褒义或中性词，如：她过日子通～哩。②认真。如：这稿子里头数据多，你校对哩时候儿可得～点儿。

【只得】tsʅ⁵³ tei· 不得不。如：真是寻不着人了，～叫你去了。

【只掉】tsʅ⁵³ tio⁴¹ 只有。如：快点儿去吧，

～你哟人没弄完了。

【只当】tsʅ⁵³ taŋ⁴¹ 当作，如同。如：你～他没有看见不就中了？

【只想】tsʅ⁵³ siaŋ⁵³ 情状副词，表示动作行为差点发生，相当于普通话的"差点儿"。如：才刚没有看见地下哩坑，～绊倒。

【只见】tsʅ⁵³ tɕiɛn· 经常。如：你说那小赵我知道，他～来店里。

【只该】tsʅ⁵³ kæ³³ 只能，只好。如：生产队管哩怪紧哩，咱～照办了。

【只敢】tsʅ⁵³ kan⁵³ 就敢。如：你～跟我厉害。

【只管】tsʅ⁵³ kuan⁵³ 只是。如：跟你说话儿哩，你～要手机。

【只要】tsʅ⁵³ io⁴¹ 如果。如：我～改家肯定来，放心吧。‖也读合音"tsio⁴¹"。

【纸牌】tsʅ⁵³ p'æ⁵³ 用纸片或塑料片等载体加上各种点子、图案或文字制成的博戏之具，若干张为一副，种类很多。比较常见的有扑克牌（国外传来）和字牌（中国本土）。

【纸扎】tsʅ⁵³ tsa· 祭祀及丧俗活动中用纸和竹篾所扎制的纸人纸马、摇钱树、金山银山、建筑类、明器类等焚烧的纸品。如：俺村儿老王～做哩可好啦，十里八村都来买。

【纸扎铺儿】tsʅ⁵³ tsa·p'ɽur⁴¹ 做纸人纸马等纸品的铺子。

【纸货】tsʅ⁵³ xuo⁴¹ 对纸扎铺做的纸制品的统称。

【纸烟】tsʅ⁵³ iɛn³³ 香烟，用纸卷成的卷烟，以别于叶子烟、水烟等。‖也说"洋烟iaŋ⁵³ iɛn³³"。

【纸样儿】tsʅ⁵³ iɐr⁴¹ 纸剪成的做鞋、做衣服时可以比照的样子。如：她哩手可巧了，铰那～好看着哩。

【姊妹】tsʅ⁵³ mei· ①同辈的兄弟姐妹。孟津话中，"姊妹"不仅指姐妹，兄弟姐妹中只要有一个女孩，就可以称"姊妹"。如：他～仨，哟哥哟妹子。②关

系密切的同辈男女之间的称谓。如：咱~几个共事儿十几年了，有啥话儿不能说哩？

【姊们】tsղ⁵³ mən· 姐妹们。‖ 也说"姊们们 tsղ⁵³ mən·mən·"。

【指¹】tsղ⁵³ 量词，指一个指节的长度。如：蒸米饭哩水多一~就中啦。

【指²】tsղ⁵³ 依靠，指靠。如：一家儿都~着你哩，你可不敢出事儿。

【紫眉豆儿】tsղ⁵³ mei⁵³ trəur⁴¹ 开紫花结紫色豆角的扁豆，嫩荚可以食用，生长在路边、房前屋后、沟边等。

【紫枝儿槐】tsղ⁵³ tsəuŗ·xuæ⁵³ 黄荆，叶大，开紫花，枝条柔韧，可编织各种用具。

【紫茄子】tsղ⁵³ tɕ‘iɛ⁵³ tsղ· 紫皮的茄子。孟津过去多种植绿皮茄子，绿皮茄子称茄子，把新品种的紫皮茄子称紫茄子。

【紫花儿】tsղ⁵³ xuer³³ 紫色的花朵。

【紫岩寺】tsղ⁵³ iɛn⁵³ sղ⁴¹ 相传是东汉著名隐士严子陵的隐居读书之地，在孟津白鹤镇南部的牛庄、范村一带的紫岩山上。明代嘉靖年间的《重修紫岩寺记》载，紫岩寺初修于汉，盛于唐，20世纪日寇进逼之时，僧人弃寺而走，寺院遂毁。

【字儿】tsəu⁴¹ 文字。

【字儿纸】tsəu⁴¹ tsղ⁵³ 写过字的纸。老辈人敬惜字儿纸，不能随意撕毁丢弃。

【至多】tsղ⁴¹ tuo³³ 最多。如：你甭志，这筐梨儿~三十斤。

【自来熟】tsղ⁴¹ læ⁵³ ʂu⁵³ 指与别人初次见面就攀谈得非常熟悉亲热。如：他这人~，跟谁都能喷到一坨儿。

【自来水笔】tsղ⁴¹ læ⁵³ ʂuei⁵³ pei³³ 钢笔的俗称。

【自来旧】tsղ⁴¹ læ⁵³ tɕiəu⁴¹ 指新的东西故意做旧，以展现一种风格。如：这条裤子~，还没穿过哩。

【自己】tsղ⁴¹ tɕi· ①关系密切的。如：都是~人，甭说外气话儿。②没有出五服的本家。如：咱跟国红家是一~哩。‖ ②也读"tsղ⁴¹ tɕ‘i·"。

【志】tsղ⁴¹ ①用秤称东西的重量。如：你~~这哟南瓜有多重。②买。如：家里没盐了，你去供销社~二斤吧！

【渍】tsղ⁴¹ 油泥等在容器内外的凝积。如：这锅上~哩脏真多。

【痣】tsղ⁴¹ 常见的良性皮肤肿瘤，是表皮、真皮内黑素细胞增多引起的皮肤表现。

tsi

【叽喽儿】tsi³³ ləur· 大声叫唤。如：咋了？你~啥哩呀？

【叽叽喳喳】tsi³³ tsi·tsa³³ tsa· 象声词，形容杂乱细碎的说话声，含贬义。如：她们几个~哩说着家乡话儿，王书梅一句儿也插不上。

【叽叽咕咕】tsi³³ tsi·ku³³ ku· 窃窃私语。如：他俩改屋里~了老半天，也不知道说啥哩。

【叽爪】tsi³³ tʂua· 人或动物的尖叫声。如：猫~~一势叫，你去看看咋了。‖ 也说"叽叽爪爪 tsi³³ tsi·tʂua⁵³ tʂua·"。

【叽喳】tsi³³ tsa· 叫唤、喧哗。如：恁都不应~了，黑嚷哩我低脑疼。

【叽喳皮】tsi³³ tsa·p‘i⁵³ 喜欢叫嚷说话的人。如：恁那老表真是哟~，那嘴一会儿都不闲着。

【即溜儿】tsi³³ liəur· 精明。如：王孬那孩子~着哩！

【即根儿】tsi³³ kəuŗ³³ 时间副词，表示一种过去的情况，"当初""从一开始"的意思。如：我~一点儿都不想去，都是她们硬拽着我去哩。

【积德】tsi³³ tæ³³ 迷信的人指为了求福寿而做好事。

【积作】tsi³³ tsuo· 平日所行善恶累积而得的报应。如：老康一辈子行善，~了五男二女｜他~了哟混账儿子，天天跟他蹦着吵。

【积撮儿】tsi³³ tsuer· ①洗澡时搓下来的

细长条状的泥。如：你身上真脏，搓了阵多泥～。②揉面时从手上搓下来的细长条状的面穗儿。③一种面食，用红薯面和成稍软的面团，放在一种凿了许多小孔的铁制工具上使劲按压，漏到锅里的是椭圆形的面圪垯，叫红薯面积撮儿。如：咱今儿吃红薯面儿～吧？④用弹过的棉花搓成的小条，纺花用。如：俺奶一会儿可搓了恁多花～。

【积攒】tsi³³ tsan· 一点儿一点儿地聚集财物。如：他这几年省吃俭用～了点儿钱，他闺女一下子都给他拿走花了。

【积食】tsi³³ ʂ₁⁵³ 中医的一个病症，主要是指小儿乳食过量，损伤脾胃，使乳食停滞于中焦所形成的肠胃疾患。如：贝贝这几天有点儿～，得稍微控控。‖也说"积滞 tsi³³ tʂ₁⁴¹"。

【积咕】tsi³³ ku· ①爱耍小聪明的人。如：他这人眼儿一挤就是哟点儿，看着怪～哩。②小气吝啬的人。如：那人～着哩，他才不会借给你钱儿哩。

【积咕蛋儿】tsi³³ ku·tɛuɯ⁴¹ 形容顽皮、淘气的孩子。

【疾燎】tsi³³ liɔ· ①烧烤丝状的东西。如：～点儿粉条儿。②毛发被烧。如：头发～了。③烧烤的气味。如：去看看啥煴了，一股子～味儿。④脾气急躁。如：他这人是～毛儿脾气。

【机灵】tsi³³ liŋ· 反应快，机警。如：这孩子真～。

【脊梁】tsi³³ liaŋ· 背部。如：他～上长了哟疮，医生给他□（pia³³）了一张大狗皮膏药。

【脊梁骨儿】tsi³³ liaŋ·kuɚ³³ 人和脊椎动物背部的主要支架。

【鲫鱼儿】tsi³³ yuɯ⁵³ 鲫鱼。如：今儿逮了好些～，黑地熬鱼儿汤喝。‖也说"鲫瓜儿 tsi³³ kuɚ·"。

【卒快】tsi⁵³ kʻuæ⁴¹ 赶快。如：恁孙子儿磕住胳膊了，你～去看看吧。

【挤】tsi⁵³ ①两手对压出包里的东西。②碰见，拦截，捉。如：等了好几天，可～住他了。

【挤掉尾巴儿】tsi⁵³ tiɔ⁴¹ i⁵³ pɚ· 讥刺人没有关门。如：关住门儿会挤掉你尾巴儿喽？

【挤挤扛扛】tsi⁵³ tsi·kʻaŋ kʻaŋ· 形容人多拥挤。如：会上人忒多了，只能～哩往前走。

【挤插】tsi⁵³ tsʻa· ①不让去偏去而且挤着去。如：这地这你进不去，你都不应给里头～了。②别人说话从中乱插嘴。如：大人们改这商量事儿哩，你不应乱～。

【挤咕喽】tsi⁵³ ku⁵³ nuəŋ⁴¹ 一种儿童游戏。过去没有暖气，冬天天冷时，为了暖和身体，孩子们靠墙站成一排，嘴里喊着"挤，挤，挤咕喽"，从两边用力向中间挤扛，被挤出队伍的算输。如：小林又低又瘦，哪一回～哩时候儿都是最先叫挤出来。

【挤扛不动】tsi⁵³ kʻaŋ⁵³ pu³³⁵³ tuəŋ⁴¹ 形容人多。如：前响儿不应去赶会了，人多哩～。

【集】tsi⁵³ 定期交易的集市。如：老城逢三六九都有～。

【蒺蒺】tsi⁵³ tsi· 蒺藜和苍耳的种子。‖也说"蒺蒺圪垯儿 tsi⁵³ tsi·kuɯ³³ tɚ·"。

【剂儿】tsiuɯ⁴¹ 把和好的面分成小块儿方便制作面食。如"面～"。‖也说"剂子 tsi⁴¹ tʂ₁·"。

【祭灶】tsi⁴¹ tsɔ⁴¹ 指农历腊月二十三日孟津民间祭祀灶王爷的活动。祭祀时的祭品，有祭灶饼儿、一包芝麻糖、一把草料和一只杀好的去毛公鸡。据说祭灶饼儿是让灶王爷在来回天宫的路上充饥的干粮；芝麻糖是用来黏灶王爷的嘴的，灶王爷吃了芝麻糖，便没法子说坏话；公鸡是送给灶王爷的"天马"；至于那把草料，自然是喂"天马"的。祭灶的时间多在黄昏。先把祭灶饼儿、芝麻糖、公鸡等物品供奉在灶神像前，然后在神像前点起三炷香，一家老小轮流给灶王爷磕头。边叩头，边烧金银纸箔，再把芝麻糖放到火上烧成糖稀，糊住灶王爷的嘴。礼毕，把草料扔到厨房顶上，喂"天马"。然后把灶神像揭下来，拿到院子里焚烧。一边烧，一边愿意。愿意完，燃上一挂鞭炮把灶王爷送上天。

【祭灶饼】tsi⁴¹ tsɔ⁴¹ piŋ⁵³ 祭灶时供奉的饼。

tsu

【组】tsu⁵³ ①因工作和学习的需要而组成的小集体。②量词。如：这活儿两组就能干喽。

【祖坟】tsu⁵³ fən⁵³ 埋葬祖先的坟墓。如：老高家～冒青烟了，连着出了仨大学生。

【祖祖辈儿辈儿】tsu⁵³ tsu⁵³ pəɯ⁴¹pəɯ⁴¹ 世世代代。如：俺家可～都是农民，根儿红苗正。

【族长儿】tsu⁵³ tʂɤr⁵³ 宗法制度下家族或宗族的领头人，通常由族中辈分较高、年纪较长的有权势的人担任。如：俺爷是李家哩～，说话可管用了。

tsy

【足足】tsy³³ tsy³³ 十足。如：他俩结婚～有四十年了。‖新派读"tsu³³ tsu³³"。

【足岁】tsy³³ suei⁴¹ 按实足月份和天数计算的年龄。如：这哟幼儿园只收三～哩孩子。

【足秤】tsy³³ tʂ' əŋ⁴¹ 用秤称东西时分量足够。如：他家卖菜老是不～，不应买他家哩了。‖ 也说"足斤足两 tsy³³ tɕin³³ tsy³³ liaŋ⁵³"。

【足见】tsy³³ tɕiɛn⁴¹ 可以看出。如：为了谈成生意，他连夜从北京赶回来，～他

哩诚心。

【足够】tsy³³ kəu⁴¹ 达到应有的或能满足需要的程度。如：这袋儿面还～吃一星期哩，先不应买了。

【足月】tsy³³ yɛ³³ 胎儿在母亲体内成长的月份已足。如：阿牛生下来哩时候儿还不～，身体一直有点儿瓢。

tsa

【扎猛子】tsa³³ məŋ⁵³ tsɿ· 游泳时头向下扎入深水的动作。

【扎草人儿】tsa³³ ts'ɔ⁵³ zəɯ⁵³ 农作物成熟的季节，为防止鸟类糟蹋粮食，扎的吓唬鸟类的稻草人。

【扎耳朵儿眼儿】tsa³³ ɦɿ⁵³ tuɤr·iɛɯ⁵³ 在耳垂扎眼儿以戴耳环用。‖ 也说"扎窟窿眼儿 tsa³³ k'u³³ luəŋ·iɛɯ⁵³""扎耳朵窟窿儿 tsa³³ ɦɿ⁵³ tuɤr·k'u³³ luɯ·"。

【扎着低脑】tsa³³ tʂuo·ti³³ nɔ· 迫不及待地想要干什么。如：老板还没一说哩，他～想去。‖ 也说"支棱着脖儿 tsɿ³³ ləŋ·tʂuo·pɿrɚ⁵³"。

【扎针】tsa³³ tʂən³³ 用针刺入特定的穴位，通过手法捻针来治疗疾病。

【扎实】tsa³³ ʂɿ· ①（工作、学问等）实在；踏实。如：这孩子学习不赖，基本功怪～哩。②身体健康，结实，多指老年人。如：恁达怪～哩吧？

【扎人】tsa³³ zən⁵³ 由于接触到带刺的东西或穿上比较粗糙的衣物引起的不适感觉。如：这件儿衣裳穿着有点儿～。

【扎秧】tsa³³ zaŋ³³ 把稻秧插到水田里。扎秧时，一手拿一把稻秧，另一手分几根秧苗插到水田里，扎好的秧苗要横成行竖成列，方便以后的薅草和施肥等。

【扎根儿】tsa³³ kəɯ³³ 植物的根向土里生长。

【扎花儿】tsa³³ xuɤr⁵³ 近似刺绣，但较粗糙，较简单。用特制的绣花针只在一面下针，在小面积的衣物上刺绣出花

样，如鞋面、手巾等。

【扎火】tsa³³ xuo⁵³ 用火棍子在煤炉子中间捅个眼儿使火旺盛；也指用火棍子通煤球的眼儿。

【扎红薯】tsa³³ xuəŋ⁵³ ʂ・ 把育好的红薯秧种在起好的高垄上。

【扎哩慌】tsa³³ li・xuaŋ・ 形容刺痛、刺挠的感觉。如：这毛衣穿着不得劲儿，有点儿~。

【扎牙】tsa³³ ia⁵³ 牲口长牙。如：这匹马才扎了一对儿牙。

【喳呼】tsa³³ xu・ 叫喊，吆喝，虚张声势。如：你没事儿改这儿~啥哩？‖也说"喳喳呼呼 tsa³³ tsa・xu³³ xu・"。

【爹着耳朵儿听】tsa³³ tʂuo・h⁵³ tuɐr・t'iŋ³³ 支起耳朵听。‖也说"支棱着耳朵儿听 tʂ³³ ləŋ・tʂuo・h⁵³ tuɐr・t'iŋ³³"。

【轧衣裳】tsa⁵³ i³³ ʂaŋ・ 用缝纫机缝衣服。

【杂面】tsa⁵³ miɛn⁴¹ 用各种豆类和其他杂粮配上一定比例的小麦磨成的面粉。

【杂面条儿】tsa⁵³ miɛn⁴¹ t'ɔr⁵³ 用杂面做的面条。

【杂碎】tsa⁵³ suei・ ①猪牛羊的头蹄和内脏的总称。②詈语。

【杂肝儿】tsa⁵³ kɐu⁵³ 羊肉汤或羊杂汤。

【杂烩菜】tsa⁵³ xuei⁴¹ ts'æ⁴¹ ①把各种食材放在一起用高汤炖煮而成的菜品。②事情一塌糊涂，办砸了。如：不能提了，咱这事儿成~了。

【杂货铺儿】tsa⁵³ xuo・p'ʈur⁴¹ 卖日用品和土产等的商店。

【拃】tsa⁵³ ①动词，张开大拇指和中指测量物体的长度。如：你~一~这块木板儿有多宽。②量词，计量物体长度的单位，张开的大拇指和中指之间的距离称为"一拃"。如：这块木板有三~宽。

【咋】tsa⁵³ 询问原因、方式和状况等，相当于"怎么"。如：你~还不走丨你~来哩丨你~了？

【咋着】tsa⁵³ tʂuo⁵³ 咋样、怎么办。如：你说~吧？

【咋样儿】tsa⁵³ iɐr⁴¹ 怎么样。如：恁妈哩病儿~了？

【砟煤】tsa⁵³ mei⁵³ 打煤球。把粉煤加入一定比例的黄胶泥土和水，混合均匀后制成圆形的煤球。

【砸锅卖铁】tsa⁵³ kuo³³ mæ⁴¹ t'iɛ³³ 把锅砸了去卖废铁，意为把所有的东西都拿出来了。表示不惜一切代价做某事的坚定决心。如：你不应说了，我~也要给你治好病儿哩。

【扎根脚】tsa⁴¹ kən³³ tɕyə・ 打墙基。

【扎眼】tsa⁴¹ iɛn⁵³ 刺眼，指在某个群体中某人或某事格外惹人注目。如：这衣裳忒花哨了，多~呀。

【诈】tsa⁴¹ 用假话试探，诱使对方说出实情。如：你不应害怕，他这是~你哩。

【爹】tsa⁴¹ 本应该服帖贴在附着物上的东西却张开或者直立。如：这衣裳下边有点儿~，不好看。

【炸】tsa⁴¹ 物体因冷热相激而突然破裂。如：玻璃杯才倒上开水可~了。

【痄腮】tsa⁴¹ sæ・ 流行性腮腺炎的通称。

【蚱虹】tsa⁴¹ tiŋ³³ 螳螂。‖西乡说"蚱子 tsa⁴¹ tsɿ・"。

tsua

【抓】tsua⁵³ "做啥"的合音词。干什么；为什么。如：你想~哩吧？

tsyə

【嚼不动】tsyə⁵³ pu³³⁵³ tuəŋ⁴¹ 肉类或蔬菜纤维较粗硬，咀嚼困难。‖也说"嚼不烂 tsyə⁵³ pu³³⁵³ lan⁴¹"。

【嚼头儿】tsyə⁵³ t'ɚur・ 经得起咀嚼的韧性或厚味儿。如：猪蹄儿炖哩忒烘了，没有~。

【嚼子】tsyə⁵³ tsɿ・ 牲口嘴里放的半圆形

铁环。

tsiɛ

【节儿】tsyɜr³³ 量词，用于分节的事物。如：我买了一根儿甜蜜秆儿，叫卖家儿给我砍成了一~一~哩。

【节儿节儿草】tsyɜr³³ tsyɜr³³ tsʻɔ⁵³ 一种野草，学名木贼，因其茎是一节一节的，故名。木贼可以做饲料，全棵均可入药。

【结】tsie³³ 长出（果实或种子）。如：今年这棵梨儿树~哩还怪稠哩。

【接面】tsie³³ miɛn⁴¹ 用面渣头发面时，先把面渣头用温水泡开，加少许面粉成稀糊状，发酵好后再接进蒸馒头所需全部面粉，再次发酵完成后就可以蒸馒头了。

【接二连三】tsie³³ h⁴¹ liɛn⁵³ san³³ 接连不断。如：这一段儿时间~哩出事儿。

【接触】tsiɛ³³ tʂu⁵³ 人与人之间的接近交往。

【接着】tsie³³ tʂuo ①用手接。如：我撂下去了，你~。②连着（上面的话），紧跟着（前面的动作）。如：你~说吧。

【接话儿】tsie³³ xuɐr⁴¹ 不该说话而插话。如：他好~。

【姐】tsiɛ⁵³ 姐姐。

【姐夫】tsiɛ⁵³ fu· 姐姐的丈夫。

【截儿】tsyɜr⁵³ 量词，段。如：一~木头。

tsyɛ

【□片儿】tsyɛ³³ pʻɯɐi· 孟津一种特色美食。和好的面擀成稍厚的大片，切成小菱形块儿，水开后下锅煮熟即食。可原味食用，有和胃养胃的功效；也可加调味品食用，与酸汤面叶儿类似。

【绝】tsyɛ⁵³ 断绝。如：老张家算是~了后了。

【绝症】tsyɛ⁵³ tʂən· 无法治好的疾病。如：他得哩是~，治不好了。

【绝户头】tsyɛ⁵³ xu⁴¹ təu⁵³ 指没有后代或只有女儿没有儿子的人家。如：俺村儿老牛家原来可有钱儿了，阵着成了~了。

tsuo

【作摆】tsuo³³ pæ· 指人不顾大局，不讲道理，胡搅蛮缠，故作姿态。如：你成天~啥哩？

【作文儿本儿】tsuo³³ vəɯ⁵³ pəɯ⁵³ 供学生练习写作文的画有方格的本子。

【作贱】tsuo³³ tsiɛn· 侮辱，糟蹋。如：人就怕各人~各人。

【作精】tsuo³³ tsiŋ³³ 玩弄手段，兴风作浪，制造事端。如：你不应改这~了，你那一套不管用了。

【作主】tsuo³³ tʂʅ⁵³ 对某件事情负完全责任而作出决定。如：这事儿你赌~了，不应再请示了。

【作价儿】tsuo³³ tɕiɐr⁴¹ 估计或确定物品的价格。如：这棵树~三百块有点儿贵吧？

【作业】tsuo³³ ie³³ ①为完成生产、学习、军事训练等任务而布置的活动，也指从事这种活动。如：下学回家先写完~再耍。②作孽，造孽。如：你~哩不轻。

【酢】tsuo³³ 吃了甜食或刺激性的食物后胃里反酸、吐酸水。如：柿子吃多了光心~。

【左撇子】tsuo⁵³ pʻie³³ tsʅ· 吃饭、写字、干活都用左手。如：人家都说~聪明。

【左耳朵儿】tsuo⁵³ h⁵³ tuɐr· 汉字偏旁，左耳朵儿即"阝"，同"阜"。"阜"字用作偏旁时多在字的左边，隶书中隶定为"阝"。从"阝"的字多与山有关，如"陡""陟""降"等。

【左是】tsuo⁵³ sʅ· 时间副词，表示在肯定某种既定事实之上的一种推论，相当于"总是""反正是"。如：事儿~成这样儿了，你也不应着急。

【左是这】tsuo⁵³ ʂɿ·tʂɿə⁴¹ 已经这样了。如：这事儿～了，谁也没法了。

【左手】tsuo⁵³ ʂəu⁵³ ①左边的手。②左边（多指座位）。如：一会儿你坐到我～边儿。

【作料】tsuo⁵³ liɔ· 调味料。

【凿子】tsuo⁵³ tsɿ· 挖槽或打孔用的工具。

【撮儿】tsuɐr⁵³ 绺，束。用于计量毛发、杂草、丝线等成丛的物品的量词。如：她俩打架，莉莉薅了娟娟一～头发。

【撮挤】tsuo⁵³ tsi· 形容人吝啬。如：这人咋阵～嘞？

【镯子】tsuo⁵³ tsɿ· 戴在手腕或脚腕上的环形装饰品。

【缳】tsuo⁵³ 聚拢而系紧。如：布袋装哩忒满了，～不住口儿。

【作揖儿】tsuo⁴¹ iu³³ 两手抱拳高拱，身子略弯，向人敬礼。如：大年初一儿，撅着屁股～。

【坐笸】tsuo⁴¹ pʻo· 硬杂木制成的幼儿坐具。四条腿，方形，幼儿坐的屁股下挖有圆洞供拉屎，前有带斜坡的尿道导尿，前面的平板上可放小铃铛、拨浪鼓等幼儿玩具。如：～～不算大，里头坐个胖娃娃。

【坐胎儿】tsuo⁴¹ tʻuɐr³³ 植物花脱落后结果实。

【坐席】tsuo⁴¹ si⁵³ 坐到筵席的座位上，泛指参加酒宴。‖ 也说"坐桌 tsuo⁴¹ tʂuo³³"。

【坐小月子】tsuo⁴¹ siɔ⁵³ yə³³ tsɿ· 指妇女因流产造成身体损伤而调养身体。

【坐着说话儿不腰疼】tsuo⁴¹ ouʂ·ʂɿ³³ xuɐr⁴¹ pu³³ iɔ³³ tʻəŋ⁵³ 嘲讽那些只会说现成话，不了解真实情况，不体验生活的人。如：你～，叫你来试试就知道了。

【坐庄】tsuo⁴¹ tʂuaŋ³³ 指打牌时庄家赢牌后继续坐庄家。如：老王今儿手气好，连坐了四庄。

【坐水】tsuo⁴¹ ʂuei⁵³ 把水壶或烧水的锅放在炉子上烧开水。如：壶里没有茶了，再坐点儿水吧。

【坐监】tsuo⁴¹ tɕiɛn³³ 因犯罪被关在监狱里。如：张冲坐了三年监才出来。‖ 也说"坐牢 tsuo⁴¹ lɔ⁵³"。

【坐下病儿】tsuo⁴¹ ɕia·piu⁴¹ 染上病而不能治愈，留下病根。如：不应哭了，月子里哭该～了！

【坐锅】tsuo⁴¹ kuo³³ ①做饭时把锅安放在炉子上，准备熬煮。如：今儿黑地喝蜀黍面儿糊涂吧？你先坐上锅。②煮饭时食物粘在锅底焦煳了。如：今儿这糊涂有点儿～，你可不应使劲儿搅。

【坐月子】tsuo⁴¹ yɛ³³ tsɿ· 指妇女生孩子和产后一个月内调养身体。

【座儿】tsuɐr⁴¹ ①指椅子、凳子等可以坐的东西。如：给恁叔搬哟～。②供人坐的地方（多用于公共场所）。如：你先去图书馆儿给我占哟～。

tsæ

【仄棱】tsæ³³ ləŋ· 指头或身子侧着，向一边倾斜。如：他就好～着身子睡觉。‖ 也说"仄棱膀儿 tsæ³³ ləŋ·pɐr⁵³"。

【灾】tsæ³³ 灾害。如：今年玉蜀黍遭～了，收成不咋好。

【栽（儿）】tsæ³³ (tsuɐr³³) ①种植。如：给咱院子里～一棵杏树吧？②可以移植的植物的幼苗。如：桃～｜树～。③诬陷。如：这事儿是人家硬～到他身上哩。④头朝下掉到什么地方去。如：他妈洗衣裳哩时候儿～到河里淹死了。

【栽倒】tsæ³³ tɔ· 摔倒。如：贝贝还走不稳，光～，得看好喽。

【窄卡】tsæ³³ tɕʻia· 横向的距离小（与"宽"相对），不宽敞。如：这房子有点儿忒～了，转身儿都转不过来。

【摘花】tsæ³³ xua³³ 把盛开的棉花从开裂的棉桃中扯出来。

【择】tsæ⁵³ ①阉割猪狗等。如：十里八乡都知道老四会～猪。②男子间戏谑性的咒语。如：再胡说～喽你哩。③剔除。如：你给身上那毛圪垯～～。

【择菜】tsæ⁵³ ts'æ⁴¹ 把蔬菜中不能吃的部分剔除，留下可食部分。如：咱今儿吃韭菜扁食，你先～吧。

【宰】tsæ⁵³ 用欺骗手段使人破费钱财。如：这家伙不地道，这一回非好好儿～他一顿不中。

【翟泉】tsæ⁵³ ts'yen· 村名，古名狄泉，位置在今孟津区平乐镇，村以泉名。翟泉地处汉魏洛阳故城的核心区域，武王营建成周城的所在，历史悠久。翟泉还是历史上一次重要盟会"翟泉之盟"的地址。据《左传》记载，僖公二十九年（前631年），晋国与宋国、齐国、陈国、蔡国、秦国、鲁国等在翟泉进行盟会，重温践土之盟的盟约，并谋划讨伐郑国。

【再三再四】tsæ⁴¹ san³³ tsæ⁴¹ sı⁴¹ 谓多次反复。

【再一再二】tsæ⁴¹ i³³ tsæ⁴¹ ɦ⁴¹ 一两次（常跟"再三再四"连用）。如：有～，可没有再三再四。

【在理儿】tsæ⁴¹ liuu⁵³ 合乎道理。如：素萍嫂子说话儿办事儿都～。

【在儿】tsɤw⁴¹ 加在木器榫子里的木片，可使接榫的地方牢固。

【在教】tsæ⁴¹ tɕiɔ⁴¹ 信仰某种宗教。如：她妈跟她嫂子都～。

【在行】tsæ⁴¹ xaŋ⁵³ 对某事或某行业了解底细，经验丰富。如：要说证券哩事儿，老洪可～了。

【寨根遗址】tsæ⁴¹ kən³³ i⁵³ tsı⁵³ 寨根遗址是位于原煤窑乡寨根村南黄河台地上的新石器时代遗存，现已淹没在小浪底水库之中。寨根遗址是一处叠压着裴李岗文化、仰韶文化、龙山文化的遗存，出土物有角把罐、三足钵、夹砂深腹罐等陶器和石盘磨等石器。寨根遗址与其相邻的妯娌遗址一起被评为1996年全国十大考古发现之一。

【撩】tsæ⁴¹ 把衣物上的附加物缝补上去。

如：没有被罩哩时候儿，都是给被头上～一块儿布，脏喽好拆洗。

tsei

【贼星】tsei⁵³ siŋ³³ 流星的俗称。

【贼眉鼠眼儿】tsei⁵³ mei⁵³ ʂʅ⁵³ iɤu⁵³ 形容神情鬼鬼祟祟。如：你看那人～那样儿，肯定不是好人。

【贼头贼脑】tsei⁵³ t'əu⁵³ tsei⁵³ nɔ⁵³ 形容举止偷偷摸摸，鬼鬼祟祟。如：这孩子成天～，看着不像正派人。

tsuei

【嘴不严】tsuei⁵³ pu³³ iɛn⁵³ 好传话，不能保守秘密。如：她这人～，这事儿可不能叫她知道喽。

【嘴把式】tsuei⁵³ pa⁵³ ʂʅ⁴¹ 光会耍嘴皮子不干实事。如：他就是哟～，光说不干。

【嘴笨】tsuei⁵³ pən⁴¹ ①指小孩学会说话晚。如：这孩子～，仨生儿了还说不清话儿。②不会说话，不善言辞。如：孩子～，不会说话儿，你多担待。

【嘴皮子】tsuei⁵³ p'i⁵³ tsı· 嘴唇，喻指人伶牙俐齿，能说会道，多含贬义。如：不能光耍～，得干点儿实事儿。

【嘴没味儿】tsuei⁵³ mu³³⁵³ viu⁴¹ 吃东西没有味道，不想吃东西。如：这两天～，啥都不想吃。

【嘴刁】tsuei⁵³ tiɔ³³ 爱挑食。如：小芳嘴可刁了，不合她口味儿她一点儿都不吃。‖也说"嘴奸 tsuei⁵³ tɕiɛn³³"。

【嘴拖拉着地】tsuei⁵³ t'u⁵³ la· tʂuo· ti⁴¹ 喻指人嘴馋。如：谁跟你一样，成天～，光想着吃嘴。

【嘴甜】tsuei⁵³ t'iɛn⁵³ 见人便称呼，有礼貌，会说话。如：芳芳～，可会说话儿了！

【嘴馋】tsuei⁵³ ts'an⁵³ 馋，贪吃。如：～了，想去吃烧烤。

【嘴碎】tsuei⁵³ suei⁴¹ 说话啰唆，爱唠叨。如：俺妈～，成天唠叨哩没完。

【嘴上没有把门儿哩】tsuei⁵³ ʂaŋ・mu³³⁵³ iəu・pa⁵³ məu⁵³ li・形容人嘴不严，不能保守秘密。如：丽萍那～，啥事儿可不敢给她说。

【嘴臭】tsuei⁵³ tʂʻəu⁴¹ 常常骂人说脏话。如：军生～，不应跟他一般见识。‖ 也说"嘴脏 tsuei⁵³ tsaŋ³³"。

【嘴巧】tsuei⁵³ tɕʻiɔ⁵³ 指小孩说话早，能说会道。如：甜甜～，才哟生儿啥都会说了。

【嘴欠】tsuei⁵³ tɕʻiɛn⁴¹ 言其爱说不中听的话，使听者不悦。如：就你～，惹憿汪涛了吧？

【嘴快】tsuei⁵³ kʻuæ⁴¹ 有话藏不住，马上说出去。如：老张～，都给老王说了。

【嘴硬】tsuei⁵³ ɤŋ⁴¹ 不服气，不承认错误。如：人家都寻到家了，东东还～，死不承认。

【嘴严】tsuei⁵³ iɛn⁵³ 不该说的话不说，能保守秘密。如：老刘～，放心吧，他不会说出去哩。‖ 也说"嘴紧 tsuei⁵³ tɕin⁵³"。

【罪业】tsuei⁴¹ iɛ・本是佛教用语，指身、口、意三业所造的罪。泛指应受恶报的罪孽。

【醉鬼】tsuei⁴¹ kuei⁵³ 贬称喝醉酒的人。

tsɔ

【遭】tsɔ³³ 摸。如：这草可不敢～，看扎住你。

【糟】tsɔ³³ 形容东西易碎不坚韧。如：这木头都～了，不能使了。

【糟蹋】tsɔ³³ tsʻa・①浪费或损坏。如：这块儿菜地哩菜都叫野兔儿给～了。②侮辱或损害。如：你这会说是～人哩。

【早早儿】tsɔ⁵³ tsɿɐr³³ 尽早，提前。如：她～哩都改这等着了。

【早先】tsɔ⁵³ siɛn³³ 原先，以前。如：～你可不是这说哩，阵着咋变了呀？

【早晚】tsɔ⁵³ van⁵³ 迟早。如：这事儿～都能解决，你也不应着急。

【找茬儿】tsɔ⁵³ tsʻɐr⁵³ 吹毛求疵地进行挑剔和批评。如：看他们那架势，是故意来～打架哩。

【找钱儿】tsɔ⁵³ tsʻiɐu⁵³ 卖东西时，收到面值较大的钱币，把超过应收数目的部分用面值小的钱币找还给顾客。

【枣儿红】tsɿɐr⁵³ xuɐu⁵³ 像红枣一样的颜色。

【枣糕】tsɔ⁵³ kɔ³³ 加枣蒸的多层的各种花样馒头。

【枣花儿】tsɔ⁵³ xuɐr³³ 用白面和红枣蒸成的枣馍，与其他地方习俗不同，孟津过年时不蒸枣花儿，一般在农历八月十五时用新鲜红枣蒸制，祭祀时用来上供。

【灶火】tsɔ⁴¹ xuo・厨房。如：谁家～不冒烟？（意为谁家都有矛盾）

【灶王爷】tsɔ⁴¹ uaŋ⁵³ iɛ⁵³ 参见"老灶爷"。

【笊篱】tsɔ⁴¹ li・用铁丝或竹篾编成的过滤工具，有长柄，可以捞面条或饺子等。

【罩子灯】tsɔ⁴¹ tʂʅ・təŋ³³ 煤油灯，有玻璃罩，可聚光。

【罩衣】tsɔ⁴¹ i³³ 套在棉衣外起保护作用的外衣。

tsiɔ

【焦馍】tsiɔ³³ mo⁵³ 河南特色美食之一，面粉加盐、芝麻和成比较硬的面团，擀薄后烙至干脆，旧时孩子当饼干吃。

【焦片儿】tsiɔ³³ pʻiɐu⁵³ 孟津特色美食，面粉加鸡蛋、芝麻、盐和成面团，擀成薄面皮，切成菱形片放油锅中炸至金黄即可，酥脆咸香。

【焦炸皮】tsiɔ³³ tsa⁵³ pʻi⁵³ 油嘴滑舌爱多嘴的人。如：这孩子坐到这儿嘴就没停过，真是哟～。

【焦炸丸儿】tsiɔ³³ tsa⁵³ uɐu⁵³ ①孟津特色

美食将粉条剁成短截，加鸡蛋、面粉、调味料等和匀，团成小丸炸制而成。②水席菜品之一。把预先炸好的焦炸丸复炸一遍，浇上热汤即成。

【焦圪崩崩】tsiɔ³³ kuɯ³³ pəŋ‧pəŋ⁵³ 形容食品等又酥又脆。如：这烧饼烤哩～哩，真好吃。

【铰】tsiɔ⁵³ 用剪刀剪，裁。如：孩子指甲恁长，你都不会给他～～｜她手可巧了，～衣裳轧衣裳啥都会。

【皂皂板儿】tsiɔ⁴¹ tsiɔ‧pɛuɯ⁵³ 皂角树之果荚，又叫皂荚，其富含胰皂质，可去污垢。皂角树浑身是宝，皂荚、树皮和刺均可入药。

【皂皂树】tsiɔ⁴¹ tsiɔ‧ʂʅ⁴¹ 皂角树。

【焦】tsiɔ⁴¹ 性情急躁。如：他哩脾气～，甭跟他别劲儿。

tsəu

【诌】tsəu³³ 信口开河，瞎编乱造。如：你不应改这胡～了，根本没这事儿。

【走】tsəu⁵³ 女子改嫁。如：他哥死喽，他嫂子又～了一家儿。

【走动】tsəu⁵³ tuəŋ⁴¹ 来往。如：俺跟他家好些年没有～了，不着他家还有人没人了？

【走哩近】tsəu⁵³ li‧tɕin⁴¹ 比喻经常往来，关系密切。如：她两家儿是老乡，～。

【走亲戚】tsəu⁵³ tsʼin³³ tsʼi‧ 到亲戚家看望。‖也说"串亲戚 tsʼuan¹¹ tsʼin³³ tsʼi‧"。

【走线红薯】tsəu⁵³ siɛn⁴¹ xuəŋ⁵³ ʂʅ‧ 红薯提头儿下主枝上的侧枝伸向远处结的红薯。

【走着走】tsəu⁵³ tʂuo‧tsəu⁵³ 步行。如：离哩也不远，咱～吧？

【走过场儿】tsəu⁵³ kuo⁴¹ tʂʼɐr‧ 按照预定的程序走一遍；做样子。如：这就是走哟过场儿，不应害怕。

【做百儿】tsəu⁴¹ pɛuɯ³³ 人死后一百天举行的悼念活动。

【做伴儿】tsəu⁴¹ pɛuɯ⁴¹ ①相互陪伴，相互支持。如：这事儿哟人不中，咱俩做着伴儿弄吧？②当陪伴的人。如：我黑地有点儿害怕，你来给我～吧？

【做买卖】tsəu⁴¹ mæ⁵³ mæ 从事商业活动。如：他十几岁就不上学了，跟着他达学～。‖也说"做生意 tsəu⁴¹ səŋ³³ i‧"。

【做买卖哩】tsəu⁴¹ mæ⁵³ mæ‧li‧ 从事商业活动的人。如：人家是～，又不是弄慈善。‖也说"做生意哩 tsəu⁴¹ səŋ³³ i‧li‧"。

【做满月】tsəu⁴¹ man⁵³ yɐ‧ 婴儿满月时宴请亲友，第一道菜是面条。‖也说"吃面 tʂʅ³³ miɛn⁴¹"。

【做梦】tsəu⁴¹ məŋ⁴¹ ①睡眠中因大脑抑制过程不彻底，在意识中呈现种种幻象。②幻想。如：就你还想上北大哩？～吧你！

【做饭哩】tsəu⁴¹ fan⁴¹ li‧ 厨师。

【做道场儿】tsəu⁴¹ tɔ⁴¹ tʂʼɐr⁵³ 丧礼中，有钱有势的人家请来和尚道士在家中院内筑坛，围棺为死者念经免灾的活动。

【做头儿】tsəu⁴¹ tʼɐur‧ 值得做。如：这活儿没啥～，一会儿就能弄完。

【做七】tsəu⁴¹ tsʼi³³ 人死后每七天祭奠一次，直至第十个七天为止。

【做菜】tsəu⁴¹ tsʼæ⁴¹ 制作菜肴。

【做小买卖】tsəu⁴¹ siɔ⁵³ mæ⁵³ mæ 做小生意。如：老王就是靠～养活了一家人。

【做小买卖哩】tsəu⁴¹ siɔ⁵³ mæ⁵³ mæ‧li‧ 做小生意的小商小贩。如：这哟～可实诚了。

【做生儿】tsəu⁴¹ səu³³ 过生日。如：他年年回来给他妈～。

【做周年】tsəu⁴¹ tʂəu³³ niɛn‧ 人死后满一年、两年、三年时举行祭祀活动。孟津风俗，重一周年，轻二周年，尤重三周年。

【做针线活儿】tsəu⁴¹ tʂən³³ siɛn⁴¹ xuɐr⁵³ 做缝纫刺绣等针线活。

【做庄稼哩】tsəu⁴¹ tʂuaŋ³³ tɕia·li· 农民。

【做中了】tsəu⁴¹ tʂuəŋ³³ lə· 饭做好了。如：饭~，叫恁姐回来吃饭吧。

【做啥】tsəu⁴¹ ʂa⁴¹ 做什么，干什么。如：你叫我~哩？‖也读合音"tsua⁵³"，写作"抓"。

【做啥哩】tsəu⁴¹ ʂa⁴¹ li· ①做什么，干什么。如：你改这~？②做什么的，干什么的。如：恁大舅是~？看着怪有钱儿哩。

【做活儿】tsəu⁴¹ xuɐr⁵³ 从事体力劳动。

【做活儿哩】tsəu⁴¹ xuɐr⁵³ li· 从事体力劳动的人。

【做衣裳】tsəu⁴¹ i³³ ʂaŋ· 缝制衣服。

【做衣裳哩】tsəu⁴¹ i³³ ʂaŋ·li· 裁缝。

【就¹】tsəu⁴¹ ①只有，仅仅。如：班里学生都去了，咋~你没去？②偏，偏偏。如：我~不信我干不了。③早已，早就。如：我~知道，恁妈还得去寻校长。④放在两个相同的成分之间，表示容忍。如：扔~扔喽吧，也不值啥钱儿。⑤表示事实正是如此。如：这事儿~是他挑头儿哩。⑥即使，纵使。如：你~不去，这事儿估计也能办成。

【就²】tsəu⁴¹ ①表示即将发生或实现。如：你不应慌哩，再过一会儿~弄好了。②表示两件事情紧接着发生。如：他一见我~跑了。

【就是¹】tsəu⁴¹ sʅ· 即使，纵使。如：你~不说，我也会去哩。

【就是²】tsəu⁴¹ sʅ· ①用在句末表示肯定。如：我去~了，不应再啰唆了。②表示同意，常单用。如：~，我也是这着想哩！

tsiəu

【勾子】tsiəu³³ tsʅ· 皮肤受伤愈合后形成的疤痕。

【揪】tsiəu³³ 紧紧地抓住；抓住并拉扯。如：军军~住他妈哩裤腿就是不丢手。

【鬏儿】tsiəur³³ 将短发扎成的小辫子。如：她哩头发改低脑后头梳了哟小~。

【酒量】tsiəu⁵³ liaŋ⁴¹ 一次能喝多少酒的限度。如：他~大，喝半斤没一点儿事儿。

【酒糟鼻子】tsiəu⁵³ tsɔ³³ pi⁵³ tsʅ· 一种慢性皮肤病，鼻子尖呈现暗红色。

【酒嗉子】tsiəu⁵³ su⁴¹ tsʅ· 酒席上用于斟酒的有着细长弯嘴和弯把儿的锡制或陶制酒壶。

【酒盅儿】tsiəu⁵³ tʂuɯ³³ 一种口大底小的小酒杯。

【酒肉朋友】tsiəu⁵³ zəu⁴¹ pʻəŋ⁵³ iəu· 在一起吃喝玩乐的朋友。如：你交哩这~可好，一有事儿都跑了。

【酒劲儿】tsiəu⁵³ tɕiɯ⁴¹ 因饮酒而产生的一种亢奋状态。如：他这人~上来喽撒泼打滚哩，没成色儿。

【酒坑儿】tsiəu⁵³ kʻəɯ³³ 笑时脸颊上出现的小坑。如：平平一笑俩~，可好看了。‖也说"酒窝儿 tsiəu⁵³ uɐr³³"。

【就】tsiəu⁴¹ 用菜来佐餐或下酒。如：今儿~着芥菜丝儿喝了两碗面疙瘩，怪美。

【就哩】tsiəu⁴¹ li· 吃饭喝汤时就着吃的咸菜、小菜。如：光喝米汤了，都没有点儿~？

【就菜】tsiəu⁴¹ tsʻæ⁴¹ 菜和饭配合着吃。如：你不应光吃馍，就着菜吃。

【就圪台儿下驴】tsiəu⁴¹ kuɯ³³ tʻɯ·ɕia⁴¹ ly⁵³ 在争吵和争斗中，经人劝解，趁机不再吵闹。‖也说"就坡儿下驴 tsiəu⁴¹ pʻər³³ ɕia⁴¹ ly⁵³"。

【瘵】tsiəu⁴¹ 形容东西皱缩成一团。如：你看你哩汗衫~成啥了，也不知道熨熨。

【瘵筋】tsiəu⁴¹ tɕin³³ 多指腿部因缺钙、受凉或局部神经血管受压迫引起的肌肉痉挛。如：这一段儿也不着咋了，腿光~。

tsan

【鏨】tsan³³ ①在砖石上凿；在金银上刻。如：~字儿丨~花儿。②投掷石块等击打。如：林林~了几下没有~住小鸡娃儿，急哩拿着棍儿撵着小鸡娃儿打。

【簪子】tsan³³ tsʅ· 固定发髻的条状物，用金属、玉石、骨头等制成，也起装饰作用。

【咱】tsan⁵³ ①第一人称单数，相当于"我"，语义表达上往往有自我肯定、自我嘲讽的意思。如：你尝尝，~调这银条好吃吧丨~没法儿跟人家高桩比，人家有花不完哩钱儿。②第一人称复数，相当于"我们"。如：~今儿黑地去唱歌儿吧？③借指听话人。如：宝宝，这滑梯忒高了，~不滑。

【咱都】tsan⁵³ təu· 咱们。如：~吃了饭去北大街逛逛吧？

【攒】tsan⁵³ 积聚；储蓄。如：得~够十张优惠券儿才能领一份儿礼品。

【攒粪】tsan⁵³ fən⁴¹ ①积攒粪肥。②喻指吃的食物不顶饥。如：响午光吃点儿这会中？都是不~哩东西儿。

【攒钱儿】tsan⁵³ tsʻiɯ⁵³ 存钱。如：阵着晚儿这孩子们都不~，挣哟花哟。

【站】tsan⁴¹ 人在行进中停下来。如：~一~，慢一半。

【站柜台儿】tsan⁴¹ kuei⁴¹ tʻɯ⁵³ 售货员在柜台前接待顾客。如：胡宝家媳妇改老城供销社~哩。

【暂】tsan⁴¹ "早晚"的合音词，与"多"连用问时间。如：咱多~开学呀？

【錾子】tsan⁴¹ tsʅ· 凿刻石头或金属的小凿子。

【蘸】tsan⁴¹ 把物体在液体、粉末或糊状物中略微蘸一下。如：吃扁食~点儿醋好吃。

【蘸水儿笔】tsan⁴¹ ʂuɯ⁵³ pei³³ 是一种书写或绘画专用的勾线笔。笔身细不能储墨水，笔尖有一定储水功能，因此笔尖长而突出。用蘸水儿笔书写或绘画时需要不时地蘸墨水，较麻烦，但可以自由控制墨量，画出具有变化的线条。

tsiεn

【尖¹】tsiεn³³ ①物体的末端细小尖锐。②声音高而细。如：小平哩声音~着哩。③人感觉灵敏，听觉灵敏叫耳朵尖，视觉灵敏叫眼尖。

【尖²】tsiεn³³ ①处处计较个人得失，精于计算。如：他这人~着哩，你可不应叫他榷喽。②吝啬。如：你阵~抓哩？钱儿还能带到棺材里？

【尖蛮嘴儿】tsiεn³³ man⁵³ tsuɯ⁵³ 东乡人称孟津南部人说话带的老洛阳口音。如：他家那儿说话都带~。

【尖儿】tsiɯ³³ 物体锐利细小的末端。如：笔~丨针~。

【尖嘴儿猴儿腮】tsiεn³³ tsuɯ⁵³ xəur⁵³ sæ³³ 形容人面部瘦削，面貌丑陋。如：你看你长哩~那样儿，人家谁会相中喽。

【尖声尖气】tsiεn³³ ʂən³³ tsiεn³³ tɕʻi⁴¹ 说话声音尖细刺耳难听。如：他哟大男人，说话~哩，难听死了。

【尖橛】tsiεn³³ tɕyε· 不能吃苦。如：这人忒~了。

【剪发头】tsiεn⁵³ fa³³ tʻəu⁵³ 妇女留的一种较短且齐的发型，常以此代指妇女。如：喝酒一怕红脸汉儿，二怕~。

【剪子】tsiεn⁵³ tsʅ· 剪刀。切割布、纸张、绳子、钢板等片状或线状物体的双刃工具，两刃交错，可以开合。

【溅奶】tsiεn⁵³ næ⁵³ 婴儿吃过奶后吐出。

【溅水】tsiεn⁵³ ʂuei⁵³ 不时冒出的间歇泉水。

【贱】tsiεn⁴¹ 便宜。如：桃儿才下来忒贵，等等~喽再买吧。

【贱气】tsiεn⁴¹ tɕ'i· 轻佻、下流的样子。
　　如：他通 ~ 哩，见嗹女人就走不动了。

【贱货】tsiεn⁴¹ xuo⁴¹ ①便宜的货物。②形
　　容下贱不自重的人，多指女人。

tsuan

【钻】tsuan³³ ①待在里面不出来。如：这
　　孩子成天 ~ 到家里打游戏，学都上不
　　了。②穿过；进入。如：鸭子一会
　　儿 ~ 到水里，一会儿凫到水上。

【钻到钱儿眼儿里了】tsuan³³ tɔ· ts'iεu⁵³ iεu⁵³
　　li·lə· 形容唯利是图，非常贪财。如：
　　老王 ~，除了生意啥都不顾哩了。

【钻挤】tsuan³³ tsi· 非常聪明；善于钻营。
　　如：他家老三可 ~ 了，啥事儿都能办
　　好丨小胡通 ~ 哩，跟领导关系处哩都
　　怪好哩。

【钻心】tsuan³³ sin³³ 形容难以忍受的痛苦。
　　如：腿上长了哟疮，~ 哩痒，难受死了。

【钻心虫】tsuan³³ sin³³ tʂ'uəŋ³³ 玉米螟幼虫。

【钻监眼儿】tsuan³³ tɕiεn³³ iεu⁵³ 詈语，意
　　为该坐牢、蹲班房的人。

【钻圈儿】tsuan³³ tɕ'yεu³³ 一种游戏，人
　　或动物的身体从铁圈中穿过。

【钻圪崂儿打洞】tsuan³³ ku³³ lɔr⁵³ ta⁵³ tuəŋ⁴¹
　　形容窃贼四处溜门撬锁的偷窃行为。
　　如：他从小没人管，成天 ~ 不干正事儿。

【纂住劲儿】tsuan⁵³ tʂʅ⁴¹ tɕiəu⁴¹ 把所有力
　　量集聚起来做事情。如：咱 ~ 好好学，
　　期末考进前十名。

【鬘儿】tsuεu⁵³ 妇女梳的盘在后边的发髻。

tsən

【□】tsən⁵³ ①用所剩不多的牙齿稍微嚼
　　一下。如：俺奶没几个牙了，吃东西
　　儿都是 ~ ~ 就咽了。②吃硬东西时艮
　　了一下。

tsin

【津】tsin³³ 水等液体物质渗漏。如：这哟
　　盆儿有点儿 ~ 水。

【紧】tsin³³ 生肉、豆腐等过热水去除血水
　　或豆腥味。如：~ 豆腐。

【劲子头儿】tsin⁵³ tsʅ· t'əur⁵³ 指小孩磨人
　　的劲头。如：你这孩子 ~ 真大，磨死人了。

【尽】tsin⁵³ ①优先，让某些人或事物占先。
　　如：包子不多了，先 ~ 着孩子们吃吧。
　　②最。如：他家改 ~ 西头哩。

【尽】tsin⁴¹ 指农历月终。如：农历哟月
　　三十天是大 ~，二十九天是小 ~。

【尽头牙】tsin⁴¹ t'əu⁵³ ia⁵³ 智齿。

【尽七】tsin⁴¹ ts'i³³ 人去世后家人逢七要到
　　坟前祭祀，从一七到十七才结束，因
　　此称十七为尽七。

【尽心】tsin⁴¹ sin³³ 竭尽心智和努力。如：
　　啥事儿都不应强求，~ 都中了。

【尽孝】tsin⁴¹ ɕiɔ⁴¹ 对长辈竭尽孝顺之心。
　　如：你成天拍哪儿跑着做生意，都是
　　丽萍改家替你 ~，你得好好谢谢她。

【尽管】tsin⁴¹ kuan⁵³ 只管，不必顾虑其他。
　　如：你 ~ 去吧，家里你放心。

【进】tsin⁴¹ 房屋分为前后几个庭院的，每
　　一个庭院称为一进。如：孟津古民居
　　大多是两 ~ 或三 ~ 哩。

【进门儿】tsin⁴¹ məu⁵³ ①指女子嫁到男方
　　家里。如：小丽结婚才 ~ 就跟她婆子
　　吵了一架。②入门，比喻初步得到做
　　某事的门径。如：我这手艺儿跟师傅
　　比还差哩远哩，才刚 ~。

【进深】tsin⁴¹ tʂ'ən³³ 房间由房门到后墙的
　　宽度。如：他家厦子 ~ 小，床东西摆
　　着窄卡哩慌。

tsyn

【俊】tsyn⁴¹ 形容人相貌好看。如：这闺女

长哩怪～哩。

tsaŋ

【脏东西儿】tsaŋ³³ tuəŋ³³ siu· 迷信的人认为妨害人的鬼魅等。如：五婶儿从东边儿回来是不是碰住啥～了，到家就发烧说胡话儿。

【脏字儿】tsaŋ³³ tsɯ⁴¹ 不文明、不堪入耳的话。如：说话儿不能带～，不文明。

tsiaŋ

【将就】tsiaŋ³³ tsiəu⁴¹ 凑合，勉强适应不很满意的事情或环境。如：这就这条件儿，你～～吧。

【浆面条儿】tsiaŋ³³ miɛn⁴¹ t‘ɔr⁵³ 孟津特色美食。传统浆面条儿使用的是制红薯粉时的淀粉过滤液发酵而成的粉浆，烧开后下入手擀的杂面条煮熟，勾上稠稠的芡，热油炝些葱花蒜瓣儿即成。现在一般用绿豆粉浆和白面条，另加芝麻、花生碎等。

【奖】tsiaŋ⁵³ ①奖励。如：吴强参加作文儿比赛得了二等奖，学校～了他一套《十万个为什么》。②为了鼓励和表扬优胜者而给予的荣誉或财物。如：一等～。

【匠人】tsiaŋ⁴¹ zən· 手工艺人。

【酱豆儿】tsiaŋ⁴¹ tɿəur⁴¹ 西瓜豆酱，由黄豆、面粉、西瓜瓢等原料制作而成的调味品。

【酱色】tsiaŋ⁴¹ sæ³³ 深赭色。

tsəŋ

【争¹】tsəŋ³³ ①争夺。如：俩孩子～哟小汽车打起来了。②争执，争论。如：俩人又为孩子哩事儿～起来了。

【争²】tsəŋ³³ ①欠别人钱物。如：他还～我一千块钱儿哩。②在时间、重量、距离等方面有差距。如：这布～一点儿都三米了，按两米九吧。

【争嘴吃】tsəŋ³³ tsuei⁵³ tʂʅ³³ 在吃的东西上与别人争夺。如：你都多大了，还跟妹妹～哩。

【争竞】tsəŋ³³ tɕiŋ⁴¹ ①因礼仪不周而争执、计较。如：大过年哩，俺嫂子只给孩子了五块钱儿压岁钱，媳妇儿一点儿也没有～。②因商品交易价格而争论。如：～了阵半天，才便宜了五毛钱儿。

【争气】tsəŋ³³ tɕ‘i⁴¹ 有上进心，不甘落后，发愤图强，力争上游。如：李万生家老二还怪～哩，考上复旦大学了。

【睁不开眼儿】tsəŋ³³ pu³³ k‘æ³³ iɐui⁵³ 因极度疲乏眼睛都睁不开了。如：这孩子，都～了，还不去睡。

【睁眼儿瞎】tsəŋ³³ iɐui⁵³ ɕia³³ 指不识字的人。

【挣】tsəŋ⁴¹ 用劳动获取钱物。如：当年我一天可是能～十四分哩。

【挣钱儿】tsəŋ⁴¹ ts‘iɐui⁵³ 赚钱，获取收益。如：这生意不～，不能干。

【缯】tsəŋ⁴¹ 老式织布机的一个部件，由细丝竹子做成，经线从其密齿中穿过并上下分开，织布时梭子才能从中穿过。

【□不叽叽哩】tsəŋ⁴¹ pu³³ tsi· tsi⁵³ li· 形容有些痴呆或性格极端内向的人面无表情、呆傻愣怔的样子。

tsiŋ

【精】tsiŋ³³ ①形容人吝啬、抠门儿，自私自利。如：这人～着哩，可甭跟他共事儿。②形容人奸猾，不诚实。如：卖东西哩真～，一斤豆腐就敢少给我二两。③形容人聪明。如：这孩子怪～哩，才两岁啥都知道了。④惯于做某事。如：你真是哟吃嘴～。

【精豆儿】tsiŋ³³ tɿəur⁴¹ 指聪明的小孩儿。

如：这孩子是哟 ~ 。

【精精儿】tsiŋ³³ tsiɯ· 对聪明伶俐的小孩子的戏谑称呼。如：你真是哟小 ~ ！

【精书】tsiŋ³³ ʂʅ³³ 孟津会盟镇人对本地铁炉、小集及平乐镇翟泉、上屯人为人处世方式的一种评价，指他们极端节约俭省，吝啬小气。如：翟泉跟上屯儿是出 ~ 哩地这。

【精神头儿】tsiŋ³³ ʂən· tʻɹəur⁵³ 指精神振作的神态。如：刘新仓都八十了，~ 还好着哩，打牌能一黑地不睡觉。

【井台儿】tsiŋ⁵³ tʻma⁵³ 井口周围高出地面的部分。

【井筒儿】tsiŋ⁵³ tʻuɯ⁵³ 水井的井身。

【井绳儿】tsiŋ⁵³ ʂəɯ⁵³ 从水井中打水时用来提水桶的绳子。

【井口儿】tsiŋ⁵³ kʻəur⁵³ 水井的口沿部分。

【净】tsiŋ⁴¹ 总是、只是。如：你甭 ~ 吃米不吃菜。

【净落】tsiŋ⁴¹ luo³³ 纯收入。如：这一趟车跑下来 ~ 五千块。‖ 也说"净挣 tsiŋ⁴¹ tsəŋ⁴¹"。

tsuəŋ

【总算】tsuəŋ⁵³ suan⁴¹ 指经过漫长时间等待后愿望终于达成。如：不管咋说，这一谱儿事儿 ~ 顺顺当当办下来了。

【总数儿】tsuəŋ⁵³ ʂʅ⁴¹ 所有数目。如：这一车西瓜 ~ 是一百三十个。

【总共】tsuəŋ⁵³ kuəŋ⁴¹ 一共。如：这一回 ~ 进了两吨煤。

tsyŋ

【纵】tsyŋ⁴¹ 竖；南北的方向，与"横"相对。如：大家站好，排成三列 ~ 队。‖ 新派读"tsuəŋ⁴¹"。

【粽子】tsyŋ⁴¹ tsʅ· 用粽叶或苇叶包裹糯米和花生等煮制的食品。‖ 新派读"tsuəŋ⁴¹ tsʅ·"。

ts'

ts'ɿ

【刺啦】ts'ɿ³³ la· 拟声词。①水滴入热油中发出的声音。如：熟锅哩时候儿，勺子一搁 ~ 响，得盖住点儿锅盖儿。②撕纸或布的声音。如：合同叫她 ~ 一声儿撕了。

【呲】ts'ɿ³³ 申斥、斥责。如：我今儿好没得儿哩叫李书生 ~ 儿了一顿。

【呲呱人】ts'ɿ³³ kua· zən⁵³ 恶语相向；拉磴人。如：你不应改这儿 ~ 了，人家没说错。

【呲溜】ts'ɿ³³ liəu· ①形容吃饭时不仔细咀嚼就快速咽下的样子。如：小花吃面条儿可快了，嚼都不嚼，~ 一下都咽下去了。②形容人伤风着凉后鼻涕多往里吸溜的样子。如：小马感冒了，一直 ~ 着鼻子。

【哆麻糊】ts'ɿ³³ ma⁵³ xu³³ 眼屎。

【滋】ts'ɿ³³ 水喷射出去。如：你可不敢拿着水枪给电视上 ~ 。

【跐】ts'ɿ³³ ①踩踏。如：赶快搊起来桌子，~ 住我脚了。②脚下滑动，蹭了蹭。如：你赶快 ~ ~ 脚底下那泥吧。

【跐不动】ts'ɿ³³ pu³³ˡ⁵³ tuən⁴¹ 使唤不了；支使不动。如：这人懒着哩，~ 。‖也说"干跐不动弹 kan³³ ts'ɿ³³ pu³³ˡ⁵³ tuən⁴¹ t'an· "。

【跐溜】ts'ɿ³³ liəu· ①脚下滑动。如：地下都是冰凌，他 ~ 一下可绊倒了。②形容很快。如：门一开，花猫 ~ 一下可钻到床底下了。

【呲牙咧嘴】ts'ɿ³³ ia⁵³ liɛ⁵³ tsuei⁵³ ①形容人长得难看。如：你看他 ~ 那样儿，谁能相中喽？②形容疼痛难忍时的模样。如：腿一阵儿阵儿抽筋儿，疼哩他 ~ 哩。

【刺脚芽】ts'ɿ⁵³ tɕyə³³ ia⁵³ 小蓟的俗称。小蓟可以治疗痈肿疮毒，有清热凉血、消肿的作用。

【刺闹】ts'ɿ⁵³ nɔ⁴¹ 皮肤发痒难受。如：去稻子地里薅草得穿长袖儿，要不是扎哩浑身 ~ ，难受着哩。

【祠堂】ts'ɿ⁵³ t'aŋ· 为祖先或有功德的人修的祭祀房屋。

【瓷】ts'ɿ⁵³ 硬；不松软。如：这地忒 ~ 了，得好好翻翻才能种。

【瓷圪丁丁】ts'ɿ⁵³ kɯ³³ tiŋ· tiŋ⁵³ 形容非常瓷实。如：今年白菜长哩可好了，哟哟儿都 ~ 哩！

【瓷麻烫】ts'ɿ⁵³ ma⁵³ t'aŋ· 油条的一种，与"虚麻烫"相对，指面发得轻、没有那么暄软的扁片油条。如：俺姨就好吃 ~ 。

【瓷实】ts'ɿ⁵³ ʂɿ· 东西挤压得很紧；结实；扎实。如：多夯几遍，地基就 ~ 了｜他身上哩肉可 ~ 了。

【慈眉善目】ts'ɿ⁵³ mei⁵³ ʂan⁴¹ mu³³ 形容满

脸慈祥和善的样子。如：恁老婆儿～
哩，一看都是好脾气。

【伺候】ts'ɿ⁴¹ xəu· 在人身边供人使唤，
侍奉人；照料饮食起居，照顾人。如：
俺妈～一大家子十几口人，成天忙哩
脚不沾地儿。

【刺儿头儿】ts'ʔuɐ⁴¹ t'ɻəur⁵³ 指遇事刁难别
人，不好对付的人。如：孬蛋是哟～，
成天没事儿找事儿，谁都不敢招惹他。

【刺梅花儿】ts'ɿ⁴¹ mei· xuɐr³³ 蔷薇。

【翅膀】ts'ɿ⁴¹ paŋ· ①昆虫或鸟类的飞行
器官。如：鸟～｜鸭子～。②物体上形
状或作用像翅膀的部分。如：飞机～。

【疵毛】ts'ɿ⁴¹ mɔ⁵³ 质量或品质差。如：这
东西儿真～，才使了一回可坏了｜你
这人真～。

ts'i

【七拼八凑】ts'i³³ p'in³³ pa³³|⁵³ ts'əu⁴¹ 勉强
拼凑起来。如：谁家都困难，～哩才
凑了几百块。

【七老八十】ts'i³³ lɔ⁵³ pa³³ ʂɿ⁵³ 强调人的年
纪大，身体衰老。如：你才六十岁，
又不是～了，能动弹还是多动动好。

【七长八短】ts'i³³ tʂ'aŋ⁵³ pa³³ tuan⁵³ 形容长
短不一。如：这木头解哩～哩，没法
儿使了。

【七月七】ts'i³³ yɛ· ts'i³³ 指每年农历的
七月初七。七夕是一个以"牛郎织女"
民间传说为载体，以祈福、乞巧、爱
情为主题，以女性为主体的综合性节
日。如：年年～哩黑地，小闺女儿小
媳妇儿们都得穿针乞巧。

【妻命不透】ts'i³³ miŋ⁴¹ pu³³|⁵³ t'əu⁴¹ 指男子
未婚。

【妻哥】ts'i³³ kɔ⁵³ 妻子的哥哥。‖ 也说"丈
人哥 tʂaŋ⁴¹ zən· kɔ⁵³"。

【沏】ts'i³³ 兑水使变稀。如：米汤忒稠了，
再多～点儿水吧。

【漆皮】ts'i³³ p'i⁵³ 器具表面涂漆的一层。

【齐崭崭哩】ts'i⁵³ tsan· tsan⁵³ li· 剪裁得
很整齐。

【齐整】ts'i⁵³ tʂəŋ· ①整齐，井井有条。如：
孙家庄村容村貌又规矩又～。②端正体
面。如：小花儿今儿穿哩怪～哩。‖ 也说
"齐齐整整 ts'i⁵³ ts'i· tʂəŋ⁵³ tʂəŋ·。""齐
整整哩 ts'i⁵³ tʂəŋ· tʂəŋ⁵³ li·"。

【齐骨唰唰哩】ts'i⁵³ ku³³ ʂua· ʂua⁵³ li· 整
齐一致。如：你看人家桃红割哩那麦
茬儿，～，多规矩。

【脐风】ts'i⁵³ fəŋ· 旧时刚出生的婴儿得的
病。接生时，脐带处没有处理好，受
风或感染病毒而发病，婴儿一般活不
过七天。

【蛴螬】ts'i⁵³ ts'ɔ· 金龟子的幼虫。

【缉鞋口儿】ts'i⁴¹ ɕiæ⁵³ k'əur⁵³ 用相连的针
脚密密地缝鞋口。如：她坐院儿里～
哩。‖ 也说"沿鞋口儿 iɛn⁵³ ɕiæ⁵³ k'əur⁵³"。

ts'u

【粗布】ts'u³³ pu⁴¹ 纯手工纺织的棉布，与
洋布比略显粗糙，但吸汗柔软。如：夏天
铺～单子好，吸汗，不粘身子。‖ 也说
"土布 t'u⁵³pu⁴¹""老粗布 lɔ⁵³ ts'u³³ pu⁴¹"。

【粗胡咙大嗓子】ts'u³³ xu⁵³ luŋ· ta⁴¹ saŋ⁵³
tʂɿ· 形容嗓门大。如：你这～哩，不
应吓着人家孩子喽。

【粗盐】ts'u³³ iɛn⁵³ 海水或盐井中的盐水经
煎晒而成的结晶，是未经加工的大颗
粒盐，但因含有杂质，在空气中较易
潮解。

【聪明】ts'u³³ miŋ· 智商高，记忆能力和
理解能力强。如：小强可～了，三岁
都会各人看书了。

【醋心】ts'u⁴¹ sin· 为他人付出却得不到
认可而感到伤心。如：王欢家这事儿
弄哩我可～。

ts‘y

【焌】ts‘y^{33} ①把燃烧物放到水中使熄灭。如：你出去哩时候儿可记着给香~喽。②炒菜时为防止干锅而加水。如：炒白菜哩时候儿少~点儿汤儿，多咕嘟一会儿，白菜才好吃。③烧灼。如：炒菜哩时候儿手叫火~了一下儿，疼死了。

【趋】ts‘y^{33} 脚蹭着地面，一点一点向前挪动。如：老李栽倒了一回，阵着晚儿走路还一~一~哩。

【趋趋拉拉】ts‘y^{33} ts‘y · la^{33} la · 脚拖地小步往前挪动。如：就你这着~着走，啥时候儿才能走到哩呀！

【黢黑】ts‘y^{33} xɯ^{33} 特别黑；很暗。如：黑地外头~~哩，啥也看不见。

【趋青】ts‘y^{33} ts‘iŋ^{33} ①黑色。如：他就好穿一件儿~哩褂子。②蓝绿色。如：他哩腰改桌子角儿磕了一下儿，~了一大块儿。‖ 也说"乌青 u^{33} ts‘iŋ^{33}""黑蓝青 xɯ^{33} lan^{53} ts‘iŋ^{33}"。

【取齐】ts‘y^{53} ts‘i^{53} 以某物为标准，使其他的与之同等。如：咱今儿干活儿都跟老王干哩~都中。

【娶客】ts‘y^{53} k‘æ · 结婚时陪新郎去迎娶新娘的人。

ts‘a

【叉】ts‘a^{33} 衣服开线了；衣服剐破了。如：牛牛拌了一跌，裤子都拌~了。

【叉儿】ts‘ɾer^{33} 表示错误的符号，形状是"×"，批改作业或试卷时使用。

【杈】ts‘a^{33} 一种用来挑秸秆、柴草等的长柄农具，多为木制，一般有三个或四个较长的齿。‖ 西乡说"杨杈 iaŋ^{53} ts‘a^{33}"。

【差成儿】ts‘a^{33} tʂ‘əɯ^{53} 指人不聪明，不够数。如：这孩子有点儿~。‖ 也说"不足成儿 pu^{33} tsy^{33} tʂ‘əɯ^{53}"。

【差势板儿】ts‘a^{33} ʂʅ^{41} pɐɯ^{53} 西乡称缺心眼的人。如：老王是哟~。‖ 也说"差把窍 ts‘a^{33} pa^{53} tɕ‘iɔ^{41}"。

【差窍】ts‘a^{33} tɕ‘iɔ^{41} 形容人有些愚钝，不精到。

【插】ts‘a^{33} 用门闩关上。如：恁大黑地不回来了，咱~好门儿睡吧。

【插一杠子】ts‘a^{33} i$^{33|53}$ kaŋ^{41} tsɿ · 卷入与自己不相干的事。如：人家干哩好好儿哩，他非要去~。

【擦屁股】ts‘a^{33} p‘i^{41} ku · 替别人收拾残局，做些补救工作。如：他到处惹事儿，他爸成天跟着给他~。

【擦身子】ts‘a^{33} ʂən^{33} tsɿ · 擦澡。

【擦黑儿】ts‘a^{33} xəɯ^{33} 天刚黑。如：天才~你可睡了？

【擦红薯】ts‘a^{33} xuəŋ^{53} ʂʮ · 用礤子把红薯擦成片或擦成泥。

【礤子】ts‘a^{33} tsɿ · 把食物擦成丝、片或泥的工具，在一块长方形的木板中间挖洞，装上上凿小孔或有长条形开孔的金属薄片，可以加工各种根茎类蔬菜。

【叉拉着腿】ts‘a^{53} la^{41} tʂuo · t‘uei^{53} 坐下时两条腿叉开，是一种不雅的坐姿。如：小闺女儿家可不能~坐，难看死了。

【茶】ts‘a^{53} ①茶水。如：恁叔才送来哩茶叶儿，你去泡一杯~喝吧。②茶叶。如：老刘去杭州串亲戚，捎回来了几包儿龙井~。③白开水。如：小霞冻着了，你看着叫她多喝点~。

【茶缸儿】ts‘a^{53} kɐr^{33} 过去常用的一种带把的搪瓷杯子。如：俺妈有哟旧~，都拌掉瓷儿了，还舍不哩扔。

【茶壶】ts‘a^{53} xu^{53} 沏茶用的瓷壶。

【茶叶儿】ts‘a^{53} yɜr^{33} 茶叶。

【茶瓯儿】ts‘a^{53} ɣɾəur^{33} 小茶杯。

【茶碗儿】ts‘a^{53} uɐɯ^{53} 没有把的用来喝茶的碗。

【茬儿】ts‘ɾer^{53} 农作物收割后留在地里的茎和根。如：你割这稻子~忒高了。

【查】ts'a⁵³ 计算数量。如：你～一～来了几个人。

【煿】ts'a⁵³ 用砖石等东西遮挡住。如：后院儿墙塌了哟豁子，你赶快弄点儿啥给它～住吧！

【碴儿】ts'ɐr⁵³ ①小碎块儿，小碎屑。如：玻璃～。②事端，话头。如：老王接着老张哩话～继续往下说。

【碴口儿】ts'a⁵³ k'əur‧ 重要的时机；可以入手办事的机会。如：这可是哟好～，可不能错过喽。

【蹅】ts'a⁵³ ①踩。如：路上可浓，～了一脚泥。②大步迈过去。如：这渠不宽，你能～过去。

【叉滴溜儿叉】ts'a⁴¹ ti³³ liəur‧ ts'a⁴¹ 一种乌鸦，毛色纯黑，生性凶猛，经常袭击人类。

【岔】ts'a⁴¹ 避开对方话题，用别的话来应付。如：咱先说这哟事儿，你不应～话儿。

【岔胡咙】ts'a⁴¹ xu⁵³ luəŋ‧ 嗓子嘶哑。

【岔胡咙鸡儿】ts'a⁴¹ xu⁵³ luəŋ‧tɕiu³³ 指嗓子嘶哑的人。如：老李成了～了。

ts'uo

【搓】ts'uo³³ 两个手掌反复摩擦，或把手掌放在别的东西上来回地揉搓。如：看你哩手脏死了，快使劲～～。

【搓板】ts'uo³³ pan‧ 木头或塑料制成的搓洗衣服用的长方形板，正面刻有窄而密的横槽。如：咋寻不着咱哩～了？

【搓脊梁】ts'uo³³ tsi³³ liaŋ‧ 搓背。如：你给我搓搓脊梁吧？我够不着。

【搓挤撮儿】ts'uo³³ tsi³³ tsuɐr⁴¹ 搓泥。‖西乡说"搓垢痂 ts'uo³³ kəu⁵³ tɕia‧"。

【搓花挤撮儿】ts'uo³³ xua³³ tsi³³ tsuɐr⁴¹ 把弹好的棉花搓成一个一个的棉花条。

【撮】ts'uo³³（用簸箕等）铲取。如：你给这灰～～吧。

【错】ts'uo⁵³ ①双方相对行动时避让而不致碰上。如：路窄，俩车得～着走。②安排办事的时间使不冲突。如：这俩会得～开时间。

【错待】ts'uo⁵³ tæ⁴¹ 不好好地对待某人。如：恁娘可没有～了你，你可不能没良心。

【错对门儿】ts'uo⁵³ tuei⁴¹ məuɯ⁵³ 斜对门。如：老李跟老张住～。

【错哩远】ts'uo⁵³ li‧ yɛn⁵³ 差得多。如：他俩为人～。

ts'yə

【□】ts'yə⁵³ "七个"的合音词。

ts'æ

【拆洗】ts'æ³³ si‧ 将棉衣裤或棉被等拆开，洗净后再缝合起来。如：今儿天好，得～～棉衣裳了。

【厕所】ts'æ³³ ʂuo⁵³ 卫生间。

【侧着身子】ts'æ³³ tʂuo‧ʂən³³ tsɿ‧ 身体向一边倾斜。如：过道儿忒窄，得～走。

【猜谜】ts'æ³³ mi⁵³ 一种智力游戏，通过给定的提示性文字或者图像等，按照某种特定规则，猜出指定范围内的某事物或者文字等。

【猜枚】ts'æ³³ mei⁵³ 喝酒时为了助兴玩的划拳游戏。两个人一起伸出右手，同时喊一个零到十的数字，两只手伸出的手指相加与喊出的数字对应的就赢了，否则为输，二人都没有喊对就继续进行下去。如：那屋里准是～哩，听着怪热闹哩。

【猜东南西北】ts'æ³³ tuəŋ³³ nan⁵³ si³³ pei³³ 旧时少儿玩的一种游戏。将一张正方形的纸片对折，找到纸片的中心点，把纸片都向中心点折去，然后翻过来再向中点折去，就这样形成了一个外面是四个小正方形，里面是八个三角形的纸玩具。在四方形上写上东南西北四个字，三角形上则写上各种各样的好话或坏话，让大家来猜猜东南西北后面是什么。

【才得】ts'æ⁵³ tei⁵³ 才能够。如：我五点 ~ 下班儿哩，不应订早喽。

【才刚】ts'æ⁵³ tɕiaŋ³³ 刚才。如：~ 他还改这哩，走了没有十分钟 ‖ 也说"才刚刚儿 ts'æ⁵³ tɕiaŋ³³ tɕieɪʳ·""才浓捏儿 ts'æ⁵³ nuəŋ⁵³ niɜʳ"。

【材料】ts'æ⁵³ liɔ⁴¹ ①能耐、本事。如：大孬 ~ 大，啥事儿都能弄成。②指有能耐、有本事、能干的人。如：王思思是块儿好 ~，得好好儿培养培养。

【材坏】ts'æ⁵³ xuæ⁴¹ ①东西坏了，不能用了。如：好好儿一根儿木植，叫你给锯 ~ 了。②指人胳膊或腿有残疾。如：出了哟车祸，老张哩腿叫碾 ~ 了。

【财不外露】ts'æ⁵³ pu³³⁵³ uæ⁴¹ ləu⁴¹ 原指随身携带的钱财不在人前显露，引申指财产不能随意让别人知道，以免引起别人的觊觎之心，从而使自己的财产受到伤害或损失 ‖ 也说"财不露白 ts'æ⁵³ pu³³⁵³ ləu⁴¹ pæ⁵³"。

【柴火】ts'æ⁵³ xuo· 当燃料用的树枝、秸秆、杂草等。如：该烧汤了，你去后头搭点儿 ~ 吧。

【柴火把儿】ts'æ⁵³ xuo·pʳɜʳ⁴¹ ①烧火时用来拨火的烧火棍。如：不应添柴火了，使 ~ 卜拉卜拉锅里头火就中了。②烧剩的柴火。③侥幸得到的东西。如：她今儿可拾了哟 ~。

【柴火垛】ts'æ⁵³ xuo·tuo⁴¹ 柴火堆起的堆。

【彩礼】ts'æ⁵³ li⁵³ 传统婚礼中定亲时男家送给女方家的财物。

【踩蛋儿】ts'æ⁵³ tɐuɪ⁴¹ 鸟类、家禽交配。

【踩高跷】ts'æ⁵³ kɔ³³ tɕ'iɔ· 一种传统民俗活动。表演者装扮成戏剧或传说中的人物，踩着有踏脚装置的高高的木棍，边走边表演。

【菜包儿】ts'æ⁴¹ pʳɔʳ³³ ①素菜作馅的包子。②比喻人无能。如：你咋阵 ~ 嘞？这点儿事儿都办不好？‖ 也说"菜包子 ts'æ⁴¹ pɔ³³ tsʅ·"。

【菜馍】ts'æ⁴¹ mo· ①一种孟津特色食品。在擀好的两张薄饼中间放上各种时令叶菜或野菜，烙制熟后切块蘸蒜汁吃。②发好的面团中加入榆钱、野菜等蒸成的窝头。

【菜毛衣儿】ts'æ⁴¹ mɔ⁵³ iɯ· 剔下来的非常小的青菜苗。如：这点儿 ~ 喽吧，忒不好择了。‖ 也说"菜毛儿 ts'æ⁴¹ mɿɔʳ⁵³"。

【菜蟒】ts'æ⁴¹ maŋ⁵³ 一种河南特色食品。把和好的面擀成大薄片，摊上调好口味的蔬菜，卷成长条形状，蒸熟后食用。

【菜梗儿】ts'æ⁴¹ kəŋ⁵³ 蔬菜的茎。如：菶莛菜哩 ~ 焯焯调着吃通好吃哩。

【菜糊涂】ts'æ⁴¹ xu⁵³ tu· 在熬好的玉米面糊涂中加入青菜和盐做成的咸粥。

【菜火烧】ts'æ⁴¹ xuo⁵³ şɔ³³ 面包上菜后擀成圆形烙制的饼子。

【菜油】ts'æ⁴¹ iɐu⁵³ 菜籽油。如：~ 炸哩油货黄灵灵哩。

ts'uei

【催命】ts'uei³³ miŋ⁴¹ 比喻催促得很急（含有埋怨、反感的情绪）。如：催，催，催，~ 哩，慌哩那儿咋哩？

【催奶】ts'uei³³ næ⁵³ 使分娩后的产妇奶水充足。

【脆圪崩崩】ts'uei⁴¹ kɯ³³ pəŋ·pəŋ⁵³ 形容食物酥脆的口感。如：这一回买哩炒豆 ~ 哩，怪好吃哩！

【脆生生哩】ts'uei⁴¹ səŋ·səŋ⁵³ li· 如：席上那银条 ~，可好吃了！

【随】ts'uei⁴¹ 不管，无论。如：这孩子主意大，~ 你咋说都不中。

【随咋着】ts'uei⁴¹ tsa⁵³ tʂuo⁵³ 无论怎么样。如：~ 说他是恁爷哩，你都不该这着待他。

【随谁】ts'uei⁴¹ sei⁵³ 无论谁。如：~ 跟他

说，他就是听不进去。

【随啥】ts'uei⁴¹ ʂa⁴¹ 无论什么。如：~ 都中，随便儿吃点儿，得赶紧走哩。

ts'ɔ

【抄¹】ts'ɔ³³ ①抄写；誊写。如：~ 笔记｜~ 稿子。②照着别人的作品、作业等写下来当作自己的。如：考数学哩时候儿，他 ~ 同桌哩卷子叫老师逮住了。③用筷子夹菜夹饭。如：吃饭哩时候儿使公筷 ~ 菜。④匆忙中抓起来。如：他 ~ 起来哟酒瓶儿可砸过去了。⑤清查并没收。如：听说张总家叫 ~ 了。

【抄²】ts'ɔ³³ 两手相互交叉插入袖筒里。如：人家都改那儿干活儿哩，就他 ~ 着手看。

【抄菜】ts'ɔ³³ ts'æ⁴¹ ①用筷子夹菜。如：你不应光吃米，多抄点儿菜吃。②过红白喜事时，给来访的亲友回礼。‖①西乡说"啄菜 tɔ³³ ts'æ⁴¹"。

【抄手】ts'ɔ³³ ʂəu⁵³ 天冷时把左手揣在右袖口内，右手揣在左袖口内取暖。

【操交】ts'ɔ³³ teiɔ³³ 翻交。用一根绳子结成绳套，一人以手指编成一种花样，另一人用手指接过来，翻成另一种花样，相互交替编翻，直到一方不能再编翻下去为止。这个游戏最大的乐趣在于翻出新花样，展现自己的聪明才智，一般女孩子玩得比较多。如：~ 拉锯，吃馍放屁。‖也说"操绳儿 ts'ɔ³³ ʂəu⁵³""翻绳儿 fan³³ ʂəu⁵³"。

【吵吵】ts'ɔ⁵³ ts'ɔ· 吵闹，嘟囔。如：大家静静，不应再 ~ 了，听老苗说。

【吵吵嚷嚷】ts'ɔ⁵³ ts'ɔ· zaŋ³³ zaŋ· 形容声音嘈杂。

【炒瓢】ts'ɔ⁵³ p'iɔ⁵³ 炒菜用的带铁柄的小锅。

【炒面】ts'ɔ⁵³ miɛn⁴¹ ①小火把面粉炒熟。如：恁妈改那儿给你 ~ 哩。②炒熟的面粉，加糖用开水冲调食用。

【草包】ts'ɔ⁵³ pɔ³³ 比喻人无能无用。如：他是哟大 ~，啥也不会干。

【草铺儿】ts'ɔ⁵³ p'ɿur⁴¹ 人死后停放的铺了草的门板。

【草帽儿】ts'ɔ⁵³ mɿɔr· 夏季戴的晴雨两用的麦秸编成的帽子。

【草帽儿缠儿】ts'ɔ⁵³ mɿɔr· piɐu⁴¹ 用麦秸编成的像辫子一样的扁带子，可编草帽，也可制成扇子等。

【草堆】ts'ɔ⁵³ tuei³³ 柴草垛。

【草垫子】ts'ɔ⁵³ tiɛn⁴¹ tsɿ· 用稻草、蒲草等编的垫子。

【草绿色】ts'ɔ⁵³ lu³³ sæ³³ 像青草一样的颜色。如：小时候儿能穿上 ~ 哩军便装可高兴了。

【草驴】ts'ɔ⁵³ ly⁵³ 母驴。

【草料】ts'ɔ⁵³ liɔ⁴¹ 喂牲畜的饲料，由铡碎的草加上玉米豆子等搅拌而成。

【草纸】ts'ɔ⁵³ tsɿ⁵³ ①打草稿或演算用的纸张。②用麦秸制作的粗黄纸，供包装或作手纸用。

【草猪】ts'ɔ⁵³ tʂʮ³³ 母猪。

【草苫儿】ts'ɔ⁵³ ʂɐu³³ 用稻草编织的草垫子。

【草鞋】ts'ɔ⁵³ ɕiæ⁵³ 用蒲草、稻草等编的鞋子。

【草花儿】ts'ɔ⁵³ xuer³³ 扑克牌中带黑色三瓣花形的一类牌。‖也说"梅花儿 mei⁵³ xuer³³"。

【曹营凹】ts'ɔ⁵³ iŋ⁵³ ua³³ 地名，位于原孟津煤窑乡清河口村东部的黄河南岸，相传是曹操与袁绍大战时曹军的驻扎地，故名。曹营凹附近还有辕门、饮马坑等地名，与东边的坟坡、大宴沟、赤河滩一起构成了一处完整的古战场遗址，这里不断有古代战争遗留下来的箭头、枪尖等兵器被发现就是明证。现在曹营凹已经被小浪底的回水所淹没。

【褙】ts'ɔ⁵³ ①衣服或布料颜色不鲜艳。如：这件儿衣裳有点儿 ~，不好看。②衣服脏了。如：衣裳 ~ 了，洗洗吧。

【耖】ts'ɔ⁴¹ ①一种农具，在耕地、耙地后用，可以把土弄得更细、把田地整得更平整。②用耖弄细土块。

【造】ts'ɔ⁴¹ 做，制作。如：~汽车｜~轮船。

【造场】ts'ɔ⁴¹ tʂʻaŋ⁵³ 整治麦场。造场是麦收的第一步，先用铁筢子或耙翻个遍，打碎坷垃，用石碌碡碾平，然后泼水渗透，撒上麦糠。在石碌碡后面缀上成束的柳枝条再碾，直到把场地碾得平平的，场面越硬越好，不能有一点浮土。

【□】ts'ɔ⁴¹ ①生气、恼怒。如：他~了，甭惹他了。②恼恨。如：我不~你，我~哩是他。

【□气】ts'ɔ⁴¹ tɕ'i⁴¹ 烦躁生气。如：他一句儿话儿可给老刘惹~了。

【糙】ts'ɔ⁴¹ ①来回摩擦。如：猪改树上~痒哩。②洗衣粉的去污能力强。如：这一回买哩洗衣粉一点儿都不~。

【糙蛋】ts'ɔ⁴¹ tan⁴¹ 故意捣乱；蛮横不讲理。如：他这个人光张口骂人，动手打人，~着哩。

ts'iɔ

【悄没声儿】ts'iɔ³³ mu³³ ʂəur³³ 悄悄地，一声不响地。如：我有哟朋友~哩，哟人跑到外国去娶了。

【劁猪】ts'iɔ⁵³ tʂʮ³³ 为了不让公猪成熟发情，阉割幼猪的生殖腺。

ts'əu

【搊】ts'əu³³ ①推。如：上坡儿哩，赶紧去给他~~车。②用手从下面向上用力把人扶起或把物托起。如：给他叫那麻袋~到肩膀头儿上。③掀翻、推倒。如：老王媳妇去~了他们哩麻将桌。

【愁】ts'əu⁵³ 忧虑。如：阵着晚儿不~吃不~穿，日子儿越过越好了。

【瞅】ts'əu⁵³ ①看；稍稍看。如：你先~一

眼再说。②挑选（配偶）。如：俺妹子不小了，你给她~哟好人家儿吧。

【凑】ts'əu⁴¹ ①靠近。如：我炸麻烫哩，你离远点儿，不应给跟儿~了。②积攒；聚集。如：等着~够钱儿，先给你买一辆车｜那儿~了怎些人，出啥事儿了？

【凑份子】ts'əu⁴¹ fən⁴¹ tsʮ· 凑集钱财送给办红白事的人，以帮助其渡过难关。

【凑手（儿）】ts'əu⁴¹ ʂəu⁵³（ʂəur⁵³）手头上有钱。如：这一段看好有点儿不~，不中再缓缓？

【凑合】ts'əu⁴¹ xuo· 勉强将就。如：菜有点儿咸，你~着吃吧。

【凑哟整数】ts'əu⁴¹ yə·tʂəŋ⁵³ ʂʮ· 稍微增加一些钱财使原本零散的财物凑成整数。如：你再给我添两千块钱，叫我~存起来。

ts'iəu

【秋罢】ts'iəu³³ pa⁴¹ 秋收完毕。如：阵着忙着收秋哩，这事儿等着~喽再说吧。

【秋地】ts'iəu³³ ti⁴¹ 夏收后准备种秋庄稼的地块。如：这几天没事儿，先给这几块儿~整整吧？

【秋天】ts'iəu³³ t'iɛn· 秋季。

【秋老虎】ts'iəu³³ lɔ⁵³ xu· 指立秋以后十分炎热的天气。

【秋庄稼】ts'iəu³³ tʂuaŋ³³ tɕia· 秋季收获的庄稼。如：今年~长哩真不赖！

【秋假】ts'iəu³³ tɕia⁵³ 学校在收秋季节放的假。

ts'an

【掺】ts'an³³ 把一种东西混合到另一种东西里。如：白面里头~点儿豆儿面擀面条儿才好吃哩。

【掺水】ts'an³³ ʂuei⁵³ ①因受高额利润的驱使，往酒或牛奶里兑水。如：这酒

里肯定～了，喝着口感不一样。②比喻掺入虚假或多余的成分。如：阵着晚儿啥里头都能～，朋友哩感情可不能～。

【掺假】ts'an³³ tɕia⁵³ 把假的掺到真的里边；把质量差的掺到质量好的里边。

【掺搅】ts'an³³ tɕiɔ· ①使混杂在一起。如：这几种面～到一坨儿都好吃了。②捣乱，添乱。如：你～这事儿抓哩？跟你又没有关系。

【掺和】ts'an³³ xuo· 搅乱，添乱。如：他家哩事儿你可不应跟着瞎～。

【搀着】ts'an³³ tʂuo· 用手扶着对方的手或胳膊。如：下楼梯哩时候儿你可～点儿恁奶。

【产妇】ts'an⁵³ fu³³ 在分娩期或产褥期中的妇女。

【产业】ts'an⁵³ iɛ· 私有的土地、房屋、店铺等资产。如：他爷那时候儿置了可多～，到他爹手里都败光了。

【蚕儿】ts'ɯ⁵³ 家蚕、柞蚕等的统称，通常指家蚕。如：他家这几年养～挣了点儿钱儿。

【蚕（儿）纸】ts'an⁵³（ts'ɯ⁵³）tʂɿ⁵³ 专供蚕蛾产卵孵化的专用纸。

【蚕（儿）屎】ts'an⁵³（ts'ɯ⁵³）sɿ⁵³ 蚕沙，黑色颗粒状。可入药，也可装枕头，民间认为枕蚕沙枕头可以清热解毒，明目败火。

【蚕儿蛄蛹】ts'ɯ⁵³ ku⁵³ yŋ 蚕的成虫。

【蚕（儿）蛹】ts'an⁵³（ts'ɯ⁵³）yŋ⁵³ 蚕吐丝做茧后变成的蛹。如：油炸～吃着可香了。

【蚕儿蛄蛄】ts'ɯ⁵³ ku⁵³ ku· 蚕的幼虫。

【铲】ts'an⁵³ 用铲子或铁锹撮取或清除。如：～土｜～草。

【铲儿】ts'ɯ⁵³ 用于铲削的铁器。‖ 也说"铲子 ts'an⁵³ tʂɿ·"。

【铲锅刀儿】ts'an⁵³ xuo⁴¹ tɔr³³ 锅铲。如：咱这～把儿忒短了，换一把吧？

【馋】ts'an⁵³ 贪吃。如：这孩子嘴通～哩，

顿顿离不了肉。

【馋猫儿】ts'an⁵³ mɔr³³ 比喻嘴馋贪吃的人。如：你真是哟小～。

ts'iɛn

【千不该万不该】ts'iɛn³³ pu³³ kæ³³ van⁴¹ pu³³ kæ³³ 强调实在不应该怎么样。如：夜儿日儿～给他哟人撇到家里。

【千把人】ts'iɛn³³ pa· zən⁵³ 表示大约的数量，一千个左右的人。

【千二八百】ts'iɛn³³ n̩⁴¹ pa³³ pæ³³ 大约接近一千的数量。如：他家是困难，不过拿～还不是事儿。

【千千万万】ts'iɛn³³ ts'iɛn³³ van⁴¹ van⁴¹ 强调一定，务必。如：你可记清喽，到滩里～甭去大沙坑里洗澡，那儿水可深了。

【千奇百怪】ts'iɛn³³ tɕ'i⁵³ pæ³³ kuæ⁴¹ 指各种各样、稀奇古怪的事物和现象。

【迁坟】ts'iɛn³³ fən⁵³ 因各种原因需要把灵柩从原来的坟地迁移到另外的地方。

【前半辈子】ts'iɛn⁵³ pan⁴¹ pei⁴¹ tsɿ· 前半生。如：～光顾着挣钱儿了，落了一身儿毛病儿。

【前半年】ts'iɛn⁵³ pan⁴¹ niɛn⁵³ 一年的前半段，一月到六月。如：今年～生意还不赖，下半年再加把劲儿。‖ 也说"上半年 ʂaŋ⁴¹ pan⁴¹ niɛn⁵³"。

【前半晌儿】ts'iɛn⁵³ pan⁴¹ ʂɚ⁵³ 上午。如：今儿～我得出去办哟事儿，你等等再来吧？‖ 也说"前晌儿 ts'iɛn⁵³ ʂɚ·"。

【前半夜】ts'iɛn⁵³ pan⁴¹ iɛ⁴¹ 从天黑到夜里十二点这一段时间。如：这着吧，你值～，我值后半夜。‖ 也说"上半夜 ʂaŋ⁴¹ pan⁴¹ iɛ⁴¹"。

【前门儿】ts'iɛn⁵³ məu⁵³ 房子、院子前面的门，与"后门儿"相对。

【前头】ts'iɛn⁵³ t'əu· 前面。如：～没有地这了，咱去后头看看。

【前头院儿】ts'iɛn⁵³ t'əu· yæu⁴¹ 前院。如：

俺家~是车棚子跟养蜂儿哩地这。

【前年】ts'iɛn⁵³ niɛn· 去年的前一年。如：工头儿还欠着我~哩工资哩。‖也说"前年个 ts'iɛn⁵³ niɛn· kə·"。

【前儿日儿】ts'iɛuɪ⁵³ iuɪ⁴¹ 昨天的前一天。如：~说那事儿你可不应忘喽。‖也说"前儿 ts'iɛuɪ⁵³""前儿个 ts'iɛuɪ⁵³ kə·"。

【前脸儿】ts'iɛn⁵³ liɛuɪ⁵³ 前面，冲着人或街道的一面。如：这车~好看，屁股不好看。

【前心贴后背】ts'iɛn⁵³ sin³³ t'iɛ³³ xəu⁴¹ pei⁴¹ 指饿得厉害。如：清早没吃饭，饿哩我~。‖也说"前心贴后心 ts'iɛn⁵³ sin³³ t'iɛ³³ xəu⁴¹ sin³³"。

【前襟儿】ts'iɛn⁵³ tɕiuɪ³³ 上衣、袍子等前面的部分。如：这件衣裳~长后襟儿短。

【前后脚儿】ts'iɛn⁵³ xəu⁴¹ tɕɥɜr³³ 形容先到的和后到的时间上相差不多。如：我也才来，咱俩~隔啥。‖也说"先后脚儿 siɛn³³ xəu⁴¹ tɕɥɜr³³"。

【前后眼（儿）】ts'iɛn⁵³ xəu⁴¹ iɛn⁵³（iɛuɪ⁵³）对事情发展前后情况的估计。如：谁也没有长~，哪儿知道后头哩事儿。

【前言不搭后语】ts'iɛn⁵³ iɛn⁵³ pu³³ ta³³ xəu⁴¹ y⁵³ 形容说话前后不连贯。如：老黄喝多了，说话~哩，满嘴跑火车。

【前檐底下】ts'iɛn⁵³ iɛn⁵³ ti⁵³ ɕia· 房屋前檐的下面。‖也读"ts'iɛn⁵³ iɛn⁵³ tia⁵³"。

【钱】ts'iɛn⁵³ 重量单位，十钱等于一两。

【钱儿】ts'iɛuɪ⁵³ 钱，货币。如：成天光知道花~不知道挣~，这点儿家底儿非叫你董干喽不中！

【钱儿毛儿】ts'iɛuɪ⁵³ mɔɜr⁵³ 形容极少的钱。如：我去哪儿给你钱儿哩？我身上连哟~都没有。‖西乡说"钱儿毛衣儿 ts'iɛuɪ⁵³ cɔ⁵³ iuɪ·"。

【钱眼儿】ts'iɛn⁵³ iɛuɪ⁵³ 铜钱中间的方孔，比喻做什么事都只考虑金钱和利益。如：刘顺生掉到~里了，光知道挣钱儿，别哩啥也不管了。

【潜山】ts'iɛn⁵³ san³³ 在今孟津横水镇寒亮村西南，因泉水潜出于山下而得名，瀍河发源于此山北侧。汉代时，潜山是东都洛阳通往西京长安的必经之路，朝廷在潜山设置驿站，在驿站外建了一座六角亭，供往来行人歇息，亭子称潜亭，后也称潜山为潜亭山。潜山脚下的碧波清泉使人心旷神怡，人称"潜亭流碧"，是古孟津十景之一。

【□】ts'iɛn⁴¹ 亲家。‖西乡读"ts'iaŋ⁴¹"。

【□嬷】ts'iɛn⁴¹ mo· 亲家母。‖西乡读"ts'iaŋ⁴¹ mo·"。

ts'uan

【揎掇】ts'uan³³ t'uo· 怂恿、鼓动别人去做，多表示贬义。如：他不去，你非~着叫他去。

【蹿】ts'uan³³ ①走，跑。如：恁俩就立到这等着，夏乱~。②形容小孩儿身高长得快。如：小强六年级一年~了半个低脑。③冒、喷射。如：水管儿崩了，水~哩哪儿都是。

【蹿鞭杆儿】ts'uan³³ piɛn³³ kɛuɪ⁵³ 指喷射状的拉肚子。

【蹿腾】ts'uan³³ t'əŋ· 来回跑，喜欢折腾。如：老赵好~，闲不住。‖也说"跑腾 p'ɔ⁵³ t'əŋ·"。

【攒】ts'uan⁵³ 拼凑、聚合。如：咱先~钱儿买回来再说。

【攒钱儿】ts'uan⁵³ ts'iɛuɪ⁵³ 大家一起凑钱，用于捐赠、救济贫困或受灾人员。

【爨】ts'uan⁵³ 顺着空间、空腔的内孔向里塞东西。如：馍快蒸熟了，再~一把火就中了。

【窜鼻子】ts'uan⁴¹ pi⁵³ tsʅ· 味道浓烈，刺激鼻子引起不适的感觉。如：你搁哩芥末有点儿多，吃着~。

【蹿势】ts'uan⁴¹ ʂʅ· 形容小孩或年轻人机灵聪明；喜欢跑事。如：小刚通~哩，比他爹强哩没影儿。

ts'yɛn

【全凭】ts'yɛn⁵³ p'iŋ⁵³ 全靠。如：这一回
　事儿上～人家老李张罗哩。
【全猪宴】ts'yɛn⁵³ tʂʅ³³ iɛn⁴¹ 孟津横水镇卤
　肉馆的一种特色宴席，即整桌所有菜
　肴都是猪肉或猪内脏做成的。
【全换】ts'yɛn⁵³ xuan· 齐全，完备。如：
　恁家里做木工活哩家伙儿怪～哩！‖
　也说"全和 ts'yɛn⁵³ xuo·"。
【全换人儿】ts'yɛn⁵³ xuan· ʐəu⁵³ 指上头
　父母双全，下有儿女，有丈夫的妇女。
　民间认为这些人有福气，婚娶礼仪中
　如缝制婚被、铺喜床或迎娶时都要请
　全换人来做。如：照老规矩，得寻
　哟～来铺床。
【泉眼】ts'yɛn⁵³ iɛn⁴¹ 泉水涌出的孔穴。

ts'ən

【碜】ts'ən⁵³ ①米或豆类等粮食中的砂砾。
　如：这米里头～可多，你好好拣拣。
　②吃饭时饭中的砂砾硌了牙。如：今
　儿这米饭吃着咋阵～嘞?
【衬布】ts'ən⁴¹ pu⁴¹ 缝制衣服时，为使衣
　领或衣襟挺括而衬在里边的布。
【衬衫儿】ts'ən⁴¹ sɤu³³ 穿在外套里边也可
　单独穿用的单上衣。

ts'in

【亲】ts'in³³ ①血缘最近。如：这是俺～伯
　哩。②关系近；感情好。如：小宝跟
　他奶最～。③用嘴唇接触。如：来，
　叫姑～～。
【亲哩厚哩】ts'in³³ li· xəu⁴¹ li· 指有亲戚
　关系的人和有朋友关系的人。如：他
　当喽厂长，他哩～都安排进来了。
【亲姊妹】ts'in³³ tsʅ⁵³ mei· 同一个父亲的

嫡亲的姐妹。
【亲嘴儿】ts'in³³ tsuɯ⁵³ 接吻。
【亲亲】ts'in³³ ts'in· 跟自己家庭有血缘或
　婚姻关系的家庭及它的成员。‖ 也说
　"亲戚 ts'in³³ ts'i·"。
【亲事儿】ts'in³³ sɤu⁴¹ 婚姻的事情。如：
　闺女哩～总算定下来了。
【亲生】ts'in³³ sɤŋ³³ 自己生的。如：你是
　我～哩，我咋会对你不好嘞?
【亲手】ts'in³³ sɤu⁵³ 自己亲自做的。如：
　这是恁妈～做哩，你穿上试试?
【亲上加亲】ts'in³³ ʂaŋ⁴¹ tɕia³³ ts'in³³ 本是
　亲属关系，儿女再结婚，如两姨表兄
　妹结婚。
【亲兄弟】ts'in³³ ɕyŋ³³ ti· 同一个父亲的
　嫡亲的兄弟。‖ 也读"ts'in³³ɕyŋ³³ li·"
【亲口】ts'in³³ k'əu⁵³ 本人亲自说的。如：
　这是他～给我说哩。
【亲眼】ts'in³³ iɛn⁵³ 自己亲自看的。如：你
　不应不信，这可是我～看见哩。
【秦椒】ts'in⁵³ ts'io⁴¹ 辣椒。
【秦椒面儿】ts'in⁵³ ts'io⁴¹ miɜu⁴¹ 辣椒面。
【秦王城】ts'in⁵³ uaŋ⁵³ tʂ'əŋ⁵³ 又名秦王寨，
　地名，在今麻屯镇下河村金谷洞与金
　水河交汇处。唐初秦王李世民收复东
　都洛阳曾驻军于此，今遗址处有高大
　土丘。
【吣】ts'in⁴¹ ①猫狗呕吐。如：猫又～食
　儿了。②指人胡说八道。如：不应理
　他，他喝二两猫尿，又改那儿胡～哩。
【吣奶】ts'in⁴¹ næ⁵³ 婴儿吃奶后吐奶，多
　因吃得太多或没有拍出嗳气。‖ 西乡
　说"溅奶 tsiɛn⁵³ næ⁵³"。
【沁猛子】ts'in⁴¹ məŋ⁵³ tsʅ· 扎猛子，潜水。
　如：他去河里头洗澡了，～哩时候儿
　沉底儿了。
【亲家】ts'in⁴¹ tɕia· 指儿子的岳父，女儿
　的公公。
【亲家母】ts'in⁴¹ tɕia· mu⁵³ 指儿子的岳母，
　女儿的婆婆。
【浸种】ts'in⁴¹ tʂuəŋ⁵³ 水稻种植的一道程

序。清明节前后，将选好的稻种放到大缸里，每天换水催芽，发芽后才能撒到秧田里让其生长。

ts'uən

【村儿】ts'ɯ³³ 村庄。如：俺~今年考上了仨大学生。

【村儿边儿】ts'ɯ³³ piɛɯ³³ 村子附近。如：王庄~有一条河。

【村儿头儿】ts'ɯ³³ t'ɤuɻ⁵³ 村子的边缘。如：王老师家改~住着哩，好寻。

【皴】ts'uən⁵³ 皮肤因缺水或受冻而干裂。如：孩子哩脸都~了，得抹点儿油儿。

【□儿】ts'ɯ³³ 形容速度极快。如：他才出去，~可又回来了。

【存钱儿】ts'uən⁵³ ts'iɛɯ⁵³ 积存钱财。如：阵着晚儿这年轻人都是月光族，不知道~。

【存住气】ts'uən⁵³ tʂʅ·te'i⁴¹ 稳重，遇事不急躁。如：你真能~，九点哩火车八点半还没出门儿哩。

【忖】ts'uən⁵³ 忖度；考虑。如：你~着这事儿该咋弄？

【蹲住腿了】ts'uən⁵³ tʂʅ·t'uei⁵³ lə· 因向下跳或剧烈跳动腿部受伤。如：小东从楼梯上给下蹦，~。

【寸】ts'uən⁴¹ 碰巧，凑巧。如：你说咋阵~嘞？正好叫他碰见了。

ts'aŋ

【苍苍儿】ts'aŋ³³ ts'ɤɻ³³ 天刚黑的时候。

【□】ts'aŋ⁵³ ①摩擦。如：手上~掉了一块儿皮。②因摩擦而沾染上。如：~了我一身灰。③碰着；碰住。如：你~住我了。

【□痒痒】ts'aŋ⁵³ iaŋ⁵³ iaŋ· 背部倚靠在物体上，摩擦解痒。

ts'iaŋ

【呛】ts'iaŋ³³ ①吃东西或游泳时不小心，食物或水进入气管引起咳嗽等不适。如：孩子喝奶哩时候儿~了一下儿。②有刺激性的气体进入呼吸器官引起的不适。如：切洋葱哩时候儿~哩我一势流泪。

【枪子儿】ts'iaŋ³³ tsɤu⁵³ 子弹。如：老高那哟吃~哩，一辈子不少毁人。

【抢嘴吃】ts'iaŋ⁵³ tsuei⁵³ tʂʅ³³ 争抢着吃东西。如：你都多大了，还跟妹妹~。

【墙头儿】ts'iaŋ⁵³ t'ɤuɻ⁵³ 墙的最上边。如：俺家~上爬哩都是丝瓜秧儿。

【墙角儿】ts'iaŋ⁵³ tɕyɻ³³ 两堵墙连接的地方形成的角及附近的地方。‖也说"墙圪角儿 ts'iaŋ⁵³ kɯ³³ tɕyɻ³³"。

【墙根儿】ts'iaŋ⁵³ kɤu³³ 墙的最下端的部分及附近的地方。如：他家外头~种了一排冬青。

【藏】ts'iaŋ⁵³ 把东西放在不为人知的地方，不让人找到。如：媳妇儿害怕孩子吃糖忒多不好，给糖~起来了。

【藏老蒙儿】ts'iaŋ⁵³ lo⁵³ mɯ³³ ①儿童游戏捉迷藏的俗称。如：夏天，黑地吃了饭，孩子们好改街上~玩儿。②逗弄婴幼儿的一种游戏，用手捂住脸，口中喊"蒙儿"；突然放开，口中喊"呱"，逗弄婴幼儿发笑。‖也说"藏猫虎儿 ts'iaŋ⁵³ mo³³ xuɻ⁵³""藏蒙儿 ts'iaŋ⁵³ mɯ³³"。

【炝锅】ts'iaŋ⁴¹ kuo³³ 一种烹调方法，汤面条做好后，用热油熟一些葱花、蒜瓣儿等放到锅中，增加汤面条的香味。

ts'əŋ

【撑】ts'əŋ³³ ①进食过量。如：少吃点儿，吃多喽~哩难受。②多管闲事。如：你真是吃饱了~哩，没事儿去那儿咋哩?③张开。如:你给我~住布袋,叫我给这麦装起来。

【撑门面儿】ts'əŋ³³ mən⁵³ miɐu⁵³· 维持表面的排场。如:他家就靠这来~哩,其实他家条件也就那样儿。

【撑死】ts'əŋ³³ sʅ· 充其量;最多。如:~也就七八个人。

【撑旱船】ts'əŋ³³ xan⁴¹ tʂ'uan· 民间娱乐活动,演唱者在纸做的船模型中边舞边唱。

【撑腰】ts'əŋ³³ iɔ³³ 比喻给予强有力的支持。如:你知道他为啥阵嚣张?他后头有人~。

【掌(儿)】tsəŋ⁴¹(ts'uɐ⁴¹)①窗户上的棂木。如:东屋哩窗户~糟了,得换换了。②桌椅等家具的四条腿之间起支撑作用的横木。如:桌子~折了一根儿,得修修了。

【蹭】ts'əŋ⁴¹①来回摩擦。如:猪老是改柱子上~痒痒,柱子上都~出来了哟坑儿。②动物或人被绑后用力挣扎。如:给驴拴好喽,甭叫它~开喽。③厉害,有胆量有魄力。如:万名这孩子~着哩,十八九哟人都跑到洛阳开火锅店了。④揩油,无代价的得到。如:咱今儿去老刘家~一顿儿去。

ts'iŋ

【青】ts'iŋ³³ 因受伤造成的皮下瘀血。如:你腿上咋恁大一块儿~嘞?

【青砖】ts'iŋ³³ tʂuan³³ 青灰颜色的砖。如:~瓦房。

【青春痘儿】ts'iŋ³³ tʂ'uən³³ tɤur⁴¹ 痤疮。‖也说"粉刺 fən⁵³ ts'ʅ⁴¹"。

【青气】ts'iŋ³³ tɕ'i⁴¹ 绿色植物发出的气息。如:这洋柿柿还没有熟哩,吃着一股子~。

【青红丝】ts'iŋ³³ xuəŋ⁵³ sʅ³³ 中式点心馅料中的调味品。最初的青红丝中青丝用的是青杏蜜饯切丝,红丝是玫瑰蜜饯切丝。现在一般用橘子皮做青红丝,桔皮清洗后漂白切丝,采用糖渍的工艺腌制,腌制时加入不同颜色的色素即可。

【清福】ts'iŋ³³ fu³³ 清闲安适的福气。如:老康忙了一辈子,老了可该享享~了。

【清汤寡水儿】ts'iŋ³³ t'aŋ³³ kua⁵³ ʂuu⁵³ 指食物和菜肴中汤水多原料少,缺少油水,太清淡。如:你成天吃这饭~哩,营养会够?

【清亮亮哩】ts'iŋ³³ liaŋ· liaŋ⁵³ li· 形容水清澈见底。如:渠里头哩水~,咱下去洗澡吧?

【清凉寺】ts'iŋ³³ liaŋ⁵³ sʅ⁴¹ 位于邙山北麓今白鹤镇雷湾村南,明代初年兴建,盛时规模宏大。清凉寺内有清凉台,可登高望月,清秋月朗,夜景绝佳。其所在是古都洛阳通往黄河边的交通要道,许多文人墨客闻名而至,留下了大量诗篇。现清凉寺已不复存在。"清凉夜月"为古孟津十景之一。

【清早】ts'iŋ³³ tsɔ· 早晨。如:他天天~都起来跑步。

【清早饭】ts'iŋ³³ tsɔ· fan⁴¹ 早饭。如:今儿~吃哩有点儿多,一点儿不饥。

【清是】ts'iŋ³³ sʅ· 语气副词,表示显而易见,相当于普通话的"明显"。如:夜儿他还好好儿哩,今儿可有病儿了,我看他~装哩。

【清水鼻子】ts'iŋ³³ ʂuei⁵³ pi⁵³ tsʅ· 像清水一样的鼻涕,一般风寒感冒初起时流清水鼻涕。

【清身儿】ts'iŋ³³ ʂuəŋ³³ 情状副词,表示一个动作完成以后再进行另一个动作,具有一定的排他性。如:咱今儿加点儿班儿给这活儿干完,明儿~歇着。

【清闲】ts'iŋ³³ ɕiɛn⁵³ 清净闲适。如:你成天怪~哩,也不说去寻点儿活儿干干。

【清官儿】ts'iŋ³³ kuɐu³³ 清正廉洁的官员。如:~难断家务事儿。

【清火】ts'iŋ³³ xuo⁵³ 中医指清除体内的火气。如：上火了，牙疼，得吃点儿～哩药。

【请客】ts'iŋ⁵³ k'æ³³ 请人吃饭或进行其他娱乐活动。如：咱今儿黑地去看电影吧？我～。

【赇】ts'iŋ⁵³ 不劳而获地接受或继承。如：王老头朝栾了一辈子，叫他侄儿～了他恁大哩家业。

【清】ts'iŋ⁴¹ 只管，完全能够。如：时候儿还早哩，你～睡了，没事儿。

ts'uəŋ

【从头儿】ts'uəŋ³³ t'əur⁵³ 从开始。如：这事儿～都不能这着弄。

【从小儿】ts'uəŋ³³ sirɔr⁵³ 从年纪很小的时候。如：兰霞这孩子～就省事儿。

【从今往后】ts'uəŋ³³ tɕin³³ vaŋ⁵³ xəu⁴¹ 从今天开始到以后的时间。如：这事儿～你都不应管了。

【从刻】ts'uəŋ³³ k'æ³³ 时间副词，表示从说话时开始往后的时间。如：我阵着有事儿，～再去中不中？

【葱莛儿】ts'uəŋ³³ t'iɯ⁵³ 葱的茎。如：～炒肉通好吃哩！

【葱根儿】ts'uəŋ³³ kəɯ³³ 葱的须状细根，民间经常用来和姜一起熬水喝，来治疗风寒感冒。

【葱花儿】ts'uəŋ³³ xuɐr³³ 烹调时所用的切碎的葱。如：今儿黑地咱吃～油馍吧？

【葱叶儿】ts'uəŋ³³ yɜr³³ 葱的叶子。

【重】ts'uəŋ⁵³ 再；重新。如：你这字儿写哩忒潦草了，～写！

sɿ

【丝儿肉】səu³³ ʐəu⁴¹ 瘦肉。如：我不好吃～，光塞牙。

【丝瓜瓤儿】sɿ³³ kua⁵³ ʐɐr⁵³ 丝瓜成熟后，晒干去掉外层表皮，内部丝状物部分即为丝瓜瓤儿，通常用来洗碗、刷锅等，也有药用价值。

【师徒】sɿ³³ tʻu⁵³ 师傅和徒弟。

【师生】sɿ³³ səŋ³³ 老师和学生。

【师兄弟儿】sɿ³³ ɕyŋ³³ tiu⁴¹ 同一个师傅带出的徒弟们。

【私娃子】sɿ³³ ua⁵³ tsɿ· 私生子。

【狮狮】sɿ³³ sɿ· 狮子。

【狮子院】sɿ³³ tsɿ· yɛn⁴¹ 村名，在今孟津城关镇，传说是隋炀帝养狮子的园林。

【厮跟】sɿ³³ kən· ①相随、做伴、一起出入。如：刚刚儿他俩～着出去了。②男女之间有不正当的关系。如：他改外边儿～哩有女人。

【撕布】sɿ³³ pu⁴¹ 买布。

【撕扯】sɿ³³ tʂʻɤ⁴¹ 扯，拽。如：线都拏成蛋了，咋～也～不开。‖也说"撕拽sɿ³³ tʂuæ⁴¹"。

【馓气】sɿ³³ tɕʻi⁴¹ 饭菜因放置时间长或温度高而发酵变质，发出酸臭味儿。如：我闻着馍有点儿～了，甭吃了，扔喽吧。

【□急】sɿ³³ tɕi⁵³ 非常急躁、生气。如：你

不应～了，一会儿师傅来修好就能使了。

【死】sɿ⁵³ ①（生物）失去生命。②詈语，有玩笑戏谑的意思。如："～鬼""～老头子"。③固定而不能活动。如：不应给话儿说～了。④不通达的或不活动的。如：这一坑～水夏天蚊子可多了。⑤睡眠很沉。如：夜儿黑地你睡哩真～，恁大动静你也没有醒。⑥紧。我这自行车把老～，你给摆治一下吧。⑦坚决、固执或不知变通。如：你那～脑筋得改改了。⑧表示程度高。如：俺舅这哟人说话儿～难听。

【死面馍】sɿ⁵³ miɛn⁴¹ mo⁵³ 用没有经过发酵或发酵不好的面蒸的馒头叫死面馍。

【死对头】sɿ⁵³ tuei⁴¹ tʻəu· 彼此极端仇恨对方的人。如：老张跟老李成了～了。

【死妮子】sɿ⁵³ ni³³ tsɿ· 对不听话、不懂事的女孩子的戏谑称谓。如：你这～，咋阵没有眼色嘞？

【死了】sɿ⁵³ lə· 后加成分，表示程度深。如：热～｜冻～。

【死懒怕动弹】sɿ⁵³ lan⁵³ pʻa⁴¹ tuəŋ⁴¹ tʻan· 形容人非常懒惰，不愿干活。如：你这孩子咋～，成天窝到家里头抓哩？

【死蒜气】sɿ⁵³ suan⁴¹ tɕʻi⁴¹ ①吃过蒜的人嘴里发出的难闻的气味。②蒜泥拌热的蒸菜时出现的臭味。解决这个问题，一是蒜泥捣好后要加适量的凉白开，减少蒜的辛辣气；二是蒸菜要稍放凉

些再拌蒜汁。

【死心眼儿】sʅ⁵³ sin³³ iɐɯ⁵³ 死板不灵活，固执而不知变通。如：这孩子也忒~了，下阵大雨也不知道躲躲。‖ 也说"死脑筋 sʅ⁵³ nɔ⁵³ tɕin·"。

【死账】sʅ⁵³ tʂaŋ⁴¹ 要不回来的欠账。如：这笔~十来年了，肯定要不回来了。

【死沉】sʅ⁵³ tʂʼən⁵³ 形容东西很重。如：这桌子~，得四五个人抬。

【死劲】sʅ⁵³ tɕin· 固执，不好说话。如：他这人通~哩，一般人说不动他。

【死咕嘟】sʅ⁵³ ku³³ tu· 学名珠颈斑鸠，其叫声常为反复的"死咕嘟、咕"，连续而低沉，故孟津民间称其为"死咕嘟"。

【死圪垯儿】sʅ⁵³ kɯ³³ tɐr· 死结，死扣儿，解不开的绳结。如：俺大哩裤腰带绑成~了，解不开，拿剪子铰开吧？‖ 也说"死襻儿 sʅ⁵³ kʼuɯ⁴¹"。

【死鬼样儿】sʅ⁵³ kuei⁴¹ iɐr⁵³ 骂人或打情骂俏的话。形容一个人有点儿讨厌、有点儿烦人，所做的事情或者说的话比较意外但尚能接受。如：去去去，爬一边儿去，甭出那~，没用。‖ 也说"死鬼 sʅ⁵³ kuei⁴¹""死鬼胎儿 sʅ⁵³ kuei⁴¹ tʼɐɯ³³""死鬼货 sʅ⁵³ kuei⁴¹ xuo⁴¹"。

【死狗】sʅ⁵³ kəɯ⁵³ 指偷懒，装病，耍无赖的人。如：你不应装~了，该干啥干啥吧。

【死牙】sʅ⁵³ ia⁵³ 形容人说话办事不讲理，或者指无理强占三分。如：他这人通~着哩，你甭理他。

【死牙臭嘴】sʅ⁵³ ia⁵³ tʂʼəɯ⁴¹ tsuei⁵³ 说话不讲理，胡搅蛮缠。

【死娃子沟】sʅ⁵³ ua⁵³ tsʅ· kəɯ³³ 旧社会婴儿死亡率高，会盟镇和白鹤镇死去的孩子都被扔到南部的邙山沟壑中，有几条沟丢弃的夭折婴儿比较多，故名。

【时不时】sʅ⁵³ pu³³ sʅ⁵³ 不断、经常。如：孩子们~哩去敬老院看看他，他也怪高兴哩。

【时辰儿】sʅ⁵³ tʂʼɐɯ· 中国传统计时单位，一昼夜分十二个时辰，用十二地支命名，每个时辰为两个小时。如：啥~了？是不是该做饭了？

【时兴】sʅ⁵³ ɕiŋ³³ 当时流行。如：今年这样式儿~哩很。

【使】sʅ⁵³ ①用。如：我~~恁家哩锄吧？②累。如：今儿割了一天稻子，~哩不轻。

【使死啦】sʅ⁵³ sʅ·lə· 形容程度深，累得要死。如：这活儿不能干，快~。

【使哩不轻】sʅ⁵³ li·pu³³ tɕʼin³³ 表示程度深，比较累。如：这一回去出红薯可给老李~。

【使哩慌】sʅ⁵³ li·xuaŋ· 累，疲惫。如：明儿我不去地里薅草了，太~了。

【使坏】sʅ⁵³ xuæ⁴¹ 背地里出坏主意或从中作梗。如：你可得防着李虎~！

【使唤】sʅ⁵³ xuan· ①让人替自己做事。如：你还怪会~人哩。②使用。如：叫我~~你哩剪子吧？

【使眼色】sʅ⁵³ iɛn⁵³ sæ· 用眼睛暗示。如：你甭给莉莉~了，有话儿清说了，没事儿。

【屎布】sʅ⁵³ pu· 婴儿用的尿布，一般用旧的衣物等撕成。

【屎尼尼】sʅ⁵³ pa⁵³ pa³³ 婴幼儿用语，指粪便或脏污之物。‖ 也说"尼尼 pa⁵³ pa·"。

【屎憋到屁股眼儿了】sʅ⁵³ piɛ³³ tɔ⁴¹ pi⁴¹ ku· iɐɯ⁵³ lə· 比喻事到临头才做，无准备。如：~才着急了，早干啥去了？

【屎壳郎】sʅ⁵³ kʼɯ³³ laŋ· 蜣螂，因其栖息在牛粪或人粪堆中并以此为食，故名。

【四平八稳】sʅ⁴¹ pʼiŋ⁵³ pa³³ uən⁵³ 形容说话、做事、写文章等稳稳当当。如：王吉办事儿~哩，我放心。

【四拇指头】sʅ⁴¹ ma⁴¹ tsʅ³³ tʼəɯ· 无名指。

【四面儿净八面儿光】sʅ⁴¹ miɐɯ⁴¹ tsin⁴¹ pa³³⁵³ miɐɯ⁴¹ kuaŋ³³ 形容人非常世故圆滑，各方面都应付得很周全。如：刘涛真是~，跟谁都处哩怪好。

【四点儿底】sʅ⁴¹ tiɐɯ⁵³ ti⁵³ 汉字偏旁灬，如

"黑""熬""煎"等字的下边偏旁。‖也说"火字底 xuo⁵³ tsʅ⁴¹ ti⁵³"。

【四色礼】sʅ⁴¹ sæ³³ li⁵³ 喜丧等不同仪式上赠送的四样传统礼品，事不同礼品也不同。洛阳地区的四色礼一般是肉、烟、酒、点心等。‖也说"四合礼 sʅ⁴¹ xə⁵³ li⁵³""四样儿礼 sʅ⁴¹ iɐr⁴¹ li⁵³"。

【四眼儿】sʅ⁴¹ iɐɯ⁵³ 指戴眼镜的人。如：他爸是~，他也是哟小~。

【柿瓣儿】sʅ⁴¹ pɐɯ⁴¹ 柿子切成四瓣，晾晒后放入器皿捂出白霜而成的食品。

【柿饼】sʅ⁴¹ piŋ · 柿子去皮晒干一些水分后，放在器皿内捂出白霜而成的饼状食品。

【柿皮（儿）】sʅ⁴¹ pʻi⁵³（piɯ⁵³）①柿子的外果皮，有药用价值，有清热解毒之功效。②用做柿饼时削下的柿子皮经晒干捂霜而成的食品。食物匮乏时可直接食用，也可以与谷糠等一起磨成面粉食用。

【柿馒头儿】sʅ⁴¹ man⁵³ tʻɾɐr³³ 柿子生长过程中落下的小柿子，因酷似馒头形状，故言。困难年代，人们把落下的小柿子晒干磨成粉，添加到面粉中，可以做面食食用。

【柿柿】sʅ⁴¹ sʅ · 柿树的果实。

【柿柿馍】sʅ⁴¹ sʅ · mo⁵³ 用熟透的柿子汁液和玉米面烙制的饼或蒸制的馒头。

【柿柿醋】sʅ⁴¹ sʅ · tsʻu⁴¹ 民间用落下的青柿酿制的果醋。

【柿树】sʅ⁴¹ ʂʯ · 柿科柿属植物。柿树耐干旱瘠薄，遇灾荒年景果实可做食物充饥，孟津人称其为木本粮食、铁杆庄稼，是当地广为种植的乡土树种之一。明清时期，北邙山上到处是柿树，白鹤镇西部的柿林村附近，柿树尤为密集。深秋初冬之际，邙山北麓翠色深沉，满山柿叶飞丹，柿果累累，宛若丹霞。"柿林飞丹（柿树点翠）"是古孟津十景之一。

【柿霜】sʅ⁴¹ ʂuaŋ³³ 柿饼在制作过程中内部糖分渗出来形成的结晶，富含甘露醇和葡萄糖，有一定药用价值。

【柿圪垯】sʅ⁴¹ kɯ³³ tæ³³ 柿子的蒂。‖也说"柿圪垯儿 sʅ⁴¹ kɯ³³ trɐr ·"。

【柿糠】sʅ⁴¹ kʻaŋ³³ 困难时期人们的一种食物。把烘柿、柿皮和谷糠之类搅拌晒干，粉碎后加工成面粉状，可以蒸制成柿糠馍或做成柿糠炒面。

【柿忽挛】sʅ⁴¹ xu³³ luan · 柿子皮稍晒，放入容器稍捂，出霜后就可以食用。

【是】sʅ⁴¹ ①凡是；所有的。如：~药三分毒。②适合；适当。如：你来哩真~时候儿。

【是人】sʅ⁴¹ zən⁵³ 无论谁；所有的人。如：~都会害病儿。‖也说"是哟人 sʅ⁴¹ yə · zən⁵³"。

si

【西风不卖花】si³³ fəŋ³³ pu³³⁵³ mæ⁴¹ xua³³ 孟津会盟对"精书"人的讥讽。秋冬季多刮西北风，空气干燥，"精书"们认为此时卖棉花可能少挣钱。

【西晒】si³³ sæ⁴¹ 传统四合院建筑中，东厢子的房屋门窗朝西，午后受阳光照射，夏季屋内闷热。

【西厢房】si³³ siaŋ³³ faŋ⁵³ 四合院中坐西朝东的房子。‖也说"西厦子 si³³ sa⁵³ tsʅ ·""西偏房 si³³ pʻiɛn³³ faŋ⁵³"。

【西霞院】si³³ ɕia⁵³ yɛn⁴¹ 村名，位于孟津县白鹤镇的黄河南岸。西霞院古称栖霞苑，是隋代西苑的一部分。2003年在此开工建设了西霞院反调节水库，其开发任务以反调节为主，结合发电，兼顾灌溉、供水等综合利用，同时还是南水北调中线的备用水源。西霞院反调节水库的建设形成了由西霞院大坝、西霞院电站厂房、西霞院北岸生态景区及南岸生态景区等组成西霞院景区，库区面积达30余平方千米，水阔山青，湖面如镜，景区内水禽云集，植物茂盛，具有良好的自然生态环境。

【西乡】si³³ ɕiaŋ³³ ①先秦时的谷城邑。春秋战国至秦代之前，今孟津区境内分为两个邑，历史上称孟津之东乡、西乡，两个邑以今长华村为分界线，今长华村（包括长华村，史称陈凹）以西称谷城邑。谷城县的县治在今横水镇古县村。②会盟人以老城为中心，老城以西为西乡，老城以东为东乡。③泛指某一区域西边的村落。如：听说 ~ 黑地唱戏哩，咱去看吧？

【西瓜酱】si³³ kua·tsiaŋ⁴¹ 由西瓜和黄豆发酵制成的豆酱。‖ 也说 "西瓜豆儿酱 si³³ kua·trəur⁴¹ tsiaŋ⁴¹"。

【西瓜虫】si³³ kua·tʂʼuən⁵³ 学名鼠妇，体椭圆形或长椭圆形，较平扁，背部稍隆，受惊后能蜷曲成球形，其为杂食性动物，主要危害植物幼苗和十字花科蔬菜的幼苗和幼根，通常生活于潮湿、腐殖质丰富的地方。

【席】si⁵³ ①用芦苇编成的长方形席子，可以铺床，也可以做凉席用。如：俺妈手可巧，打 ~ 哩可好了。②成桌的饭菜，酒席。如：吃 ~。

【席面儿】si⁵³ miɯ⁴¹ 宴席上的酒菜。如：这家儿办事儿时候儿那 ~ 怪好哩。

【媳妇儿】si⁵³ fur· ①妻子。②泛指已经结婚的年轻妇女。如：天快冷了，农闲时候儿 ~ 们都忙着打毛衣哩。③儿媳妇。

【洗脸手巾】si⁵³ liɛn⁵³ ʂəu⁵³ tɕin· 洗脸用的毛巾。

【洗澡】si⁵³ tsɔ⁵³ 玩水；游泳。如：一到夏天，孩子们天天去滩里头 ~ 逮鱼儿。

【洗一水】si⁵³ i³³ ʂuei⁵³ 指衣服用洗衣粉或肥皂等洗了一次。如：这衣裳不中，洗了一水可掉色了。‖ 也说 "洗一和 si⁵³ i³³⁵³ xuo⁴¹"。

【细病儿】si⁴¹ piɯ⁴¹ 食道癌。如：他得哩 ~，吃不下去饭。

【细皮儿嫩肉】si⁴¹ pʼiɯ⁵³ luən⁴¹ zəu⁴¹ 形容人皮肤娇嫩。如：小孩子 ~ 哩不经晒。

【细麻秆儿】si⁴¹ ma⁵³ kəɯ⁵³ 形容人又高又瘦。如：你可不敢再减肥了，快成 ~ 了。‖ 也说 "细麻条儿 si⁴¹ ma⁵³ tʼɔr⁵³"。

【细法】si⁴¹ fa· ①形容过日子节省，会精打细算。如：刘妞过日子儿通 ~ 着哩。②形容做事认真仔细到无可挑剔，做的活儿细致考究。如：王师傅手巧，做木工活儿可 ~ 了。

【细胳膊细腿儿】si⁴¹ kuɔ³³ po·si⁴¹ tʼuɯ⁵³ 形容人非常瘦，胳膊和腿都很细。如：算了吧，就你这 ~ 哩，可干不了。

su

【苏秦墓】su³³ tsʼin⁵³ mu⁴¹ 战国时期著名纵横家苏秦的墓葬，位于孟津白鹤镇临近黄河渡口的太平庄村。相传太平庄是苏秦故里，其旁一山崖名苏秦崖，为苏秦习武之地。

【酥】su³³ ①（食物）松软酥脆。如：~ 饼。②因食用过甜或过酸的食物导致牙齿酸软。如：吃了俩白梨儿，牙都 ~ 了。③因过于疲累导致身体乏力，浑身瘫软。如：夜儿倒了两块儿地，使哩浑身都 ~ 了。

【素】su⁴¹ ①颜色单纯，不艳丽。如：你这件儿衣裳也忒 ~ 了吧？②与 "荤" 相对，指瓜果蔬菜类食物。如：老刘吃 ~，给她单另做吧！

【素坠儿】su⁴¹ tʂuɯ· 蟋蟀。

【素气】su⁴¹ tɕʼi· 淡雅素净。如：她穿着打扮又 ~ 又大方。

【嗉子】su⁴¹ tsɿ· ①鸟类消化系统的一部分，位于食道的下部。如：鸡 ~。②装酒的弯把儿的锡制或瓷质的小壶，底大颈细，用来装醋、酒等。因其形似嗉子，故名。如：酒 ~。

sy

【须儿】syɯ³³ 爬藤植物上侧生的可以攀附在其他物体上的发卷的丝蔓。

【盱顾】sy⁵³ ku· 注意看，留意。如：我一势改屋里头忙哩，没有~他啥时候儿出去哩。

【俗套】sy⁵³ t'ɔ· ①习俗上常见的使人感到无聊的礼节。如：婚礼这着办太~，咱新事新办中不中？②陈旧的格调。如：你这诗写哩太~。

【俗气】sy⁵³ tɕ'i· 粗俗；庸俗。如：这件儿衣裳颜色样式都怪大方哩，一点也不~。

【絮】sy⁵³ ①过多的啰唆重复使人心生厌烦。如：这事儿你成天唠叨，~不~？②厌烦。如：吃豆腐吃~了。

【絮】sy⁴¹ 做被褥衣物时铺棉花。如：给孩子做棉袄哩时候儿得多~点儿花。

【絮絮叨叨】sy⁴¹ sy·tɔ³³ tɔ· 形容说话啰唆。如：孙磊一回家，他妈就~跟他说家里杂七杂八哩事儿。‖ 也说"絮叨 sy⁴¹ tɔ·"。

【续】sy⁴¹ 添加；接续。如：再给锅里头~点儿开水吧｜这绳儿忒短了，再~一圪截儿吧。

【续亲】sy⁴¹ ts'in³³ 续弦。

【叙旧】sy⁴¹ tɕiəu⁴¹ 谈论跟彼此相关的一些往事。如：老同学定期见面叙叙旧挺好哩。

sa

【仨】sa³³ 三个。

【仨俩】sa³³ lia⁵³ 数量不多。如：不应多拿，~就够了。

【仨瓜俩枣儿】sa³³ kua³³ lia⁵³ tsɿɚr⁵³ 比喻轻微的事物。如：俺家是不宽裕，不过这~哩我还真看不到眼里。‖ 也说"仨核桃俩枣儿 sa³³ xɯ⁵³ t'ɔ·lia⁵³ tsɿɚr⁵³"。

【仨眼铳】sa³³ iɛn⁵³ tʂ'uən⁴¹ 旧式火炮的一种。用来比喻说话又直又刺耳的人。如：那人是哟~。

【杀】sa³³ ①杀戮。②砍伐植物。如：~苇子｜~秫秆。③把衣服肥大之处削幅收小。如：这牛仔裤裤腿有点儿宽，得稍~~。④用盐杀出蔬菜里的水分。如：腌黄瓜哩时候儿得先使盐~~水。

【杀麻】sa³³ ma⁵³ 把麻秆砍倒，把麻叶和枝杈廓掉。

【杀材】sa³³ ts'æ· 贬称不成器、不成材料的人，像猪羊一样没有用，是只配宰杀的材料。如：你这孩子咋阵~嘞，这点儿事儿都干不好。

【杀价儿】sa³³ tɕiɚr⁴¹ 买东西时压低价格。如：我买大件儿哩时候儿好叫上丽萍，她可会~了。

【沙包】sa³³ pɔ³³ 一种游戏用物品。先缝好一个长方形或正方形的布袋，将沙子或五谷放入布袋后缝住袋口即成。沙包的大小依自己的喜欢而定。

【沙瓤儿】sa³³ zɚ⁵³ 呈沙粒状的瓜瓤。如：沙滩地种出来哩~西瓜最好吃。

【沙楞楞哩】sa³³ lən·lən⁵³ li· ①瓜果的瓤又沙又爽口。如：这哟西瓜不赖，~，怪好吃哩。②形容物体松散不黏结。如：丽红蒸哩米饭~，好吃。

【沙胡咙】sa³³ xu⁵³ luəŋ· 形容喉咙沙哑。

【纱巾】sa³³ tɕin³³ 女子佩戴的围巾，形状有长有方，材质有丝有棉有毛，形制多样。

【莎萝秧儿】sa³³ luo⁵³ zɚ³³ 葎草，一年生蔓性杂草。葎草的茎、枝、叶柄均具倒钩刺，可做饲草，其花果可用作啤酒花。

【莎筋儿菜】sa³³ tɕiɯ³³ ts'æ⁴¹ 荠菜。如：小时候儿不知道~人还能吃，都是薅喽喂猪哩。‖ 也说"荠荠菜 tsi⁴¹ tsi·ts'æ⁴¹"。

【煞】sa³³ ①捆扎、捆束。用秸秆把散乱的植物或其他物品捆扎成捆固定起来。如：这车没有~好，还没走哩可偏了。②约束。如：这孩子脾气有点儿圪料，得~一~他哩性子。

【煞白】sa³³ pæ⁵³ 面色惨白。如：你是不是不得劲儿呀？看你哩脸~~哩。

【煞气】sa³³ tɕʻi⁴¹ 迷信的人指邪气，不祥之气。

【煞戏】sa³³ ɕi⁴¹ 散戏。如：夜儿黑地去看戏，快~了下开雨了。

【撒泼打滚儿】sa³³ pʻo³³ ta⁵³ kuɯ⁵³ 不讲道理地大哭大闹。如：小兵一点儿不懂事儿，较起一不高兴就躺到地上~。

【撒气儿】sa³³ tɕʻiɯ⁴¹ ①轮胎、皮球等漏气。如：这车慢~，得再打打气。②发泄不愉快的情绪；出气。如：你有委屈就说出来，不应给人家身上~。

【撒欢儿】sa³³ xuɯ³³ 人或动物兴致勃勃，又蹦又跳的样子。如：孩子一到公园草地上可开始~疯跑了。

【厦子】sa³³ tʂ· 孟津农村四合院式民居中正房前相对的两列房屋，一般为三间。厦子要比正房低矮一些，是家中晚辈所居。

【撒粪】sa⁵³ fən⁴¹ ①把人粪尿均匀地泼撒到地里。②把堆在地里的腐熟发酵好的牛粪鸡粪等用铁锨均匀地撒到地里。

【撒飘梁蛋儿】sa⁵³ pʻiɔ³³ liaŋ⁵³ tɐu⁴¹ 农村盖房上梁时举行的一种仪式。上梁时要放鞭炮，还要撒用白面蒸的类似于核桃大小的圆面团，内包料礓石子或红薯块儿，寓意五谷丰登、盖房大吉。

【撒稻种】sa⁵³ tɔ⁴¹ tʂuaŋ⁵³ 将刚开始发芽的稻种均匀地撒到整好的秧田里，让其长成稻秧

【沙】sa⁴¹ ①用筛子把东西中的杂物分离出来。如：这一回碾哩米有点儿碜，吃哩时候儿得~~。②淘汰。如：公务员考试笔试得~下来一大半儿人。

sia

【□】sia⁵³ "谁家"的合音词。如：这是~给这堆哩粪？快点儿收拾喽！

siɛ

【些（儿）】siɛ³³（sɿɚ³³）跟在程度副词后表数量。"阵~"表示数量多，"阵~儿"表示数量少。如：阵~｜恁~｜阵~儿｜恁~儿。

【搜】siɛ³³ ①用锤子将硬物钉入物体中。如：~木橛儿。②以拳或物击打。如：你再不听说叫恁大~你一顿。

【楔子】siɛ³³ tsɿ· 一端尖锐的竹木片，多用于插入榫缝或空隙中，起固定或堵塞作用。

【写白字儿】siɛ⁵³ pæ⁵³ tsəu⁴¹ 写别字，该写某字却写了同音的另外的字。

【邪】siɛ⁵³ ①不正常。如：这事儿真有点儿~。②迷信的人指鬼神降下的灾祸。如：老刘中~了，光说看见他死了好些年哩妈回来了。

【邪乎】siɛ⁵³ xu· ①超出寻常，厉害。如：这几天天儿热哩~。②离奇，不可捉摸。如：这事儿叫你说哩怪~哩。

【邪门儿】siɛ⁵³ məu⁵³ 反常，不正常。如：今年春天真~，一会儿热哩吃不住劲儿，一会儿又冷哩不中。

【邪气】siɛ⁵³ tɕʻi· ①中医指伤人致病的因素，诸如风、寒、暑、湿、燥、热、食积、痰饮等。②指不正当的风气或行为。如：听你一说，恁村儿里歪风~还不少哩。

【邪性】siɛ⁵³ siŋ⁵³ 故意找人毛病。如：这几天他光~住我了。

【斜肩儿】siɛ⁵³ tɕiɐu³³ 双侧肩膀高低不同。

【斜眼儿】siɛ⁵³ iɐu⁵³ 眼睛斜视，也指眼睛斜视的人。‖ 也说"斜楞眼 siɛ⁵³ ləŋ⁴¹

ieɯ⁵³"。

【卸】siɛ⁴¹ 把熟了的水果都从树上摘下来。
如：~梨儿｜~苹果。

【卸车】siɛ⁴¹ tʂʻʅ³³ 把运输的货物从车上
卸下来。如：生产队拉哩煤回来了，
恁俩去帮忙~吧。

【卸磨】siɛ⁴¹ mo⁴¹ 磨完或碾完粮食后，把
牛马从磨道卸下来。如：老话儿真没
错说喽，~杀驴，用不着老王了可给
人家踢一边儿了。

【卸柿柿】siɛ⁴¹ sʅ⁴¹ sʅ· 把成熟的柿子从柿
树上摘下来。

【卸套】siɛ⁴¹ tʻɔ⁴¹ 给牲畜松解轭或套具。

【谢媒】siɛ⁴¹ mei⁵³ 举行婚礼前后，男女双
方向媒人致谢。

【谢礼】siɛ⁴¹ li⁵³ 办丧事人家对亲友分三次
进行答谢，一是人倒头时，二是定下
出殡时间后，三是下葬后，孝子都要
带馃子到人家门前磕头致礼。

syɛ

【些微】syɛ³³ vi⁵³ 稍微；少量。如：~有
点儿疼｜~掌点儿盐就中了。

【削镰】syɛ³³ liɛn⁵³ 长把的镰刀，用来削
树枝等。

【雪皮】syɛ³³ pʻi· 头屑，因其搔落时像雪
花一样，故名。

【雪里迷】syɛ³³ li· mi⁵³ 医学上称"白化
病"，是一种皮肤及其附属器官黑色素
缺乏所引起的先天遗传性疾病。通常
症状是全身皮肤、毛发、眼睛因缺乏
黑色素呈现白色或淡粉色。其眼睛畏
光，在雪地里因阳光反射而无法视物。

【雪青色】syɛ³³ tsʻiŋ³³ sæ³³ 一种浅蓝紫色，
类似雪地上反射的光的颜色。

【雪糁儿】syɛ³³ səu³³ 霰，空中降落的白
色不透明的小冰粒，多在下雪前或下
雪时出现。

【雪圪垯儿】syɛ³³ kɯ³³ trɐr· 小雪粒。

【娷】syɛ⁵³ ①到处溜达，到处转悠。如：
今儿没事儿，去会上~一圈儿吧？②用
手端着旋转。如：使筛子给麦里头哩
麦余儿~~。

【娷磨】syɛ⁵³ mo· 寻找，想方设法把别
人东西拿走。如：我这哟防风打火机
还是叫他给~走了。

suo

【莎莎草】suo³³ suo· tsʻɔ⁵³ 学名"莎草"，
多年生草本植物，多生于潮湿地区或
河边沙地。茎直立，三棱形。叶细
长，深绿色，质硬有光泽。夏季开穗
状小花，赤褐色。地下有细长的匍匐
茎，并有褐色膨大块茎。块茎称"香
附子"，可供药用。

【梭子】suo³³ tsʅ· 织布时牵引纬线的工具，
两头尖，中间鼓有长方形方框，两端
洞中有轴，轴上有穗夫儿（小竹筒上
缠的线）。

【蓑衣】suo³³ i³³ 用草或棕编织成的披在身
上的防雨用具。

【嘞】suo³³ 吮吸。如：吃饭哩时候儿不
应~筷子，不卫生。

【塑料】suo³³ liɔ⁴¹ 具有可塑性的高分子化
合物的统称，广泛应用于日常生活用
品的制造。如：~盆｜~桶。‖新派读
"su³³ liɔ⁴¹"。

【锁边儿】suo⁵³ piɛɯ³³ 缝纫方法，用于衣
物边缘或扣眼儿上，针脚细密，线斜
交或钩连。如：和林嫂子~锁哩可好了。

【□】suo⁴¹ "四个"的合音词。

sæ

【虱】sæ³³ 寄生在人或动物身上可传染疾
病的寄生虫。如：娟娟低脑上都是~，
给她刮哟光葫芦吧？

【色气】sæ³³ tɕʻi⁴¹ 颜色。如：这件儿衣裳~

不好，不应买了。

【涩】sæ³³ ①一种像不成熟的柿子一样使舌头感到麻木不滑润的滋味。如：这哟柿子吃着有点儿~。②不光滑，粗糙。如：今儿擦了擦抽油烟机，手摸着都成~哩了。

【筛麦糠】sæ³³ mæ³³ k'aŋ· 少儿游戏。两人对面，手握手上下摆动，口念"筛筛筛，筛麦糠，琉璃滚儿打叮当，你卖胭脂我卖粉儿，咱俩打哟琉璃滚儿"。随着歌谣的节拍，两人双手举过头顶并翻身，翻身后手照样握着，只是背对背，面朝外，然后再做以上动作，无限反复。

【筛锣】sæ³³ luo⁵³ 敲锣。

【筛酒】sæ³³ tsiəu⁵³ 斟酒。

【筛糠】sæ³³ k'aŋ³³ 子女结婚时宾客戏弄其父母的一种游戏，几人分别跹起胳膊腿来回晃动，然后再把人从高处往凳子上蹾。

【腮帮子】sæ³³ paŋ³³ tsʅ· 两颊的下部。如：今儿这牛肉没炖烂，嚼哩我~疼。

【□萝秧儿】sæ³³ luo⁵³ zɚ³³ 茜草，多年生攀缘草本植物，茎叶有微小皮刺。茜草为常用中药之一，具有行血、止血、通经活络、止咳祛痰等功效。

【甩】sæ⁵³ ①摇摆，挥动。如：你走路不应乱~胳膊。②扔掉，抛弃。如：你抓哩？~了我一身水。③打。如：再不听说，拾哟棍儿~你一顿。

【甩枚】sæ⁵³ mei⁵³ 划拳。

【甩手儿】sæ⁵³ ʂuɚ⁵³ 指不参加劳动，袖手旁观。如：你不应光甩着手改边儿上说，你也下来干干呀？

【甩手掌柜】sæ⁵³ ʂəu⁵³ tʂaŋ⁵³ kuei⁴¹ 指又当家又不操心，不管事的人。如：人家改家里光当~，啥也不管不问。

【甩鸡蛋】sæ⁵³ tɕi³³ tan· 把生鸡蛋打散后淋入汤中。

【晒暖儿】sæ⁴¹ nuɛm⁵³ 冬季在有太阳又背风的地方晒太阳。‖ 也说"向暖儿 ɕian⁴¹

nuɛm⁵³"。

sei

【谁】sei⁵³ 疑问代词。①问人。如：~去跑一趟？②表虚指。如：我听见门外头~改那儿说话哩。③表任指。如：他们~也说服不了~。

【睡迷糊了】sei⁴¹ mi⁵³ xu·lə· 形容睡觉不踏实，半睡半醒，认知不清的状态。如：星期天晌午，晓君~，还觉着上学迟到了，拿起来书包就给学校跑。‖ 也说"睡哩迷迷糊糊 sei⁴¹ li·mi⁵³ mi·xu³³ xu·"。

【睡颠倒觉儿】sei⁴¹ tiɛn³³ tɔ·tɕɚ⁴¹ 婴幼儿或其他人睡觉时间与正常人相反，白天睡觉，晚上精力充沛。如：他儿子满月里头~了，黑地到两三点了还不睡。

【睡死了】sei⁴¹ sʅ⁵³ lə· 完全进入睡眠状态，不容易叫醒。如：他可能~，咋叫门儿也叫不开。

【睡死了】sei⁴¹ sʅ·lə· 睡的时间过长。如：成天睡，也不怕~？

【睡着了】sei⁴¹ tʂuo⁵³ lə· 进入睡眠状态。如：孩子~，咱出去说话吧？不应吵醒他喽。

【睡过了】sei⁴¹ kuo³³ lə· 睡眠时间太长耽误了要办的事务。如：说好两点半赶到大楼见见老王哩，谁知道我晌午睡觉~。

【睡囫囵觉儿】sei⁴¹ xu⁵³ luən·tɕɚ⁴¹ 能连续睡几个小时。如：打从有了孩子，她再也没睡过囫囵觉。

suei

【尿脬】suei³³ p'ɔ· 膀胱的俗称。

【虽说】suei⁵³ ʂuə³³ 虽然。如：他~退休了，还经常去厂里头看看。

【随】suei⁵³ ①指人的面貌、身材以及性格、喜好等与父母、祖父母等相似。如：他这个子是 ~ 了他爸了。②由着，听任。如：她想咋着就咋着，~ 她吧。

【随大溜儿】suei⁵³ ta⁴¹ liəur⁴¹ 跟大多数人一样，不自作主张，不单独行动。如：咱也 ~ 吧，人家咋说咱也咋说就中了。

【随礼】suei⁵³ li⁵³ 随着大家一起凑份子送礼。如：这哟月他光 ~ 都随出去一两千了。‖ 也说 "随份子 suei⁵³ fən⁴¹ tsʅ·"。

【随和】suei⁵³ xuo· 指人性情温和，不与人争，能跟人和谐相处。如：俺舅这人通 ~ 哩，跟谁都辩合哩可好。

【岁数】suei⁴¹ ʂʅ· 年纪。如：~ 大了，腿脚不灵便了。

【岁数不饶人】suei⁴¹ ʂʅ· pu³³ zɔ⁵³ zən⁵³ 指人年纪渐长，体力、精力都随之衰退。如：真是 ~ 呀，一过五十，眼也花了，头发也白哩不少。

【碎铺衬烂套子】suei⁴¹ p'u³³ ts'ən· lan⁴¹ t'ɔ⁴¹ tsʅ· 碎布。如：这一包儿 ~ 你捡捡，明儿咱抿点儿圪帛吧？

【碎末儿末儿】suei⁴¹ mɹər³³ mɹər· 碎屑，细粉末。如：茶叶光剩了一点儿 ~ 了，得再买点儿。

【碎嘴子】suei⁴¹ tsuei⁵³ tsʅ· 嘴碎，爱唠叨。如：你真是哟 ~，都说了一百遍了还说。

【穗夫儿】suei⁴¹ frur· 织布工具，纬线的载体，是笔杆粗细四指长的竹筒。织布时，先用纺花车把线从线锥儿线穗儿结合部缠到套在锭子上的穗夫儿上，成枣核状。从锭子上取下后，穿入梭芯嵌入梭子即可来回穿梭于经线间织布了。

sɔ

【捎搭】sɔ³³ ta· 顺带；牵连。如：恁俩吵架哩，你 ~ 人家抓哩？‖ 也说 "捎带 sɔ³³ tæ·"。

【捎带脚儿】sɔ³³ tæ· tɕɤɹ³³ 顺便；附带。如：你去洛阳哩时候儿 ~ 给我买本儿书吧？

【捎话儿】sɔ³³ xuɐr⁴¹ 托人传话；带口信。如：恁妈 ~ 叫你赶紧回家一趟。

【梢儿】sɔɹ³³ 条状物的顶端；树的末梢。如：鞭 ~｜树 ~。

【臊】sɔ³³ 尿或狐狸的味道。如：这屋里咋闻着一股子 ~ 味儿嘞？

【臊猫乱气】sɔ³³ mɔ⁵³ luan⁴¹ tɕ'i⁴¹ 形容气味难闻。如：养猪场 ~ 哩，你去抓哩？‖ 也说 "酸湁乱臭 suan³³ p'əŋ³³ luan⁴¹ tʂ'əu⁴¹" "臊猫乱臭 sɔ³³ mɔ⁵³ luan⁴¹ tʂ'əu⁴¹"。

【臊虎】sɔ³³ xu· ①指种羊。种羊强壮有力，身上又有刺鼻的腥臊味，故称。②指男子贪恋女色。如：他真 ~，看见女哩就走不动了。

【臊虎蛋】sɔ³³ xu· tan⁴¹ 对某些好色人的称谓。如：他那人看见女人就走不动，是哟 ~。

【骚货】sɔ³³ xuo⁴¹ 对举止轻浮的女子的称谓。

【扫房子】sɔ⁵³ faŋ⁵³ tsʅ· 春节时，家家户户对房屋进行彻底清扫，以示除旧迎新。如：孟津年俗民谚有 "二十四儿，~ 儿" 哩说法儿。

【扫硝】sɔ⁵³ siɔ³³ 孟津会盟地处黄河南岸，河滩地的土壤中硝盐的含量较高，20 世纪六七十年代，人们把这些泛白碱的土收集起来，经过加工可以制硝。

【扫兴】sɔ⁵³ ɕiŋ⁴¹ 正当高兴的时候遇到不愉快的事情导致兴致低落。如：正说去唱歌儿哩，单位通知叫去加班，真 ~。

【稍】sɔ⁵³ 让牲口后退的口令。

【扫帚】sɔ⁴¹ tʂʅ· 用扫帚苗做成的扫地工具。

【扫帚苗儿】sɔ⁴¹ tʂʅ· miɹər⁵³ 学名地肤，一年生草本植物。嫩茎叶可食，成熟后可捆扎做扫帚。

【扫帚星】sɔ⁴¹ tʂʅ· siŋ³³ ①彗星，因其接近太阳时，在太阳辐射作用下分解成彗头和彗尾，状如扫帚，故名。②喻指晦气的人，不祥之人。如：恁嫂子真是哟~！‖ 也说"扫把星 sɔ⁵³ pa·siŋ³³"。

【哨儿】sɔɚ⁴¹ ①一种能吹出尖锐声音的器物，用于集合人、操练或体育比赛时发出号令。②人嘬起嘴唇吹出的声音。③刮大风时，风形成的尖厉声音。

【臊子】sɔ⁴¹ tsʅ· 吃炸酱面时的浇头。

【臊气】sɔ⁴¹ tɕ‘i⁴¹ 倒霉，扫兴。如：你不应光改那儿说那~话儿了！

【潲】sɔ⁴¹ ①雨水被风吹得斜着落下来。如：快点儿关住窗户儿，甭叫雨~进来。②洒水。如：先~~地再扫，甭弄哩哪儿都是灰。

【潲水】sɔ⁴¹ ʂuei· 刷锅洗碗水或洗菜淘米水加上菜叶麸皮等做成的猪食。

siɔ

【消停】siɔ³³ t‘iŋ· 安静，停止，休闲。如：你这孩子咋阵费气（淘气）嘞，一会儿都不~。

【消雪】siɔ³³ sye³³ 化雪。如：老话儿说"下雪不冷~冷"。

【消肿】siɔ³³ tʂuəŋ⁵³ 消除肿胀。如：他哩脚叫蹾住了，好几天才~。

【消食儿】siɔ³³ ʂɯ⁵³ 帮助消化。如：吃喽饭出去转转，消消食儿。

【小布衫儿】siɔ⁵³ pu⁴¹ ʂɚɯ· 男子贴身穿的衬衫。

【小辈儿】siɔ⁵³ pɯɯ⁴¹ 辈分小的人。如：他们都是~哩，叫他们多干点儿活儿吧，你不应管了。

【小板凳儿】siɔ⁵³ pan⁵³ tɯɯ⁴¹ 供一人坐的小而矮的木凳。

【小米汤】siɔ⁵³ mi⁵³ t‘aŋ³³ 用小米熬制的稀饭，旧时是产妇或病人的滋补佳品。

【小拇指头】siɔ⁵³ ma·tsʅ t‘əɯ· 手的第五个小指。

【小磨（儿）油】siɔ⁵³ mo⁴¹（mɚɚ⁴¹）iəɯ⁵³ 芝麻炒熟后，用小石磨磨成糊状，经过沉淀和振荡分离出的油，香味浓郁。

【小毛】siɔ⁵³ mɔ⁵³ 扑克中的小王。

【小名儿】siɔ⁵³ miɯ⁵³ 小时候起的非正式的名字。如：他是蛇年生哩，他妈给他起了哟~叫龙龙。

【小肚子】siɔ⁵³ tu⁴¹ tsʅ· 小腹。如：她哪儿都不胖，就是~有点儿大。

【小大衣】siɔ⁵³ ta⁴¹ i³³ 20 世纪人们冬天穿的长短到臀部下的棉大衣，因比大衣短，故名。

【小豆儿】siɔ⁵³ tɚɯ⁴¹ 豆科植物赤小豆或赤豆的种子。‖ 也说"红小豆儿 xuəŋ⁵³ siɔ⁵³ tɚɯ⁴¹"。

【小胆儿】siɔ⁵³ tɯɯ⁵³ 胆子小。如：红丽通~哩，黑地哟人连厕所都不敢去。

【小垫窝儿】siɔ⁵³ tiɛn⁴¹ uɚɚ³³ 母猪生小猪时，最后出生的那个最小的猪娃儿。

【小东小西】siɔ⁵³ tuəŋ³³ siɔ⁵³ si³³ 小东西。如：你给这~哩都归置归置，不要哩都扔喽吧。

【小头儿】siɔ⁵³ t‘əɚ⁵³ 物体较小较细的一端。如：先下~再下大头儿。

【小妮儿】siɔ⁵³ niɯ³³ 小女孩儿。

【小奶干儿】siɔ⁵³ næ⁵³ kɯɯ³³ 对幼子女的爱称。

【小挠锄】siɔ⁵³ nɔ⁵³ tʂ‘ʅ· 一种较平，只刮地皮薄薄一层的小锄，一般用于给刚出土的谷子等小苗松土。‖ 也读"siɔ⁵³ nɔ⁵³ tʂ‘u⁵³"。

【小年下】siɔ⁵³ niɛn⁵³ ɕia· 腊月二十三，祭灶节。

【小哩】siɔ⁵³ li· ①晚辈，与"老哩"相对。如：你当~哩，可得好好孝敬恁妈。②年龄相对小的，与"大哩"相对。如：你当~哩，得听恁哥哩话儿。

【小老婆儿】siɔ⁵³ lɔ⁵³ p‘ɚɚ⁵³ ①旧时指妾。②也指续娶的妻子。‖ 也说"小婆儿 siɔ⁵³ p‘ɚɚ·"。

【小浪底水库】siɔ⁵³ laŋ⁴¹ ti⁵³ ʂuei⁵³ k‘u⁴¹ 小浪底水库位于黄河中下游交界地的孟津小浪底村，扼守黄河最后一段峡谷的出口，是一座兼具防洪、防凌、减淤、灌溉、供水、发电等综合效益为一体的特大型控制性工程。小浪底工程于1991年9月开始进行前期建设，2001年底主体工程全面完工。坝顶高程281米，最大坝高160米，泄洪系统由九条泄洪洞和一座溢洪道构成，年平均发电量51亿千瓦时。

【小浪底遗址】siɔ⁵³ laŋ⁴¹ ti⁵³ i⁵³ tsʅ⁵³ 新石器时期文化遗存，在今孟津小浪底镇小浪底村。小浪底初名"小狼堤"，说明当时有狼出没，后以同音字代替。小浪底遗址在20世纪90年代因配合小浪底水利枢纽建设而发掘，出土了大量陶器，经研究，其属于龙山文化类型，距今四五千年。

【小龙儿】siɔ⁵³ lyɯ⁵³ 指十二生肖中的蛇。如：君君是属～哩。

【小尽】siɔ⁵³ tsin⁴¹ 小月，指农历只有二十九天的月份。

【小精细儿】siɔ⁵³ tsiŋ³³ siɯ⁴¹ ①精打细算会过日子的人。②吝啬小气，大小事都只为自己着想的人。如：他这人是哟～，跟谁也合不来。‖②也说"小精精儿 siɔ⁵³ tsiŋ³³ tsiɯ·"。

【小柿柿】siɔ⁵³ sʅ⁴¹ sʅ 柿子的一种，个头较小但果肉绵软甘甜，可做柿饼，吃烘柿口感最好。

【小小不言】siɔ⁵³ siɔ⁵³ pu³³ iɛn⁵³ 微不足道。如：这点儿事儿不算啥，～，不值一提。

【小袖儿】siɔ⁵³ srəur· 冬天为了保暖在胳膊上套的两个半截袖，一拃长的圆筒，中间絮有棉花。相对于衣袖小，故名。

【小性儿】siɔ⁵³ siɯ⁴¹ 性格不开朗，常因小事生气闹别扭。如：莉莉通～哩，你得多让着她点儿。

【小蒜】siɔ⁵³ suan· 一种野菜，薤菜。叶子像韭菜，中空，球形根，味辛辣。

【小猪娃儿】siɔ⁵³ tʂʅ³³ uər⁵³ 刚生下来的小猪。

【小秤】siɔ⁵³ tsʻəŋ⁴¹ 一斤十六两的秤，据说从秦代开始使用，中华人民共和国成立后废除。

【小虫儿】siɔ⁵³ tʂʻuɯ⁴¹ 麻雀。

【小舌头儿】siɔ⁵³ ʂʅɔ⁵³ tʻɹur⁴¹ 软腭后部中央下垂的舌形小块肌肉。

【小勺儿】siɔ⁵³ ʂuɹ⁵³ 吃饭时用来喝汤的小调羹。

【小手巾儿】siɔ⁵³ ʂuɹ⁵³ tɕiɯ· 手帕。

【小人人书】siɔ⁵³ zəuɹ⁵³ ʂʅ³³ 连环画。

【小鸡儿】siɔ⁵³ tɕiɯ³³ 小儿阴茎。‖也说"鸡儿鸡儿 tɕiɯ³³ tɕiɯ·"。

【小家子气】siɔ⁵³ tɕia³³ tsʅ· tɕʻi⁴¹ 不大方；没见过世面。如：他有点儿～，办事儿出手不大方。

【小气】siɔ⁵³ tɕʻi· 吝啬。如：她这人可～了，花钱儿跟剜她哩肉样。

【小褂儿】siɔ⁵³ kuər⁴¹ 中式贴身穿的单上衣。

【小锅儿饭】siɔ⁵³ kuər³³ fan⁴¹ 在一个家庭或一个部门，给有特殊情况的人单独做的饭菜。如：谁不知道～吃着香。

【小闺女儿】siɔ⁵³ kuən³³ nyu· ①女孩子。如：～家，哟人去恁远，我不放心。②女儿。如：俺都俩小伙子了，我想再要哟～。

【小抠儿】siɔ⁵³ kʻəur³³ 吝啬鬼。如：老王才是哟～哩，不应想叫他请你吃一顿饭。

【小伙子】siɔ⁵³ xuɔ⁴¹ tsʅ· ①男孩子。如：～家可勇敢了，栽倒各人爬起来，不哭。②儿子。如：俺家仨～，愁死了。‖也读"siɔ⁵³ xu⁴¹ tsʅ·"。

【小月子】siɔ⁵³ yɛ⁵³ tsʅ· 指胎儿不到足月而自然流产，以胚胎停止发育，死胎为常见症状。

【小卧车】siɔ⁵³ uɔ⁴¹ tʂʻʅɹ³³ 小轿车的俗称。

【小苇子】siɔ⁵³ uei⁵³ tsʅ· 芦荻，比芦苇小的野草，生于水边干地。

【小燕儿】siɔ⁵³ iɛu⁴¹ 在农家屋檐下筑巢的家燕，冬去春来。

【小碗儿汤】siɔ⁵³ uɛu⁵³ tʻaŋ³³ 小碗儿汤始于民国中期，是从"厨子菜"演变过来的，由小碗盛汤而得名。孟津民间有走街串巷的乡厨，为乡间办红白喜事的人家做菜。当时，乡下的农民生活都很拮据，在筵席原料的准备上往往捉襟见肘，宴席做好后，食材所剩无几，厨子们就将这些食材统统切成丁状，下入肉汤锅内烩制。由于"僧多粥少"，只得用小碗盛汤，故名小碗儿汤。

【笑面虎儿】siɔ⁴¹ miɛn⁴¹ xur⁵³ 表面上一团和气，背地里总想着怎么整人的人。如：老孙可是哟～，心狠着哩。

【笑话】siɔ⁴¹ xua· 讥笑人。如：他成天好～人家春桃跟儿媳妇生气，阵着他跟儿媳妇吵哩才狠哩。

sɐu

【搜寻】sɐu³³ sin· 翻旧账，寻找理由；没事找事。如：她这人就这，隔一段时间就得～点儿事儿给你吵一架。

【擞】sɐu⁵³ 用力抖动物品，使其上的灰尘等掉落下来。如：夜儿黑地睡着觉着扎哩慌，你给单子拿出去好好～～。

【擞坯】sɐu⁵³ p'ei³³ 摇蜜时，把蜜蜂从巢脾上擞下来。

【瘦哩脱了形了】sɐu⁴¹ li·t'uo³³ lə·ɕiŋ⁵³ lə· 形容人瘦得过快或瘦得过多，以致面相有很大变化。如：你看你瘦哩都脱了形了，可不敢再减肥了。‖ 也说"瘦哩脱了相了 sɐu⁴¹ li·t'uo³³ lə·siaŋ⁵³ lə·"。

【瘦哩跟麻秆儿样】sɐu⁴¹ li·kən³³ ma⁵³ kɐu⁵³ iaŋ⁴¹ 形容人又瘦又高。如：郭毅长哩怪高，就是～，看着不结实。

【瘦猴儿】sɐu⁴¹ xɐur⁵³ 比喻人瘦。如：你看你跟～样，你能抬动喽？

siɐu

【修】siɐu³³ 因行善或积恶而得到的结果。如：他家上辈子积了德了，～了哟好媳妇儿。

【修行】siɐu³³ ɕiŋ⁵³ 学佛或学道。如：师

傅领进门儿，～靠各人。

【羞羞答答】siɐu³³ siɐu·ta³³ ta· 害羞的样子。如：她第一回见公婆，～哩，话儿都不敢说。‖ 新派读"ɕiɐu³³ ɕiɐu·ta³³ ta·"。

【秀穗儿】siɐu⁴¹ suɯ⁴¹ 麦子或谷物开始抽穗。如：几天没来地里，麦都～了。

【秀气】siɐu⁴¹ tɕ'i· 形容人或物的外表或气质清秀、细巧。如：这闺女长哩怪～哩!

【袖儿】sɐur⁴¹ 衣袖。如：这件儿衣裳～有点儿短。

【绣花儿】siɐu⁴¹ xuɐr³³ 在布帛上用丝线绣出花草等图案。

【绣花儿鞋】siɐu⁴¹ xuɐr³³ ɕiæ⁵³ 绣有图案的鞋子。如：俺妈给小刚做了一双～，可好看了。

【锈成圪垯了】siɐu⁴¹ tʂ'əŋ⁵³ kuɯ³³ ta·lə· 铁器生锈厉害。如：那刀不能使了，都～。

san

【三不管】san³³ pu³³ kuan⁵³ 泛指没人管的地方或事情。如：这一片儿～哩地这，谁占住就是谁哩。

【三瓣儿嘴】san³³⁄⁵³ pɐɯ⁴¹ tsuei⁵³ 指兔子的唇形。

【三伏天】san³³ fu⁵³ t'iɛn³³ ①夏至后第三个庚日开始的三十天或四十天，分初伏、中伏和末伏三段，是中原地区一年中气温最高且又潮湿、闷热的日子。②特指末伏的十天。‖ ①也说"伏天 fu⁵³ t'iɛn³³""伏里天 fu⁵³ li·t'iɛn³³"。

【三分人才，七分打扮】san³³ fən³³ zən³³ ts'æ⁵³, ts'i³³ fən³³ ta⁵³ pan⁴¹ 指衣着打扮对人的外貌形象影响很大。

【三分像人，七分像鬼】san³³ fən³³ siaŋ⁴¹ zən⁵³, ts'i³³ fən³³ siaŋ⁴¹ kuei⁵³ 形容人因疾病等折磨得不成人样或肮脏丑陋模样怕人。

【三分钟热度】san³³ fən³³ tʂuəŋ³³ ʐɻə³³ tu⁴¹

比喻对某事的兴趣极其短暂。如：他干啥都是～，坚持不下来。

【三打两胜】san³³ ta⁵³ liaŋ⁵³ ʂəŋ⁴¹ 游戏规则，玩三局，胜两局算赢。

【三大件儿】san³³⁵³ ta⁴¹ tɕiɚu⁴¹ 传统婚礼中需要购置的三种家用产品，20 世纪六七十年代是手表、自行车、缝纫机，80 年代是彩电、冰箱、洗衣机，90 年代是电话、电脑和空调，21 世纪后则成了房子、车子和票子。三大件儿随时代的变迁而不断变化，从侧面反映了我国经济的快速增长和人民群众生活水平的不断提高。

【三点儿水儿】san³³ tiɚu⁵³ ʂɯu⁵³ 汉字偏旁"氵"，如"江河湖海"的左边偏旁。

【三天没大小】san³³ t'iɛn³³ mu³³⁵³ ta⁴¹ siɔ⁵³ 新婚三天之内，客人可以不分大小、不论辈分地与新人玩笑，结婚当日晚上闹洞房时尤甚。

【三六九】san³³⁵³ liɚu⁴¹ tɕiɚu⁵³ 民间认为是吉利的好日子，利于出门或婚庆。如：～，往外走。

【三六九等】san³³⁵³ liɚu⁴¹ tɕiɚu⁵³ təŋ⁵³ 把人分成不同的等级，不平等对待。

【三天两头儿】san³³ t'iɛn³³ liaŋ⁵³ t'ɚur⁵³ 时常，经常。如：这孩子从小都瓢差，～害病儿。

【三年五载】san³³ niɛn⁵³ u⁵³ tsæ⁵³ 三五年。如：再过哟～哩，他家哩日子儿也就好过起来了。

【三指儿耙子】san³³ tsɚu⁵³ p'a⁵³ tsʅ· 三根齿的铁耙子，刨地用。

【三尖儿】san³³ tsiɚu³³ 三角形。如：裤子上挂了哟～口子。

【三接头儿皮鞋】san³³ tsiɛ³³ t'ɚur⁵³ p'i⁵³ ɕiæ⁵³ 用三截儿皮革缝制而成的皮鞋。

【三七】san³³ ts'i³³ ①药材名。②人死后第三个七天即二十一天的时候，亲友要进行供奉和祭祀。

【三七二十一】san³³ ts'i³³ ȵ⁴¹ ʂʅ⁵³ i³³ 指是非事由或事情的各种后果。如：他也不管～，上去先打了各人孩子几巴掌。

【三茶六饭】san³³ ts'a⁵³ liɚu⁴¹ fan⁴¹ 丰盛的饭菜，比喻照顾周到。如：我成天～哩伺候着他，就这还不中哩。

【三岔路口】san³³⁵³ ts'a⁴¹ lu⁴¹ k'ɚur⁵³ 三条方向不同的路交叉之处。

【三心二意】san³³ sin³³ ȵ⁴¹ i⁴¹ 犹豫不决，拿不定主意。如：这事儿可不能～，得早拿主意。

【三只手】san³³ tʂʅ³³ ʂɚu⁵³ 小偷，扒手。如：这家伙是～，叫逮住好几回了。

【三长两不齐】san³³ ts'aŋ⁵³ liaŋ⁵³ pu³³ ts'i⁵³ 不规矩；不整齐。如：东西儿搁哩～哩，你也不知道整整？

【三长两短儿】san³³ ts'aŋ⁵³ liaŋ⁵³ tuan⁵³ 遇到意外的灾祸、事故，特指人的死亡。棺木未合棺盖之前，有两边和底三块长板和前后两块短板，故以此来比喻人遭横祸。

【三十里铺】san³³ ʂʅ⁵³ li⁵³ p'u⁴¹ 地名，位于孟津宋庄镇。铺，是古代的驿站，其军事作用主要是计里程、瞭望、侦察、报警等，俗称"烽火台"，设于通往都邑州府的交通干线和江河岸上。三十里铺地处汉魏洛阳故城西北，隋唐洛阳故城东北的邙山脊背上，是古河阳三城与东都洛阳城的"烽警"高点，能够起到一烽举，而两河闻的报警效果，地位非常重要。

【三句儿话儿不离本行】san³³⁵³ tɕyɯu⁴¹ xuɚr⁴¹ pu³³⁵³ li⁴¹ pən⁵³ xaŋ⁵³ 形容人说话总是围绕着自己专业或职业的角度。

【三角儿眼】san³³ tɕyɚr³³ iɛn⁵³ 上眼皮略呈向上的尖角的眼睛。

【三九】san³³ tɕiɚu⁵³ 从冬至算起的第三个九天，是一年中最冷的时期。如：热在三伏，冷在～。

【三缺一】san³³ tɕ'yɛ³³ i³³ 需要四个人玩的牌或游戏等少一个人。如：你快点儿来吧，俺这～。

【三下五除二】san³³⁵³ ɕia⁴¹ u⁵³ tʂ'ʅ⁵³ ȵ⁴¹ 形容

做事麻利动作敏捷。如：这点儿活儿，她～就干完了。

【三股杈】san³³ ku⁵³ ts'a³³ 打场时用来翻挑麦秸的工具，由一根长柄和顶端的三个木齿构成。‖ 也说"桑杈 saŋ³³ ts'a³³"。

【三个】san³³⁵³ kə· 数量词。‖ 也读合音"sa³³"。

【三个字儿】san³³⁵³ kə·tsɤu⁴¹ 一种少儿游戏。在一个限定的空间里，一个人追，其他人跑，就在快追上时喊约定好的三个字，然后静止不动。必须有其他被追者摸一下才能恢复行动，如果被人追上时来不及喊三个字就输了，要换做追其他人。

【三环套】san³³ xuan⁵³ t'o⁴¹ 汲水时用以固定井绳和水桶的铁环，由多个铁环连在一起，但其中一个长铁环和两个圆铁环起关键作用，故名三环套。

【三言两语】san³³ iɛn⁵³ liaŋ⁵³ y⁵³ 形容很少的话。如：还是王老师厉害，～就说哩清清楚楚。‖ 也说"三两句儿话儿 san³³ liaŋ⁵³ tɕyu⁴¹ xuɛr⁴¹"。

【山】san³³ 陆地表面高度较大、坡度较陡的隆起地貌。

【山坡儿】san³³ p'ɤr³³ 山顶与平地的倾斜面。

【山坡儿地】san³³ p'ɤr³³ ti⁴¹ 山坡上的田地，依山势开垦的梯田，每块面积一般不大。如：她改～里种了几百棵花椒树。‖ 也说"坡地 p'o³³ ti⁴¹"。

【山麻尾雀】san³³ ma⁵³ i⁵³ ts'io⁴¹ 喜鹊的一种，毛色发灰。‖ 也说"山麻凉儿 san³³ ma⁵³ lier⁵³"。

【山门】san³³ mən⁵³ 佛教寺院的大门。

【山墙】san³³ ts'iaŋ⁵³ 房屋两侧的墙壁。

【山地】san³³ ti⁴¹ 山间的农耕用地。如：～种哩红薯又干又面，可好吃了。

【山底下】san³³ ti⁵³ ɕia⁴¹ 山的底部。‖ 也读合音"san³³ tia⁵³"。

【山楂串儿】san³³ tsa·tʂ'uɛr⁴¹ 糖葫芦的俗称。用竹签串起去核的山楂，锅中加水和冰糖，熬至可以拉丝时，浇在串好的山楂上即成。‖ 也说"酸楂串儿 suan³³ tsa·tʂ'uɛr⁴¹"。

【山楂汤】san³³ tsa·t'aŋ³³ 洛阳特色的一道甜品。把山楂糕切块加水煮开，勾入荠汁，加适量冰糖而成。‖ 也说"酸楂汤 suan³³ tsa·t'aŋ³³"。

【山尖儿】san³³ tsiɛu³³ 比较尖峭的山顶。

【山小虫儿】san³³ sio⁵³ tʂ'ɯ· 似麻雀，但体型稍小，颜色鲜艳。

【山神】san³³ ʂən⁵³ 民间认为主管某山的神灵。

【山神庙】san³³ ʂən⁵³ mio⁴¹ 供奉山神的庙宇。

【山圪崂儿】san³³ kɯ³³ lɣr³³ 山沟里。

【山根儿】san³³ kɤu³³ 山脚靠近平地的地方。

【山货】san³³ xuo⁴¹ 指生长在山上，没经过人工培育或养殖的可食用的动植物，引申指从农村带到城市里来的一些土特产。

【山憨儿】san³³ xɤu³³ 旧指愚昧不开化的山民。‖ 也说"山□ san³³ yɤu³³"。

【山窝儿】san³³ uɣr³³ ①山间平地。②偏僻的山区。如：她自从嫁到嵩县～里，就没有再回来过。‖ 也说"山窝儿窝儿 san³³ uɤr³³ uɤr·"。

【山药】san³³ yə· 薯蓣的统称。多年生草本植物，块根呈长杜形，含丰富淀粉和蛋白质，可以食用。与孟津隔河相望的焦作温县、沁阳等地出产的垆土山药（又叫铁棍山药）品质上佳，是营养丰富的保健食品。

【山腰儿】san³³ iɔr³³ 山脚到山顶的中间部分。如：神州坡改下古南边半～里。

【山羊】san³³ iaŋ⁵³ 羊的一种。山羊毛粗直，角三棱形呈镰刀状弯曲，颌下有长须，尾短上翘。因善攀登陡坡和悬崖，故名。

【山羊胡子】san³³ iaŋ⁵³ xu⁵³ tʂʅ· 一种胡子样式，只在下巴上留有长而稀疏的向下垂的胡须，类似雄性山羊的胡子，故名。

【散架儿】san⁵³ tɕier⁴¹ ①对物体起支撑作用的骨架松散分离。如：这桌子得修修了，都快～了。②形容人过度疲劳，难以支撑下去。如：今儿扎了一天稻子，使哩快 ~ 了。

【钐子】san⁴¹ tsʐ· 割麦的长镰刀，由竹编的半圆形竹筐、钐刀、手把的木柄和绳索四部分组成。割麦时，右手握木柄，左手拉绳子，钐刀对准麦子从右向左割去，割下的麦子倒在竹筐中，直接倒在地上即可。

【散场（儿）】san⁴¹ tʂʻaŋ⁵³（tʂʻɚ⁵³）演出或其他活动结束。如：夜儿黑地哩戏 ~ 都快十点了。

【散秧】san⁴¹ zaŋ³³ 将捆成小把的稻秧挑到犁耙过的水田里，估摸水田的面积与用量，均匀地把秧苗抛撒到水田中，方便插秧。

【散伙（儿）】san⁴¹ xuo⁵³（xuɚ⁵³）①关系破裂。如：他俩才结婚了一年可 ~ 了。②解散；分开。如：我觉着咱这合作社不能干了，~ 吧。③算了，作罢。如：这事儿能干就干，不能干就 ~。

siɛn

【仙（儿）】siɛn³³（siɚ³³）神话传说中长生不老神通广大的人。如：王芳菊阵着晚儿修 ~ 哩，成年改庙里头住着不回来。

【仙人掌】siɛn³³ zən⁵³ tʂaŋ⁵³ 多年生草本植物，茎多呈长椭圆形，稍扁平，像手掌，有刺，可供欣赏，其浆果可食用，其茎也有药用价值。

【仙人球儿】siɛn³³ zən⁵³ tɕʻɚ⁵³ 茎是圆球或椭圆形状的仙人掌。

【仙人棍儿】siɛn³³ zən⁵³ kuɯ⁴¹ 茎是圆柱形的仙人掌。

【先不先】siɛn³³ pu³³ siɛn³³ ①表示优先。如：管它好看不好看，~ 穿上不冷。②表示在先。如：人家亲戚还没吃哩，他各人 ~ 盛一碗吃开了。③表示首先。如：喝一斤酒，~ 你那胃就受不了。

④表示占先，占了便宜而自鸣得意。如：先占住这地这再说，~ 有地这放货了。

【先儿】siɛɯ³³ 旧时对教师、医生及说书算卦的人的尊称。

【先来后到】siɛn³³ læ⁵³ xəu⁴¹ to⁴¹ 按照来到的先后而确定顺序。如：弄啥都得有哟 ~，人家来了半天了，先给人家看。

【先载】siɛn³³ tsæ· 以前，从前。如：他家 ~ 可穷了。

【先早】siɛn³³ tsɔ· 从前，早先。如：~ 这坨儿有一棵杏树。‖ 也说"一先早 i³³ siɛn³³ tsɔ·"。

【先人】siɛn³³ zən· 祖先、祖宗。

【鲜】siɛn³³ ①新鲜的；鲜美的。如：才摘哩 ~ 桃儿又脆又甜，可好吃了。②新鲜的刚采摘的果实或刚收获的粮食。如：俺奶好说"尝尝 ~，活一千"。‖ 也读"syɛn³³"。

【线板儿】siɛn⁴¹ pɐɯ⁵³ 绕线用的板状物。

【线穗儿】siɛn⁴¹ suɯ⁴¹ 纺纱时绕在锭子上成团的纱线。

【线锥儿】siɛn⁴¹ tʂuɯ⁴¹ 一头削成尖锥状的竹筷。

【线轱辘儿】siɛn⁴¹ ku⁵³ lɣɯ· 用来缠各种线的轴状物；也指缠着线团的圆轴状物体。‖ 也说"线轴儿 siɛn⁴¹ tʂuʐ⁵³"。

【线袜子】siɛn⁴¹ va³³ tsʐ· 用棉线织成的袜子，与布袜子相对。

suan

【酸】suan³³ ①像醋的味道或气味。②身体因过度疲劳或病痛的刺激而产生的肌肉微痛无力的感觉。如：薅了一清早秧，胳膊都 ~ 了。③形容人小气或故作斯文。如：你跩啥文儿哩，~ 不 ~ 呀？

【酸不唧唧】suan³³ pu³³ tsi· tsi⁵³ 形容酸味不正，味道欠佳。如：这果子吃着 ~ 哩，不好吃。‖ 也说"酸不唧儿哩 suan³³ pu³³ tsiu³³ li‧"。

【酸汤儿】suan³³ tʻɚr³³ 加醋的汤。如：今儿没有胃口，啥都不想吃，光想喝点儿~。

【酸儿辣女】suan³³ ŋ̩⁵³ la³³ ny⁵³ 民间的一种说法，孕妇喜欢吃酸味食物可能生男孩，喜欢吃辣味食物可能生女孩。

【酸辣汤】suan³³ la³³ tʻaŋ³³ 加醋和胡椒粉调味的又酸又辣的汤。

【酸溜溜哩】suan³³ liəu‧liəu⁵³ li‧ ①形容食物酸得适口。如：这汤喝着~，可开胃了。②形容因羡慕嫉妒而出言讽刺，说一些怪话。如：你这话儿听着咋~哩嘞？

【酸叽叽】suan³³ tsi³³ tsi³³ 酢浆草，茎叶有酸味，故名。

【酸枣儿】suan³³ tsɾɔr‧ 生长于丘陵地带的鼠李科枣属植物的果实，似枣但小，味道酸甜。‖也说"软枣儿ʐuan³³ tsɾɔr‧"。

【酸菜】suan³³ tsʻæ‧ 白菜、萝卜和萝卜缨等混合发酵后变酸了的菜，利于保存，也别有风味，旧时是本地越冬吃的主要蔬菜。

【酸酸甜甜】suan³³ suan‧tʻiɛn⁵³ tʻiɛn‧ 酸而略带甜味。如：今儿这酸楂汤~哩，怪好喝。

【酸水儿】suan³³ ʂuɯ⁵³ 胃酸过多，反流吐出的带酸味的液体。如：吃红薯吃多了，嘴里光流~。

【蒜辫子】suan⁴¹ piɛn⁴¹ tsɿ‧ ①大蒜头连带茎叶一起编成辫子，利于悬挂晾干保存。②形容人或动物两腿瘫软，走路时两条腿左右交叉像辫蒜辫子一样。‖②也说"圪料摽kɯ⁵³ liɔ‧piɔ⁴¹"。

【蒜面条儿】suan⁴¹ miɛn⁴¹ tʻɔr⁵³ 孟津本地夏季吃的一种凉面。当季蔬菜如苫苣菜开水烫熟，黄瓜切丝，面条煮熟后过凉水，与蔬菜拌匀后浇上捣好的蒜水儿即可。

【蒜薹儿】suan⁴¹ tʻɐu⁵³ 大蒜的花茎，嫩时可食。

【蒜头儿鼻子】suan⁴¹ tʻɚur⁵³ pi⁵³ tsɿ‧ 指下端大而圆的鼻子。

【蒜槌儿】suan⁴¹ tʂʻuɯ⁵³ 捣蒜用的木制小槌。

【蒜水儿】suan⁴¹ ʂuɯ⁵³ 蒜瓣加盐捣成泥状，加入醋和香油而成，如醋味重可加适量水调制。

【蒜臼儿】suan⁴¹ tɛɾur⁴¹ 用来捣碎蒜头的陶制或木制小罐，口大，底小，似臼形。

【蒜骨都】suan⁴¹ ku³³ tu‧ 蒜头。

【算盘儿子儿】suan⁴¹ pʻma‧tsɿ⁵³ 算盘上可以上下拨动的珠子。

【算命】suan⁴¹ miŋ⁴¹ 一种迷信行为，凭人的面相手纹和生辰八字，用阴阳五行来推算人一生的命理和运势，推定人目前面临的吉凶祸福，并提供破解的方法。

【算命哩】suan⁴¹ miŋ⁴¹ li‧ 旧时以算命为职业的人。

【算准】suan⁴¹ tʂuən⁵³ 预料并断定某事。如：我早都~了，她一听说就会去寻事儿，照把儿吧？

【算账】suan⁴¹ tʂaŋ⁴¹ ①计算账目。②吃亏或失败后和人争执较量。如：你不应得意，明儿再跟你~。

【算数儿】suan⁴¹ ʂʅ⁴¹ 承认说的话有效力。如：你夜儿说哩话儿~不~？

【算卦】suan⁴¹ kua⁴¹ 一种迷信行为，根据卦象推断吉凶。

【算卦先儿】suan⁴¹ kua⁴¹ siɐu⁵³ 以算卦为职业的人。

【算老几】suan⁴¹ lɔ⁵³ tɕi⁵³ 鄙视、蔑视别人地位不重要，排不上号。如：你~？我哩事儿不用你管。

【算完】suan⁴¹ uan⁵³ 完了；不行了；不成了。

syɛn

【鲜】syɛn³³ ①新鲜。如：今儿这菜怪~哩。②鲜艳。如：这颜色哩衣裳我穿是不是忒~了？③味道鲜美。如：西关哩牛肉汤喝着可~了。④头茬成熟的粮食或果蔬。如：尝尝~，活一千。

【选种】syɛn⁵³ tʂuən⁵³ 把农作物籽粒中不饱满不好的剔除出去。

【旋儿】syɛu⁵³ 头顶上形成的旋涡一样的头发形状，有的一个，有的两个或多个。如：这孩子低脑上两~。

【癣】syɛn⁵³ 由霉菌引起的某些皮肤病的统称。如：他胳膊上长了两块儿~，咋治都治不好。

【旋】syɛn⁴¹ 刚刚，随即。如：这馍是我~蒸哩，可好吃了，你快尝尝。

【镟】syɛn⁴¹ ①削。如：这把刀可快了，你慢点儿，不应~住手喽。②旋转着削。如：~柿子｜~铅笔。

【镟柿柿】syɛn⁴¹ sʅ⁴¹ sʅ· 加工柿饼的一道程序，用刀旋转着把柿子的皮削下来。

sən

【生煤火】sən³³ mei⁵³ xuo· 点燃煤球。先用火柴引着玉米芯或木柴，再把煤球或煤块放上去使燃烧。如：煤火灭了，你先去~吧。‖ 也说"生火sən³³ xuo⁵³"。

【渗坑】sən⁴¹ kʻən³³ 在窑院中间挖的坑，用来排污、渗雨水。

【瘆】sən⁴¹ 周围环境给人一种恐怖的感觉，使人害怕。如：那儿黑洞洞哩，怪~哩慌哩，咱快点儿走吧！‖ 也说"瘆人sən⁴¹ zən⁵³"。

【瘆人捣怪哩】sən⁴¹ zən⁵³ to⁵³ kuæ⁴¹ li· 非常可怕。如：外头黑乎乎哩，还打着火闪，~，我可不出去。

sin

【心不净】sin³³ pu³³|⁵³ tsin⁴¹ 心里有烦恼之事。如：这几天~，没心思弄，过两

天儿再说吧。

【心病儿】sin³³ piu⁴¹ 隐藏在心里排解不了的忧虑。如：孩子哩事儿是他哩~，不能提。

【心地儿】sin³³ tiu⁴¹ 居心；用心。如：这老婆儿~好，见谁有事儿都帮。

【心疼】sin³³ tʻən· 疼爱，怜惜，舍不得。如：刚刚胳膊上磕了一块儿，他奶可~死了。

【心儿里美】siu³³ li·mei⁵³ 萝卜的一个品种，绿皮，肉红色。

【心量】sin³³ lian· 气度，胸襟。如：他这人~大，不计较。

【心酢】sin³³ tsuo³³ 吃东西不当胃里不舒服，反酸。如：今儿清早吃红薯吃多了，一前晌儿一势~，吐酸水。

【心尖儿】sin³³ tsiɐu³³ 称最喜爱的人，多指儿女。如：这俩孩子可是他哩~肉。

【心静】sin³³ tsin⁴¹ 心里平静；清静。如：老话儿说"~自然凉"。

【心事儿】sin³³ sɐu⁴¹ 心里盘算的事情。如：老王是不是有啥~？这几天一势愁眉苦脸哩。

【心细】sin³³ si⁴¹ 细心。如：三婶儿可~了，啥事儿都想哩可周到了。

【心心念念】sin³³ sin³³ niɛn⁴¹ niɛn⁴¹ 一心想要怎样。如：她~哩想要哟缝纫机。

【心劲儿】sin³³ tɕiu⁴¹ 心思；兴致；上进心。如：老宋~还怪足哩，成天不是写诗就是画画儿。‖ 也说"心气儿sin³³ tɕʻiu⁴¹"。

【心肝儿】sin³³ kɐu³³ 喻指最亲近、最心爱的人，多用于年幼的子女；也可指最宝贵的物品。如：他哩儿子才是他哩~哩｜你可小心点儿，这些画儿可是他哩~宝贝儿。

【心肝眼儿】sin³³ kan³³ iɐu⁵³ ①心地、存心。如：虎子没~，随口胡说，你可不应多想喽。②对人的不必要的顾虑和考虑。如：王兵~多着哩，你可得小心着点儿。‖ 也说"心眼儿sin³³ iɐu⁵³"。

【心口儿】sin³³ kʻəu⁵³ 胸膛、胸口。如：这

几天～这儿不得劲儿，得去医院看看。‖ 也说"心窝儿 sin³³ uɤ³³"。

【心口儿疼】sin³³ kʻɤɹ⁵³ tʻən⁵³ 胸口疼；胃疼。如：他～，叫 120 拉走了。

【新米】sin³³ mi³³ 当年生产的米。如：～好吃，有米香味儿。

【新女婿】sin³³ ny⁵³ sy· 刚结婚的男子。

【新郎官儿】sin³³ laŋ⁵³ kuɤu³³ 新郎。

【新媳妇儿】sin³³ si⁵³ frur· 刚结婚的女子。

【新圪崭崭哩】sin³³ kɯ³³ tsan·tsan⁵³ li· 非常新。如：这锨借给你哩时候儿才买回来，～哩，你咋使成这样儿了？‖ 也说"新崭崭 sin³³ tsan·tsan⁵³"。

【新嘎嘎】sin³³ ka³³ ka· 逗弄小儿语，新衣服。如：乖，穿上～去公园儿了。

【新嘎嘎哩】sin³³ ka·ka⁵³ li· 非常新。如：刘根嫂子穿哩～去哪儿哩？‖ 也说"新刮刮哩 tsin³³ kua·kua⁵³ li·"。

【寻】sin⁵³ ①寻找。如：红军家哩狗丢了，～了好几天也没～着。②无偿地给或要。如：家里没有盐了，你去恁婶儿家～点儿吧。③找对象。如：得赶快给小波～哟媳妇哩，眼看着都三十了。

【寻婆子家】sin⁵³ pʻo⁵³ tsɿ· tɕiæ· 女孩子找对象。如：恁娟关紧该～了，都二十七八了。‖ 也说"寻家儿 sin⁵³ tɕiɤɹ³³"。

【寻思】sin⁵³ sɿ· 琢磨，考虑。如：这事儿不慌，你再～～再说吧？

【寻事儿】sin⁵³ sɤɯ⁴¹ ①没事找事，给自己或别人添麻烦。如：你这孩子，可没少给恁妈～。②故意找茬，寻衅滋事。如：这几个人一看都是故意～哩，不应理他们。③找工作。如：不能光改家坐着，得～干。

【寻死寻活】sin⁵³ sɿ⁵³ sin⁵³ xuo⁵³ 自杀。如：她成天～哩，这日子儿没法儿过了。‖ 也说"寻死 sin⁵³ sɿ⁵³"。

【寻媳妇儿】sin⁵³ si⁵³ frur· 男孩子找对象。如：他家忒穷了，～也寻不下。

【寻着了】sin⁵³ tʂuo⁵³ lə· 找到了。如：孩子～，你不应操心了。

【寻趁】sin⁵³ tʂʻən· 寻衅、找茬儿、找事。如：你来～人哩？

【寻下了】sin⁵³ ɕia⁴¹ lə· 年轻人找到对象了。如：王轩家孩子可～，都三十多了。

【信不过】sin⁴¹ pu³³⁵³ kuo⁵³ 认为某人不可靠，不信任。如：换哟人吧？他这人我～。

【信皮儿】sin⁴¹ pʻiɯ⁵³ 信封。

【信瓤儿】sin⁴¹ zɤɹ⁵³ 信纸或写好装在信封里的信纸。

suən

【孙女儿】suən³³ nyɯ· 儿子的女儿。

【孙女婿】suən³³ ny⁵³ sy· 孙女的丈夫。

【孙男弟女】suən³³ nan³³ ti⁴¹ ny⁵³ 后代的总称。如：他～一大堆，临老哩时候儿身边儿哟人没有。

【孙子儿】suən³³ tsɤɯ· ①儿子的儿子。②詈语。如：谁要干这事儿喽谁是～。‖ 也说"孙儿 suɯ³³"。

【孙子儿媳妇儿】suən³³ tsɤɯ· si⁵³ frur· 孙子的妻子。‖ 也说"孙媳妇 suən³³ si⁵³ frur·"。

【榫儿】suɯ⁵³ 指器物两部分利用凹凸相接的凸出的部分。

syn

【巡逻】syn⁵³ luo⁵³ 巡查警戒。如：黑地村儿里头还有人～哩。

【荨麻疹】syn⁵³ ma⁵³ tʂən⁵³ 由于皮肤、黏膜小血管扩张及渗透性增加而出现的一种局限性水肿反应。

【损人】syn⁵³ zən⁵³ 挖苦人。如：他那嘴光会～，村儿里头都没人跟他说话儿。

【损人不利己】syn⁵³ zən⁵³ pu³³⁵³ li⁴¹ tɕi⁵³ 损害别人对自己也没有好处。

saŋ

【桑穗儿】saŋ³³ suɯ⁴¹ 桑葚，桑树的果实，成熟后黑紫色，可食用。

【桑叶儿】saŋ³³ yɤr³³ 桑树的叶子，可做蚕的食物。

【搡】saŋ⁵³ 用力推。如：他一把给老张 ~ 一边儿，又跟老王打起来了。

【搡白】saŋ⁵³ pæ· 顶撞，挖苦。如：她叫老二 ~ 了一顿。

【嗓门儿】saŋ⁵³ mɯ⁵³ 声音；嗓音。如：老李 ~ 大，叫他叫。

【丧门星儿】saŋ⁴¹ mən⁵³ siɯ³³ 比喻会带来厄运的人。如：你真是哟 ~，碰见你真是倒了八辈子霉了。

siaŋ

【相】siaŋ³³ 仔细看或认真观察。如：人家给娟儿说了哟婆子家，咱明儿去 ~ ~ 家吧。

【相亲】siaŋ³³ ts'in³³ 男女双方经介绍人牵线，见面来了解对方的情况。如：妞妞今儿去洛阳 ~ 去了，没改家。

【相好哩】siaŋ³³ xɔ⁵³ li· 指有不正当关系的男女朋友。如：老刘有哟 ~，家是洛阳哩。

【箱底儿】siaŋ³³ tiɯ⁵³ 不轻易拿出来的东西或不轻易动用的财物。如：恁奶给她压 ~ 哩东西儿都拿出来了。

【想不到】siaŋ⁵³ pu³³⁵³ tɔ⁴¹ 没有料到。如：真 ~ 会出这事儿，丢死人了。

【想不开】siaŋ⁵³ pu³³ k'æ³³ 摆脱不了心里的苦闷烦恼。如：你咋阵 ~ 嘞？钱儿是身外物，丢了就丢了，不应生气了。

【想门儿】siaŋ⁵³ mɯ⁵³ 想办法。如：赶快 ~ 吧，不应叫人家封喽门市。

【想疯了】siaŋ⁵³ fəŋ³³ lə· 想得失去了理智。如：你真是想钱儿 ~，这钱儿你也敢挣？

【想头儿】siaŋ⁵³ t'ɤur· 希望。如：她这成

绩，今年考大学又没 ~ 了。

【想着】siaŋ⁵³ tʂuo· 惦记着。如：谢谢你还一势 ~ 我。

【想起来了】siaŋ⁵³ tɕ'i· læ· lə· 重新记起原来的事情。如：我 ~，这本书是丽娟借走哩。

【想起来一谱儿是一谱儿】siaŋ⁵³tɕ'i· læ· i³³ p'ʈur³³ sʅ⁴¹ i³³ p'ʈur³³ 讥讽人不深思熟虑，心血来潮，一会儿想干这个，一会儿又想干那个。如：他这人就是 ~，神经病儿。‖ 也说"想起来一出儿是一出儿 siaŋ⁵³tɕ'i· læ· i³³ tʂ'ʅr³³ sʅ⁴¹ i³³ tʂ'ʅr³³"。

【想开点儿】siaŋ⁵³ k'æ³³ tiɐɯ· 不要把不如意的事情放在心上。如：你 ~，他走喽正好，不用伺候他了。

【相比是】siaŋ⁴¹ pi⁵³ sʅ⁴¹ 比如。如：谁家都会有烦心事儿，~ 老王吧，他那闺女可不少叫他操心。

【相面】siaŋ⁴¹ miɛn⁴¹ 相术的一种，观察人的面貌以推测其吉凶祸福。

【相面哩】siaŋ⁴¹ miɛn⁴¹ li· 从事相面职业的人。

【象庄】siaŋ⁴¹ tʂuaŋ³³ 孟津区平乐镇南部村庄名，因村庄有一巨大石象而得名。石象形体硕大，比例适当，雕刻洗练，形象写实，达到了完美的艺术效果。考古工作者根据石象所处位置和东汉帝陵相对应的特点推断，其应为东汉帝陵前的神道石刻遗物。

【像模像样儿哩】siaŋ⁴¹ mu⁵³ siaŋ⁴¹ iɐr⁴¹ li· 很像那么一回事儿。如：这孩子哩画儿画哩真不赖，~。

【像回事儿】siaŋ⁴¹ xuei⁵³ səɯ⁴¹ 看起来还过得去；差不多。如：这一回弄这东西儿，看着还 ~。

【橡皮脸儿】siaŋ⁴¹ p'i⁵³ liɐɯ⁵³ 比喻人脸皮厚，不知羞耻。如：这孩子是哟 ~，前头说，他后头就又偷同学哩文具盒儿。‖ 也说"皮兴脸儿 p'i⁵³ ɕin⁴¹ liɐɯ⁵³"。

səŋ

【生¹】səŋ³³ ①果蔬等尚未成熟。如：今儿买这西瓜有点儿～。②食物没有煮过或没有煮熟。如：茄子～吃也可好吃。③没有进一步加工过的。如：～石灰｜～铁。④陌生的，不熟悉的。如：～字儿｜～人。

【生²】səŋ³³ 用在形容词前表示程度深。如：今儿天忒冷了，冻哩我手～疼。

【生怕】səŋ³³ pʻa⁴¹ 很害怕，很担心。如：贝贝一势看着他哩机器人儿，～小涛给他拿走喽。

【生坯子】səŋ³³ pʻei³³ tsʅ· 喻指性情粗暴、语言蛮横、不通情理的人。如：这人是哟～，啥道理都不讲。‖也说"没做熟 mu³³⁵³ tsəu⁴¹ ʂu⁵³"。

【生闷气】səŋ³³ mən⁴¹ tɕʻi⁴¹ 怨恨愤怒之气郁结在心里没有发泄出来而闷闷不乐。如：你没事儿多出去转转，不应光改家～。

【生法儿】səŋ³³ fɤʅ³³ 想方设法。如：你得～给他寻哟事儿干干，不应叫他成天改家打游戏。

【生分】səŋ³³ fən· 彼此有嫌隙，感情疏远。如：亲戚是越走越亲，成天不走慢慢就～了。

【生土】səŋ³³ tʻu⁵³ 未经人类扰动过的原生土壤，不适宜耕作。

【生疼】səŋ³³ tʻəŋ⁵³ 特别疼。如：你哩手重，打哩我脊梁～～哩。

【生儿】səɯ³³ ①生日。如：俺小兄弟跟俺外爷一天～。②岁，多指小孩。如：俺小外甥儿才俩～。

【生事儿】səŋ³³ səɯ⁴¹ 没事找事，人为制造惹麻烦。如：有你吃哩有你喝哩，你不应～了中不中？

【生疮】səŋ³³ tʂʻuaŋ³³ 皮肤或黏膜上出现化脓溃烂的疾病。‖也说"害疮 xæ⁴¹ tʂʻuaŋ³³"。

【生食气】səŋ³³ ʂʅ⁵³ tɕʻi⁴¹ 由于饮食不当、消化不良等原因引起的腹胀、烧心、反酸、反复嗳气等症状。如：小丽夜儿吃哩有点儿多，～了，又啰又冒肚。

【生人】səŋ³³ zən⁵³ 没有见过面，不认识的人。如：这孩子一见～光哭。

【生闲气】səŋ³³ ɕiɛn⁵³ tɕʻi⁴¹ 因为无关紧要的事情而生气。如：不应～了，看开点儿。

【生意人】səŋ³³ i· zən⁵³ 从事商业经营活动的人。如：老刘是哟～，弄啥事儿都是先说有利儿没利儿。

【生月】səŋ³³ yɛ· 出生的月份。如：俺俩一年哩，他比我～大一点儿。

【牲口】səŋ³³ kʻəu· 用来帮人干活的家畜。

【省哩】səŋ⁵³ li· 免得。如：你就改学校旁边租哟房子吧，～孩子天天来回跑。

【省事儿】səŋ⁵³ səɯ⁴¹ ①方便；不费事。如：不能光图～，成天吃外卖，不好。②简化办事手续，节省时间精力。如：这一来咱都～了，不用来回跑了。③指不惹麻烦。如：这孩子不哭不闹哩，真～。

【省油哩灯】səŋ⁵³ iəu⁵³ li· təŋ³³ 指安分守己，不惹是生非的人，多用于否定形式。如：张宏勋可不是～，碰住他算你倒霉。

siŋ

【星星】siŋ³³ siŋ· 星。

【星期】siŋ³³ tɕʻi³³ 星期日的简称。如：高中两星期才～一回。‖也说"星期天 siŋ³³ tɕʻi³³ tʻiɛn³³"。

【腥】siŋ³³ ①鱼虾等难闻的气味。如：今儿这鱼儿没有弄好，吃着还有点儿～。②指人喜沾花惹草，寻花问柳。如：这人～着哩。

【饧】siŋ⁵³ 面和好后放置一段时间使其变

得柔软有筋性。如：面和好了，搁那儿~一会儿再擤。

【擤鼻子】siŋ⁵³ pi⁵³ tsʅ‧ 按着鼻孔用力向外排气，使鼻涕排出。

【姓儿】siu⁴¹ 姓氏。如：你这~不多见。

【性儿急】siu⁴¹ tɕi⁵³ 脾气急躁。如：俺哥~，你甭跟他计较。

suəŋ

【松不捏】suəŋ³³ pu³³ nie³³ 很轻松，毫不费力。如：这事儿搁到他身上，~哩就干了。

【松使害肚】suəŋ³³ sʅ⁵³ xæ⁴¹ tu⁴¹ 松松垮垮。如：你刹那车~哩，这会中？

【松散】suəŋ³³ san‧ 轻松。如：吃了药出了一身汗，身上~多了。

【松紧带儿】suəŋ³³ tɕin⁵³ tɐɯ⁴¹ 用橡胶丝或橡胶条和纱线一起织成的可伸缩的带子。

【松紧口儿鞋】suəŋ³³ tɕin⁵³ kʻəur⁵³ ɕiæ⁵³ 鞋面上缝有两块儿松紧带的鞋，利于穿脱。

【松口儿】suəŋ³³ kʻəur⁵³ ①张开嘴把咬着的东西放开。如：咬紧喽甭~，最少咬半个钟头儿。②对主张、意见等不再坚持。如：牛玉刚真犟，劝了他一黑地就是不~。

【凩包儿】suəŋ⁵³ pɿər³³ ①软弱无能；畏缩。如：你真~，人家几句儿话儿可吓住你了？②指软弱无能，遇事畏缩的人。如：王刚是哟大~。

【凩样儿】suəŋ⁵³ iɐr⁴¹ 遇事退缩、窝窝囊囊的样子。如：瞧你那~！

【送八月十五儿】suəŋ⁴¹ pa³³ yɛ‧ ʂʅ⁵³ ur⁵³ 娘家给已婚女儿送礼。女儿出嫁后，娘家八月十五要给闺女送枣糕，连送两年。第一年送一个大枣糕，并且给婆家每人送一双新鞋。第二年送一大一小两个枣糕，婆家要回一个。第三年开始，女儿要去看望并给娘家送枣糕等礼品。‖ 也说"送糕 suəŋ⁴¹ kɔ³³"。

【送饭老婆儿】suəŋ⁴¹ fan⁴¹ lɔ⁵³ pʻɿər⁵³ 指结婚后女方的婶儿、娘等两个女送客。二人每十天送一次，共送三次，送的礼物有布匹、衣服、银生货、红鸡蛋等。

【送端午儿】suəŋ⁴¹ tan³³ ur‧ ①结婚头两年，端午时节，娘家给已婚女儿送麻烫、年糕、油角子等。②第三年开始，已婚女儿端午时带粽子、板子麻烫、糖糕、油角子、四色礼等回娘家看望父母。如：老话儿说"麦尖儿黄，闺女瞧娘"，又到~哩时候儿了。‖ 也读"suəŋ⁴¹ tuan³³ ur‧"。

【送汤】suəŋ⁴¹ tʻaŋ³³ 人下葬以后逢七（一七到十七）要上坟祭拜，过每个"七"的头一天，女眷（女儿、媳妇等）提甜面叶儿去坟前供奉，叫送汤。

【送年下】suəŋ⁴¹ niɛn⁵³ ɕia‧ 已定亲但未婚的准新郎春节前到女方家送礼。

【送老衣儿】suəŋ⁴¹ lɔ⁵³ iu³³ 寿衣。如：俺奶哩~六十哩时候儿都做好了。

【送节】suəŋ⁴¹ tsiɛ³³ 女儿给娘家、娘家给女儿逢年过节互送礼物的统称。

【送菜】suəŋ⁴¹ tsʻæ⁴¹ 女儿生孩子后，月子里娘家要送去一些食物礼品等表示慰问。

【送信儿】suəŋ⁴¹ siu⁴¹ 传递消息。如：人家刘强家~来了，说想十一办事儿哩，中不中？

【送庄】suəŋ⁴¹ tʂuaŋ³³ 地名，今孟津有送庄镇送庄村。相传李世民收复东都洛阳时，与隋将王世充决战北邙山遭遇埋伏，退却之时当地百姓护驾至此。原称"护驾庄""送驾庄"，后演变为送庄。

【送妆】suəŋ⁴¹ tʂuaŋ³³ 结婚当天，娘家用包袱包洗脸盆、脸盆架、镜子、木梳、香皂等送到男方家。

【送嫁妆】suəŋ⁴¹ tɕia⁴¹ tʂuaŋ‧ 结婚前一天，女方押送嫁妆到男方家。

【送穷】suəŋ⁴¹ tɕʻyŋ⁵³ 一种春节礼俗。春节从初一开始，人们不能动剪刀、不打扫卫生、不扔东西。初五早上才能打扫卫生，把前几日积存的垃圾等集中送到路口倒掉，这叫"送穷"。

【送客】suəŋ⁴¹ kʻæ³³ 客人告别时，把客人送到大门外。如：~得送到大门儿外头。

【送客】suəŋ⁴¹ kʻæ· 女儿出嫁时女方送嫁的人，多是新娘的婶儿、娘或嫂子。如：丽娟出门儿哩时候儿，你跟恁嫂子去当~吧？

【送好儿】suəŋ⁴¹ xɔr⁵³ 定下结婚日子以后，男方带礼物去女方家通知。去时扛两个篮儿，篮中装两个米面碗、双把儿葱、面渣头儿、花米团儿、枣、筷子等。

【送寒衣儿】suəŋ⁴¹ xan⁵³ iu³³ 农历十月初一祭祀时，给死去的祖先烧冥衣。农历十月后天气渐渐寒冷，人们怕在冥间的祖先缺衣少穿，因此，祭祀时除了食物、香烛、纸钱等一般供物外，还要焚烧五色纸和冥衣。孟津习俗，女儿上坟祭祀，儿子儿媳在家门外祭祀。东乡在大门外用草木灰撒三个圆圈，将"寒衣"放在圈中焚烧。其中两个圈中的"寒衣"奉家鬼，一个圈内的"寒衣"给无家可归的野鬼和残疾鬼。西乡不撒圈，给家鬼的在家门口烧，给野鬼的在十字路口烧。

syŋ

【松肉】syŋ³³ zəu⁴¹ 松肉是过去孟津人过年时必备的炸货之一，由面粉加馒头屑、盐、鸡蛋、葱姜碎等搅成稠糊，用锅铲拨成条状炸制。

【松树】syŋ³³ ʂu⁴¹ 一种常绿乔木。

【松子儿】syŋ³³ tsəɯ⁵³ 松树的种子，可以食用。

【嵩山】syŋ³³ san³³ 山名，在河南省登封市北，为五岳之中岳。

tʂ

tʂu

【竹批儿】tʂu³³ pʻiɯ³³ 将竹子劈成的细竹条。如：刘琪手可巧了，会使～编蛐子笼儿跟灯笼儿。

【竹笆子】tʂu³³ pʻa⁵³ tsʅ· 用竹子做的搂柴草的工具。如：俺广安叔做那～可好使了。

【竹篾儿】tʂu³³ miɜr⁵³ 剖削成一定规格的竹皮；成条的薄竹片。

【妯娌】tʂu⁵³ li· 兄弟之妻的合称。如：老郑家妯娌仁瓣合哩可好了。

【妯娌村（儿）】tʂu⁵³ li· tsʻuən³³（tsʻuɯ³³）村名，在今孟津区平乐镇，原址在煤窑乡，1995 年为支持小浪底水利枢纽建设全村整建制搬迁至平乐镇。传说村子里有高姓兄弟二人娶妻生子，过着平淡幸福的生活。一日，二人驾船外出命丧黄河。妯娌二人埋葬夫君，坚誓不更嫁，上奉父母下养子女，周济难民，敦睦邻里。二人去世后，村民遵遗嘱将其合葬一坟，为感念其恩德改村名为妯娌村。

【妯娌遗址】tʂu⁵³ li· i⁵³ tsʅ⁵³ 妯娌遗址位于孟津区煤窑乡妯娌村，是小浪底考古发现的最大的一个仰韶文化遗址。该遗址共发现 15 座房基遗址、55 座墓葬、103 个灰坑、石器坑等。妯娌遗址被评为 1996 年全国十大考古发现之一。

tʂʅ

【执把儿】tʂʅ³³ per⁴¹ 凭据。如：你给你那～拿出来叫我看看。

【知足】tʂʅ³³ tsy³³ 满足于已经得到的，不作过分的企求。如：现在生活好了，不愁吃不愁穿，他可～了。

【知客】tʂʅ³³ kʻæ³³ 帮助办理丧事或喜事的人家招待客人的人。

【执事】tʂʅ³³ sʅ⁴¹ 红白喜事的总管。

【执事单儿】tʂʅ³³ sʅ⁴¹ tɯ³³ 办红白喜事时的程序单。

【直把儿把儿】tʂʅ⁵³ per· per⁵³ 一直。如：他俩～说了一前响儿话儿。

【直挺挺哩】tʂʅ⁵³ tʻiŋ· tʻiŋ⁵³ li· 一种不雅的姿态。如：人家都改地里忙哩，你哟人～哩改沙发上偢着怪得劲儿哩。

【直溜溜哩】tʂʅ⁵³ liəu· liəu⁵³ li· 形容非常直。如：你看人家红星种那蒜，一行一行～多规矩。

【直出律】tʂʅ⁵³ tʂʻuʅ³³ ly³³ 形容人说话办事直来直去不会拐弯。如：他有啥话儿都是～哩说出来，从来不会绕来绕去哩。

【直肠子】tʂʅ⁵³ tʂʻaŋ⁵³ tsʅ· 快言快语，性格直率。如：李小松是哟～，肚里存不住话儿。

【直骨筒儿】tʂʅ⁵³ ku³³ t'uɯ⁵³ ①衣服没有腰身是个直筒。如：大姐都有小肚子了，穿～哩裙儿才好看。②直脾气。如：他就是哟～，不会拐弯儿。

【直刚刚】tʂʅ⁵³ kaŋ·kaŋ⁵³ ①形容天气晴朗，阳光充足。如：这几天天好，～哩日头晒两天麦都能割了。②形容人的站姿笔直挺拔。如：大日头地儿你～哩立到那儿抓哩？

【知道】tʂʅ⁵³ tɔ· 对事情或道理已经了解、认识；懂得。‖也读合音"tʂuo⁵³""tʂɔ³³""tʂʅə⁵³"。

【侄儿】tʂəɯ⁵³ 同辈男性亲属的儿子。

【侄儿媳妇儿】tʂəɯ⁵³ si⁵³ fur· 侄儿的妻子。

【值】tʂʅ⁵³ ①货物价钱与价值相当。如：今儿这西瓜怪好吃哩，买哩～。②付出与收获相当。如：这一趟来哩～，事儿都办哩差不多儿了。

【值当】tʂʅ⁵³ taŋ⁴¹ 值得，有必要。如：这一点儿东西不～跟他们争。

【治】tʂʅ⁴¹ ①整治。如：他连各人媳妇儿都～不住，还咋管别人哩。②什么都会，做啥都行。如：王刚干木工～着哩。

【治事儿】tʂʅ⁴¹ səɯ⁴¹ 管用、顶事儿。如：这药是不是不～？吃了烧还不退。

【治气】tʂʅ⁴¹ tɕ'i⁴¹ 同某人生气，赌气。如：你犯不上给孩子们～，他们想抓就抓吧。

【制】tʂʅ⁴¹ 用强力限制、约束。如：老张可叫他孙女儿给～住了，戒烟了。

【制服】tʂʅ⁴¹ fu³³ 军人、特殊行业的干部、学生等穿着的有统一制式的服装。

【制服呢】tʂʅ⁴¹ fu³³ ni⁵³ 用粗毛纱线织成的粗纺毛织物，适于制作秋冬季制服。

【制钱儿】tʂʅ⁴¹ ts'iɐɯ⁵³ 明清官局监制铸造的铜钱。因形状、分量、成色皆有定制，故名。如：过去人去世哩时候儿嘴里都搁哟拴着红绳儿哩～。

【置】tʂʅ⁴¹ 置办；购买。如：这笔款子收回来赶快～点儿产业，甭乱花喽。

tʂʯ

【猪毛衣儿菜】tʂʯ³³ mɔ⁵³ iu·ts'æ⁴¹ 藜科植物猪毛菜的全草，药食两用，具有平肝潜阳，润肠通便的功效。

【猪打圈】tʂʯ³³ ta⁵³ tɕyen⁴¹ 母猪发情交配。

【猪耳朵草】tʂʯ³³ hʅ⁵³ tuɐr·ts'ɔ⁵³ 药食两用的植物，作用主要是利尿、清热、明目、祛痰等。‖也说"车前草 tʂʅʯə³³ ts'ien⁵³ ts'ɔ⁵³"。

【猪嘴梨儿】tʂʯ³³ tsuei⁵³ liu⁵³ 青皮白瓤无渣的一种早熟梨，梨的顶部突出呈猪嘴状。

【猪尿脬】tʂʯ³³ suei³³ p'ɔ· 猪的膀胱。质韧，可装物。

【猪坷塎儿】tʂʯ³³ k'ɯ⁵³ ts'əɯ⁴¹ 盛猪食的破盆子。

【猪娃儿】tʂʯ³³ uɐr⁵³ 小猪崽儿。

【蛛蛛】tʂʯ³³ tʂʯ· 蜘蛛。

【蛛蛛罗网儿】tʂʯ³³ tʂʯ·luo⁵³ vɐr⁵³ 蜘蛛结的网。

【主家】tʂʯ⁵³ tɕia³³ ①主雇之家。如：这东西能用不能用你得叫～说。②主人之家。如：俗话说："客走～安，咱还是赶快走吧！"

【主事儿哩】tʂʯ⁵³ səɯ⁴¹ li· 能做主的，负责的人。如：这儿谁是～？

【主心骨儿】tʂʯ⁵³ sin³³ kur³³ 可以依靠的人或事物。如：他可是家里哩～，他回来就好了。

【主贵】tʂʯ⁵³ kuei⁵³ 珍奇少有的东西，贵重、特殊；也表示自认为贵重、自视甚高，带有讽刺意味。如：你觉着你通～哩？

【煮烘了】tʂʯ⁵³ xuən³³ lə· 肉或其他食物煮得特别烂。如：今儿这肉～，吃着一点儿也不塞牙。

【住】tʂʯ⁴¹ 停。如：等一会儿风～喽咱再去。

【住点儿】tʂʯ⁴¹ tiɐɯ⁵³ 雨停了。如：这雨下了一天了还没～。

【住会儿】tʂʅ⁴¹ xuɯ· 表时间，停一会儿，过一阵儿。如：没有阵急吧？～再去可不中了？

【炷儿】tʂʅ⁴¹ 量词。如：一～香哩工夫儿，他可打好了哟草苦儿。

【柱脚】tʂʅ⁴¹ tɕyə· 套屋或过道横梁下用以支撑屋顶的木柱或砖垛。

tʂua

【抓地龙儿红薯】tʂua³³ ti⁴¹ lyɯ⁵³ xuəŋ⁵³ ʂʅ· 没有翻动的红薯秧扎地结的红薯，一般是细长形的，较小。

【抓子儿】tʂua³³ tsəɯ⁵³ 一种儿童游戏。一般用约10个石子，随意撒在地上，捡起一子向上扔，趁石子未落下之际，迅速抓起地上一子并接住落下之子，如此直到将地上石子全抓在手里。一次未接好，换对方抓。

【抓插】tʂua³³ tsʻa 拿拿这个又拿拿那个，形容失急慌忙又手足无措的样子。如：他一点儿忙也帮不上，光改那儿瞎～。

【抓瞎】tʂua³³ ɕia³³ 因事先没有准备而忙乱、着急。如：早叫你收拾好你不听，这可～了吧？

【抓圪垯】tʂua³³ kɯ³³ ta· 荨麻疹。是由各种食物、药物或环境因素刺激导致皮肤黏膜小血管暂时扩张和通透性增加，发生局部水肿，皮肤上出现大小不等团块状隆起，鲜红色或苍白色，伴明显瘙痒。‖ 也说"风圪垯 fəŋ³³ kɯ³³ ta·"。

【抓药】tʂua³³ yə³³ ①中药店店员按照药方取药。如：她改药店是专门～哩。②顾客拿着药方去药店或药房取药。

tʂʅə

【这】tʂʅə³³ 这样。如：你咋阵不听说嘞？叫你～你偏要那。

【这着】tʂʅə³³ tʂuo· 这样。如：我看～吧。

咱一家儿一半儿分吧？

【蜇】tʂʅə³³ ①蜂、蝎子等蜇人。②刺激性的气味或味道引起口鼻或伤口产生刺痛等不舒服的感觉。如：手上劐了哟口子，一沾盐水～哩疼死了。

【这】tʂʅə⁴¹ 这里、这些。如：～一块儿是咱家哩稻子，你看长哩多好。

【这帮】tʂʅə⁴¹ paŋ³³ 这里。如：今儿前响儿～撞住了哟人了。

【这坨儿】tʂʅə⁴¹ tʻuɐr⁵³ 这里。如：你去买树苗儿吧，我就改～等着你。

【这山看着那山高】tʂʅə⁴¹ san³³ kʻan⁴¹ tʂuo· na⁴¹ san³³ kɔ³³ 不满足自己现在的生活和工作状况，而羡慕别人。如：他这人就是～，光觉着人家都比他过哩好。

【这式儿】tʂʅə⁴¹ tʂʻəɯ⁴¹ 这样。如：你照着～做就中了。

【这股劲儿】tʂʅə⁴¹ ku⁵³ tɕiu⁴¹ 这样，含贬义。如：你这人咋～嘞，说好哩事儿又不算数了。‖ 也说"这股样儿 tʂʅə⁴¹ ku⁵³ iɐr⁴¹"。

【这货】tʂʅə⁴¹ xuo⁴¹ 这人，含调侃揶揄的意味。如：李山～说话儿不算话儿，不能共事。

【这一阵子】tʂʅə⁴¹ i³³ˈ⁵³ tʂən⁴¹ tsʅ· 这段时间。如：～一势没有见过老王，他去弄啥了？‖ 也说"这一阵儿 tʂʅə⁴¹ i³³ˈ⁵³ tʂəɯ⁴¹"。

tʂʅə

【桌】tʂʅə³³ ①桌子。②宴席。如：今儿妞妞满月，俺都去吃～哩。‖ 也读"tʂuo³³"。

【祝】tʂʅə³³ ①疖芯，疖子的疖芯由细菌、白细胞、皮脂和毛囊碎屑等组成，通常位于疖的底部。②堵塞；不好的事情或情绪压抑在心里。如：你～到这抓哩｜这事儿～到我心里可长时间了。

tʂuo

【搻】tʂuo³³ 杵在人面前，碍事碍眼。如：

你不应~到我眼前头了，圪瘪人。

【着¹】tʂuo⁵³ 知道。如：这事儿我真一点儿不~。

【着²】tʂuo⁵³ ①燃烧。如：火~哩可旺。②亮。如：都半夜了，恁俩那屋里头灯咋还~着哩？

【着】tʂuo· 动态助词，表示动作正在进行或状态正在持续。如：我正吃~饭哩，等一会儿再去中不中？

【着哩】tʂuo·li· 后置成分，放在形容词后表示程度加深。如：如萍家买了哟新电视机，清~。

【□】tʂuo⁴¹ "这个"的合音词。

tʂuæ

【跩】tʂuæ⁵³ ①家庭生活富足，吃穿用度都很好。如：利家哩日子儿过哩~着哩。②因家境富裕、处境优越而故意卖弄、处处摆阔。如：你~啥哩~，恁家还不是靠坑蒙拐骗发起来哩？

【跩文儿】tʂuæ⁵³ vəɯ⁵³ 说话爱用书面语和文言词，过多地堆砌辞藻，以显示有学问。如：仗着他上过高小，说话光好~。‖ 也说"跩词儿 tʂuæ⁵³ tsʻəɯ⁵³"。

【拽】tʂuæ⁴¹ ①拉，抓住后向自己方向用力。如：你~住这头儿使劲儿朝后~。②拾取；摘取。如：你去菜地~点儿菠菜吧？

【拽面】tʂuæ⁴¹ miɛn⁴¹ 和面时加碱和盐以增加面的筋性和延展性，搓成长条后用手反复拉，抻成细长的面条。‖ 也说"拉面 la³³ miɛn⁴¹""扯面 tʂʻʅ⁵³ miɛn⁴¹"。

tʂuei

【坠】tʂuei⁴¹ 腹部感觉沉重，有要腹泻的感觉。如：肚子~哩难受。

【坠儿】tʂuɯ⁴¹ 指器物所附下垂的装饰品。如：耳~。

【缀】tʂuei⁴¹ 缝上附加物。如：~扣｜~花边。

tʂɔ

【召召】tʂɔ³³ tʂɔ· 看看。如：都阵半天了，你去~他来了没有。

【召见】tʂɔ³³ tɕiɛn⁴¹ 看见。如：我才刚刚儿~他去地里了。

【招¹】tʂɔ³³ 没有儿子的人家招男子到自己家里当上门女婿。如：老张家五个闺女没儿子，老大~了哟上门女婿。

【招²】tʂɔ³³ 交代自己和同伙儿的罪行。如：他一进去啥都~了。

【招儿】tʂɔr³³ 招数；手段。如：老王这一~高明。

【招着点儿】tʂɔ³³ tʂuo·tiɯ⁵³ ①照看，照料。如：我得去接孩子了，你给我~店。②恐吓语，意思是小心点儿。如：恁爸正着急哩，你可~，甭惹他。

【招惹】tʂɔ³³ zʅɔ⁵³ 触犯；触动。如：高妞可不是哟善茬儿，你可不应~她。

【招呼】tʂɔ³³ xu· ①用言语、手势或其他方式表示问候。如：跟恁伯~一声儿，咱该走了。②照料；关照；照管。如：王厂长有病儿了，厂里你先~几天吧。③威胁，恐吓。如：你~着，明儿就叫俺哥揍你一顿。

【招呼站】tʂɔ³³ xu·tsan⁴¹ 公共交通系统中，在固定线路上，根据乘客的特殊需要设置的临时停靠点。招呼站是不会固定停车上下客的，乘客上车要招手，下车要提前跟司机说明。

【招呼着】tʂɔ³³ xu·tʂuo· 一种恐吓语，意思是小心点儿。如：你要敢不听说乱跑，你可~恁爸揍你。

【沼泽岭】tʂɔ³³ tsæ⁵³ liŋ⁵³ 孟津区横水镇文公村南，今新华村所在的黄土岭，因岭下东南西北均为沼泽地，故名。

【□】tʂɔ³³ "知道"的合音词。‖ 东乡读"tʂuo⁵³"。

【□住】tʂɔ⁵³ tʂʅ· 表差比。如：她哟月生活费能～我俩月哩。

【照】tʂɔ⁴¹ 按照；比照。如：人家画好哩样儿，你～着做就中了。

【照把儿】tʂɔ⁴¹ pɚ⁵³ 真的这样；果然。如：我早都说了这着弄非出事哩，～吧？

【照头儿】tʂɔ⁴¹ t'ɚuɪ⁵³ 见面商量事情。如：这事儿得双方～好好说说。‖ 也说"照照头儿 tʂɔ⁴¹ tʂɔ⁴¹ t'ɚuɪ⁵³""照照面儿 tʂɔ⁴¹ tʂɔ⁴¹ miɛuɪ⁴¹""照哟头儿 tʂɔ⁴¹ yə· t'ɚuɪ⁵³"。

【照住葵】tʂɔ⁴¹ tʂʅ· k'uei⁵³ 向日葵。

【照说】tʂɔ⁴¹ ʂʮə³³ 按说；据理推断。如：～不该这着哩呀？

tʂɚu

【周年】tʂɚu³³ niɛn· ①结婚或工作满多少年的纪念。如：今儿是他俩结婚十五～哩纪念日。②人死后满多少年的纪念活动。如：阵着俺这也兴过十～了，办哩还怪大哩。

【周寨】tʂɚu³³ tsæ⁴¹ 村名，在今孟津朝阳镇，因南唐末代皇帝李煜皇后小周后的坟墓葬于此而得名。

【周正】tʂɚu³³ tʂəŋ· 相貌端正。如：你看这孩子长哩多～。‖ 也说"周周正正 tʂɚu³³ tʂɚu· tʂəŋ⁴¹ tʂəŋ·"。

【周吴郑王】tʂɚu³³ u⁵³ tʂəŋ⁴¹ uaŋ⁵³ 规矩、庄重的样子。如：你今儿有啥事儿？穿哩～哩。

【掀】tʂɚu⁵³ 把人或物体向上举起。如：给画儿～哩再高点儿。

【轴】tʂɚu⁵³ 性格固执；倔强。如：这人脾气有点儿～，你可不应跟他打别。

【咒】tʂɚu⁴¹ ①用法术驱鬼除邪或治病的口诀。如：王家请哩法师又念～又跳神儿哩，王欢哩病儿也没有治好。②用恶毒不吉利的话骂人。如：你咋这着说话儿嘞？你这不是～人家哩呀？

tʂan

【沾边儿】tʂan³³ piɛuɪ³³ 接近事实或事物应有的样子。如：你说这一点儿不～。

【毡帽儿】tʂan³³ mɾɔ⁴¹ 毡制的帽子。

【毡鞋】tʂan³³ ɕiæ⁵³ 用毛毡做鞋帮的鞋子，一般没有里子。

【粘鞋帮儿】tʂan³³ ɕiæ⁵³ pɚ³³ 按鞋样儿把圪帛剪成鞋帮的形状后，把做鞋的布料粘在上面。

【展刮刮】tʂan⁵³ kua· kua⁵³ 平整光滑。如：老孙可讲究了，啥时候儿出门儿穿哩衣裳都～哩。

【掅】tʂan⁵³ 用松软干燥的东西轻轻擦抹或按压，来吸去湿处的液体。如：孩子胳膊上哩疮流脓了，你使棉签儿给他～～。

【黵】tʂan⁵³ ①弄脏、玷污。如：今儿剥了一条鱼儿，～哩手上都是腥气。②传染疾病。如：我哩红眼病儿是张敏～给我哩。

【占】tʂan⁴¹ ①占据。如：你去哩早喽给我～哟位儿。②处于使用状态。如：我～着手哩，你先给他拿吧。

【占地这】tʂan⁴¹ ti⁴¹ tʂɤə· 指物体摆放时所占空间和面积大。如：这冰箱忒～了，咱买哟小点儿哩吧？

tʂuan

【专门儿】tʂuan³³ mɚuɪ⁵³ 特地。如：咱姨是～来看你哩。‖ 也说"专一门儿 tʂuan³³ i³³ mɚuɪ⁵³"。

【专意儿】tʂuan³³ iuɪ⁴¹ 特地，专门。如：他～是来办这事儿哩。

【砖把】tʂuan³³ pa⁴¹ 一种正方形的薄砖，盖房时铺在椽子上面，再在其上抹泥瓦瓦。

【砖铺地儿】tʂuan³³ p'u³³ tiuɪ⁴¹ 庭院、房屋

里用砖铺的地面。如：俺家哩老房子都是～。

【砖坯】tʂuan³³ pʻei³³ 用来烧制砖块的土坯。

【砖堆儿】tʂuan³³ tuɯ³³ 建造木结构房屋时，原来砌立木的地方后来砌成砖，用以支撑木头框架。

【砖头】tʂuan³³ tʻəu· ①砖。如：这墙塌了哟豁子，使点儿～掴住它吧。②不完整的砖；碎砖。如：这点儿～不能使了，垫路吧。

【砖头蛋儿】tʂuan³³ tʻəu· tɐɯ⁴¹ 碎砖头。如：刘宝成拿哟～怼住王孬哩低脑了，救护车都来了。

【砖头瓦片儿】tʂuan³³ tʻəu· ua⁵³ pʻiɐɯ⁴¹ 散乱的碎砖碎瓦。如：老房子塌了哟角儿，一院子～，闲喽得收拾收拾。‖ 也说"砖头瓦块儿 tʂuan³³ tʻəu· ua⁵³ kʻuɐɯ⁴¹"。

【砖瓦窑】tʂuan³³ ua⁵³ iɔ⁵³ 烧制砖瓦的窑。如：俺村儿南边儿有哟～。

【转身儿】tʂuan⁵³ ʂəu³³ 转动身体，面向另一方向。如：她浓捏儿一～，孩子可从床上掉下来了。

【转不开身儿】tʂuan⁴¹ pu³³ kʻæ³³ ʂəu³³ 形容地方狭小或人多拥挤。如：厨房地这小，仁俩人都～。

【转转】tʂuan⁴¹ tʂuan· 走走，逛逛。如：吃了晌午饭咱俩去超市～吧？

【转种】tʂuan⁴¹ tʂuəŋ⁵³ 动植物经过杂交，改变了原来的特点。

【转筋】tʂuan⁴¹ tɕin³³ 指肌肉痉挛。‖ 也说"抽筋 tʂʻuɵ³³ tɕin³³""瘛筋 tsiɐɯ⁴¹ tɕin³³"。

【转圈儿】tʂuan⁴¹ tɕʻyɐɯ³³ ①围绕着圆圈走路。如：他天天吃喽清早饭去操场～。②比喻拐弯抹角地说。如：你有事儿直说，不应～了。

【转向】tʂuan⁴¹ ɕiaŋ⁴¹ 分不清东南西北。如：我一到洛阳东站就～。

【转悠】tʂuan⁴¹ iəu· 随意闲逛。如：你没事儿多出去～～，不应一势改家里窝着。

【赚头儿】tʂuan⁴¹ tʻəur⁴¹ 本钱以外盈利的部分。如：这种生意没有啥～，不能干。

【赚钱儿】tʂuan⁴¹ tsʻiɐɯ⁵³ ①做生意获得利润。如：今年公司～不少，年终奖估计也不少。②用劳动换取钱财。如：恁爸妈年纪大了，得靠你～养家了。

tʂən

【针鼻儿】tʂən³³ piɯ⁵³ 缝纫针尾部穿线的孔。

【针头儿线脑儿】tʂən³³ tʻəur⁵³ siɛn⁴¹ nɾɔr⁵³ 指针线等琐碎的东西。

【针尖儿】tʂən³³ tsiɐɯ³³ 针的比较锐利的一端。

【针线筐儿】tʂən³³ siɛn⁴¹ kʻuɐr³³ 放针头线脑等缝纫工具的筐子，旧时多用荆条编成，漆成红色。

【针线活儿】tʂən³³ siɛn⁴¹ xuɐr⁵³ 用针和线做的缝纫、刺绣、编织等手工活。

【针锥】tʂən³³ tʂuei³³ 纳鞋底或绱鞋时为省力用来穿孔的锥子。

【针脚】tʂən³³ tɕyə· ①缝线的痕迹。如：做衣裳哩时候儿不应叫露出来～喽。②缝线时两针之间的距离。如：～小点儿好看。

【真】tʂən³³ ①真实。如：我说哩是～哩，不信你问老李。②清楚。如：他俩商量着想偷跑去洛阳哩，我听哩可～～儿哩。

【真得】tʂən³³ tei³³ 真舒服。如：你改家吹着空调看着电视，～呀！

【真哩】tʂən³³ li· 真实，不虚假。如：这一回可是～，听说省里都来人了。

【真是】tʂən³³ sʅ⁴¹ 表示埋怨、责怪之意。如：你这人～哩，死要面子活受罪。

【真中】tʂən³³ tʂuəŋ³³ 能力强，本领高。如：这孩子～，一会儿可爬到山顶了。‖ 也说"真行 tʂən³³ ɕiŋ⁵³"。

【枕头套儿】tʂən⁵³ tʻəu· tʻɾɔr⁴¹ 套在枕芯外面的套子。

【枕芯儿】tʂən⁵³ siɯ³³ 枕套中的布袋，过去中间装草、谷糠等，现在装羽丝、羽绒等，睡觉时枕着可以衬托头部。

【阵】tʂən⁴¹ 程度副词，表示程度高。如：这闺女咋长哩 ~ 好看嘞!

【阵不稀罕人】tʂən⁴¹ pu³³ ɕi³³ xan³³ zən⁵³ 指人太讨厌、太烦人。如：你这孩子才 ~ 嘞!

【阵们】tʂən⁴¹ mən· 表示程度更加深。如：你来就来吧，拿 ~ 些东西儿抓哩?

【阵儿】tʂuɯ⁴¹ ①量词。如：才下了一 ~ 雨，还怪大哩! ②生孩子前的阵痛。如：晓娟有 ~ 了，咱去医院吧?

【阵些】tʂən⁴¹ sie³³ 表示比较多。如：阵着晚儿 ~ 人排队，咱等会儿再来吧?

【阵些儿】tʂən⁴¹ sysr³³ 表示比较少。如：一百多块钱儿才买了 ~ 猴菇饼干儿，忒贵了吧?

【阵着】tʂən⁴¹ tʂʅə· 现在。如：~ 这年轻人跟咱恁着晚儿不一样了。

【阵着晚儿】tʂən⁴¹ tʂʅə· vɯ⁵³ 这个时候。如：都 ~ 了，商店都该下班儿了，不应去了。

【镇墓兽】tʂən⁴¹ mu⁴¹ ʂəu⁴¹ 三彩烧制的陶俑陶兽，下葬时埋入墓中。

tʂuən

【准】tʂuən⁵³ 允许；批准。如：老师 ~ 你假了没有?

【准当】tʂuən⁵³ taŋ⁴¹ 妥当，一定。如：说 ~ 喽，明儿一定得来。

【准头儿】tʂuən⁵³ tʻɿəur· ①射击的准确性。如：他打枪可有 ~ 了。②做事的确定性。如：他这人弄啥都没有 ~，你可不应信他。

【准儿】tʂuɯ⁵³ 确定的消息、时间等。如：检查组啥时候儿来还没 ~ 哩，先不应慌。

tʂaŋ

【章】tʂaŋ³³ 印章。如：卷子忒多了，签不过来名儿，你拿系里哩 ~ 去盖吧。

【章圪垯儿】tʂaŋ³³ kɯ³³ trɤr· 私人的图章。

【张嘴】tʂaŋ³³ tsuei⁵³ 开口向人寻求帮助。如：恁婶儿就没有给咱张过嘴，这一回肯定是碰着难事儿了，咱得帮。

【张精】tʂaŋ³³ tsiŋ³³ ①扯着嗓子喊叫。如：你咋恁 ~ 嘞? 大晌午哩也不叫人家好好歇一会儿。②形容有些人大肆张扬、招摇逞能的行为。如：他家老三真 ~，拍哪儿显摆。

【张三李四】tʂaŋ³³ san³³ li⁵³ sʅ⁴¹ 泛指某个人或某些人。如：不管他 ~ 王二麻子，随谁说都不中。

【张抓野猫】tʂaŋ³³ tʂua³³ iɛ⁵³ mɔ⁵³ 指人粗声大嗓，风风火火的性格。如：老刘就是那脾气，成天 ~ 哩。

【张家长李家短】tʂaŋ³³ tɕiæ· tʂʻaŋ⁵³ li⁵³ tɕiæ· tuan⁵³ 家庭、个人生活琐事。如：恁那娘儿们就好改一坨儿 ~ 哩胡扯。

【长】tʂaŋ⁵³ 喻指长时间待在某处。如：你都 ~ 到沙发上了，一前响儿连动都不动。

【长辈儿】tʂaŋ⁵³ pəu⁴¹ 比自己辈分高的亲属。如：他是 ~ 哩，都是为你好。

【长脸】tʂaŋ⁵³ liɛn⁵³ 增光；有面子。如：健强考上清华了，可给他妈长了脸了。

【长子】tʂaŋ⁵³ tsʅ⁵³ 排行最前的儿子。

【长嘴上】tʂaŋ⁵³ tsuei⁵³ ʂaŋ· 指责某些人反复多次、一开口就说某些话。如：那脏话儿都 ~ 了? 一张嘴就来?

【长心】tʂaŋ⁵³ sin³³ 长心眼。如：你可长点儿心吧!

【长孙】tʂaŋ⁵³ suən³³ 长子的儿子。

【长相】tʂaŋ⁵³ siaŋ· 相貌。如：这小闺女儿 ~ 还差不离，就是不知道脾性咋样儿。

【长圪垯儿】tʂaŋ⁵³ kɯ³³ trɤr· 皮肤上生长的凸起状脓包。

【长圪痂儿】tʂaŋ⁵³ kɯ³³ tɕirɤr· 皮肤溃烂处开始结痂。

【长恶指】tʂaŋ⁵³ ɤ³³ tsʅ· 手指甲根部长的小疮。

【长记性】tʂaŋ⁵³ tɕi⁴¹ siŋ· 在增强记忆、不遗忘事情方面有长进。如：经了这哟事儿，他可真 ~ 了，出门前头可得看看拿身份证了没有。

【长嘞眼】tṣaŋ⁵³ tɕye⁵³ iɛn‧ 眼睛上长了针眼（麦粒肿），是眼睑腺体的急性化脓性炎症。民间认为是喜欢骂人才长的，故名。

【长眼】tṣaŋ⁵³ iɛn⁵³ 小心；留神。如：出门在外可得长点儿眼，不应叫人家骗喽。

【涨价儿】tṣaŋ⁵³ tɕiɐr⁴¹ 商品价格上涨。如：听说这两天猪肉又～了。

【掌】tṣaŋ⁵³ ①添加；放置。如：这菜有点儿甜，再～点儿盐吧。②介词，引进所凭借的工具、材料、方法等，相当于普通话的"用"。如：这席长，你得～长点儿哩米尺量。

【掌勺哩】tṣaŋ⁵³ ṣuo⁵³ li‧ 厨师。如：俺广哥是村宴～。

【掌鞋哩】tṣaŋ⁵³ ɕiæ⁵³ li‧ 修鞋、钉鞋掌的师傅。

【掌柜】tṣaŋ⁵³ kuei‧ ①主持家务的人；当家的。如：恁家老～可是哟人物儿。②丈夫对妻子或妻子对丈夫的戏称。如：这事儿你得去问俺～哩。

【丈人家】tṣaŋ⁴¹ zən‧ tɕiæ‧ 岳父家。

【丈哥】tṣaŋ⁴¹ kə⁵³ 内兄，妻子的哥哥。

【仗着】tṣaŋ⁴¹ tṣuo‧ ①凭借着。如：～他爹是乡长，他拍哪儿混吃混喝哩。②幸好。如：叫你穿厚点儿你不听，～今儿不是老冷，要不是非冻感冒不中。

【胀肚】tṣaŋ⁴¹ tu⁴¹ 肚子胀气难受。如：吃红薯～，今儿一天都不得劲儿。

【账本儿】tṣaŋ⁴¹ pəŋ⁵³ 记载货物和钱款出入事项的本子。

【幛子】tṣaŋ⁴¹ tsʅ‧ 在整幅绸缎上题上词，作为丧礼时赠送的礼品。

tṣuaŋ

【庄（家）】tṣuaŋ³³ （tɕiæ³³）牌局或赌博时每一局的主持人。

【庄儿】tṣuɐr³³ 村庄。如：高～｜李家～。

【庄稼人】tṣuaŋ³³ tɕia‧ zən⁵³ 从事农业生产工作的人。如：咱～实诚，你有啥事儿清说了。

【庄稼活儿】tṣuaŋ³³ tɕia‧ xuɐr⁵³ 农业生产工作。如：～看着没有啥技术，要干好也难着哩。

【装¹】tṣuaŋ³³ ①扮演。如：今儿黑地村里头演戏，曲剧《卷席筒》，老马～哩苍娃儿。②假装。如：这事儿谁要是问起来喽，你就～不知道就中了。

【装²】tṣuaŋ³³ 安置，整理。如：你先给书～到书包里头吧。

【装摆】tṣuaŋ³³ pæ‧ 装模作样。如：你～啥哩～。

【装疯卖傻】tṣuaŋ³³ fəŋ³³ mæ⁴¹ ṣa⁵³ 故意做出疯傻的样子。如：世豪家成天～哩，也不知道叫谁看哩。

【装蒜】tṣuaŋ³³ suan⁴¹ 故作姿态，假装正经。如：你不应～了，这钱儿肯定得你出。‖ 也说"装洋蒜 tṣuaŋ³³ iaŋ⁵³ suan⁴¹"。

【装孙子】tṣuaŋ³³ suən³³ tsʅ‧ 詈语，指为求人或逢迎故意装出一副可怜相。如：你不应改这～了，这事儿完不了。

【装枕头】tṣuaŋ³³ tṣəŋ⁵³ t'əu‧ 把麦秸、蚕沙、荞麦皮等塞进用作枕芯的布袋中使饱满。

【装家司】tṣuaŋ³³ tɕia³³ sʅ‧ 不厉害却做出一副厉害的样子。

【装糊涂】tṣuaŋ³³ xu⁵³ tu‧ 假装不清楚。如：你甭～，这事儿咱今儿得好好说说。

【奘】tṣuaŋ⁵³ 形容人自高自大，好端架子。如：宋涛当喽乡长可～起来了。

【奘门面儿】tṣuaŋ⁵³ mən⁵³ miɐur⁴¹ 撑门面，添光彩。如：老邢家饭馆儿开业叫你去，是想叫你给他～哩，送不送东西儿倒是其次。

【奘光】tṣuaŋ⁵³ kuaŋ³³ 为父母家人增添荣耀。如：刘顺家孩子通给他爸妈～哩，考试回回第一。

【壮胆儿】tṣuaŋ⁴¹ tɐur⁵³ 两人或多人一起走夜路，胆子就大一些不害怕。

【壮圪垯儿】tṣuaŋ⁴¹ kɯ³³ tɐr‧ 青春痘。

【状被子】tʂuaŋ⁴¹ pei⁴¹ tsɿ· 把棉花絮在被里或衣片上，缝制棉被或棉袄。如：今儿是好日子儿，寻了几个全换人，去给孩子~去。

【状子】tʂuaŋ⁴¹ tsɿ· 向法院提起诉讼的文书。如：你告状也得先写~呀！

【焋馍】tʂuaŋ⁴¹ mo⁵³ 把揉好的馒头坯等放置在笼屉上。如：锅都滚了，赶快~吧。

tʂəŋ

【正月】tʂəŋ³³ yɛ· 阴历一年的第一个月。如：一过~十五，打工哩人就该往外走了。

【蒸馍】tʂəŋ³³ mo⁵³ 蒸馒头。‖ 也说"蒸蒸馍 tʂəŋ³³ tʂəŋ³³ mo·"。

【蒸馍】tʂəŋ³³ mo· 馒头。

【蒸馍手巾】tʂəŋ³³ mo⁵³ ʂəu⁵³ tɕin· 蒸馒头时笼屉上铺的笼布。

【蒸馍锅】tʂəŋ³³ mo⁵³ kuo³³ 带箅子可以蒸馒头的锅。

【蒸菜】tʂəŋ³³ tsʻæ⁴¹ 把蔬菜或榆钱、槐花等拌上面粉蒸熟，蒸菜一般用蒜汁凉拌即可，也有炒制的。

【蒸鸡蛋】tʂəŋ³³ tɕi³³ tan· 蒸鸡蛋羹，鸡蛋打散，加入凉开水，调味后入锅隔水蒸熟即可。

【整地】tʂəŋ⁵³ ti⁴¹ 播种前平整土地，主要有施肥、耕地、耙地等环节。

【整庄】tʂəŋ⁵³ tʂuaŋ· 整齐、不零散。如：今儿这人来哩还怪~哩。

【整功夫儿】tʂəŋ⁵³ kuəŋ³³ frur· ①比较多的时间或精力。如：爸爸还得上班，不能~陪着咱玩儿。②经常，不断。如：他来我招待一两回没问题，他要~给这儿跑我可受不了。

【正派人】tʂəŋ⁴¹ pʻæ⁴¹ zən⁵³ 指品行端正的人。如：王军是哟~。

【正顿儿饭】tʂəŋ⁴¹ tuu⁴¹ fan⁴¹ 正餐。如：阵着晚儿这孩子，~不吃，光好吃零食儿。

【正路儿】tʂəŋ⁴¹ lɿur⁴¹ 正确的道路，正当的途径。如：咱可得走~，可不能跟着小三儿他们胡混。

【正儿八经】tʂəŋ⁴¹ hɿ⁵³ pa³³ tɕin³³ 正式的，严肃认真的。如：这事儿可不能叫媒人捎话儿，你得~亲自上门儿去提。

【正手】tʂəŋ⁴¹ ʂəu⁵³ 手背。

【正经】tʂəŋ⁴¹ tɕin· ①端庄正派。如：~人。②正当的。如：钱儿得花到~地这。③正式的，合乎一定标准的。如：多花点儿钱儿，买哟~东西儿。‖ 也说"正正经经 tʂəŋ⁴¹ tʂəŋ· tɕin³³ tɕin·"。

【正形儿】tʂəŋ⁴¹ ɕiu⁵³ 正经的、规矩的、合乎要求的样子。如：你都多大了，还一天到晚没有哟~。

tʂuəŋ

【中】tʂuəŋ³³ ①行；可以。如：你说这法儿可~，咱就这办。②能干；有本事。如：老李还怪~哩，干啥啥行。③表示动作完成。如：你先歇歇，再干一会儿就~了。

【中不溜儿】tʂuəŋ³³ pu³³ liəur³³ ①指形体不大不小，居于中等。如：给我挑哟西瓜吧？不要忒大哩，~哩都中。②指成绩等不上不下，处于中间状态。如：杨潇哩成绩一般，改班里算~吧。

【中堂】tʂuəŋ³³ tʻaŋ⁵³ 悬挂在客厅正中的字画。

【中听】tʂuəŋ³³ tʻiŋ³³ 话听起来顺耳。如：王福生可会说话儿了，哪一句儿话儿都怪~哩。

【中式衣裳】tʂuəŋ³³ tʂʻɿ⁴¹ i³³ ʂaŋ· 与西式服装相对而言，是我国固有传统式样的服装，以立领、偏襟、盘扣等为主要特色。如：给咱家哟人买一身儿~吧？年下穿。

【中间儿】tʂuəŋ³³ tɕiɐur³³ 当中。如：两边

儿哩地都挑完了，光剩~哩了。

【中间人】tʂuəŋ³³ tɕien³³ zən⁵³ 为双方介绍
买卖、调解纠纷等并做见证的人。如：
恁得寻哟~来给恁说说这事儿。

【中看不中用】tʂuəŋ³³ k'an⁴¹ pu³³ tʂuəŋ³³ yŋ⁴¹
外表很好看但不实用。如：你买这柜
子~，一点儿都不结实。

【中用】tʂuəŋ³³ yŋ⁴¹ 管用；有用。如：我
老了，不~了。

【盅儿】tʂuɯ³³ ①喝茶或饮酒时使用的没
有把儿的杯子。如：拿仁~，咱仁人都
喝。②量词，用于装在盅儿里的东西。
如：我这两天不得劲儿哩，就喝两~。

【肿眼泡儿】tʂuəŋ⁵³ iɛn⁵³ p'ɿɔr³³ ①眼皮厚而
突出。如：这孩子单眼皮儿~，长哩
跟他爸一门样儿。②眼部浮肿，眼睛
睁不开。如：你夜儿黑地又熬夜了？~

恁明显。

【种地哩】tʂuəŋ⁴¹ ti⁴¹ li· 从事农业生产的
农民。如：俺家祖祖辈儿辈儿都是~。

【种痘儿】tʂuəŋ⁴¹ tɿɔur⁴¹ 种牛痘。

【种儿】tʂuɯ⁵³ 种子。如：今年这黄瓜结
哩怪好哩，留点儿~，过年还种。

【种猪】tʂuəŋ⁵³ tʂʅ³³ 专门用于繁殖的雄性
和雌性的家猪。

【种花】tʂuəŋ⁴¹ xua³³ 种植棉花。

【种花儿】tʂuəŋ⁴¹ xuɐr³³ 种植花花草草。

【重病儿】tʂuəŋ⁴¹ piɯ⁴¹ 比较严重的病。如：
这种病儿倒不是啥~，就是不好治。

【重话儿】tʂuəŋ⁴¹ xuɐr⁴¹ 分量很重、使人
难堪的话。如：从小到大，俺达连句
儿~都没有说过俺姊妹几个。

【重活儿】tʂuəŋ⁴¹ xuɐr⁵³ 比较费体力的工作。
如：老王身子不好，干不了~。

tʂʻ

tʂʻu

【束】tʂʻu³³ 扎束，系。如：你是不是～错裤腰带了？

【初几儿】tʂʻu³³ tɕiɯ⁵³ 农历一个月上旬的某一天。如：你腊月～走呀？

【抽】tʂʻu³³ 鞭打。如：老李使劲～了水牛一鞭子。

【抽地转儿】tʂʻu³³ ti⁴¹ tʂuɐɯ⁴¹ 即打陀螺。选一根粗细适中的木棍，把木棍截成8—10厘米长，用刀把木棍一段削成锥形，整个锥体要对称、光滑，陀螺就做成了。再用布绳做一条鞭子，用绳缠绕陀螺，突然拉动，陀螺就在地上飞速转动，为了保持陀螺继续转动，要不断用鞭子抽打。大伙一起玩时，各自把自己的陀螺拿出来，两人一组用自己的陀螺碰撞对方的陀螺，撞倒为失败。‖ 也说"抽地螺儿 tʂʻu³³ ti⁴¹ lɽuər⁵³""打地螺儿 ta⁵³ ti⁴¹ lɽuər⁵³"。

【掐】tʂʻu³³ 收缩，多用于布料的缩水。如：这布一洗～了一大截儿。

【杵】tʂʻu⁴¹ 站。如：你不应改这～着了，快去做饭吧。

tʂʅ

【吃】tʂʅ³³ ①服从、顺从。如：我可不～你这一套。②受。如：小孩儿～了风了，光吐。③依靠某种事物来生活。如：～老本丨靠山～山，靠水～水。④吸收（液体）。如：这一回买哩纸不～墨。⑤消灭（多用于军事、棋戏）。如：拿车～他哩炮。

【吃不住】tʂʅ³³ pu³³⁵³ tʂʅ⁴¹ 对某些困难或疼痛支撑不住，忍受不了。如：今儿高温四十多度，热哩人～。‖ 也说"吃不住劲儿 tʂʅ³³ pu³³⁵³ tʂʅ⁴¹ tɕiɯ⁴¹"。

【吃不上】tʂʅ³³ pu³³⁵³ ʂaŋ⁴¹ 吃不到。如：恁着晚儿哩人连饭都～。

【吃不上劲儿】tʂʅ³³ pu³³⁵³ ʂaŋ⁴¹ tɕiɯ⁴¹ 想做什么却因各种原因使不上劲。如：得换哟凳子，这哟太低，立到上头～。

【吃不开】tʂʅ³³ pu³³ kʻæ³³ 行不通，不受欢迎。如：你这一套阵着晚儿～了。

【吃百家儿饭】tʂʅ³³ pæ³³ tɕiɽer³³ fan⁴¹ ①旧时的穷苦孩子或失去亲人的孩子被邻里接济艰难成长。如：小健三岁就没了爹娘，他是～长大哩。②从前城里平房大院和农村街坊间互相照应，各家孩子经常来回串门吃饭。

【吃饱蹲儿】tʂʅ³³ pɔ⁵³ tuɯ³³ 能吃不能干的人。如：他这人吃饭哟顶俩，干活儿几个不顶哟，是哟～。

【吃屁喝风】tʂʅ³³ pʻi⁴¹ xə³³ fəŋ³³ 讽刺那些成天不做正经事懒惰的人，没有收入来源没有饭吃，只能喝西北风。如：

你成天啥也不干一分钱儿不挣，全家跟着你～啊。‖ 也说"吃风屙沫 tʂʅ³³ fəŋ³³ ɣə³³ mo³³"。

【吃妈儿】tʂʅ³³ mɛr³³ 婴儿吮吸母亲奶汁。

【吃摸着】tʂʅ³³ mo·tʂuo·①忖度，注意。如：就是这哟缸，你～装吧。②小心点儿。如：你可得防着他弄坏，你～。

【吃面】tʂʅ³³ miɛn⁴¹ 满月酒。生子后三日，女婿带四色礼到岳父家报喜。十二日后，娘家送衣物、面、蔬菜等，谓之"送菜"。满月前后（女孩在满月前，男孩在满月后），要摆宴庆贺。娘家亲友要携带小儿衣物、布料等前往庆贺。宴席上要吃面条，寓意长长久久。

【吃闷住了】tʂʅ³³ mən³³ tʂʅ·lə·因吃得过多或不适宜导致不消化。如：孩子夜儿个吃扁食～，黑地啰了好几回。

【吃独食儿】tʂʅ³³ tu⁵³ ʂəur⁵³ 有东西自己一个人吃，不给别人。比喻独占利益，不让别人分享。如：老张这哟人可小家子气了，就好～。

【吃头儿】tʂʅ³³ t‘rəur·食物值不值得吃。如：螃蟹有啥～？都是壳儿。

【吃哩】tʂʅ³³ li·吃的东西。如：阵着晚儿日子儿好过了，～穿哩用哩都不缺。

【吃哩开】tʂʅ³³ li·k‘æ³³ 形容人善于处理人际关系，混得好。如：郝奇改单位可～，谁都不敢惹他。

【吃了没有】tʂʅ³³ lə·mu³³⁵³ iəu·人们在早中晚吃饭前后见面时的寒暄客套用语。‖ 也读"tʂʅ³³ lə·miəu⁵³"。

【吃老本儿】tʂʅ³³ lɔ⁵³ pəur⁵³ 比喻靠原有的知识、本领或功劳来生活，没有新的贡献。

【吃嘴】tʂʅ³³ tsuei⁵³ 嘴馋，喜欢吃美味或奇特的食物。如：小丽可～了，顿顿都割肉。

【吃嘴精】tʂʅ³³ tsuei⁵³ tsiŋ³³ 形容人太贪吃，不会过日子，不会勤俭持家。含有贬义。如：老王那媳妇真是哟～。

【吃材】tʂʅ³³ ts‘æ·只知道吃喝的无能之辈。如：你真是哟大～。

【吃草拌料】tʂʅ³³ ts‘ɔ⁵³ pan⁴¹ liɔ⁴¹ 骂人是畜生的含蓄说法。牲口喜吃碎谷草，用料水（麸皮或豆渣泡水）搅拌成饲草料。

【吃枪子儿哩】tʂʅ³³ ts‘iaŋ³³ tsəuɪ⁵³ li·詈语，意为"该死的"。如：这哟～，往后再也甭回来了。

【吃席】tʂʅ³³ si⁵³ 吃筵席。古人席地而坐，"筵"和"席"都是铺在地上的坐具，酒馔宴饮等在筵席上进行。

【吃素】tʂʅ³³ su⁴¹ 不吃鱼肉等荤菜。如：俺妈～，一会儿单另给她炒点儿素菜。

【吃桌】tʂʅ³³ tʂuo³³ 吃酒席，用工具代本体。旧时，平常吃饭时没有炒菜，大家多端碗蹲在地上吃。只有在红白喜事上，才可以上桌吃饭。如：咱今儿去～哩，不应做饭了。‖ 也读"tʂʅ³³ tʂʅɤ³³"。

【吃受好】tʂʅ³³ ʂəu·xɔ⁵³ 食欲旺盛，什么东西都吃，不挑拣。如：建新从小都～，啥都吃。

【吃肉撇腥，养汉做精】tʂʅ³³ zəu⁴¹ p‘ie³³ siŋ³³，iaŋ⁵³ xan⁴¹ tsuo³³ tsiŋ³³ 比喻得便宜卖乖，胡作非为。

【吃鸡下巴颏儿】tʂʅ³³ tɕi³³ ɕia⁴¹ pa·k‘ər³³ 喜欢接别人的话茬儿。如：小芳就好～，有时候也怪讨厌哩。‖ 也说"接下巴颏子 tsie³³ ɕia⁴¹ pa·k‘ə³³ tsʅ·"。

【吃家司】tʂʅ³³ tɕia³³ sʅ·经济或其他方面吃了亏。如：他跟人家打架，被打哩头破血流，吃了"大家司"！

【吃闲饭】tʂʅ³³ ɕiɛn⁵³ fan⁴¹ 只吃饭不干活，没有收入。如：你阵大了，得打工养活各人了，不能光改家～。

【吃闲饭哩】tʂʅ³³ ɕiɛn⁵³ fan⁴¹ li·指只拿工资不干活的人。如：咱单位可不养活～。

【吃香】tʂʅ³³ ɕiaŋ³³ 受欢迎。如：这些年会计专业可～了。

【吃嘎嘎鸡儿屁股眼儿】tʂʅ³³ ka³³ ka³³ tɕiur³³

pʻi⁴¹ ku·iɐu⁵³ 指人爱笑。如：你～了？笑成那样儿？‖ 也说"吃喜米豆儿 tʂʅ³³ ɕi⁵³ mi⁵³ trɐur⁴¹"。

【吃官场儿】tʂʅ³³ kuan³³ tʂʻɐr· 过去民间比较高档的宴席是仿制官府菜，故称官场儿。如：咱今儿去苏平家～哩，得早点儿走。‖ 也说"吃场儿 tʂʅ³³ tʂʻɐr⁵³"。

【吃黑头】tʂʅ³³ xu³³ tʻəu⁵³ 指中间人玩弄手段，蒙骗买卖双方，从中得利。

【吃哑巴亏】tʂʅ³³ ia⁵³ pa·kʻuei³³ 吃了亏还无处诉说，不敢声张。如：他后头有人撑腰，咱就吃了这哑巴亏吧！

【吃噎食】tʂʅ³³ iɛ³³ ʂʅ· 因吃东西不合适而胃部不适。‖ 也说"吃阿食 tʂʅ³³ mən³³ ʂʅ·"。

【赤巴脚儿】tʂʅ³³ pa⁵³ tɕyɜr³³ 光脚，不穿鞋袜。如：屋里有地暖，孩子可好～改地下跑了。

【赤屡屡儿】tʂʅ³³ tu·trur⁵³ 光屁股。如：屋里开着空调，孩子～哩啥也不穿，也不怕冻着。

【赤屡子】tʂʅ³³ tu³³ tsʅ· 光屁股，什么也不穿。如：下雨了，麦罢了，～孩子长大了。‖ 也说"赤麻屡 tʂʅ³³ ma⁵³ tu³³""光屡子 kuaŋ³³ tu³³ tsʅ·"。

【赤屡子猴儿】tʂʅ³³ tu³³ tsʅ·xəur⁵³ 对光屁股小孩儿的戏称。

【赤脊梁】tʂʅ³³ tsi³³ liaŋ· 光背，不穿上衣。如：夏天热，老爸改家都是～。

【吃劲（儿）】tʂʅ⁵³ tɕin⁴¹（tɕiu⁴¹）①承受力量。如：他那条受过伤哩腿走路还不能～。②费劲；吃力。如：他挑百儿八十斤也一点儿不～。③感觉重要或有关系（多用于否定式）。如：这出戏不怎么样，看不看不～。

【持住】tʂʅ⁵³ tʂʅ⁴¹ 禁得住，承受起。如：厂子效益再好也持不住这着折腾呀｜阵大哟瓜，这塑料袋儿能～不能？

【赤河滩】tʂʅ⁴¹ xɔ⁵³ tʻan³³ 村名也是古渡口名，在原孟津煤窑乡，现已没入小浪底水库之中。据传赤河滩原名吃果滩，

三国时曹操和袁绍大战于官渡，此地是袁曹战场西线的重要渡口和防御阵地。当时，曹操大军驻扎在黄河南岸的曹营凹、大宴沟一带，袁绍大军驻扎在黄河北岸的红巾寨、大山寨等地，两军不断夜袭互攻，伤亡惨重，河滩黄沙尽赤，赤河滩由此得名。

【式子】tʂʅ⁴¹ tsʅ· 公式。如：你这道题列哩～都不对。

【式样儿】tʂʅ⁴¹ iɐr⁴¹ 样式。如：这鞋哩～还怪好看哩。

tʂʻʅ

【出】tʂʻʅ³³ 指事情或行为。如：你这又是唱哩哪一～呀？

【出不哩摊儿】tʂʻʅ³³ pu³³ li·tʻɐu³³ 形容一个人内向、羞于与人交往，上不了台面。如：我不想跟你说恁多，你看你成天光弄点儿～哩事儿，都懒哩理你。‖ 也说"出不来摊儿 tʂʻʅ³³ pu³³ læ⁵³ tʻɐu³³"。

【出门儿】tʂʻʅ³³ məu⁵³ ①女儿出嫁。如：华珍～哩时候儿，她爹给她陪送了一套家具。②外出经商或办事。如：姐姐她爸～打工了。‖ 也说"出去 tʂʻʅ³³ tɕʻy·""出门子 tʂʻʅ³³ mən⁵³ tsʅ·"。

【出粪】tʂʻʅ³³ fən⁴¹ 猪圈中的猪粪尿和土、草等经过猪的踩踏，沤制成高质量的厩肥，大约一个月即可出圈，人们用粪又把厩肥挑出来，重新垫上新土。如：～哩时候儿得使粪又给粪挑到猪圈外先，可使哩慌哩。‖ 也说"出圈 tʂʻʅ³³ tɕyɛn⁴¹""出猪圈 tʂʻʅ³³ tʂʅ³³ tɕyɛn⁴¹"。

【出风头儿】tʂʻʅ³³ fəŋ³³ tʻrəur· 出头露面，显示自己。如：刘妞就好～。

【出头儿】tʂʻʅ³³ tʻrəur⁵³ ①出面；承担责任。如：老王成天说哩怪好听，真有事儿了，他可躲着不～了。②挂零，多一点儿。如：买这哟包儿花了二百～哩。

【出天花儿】tʂʻʅ³³ tʻiɛn³³ xuɐr³³ 儿童易感

染的一种天花病毒所致的急性接触性烈性传染病。

【出律】tʂʻʅ³³ ly· ①往下滑。如：坡儿忒陡了，他立不住，只好坐到那儿给下头～。②迅速地。如：蛇～～跑哩可快了。③退步。如：这一回考试，小红哩名次又给后头～了十几名。‖西乡说"出溜 tʂʻʅ³³ lieu·"。

【出了五服】tʂʻʅ³³ lə· u⁵³ fu³³ 五服是按照"父系血缘"划分出来的一种血缘关系，即从自己开始向上推父祖曾祖到高祖，这五代血缘关系之内的，就是五服。按照礼制要求，逢"婚丧嫁娶"等重大事务，五服之内的亲属都有义务要参加。这五代之外的人就是出了五服，也就没有了亲缘关系。

【出酒】tʂʻʅ³³ tsieu⁵³ 因饮酒过度而呕吐。

【出齐】tʂʻʅ³³ tsʻi⁵³（痘、乳牙、种苗等）都出来了。如：茴蒿种子撒到地里才三天可～了。

【出师】tʂʻʅ³³ sʅ³³（学徒）学习期满，可以独立工作。如：他跟了师傅三年，总算可以～了。

【出息】tʂʻʅ³³ sy· ①有所成就。如：这孩子将来有～。②故意使人难堪。如：明知道我没钱儿，你还～我咋哩？‖西乡读"tʂʻʅ³³ si·"。

【出树】tʂʻʅ³³ ʂʅ⁴¹ 刨树。如：～哩时候儿可危险了。

【出水痘儿】tʂʻʅ³³ ʂuei⁵³ təur⁴¹ 出水痘儿是由水痘——带状疱疹病毒感染引起的传染性疾病，多见于儿童。如：康康这两天～哩，去不了学了。

【出手】tʂʻʅ³³ ʂəu⁵³ ①付出。如：丽霞～可大方了。②做事。如：这事儿他一～都办成了。

【出人】tʂʻʅ³³ zən⁵³ 做某事时的分工，有人出钱，有人出人出力去做。如：咱妈离不开人了，咱分分工，老大老二～，俺俩出钱儿。

【出殃】tʂʻʅ³³ zaŋ³³ 殃即死者的魂魄。民间相传，人死后，有的魂灵立即离去，有的则逗留不走。因此，要由阴阳先生根据死者寿终时辰来推算魂灵何时离家，离去的方向，化气的颜色等，并在离去之时举行仪式送其离开，俗称出殃。

【出奇】tʂʻʅ³³ tɕʻi⁵³ 特别，不平常。如：你想哩真～，肯定不会。‖西乡说"出管儿 tʂʻʅ³³ kuɐu⁵³""出一管儿 tʂʻʅ³³ i³³ kuɐu⁵³"。

【出气（儿）】tʂʻʅ³³ tɕʻi⁴¹（tɕʻiɯ⁴¹）发泄气愤。如：不应生气，看我咋给你～。

【出血】tʂʻʅ³³ ɕie³³ 出钱，破费。如：今儿这顿饭可叫老王出了血了。

【出康疮儿】tʂʻʅ³³ kʻaŋ³³ ʂuɐr⁵³ 出麻疹。

【出窑】tʂʻʅ³³ io⁵³ 把烧好的砖从砖瓦窑中取出来。

【出样儿】tʂʻʅ³³ iɐr⁴¹ ①新鲜、与众不同。②故作姿态。如：你不应改这～了，想来就来吧。

【叔】tʂʻʅ³³ 把植物地下的根茎挖出来。如：今儿俺得去～红薯。

【叔红薯】tʂʻʅ³³ xuəŋ⁵³ ʂʅ· 从土里刨红薯。如：一下霜都该～了。

【舒坦】tʂʻʅ³³ tʻan· 舒服，指内心得到满足而感到踏实的归属感与惬意。如：阵着晚儿这日子儿过哩可真～。

【杵】tʂʻʅ⁵³ ①立，站，含贬义。如：你不应光改这～着了，快点儿去帮帮忙吧！②形容人木讷，不机灵。如：那是哟。

【慴】tʂʻʅ⁴¹ 害怕或畏缩之意。如：说真哩，我都有点儿～她了。‖也说"慴爽 tʂʻʅ⁴¹ ʂuaŋ·"。

tʂʻua

【欻】tʂʻua³³ ①象声词，形容短促而迅速的声音。如：他～哩一下儿给那信可撕了。②拟声词，形容把菜倒在热油中发出的声音。

【欻】tʂʻua⁵³ ①快速迅疾地抓走。如：他给我哩帽儿~走了。②揉捏。如：萝卜丝儿里放点儿盐，多~几下儿，叫它出出水儿。

tʂʻʅ

【车把式】tʂʻʅ³³ pa⁵³ ʂʅ· 赶大车的人。如：他爷年轻哩时候儿可是哟好~。

【车轱辘儿】tʂʻʅ³³ ku⁵³ lɤur· 车轮。

【车轱辘儿话儿】tʂʻʅ³³ ku⁵³ lɤur· xuɐr⁴¹ 翻来覆去一直重复的话。如：你甭光说那~了，没用。

【车壕儿】tʂʻʅ³³ xɔr⁵³ 车辙。如：前几天才下了雨，路上碾哩恁深哩~。

【扯¹】tʂʻʅ⁵³ 用巴掌打。如：再胡说小心我~你几巴掌。

【扯²】tʂʻʅ⁵³ 闲谈，乱说。如：不应改这胡~了，赶快回家做饭吧！

【扯布】tʂʻʅ⁵³ pu⁴¹ 买布。售货员卖布时，量好尺寸，剪个口子，双手捏住两个布头用力撕扯下来，故称。‖也说"撕布 sʅ³³ pu⁴¹"。

【扯淡】tʂʻʅ⁵³ tan⁴¹ ①谈论或闲聊无关紧要的事。②晋语，骂别人胡说。如：不应瞎~了，根本都不是那回事儿。

【扯落】tʂʻʅ⁵³ lɔ· 拖累、牵挂。如：不知道啥人~哩你心不在焉哩。

【扯着胡咙】tʂʻʅ⁵³ tʂuo·xu⁵³ luŋ· 形容高声喊叫的样子。如：他~叫了半天，也没有哟人来。

【扯旗放炮】tʂʻʅ⁵³ tɕʻi⁵³ faŋ⁴¹ pʻɔ⁴¹ 过于注重形式，喜欢做表面文章。如：这一点儿小事儿，不用~哩拍哪儿说吧？

【扯闲篇儿】tʂʻʅ⁵³ ɕiɛn⁵³ pʻiɯɐr⁵³ 闲谈。如：忙死了，我可没工夫跟你~。

【扯黑嘍儿】tʂʻʅ⁵³ xɯ³³ lɤur· 打鼾。

【撤】tʂʻʅ⁴¹ 走；离开。如：时候儿不早了，咱~吧？

tʂʻuo

【焯】tʂʻuo³³ 把食物放在开水里略煮后捞出。如：炒菠菜哩时候儿先~~能去草酸。

【囗】tʂʻuo³³ 用水轻刷。如：你去给锅~一下儿。

【囗凉】tʂʻuo³³ liaŋ⁵³ 对感冒的称谓。如：小涛有点儿~，鼻子不透气儿了。

【戳】tʂʻuo⁵³ ①捣，指。如：你这么干小心人家~你脊梁骨儿。②撺掇，怂恿。如：这事儿都是汪涛改后头~着李丽来告哩。‖②也说"戳活 tʂʻuo³³ xuo·"。

【戳事儿】tʂʻuo⁵³ sɤu⁴¹ 唆使，怂恿。如：小红哪儿有这心眼儿？还不是她婆子改后头~哩？

tʂʻuæ

【揣】tʂʻuæ³³ 把物品藏在怀里。如：冻死了，赶快给手~到我怀里暖暖。

【擨】tʂʻuæ⁴¹ 用拳头用力地挤压和捣揉，使掺入的东西和匀。如：过十分钟再给面~~。

【臃】tʂʻuæ⁴¹ ①肥胖而肌肉松弛。如：他身上哩肉都是~哩。②形容人臃肿笨拙，动作不灵便。如：他走路一~一~哩。③形容人笨而无用。如：他也忒~了，叫媳妇欺负哩话儿都不敢说。

【臃不拉叽】tʂʻuæ⁴¹ pu³³ la³³ tsi³³ 形容人穿衣宽大不整，肮脏不洁。如：你看你哩衣裳~哩，赶快换换吧。

【踹】tʂʻuæ⁴¹ 脚底向外用力猛踢。如：他劲儿大，一脚都给门~开了。

tʂʻuei

【吹大笛儿】tʂʻuei³³ ta⁴¹ tiɯ⁵³ 婚丧仪式上吹响器的人。‖也说"吹手 tʂʻuei³³ ʂɤu·"

"吹鼓手 tʂʻuei³³ ku⁵³ ʂəu⁵³"。

【吹大气儿】tʂʻuei³³ ta⁴¹ tɕʻiɯ⁴¹ 夸海口，说大话。如：你不应～，叫你你也不敢去。‖ 也说"吹牛 tʂʻuei³³ niəu⁵³"。

【吹灯】tʂʻuei³³ təŋ³³ 吹灭油灯的火光。如：时候儿不早了，～睡觉吧。

【吹胡子瞪眼儿】tʂʻuei³³ xu³³ tsɿ·təŋ⁴¹ iæɯ⁵³ 形容人发威动怒的样子。如：你成天跟孩子们～哩，谁敢给你说？

【吹糖人儿哩】tʂʻuei³³ tʻaŋ³³ zəɕ⁵³ 用糖稀吹成各种人或动物造型的人。

【吹响器哩】tʂʻuei³³ ɕiaŋ⁵³ tɕʻi·li· 吹唢呐的人。

【炊炊】tʂʻuei³³ tʂʻuei· 洗锅刷碗的小刷子，一般用脱过粒的高粱穗、稻穗、谷穗绑制而成。‖ 西乡说"刷锅刷子 ʂua³³ kuo³³ ʂua³³ tsɿ·""炊炊骨拽儿 tʂʻuei³³ tʂʻuei·ku⁵³ tʂuæ·"。

tʂʻɔ

【朝天鼻子】tʂʻɔ⁵³ tʻiɛn³³ pi⁵³ tsɿ· 形容鼻孔略朝上开的鼻子。

【朝栾】tʂʻɔ⁵³ luan· 为了养家糊口而努力工作。如：这些年土军～哩可不赖哩。

【潮】tʂʻɔ⁵³ 潮湿。如：衣裳还有点儿～～儿哩，再晒晒吧。

【潮气】tʂʻɔ⁵³ tɕʻi· 指空气中所含的水分。如：七月份儿～忒大，身上成天黏糊糊哩。

tʂʻəu

【抽】tʂʻəu³³ 选拔；调动。如：他叫～到组织部帮忙了。

【抽风】tʂʻəu³³ fəŋ³³ 指因病出现手脚痉挛、口眼歪斜的症状。如：孩子烧哩忒狠了，都～了，得赶紧去医院。

【抽屉】tʂʻəu³³ ti· ①抽屉，桌子、柜子等家具上盛放东西的部件，装有滑轨，

可以抽拉。②量词，用于可以放在抽底里的物品。如：一～奖状。‖ 也说"抽斗儿 tʂʻəu³³ trəɯ⁵³"。

【抽签儿】tʂʻəu³³ tsʻiɛɯ³³ 迷信的人在寺庙神像前膜拜后，从签筒中抽出一支签来判断吉凶。

【抽筋（儿）】tʂʻəu³³ tɕin³³（tɕiɯ³³）抽筋是肌肉受到强烈刺激而发生的一种收缩，一般小腿和脚趾的肌肉痉挛最常见。

【仇气】tʂʻəu⁵³ tɕʻi· 人与人之间因矛盾冲突而结下的怨恨。如：他两家儿～大着哩，好些年不说话儿了。

【丑气】tʂʻəu⁵³ tɕʻi· 丢丑，丢人。如：恁俩是亲兄弟哩，打成这样儿，叫人家看着～不～？

【丑话儿说到前头】tʂʻəu⁵³ xuaɯ⁴¹ ʂuə³³ tɔ⁴¹ tsʻiɛn⁵³ tʻəu· 协商做事时，开始就讲清楚条件、规则，以便引起注意，避免事后不愉快。如：咱～，这钱儿只借仨月，到时候儿一定得还。‖ 也说"丑话儿说到头里 tʂʻəu⁵³ xuaɯ⁴¹ ʂuə³³ tɔ⁴¹ tʻəu³³ li·"。

【稠圪垯】tʂʻəu⁵³ ku³³ ta· 太稠。如：你做这浆面条都成～了，咋喝？

【稠乎乎哩】tʂʻəu⁵³ xu·xu⁵³ li· 稀稠正合适。如：今儿这面圪垯～，怪好喝哩。

【臭斑角】tʂʻəu⁴¹ pan³³ tɕyə· 九香虫，蝽科九香虫属昆虫。会飞，青黑色昆虫，指甲般大小，状如水龟，春夏季节，爬在农作物的茎叶上吸食浆液，被人触动，会释放出奇臭难闻的气体，同时它还含有九香虫油，一经炒熟之后，即是一种香美可口、祛病延年的药用美食。‖ 也说"臭斑斑 tʂʻəu⁴¹ pan³³ pan·"。

【臭牌】tʂʻəu⁴¹ pʻæ⁵³ 打牌时起到的对获胜作用不大的牌。如：起了这一手～，这咋会赢嘞？

【臭蛋儿】tʂʻəu⁴¹ tɐɯ⁴¹ 樟脑丸。

【臭椿】tʂʻəu⁴¹ tʂʻuan· 别称椿树、黑皮椿树等，是苦木科臭椿属落叶乔木植物，树皮灰色至灰黑色，因叶基部腺点发

散臭味而得名。

【臭手】tʂʻəu⁴¹ ʂəu⁵³ 打牌或打麻将时手气不佳。如：我这～，今儿不宜打牌。

【臭棋】tʂʻəu⁴¹ tɕʻi⁵³ 下棋时拙劣的招数。如：你这一步儿～走哩，这一盘儿你肯定输了。

【臭烘烘哩】tʂʻəu⁴¹ xuəŋ·xuəŋ⁵³ li· 形容物体发出的臭气浓烈。如：大门底下搁哩啥？～。

tʂʻan

【缠】tʂʻan⁵³ ①缠绕。如：～线。②应付。如：这人难～着哩。③纠缠，搅扰。如：这孩子通～人着哩。

【缠磨】tʂʻan⁵³ mo· 纠缠；反复要求办某事。如：他～哩他妈没法儿了，只该叫他去了。

【缠磨头】tʂʻan⁵³ mo·tʻəu⁵³ 缠磨人的人。如：你这孩子真是哟～。

【缠手】tʂʻan⁵³ ʂəu⁵³ ①占着手。如：小孩儿～，啥事儿也干不成。②事情难办，病难治。如：他害那病儿怪～哩，不好办。

【缠脚】tʂʻan⁵³ tɕyə³³ 旧时妇女裹脚。如：俺奶才几岁都～了。

tʂʻuan

【穿戴】tʂʻuan³³ tæ⁴¹ 穿的衣物鞋袜和戴的帽子首饰等的统称。如：看～这人怪有钱儿哩。

【穿兑】tʂʻuan³³ tuei⁴¹ ①以物易物，并在钱上找齐。②把整钱换成零钱。如：你给我～一百块钱儿零钱儿吧？要十块哩。

【穿堂风】tʂʻuan³³ tʻaŋ⁵³ fəŋ³³ 顺着过道、前后门窗吹进来的较强的凉风。‖也说"过堂风 kuo⁴¹ tʻaŋ⁵³ fəŋ³³"。

【穿着布衫儿哩麦】tʂʻuan³³ tʂuo·pu⁴¹ sɐu

li·mæ³³ 脱粒不彻底还带着麦糠的麦粒。扬场的时候，一个人用木锨把麦子迎风抛向高处，风吹走了麦糠，稍重的带皮麦粒落在麦堆上，另一人用扫帚把它扫到一边，再经过碾压后才能处理干净。‖东乡说"麦余儿 mæ³³ yu⁵³"。

【穿针】tʂʻuan³³ tʂən³³ 把线穿入针鼻。‖也说"纫针 zən⁴¹ tʂən³³"。

【穿串儿】tʂʻuan³³ tʂʻuɐu⁴¹ 把小件物品穿成一串一串的，便于晾晒或进一步加工。如：烤羊肉串儿～哩时候儿，一块儿瘦肉一块儿肥肉烤出来才香。

【穿蜀黍】tʂʻuan³³ ʂʅ⁵³ ʂʅ· 剥玉米粒时，为加快进度，需要先用锥子把玉米穗子上的玉米粒铲掉几行。

【穿靴戴帽儿】tʂʻuan³³ ɕyɛ³³ tæ⁴¹ mɻɔr⁴¹ 比喻在文章的开头和结尾生硬地加上一些与内容无关的套话、官话。

【穿孝】tʂʻuan³³ ɕiɔ⁴¹ 为死去的亲属穿孝服。

【穿一条裤子】tʂʻuan³³ i³³ tʻiɔ⁵³ kʻu⁴¹ tsʅ· 形容一些人经常在一起或互相勾结，串通一气。如：他俩好哩～｜老胡肯定偏向老张几个人，他们都是～哩。

【穿衣裳】tʂʻuan³³ i³³ ʂaŋ· ①把衣服穿在身上。如：快起来～吃饭吧，都七点半了。②特指为死人穿送老衣。如：给老喽哩人～哩时候儿，愿意着好穿。

【传】tʂʻuan⁵³ 家畜所得的发病快、死亡率高的传染病。如：这一段～鸡儿哩。

【传开了】tʂʻuan⁵³ kʻæ³³ lə· 事情经广为宣传，多数人都知道了。如：要账哩一走，宏伟公司要倒闭哩消息都改村儿里～。

【喘不过气儿来】tʂʻuan⁵³ pu³³⁵³ kuo⁴¹ tɕʻiu⁴¹ læ· 形容非常忙碌劳累。如：这几天王红请假了，店里头光剩丽娟哟人，成天忙哩～。

【喘气儿】tʂʻuan⁵³ tɕʻiu⁴¹ ①稍作休息。如：一上班都忙到阵着，连～哩功夫儿都没有。②急促地呼吸。‖①也说"喘口气儿 tʂʻuan⁵³ kʻəu⁵³ tɕʻiu⁴¹"。

【橼子】tʂʻuan⁵³ tsʅ· 放在檩条上用以支撑屋顶和瓦片的木条。

【传统】tʂʻuan⁴¹ tʻuəŋ· 世代相传的精神、制度、风俗、习惯等。

【串】tʂʻuan⁴¹ ①游逛、走访。如：你倒怪美哩，东~~西~~，屁事儿没有。②（疾病在病体上）蔓延。如：疮~哩哪儿都是。‖②也说"染ʐan⁵³""黵tʂan⁵³"。

【串门儿】tʂʻuan⁴¹ məuɯ⁵³ 到别人家去闲坐聊天。如：你以后不应去丽娟家~了。

【串味儿】tʂʻuan⁴¹ viuɯ⁴¹ 指食物因与其他有气味的东西放在一起而沾染异味。如：鱼儿使塑料袋儿包好再搁到冰箱里头，甭叫~喽。

【串儿】tʂʻuɯuan⁴¹ ①量词，称量穿成串儿的东西。如：一~辣子。②名词，指穿成串儿的肉或蔬菜。如：咱今儿黑地去吃烤~吧？

【串亲戚】tʂʻuan⁴¹ tsʻin³³ tsʻi· 到亲戚家探望。

【串串】tʂʻuan⁴¹ tʂʻuan· 走走，逛逛，多指到人家走访做客。如：你没事儿喽多去俺家~吧。

【串种】tʂʻuan⁴¹ tʂuəŋ⁵³ 指动植物杂交而产生变种。

tʂʻən

【伸】tʂʻən³³ 展开，伸直。如：没事儿哩时候儿，多~~胳膊仰仰脸儿，据说能治颈椎病儿。

【伸懒腰】tʂʻən³³ lan⁵³ ʨɔ³³ 两臂上举，使腰身挺直舒展。

【伸腿儿】tʂʻən³³ tʻuɯ⁵³ 喻指死亡。如：有钱儿不应舍不哩花，等着你~喽都是人家哩。‖也说"蹬腿儿təŋ³³ tʻuɯ⁵³"。

【伸着脖子】tʂʻən³³ tʂuo· po⁵³ tsʅ· ①把脖子伸出，探头向上向前看或听。如：你改这儿~抓哩？②大声叫喊。如：他~叫了半天也没哟人过来。

【伸着脖子瞪着眼儿】tʂʻən³³ tʂuo· po⁵³ tsʅ· təŋ⁴¹ tʂuoɡ·iɯ⁵³ ①形容人吃东西噎住时的窘样。如：这红薯忒面了，噎哩他~哩咽不下去。②形容跟人争辩或争吵时激动的样子。如：李刚快气疯了，~跟他爸吵。

【伸手】tʂʻən³³ ʂou⁵³ ①伸开手。如：你~叫我看看你几个斗。②向人或组织索要钱财物品或荣誉；偷摸别人的东西。如：不应给人家~要东西儿，啥都得靠各人挣才硬气。

【抻床】tʂʻən³³ tʂʻuan⁵³ 拉、扯，使床单平展。如：你咋起来也不~嘞？

【深更半夜】tʂʻən³³ kəŋ³³ pan⁴¹ iɛ⁴¹ 深夜。如：~哩，你又去哪儿哩？

【深一脚，浅一脚】tʂʻən³³ i³³ ʨɤ³³，tsʻiɛn⁵³ i³³ ʨɤ³³ 形容道路坑坑洼洼不平，走路艰难。如：去恁家哩路黑地不好走，~哩。

【沉】tʂʻən⁵³ ①分量大，重。如：冰冰~哩我都拎不动了。②下坠或下陷。如：今儿不着吃哩啥不对劲儿了，心里头有点儿~。

【沉不住气儿】tʂʻən⁵³ pu³³⁵³ tʂʻ³⁴¹ ʨiuɯ⁴¹ 遇到紧急情况或情绪激动时不能保持冷静。如：你可不应~，得叫他先说。

【沉底儿】tʂʻən⁵³ tiuɯ⁵³ 下沉到水底。如：你淘淘那白豆儿，不~哩都是叫虫拱喽哩。

【沉死了】tʂʻən⁵³ sʅ· lə· 分量特别重。如：这套沙发~，四个人都抬不动。

【沉住气儿】tʂʻən⁵³ tʂʻ⁴¹ ʨiuɯ⁴¹ 在情况紧急或情绪激动时保持镇静。如：你先~，不应慌，先给车开到路边儿再说。

【陈】tʂʻən⁵³ 粮食存放时间过长品质不好。如：这米是~米，不好吃。

【陈谷子烂芝麻】tʂʻən⁵³ ku³³ tsʅ· lan⁴¹ tʂʅ ma· 喻指多年以前的陈年旧事。如：不应再提那~哩事儿了，没意思。

【神州坡儿】tʂʻən⁵³ tʂəu⁴¹ pʻɤr³³ 孟津会盟镇下古村向南通往邙山的山道。洛阳古称神州，唐时称神都，神州坡是黄河渡口通往洛阳的古代官道之一，从黄河南岸渡口下船，上了神州坡能望见洛阳，神州坡因此得名。神州坡半山腰有明代修建的碧霞元君庙，香火旺盛，声名远播。北宋邵雍曾在其半山腰的一孔土窑洞中住过，后人也称其为"邵窝儿"。神州坡顶建有大观亭，大观亭历代重修，又名新亭，每至春日，这里桃李花开，蜂飞蝶舞，士农工商络绎不绝至此踏春游玩。"半坡春晓"或称"邵窝春晓"是著名的古孟津十景之一。‖ 又说"江山坡儿 tɕiaŋ³³ san³³ pʻɤr³³"。

【趁早儿】tʂʻən⁴¹ tsɤr⁵³ 抓紧时间，及早。如：你~走吧，要不是天都黑了。

【趁趁摸摸】tʂʻən⁴¹ tʂʻən·mo³³ mo·看时机，看眼色，小心翼翼地寻找机会。如：他~光想跟局长说话儿。‖ 也说"趁趁打打 tʂʻən⁴¹ tʂʻən·ta⁵³ ta·"。

【趁势儿】tʂʻən⁴¹ ʂɤu⁴¹ 凭借有利的形势，利用有利的时机。如：反正得去北京跑一趟，咱还不胜~多耍几天。

【趁墒】tʂʻən⁴¹ ʂaŋ³³ 利用土地的墒情种植谷物或蔬菜。

tʂʻuən

【春上】tʂʻuən³³ ʂaŋ·春天。如：今年~天冷，种哩黄瓜都没有出来。

【春季儿】tʂʻuən³³ tɕiuɪ⁴¹ 春季。如：~鲜菜少。

【椿树】tʂʻuən³³ ʂʅ⁴¹ 特指臭椿树。

【纯阳观】tʂʻuən⁵³ iaŋ⁵³ kuan⁴¹ 道观，曾是吕洞宾隐修处，在孟津白鹤镇河清村西柏崖山听涛峰。吕洞宾号纯阳子，世传八仙之一，亦称吕祖，在柏崖山长期隐修。吕洞宾得道成仙后，人们对其隐修之地敬若圣地，纯阳观也代代修葺，遂成大观。

tʂʻaŋ

【猖】tʂʻaŋ³³ 指人坏点子多；蛮横不讲理。如：他这人~着哩，不应搭理他。‖ 也说"猖法儿 tʂʻaŋ³³ frɤr³³"。

【娼妇样】tʂʻaŋ³³ fu³³ iaŋ³³ 詈语。

【长脖子老等】tʂʻaŋ⁵³ po⁵³ tsʅ·lo⁵³ təŋ⁵³ 苍鹭的俗称。苍鹭头、颈、脚和嘴均甚长，捕食时，会长时间站在同一个位置上，待有喜食的昆虫或小型动物经过身边时，便会敏捷地伸颈啄之。

【长板凳】tʂʻaŋ⁵³ pan⁵³ təŋ⁴¹ 长条形的能坐多人的板凳。

【长袍短褂儿】tʂʻaŋ⁵³ pʻɔ⁵³ tuan⁵³ kuɤr⁴¹ 穿的衣服长短不齐。如：你换一身儿衣裳再出去吧？穿哩~哩，难看死了。‖ 也说"长袍子短褂子 tʂʻaŋ⁵³ pʻɔ⁵³ tsʅ·tuan⁵³ kua⁴¹ tsʅ·"。

【长明灯】tʂʻaŋ⁵³ miŋ⁵³ təŋ³³ 人去世停放后，在头前点燃的油灯或蜡烛，要随时添油或更换，不能熄灭。

【长命锁】tʂʻaŋ⁵³ miŋ⁴¹ suo⁵³ 旧时小儿戴的锁形饰品，多为银质的，据说有驱邪防病的作用。

【长豆角儿】tʂʻaŋ⁵³ təu⁴¹ tɕyɤr³³ 豇豆。

【长短】tʂʻaŋ⁵³ tuan⁵³ 无论如何，不管怎样。如：~是不能去了，这地这忒危险了。

【长年】tʂʻaŋ⁵³ nien⁵³ 终年，长期。如：他~改外头打工，家里头哩好些事儿他都不知道。

【长脸】tʂʻaŋ⁵³ lien⁵³ 因某种意外情况的出现而显得尴尬。如：他上赶着去给老高家帮忙哩，人家不使他，弄了他哟内~。

【长陵】tʂʻaŋ⁵³ liŋ⁵³ 魏孝文帝与其皇后的陵墓，位于孟津区朝阳镇官庄村南，现存两个封土堆，当地俗称"大小冢"。较大的一座是北魏孝文帝元宏的陵墓，小一些的是他的第三位皇后文昭皇后高氏的陵墓。孝文帝继位时年仅五岁，由祖母冯太后执政。亲政后先是整顿吏治，立三长制，实行均田制。迁都洛阳后，采用汉族统治阶级的政治制度，全面改革鲜卑旧俗，实行汉化政策，改穿汉服，改汉姓，与汉族通婚等，孝文帝的改革对我国各民族的融合和发展起了积极作用。长陵是全国重点文物保护单位。

【长柴大棒】tʂʻaŋ⁵³ tsʻæ⁵³ ta⁴¹ paŋ⁴¹ 比较长的枝干秸秆等。如：这~哩咋烧？

【长处】tʂʻaŋ⁵³ tʂʻʅ⁴¹ 优点；某方面有特长。如：高龙有~，毛病儿也不少。

【长出了一口气儿】tʂʻaŋ⁵³ tʂʻʅ³³ lə·i³³ kʻəu⁵³ tɕʻiɯ⁴¹ ①因烦恼、郁闷而长长地呼出一口气来，常伴随着一声长叹。②因烦闷之事得到解决，压抑在胸中之浊气得以排出。

【长虫】tʂʻaŋ⁵³ tʂʻuəŋ· 蛇。‖做十二生肖时也说"小龙儿 siɔ⁵³ lyɯ⁵³"。

【长虫鱼儿】tʂʻaŋ⁵³ tʂʻuəŋ·yɯ⁵³ 黄鳝。

【长手】tʂʻaŋ⁵³ ʂəu⁵³ 小偷小摸。如：小孬有~哩毛病儿，不应叫他去恁家。

【长寿面】tʂʻaŋ⁵³ ʂəu⁴¹ miɛn⁴¹ 祝寿时吃的面条。

【长锹】tʂʻaŋ⁵³ ɕiɛn³³ 专门用来剁树的铁锹，刃部很长。

【长胳膊长腿儿】tʂʻaŋ⁵³ kɯ³³ po·tʂʻaŋ⁵³ tʻuɯ⁵³ 形容人的四肢修长。如：这孩子~哩，将来肯定能长哟大高个儿。

【长牙】tʂʻaŋ⁵³ ia⁵³ 喜欢狡辩；不讲理。如：王钢通~着哩，你跟他说啥理哩？

【长华】tʂʻaŋ⁵³ ua⁵³ 孟津城关镇村名。相传有陈氏家族迁居于此，因名陈家凹。又因村落东西狭长，南北较窄，另名长凹，后更名长华。

【场】tʂʻaŋ⁵³ 平坦而坚硬的空地，用来给庄稼脱粒和晾晒的地方。

【场儿】tʂʻɐr⁵³ 酒宴。如：老大一黑地跑了仁~，能不喝多？

【尝鲜】tʂʻaŋ⁵³ siɛn³³ 吃应季的刚收获的谷物或蔬菜。如：老话儿说"尝尝鲜，活一千"。

【常晚儿】tʂʻaŋ⁵³ vɐr· 过去。如：~那人通受罪哩。

【唱戏哩】tʂʻaŋ⁴¹ ɕi⁴¹ li· 戏曲演员。

tʂʻuaŋ

【窗户纸】tʂʻuaŋ³³ xu·tsʅ⁵³ ①旧时房屋木窗格上糊的薄白纸。②比喻事情彼此都已心知肚明，只要稍加提示就可挑明，如同隔着一层窗户纸一样，一捅就破。

【闯】tʂʻuaŋ⁵³ 把物体表皮铲掉。如：得给墙皮~掉才能贴瓷砖哩。

【闯王城】tʂʻuaŋ⁵³ uaŋ⁵³ tʂʻəŋ⁵³ 又名闯王寨，地名，在今孟津城关镇九泉村东瀍河河谷南沟沿，相传闯王李自成曾驻扎于此。

【闯王沟】tʂʻuaŋ⁵³ uaŋ⁵³ kəu³³ 地名，在今孟津小浪底镇张庄村，因闯王李自成曾驻军于此而得名。

【撞】tʂʻuaŋ⁴¹ ①与人不期而遇。如：我今儿改街上~见老王了。②猛烈地碰撞。如：董杰开车~住人了。

tʂʻəŋ

【称】tʂʻəŋ³³ 测定物体的重量。如：老板，~~这哟倭瓜几斤。

【称呼】tʂʻəŋ³³ xu· 当面打招呼时问对方的姓名。如：咱到那儿咋~人家局长哩呀？

【成】tʂʻəŋ⁵³ 整。如：~天｜~年。

【成天】tʂʻəŋ⁵³ tʻiɛn³³ 整日。如：你~光知道上网打游戏，学习能好喽？

【成年】tʂʻəŋ⁵³ niɛn⁵³ 整年。如：恁叔~不改家，恁姊儿哟人养活仨孩子可不容易。

【成年论辈子】tʂʻəŋ⁵³ niɛn⁵³ luən⁴¹ pei⁴¹ tsʅ· ①成年累月；一年到头。如：也不知道你成天改外边儿弄点儿啥，~也没见你拿回来过钱儿。②从来；一向。
如：咱家～都没有出过哟大学生。

【成儿】tʂʻəɯ⁵³ 量词，十分之一叫一成。
如：今年春上下了一场雪，桃儿要减
产三四～。

【成是】tʂʻəŋ⁵³ sʅ⁴¹ 时间副词，表示某种重
要的情况已经存在，但还不加关注，导
致了问题的升级和情势的加重，"原本
已经"的意思，有责怪和埋怨的意味。
如：～你胃不好，还跑出来吃这凉哩。

【成色（儿）】tʂʻəŋ⁵³ sæ·(sɐɯ·) ①表示
质量或金银的纯度。②指人的品行、
能耐。如：看你那～，干啥中啊？

【成心】tʂʻəŋ⁵³ sin³³ 故意。如：你是～哩
不是？

【成周城】tʂʻəŋ⁵³ tʂʻəɯ³³ tʂʻəŋ⁵³ 西周时期武
王营建东都洛邑时所建城邑。周初平
定三监之乱和武庚叛乱后，为防止殷
商遗民叛乱，强迁于此加以看守。其
地在洛阳汉魏故城的中心位置，即孟
津平乐镇翟泉、金村一带，史称下都。
成周城背靠邙山，南临洛河，地理位
置优越，地势险要，是上都王城和镐
京的东部屏障。东汉、曹魏、西晋、
北魏四朝建都于此，近代名其遗址为
洛阳汉魏故城。成周城整体设计为对
称布置的正方形，四面城墙上各有三
座城门，城内经纬道路各九条，其里
坊设置和管理开我国里坊制度的先河。

【成家】tʂʻəŋ⁵³ tɕia³³ 结婚。如：你都三十多
了，也不说～。‖ 也说"成亲 tʂʻəŋ⁵³ tsʻin³³"。

【成群结队】tʂʻəŋ⁵³ tɕʻyn⁵³ tɕie³³ tuei⁴¹ 许多
人有秩序地聚集在一起做事情。

【成夜黑地】tʂʻəŋ⁵³ iɛ⁴¹ xuɯ⁵³ ti · 整夜。如：
孬蛋冻着了发烧，～不睡觉。

【承当】tʂʻəŋ⁵³ taŋ⁴¹ 承认，答应。如：大
队～过哩事儿，可不能说喽不算呀！

【城门儿】tʂʻəŋ⁵³ məɯ⁵³ 城四面设置的门户。

【城里头】tʂʻəŋ⁵³ li⁵³ tʻəɯ· ①城市里。如：～
人多车多，你出门儿小心点儿。②特
指孟津会盟镇老城村。自明嘉靖十七

年（1538 年）黄河水患，县治由孟津
渡（今会盟镇花园村）迁至今老城村，
至 1959 年县治由老城迁长华（今城
关镇），期间孟津县城驻地一直未曾
变动。迁县之后，原县城所在地被称
为"旧孟津"，所辖地称老城乡，1994
年撤乡建立会盟镇，驻地陆村，"城口
（liəɯ⁵³）"成为一个村。中学地理教材把
"旧孟津"确定为黄河中下游的分界
线，今黄河南岸洛阳黄河公路大桥西
侧建有黄河中下游分界标志塔和纪念
广场。‖ ②读合音"tʂʻəŋ⁵³ liəɯ⁵³"。

【城根儿】tʂʻəŋ⁵³ kəɯ³³ 靠近城墙的地方。

【逞能】tʂʻəŋ⁵³ nəŋ⁵³ 显示自己的能耐。如：
就你好～，惹上事儿了吧？

【盛】tʂʻəŋ⁵³ 容纳。如：这哟缸能～五十
斤面。

【畊儿】tʂʻəɯ⁵³ 指距离的长短。如：那块
儿地是长～，好种。

【程儿】tʂʻəɯ⁵³ 指纺花时抽一次线。纺花
时，人一手摇动纺花车子，一手拉动
棉条从锭子前抽线，手臂逐渐高扬至
最远，再回手高抬上线到锭子上，如
此俯仰一次抽出最长线，叫一程儿。
程儿的长度与频率，能反映纺花者的
水平。

【秤低】tʂʻəŋ⁴¹ ti³³ 用杆秤称物时秤尾低，
货物的分量稍差一点。如：这黄瓜是
三斤稍～一点儿，给你再添哟小哩。

【秤头儿】tʂʻəŋ⁴¹ tʻəɯ⁵³ 秤的分量。如：你
哩～可有点儿不准呀！

【秤锤鼻子】tʂʻəŋ⁴¹ tʂʻuei⁵³ pi⁵³ tsʅ · 鼻头比
较大的鼻子。

【秤高】tʂʻəŋ⁴¹ ko³³ 用杆秤称物时秤尾高，
货物的分量足并稍多一点。如：～秤低
能看出来生意人哩生意经。

tʂʻuəŋ

【充数儿】tʂʻuəŋ³³ ʂuʅ⁴¹ 用不合格的产品或

不称职的人来凑足数额。

【冲】tʂʻuəŋ³³ ①剪布料时，量好尺寸做好标记，用剪刀顺标记刺开。②把开水灌进暖水瓶。如：水滚了，~到壶里吧。

【冲鸡蛋茶】tʂʻuəŋ³³ tɕi³³ tan · tsʻa⁵³ 把鸡蛋充分打散，用开水冲成蛋花样。鸡蛋茶是孟津当地居民常用的早点，据说有清热去火的功效。

【虫儿打了】tʂʻuɯ⁵³ ta⁵³ lə · 衣物等被虫子蛀成小洞。如：好好哩一件儿毛衣，叫~，都是小窟窿儿。

【虫牙】tʂʻuəŋ⁵³ ia⁵³ 蛀牙，龋齿。

【虫眼儿】tʂʻuəŋ⁵³ iɐɯ⁵³ 果实、树木、种子、木器上面被虫咬而形成的小孔。如：这梨儿不能吃了，好几个~。

【虫蚁儿】tʂʻuəŋ⁵³ iɯ · ①泛指鸟类。②指人品不好，心术不正，不地道的人。如：看你那啥~！

【重】tʂʻuəŋ⁵³ 重复。如：恁俩哩衣裳买~了。

【重孙女儿】tʂʻuəŋ⁵³ suən³³ nyɯ · 孙子的女儿，即曾孙女。

【重孙儿】tʂʻuəŋ⁵³ suɯ · 孙子的儿子，即曾孙。‖ 也说"重孙子儿 tʂʻuəŋ⁵³ suən³³ tsəu · "。

【重外甥儿】tʂʻuəŋ⁵³ uæ⁴¹ səɯ · ①外甥的儿子。②外孙的儿子。‖ 西乡仅指①。

【重外甥儿女儿】tʂʻuəŋ⁵³ uæ⁴¹ səɯ · nyɯ⁵³ ①外甥的女儿。②外孙的女儿。‖ 西乡仅指①。

【重样儿】tʂʻuəŋ⁵³ iɐr⁴¹ 重复的；相同的。如：她给孩子做饭可用心了，一星期都不~。

【冲】tʂʻuəŋ⁴¹ ①说话直白且激烈。如：你有话儿不会好好儿说？阵~抓哩？②有力量；强烈。如：这酒还怪~哩。

【冲着】tʂʻuəŋ⁴¹ tʂuo · ①对着。如：这车可能刹车不管用了，直~路边儿哩树撞过去了。②看着……的面子。如：要不是~你，我才不来哩。

ʂ

ʂu

【叔伯】ʂu³³ pæ· 同族近支的亲属关系。同祖父的是亲叔伯，同曾祖父的是堂叔伯。如：咱跟刘宏家是亲~。

【叔伯弟兄】ʂu³³ pæ·ti⁴¹ ɕyŋ· 堂兄弟。

【叔伯姊妹】ʂu³³ pæ·tsʅ⁵³ mei· 堂姊妹。

【熟皮子】ʂu⁵³ p'i⁵³ tsʅ· ①用鞣质对牛、猪、羊等动物生皮内的蛋白质进行化学和物理加工，通过一系列工艺，使胶原蛋白发生变性作用。②加工过的牛羊皮子。鞣制后的皮革柔软、牢固又耐磨，不容易腐败变质。

【熟地】ʂu⁵³ ti⁴¹ 种过庄稼的地。②加工过的地黄。‖①也说"熟茬儿地 ʂu⁵³ ts'ɚ⁵³ ti⁴¹"。

【熟烫】ʂu⁵³ t'aŋ⁴¹ 瓜果等因存放时间太久或来回揉搓而失去新鲜的颜色或味道。如：这俩西瓜改地下滚来滚去，都~了，不能吃了。

ʂʅ

【失烦】ʂʅ³³ fan· ①烦人。如：这孩子咋阵~人嘞？一会儿不安生。②第二次回头去做某事。如：咱今儿加加班儿给这点儿活儿干完喽，省哩还得再~

一回。

【失心疯】ʂʅ³³ sin³³ fəŋ³³ 一种心理疾病，是由心理的承受能力小于外界的压力，所产生的心理、行动、意志等的扭曲。如：树林嫂子跟得了~一样，见谁跟谁吵。

【失张】ʂʅ³³ tʂaŋ· 慌里慌张、失去节制。如：多大哩事儿，你~成这抓哩？

【失张莫及】ʂʅ³³ tʂaŋ· mo³³ tɕi³³ 慌慌张张。如：这活儿没啥，你~哩慌慌啥哩？

【失急忙慌】ʂʅ³³ tɕi³³ maŋ³³ xuaŋ³³ 形容神色慌张或动作忙乱。如：没有啥大事儿，你不应~哩。

【失火】ʂʅ³³ xuo⁵³ 发生火灾。

【十猛哩】ʂʅ⁵³ məŋ⁵³ li· 有时、间或。如：这人我好像听说过，你~一说，我倒真想不起来了。‖ 也说"急猛里 tɕi⁵³ məŋ⁵³ li·"。

【十万八千里】ʂʅ⁵³ van⁴¹ pa³³ ts'iɛn³³ li⁵³ 形容距离遥远，也形容差距很大。如：他俩没法儿比，差了~哩。

【十冬腊月】ʂʅ⁵³ tuəŋ³³ la³³ yɛ· 指农历十月、十一（冬月）、十二月（腊月），天气寒冷的季节。如：小刚~只穿一条单裤，真抗冻！

【十拿九稳】ʂʅ⁵³ na⁵³ tɕiəu⁵³ uən⁵³ 比喻很有把握。如：这一回提拔~是你，一点儿不应操心。

【十里八猛】ʂʅ⁵³ li⁵³ pa³³ məŋ⁵³ 偶尔、偶然。

如：他俩 ~ 吵一回架，一会儿就好了。‖ 也说"十里猛 ၵ⁵³ li⁵³ məŋ⁵³"。

【十里八乡】ၵ⁵³ li⁵³ pa³³ ɕiaŋ³³ 形容附近各处。如：~ 哩人都来了。

【十字儿猛】ၵ⁵³ tsəɯ⁴¹ məŋ⁵³ 偶然、偶尔。如：他 ~ 才来一回哩，你见不着他。

【十指儿耙子】ၵ⁵³ tsəɯ⁴¹ p'a⁵³ tsɿ· 有九个铁齿的耙子，主要用来平整土地。

【十几天】ၵ⁵³ tɕi⁵³ t'iɛn³³ 表示约数，比十天多，比二十天少。‖ 也说"十多天 ၵ⁵³ tuo³³ t'iɛn³³""十来天 ၵ⁵³ læ⁵³ t'iɛn³³"。

【十几个】ၵ⁵³ tɕi⁵³ kə⁴¹ 表示数量，比十个多，比二十个少。‖ 也读合音"ၵ⁵³ tɕɤə⁵³"。‖ 也说"十来个 ၵ⁵³ læ⁵³ kə⁴¹""十多个 ၵ⁵³ tuo³³ kə⁴¹"。

【十个】ၵ⁵³ kə· 表示数量。‖ 也读合音"ʂuo⁵³"。

【十月一儿】ၵ⁵³ yɛ· iɯ³³ 农历十月初一，其与清明节、上巳节、中元节并称为传统的四大"鬼节"。十月一日以后天气渐冷，人们怕逝去的祖先缺衣少穿，因此，祭祀时除了食物、香烛、纸钱等一般供物外，还有五色纸、冥衣等。在祭祀时，人们把冥衣焚化给祖先。‖ 也说"寒衣节 xan⁵³ i³³ tsiɛ³³"。‖ 参见"送寒衣儿"。

【石笔】ၵ⁵³ pei³³ 用滑石做原料加工成的一种书写工具，又叫滑石笔。石笔可以在较粗糙的地面上刻画出白色痕迹，也可用来代替粉笔在水泥地面、石板等物体上写字。

【石碑凹】ၵ⁵³ pei⁵³ ua³³ 村名，位于孟津区常袋镇东南数公里处，原名宣武村，因靠近北魏宣武帝元恪的景陵而得名。北宋时，这里成了开国元勋石守信的家族墓地，碑碣林立，巍峨壮观，因此改名石碑凹。目前村中还矗立着两通高大的石碑，分属石守信的两个儿子：石保兴、石保吉，石氏双碑。村中还有张姓人家在清道光年间修建的东西长五百米，南北宽四百米的古寨，尚存东西相连的三进院落十座、窑洞八十多孔。石碑凹村是我国第二批国家级传统村落。

【石头蛋（儿）】ၵ⁵³ t'uɛ· tan⁴¹（uɛɯ⁴¹）圆形的小石头。

【石头子儿】ၵ⁵³ t'uɛ· tsəɯ⁵³ 小石块儿。‖ 也说"石子儿 ၵ⁵³ tsəɯ⁵³"。

【石碾】ၵ⁵³ niɛn⁴¹ 一种用石头和木材等制作的使谷物等破碎或去皮用的工具。由碾盘、碾磙子、碾框子、碾棍等组成。

【石磙】ၵ⁵³ kuən⁵³ 一种脱粒农具。一般都是大青石做成的，呈圆柱体，一头大，一头小，两头有磙眼，使用时用特制的木架子套上，用人力或畜力拉动来碾压谷物脱粒。

【识文断字儿】ၵ⁵³ vən⁵³ tuan⁴¹ tsəɯ⁴¹ 认识文字，有文化。如：老桑要是再 ~ 哩话，肯定不得了。

【识要】ၵ⁵³ ʂua⁵³ 经得起玩笑。如：你不应逗他了，这孩子不 ~。‖ 也说"识逗 ၵ⁵³ təɯ⁴¹"。

【识说】ၵ⁵³ ʂɥə³³ 听从别人的劝告。如：小华有一点儿可不赖，~ 识劝。

【识货】ၵ⁵³ xuo⁴¹ 能辨别出货物的好坏。如：得寻哟 ~ 哩人来看看。

【实】ၵ⁵³（睡眠）深沉、熟稳。如：你睡哩真 ~，恁大动静都没有惊醒你。

【实拍儿拍儿】ၵ⁵³ p'uɛ· p'uɛ⁵³ 一定。如：看样儿他今儿 ~ 哩不会来了。

【实打实】ၵ⁵³ ta⁵³ ʂ⁵³ 确实；实实在在。如：要 ~ 哩干工作。

【实聋】ၵ⁵³ luəŋ⁵³ 听不到一点儿声音的人。如：你甭给他说话儿了，他是 ~，一点儿也听不见。

【实心儿】ၵ⁵³ siɯ³³ 物体的内部是实的，与空心儿相对。如：这哟球是 ~ 哩。

【实心眼儿】ၵ⁵³ sin³³ iuɯ⁵³ 待人处事憨厚老实，不虚伪。如：他可是哟 ~。

【实诚】ၵ⁵³ tʂ'əŋ· 诚实、不虚假。如：老夏可是哟 ~ 人。

【实受】ၵ⁵³ ʂəɯ· 指人实在，能吃苦。如：

这个人是哟~人，没有恁多花花肠子。

【实圪垯儿】ʂʅ⁵³ ku ³³ tɤr· ①实心的。如：这一锅饼子没包糖，是~。②不开窍。如：你那脑子是~？一点儿都不透气儿？

【实憨子】ʂʅ⁵³ xan³³ tsʅ· 指一点儿事理也不明白的痴傻之人。

【拾】ʂʅ⁵³ ①捡起东西。②生孩子。如：大花儿连着~了仁闺女，气哩她婆子成天黑丧着一张脸。‖①西乡凡是拾取剩余的东西都说"馏"。

【拾破烂儿】ʂʅ⁵³ pʻo⁴¹ lɯ⁴¹ 捡拾废品。如：老李靠~养活了仁孩子。

【拾麦】ʂʅ⁵³ mæ³³ 麦子收割后去捡拾遗留的麦穗。

【拾粪】ʂʅ⁵³ fən⁴¹ 捡拾牲畜或动物的粪便。

【拾柴火】ʂʅ⁵³ tsʻæ⁵³ xuo· 捡一些树枝、树叶等用作燃料。

【拾稻子】ʂʅ⁵³ tɔ⁴¹ tsʅ· 水稻收割后去捡拾遗漏的稻穗。

【拾掇】ʂʅ⁵³ tuo· ①收拾、整理。如：一会儿有客来，赶快给屋里~~。②修理。如：洗衣机不转了，你给~一下吧。③惩治、教训。如：你等着，回去再~你。

【拾了哟漏筐儿】ʂʅ⁵³ lə·yə⁴¹ lɯ⁴¹ pʻɤr· 发意外之财。‖东乡说"拾漏盆儿 ʂʅ⁵³ lɯ⁴¹ pʻər·"。

【拾花】ʂʅ⁵³ xua³³ 棉花采摘以后去捡拾遗漏的或未开放的棉桃。

【拾孩子】ʂʅ⁵³ xæ⁵³ tsʅ· 生孩子。如：大芬结婚快十年了还没~，她男人要跟她离婚。

【拾药】ʂʅ⁵³ yə³³ 买中药。如：妞妞冻着了，我去卫生所给她拾点儿药。

【食瓶罐儿】ʂʅ⁵³ pʻiŋ⁵³ kuɐu⁴¹ ①给死者装食品的陶罐，下葬时放在墓穴里。②送汤儿时盛面叶儿的器皿。

【食儿】ʂəmeɪ⁵³ 猪狗鸡鸭等吃的食物。如：你去给鸡儿喂点儿~吧！

【食积】ʂʅ⁵³ tsi³³ 小孩子因为吃东西没有节制而引起的消化不良。如：小孩子好得~，不应叫他吃恁多。

【食气】ʂʅ⁵³ tɕʻi³ 暴饮暴食或者喜食酸辣刺激性的食物、寒凉性的食物等引起的异常表现，主要症状是恶心、呕吐、反酸等。

【食盒】ʂʅ⁵³ xə⁵³ 红白喜事时用来盛饭菜的木制盒子，有好几层，可以放置多种食品等。食盒很沉，需两人抬起。‖西乡说"食箩 ʂʅ⁵³ luo·"。

【世面儿】ʂʅ⁴¹ mieu⁴¹ 指形形色色的社会情况。如：他从小走南闯北哩，见过大~。

【世道】ʂʅ⁴¹ tɔ⁴¹ 指社会状况、风气。如：阵着晚儿这~是变了，日子儿越过越好了。

【式法儿】ʂʅ⁴¹ fɤr· 法度、规章。如：这事儿咋~弄呀？

ʂʯ

【书皮儿】ʂʯ³³ pʻiɯ⁵³ 为了保护书本，在书本外包的较硬的纸。如：开学前，俺妈给俺姊妹几个哩书都包了~。

【术道】ʂʯ⁵³ tɔ· 形容人言行迂阔。如：老张这人咋阵~嘞？

【秫秫毛儿】ʂʯ⁵³ ʂʯ· mɤr⁵³ 去掉籽粒后的高粱穗子，可以扎制笤帚。

【秫秆】ʂʯ⁵³ kan· 玉米和高粱的秸秆。

【蜀黍】ʂʯ⁵³ ʂʯ· 玉米。如：今年种了三亩~，长哩还怪好哩。‖也说"玉蜀黍 y³³ ʂʯ⁵³ ʂʯ·"。

【蜀黍面儿】ʂʯ⁵³ ʂʯ· mieu⁴¹ 玉米面。如：~蒸哩虚糕可好吃了。

【蜀黍豆儿】ʂʯ⁵³ ʂʯ· tɤɯ⁴¹ 玉米粒。如：小时候儿可好吃崩米花了，一碗~能崩一大筐儿。‖也说"蜀黍子儿 ʂʯ⁵³ ʂʯ· tsɤɯ⁵³"。

【蜀黍穗儿】ʂʯ⁵³ ʂʯ· suɯ⁴¹ 玉米棒子。

【蜀黍糁儿】ʂʯ⁵³ ʂʯ· səɯ³³ 玉米加工成的像大米或小米一样大小的颗粒，可以熬粥，也可以煮饭。如：这一回磨哩~

可细了，多熬一会儿可好喝了。

【蜀黍芯儿】ʂʮ⁵³ ʂʮ·siuu³³ 玉米芯。

【蜀黍秆儿】ʂʮ⁵³ ʂʮ·keuu³³ 玉米的秸秆。如：掰了玉蜀黍，~都铡碎喂牛了。

【蜀黍裤儿】ʂʮ⁵³ ʂʮ·k'ur⁴¹ 玉米棒子外边的雌穗苞叶。

【蜀黍胡子】ʂʮ⁵³ ʂʮ·xu³³ tsʮ· 玉米须。

【属相】ʂʮ⁵³ siaŋ⁴¹ 民间用十二地支子丑寅卯辰巳午未申酉戌亥与十二种动物鼠牛虎兔龙蛇马羊猴鸡狗猪相配合来记人出生年份，如子年出生则是鼠年，称属鼠。

【数巴】ʂʮ⁵³ pa· 批评，斥责。如：不叫你去你非去，可好，叫~了一顿吧？‖新派读"su⁵³ pa·"。

【数伏】ʂʮ⁵³ fu⁵³ 数伏从夏至后第三个庚日起开始计算伏日，也即进入伏日或伏日开始。一般每十日为一伏，共有三伏，头伏和三伏都是十天，中伏有时十天有时二十天。数伏天是一年中气温最高且又潮湿、闷热的时段。‖新派读"su⁵³ fu⁵³"。

【数落】ʂʮ⁵³ luo· 批评；教训。如：今儿逛街回来，叫俺妈~了半天，嫌我花钱儿多了。‖新派读"su⁵³ luo·"。

【数九】ʂʮ⁵³ tɕiəu⁵³ 数九是从冬至逢壬日算起，每九天算一"九"，依此类推。一年当中最寒冷是"三九""四九"天。数到"九九"八十一天，寒气已尽，天气就暖和了。‖新派读"su⁵³ tɕiəu⁵³"。

【树扑楞】ʂʮ⁴¹ p'u³³ ləŋ· 树冠。如：那棵杏树的~可大了，能遮一分地。

【树栽儿】ʂʮ⁴¹ tseuu³³ 树苗，也指分枝或压条。

【树坷杈儿】ʂʮ⁴¹ k'uu⁵³ ts'ɚr⁴¹ 树枝与树枝或树枝与树干的交叉处。如：他俩打羽毛球玩儿，一使劲儿羽毛球挂到~上了。‖也说"树杈儿ʂʮ⁴¹ ts'ɚr⁴¹"。

【树叶儿】ʂʮ⁴¹ yɚr³³ 树叶。

【树园儿】ʂʮ⁴¹ yeuu⁵³ 小树林。如：滩里柳~里头都是水，里头鱼儿可不少。

ʂa

【傻不楞登】ʂa⁵³ pu³³ ləŋ⁵³ təŋ³³ 呆傻的样子。如：你甭~哩光立到这儿，赶紧去前头帮帮忙去呀！‖也说"傻不楞腾ʂa⁵³ pu³³ ləŋ⁵³ t'əŋ³³"。

【傻胖】ʂa⁵³ p'aŋ³³ 形容人傻，语气稍微重一点。如：你这~，这都不知道？‖也说"傻瓜ʂa⁵³ kua³³"。

【傻帽儿】ʂa⁵³ mɚr⁴¹ 指不聪明或呆傻的人。如：你真是哟~，人家早都走了，你还改这傻等。

【傻大个儿】ʂa⁵³ ta⁴¹ kɚr⁴¹ 指身材高大但憨厚老实的人。如：他光长了哟~，屁事儿都不懂。

【傻蛋（儿）】ʂa⁵³ tan⁴¹（teuu⁴¹）骂人或开玩笑时用，指人糊涂、愚蠢。‖也说"傻瓜蛋儿ʂa⁵³ kua³³ teuu⁴¹"。

【傻哩傻气】ʂa⁵³ li·ʂa⁵³ tɕ'i⁴¹ 形容愚蠢、糊涂的样子。如：这孩子看着~哩，是不是脑子有问题呀？‖也说"傻气ʂa⁵³ tɕ'i⁴¹"。

【啥】ʂa⁴¹ 什么。如：今儿黑地演~电影哩？

【啥地这】ʂa⁴¹ ti⁴¹ tʂɹə· 什么地方。如：这是~呀？我跟来过一样。

【啥时候儿】ʂa⁴¹ sʮ⁵³ xəur· 什么时候。如：恁闺女~办事儿呀？

【啥劲儿】ʂa⁴¹ tɕiŋ⁴¹ ①情况怎么样。如：恁妈化疗都俩月了，阵着晚儿~呀？②干什么，什么意思。如：人家主家都没意见了，你改这吵吵个~呀！

【啥拐势儿】ʂa⁴¹ kuæ⁵³ ɕəuu⁴¹ ①什么样子，贬义。如：看你那~，还这儿哩那儿哩，再也对付不起你了。②事情的进展程度。如：这都干了俩月了，也不知道弄了哟~了。

【啥话儿说到当地儿】ʂa⁴¹ xuɚr⁴¹ ʂʮə³³ tɔ·taŋ³³ tiiu⁴¹ 有话明说。如：咱有~，不应藏着掖着哩。

【啥号儿样儿】ʂa⁴¹ xɤr⁴¹ iɐr⁴¹ 什么样子。如：光听说强家媳妇通好看哩，究竟～咱也没见过。

ʂua

【刷子】ʂua³³ tsʅ· ①扫床、扫案板的笤帚。②比喻有能力，有办法。如：他可有把～哩，人家办不了哩事儿，寻他都能办喽。

【刷锅水】ʂua³³ kuo³³ ʂuei⁵³ 泔水。

【耍】ʂua⁵³ ①玩耍。如：下学回来先写完作业再出去～。②戏弄。如：～猴儿。③施展才艺，喜欢表现自己（含贬义）。如：～笔杆子｜他成天～哩通大哩。④男女交合。

【耍把戏儿】ʂua⁵³ pa⁵³ ɕiɯ· 在街上临时摆摊表演杂技、魔术、马戏等技艺。如：他从小就跟着师傅到处跑着靠～谋生。

【耍贫嘴】ʂua⁵³ pʼin⁵³ tsuei⁵³ 没话找话，没完没了地说些无聊或玩笑的话。如：这孩子光会～，啥事儿也不会干。

【耍刀】ʂua⁵³ to³³ 用刀来表演各种动作。

【耍二百五儿】ʂua⁵³ ɦ̩⁴¹ pæ³³ ur⁵³ 耍横不讲理。如：你要～，这事儿可弄不成了。

【耍嘴皮子】ʂua⁵³ tsuei⁵³ pi⁵³ tsʅ· ①卖弄口才。如：他就好～。②光说不做。如：你不应改那儿～了，赶快干活儿吧。

【耍钱儿】ʂua⁵³ tsʼiɐr⁵³ 赌博。如：他爹做生意挣了点儿钱儿，都叫他～给输了。

【耍狮狮】ʂua⁵³ ʂʅ³³ ʂʅ⁵³ 舞狮表演。

【耍死狗】ʂua⁵³ ʂʅ⁵³ kəu⁵³ 耍无赖。如：你不应～，一会儿警察就来了。

【耍笑】ʂua⁵³ sio⁴¹ 开玩笑、戏弄。如：恁几个甭改这～人了。

【耍新媳妇儿】ʂua⁵³ sin³³ si⁵³ frur· 闹洞房。新婚的晚上，亲友们在新房中跟新婚夫妇说笑逗乐。

【耍耍】ʂua⁵³ ʂua· 玩玩，逛逛。如：好几天没出门了，咱今儿去洛阳～吧？

【耍水】ʂua⁵³ ʂuei⁵³ 玩水。如：小孩儿都好～，路上有哟小水坑儿也得去跺跺水。

【耍家儿】ʂua⁵³ ʨiɐr· 指人精明能干。如：人家是哟～，搁到哪儿哪儿中。

【耍呱】ʂua⁵³ kua· ①女子长相标致。如：他家仁闺女长哩可～了。②指人身材好且穿衣打扮利落。如：你看人家多～。

【耍货儿】ʂua⁵³ xuɐr· 玩具。如：会上靠东都是卖吃哩跟小孩子哩～。

【耍猴儿】ʂua⁵³ xəur⁵³ 用猴子来表演各种动作讨人欢笑。

【刷白】ʂua⁴¹ pæ⁵³ 非常白。如：这墙才粉了粉，～～哩。

ʂɤ

【赊账】ʂɤ³³ tʂaŋ⁴¹ 买东西时不付钱，先把货款记在账上。如：他结婚哩时候儿电视、洗衣机都是～买哩。

【舌头儿短】ʂɤ³ tʼrɐur· tuan⁵³ 说话不利索、不清楚。如：王吉有点儿～，说话呜哩呜喇哩。

【折】ʂɤ⁵³ 断。如：这一枝儿上结哩苹果忒多了，树枝儿都压～了。

【折本儿】ʂɤ⁵³ pəur⁵³ 赔本儿。如：他第一回卖水果卖不出去，只好～卖了，赔了不少哩。

【折秤】ʂɤ⁵³ tʂʼəŋ⁴¹ 货物售出后的分量比原来少。如：他进了几百斤大白菜，～都折了几十斤。‖ 也说"亏秤 kʼuei³³ tʂʼəŋ⁴¹""赔秤 pʼei⁵³ tʂʼəŋ⁴¹"。

【舍哩】ʂɤ⁵³ li· 舍得、不吝啬。如：贾军平时省吃俭用哩，给孩子买东西可～了。

【蛇缠腰】ʂɤ⁵³ tʂʼan⁵³ io³³ 带状疱疹。

ʂчə

【说】ʂчə³³ ①解释。如：你这着一～就知道了。②责备，批评。如：他爸～了他几句。③说合，介绍。如：~婆子家丨~媳妇。④指。如：他这一句话儿是~你哩，你没听出来呀？

【说不定】ʂỹə³³ pu³³⁵³ tiŋ⁴¹ 大概，可能的意思。如：不应操心了，~人家早联系好了。

【说不来】ʂỹə³³ pu³³ læ⁵³ 没法说清楚。如：他那人办事还真~啥章程。‖ 也说"说不上来 ʂỹə³³ pu³³⁵³ ʂaŋ⁴¹ læ⁵³"。

【说不过去】ʂỹə³³ pu³³⁵³ kuo⁴¹ tɕʻy⁴¹ 不合情理，无法交代。如：你今儿不去露露面儿有点儿~。

【说不好】ʂỹə³³ pu³³ xɔ⁵³ 不太知道，不太懂，比直说"不知道"较为委婉。如：这事儿我还真~，你问问王平吧。

【说白了】ʂỹə³³ pæ⁵³ lə· 明白地说，不必再隐讳。如：今儿干脆~吧，这房子没你哩份儿。

【说婆子家】ʂỹə³³ pʻo⁵³ tʂɹ· tɕiæ· 给女孩子介绍对象。如：你都该~了，咋还跟小孩子一样不懂事？

【说媒】ʂỹə³³ mei⁵³ 给男子或女子介绍对象。

【说媒哩】ʂỹə³³ mei⁵³ li· 说媒的人。

【说梦话儿】ʂỹə³³ məŋ⁴¹ xuər⁴¹ ①睡梦中说话。如：你夜儿黑地咋一势~嘞？②说不着边际、不切实际的话。如：你这是~哩，根本不可能哩事儿。

【说风凉话儿】ʂỹə³³ fəŋ³³ liaŋ⁵³ xuər⁴¹ 说带有讽刺意味的话。如：他啥也不会干，光会~。

【说打】ʂỹə³³ ta· 批评，数落。如：你抽时间~~他。

【说道】ʂỹə³³ tɔ· 分辩，讲理。如：这事儿我得好好跟他们~~。

【说到天东地西】ʂỹə³³ tɔ· tʻiɛn³³ tuəŋ³³ ti⁴¹ si³³ 不管怎么说都不会改变。如：你今儿就是~我也不去。

【说头儿】ʂỹə³³ tʻ·rər⁴¹ ①可以商量的余地。如：你要这着想，那我跟你没~。②意思。如：这里头可是大有~哩。

【说嘴】ʂỹə³³ tsuei⁵³ 耍嘴皮子，夸耀，吹

牛。如：你还~哩，看你干哩好事儿。

【说悄悄话儿】ʂỹə³³ tsʻio³³ tsʻio³³ xuər⁴¹ 两人小声说话，不让第三方听见。如：怎俩甭~了，好好听老师讲课。

【说死了】ʂỹə³³ sɿ⁵³ lə· ①确定下来。如：这事儿咱~，可不能再变了。②指人不会聊天，说的话让人接不下去。

【说媳妇儿】ʂỹə³³ si⁵³ frur· 给男孩子介绍对象。

【说真哩】ʂỹə³³ tʂən³³ li· 说实话。如：~，这房子我真相不中。

【说处】ʂỹə³³ tʂʻʅ· 道理。如：有地这搬家哩时候儿给窗户儿外头挂哟镜儿，也不知道有啥~。

【说书】ʂỹə³³ ʂʅ³³ 曲艺的一种，指只说不唱的表演艺术形式。一般一人演说，通过叙述情节、描写景象、模拟人物、评议事理等艺术手段，敷演历史及现代故事。

【说书哩】ʂỹə³³ ʂʅ³³ li· 说书的人。

【说瞎话儿】ʂỹə³³ ɕia³³ xuər⁴¹ 说不真实的话。如：他这人好~，不应理他。

【说闲话儿】ʂỹə³³ ɕiɛn³³ xuər⁴¹ ①聊天，闲谈。②议论是非。如：王飞好背后~。

【说开】ʂỹə³³ kʻæ³³ 把事情公开讲明。如：这事儿~了就完了，不应再提了。

【说合】ʂỹə³³ xə· 调解双方的争执，劝说使和解。如：你去~~，叫他两家甭再俗气了。

【说一不二】ʂỹə³³ i³³ pu³³⁵³ ɦ⁴¹ 形容说话算数。如：老张向来~，你放心吧！

ʂuo

【搠】ʂuo³³ 把物体直立靠在其他物体上。如：你给那竹竿儿都靠墙边儿~好。

【□子】ʂuo³³ tsɹ· 一种铁制的破苇子工具。是一个一公分长的圆筒，中有三刃，把苇子头顶在其上，可以把苇子一剖为三。

【勺儿】ʂuɐɹ⁵³ 吃饭用的调羹。

【勺子】ʂuo⁵³ tsʅ· 大的盛饭的勺子。

【勺子星】ʂuo⁵³ tsʅ·siŋ³³ 北斗七星。

【□】ʂuo⁵³ "十个"的合音词。

ʂuæ

【摔打】ʂuæ³³ ta· ①为发泄不满而弄得器物叮当作响。如：有话儿说话儿，你改这~谁哩? ②磨炼；锻炼。如：小伙子就得到社会上去~~。‖①也说"摔摔打打 ʂuæ³³ ʂuæ·ta⁵³ ta·"。

【摔打人】ʂuæ³³ ta·zən⁵³ 借摔打东西或用恶言恶语表示对人的不满。如：有啥意见你就直说，不应~。

【摔老盆儿】ʂuæ³³ lɔ⁵³ pʰɚu⁵³ 年纪不是太大的夫妻，妻子去世后，丈夫在棺木前摔老盆儿，意为不让其妨碍自己再娶。

【甩脸子】ʂuæ⁵³ liɛn⁵³ tsʅ· 由于对某人不满，就故意发脾气，让人看自己不高兴的脸色，使人难堪。如：谁又惹你了? 你给谁~哩? ‖也说"提溜儿着脸 tʰi³³ liɚu·tsuo·liɛn⁵³"。

【甩开】ʂuæ⁵³ kʰæ³³ 放开，无限制地。如：他这人是有俩钱儿就敢~喽花，才不管明儿咋过哩!

ʂuei

【水菠菜】ʂuei⁵³ po³³ tsʰæ· 野菠菜。

【水膘】ʂuei⁵³ piɔ³³ 指人虚胖。如：他是~，看着怪壮，其实一点儿都不结实。‖也说"虚胖 ɕy³³ pʰaŋ⁴¹"。

【水崩子】ʂuei⁵³ pəŋ³³ tsʅ· 小白鹭。如：小时候儿可好去稻子地里拾~蛋。

【水瓢】ʂuei⁵³ pʰiɔ⁵³ 舀水的瓢。

【水米不打牙】ʂuei⁵³ mi⁵³ pu³³ ta⁵³ i⁵³ 没有吃也没有喝。如：老头儿眼看快不中了，都一星期~了。

【水马】ʂuei⁵³ ma⁵³ 母马。

【水牤牛儿】ʂuei⁵³ maŋ³³ ɣɚu⁵³ 天牛。‖也说"水夹子 ʂuei⁵³ tɕia³³ tsʅ·"，西乡说"水牛 ʂuei⁵³ ɣɚu⁵³"。

【水文化】ʂuei⁵³ vən⁵³ xua⁴¹ 酸模叶蓼，蓼科蓼属一年生草本植物。酸模叶蓼植株高大，叶上有黑褐色新月形斑点，生田边、路旁、水边、荒地或沟边湿地，嫩时可食，有药用价值。

【水道眼儿】ʂuei⁵³ tɔ⁴¹ iɚu⁵³ 住宅内向外排水的孔道。如：~堵住了，你拿一根棍儿去通通吧?

【水兑】ʂuei⁵³ tuei· 言行不严肃。如：这是正经事儿，你可不应~。

【水路壕儿】ʂuei⁵³ lu⁴¹ xɔɹ⁵³ 排水沟。

【水儿】ʂuɯ⁵³ 像水一样的液体。

【水渣子】ʂuei⁵³ tsa⁵³ tsʅ· 水垢。

【水席】ʂuei⁵³ si⁵³ 发源于孟津的特色传统名宴，属于豫菜系。所谓"水席"有两个含义：一是全部热菜都有汤；二是热菜吃完一道撤后再上另一道，像流水一样不断地更新。孟津水席全席共二十四道菜，除八冷盘做下酒菜之外，其余四大件、八中件、四压桌菜全都带汤上席，燕菜是水席的第一道菜。

【水池儿】ʂuei⁵³ tʂʰɚu⁵³ 水池子。

【水蛇】ʂuei⁵³ ʂɤ⁵³ 生活在水中的一种蛇，分布广泛。其体大如鳝，黄黑色，有花纹，咬人但毒性不大。

【水水兑兑】ʂuei⁵³ ʂuei·tuei⁴¹ tuei· 说话随随便便。如：他这人说话儿~哩，没一句儿正经话儿。

【水鸡儿】ʂuei⁵³ tɕiɯ· 青蛙。

【水浇地】ʂuei⁵³ tɕiɔ⁵³ ti⁴¹ 可以灌溉的田地。

【水气】ʂuei⁵³ tɕʰi· 水分。如：这菜~忒大。

【水芹菜】ʂuei⁵³ tɕʰin⁵³ tsʰæ⁴¹ 野芹菜。

【水缸】ʂuei⁵³ kaŋ³³ 盛水的大陶缸。通自来水之前，家家都用水缸来储存水。

【水鸭子】ʂuei⁵³ ia³³ tsʅ· 鸭子的统称。

【水烟】ʂuei⁵³ iɛn³³ 抽水烟袋的烟丝。

【水烟袋】ʂuei⁵³ iɛn³³ tæ· 旧时一种用铜或锡做成的吸烟用具，主要由烟管、吸管、盛水的水斗、烟仓、通针、手把等构成。烟通过水的过滤而吸出，烟味醇和，吸时会发出咕噜咕噜的声音。

ʂɔ

【烧】ʂɔ³³ ①烫。如：水忒～了，喝不成。②因富有或暂时得意而得意忘形。如：李翔明当了科长就～哩不是他了。③过多的肥料使植物枯萎或死亡。如：上化肥忒多了，菜都叫～死了。

【烧不透】ʂɔ³³ pu³³⁵³ tʻəu⁴¹ 指不通人情世故、性情暴躁、蛮横无理的人。如：那人是哟～，你甭招惹他。

【烧包儿】ʂɔ³³ pɔr³³ 指那些有钱或有权就爱讲排场、摆阔气的人。如：万林～哩不轻，挣了俩钱儿可去买了一辆奥迪。‖ 也说"烧包儿漏豆儿ʂɔ³³ pɔr³³ ləu⁴¹ tɤur⁴¹"。

【烧大纸儿】ʂɔ³³ ta⁴¹ tsəu⁵³ 一种祭祀方式，父母去世时，女儿女婿要抬食盒进行祭祀，食盒上一定放猪头。

【烧汤】ʂɔ³³ tʻaŋ³³ ①做晚饭，旧时晚上不吃干饭多喝汤汤水水的，故名。如：不应喷了，该回去～了。②做饭时熬的粥，做的甜汤等。如：晌午吃卤面，再烧点儿酸楂汤吧？

【烧汤花儿】ʂɔ³³ tʻaŋ³³ xuɤr³³ 紫茉莉，一年生草本植物，花色丰富。花傍晚开放，有香气，次日午前凋萎。

【烧纸】ʂɔ³³ tsɿ⁵³ 忌日、周年、逢年过节等至坟前烧黄裱纸、金银箔等以悼念先人。

【烧纸儿】ʂɔ³³ tsəu⁵³ 亲友邻居到死者家进行祭祀吊唁的活动，烧五色纸、箔等，还要随礼。

【烧纸扎】ʂɔ³³ tsɿ⁵³ tsa· 下葬当天把所有纸制品拿到坟上焚烧。

【烧小纸儿】ʂɔ³³ siɔ⁵³ tsəu⁵³ 一种祭祀方式，丧礼或周年时，亲友们一般扎篮前往祭祀。

【烧心（儿）】ʂɔ³³ sin³³（siɯ³³）①指胃部烧灼的感觉，多由胃酸过多，刺激胃黏膜引起。②白菜等因受热，内部变黄腐烂。

【烧青塔儿】ʂɔ³³ tsʻiŋ³³ tʻɤr³³ 旧时少儿玩的一种娱乐活动。把烧地火留下的琉璃渣摆成塔形，用火把塔烧红后，在上面撒上硫磺，会迸溅出蓝色的火焰，煞是好看。

【烧车】ʂɔ³³ tʂʻʐ³³ 下葬前一天傍晚，焚烧纸轿、纸车、纸人、纸马等，助死者顺利登天。

【烧香】ʂɔ³³ ɕiaŋ³³ 信仰神灵的人点燃香烛，祈求神灵的保佑。‖ 也说"烧香拜佛ʂɔ³³ ɕiaŋ³³ pæ⁴¹ fu⁵³"。

【烧高香】ʂɔ³³ kɔ³³ ɕiaŋ³³ 烧香祝愿；意外之喜。如：他只要不再来捣乱我就算烧了高香了，可不用他赔钱儿。

【烧火】ʂɔ³³ xuɔ⁵³ 在土灶膛中燃烧柴草（做饭）。如：该做饭了，你去～吧。

【烧火棍儿】ʂɔ³³ xuɔ⁵³ kuɯ⁴¹ ①向灶膛里添柴火的工具，一般是木制的一根棍子。②通条，一端尖的铁条，用来通炉子等器物，使不堵塞。

【烧寒衣儿】ʂɔ³³ xan⁵³ iu³³ 农历十月初一给死者烧五色纸。孟津习俗，女儿亲到坟前烧纸供馔，儿子儿媳则在家门口烧。

【烧荒】ʂɔ³³ xuaŋ³³ 冬季放火烧野草。

【少不了】ʂɔ⁵³ pu³³ liɔ⁵³ 一定不会少。如：办这事儿～老马。

【少铺没盖】ʂɔ⁵³ pʻu³³ mu³³⁵³ kæ⁴¹ 形容家庭极其贫困，连被褥都没有。

【少脸没皮】ʂɔ⁵³ liɛn⁵³ mu⁵³ pʻi⁵³ 形容人屡教不改，寡廉鲜耻。如：这人咋～哩，咋嚷他都跟没听见一样。

【少家失教】ʂɔ⁵³ tɕia³³ ʂʐ³³ tɕiɔ⁴¹ 缺乏管教，没有教养。如：这孩子一看就是～哩，惯哩无法无天。‖ 也说"少调失教ʂɔ⁵³ tʻiɔ⁵³ ʂʐ³³ tɕiɔ⁴¹"。

【少有】ʂɔ⁵³ iəu⁵³ 少见，出奇。用来表示对人对事的强烈不满，有坏、恶劣的意思。如：这种人真 ~ 。‖ 也说"少见 ȿɔ⁵³ tɕien⁴¹"。

【少盐没醋哩】ȿɔ⁵³ iɛn⁵³ mu³³⁵³ tsʻu⁴¹ li· 指饭菜没有什么味道。‖ 也说"少滋没味儿哩 ȿɔ⁵³ tsʅ³³ mu³³⁵³ viuɹ⁴¹ li·"。

【韶叨】ȿɔ⁵³ tɔ· 形容人的言语啰嗦、行动多余。如：娘，你看俺爹 ~ 不 ~，头里我说了不出去，又来叫我。

【韶叨瓜儿】ȿɔ⁵³ tɔ· kuɐr³³ 指说话说不到正地方的人。如：老七家是哟 ~，不会说话儿。

【韶韶叨叨】ȿɔ⁵³ ȿɔ· tɔ³³ tɔ· ①滔滔不绝地胡说。如：你看恁妈，~ 哩一势说。②形容人的精神不太正常。如：世晓家媳妇有点儿 ~ 哩。

【少白头】ȿɔ⁴¹ pæ⁵³ tʻəu⁵³ 年纪不大头发已经变白。如：杰超是 ~，看着有点儿老相。

【少色】ȿɔ⁴¹ sæ³³ 衣物的面料、辅料由于日晒、空气氧化等自然因素而颜色变浅。如：这件儿衣裳一 ~ 难看死了，不能穿了。

【邵窝】ȿɔ⁴¹ uo³³ 据传为北宋邵雍的隐居地，在会盟镇下古村南崝嵘山的山腰处神州庙大观亭旁，是一座天井窑洞式建筑。

ȿəu

【收麦】ȿəu³³ mæ³³ ①收割麦子。如：天再晴几天就能 ~ 了。②收起晾晒的麦子。③买麦子。如：小洪今年替粮库 ~，挣了点儿辛苦钱儿。

【收头】ȿəu³³ tʻəu⁵³ 旧时过年时长辈得到晚辈的磕头祝福。

【收头儿】ȿəu³³ tʻəur· 庄稼的收成。如：今年这麦 ~ 啥样儿？能打八百斤不能？

【收秋】ȿəu³³ tsʻiəu³³ 收获秋季的农作物。如：今年一势下雨，~ 迟哩多了。

【收心】ȿəu³³ sin³³ ①收起散漫放纵的心

思。如：没有了他妈，他才知道 ~ 了。②也指收起做坏事的念头，改邪归正。如：他从牢里放出来才真 ~ 了，正正经经做生意，再也不偷鸡儿摸狗儿了。

【收拾】ȿəu³³ ʅ· 打；教训。如：你不应捣蛋了，小心恁爸一会儿回来 ~ 你。

【收拾地】ȿəu³³ ʅ· ti⁴¹ 播种前，进行翻地、耙地、平整土地的工作。

【收口儿】ȿəu³³ kʻəur⁵³ ①疮口由大变小开始愈合。如：他肚子上哩刀口慢慢儿 ~ 了，快好了。②把编织物的开口处结起来。如：毛衣哩袄袖儿够长了，该 ~ 了。

【收尾儿】ȿəu³³ iuɹ⁵³ ①最后。如：你排到最后，你 ~。②包圆儿。如：放心吧，我给你 ~ 了。③工程的最后环节。如：咱这活儿到 ~ 哩时候儿了，大家千万小心啊！

【手不利怨袄袖儿】ȿəu⁵³ pu³³⁵³ li⁴¹ yɛn⁴¹ ɣɔ⁵³ sɹəur⁴¹ 事情做不好，归罪于各种客观因素不利。

【手不干净】ȿəu⁵³ pu³³ kan³³ tsiŋ⁴¹ 指有偷摸的行为。如：这孩子 ~，去恁家你可留心点儿。‖ 也说"手脚不干净 ȿəu⁵³ tɕyɔ³³ pu³³ kan³³ tsiŋ⁴¹"。

【手脖儿】ȿəu⁵³ pɹər⁵³ 手腕。如：今儿 ~ 有点儿疼。‖ 也说"手脖子 ȿəu⁵³ pɔ⁵³ tsʅ·"。

【手脖儿硬】ȿəu⁵³ pɹər⁵³ ɣəŋ⁴¹ 做事情干脆利索，手段强硬。如：听说这人 ~，敢拍板儿敢当家哩。‖ 也说"手腕儿硬 ȿəu⁵³ uɐn³¹ ɣəŋ⁴¹"。

【手背】ȿəu⁵³ pei⁴¹ 打扑克或麻将时起不到好牌。

【手边儿】ȿəu⁵³ piɐr³³ 身边，周围。如：你 ~ 有没有三十以下哩女孩子呀？

【手帽儿】ȿəu⁵³ mɹɔr⁴¹ 手套。如：冬天天冷，得戴厚 ~。

【手扶拖拉机】ȿəu⁵³ fu⁵³ tʻu³³ la³³ tɕi³³ 靠手把操纵的一种小型轮式农用拖拉机。

【手大】ȿəu⁵³ ta⁴¹ 对财物不吝惜，随意花钱或给人财物，与"手紧"相对。如：这孩子 ~，存不住钱儿。‖ 也说"手

松 ʂəu⁵³ suəŋ³³"。

【手电灯】ʂəu⁵³ tiɛn⁴¹ təŋ³³ 以干电池或充电电池为电源，便于携带的筒形照明器。

【手头儿】ʂəu⁵³ tʻɾəur⁵³ ①正在做或待做的事情。如：等我～工作处理哩差不多儿了，咱出去玩儿一趟。②指人一时的经济情况。如：我这一段～有点儿紧，再等几天吧？‖也说"手里头ʂəu⁵³ li⁵³ tʻəu·"。

【手指头肚儿】ʂəu⁵³ tʂʅ⁵³ tʻəu·trur⁴¹ 手指末端有指纹略微隆起的部分。

【手指头缝儿】ʂəu⁵³ tʂʅ³³ tʻəu·fəur⁴¹ 手指之间的缝隙。迷信的人认为指缝宽的人漏财，没有指缝的人才能聚财。如：你～里漏点儿就够他一家儿花哩了。

【手相】ʂəu⁵³ siaŋ⁴¹ 旧时迷信看相的一种，通过看手掌的形态和手纹来预言吉凶祸福。

【手生】ʂəu⁵³ səŋ³³ 指做事不熟练，与"手熟"相对。如：老王～，做哩有点儿慢。

【手重】ʂəu⁵³ tʂuəŋ⁴¹ 做事时手的力度大。如：今儿这搓澡哩～，搓哩我浑身红彤彤哩。

【手软】ʂəu⁵³ zuan⁵³ 指人处理事情时下不了狠心，手段不强硬。如：到关键时候儿了，你可千万不能～啊！

【手脚麻利】ʂəu⁵³ tɕyɔ³³ ma⁵³ li· 做事干脆利落，不拖泥带水。如：刘芳这闺女儿～着哩，活儿做哩又快又好。

【手巾】ʂəu⁵³ tɕin· ①毛巾。如：洗脸～。②手绢。

【手紧】ʂəu⁵³ tɕin⁵³ ①不随便花钱或给人财物，与"手松"相对。如：他手可紧了，你不应想从他手里要过来一分钱儿。②手头拮据。如：我这一段有点儿～，这钱儿能不能缓缓？

【手劲儿】ʂəu⁵³ tɕiur⁴¹ 用手握物的力量。如：王淦～可大了。

【手气】ʂəu⁵³ tɕʻi· 指打牌、打麻将或买彩票时的运气。如：今儿～不好，一把都不开。

【手巧】ʂəu⁵³ tɕʻiɔ⁵³ 指人做各种活计时手

艺精湛。如：旦儿哥～，会蒸各种各样哩花馍。

【手勤】ʂəu⁵³ tɕʻin⁵³ 指人不闲着，做事勤快，与"手懒"相对。

【手轻】ʂəu⁵³ tɕʻiŋ³³ 指人做事时手劲儿小；轻柔。如：这活儿细法，得寻哟～哩人来做。

【手兴】ʂəu⁵³ ɕiŋ⁴¹ 指打牌、打麻将或买彩票时的运气好。

【手快】ʂəu⁵³ kʻuæ⁴¹ 动作敏捷，做事快。如：她～，一会儿可弄好了。

【手狂】ʂəu⁵³ kʻuaŋ⁵³ 爱动手打闹，见谁都想拍打一下，见什么东西都想摸一下。如：这孩子～，不动这儿就摸那儿。

【手印儿】ʂəu⁵³ iur⁴¹ 手摸过物品后在其上留下的印记。如：不应乱摸了，电视机上都是你哩小～。

【手痒】ʂəu⁵³ iaŋ⁵³ 对某事有兴趣，急切地想去试去做。如：老徐看了两圈儿，～了，也想下场试试。

【守灵】ʂəu⁵³ liŋ⁵³ 死者停尸草铺至入殓前，每晚都要有死者的晚辈亲人守护在棺床边，其间要不断给长明灯添油拨捻，更换接续燃香，以示对死者的哀悼和陪伴。

【守孝】ʂəu⁵³ ɕiɔ⁴¹ 旧俗指葬礼结束之后，亲属为了表示哀悼，而断绝一切交际、娱乐，在家守丧。

【守活寡】ʂəu⁵³ xuɔ⁵³ kua⁵³ 指妇女空有妻子的名分，却无实际的夫妻生活。

【首阳山】ʂəu⁵³ iaŋ⁵³ san³³ 山名，位于偃师与孟津交界处，孟津会盟镇扣马村南部。首阳山是伯夷、叔齐隐居之处，伯夷叔齐宁死不食周粟，采薇而食，饿死在首阳山中。

【受】ʂəu⁴¹ ①生活艰难，日子过得不容易。如：她嫁过去，上头得伺候瘫痪哩婆子，下头养活了仨孩子，快～死了。②指受气；受罪。如：她有短处改人家手里头，人家说难听话儿，她也只该～着。

【受症】ʂəu⁴¹ tʂəŋ⁴¹ 指人到了困顿贫病、

经济拮据、捉襟见肘的困难境地。如：他家这几年有哩有病儿有哩上学花钱儿，通～着哩。

【受气布袋儿】ʂəu⁴¹ tɕ'i⁴¹ pu⁴¹ tæ·常受欺压的人。如：老严改家里一辈子都是～。

【寿材】ʂəu⁴¹ ts'æ⁵³ 棺材。旧时孟津习俗，人到六十岁时就要选定吉日，准备好棺木和寿衣。

【寿衣】ʂəu⁴¹ i³³ 死人穿的衣服。‖ 也说"送老衣儿 suəŋ⁴¹ lɔ⁵³ iu³³"。

【寿衣店】ʂəu⁴¹ i³³ tiɛn⁴¹ 专门卖死人穿的衣服的店铺。如：他改十字儿街开了一家～，生意还可以。

ʂan

【苫儿】ʂɯ³³ 用稻草等编织成的盖东西或垫东西的草垫子。‖ 也说"草苫儿 ts'ɔ⁵³ ʂɯ³³"。

【扇】ʂan³³ ①用巴掌打。如：真想～你两巴掌。②摇动扇子或其他片状物，使空气流动起来产生风。如：今儿怪热哩，你给孩子～～扇儿吧。

【煽风点火】ʂan³³ fəŋ³³ tiɛn⁵³ xuo⁵³ 煽起风，点起火。比喻鼓动别人去做某种事。‖ 也说"煽阴风点鬼火 ʂan³³ in³³ fəŋ³³ tiɛn⁵³ kuei⁵³ xuo⁵³"。

【煽乎】ʂan³³ xu·添油加醋，煽风点火，鼓动怂恿。如：他俩才叫劝住了，你就不应再改这～了。

【煽火】ʂan³³ xuo⁵³ ①煤火或柴火不旺时，用扇子扇动可以使火燃烧得更旺。②喻指怂恿鼓动，挑起事端。如：她俩成是不对劲儿哩，你就不应改这再～了。

【闪】ʂan⁵³ ①剩下，撇下，留下。如：这馍～了好几天了，都长毛了。②空起来。如：这块儿地先～着不种。③悄悄地走。如：不中了，我得先～了。④坏。如：上房屋哩灯～了。⑤扭伤。如：今儿搬家具，～住腰了。

【扇儿¹】ʂua⁴¹ ①扇子，用蒲草、竹篾或其他材料制成的可以摇动生风的用具。②指片状物体。如：门～｜窗户～｜肋巴～。

【扇儿²】ʂua⁴¹ 量词，用于片状的物品。如：一～门儿｜一～窗户。

【善茬儿】ʂan⁴¹ ts'ɚ⁵³ 好对付的人。如：她可不是哟～，你可不敢招惹她。

【善男善女】ʂan⁴¹ nan⁵³ ʂan⁴¹ ny⁵³ 原指皈依佛教的男女，后泛指信佛的良家男女。‖ 也说"善男信女 ʂan⁴¹ nan⁵³ sin⁴¹ ny⁵³"。

【骟羊】ʂan⁴¹ iaŋ⁵³ 把幼公羊的生殖腺割掉。

ʂuan

【疝气】ʂuan⁴¹ tɕ'i⁴¹ 腹股沟凸起或阴囊肿大，有时伴随剧痛。

【涮饱了】ʂuan⁴¹ pɔ⁵³ lə·饮食多汤水，或只吃稀的，饭时虽也填饱了肚子，但很快就饿了。如：没啥吃哩，喝了几碗汤面条儿，～。

【涮涮】ʂuan⁴¹ ʂuan·①把衣物、器皿在清水中过一遍。如：衣裳洗完了，再～就中了。②把肉类、蔬菜等在火锅中略烫使熟。如：羊肉片改火锅里头较起～就能吃了。

ʂən

【身板儿】ʂən³³ pɯ⁵³ 身体，体质。如：不应看他快八十了，～还结实着哩。

【身边儿】ʂən³³ piɯ³³ 身体的近处，身旁。如：你～有没有四五十岁哩单身哩女哩?

【身儿】ʂɯ³³ 量词，用于衣服。如：闺女结婚哩时候儿，她穿了一～大红哩旗袍，可好看了。

【身子】ʂən³³ tsʅ·怀孕。如：你有～了，可不敢再干重活儿了!‖ 也说"身子沉 ʂən³³ tsʅ·tʂ'ən⁵³"。

【身子骨儿】ṣən³³ tṣʅ·kur³³ 体格，体质，多用于老年人。如：老陈这~跟年轻人样哩，扛两袋儿面也没问题。

【身上】ṣən³³ ṣaŋ· ①身体上。如：我~难受，不想出门儿。②随身。如：你~带哩钱儿够不够？③月经。如：她~过了哟月没来了，是不是有了？

【申愤】ṣən³³ fən· 对物质条件要求过高，过于挑剔。如：~哩你不轻！饿你三天，看你吃不吃！

【神鞭】ṣən⁵³ piɛn³³ 一种长条形手提着放的烟花。

【神婆儿】ṣən⁵³ p'ʅər⁴¹ 巫婆，以装神弄鬼替人祈祷为职业的女人。

【神道道哩】ṣən⁵³ tɔ·tɔ⁵³ li· 指动作言语异乎寻常，略带神经质。如：他妈成天~，见谁就跟谁说有人想害她。

【神主儿】ṣən⁵³ tṣʅ⁵³ 为逝去的先人立的牌位，用木或石制成。

【神桌】ṣən⁵³ tṣʅə³³ 敬神用的桌子。‖ 也说"供桌 kuəŋ⁴¹ tṣʅə³³"。

【神汉】ṣən⁵³ xan⁴¹ 职业同"神婆儿"，为男性。

【婶儿】ṣəɯ⁵³ 称呼叔父的妻子。

ṣuən

【顺坡儿下驴】ṣuən⁴¹ p'ʅər³³ ɕia⁴¹ ly⁵³ 趁势找台阶下。如：人家都说到这儿了，你还不赶紧~算了？

【顺毛驴儿】ṣuən⁴¹ mɔ⁵³ lyɯ⁵³ 只能表扬不能批评的人。如：这人是哟~，你得哄着他点儿。

【顺路儿】ṣuən⁴¹ lʅur⁴¹ 办自己事的路上顺便帮别人。如：没事儿，正好我去东区办事儿，~能去老辛家拐一下儿。

【顺流血】ṣuən⁴¹ liəu⁵³ ɕiɛ³³ 流血不止。如：小军下楼梯摔了，低脑磕哩~。

【顺嘴】ṣuən⁴¹ tsuei⁵³ ①随便，脱口而出。如：我是~胡说哩，你可不应当真喽。②从口里。如：他第一回吃灌汤包儿，一咬，~流油，烧哩不轻。

【顺长】ṣuən⁴¹ tṣ'aŋ⁵³ 物体竖着的长度。如：这间屋子~五米，横着四米。

【顺床立】ṣuən⁴¹ tṣ'uaŋ⁵³ li³³ 西乡人称"睡觉"。

【顺水】ṣuən⁴¹ ṣuei⁵³ 顺水势而下。如：从重庆给宜昌走是~，船走哩快。

【顺水】ṣuən⁴¹ ṣuei· 套屋或过道中梁下横放的一根通长的木头。

【顺手儿】ṣuən⁴¹ ṣəur⁵³ 顺便。如：对你来说是~哩事儿，你给他办喽吧？

【顺顺当当】ṣuən⁴¹ ṣuən·taŋ³³ taŋ· 顺利，稳当。如：君君工作哩事儿~哩可办好了，下星期上班儿。‖ 也说"顺当 ṣuən⁴¹ taŋ·"。

【顺顺气儿】ṣuən⁴¹ ṣuən·tɕ'iu⁴¹ 息怒。如：你不应生气了，~，叫他给你赔哟不是就算了。

【顺气儿】ṣuən⁴¹ tɕ'iu⁴¹ ①指有些食物具有的促进食物消化，排解胃肠胀气的功效。如：老人说吃萝卜~。②心情舒畅，痛快。如：这话儿听喽叫人觉着怪~哩。

【顺下去】ṣuən⁴¹ ɕia·tɕ'y· ①用水冲使咽下去。如：吃这胶囊还改嗓子眼儿卡着哩，再喝点儿水给它~。②把人或物从高处系下去。如：红薯窖圪台儿平了，没法儿蹬，得使绳儿给人~。

【顺杆儿爬】ṣuən⁴¹ kɛur³³ p'a⁵³ 顺着别人的话逢迎。如：王利可会~了，吹哩刘主任晕乎乎哩不知道各人是老几了。

【顺眼儿】ṣuən⁴¹ iɛur⁵³ 指符合自己的心意，看着舒服。如：只要他看着~就中，咱不应跟着瞎掺和。

【舜王庙】ṣuən⁴¹ uaŋ⁵³ miɔ⁴¹ 在孟津小浪底镇原小浪底村西坡头，是古代人们为了纪念舜禹治水而兴建的庙宇，庙中三大殿，分别为舜王殿、禹王殿和河大王殿，因此又称三王殿。每年正月十六庙会，四里八乡的百姓都会来观看表演，进行贸易，后来已经成为物资交流的盛会。

ṣaŋ

【伤】ṣaŋ³³ ①因过度而感到厌倦或不舒服。如：他小时候吃肉吃 ~ 了。②死亡。如：他家老二 ~ 了。

【伤风】ṣaŋ³³ fəŋ³³ 受风寒感冒。

【伤差】ṣaŋ³³ tsʻa· ①出红薯时红薯有破损。如：夜儿出哩红薯 ~ 哩可不少。②指人不足成，不太聪明。如：这孩子有点儿 ~ 。

【伤食】ṣaŋ³³ ʂʅ· 吃得太多而消化不良。如：小东有点儿 ~ ，这两天不好好吃饭。

【伤食圪得儿】ṣaŋ³³ ʂʅ· kuˀ⁵³ tər 因消化不良而打嗝。

【晌午】ṣaŋ⁵³ u· 中午。

【晌午饭】ṣaŋ⁵³ u· fan⁴¹ 午饭。

【晌午头儿】ṣaŋ⁵³ u· tʻəur⁵³ 接近中午十二点。如：正 ~ 上，天忒热了，歇歇再去吧。

【晌午错】ṣaŋ⁵³ u· tsʻu⁴¹ 过了中午十二点。如：都 ~ 了，恁妈咋还不回来吃饭呀？

【晌午觉儿】ṣaŋ⁵³ u· tɕɔr⁴¹ 午觉，午饭后短时间的睡眠。如：医生说 ~ 睡二十分钟到半个小时就中了，不能睡哩时间忒长嗖。

【爽利】ṣaŋ⁵³ li· 干脆；索性。如：时候儿不早了，~ 咱吃嗖晌午饭再去吧。

【上磨盘】ṣaŋ⁴¹ mo⁴¹ pʻan⁵³ 石磨的上半部分，是磨面时可以转动的部分，与"下磨盘"相对。

【上门儿】ṣaŋ⁴¹ məur⁵³ ①亲自登门做某事。如：李大夫每天亲自 ~ 来给老太太输液，服务态度真好。②入赘，指男子到女方家庭生活，自己和子女还要改姓女方家姓氏。如：刘涛这 ~ 女婿一点儿家儿都不当。③插上门闩。如：天不早了，快点儿 ~ 睡觉吧。

【上粪】ṣaŋ⁴¹ fən⁴¹ 给庄稼施肥。

【上坟】ṣaŋ⁴¹ fən⁵³ 到坟前祭奠死者。如：清明节 ~ 哩人可多了。

【上房屋】ṣaŋ⁴¹ faŋ⁵³ u³³ 正房，坐北朝南，在庭院中最是高大，是家中长辈所居。

【上地】ṣaŋ⁴¹ ti⁴¹ 把肥料施在地里。如：拉森饼泡泡 ~ 可有劲儿了。

【上吊】ṣaŋ⁴¹ tiɔ⁴¹ 用绳索之类吊住脖子自杀。

【上冻】ṣaŋ⁴¹ tuaŋ⁴¹ 冬天比较寒冷时，土地、路面和水面开始结冰。如：这几天冷哩很，河里都 ~ 了。

【上套】ṣaŋ⁴¹ tʻɔ⁴¹ ①给牲口套上套。②比喻人开始承担某种责任和义务。如：老潘家儿媳妇生了一对儿双生儿，老潘可算上了套了。

【上头】ṣaŋ⁴¹ tʻəu⁵³ ①酒喝多了以后头晕头疼。如：这酒喝嗖光 ~ 。②因不良情绪而生气。如：他一听可 ~ 了，指着老孙可嘚开了。③迎亲时给新娘梳头，一般由女娶客手执梳子给新娘象征性地梳几下，司仪在旁喊"一梳金，二梳银，三梳儿女一大群"。

【上头】ṣaŋ⁴¹ tʻəu· ①位置较高的地方。如：这东西儿先不用哩，给 ~ 搁搁。②顺序靠前的部分。如：这本儿书 ~ 哩几页儿湿了，你给它揭开晾晾。③物体表面的部分。如：奶都冷了，~ 都清皮儿了。

【上路儿】ṣaŋ⁴¹ lɻur⁴¹ ①摸住门道，入门儿了。如：这孩子可算 ~ 了。②喻指人死亡。

【上脸儿】ṣaŋ⁴¹ liɐu⁵³ 因喝酒而脸红。如：老五一喝酒就 ~ 。

【上梁】ṣaŋ⁴¹ liaŋ⁵³ 架梁。是建造房屋的一项重要工序，要放鞭炮、请客吃饭庆祝。

【上梁不正下梁歪】ṣaŋ⁴¹ liaŋ⁵³ pu³³⁵³ tʂəŋ⁴¹ ɕia⁴¹ liaŋ⁵³ uæ³³ 上行下效，长辈或上级的作风不好会影响到子女或下级。

【上座儿】ṣaŋ⁴¹ tsuɐr⁴¹ 指的是分尊卑安排坐位时，地位最尊的坐位。

【上菜】ʂaŋ⁴¹ tsʻæ⁴¹ 将烹饪好的菜肴送上酒桌。

【上色】ʂaŋ⁴¹ sæ³³ 给布匹、图画或工艺品等染上颜色。

【上岁数】ʂaŋ⁴¹ suei⁴¹ ʂʅ· 上了年纪；年老。如：这人上喽岁数牙口儿都不好了，硬哩东西咬不动了。‖也说"上年纪 ʂaŋ⁴¹ niɛn⁵³ tɕi·"。

【上山】ʂaŋ⁴¹ san³³ ①到山上去干活或游玩。如：咱今儿~摘酸枣吧？②抬人上山埋葬。孟津中部高，东西横亘的是邙山；南北低，南部是洛河谷地，北部是黄河谷地；境内还多冲沟。去世的人一般埋在邙山岭上，因此用上山代指死亡。如：你再孬，将来可没有人抬你~。

【上心】ʂaŋ⁴¹ sin³³ 用心；留心。如：干啥事儿都得~，不~可干不好。

【上像】ʂaŋ⁴¹ siaŋ⁴¹ 照片上比真人的模样还好看。如：宋亮不~，真人可帅了。

【上手儿】ʂaŋ⁴¹ ʂəur⁵³ ①打架动手。如：吵是吵，可不能~啊！②动手做。如：说一百遍儿也不胜~干一回。

【上家儿】ʂaŋ⁴¹ tɕiɛrr⁴¹ 打扑克或玩麻将时比自己先出牌的人。

【上街】ʂaŋ⁴¹ tɕiæ³³ 到街市比较热闹或有集市的地方去游逛购物。

【上劲儿】ʂaŋ⁴¹ tɕiui⁴¹ ①与对方对着干。如：这孩子跟他爸~哩，你叫他抓他偏不抓。②把钟表的发条拧紧。

【上气儿】ʂaŋ⁴¹ tɕʻiui⁴¹ 蒸食物时，锅里的水因升至100度以上而变成水蒸气逸出。如：蒸馍哩时候儿，冷水上锅，~喽再蒸25分钟就中了。

【上下】ʂaŋ⁴¹ ɕia⁴¹ 后加成分，用在数量词语后表示约数。如：她看着也就是三十~。

【上学】ʂaŋ⁴¹ ɕyə⁵³ ①到学校上课。如：今儿是教师节，小学生不~。②开始接受学校教育。如：牛牛五岁都~了。

【上赶着】ʂaŋ⁴¹ kan⁵³ tʂuo· 为巴结、讨好而主动积极地与人接触。如：刘俊孝~巴结老宋，还不是想叫人家给他安排安排孩子？

【上工】ʂaŋ⁴¹ kuəŋ³³ 到农田、工地等劳动场所开始一天的工作。

【上供】ʂaŋ⁴¹ kuəŋ⁴¹ ①在祖先的神位前或神像、佛像前摆放祭祀的供品以祭祖或敬神。②喻指为求人办事而送礼。如：王浩改刘局长那儿可没少~，最后事儿也没办成。

【上火】ʂaŋ⁴¹ xuo⁵³ 中医指便秘和口腔发炎的症状。

【上窝儿】ʂaŋ⁴¹ uɛr³³ 指家禽等傍晚飞回窝中，因传统家庭养鸡大多把鸡窝垒得比较高，故言。如：天快黑了，看看鸡儿都~了没有。

【上药】ʂaŋ⁴¹ yə³³ 给皮肤表面的患处敷上药物。

【上院】ʂaŋ⁴¹ yɛn⁴¹ 又名"上苑"，村名，在今孟津横水镇，传说是隋炀帝和窦建德的花园。

【缂鞋】ʂaŋ⁴¹ ɕiæ⁵³ 把鞋底和鞋帮缝缀在一起。

ʂuaŋ

【双把儿把儿葱】ʂuaŋ³³ pʐɛr⁴¹ pʐɛr⁴¹ tsʻuəŋ³³ 孟津葬俗，棺木下葬后，要在墓中种上双把儿把儿葱，寓意后代繁荣昌盛。

【双立人儿】ʂuaŋ³³ li³³ ʐəu⁵³ 汉字偏旁"彳"，如"往""得"的左边偏旁。

【双身子】ʂuaŋ³³ ʂən³³ tsʅ· 指怀孕的妇女。如：她阵着是~，不应叫她使着喽。

【双下巴儿】ʂuaŋ³³ ɕia⁴¹ pʐɛr· 人肥胖后下巴的肉垂下去，稍微低头会出现一道褶皱，像是两层下巴一样。如：你这一段儿胖了，都有~了。

【双口吕】ʂuaŋ³³ kʻəu⁵³ ly⁵³ 介绍吕姓时的说法。如：他姓吕，~。

【双槐】ʂuaŋ³³ xuæ⁵³ 古村名，原村庄在孟津区会盟镇今李庄村北的黄河河道中，形成于唐初、废弃于清朝中期。双槐古村是黄河的交通咽喉，唐代设有水驿。历史上，双槐古村名人辈出。史书记载，王维九岁时随母迁至双槐古村，在此度过青少年时期。明初王氏家族从山西洪洞县迁居此地，始迁始祖弟兄二人植二槐树于门，以示不忘祖根，双槐村因此得名。双槐村有王、李两大姓，诞生了王铎和李际期两个名震河洛的望族。王铎中进士后在明崇祯朝官至礼部尚书，李际期中进士后，历任户部主事、浙江提学道、刑部侍郎、工部尚书、兵部尚书。明清两代，双槐村一百年间接连登科及第有七进士三举人，秀才贡生数十人。

【双黄蛋】ʂuaŋ³³ xuaŋ⁵³ tan⁴¹ 一个蛋壳中含有两个蛋黄的蛋，通常比正常的蛋要大。

【双眼皮儿】ʂuaŋ³³ iɛn⁵³ pʻiɯ⁵³ 上眼皮的下部边缘有一道褶皱，与"单眼皮"相对。

【霜打了】ʂuaŋ³³ ta⁵³ lə· 植物遭遇霜降后变蔫儿枯萎。如：那盆花儿夜儿黑地忘搬进来了，叫 ~ 。

【□】ʂuaŋ⁵³ ①把物体弄断。如：你使锹给那两棵小桐树苗儿 ~ 喽吧。②缩进去。如：天忒冷，他哩脖子 ~ 到袄儿领里头了。③用棍子等捣使密实。如：卧酸菜哩时候儿一层一层得多 ~ ~ 。

【爽快】ʂuaŋ⁵³ kʻuæ· 直爽；直截了当。如：张冰是哟 ~ 人。

【双生儿】ʂuaŋ⁴¹ səɯ· 双胞胎。

ʂəŋ

【升班】ʂəŋ³³ pan³³ 学生升级。

【升子】ʂəŋ³³ tsɿ· ①称量粮食的器具，容量是斗的十分之一。如：擀面哩时候儿，寻不着 ~ 了。②量词，用升子盛放的量。如：今儿人多，得擀两 ~ 面。‖也说"升 ʂəŋ³³"。

【声儿】ʂəɯ³³ 说话的声音。如：听 ~ 像是俺姑回来了。

【圣蛋】ʂəŋ⁴¹ tan⁴¹ 指既无本事又狂妄自大好逞能的人。如：他这人通 ~ 哩，你不应理他。

【圣能】ʂəŋ⁴¹ nəŋ⁵³ 自以为是，目中无人。如：他通 ~ 哩，谁都看不起。

【胜】ʂəŋ⁴¹ 比得上，一般用于否定和反问。如：恁姐手才笨哩，还不 ~ 你哩｜热脸贴了哟冷屁股，~ 不去？

【剩饭剩菜】ʂəŋ⁴¹ fan⁴¹ ʂəŋ⁴¹ tsʻæ⁴¹ 吃剩下的饭菜。如：夏天忒热，~ 都倒喽吧，不能吃了。

【剩头儿】ʂəŋ⁴¹ tʻəur· 剩余。如：东西儿分了还有 ~ 哩。‖也说"余头儿 y⁵³ tʻəur·"。

ʐʅ

ʐʅ

【入伏】ʐʅ^{33} fu^{53} 进入三伏天，从夏至日开始往后数，数到第三个"庚日"便开始入伏了。三伏天气候特点是雨水增多，高温闷热。

【入殓】ʐʅ^{33} liɛn^{41} 把装殓好的死者尸体放进棺材，将棺材钉死。如：老家哩规矩，要到半夜哩时候儿才～。

【入深】ʐʅ^{33} tʂʻən· 室内前墙到后墙的距离。如：这厦子～忒浅了。

【入席】ʐʅ^{33} si^{53} 宴请时客人依次进入座位坐下。如：大家辛苦了，请～吧。

【如常】ʐʅ^{33} tʂʻaŋ^{53} 平常；经常。如：～这时候儿她都睡了。

【如意】ʐʅ^{33} i^{41} 满意，符合心意。如：这哟女婿可如了她哩意了。‖也读"ʐʅ^{53} i·"。

【输】ʐʅ^{33} 比赛或较量是失败。如：他打麻将光～，气哩不打了。

【输赢】ʐʅ^{33} iŋ^{53} 比赛的胜负。如：他打牌图哟高兴，～都没啥。

【余外】ʐʅ^{53} uæ^{41} 格外，额外；除此之外，其他。如：你～再给他做点儿饭｜这三件事儿办好喽，～就没有啥可操心哩了。

【擩】ʐʅ^{53} ①把手脚或其他东西伸进某处。如：水都晾了半天不烧了，不信你给

脚～进去试试｜汤快好了，再～两根儿柴火就中了。②私下把东西递到某处。如：阵着晚儿办事儿，不～点儿钱儿不好办。③拄。如：他栽着腿了，还成天～哟棍儿拍哪儿跑。

【擩草】ʐʅ^{53} tsʻɔ^{53} 铡草时，给铡口内送草。

ʐa

【伢】ʐa^{53} "人家"的合音词。①指说话者和听话者之外的某个人，大致相当于"他"。如：～张帆还没意见哩，你改这吵吵啥哩？②指说话者和听话者之外的某些人，大致相当于"他们"。如：～人少，叫～先办吧。③对人称自己。如：你不应催了中不中？叫～较起打扮打扮。‖东乡读"ʐlə^{53}"。

【伢们】ʐa^{53} mən· 用于别称，表示复数。指除了说话人以外的其他人，意思是"别人"。如：～灰灰明儿都起来读英语哩，你还改这睡大觉哩。‖东乡读"ʐlə^{53} mən·"。

【伢哩】ʐa^{53} li· 人家的。如：这是～东西儿，不敢乱动。‖东乡读"ʐlə^{53} li·"。

ʐua

【授】ʐua^{53} ①（纸、布等）皱;不平展。如：

这件儿衣裳~哩都不能穿了。②两手相切摩。如：该你~牌（洗牌）了。③杀了威风，使变弱。如：这一回给他那脾气可~哩不轻。

zɻə

【热天】zɻə³³ t'iɛn· 泛指气温比较高的夏天。

【热着了】zɻə³³ tʂou·lə· 中暑。如：小波~，今儿一势光哕，不想吃饭。

【热孝】zɻə³³ ɕiɔ⁴¹ 亲人去世时间短，孝服还没脱。

zəɻ

【□】zəɻ⁵³ ①不讲究卫生。如：你真~呀，你看家里头都董成啥了。②指人窝囊，胆小怕事。如：他这人~着哩。

zuæ

【□】zuæ⁵³ 稍微咀嚼一下；慢慢咀嚼。如：俺奶牙不好，吃东西儿都是~~就咽了丨今儿这肉没炖烘，~了半天也嚼不烂。

zɔ

【饶】zɔ⁵³ 饶恕。如：先~喽他这一回吧？

【饶人】zɔ⁵³ zən⁵³ 宽恕别人。如：算了吧，你也不应得理不~。

【绕】zɔ⁴¹ （说话或行动）不直接，来回绕圈子。如：有话儿直说，不应改那儿~来~去了。

【绕线】zɔ⁴¹ siɛn⁴¹ 把线缠在线拐子上。

【照】zɔ⁴¹ 照射。如：黑地开车会车哩时候儿甭开远光灯，~哩对面儿看不见路。

【照脸儿】zɔ⁴¹ liɛuɪ⁵³ 接头，联系。如：有啥事跟他~，他全包了。

【照镜儿】zɔ⁴¹ tɕiuɪ⁴¹ 照镜子。

【照眼儿】zɔ⁴¹ iɛuɪ⁵³ 因光线强烈使人眼花。如：今儿日头忒~，我眼都睁不开了。

zəu

【□】zəu³³ 象声词。物体快速通过时的声音。如：高速上车速快，汽车~哩一声儿可跑过去了。

【□】zəu³³ ①扔过去；放进去。如：你劲儿真大，怎宽哩沟你都能~过去。②形容速度非常快地转、逛。如：才半天，你可去洛阳~了一圈儿回来了？③丢弃；舍弃。如：这东西儿一百年也使不着，~喽吧。

【□】zəu³³ 瞎说。如：不应听他哩，他净胡~。

【□人】zəu³³ zən⁵³ 欺骗人。如：老刘是~哩，你可不应信他哩。

【肉】zəu⁴¹ ①动物的肌肉。②不脆；不酥。如：这西瓜瓤儿有点儿~，不沙，不好吃。③表示动作缓慢，做事拖沓，办事效率低。如：小旦儿干活忒~了。

【肉不唧哩】zəu⁴¹ pu³³ tsi³³ li· ①指人动作迟缓，做事不麻利。如：小花儿做活~哩，不出活儿。②形容蔬果等口感不脆不好吃。如：今儿买这黄瓜~哩，不好吃。

【肉不烘】zəu⁴¹ pu³³ xuɛn³³ 肉没炖烂嚼不动。如：今儿炖这~，嚼不烂。

【肉皮子】zəu⁴¹ p'i⁵³ tsʅ· ①人的皮肤。如：上火了，半边儿脸~疼。②猪皮。如：剁肉哩时候儿记着给~去喽。

【肉麻】zəu⁴¹ ma⁵³ ①由过于亲密的言语、举动所引起的不舒服的感觉。如：恁俩成天腻腻歪歪哩，~不~呀？②因过分虚伪的言行使人产生的看不惯的感觉。如：他吹王处哩话儿听着真~。

【肉汤儿】zəu⁴¹ t'ɐr³³ 煮肉的汤汁。如：炖菜哩时候儿加点儿~就好吃了。

【肉奶奶】zəu⁴¹ næ·næ⁵³ 形容人胖。如：这孩子～哩，真好看。‖ 也说"肉乎乎 zəu⁴¹ xu·xu⁵³""肉嘟嘟 zəu⁴¹ tu·tu⁵³"。

【肉刺】zəu⁴¹ tsʻŋ⁴¹ 手指甲附近翘起的小片表皮，撕扯不当会很痛。如：这两天去地里干了两天活儿，手上都是～。

【肉菜】zəu⁴¹ tsʻæ⁴¹ 荤菜。如：今儿孩子多，多点俩～。

【肉丝儿】zəu⁴¹ səu³³ 肉切成的丝。

【肉色】zəu⁴¹ sæ³³ 指淡黄色中略带红色的颜色，近似于皮肤色。

【肉星儿】zəu⁴¹ siuɯ³³ 形容极小块的肉。如：菜里头连一点儿～都没有。

【肉瓤儿】zəu⁴¹ zɤr⁵³ 西瓜瓤不沙且有绵软的口感，一般甜度也较差。

【肉圪垯儿】zəu⁴¹ kɯ³³ tɤr· ①肉块。②肉丁。

【肉猴儿】zəu⁴¹ xəur⁵³ 无刺的肉瘤。

【肉眼】zəu⁴¹ iɛn⁵³ 指不借助任何仪器的人眼。如：日头出来前，东边儿～能看见哩最亮哩星星就是金星。

【肉眼泡儿】zəu⁴¹ iɛn⁵³ pʻɤr³³ 肉多的眼皮形状。

ʐuan

【软枣儿】ʐuan³³ tsɤr· ①酸枣。②黑枣，柿树科柿属植物的果实，小而圆，成熟后呈蓝黑色。黑枣去涩后可生食，干品入药可消渴去热，补中益气，养血安神。

【软面】ʐuan⁵³ miɛn⁴¹ ①含水分多、柔软的面团。如：～饺子硬面馍。②指水果或薯类绵软的口感。如：这红薯吃着～，好吃。‖②也说"湿面 ʂ³³ miɛn⁴¹"。

【软绵绵哩】ʐuan⁵³ miɛn·miɛn⁵³ li· 形容软弱无力。如：改床上偃了几天，身上～，一点儿劲儿都没有。

【软蛋】ʐuan⁵³ tan⁴¹ ①鸡下的软壳蛋。如：黑母鸡不知道咋了，这两天光媷～。

②指那些无勇气、无骨气、性格怯懦的人。如：洪波就是哟～，小孩子戓欺他他都不敢吭气儿。

【软溜折垮哩】ʐuan⁵³ liəu·ʂə⁵³ kʻua⁵³ li· 形容人身体虚弱，没有精神。如：你咋了？看着～，一点儿神儿都没有。

【软查】ʐuan⁵³ tsʻa·（小孩儿）身体虚弱。如：贾冰从小身子就～，成天不是这就是那。

【软骨浓浓哩】ʐuan⁵³ ku³³ nuəŋ·nuəŋ⁵³ li· 形容物体柔软，带厌恶义。如：肥肉块儿～，我吃不下去。

【软乎儿乎儿哩】ʐuan⁵³ xur·xur⁵³ li· 形容极软烂。如：这倭瓜蒸哩～，可好吃了。

【软话儿】ʐuan⁵³ xuɤr⁴¹ 指道歉、认错的话。如：你就不会说两句儿～求求他？

【软和】ʐuan⁵³ xuo· 柔软、蓬松。如：今年才做了两床被子，可～了。

zən

【人不知鬼不觉】zən⁵³ pu³³ tʂŋ³³ kuei⁵³ pu³³ tɕyɤ³³ 不知不觉。如：趁他开会哩时候儿，你偷偷儿塞到他办公室里头，～哩谁会知道？

【人模狗样儿】zən⁵³ mo³³ kəu⁵³ iɤr⁴¹ 装模作样。指平时不太注重仪表但遇事却格外注意起来，像模像样的。如：你今儿打扮哩～哩，去抓哩？

【人味儿】zən⁵³ viuɯ⁴¹ 做人该具备的品质。如：他办那事儿，一点儿～都没有。

【人多嘴杂】zən⁵³ tuo³³ tsuei⁵³ tsa⁵³ ①人多话多，难于保证信息不走漏。如：不应说了，～，不应传哩哪儿都知道喽。②人多主意多，难于统一意见。如：～，吵吵了半天也没定下来。

【人堆儿】zən⁵³ tuɯ³³ 人群。如：这人呀？扔到～里头你都寻不着他。

【人头儿】zən⁵³ tʻɤur⁵³ 人数。如：八月十五儿哩福利是按～发哩，在册哩职工都有。

【人来疯】zən⁵³ læ⁵³ fəŋ³³ 指那些在来客面前一反常态，兴奋活跃，千方百计表现自己的人。如：你安生一会儿吧，不应改那儿~了，也不怕人家笑话。

【人流】zən⁵³ liəu⁵³ 人工流产，人为终止妊娠。

【人在人情在】zən⁵³ tsæ⁴¹ zən⁵³ ts'iŋ⁵³ tsæ⁴¹ 人活着的时候亲友讲情谊，人死了情分就没有了，喻人情凉薄。如：俗话说"~"，没了他舅，他妗子可给他撵出去了。

【人走茶凉】zən⁵³ tsəu⁵³ ts'a⁵³ liaŋ⁵³ 比喻世态炎凉，人情淡漠。如：你得看开点儿，~，哪儿都一样。

【人精】zən⁵³ tsiŋ³³ 指特别工于心计的人。如：这人是哟~，跟他共事儿你可小心点儿。

【人情】zən⁵³ ts'iŋ⁵³ ①情面。如：你这人咋一点儿~都不讲嘞？②恩惠；情谊。如：人家帮过咱，咱得承人家哩~。

【人事】zən⁵³ sʐ⁴¹ 竭尽所能做到的事情。如：尽~听天命。

【人心都是肉长哩】zən⁵³ sin³³ təu⁵³ sʐ⁴¹ zəu⁴¹ tsaŋ⁵³ li· 指人皆有恻隐之心。如：~，我就不信，他能眼看着家里头出阵大哩事儿都不帮。

【人心隔肚皮】zən⁵³ sin³³ kæ³³ tu⁴¹ p'i⁵³ 指人心意的好坏无法知道。如：~，真没想到他会这着干。

【人家】zən⁵³ tɕiæ· ①对他人称自己。如：你不应催了，~都够快哩了。②指别人。如：你不应光各人改那儿瞎折腾，也看看~咋弄哩。

【人家儿】zən⁵³ tɕiɐr· ①家庭。如：成~过日子，可不是怎容易哩。②婆家。如：你操操心，给俺闺女寻哟好~。

【人物儿】zən⁵³ vur· 在某个范围内有一定影响的人。如：他改孟津也算是哟~哩。

【人五人六哩】zən⁵³ u⁵³ zən⁵³ liəu⁴¹ li· 表面上神气十足，实际上装模作样，假正经。如：不应看他~哩，背地里可孬了。

【人有脸树有皮】zən⁵³ iəu⁵³ liɛn⁵³ sʐ⁴¹ iəu⁵³ p'i⁵³ 比喻人应有羞耻之心，要顾及脸面，自重自爱。如：俗话说"~"，可不能为这事儿叫人戳脊梁骨儿呀！

【人缘儿】zən⁵³ yɐu⁵³ 通常指与周围人关系融洽。如：肖霞~好，她家办事儿村儿里头都来帮忙。

【人样儿】zən⁵³ iɐr⁴¹ 泛指人的模样。指较高的身份、地位等。如：不混出来哟~，我再也不回来了。

【仁丹】zən⁵³ tan³³ 一种中药饮片或颗粒，由多种草本植物组成，有清热解毒，清暑开窍的功效。常用于伤暑引起的恶心胸闷，头昏、晕车晕船。

【仁丹胡子】zən⁵³ tan³³ xu⁵³ tsʐ· 胡子的一种样式，只保留上唇中间一小撮胡子，其他都剃掉。

【仁儿】zəuɛ⁵³ 果仁。如：核桃~。

【忍饥挨饿】zən⁵³ tɕi³³ ɣæ⁵³ ɣə⁴¹ ①忍受饥饿，吃不饱饭或吃不上饭。如：他从小一势~哩，没有吃过一顿饱饭。②形容极其贫困。

【刃儿】zəuɛ⁴¹ 刀、剪等的锋利部分。

【认】zən⁴¹ ①对症，有效。如：这孩子就~这药，一吃可不烧了。②坚持自己的判断不动摇。如：你咋就死~这一家了嘞？③跟本没有亲密关系的人建立某种亲密的关系。如：我想叫牛牛~到刘宝成那儿，中不中？

【认门儿】zən⁴¹ məu⁵³ 认识别人的住处。如：老王搬家了，咱今儿去他家认认门儿。

【认哩】zən⁴¹ li· 认识。如：你~高校长不~？

【认死理儿】zən⁴¹ sʐ⁵³ liu⁵³ 固执；认准一个道理，不会变通。如：你咋光会~嘞？该寻人还得寻人。

【认生】zən⁴¹ səŋ³³ 因陌生而害怕与人接触，多指小孩子。如：这孩子有点儿~，人一多光哭。

【认床儿】zən⁴¹ tʂ'uər⁵³ 只能在自家床上睡觉，换了地方睡不好。如：他～，一出差就睡不好觉儿。

【认人儿】zən⁴¹ ʐəuɜ⁵³ ①指幼儿能够记忆并分辨出自己熟悉的人。如：刚刚才仨月可～了。②指幼儿害怕生人。如：这孩子～，一到黑地光叫她妈抔。③神志清楚，能辨认出人，指病危之人。如：老张快不中了，都不～了。

【任啥儿】zən⁴¹ sɛr⁴¹ 不管什么，无论什么；不管怎么样。如：俺婶儿娘家穷，结婚哩时候儿～也没陪送。‖也说"任咋儿 zən⁴¹ tsɛr⁵³"。

【纫针】zən⁴¹ tʂəŋ³³ 缝纫时把线穿过针眼。如：我哩眼阵着晚儿花哩～都纫不上了。

【纫上】zən⁴¹ ʂəŋ· 钉钉子之前先找准位置并轻摁一下做个记号。

【纫哟捻儿】zən⁴¹ yə·niəuɯ⁴¹ 给伤口中放一条棉纱。

ʐuən

【润面油】ʐuən⁴¹ miɛn⁵³ iəu⁵³ 一种化妆品，可以滋润皮肤。

ʐaŋ

【央】zaŋ³³ 求人办事。如：人家～着你办事儿是看起你。

【养】zaŋ³³ 养育；饲养；种植。如：阵着～哟孩子可不容易｜～俩猪，年下杀着吃｜这棵树我好不容易～大了。

【殃】zaŋ³³ 迷信者指人死后的阴魂，引申为煞气。如：阴阳先儿看了了，老六家媳妇今儿黑地出～。

【秧】zaŋ³³ 水稻的幼苗。如：薅～｜插～。

【秧地】zaŋ³³ ti⁴¹ 培育秧苗的专用水田。如：今年哩～都整好了。

【秧儿】zɛr³³ 草本植物的藤或蔬菜苗。如：今儿去地里翻红薯～了。

【嚷嚷】zaŋ³³ zaŋ· ①喧哗；吵闹。如：这几个孩子改这～哩我低脑疼。②声张；议论。如：这事儿还没公布哩，你可不应拍哪儿～。

【嚷】zaŋ⁵³ 责备、批评。如：军军这一回数学考哩不好，他妈～了他一顿。

【瓤】zaŋ⁵³ ①形容人的体质弱。如：这孩子看着身子有点儿～，得好好补补。②竹木类用具不结实、不坚固。如：这根扁担有点儿～，恐怕担不了阵些粮食。③欠缺一点儿、差一点儿。如：你这秤称哩可有点儿～，再添一把菜。

【瓤差】zaŋ⁵³ ts'a· ①质量差，水平低。如：你这椅子看着咋阵～嘞？②形容人身体不好。如：这孩子可～。

【瓤莛儿】zaŋ⁵³ ts'ɛr⁵³ 性格软弱而容易对付的人。如：他可不是哟～，你可小心点儿。

【瓤筋】zaŋ⁵³ tɕin· 难缠；不好说话。如：他这人通～哩，不好打交道。

【瓤晚儿】zaŋ⁵³ vɯar⁵³ ①最近，现在。如：～这年轻人跟咱那时候儿可不一样了。②过去，从前。如：～咱这通穷哩。

ʐəŋ

【扔】zəŋ³³ ①丢弃。如：这苹果都烂了，～拌喽吧。②弃置。如：买那要货儿新鲜了两天可～到一边儿了。

ʐuəŋ

【绒头绳儿】ʐuəŋ⁵³ t'əu⁵³ ʂəuɜ⁵³ 妇女用来扎头发的绒线。

【毪和】ʐuəŋ⁵³ xuo· 棉毛类衣物柔软暖和。如：这袄儿穿上可真～。

【氄毛儿】ʐuəŋ⁵³ mɔr⁵³ 鸟兽身上长出的细而软的毛。

tɕ

tɕi

【饥】tɕi³³ 肚子饿。如：清早喝了一碗鸡蛋茶，半晌儿可 ~ 了。

【饥荒】tɕi³³ xuaŋ · 借债，亏空。如：他做生意赔了，拉了一屁股 ~。

【鸡蛋茶】tɕi³³ tan · ts'a⁵³ 孟津民间一种传统的健康饮品。将鸡蛋打散，加白砂糖，如食咸味则加盐和芝麻油，用沸水冲开后饮用。鸡蛋茶有清热解毒、滋阴降火、补充蛋白质的功效。‖ 也说 "鸡蛋水 tɕi³³ tan · ʂuei⁵³"。

【鸡蛋清儿】tɕi³³ tan · ts'iuɹ³³ 蛋白。

【鸡蛋黄儿】tɕi³³ tan · xuɐɹ⁵³ 蛋黄。

【鸡蛋坷漏儿】tɕi³³ tan · ku⁵³ ləuɹ · 空的蛋壳。

【鸡儿】tɕiuɹ³³ 家禽，鸡是人类饲养最普遍的家禽。‖ 也说 "鸡子 tɕi³³ tʂɹ ·"。

【鸡儿鸡儿】tɕiuɹ³³ tɕiuɹ · 小儿阴茎。

【鸡爪风】tɕi³³ tsɔ⁵³ fəŋ³³ 中医称手指脚趾痉挛不能伸展的病。‖ 也读 "tɕi³³ tʂua⁵³ fəŋ³³"

【鸡爪】tɕi³³ tʂua⁵³ ①鸡的脚爪。②形容人又瘦又小的手。如：小旦儿害了几年病儿，瘦了恁些，手伸出来跟小 ~ 样哩。‖ 也说 "鸡爪子 tɕi³³ tʂua⁵³ tʂɹ ·"。

【鸡脥子】tɕi³³ tsən³³ tʂɹ · 鸡脥，别名鸡肫、鸡胃，是鸡的砂囊，属于鸡的一种胃，是帮助鸡进行消化的器官。如：谁家孩子吃着了，老人们会使 ~ 烙点儿干饼，小孩子吃点儿就好了。

【鸡压蛋儿】tɕi³³ ia³³ tɐu⁴¹ 公鸡与母鸡交配。

【鸡娃儿】tɕi³³ uɐɹ³³ 鸡雏。如：俺大靠暖 ~ 供俺姊妹们上哩学。

【鸡窝儿】tɕi³³ uɐɹ³³ ①用一些简易的建筑材料搭建的养鸡的小房子。②形容人的头发蓬乱。如：丽娟成天头都不梳，乱哩跟 ~ 一样。

【激】tɕi³³ ①冷水突然刺激身体使生病。如：他去河里洗澡叫水 ~ 着了。②故意用言语刺激人使感情冲动。如：你不应 ~ 我，没用。

【几儿】tɕiuɹ⁵³ 哪一天。如：我忘了是 ~ 了，韩晓来俺家借哩镰。

【几个】tɕi⁵³ kə · 问数量，多少个。如：孩子满月那日儿，恁娘家来 ~ 人？‖ 也读合音 "tɕyə⁵³"。

【虮子】tɕi⁵³ tʂɹ · 虱卵，呈白色，约为芝麻三分之一大，黏在发根上方半寸至一寸部位，靠吸取血液为生。如：他家孩子多，大人忙不过来，孩子们的脑上都是 ~ 和虱。

【急巴巴哩】tɕi⁵³ pa · pa⁵³ li · 急急忙忙的样子。如：他接了哟电话都 ~ 出门儿了，也不知道有啥急事儿。

【急哩掉尾巴儿】tɕi⁵³ li · tiɔ⁴¹ i⁵³ pɹɐɹ⁴¹ 形容非常着急的样子。如：你 ~ 了？连门儿都顾不上关？

【急症】tɕi⁵³ tʂəŋ⁴¹ 突然发作来势凶猛的病症。如：他这是～，谁也没法儿。

【急赤白脸】tɕi⁵³ tʂʻɻ⁴¹ pæ⁵³ liɛn⁵³ 形容着急的样子。如：他～哩跟人家吵了半天，人家还是不叫他进。

【记】tɕi⁴¹ 胎记。胎记实际上是痣，属于先天性色素痣、血管痣。通常在出生时即生长在皮肤上，其颜色有红色、青色、棕色、黑色、蓝灰色等。如：小明生下来哩时候儿屁股上可大一块儿青～。

【记分儿册】tɕi⁴¹ fəu³³ tsʻæ³³ 记工分的簿册。

【记分儿员儿】tɕi⁴¹ fəu³³ yəu⁵³ 专职记录比分或工分的人。

【记事儿】tɕi⁴¹ səu⁴¹ 指小孩子对人事已经有了辨别和记忆的能力。如：他奶死哩时候儿孬蛋都～了。

【记性】tɕi⁴¹ siŋ· 记忆力。如：老喽～都不好了，光好忘东忘西哩。

【记工本儿】tɕi⁴¹ kuəŋ³³ pəu⁵³ 记录工分的册子。记工既是生产队年终分配的依据，也是生产队对社员进行管理的一种方式。

【记工分儿】tɕi⁴¹ kuəŋ³³ fəu³³ 评工记分的简称，是 20 世纪我国农村集体经济组织内部计量农民参加生产劳动的数量以及计算劳动报酬的一种方法。如：耀华身体不好，当了村里哩记分儿员儿，负责～。

【忌嘴】tɕi⁴¹ tsuei⁵³ 因为疾病或其他原因不能食用一些不相宜的食品。如：医生说了他阵着晚儿不能吃发物，他可好，一点儿不知道～。

tɕy

【车】tɕy³³ 象棋棋子的名称。

【拘敛儿毛儿】tɕy³³ lyəu⁵³ mɔr⁵³ 曲里拐弯、不直的毛发。如：他是自来卷儿，满

低脑～。‖ 西乡说 "环儿头发 xuɐu⁵³ tʻəu⁵³ fa·"。

【举手】tɕy⁵³ ʂəu⁵³ 表决时把手举起来表示同意或反对。如：同意哩～。

【掬】tɕy³³ 用两只手合在一起用力挤某物使开裂。如：这核桃皮儿薄，稍微～一下儿就开了。

【锔盆儿】tɕy³³ pʻəu⁵³ 修补破损瓷盆的方法。锔匠师傅先用钻头在裂缝的瓷盆上钻好孔，然后把铜钉钉入，再用小铜锤轻轻地敲击铜钉，让铜钉牢牢地嵌入小孔之中，最后再在裂缝处涂抹一种黏性强的白瓷膏，瓷盆就锔好了。

【锔锅】tɕy³³ kuo³³ 修补破损铁锅的方法。锔匠师傅将铁粉熔化成铁水，用来补铁锅的砂眼或其他破损。

tɕia

【加队】tɕia³³ tuei⁴¹ 不守秩序，为了尽早办自己的事情而插进已经排好的队里。如：大家都排好队才办哩快，不应～了。

【夹板儿气】tɕia³³ pɐu⁵³ tɕʻi⁴¹ 两头受气，几方面受埋怨。如：院长跟书记尿不到哟壶里，办公室主任跟着受～。

【夹鞋】tɕia³³ ɕiæ⁵³ 双层的布鞋，区别于棉鞋。

【夹裤】tɕia³³ kʻu⁴¹ 过去春秋穿的双层的中式裤子。

【夹袄儿】tɕia³³ yɔr⁵³ 过去春秋穿的双层的中式上衣。

【夹衣裳】tɕia³³ i³³ ʂaŋ· 旧时春秋天穿的两层的衣服。

【家谱儿】tɕia³³ pʻur⁴¹ 家谱，记载家族世系和重要人物事迹的历史图籍。

【家大业大】tɕia³³ ta⁴¹ iɛ³³ ta⁴¹ 大家庭人口多，产业多，生活富裕，家庭兴旺。如：华强家～哩，人多是非也多。

【家当】tɕia³³ taŋ· 家产，财产。如：他家哩～都叫他赌输了。

【家里】tɕia³³ li· ①家中。如：老金～上有老下有小，都指着他哟人哩。②爱人（女性）；妻子。如：这事儿你得给他～说，他不当家儿。

【家儿】tɕiɚr³³ 后置成分，……的人。如：买～没有卖～精。

【家儿家儿】tɕiɚr³³ tɕiɚr³³ 每一家。如：～有本儿难念呷经。

【家司】tɕia³³ sɿ· ①指人很厉害。如：他改村里～着哩，谁都不敢惹他。②指物个儿大，分量重。如：他钓那条鱼儿～着哩，足有十几斤。

【家长里短】tɕia³³ tʂʻaŋ⁵³ li⁵³ tuan⁵³ 家庭及邻里间的一些生活琐事。如：几个老婆儿坐到一坨儿净说些～哩。

【家伙】tɕia³³ xuo· ①炊具、餐具等的总称。②指人，带有轻蔑或开玩笑的语气。如：这～天天喝酒，身体会受了喽？③量词，一下、一次，指动作。如：你光想一～干完，那会中？④农具的总称。

【假模假式】tɕia⁵³ mo⁵³ tɕia⁵³ sɿ⁴¹ 故弄玄虚，假装正经。如：他这人就这样儿，整天～哩，一句儿实在话儿没有。‖也说"假模三道 tɕia⁵³ mo⁵³ san³³⁵³ tɔ⁴¹"。

【价儿】tɕiɚr⁴¹ 价格，价钱。如：这东西儿是不赖，就是～有点儿高。

【驾】tɕia⁴¹ 驾车时使马牛前进的号令。

【驾辕】tɕia⁴¹ yɛn⁵³ 牲口套在车辕里拉车。

【架子车】tɕia⁴¹ tsɿ· tʂʻʅ³³ 一种由人力推拉的两轮平板车。如：他今儿下地割了满满一～草。

【架势】tɕia⁴¹ ʂʅ· 姿态，样子。如：看他那～，今儿这事儿了不了。

tɕyə

【角（儿）】tɕyə³³（tɕyɚr³³）①几何学指从一点引出两条直线所夹成的平面部分。如：直～｜三～板儿。②物体边沿相接的地方。如：墙～空着哩，给桌子搬到那儿吧？③人民币的货币单位之一，十角等于一元。‖③也说"毛 mɔ⁵³"。

【角儿起】tɕyɚr³³ tɕʻi· 角落。如：柜子～有哟包儿，你给我拿过来。

【觉摸着】tɕyə³³ mo· tʂuo· 估摸、感觉。如：你～这事儿能办成不能？

【觉着】tɕyə³³ tʂuo· ①自我感觉。如：今儿咋～阵冷嘞？②认为。如：我～你还是先走哩好。

【觉起】tɕyə³³ tɕʻi⁵³ 知道，注意到。如：咱俩光说话儿哩，不～都响午了。

【脚】tɕyə³³ 人和某些动物身体最下部接触地面，支持身体和行走的部分。

【脚不点地儿】tɕyə³³ pu³³ tiɛn⁵³ tiuɯ⁴¹ 不停地一直走。如：他从清早六点上路，～走到响午才走到。

【脚脖子】tɕyə³³ po⁵³ tsɿ· 脚踝的通俗叫法，足部与小腿相连的部分。‖也说"脚脖儿 tɕyə³³ pɚr⁵³"。

【脚底板儿】tɕyə³³ ti⁵³ pɯ⁵³ 脚掌的俗称。

【脚踏地跑】tɕyə³³ tʻa³³ ti⁴¹ pʻɔ⁵³ 步行。旧时没有交通工具，人们来往各地都需要步行。如：那时候儿哪儿有自行车？俺爷去洛阳都是～哩。

【脚头儿起】tɕyə³³ tʻɚr⁵³ tɕʻi· 床或炕上伸腿的一头。如：黑地睡觉哩时候儿，给我～搁哟热水瓶儿暖暖脚。

【脚指头缝儿】tɕyə³³ tsɿ¹³ tʻəu· fɯr⁴¹ 脚指头之间的缝隙。‖也说"脚指头饹剌儿 tɕyə³³ tsɿ³³ tʻuɛ· xuɯ⁵³ lɣr⁴¹"。

【脚指头肚儿】tɕyə³³ tsɿ¹³ tʻəu· tɣur⁴¹ 脚指头下面的肉。

【脚指甲盖儿】tɕyə³³ tsɿ³³ tɕia· kɯ⁴¹ 脚指甲。

【脚心儿】tɕyə³³ siuɯ³³ 脚掌的中央部分。

【脚㬹子】tɕyə³³ tɕiaŋ⁵³ tsɿ· ①脚掌因摩擦而生成的硬皮。②喻指山皂角树果实中的一层薄膜，可食。

【脚骨拽】tɕyə³³ ku⁵³ tʂuæ⁴¹ 脚踝两侧凸起的骨头。

【脚圪垯】tɕyə³³ kɯ³³ ta· 大脚趾与脚掌相接处向外凸起的骨头。‖ 也说"立圪垯 li³³ kɯ³³ ta·"。

【脚后跟儿】tɕyə³³ xəu⁴¹ kəɯ³³ 脚跟。

【脚丫子】tɕyə³³ ia³³ tsʅ· 脚。

【□】tɕyə⁵³ "几个"的合音词。

tɕiɛ

【结实】tɕiɛ³³ ʂʅ· 牢固；壮实。如：这布可～了，做裤子耐磨∣老刘都八十多了，身子骨还通～着哩。

【结记】tɕiɛ³³ tɕi· 挂念。如：俺奶一势～着恁家小孙子儿哩。

【结结巴巴】tɕiɛ³³ tɕiɛ·pa³³pa· 说话不流利。如：他从小说话儿都～哩，越急越说不上来。

【结可子】tɕiɛ³³ kʻə⁵³ tsʅ· 结巴。如：老人说，下雨哩时候儿不应学人家～，要不是真能成喽～。

【揭不开锅】tɕiɛ³³ pu³³ kʻæ³³ kuo³³ 喻指生活艰辛，没有食物。

【揭牌】tɕiɛ³³ pʻæ⁵³ 玩纸牌时给自己一张张起牌。

【揭馍】tɕiɛ³³ mo⁵³ 把蒸熟的馒头从笼屉中拿出来。

【揭老底儿】tɕiɛ³³ lɔ⁵³ tiur⁵³ 揭露别人过去的隐私或短处。

【羯子】tɕiɛ³³ tsʅ· 阉割过的公羊山羊叫羯子，绵羊叫羯羔儿。

【解手】tɕiɛ⁵³ ʂəu⁵³ 上厕所。

tɕyɛ

【撅屁股】tɕyɛ³³ pʻi⁴¹ ku· 翘起臀部。

【撅头棉袄】tɕyɛ³³ tʻuɛ·miɛn⁵³ ɣʅ· 旧时男子穿的对襟棉袄，因絮得厚，两前襟下部开口处本就上翘，再加为保暖经常在腰间束根麻绳，使其翘得更明显。

【撅嘴】tɕyɛ³³ tsuei⁵³ 翘起嘴巴。

【撅赤撅赤哩】tɕyɛ³³ tʂʻʅ·tɕyɛ³³ tʂʻʅ·li· 走路很有劲的样子。如：老马走路～，多有劲儿!

【鑺头】tɕyɛ³³ tʻəu· ①刨地用的农具。②形容说话生硬的人。如：他就是哟老～。

【嗷】tɕyɛ⁵³ 用粗野或侮辱性的语言骂人的一种不文明行为。

【嗷架】tɕyɛ⁵³ tɕia⁴¹ 吵架，对骂。如：王利给王欢今儿嗷了一架。

【嗷眼】tɕyɛ⁵³ iɛn· 一种眼疾，即麦粒肿。由葡萄球菌侵入眼睑的皮脂腺引起靠近睫毛处出现粒状的小圪垯，局部红肿。患这种眼疾叫"长嗷眼"，民间认为是骂人的报应。

【橛儿】tɕyɜr⁵³ ①指短而直的木桩。如：木～。②形容非木头类的桩状物，如：头发～∣屎～。

【倔】tɕyɛ⁴¹ 性格执拗，不知变通。如：他哩脾气忒～了。

【倔头儿】tɕyɛ⁴¹ tʻəur⁵³ 指性格执拗、不听人劝的人，年龄小的称小倔头儿，年纪大的称老倔头儿。

tɕiæ

【街上】tɕiæ³³ ʂaŋ· 街道上面。如：黑地～哟人也没有。

【解板儿】tɕiæ⁵³ pɯ⁵³ 把木材锯成板材。

【解闷儿】tɕiæ⁵³ mɯ⁴¹ 消除苦闷。如：这几天没事儿，看点儿闲书解解闷儿。

【解乏】tɕiæ⁵³ fa⁵³ 解除疲乏，恢复体力。如：黑地喝点儿酒解解乏。

【解馋】tɕiæ⁵³ tsʻan⁵³ 在食欲上得到满足。如：今儿买了哟大肘子解解馋。

【解树】tɕiæ⁵³ ʂʅ⁴¹ 把树木锯成木板。

【解手】tɕiæ⁵³ ʂəu⁵³ 排泄大小便。

【解渴】tɕiæ⁵³ kʻə³³ 消除渴的感觉。如：喝白开水最～。

【解恨】tɕiæ⁵³ xən⁴¹ 消除心中的愤恨。如：今儿总算逮住老马好好怼了一顿，真～。

【戒指儿】tɕiæ⁴¹ tsəɯ· 套在指头上用作纪念或装饰的小圆环。‖ 也说"箍儿 kur³³"。

【芥末】tɕiæ⁴¹ mo· 调味品，用芥菜籽研磨成的粉末。如：今儿调这粉皮儿芥末掌多了，冲哩我直流泪。

【芥菜圪垯】tɕiæ⁴¹ ts'æ· ku³³ ta· 一种蔬菜，根茎膨大，多用来腌制成咸菜。‖ 也说"立芥圪垯 li³³ tɕiæ⁴¹ ku³³ ta·"。

【介绍人】tɕiæ⁴¹ ʂɔ⁵³ zən⁵³ ①为人介绍对象的人。如：张素英是他俩哩~。②事情的中间人。如：周老师是我哩入党~。

tɕiɔ

【交九】tɕiɔ³³ tɕiəɯ⁵³ 北方地区从冬至开始进入最寒冷的时节，民间从此开始数九计算寒天，因此称冬至为交九或数九。

【娇病】tɕiɔ³³ piŋ· 形容身体弱。如：他忒~，动不动就害病儿。

【娇娃儿】tɕiɔ³³ uer⁵³ 对小儿的爱称。‖ 也说"娇娇娃儿 tɕiɔ³³ tɕiɔ³³ uer⁵³"。

【教书先儿】tɕiɔ³³ ʂʅ³³ siəɯ³³ 对教师的尊称。‖ 也说"先儿 siəɯ³³"。

【教书匠】tɕiɔ³³ ʂʅ³³ tsiaŋ⁴¹ 对教师不尊敬的称谓。如：他不过是哟~，能有啥本事？

【胶泥】tɕiɔ³³ ni⁵³ 含有水分的黏土。

【胶泥地】tɕiɔ³³ ni⁵³ ti⁴¹ 土壤是黏土的田地。

【绞丝儿旁】tɕiɔ⁵³ səɯ³³ p'aŋ⁵³ 汉字偏旁"纟"，如"红"的左半边。

【搅把儿】tɕiɔ⁵³ pɤer⁴¹ 发动拖拉机时手摇的成直角的把手。‖ 也说"摇把儿 iɔ⁵³ pɤer⁴¹"。

【搅涅】tɕiɔ⁵³ ni· 涂抹表面使光滑。如：他家哩房子外头连~都没有~。

【搅水】tɕiɔ⁵³ ʂuei⁵³ 用辘轳系水桶到井里取水。

【搅□人】tɕiɔ⁵³ xɤ⁴¹ zən⁵³ 缠磨人。如：这孩子通~哩，成天不离身儿。

【叫不兴】tɕiɔ⁴¹ pu³³ ɕiŋ³³ 呼叫没有得到回应。‖ 也说"叫不应 tɕiɔ⁴¹ pu³³ iŋ³³"。

【叫炮了】tɕiɔ⁴¹ p'ɔ⁴¹ lə· 被枪毙了，找不到某人时的詈语。如：你~了？寻了你一后响寻不着你。

【叫炮眼儿】tɕiɔ⁴¹ p'ɔ⁴¹ iɤɯ⁵³ 詈语，骂人该死。

【叫门儿】tɕiɔ⁴¹ mɔɯ⁵³ 在门外叫里边的人开门。如：你去看看，我听着有人~。

【叫鸣儿】tɕiɔ⁴¹ miɯ⁵³（公鸡）叫。如：剩哟公鸡~，别哩都拿去卖喽吧。

【叫驴】tɕiɔ⁴¹ ly⁵³ 公驴。

【叫春儿】tɕiɔ⁴¹ tʂ'uɯ³³ 母猫发情时大声叫唤招引公猫。

【叫人】tɕiɔ⁴¹ zən⁵³ 儿童见到别人能按亲属关系、年龄和辈分进行合适的称谓。

【叫花子】tɕiɔ⁴¹ xua³³ tsʅ· ①生活没有着落而专靠向别人要饭要钱过生活的人。②指穿着打扮不讲究的人。如：你看你成天穿哩跟~一样儿，不丢孩子们哩人呀？‖ 也说"要饭哩 iɔ⁴¹ fan⁴¹ li·"。

【叫唤】tɕiɔ⁴¹ xuan· ①大声叫。如：还没有打针哩，你都~哩跟杀猪哩一样。②（动物）叫。如：猪一势~，该喂了。

【叫魂儿】tɕiɔ⁴¹ xuɯ⁵³ ①孩子受惊吓后摸着孩子的头叫其名字"某某某，回来吧"以使其安定下来。对于症状严重的病儿则拿着其衣服到野外，叫着病儿的名字走回家来，意思是病儿把魂丢在外边，叫着引他还魂。②用于对别人连续多次呼喊的责怨。如：你~哩？一势叫。

【叫魂儿鸡儿】tɕiɔ⁴¹ xuɯ⁵³ tɕiuɯ³³ 孟津民间在出殡时要在香纸篮中放一只公鸡，叫叫魂鸡。一边走一边用桑树枝或石榴树枝敲打公鸡，此为避妖邪。

【觉儿】tɕɤɔr⁴¹ 睡眠。如：一~睡醒，都快十点了。

【较劲】tɕiɔ⁴¹ tɕin⁴¹ 对抗，故意为难。如：你跟哟孩子较啥劲儿哩！

【较起】tɕiɔ⁴¹ tɕ'i⁵³ 低量级程度副词，相当于普通话的稍微、略微。如：夜儿黑下了场雨，今儿～凉快点儿。

tɕiəu

【久以后】tɕiəu³³ i⁵³ xəu⁴¹ 指过一段长时间以后。如：阵着晚儿我给你说不清，～你都知道咋回事儿了。

【九个】tɕiəu⁵³ kə· 数量词。‖ 也读"tɕiəu⁵³ uo⁴¹"。

【九月九】tɕiəu⁵³ yɛ· tɕiəu⁵³ 农历九月初九，传统的重阳佳节，一九八八年被确定为中国的老人节。

【韭菜薹儿】tɕiəu⁵³ tsʻæ⁴¹ tʻiɯ⁵³ 韭菜的花茎，做蔬菜食用。‖ 也说"韭薹儿tɕiəu⁵³ tʻɯ⁵³"。

【韭花儿】tɕiəu⁵³ xuɐr³³ 韭菜的花，多腌制食用。

【韭黄】tɕiəu⁵³ xuaŋ⁵³ 冬季培育的韭菜，色黄，故名。

【舅】tɕiəu⁴¹ 母亲的兄弟。

【舅奶】tɕiəu⁴¹ næ⁵³ 父亲或母亲的舅母。

【舅子】tɕiəu⁴¹ tsẓ· ①妻子的兄弟。②詈语，相当于"日恁姐"。

【舅爷】tɕiəu⁴¹ iɛ⁵³ 父亲或母亲的舅舅。

tɕiɛn

【奸】tɕiɛn³³ ①奸诈，滑头。如：他弄啥事儿可～了，能躲就躲。②吝啬，尖酸刻薄，不肯助人。如：这人真～，一点儿钱都不想出。

【奸馋】tɕiɛn³³ tsʻan· 挑食，只喜欢吃符合自己口味的好吃的食物。如：这孩子通～着哩，这不吃那不吃，可难伺候了。

【监】tɕiɛn³³ 监狱。如：他住～住了五年，媳妇也引着孩子跟人跑了。

【攃】tɕiɛn³³ 用筷子类长条状东西夹取食物。如：你吃吧，我吃各人～。

【茧儿】tɕiɛn⁵³ 蚕茧。

【减号儿】tɕiɛn⁵³ xɔr⁴¹ 表示减法运算的符号。

【碱大】tɕiɛn⁵³ ta⁴¹ 碱放得有点儿多。面团发酵好后，通常需要加入适量碱来中和发酵时产生的酸味，加碱需适量，碱大面食的颜色会发黄，吃起来口感不好，面食的营养成分也会有损害。

【碱小】tɕiɛn⁵³ siɔ⁵³ 发酵好的面团加碱少，面食会发酸，口感不好。

【见不哩】tɕiɛn⁴¹ pu³³ li· 看不惯，不愿看见。如：我就～你这窝囊样儿。

【见不哩人】tɕiɛn⁴¹ pu³³ li· zən⁵³ 比喻不能让人看见或知道。如：你阵着这样儿都～，还咋出门哩？

【见面儿礼】tɕiɛn⁴¹ miɛu⁴¹ li⁵³ 初次见面时赠送的礼物（多指年长者对年幼者）。如：儿子对象第一回来，我给了她哟镯子当～。

【见底儿】tɕiɛn⁴¹ tiɯ⁵³ 水干涸；快完了，没有了。如：今年天旱，水库哩水快～了丨缸里头面都～了，得去磨面了。

【见天】tɕiɛn⁴¹ tʻiɛn³³ 每天。如：你～都得跑一趟，也够不容易哩。‖ 也说"天天 tʻiɛn³³ tʻiɛn·"。

【见钱儿眼开】tɕiɛn⁴¹ tsʻiɯ⁵³ iɛn⁵³ kʻæ³³ 见到钱眼睛就睁大了，比喻人贪财。如：你这财迷，～，光跟钱儿亲。

【见轻】tɕiɛn⁴¹ tɕʻiŋ³³ 病情有所好转。如：她吃了几服中药，觉着烧心哩感觉～了。‖ 也说"见好tɕiɛn⁴¹ xɔ⁵³"。

【见外】tɕiɛn⁴¹ uæ⁴¹ 被认为过分客气。如：这你就不应～了，咱俩谁跟谁呀！

【犍子牛】tɕiɛn⁴¹ tsẓ· ɣəu⁵³ 阉割过的公牛。

tɕyɛn

【卷铺盖】tɕyɛn⁵³ pʻu³³ kæ⁴¹ 卷起铺盖离开，比喻被解雇。如：再不好好干就叫他～回家吧！

【卷儿】tɕyɛn⁵³ 量词，用于成卷的东西。

如：一~报纸。

【卷儿卷儿】tɕyɐɯ⁵³ tɕyɐɯ⁵³ 卷曲的小卷
儿。如：晓娟才去烫哩头，一低脑
小~，难看死了。

【卷刃儿】tɕyɛn⁵³ ʐɯɛ⁴¹ 刀、剪等因切割
坚硬之物致使刀部稍微卷曲或有了豁
口。如：这把刀都~了，不能使了，
再买一把新哩吧？

【卷子】tɕyɛn⁴¹ tsʅ· 试卷。如：今儿前响
儿去学领喽~就该放假了。

【券儿】tɕyɐɯ⁴¹ 票证。如：年下学校给老
师们发了几张~，能去超市买东西儿。

【圈¹】tɕyɛn⁴¹ ①把家禽牲畜等关起来。
如：给鸡儿~好，不应叫它乱跑，扃
哩哪儿都是。②限制活动范围。如：
孩子们改家~了一暑假，哪儿都没去。

【圈²】tɕyɛn⁴¹ 养牲畜的栏舍。如：猪~。

tɕin

【斤把】tɕin³³ pa· 一斤左右。如：买~韭
菜都够咱晌午吃扁食了。

【斤秤】tɕin³³ tʂʻəŋ⁴¹ 分量。如：你卖这
菜~不够。

【今儿日儿】tɕiɯ³³ iɯ⁴¹ 今天。如：~天怪
好哩，给被子晒晒吧。‖ 也说"今儿
tɕiɯ³³""今儿个 tɕiɯ³³ kə·"。

【今儿黑】tɕiɯ³³ xɯ³³ 今天晚上。如：~南
边演电影，咱去看吧？

【金平梨儿】tɕin³³ pʻin⁵³ liɯ⁵³ 果形圆，皮
色黄，果肉细腻，甜中微酸。

【金斗银斗】tɕin³³ tɐɯ⁵³ in⁵³ tɐɯ⁵³ 旧时丧事
上糊的纸扎，用金箔纸、银箔纸糊成
斗的形状。

【金村】tɕin³³ tsʻuɐn· 孟津区平乐镇村名，
地处汉魏故城宫城的核心区域，境内
有皇宫遗址及所属的太极殿、阊阖门
等景观，闻名中外的东周大墓，保存
较为完整的古城墙等重要的文化遗迹。
金村的村名与其西北不远处的金墉城

有关。

【金山银山】tɕin³³ san³³ in⁵³ san³³ ①指很多
的钱财。如：就你这开销，~也不够
你花哩。②旧时出殡时的纸扎，用金
箔纸、银箔纸糊成山的形状。

【金箍儿】tɕin³³ kur³³ 金戒指。

【金谷园】tɕin³³ ku³³ yɛn⁵³ 西晋豪富石崇
建造的园囿，约建于晋惠帝元康初年
（292 年），从建成到废弃仅存世十余
年。史书记载，石崇劫商致富后，因
与王恺斗富，在河南县界金谷涧中，
因山形水势，筑园建馆，挖湖开塘，
建造别苑。金谷园内楼榭亭阁，高下
错落；清溪萦回，水声潺潺。石崇生
活奢靡，用珍珠、玛瑙、琥珀、犀角、
象牙等把园内的屋宇装饰得金碧辉煌，
宛如宫殿。每当阳春三月，园内桃李
争艳，蝶飞燕舞，景色宜人，"金谷春
晴"被誉为洛阳八大景之一。石崇与
文人雅士昼夜游宴于此，鼓瑟吹笙，
饮酒赋诗。经常在金谷园诗酒唱和的
皆西晋文坛名家，时号"金谷二十四
友"。据学者考证，金谷园就在古梓
泽，所以又称梓泽。地在发端于今孟
津横水镇东南，经常袋镇、麻屯镇的
金谷涧长谷中。

【金贵】tɕin³³ kuei⁴¹ 贵重。如：他这辆摩
托车可~了，谁都不借。

【金河涧】tɕin³³ xɤ⁵³ tɕiɛn⁴¹ 金河涧为孟津
境内第九大水系。金河涧有三个源头，
在白鹤交汇入黄河。京剧《钓金龟》
的故事即发生在这里。《钓金龟》又
叫《孟津河》，主要讲的是宋朝孟津秀
才张世华因病早亡，抛下妻子康氏和
儿子张宣、张义。张宣进京赴试，几
年没有音讯。张义每日至孟津河钓鱼
养母，一日钓得金龟，又得知其兄已
任祥符县令，回家禀告其母。康氏遣
张义前往祥符县寻找兄嫂。张宣之妻
王氏为人刁恶，因图谋张义金龟，将
其害死。康氏盼儿不归，乃亲往祥符，

得知张义身亡，扶灵痛哭。后前往包拯处申冤，终于昭雪。

【金鱼儿】tɕin³³ yɯ⁵³ 家里饲养的观赏鱼。

【金鱼儿眼儿】tɕin³³ yɯ⁵³ iɐɯ⁵³ 戏称某些人鼓起突出的眼睛，因其类似金鱼的眼睛。‖ 也说"死鱼眼儿 sʅ⁵³ y⁵³ iɐɯ⁵³"。

【金墉城】tɕin³³ yŋ³³ tʂʻəŋ⁵³ 其地在孟津平乐镇金村、翟泉一代，三国魏明帝时筑，为当时洛阳城西北角上的一座小城。魏晋时，被废的皇帝和皇后，都安置于此。金墉城小而坚固，是攻守要地。隋末，李密率瓦岗农民起义军占据金墉城，拟自称帝，因此后人也称其为李密城。唐贞观年间之后，金墉城被废弃。‖ 也说"李密城 li⁵³ mi³³ tʂʻəŋ⁵³"。

【金针】tɕin³³ tʂʻən· 黄花菜。

【筋】tɕin³³ ①肌腱或骨头上的韧带。如：猪蹄儿前蹄儿~多，卤着好吃。②皮下静脉血管突出的部分。如：你有点儿忒瘦了，手上哩~都鼓着。③食物有韧性，吃着有口劲儿。如：今儿炖这肉忒烘了，不~，没有口劲儿。

【筋道】tɕin³³ tɔ· 食物有韧性，耐咀嚼。如：今儿这面条吃着怪~哩。

【筋儿搭错了】tɕiɯ³³ taʔ³³ tsʻuo⁴¹ lə· 指人出现反常的想法、语言及行为，带讽刺意味。如：莉莉今儿不知道是哪根~，逮谁怼谁。

【筋筋拽拽哩】tɕin³³ tɕin· tʂuæ⁴¹ tʂuæ· li· 形容食物筋多，不好咀嚼。如：今儿买这牛肉不好，都是~，不好炖。

【筋骨儿】tɕin³³ kur· ①指气力、体力。如：人老了，~不行了，这点儿活儿都干不动了。②指物体的韧性。如：这面没~，擀哩面条儿看着怪好，一煮就断了。

【筋圪垯】tɕin³³ kɯ³³ ta· 因患静脉曲张皮下出现青色肿块。

【禁住】tɕin³³ tʂʅ⁴¹ 能够承受住。如：没事，这根儿绳子能~五百斤哩！

【紧巴巴哩】tɕin⁵³ pa· pa⁵³ li· 生活窘迫，不宽裕。如：老四家日子过哩~，这钱儿不应叫他家出了。

【紧趁】tɕin⁵³ tʂʻən⁴¹ 指人肌肉紧实，身材好。如：你看人家长哩多~，不胖不瘦哩。‖ 也说"支棱 tsʅ³³ ləŋ·"。

【紧圪绷绷哩】tɕin⁵³ kɯ³³ pəŋ· pəŋ⁵³ li· ①形容捆扎、束缚得很紧。如：放心吧，东西儿都捆哩~，散不了。②指衣服窄小，紧绷在身上。‖ 也说"紧绷绷哩 tɕin⁵³ pəŋ· pəŋ⁵³ li·"。

【紧赶慢赶】tɕin⁵³ kan⁵³ man⁴¹ kan⁵³ 抓紧一切时间赶工。如：~哩，这一批活儿总算赶出来了。

【紧身儿】tɕin⁵³ ʂəɯ³³ 瘦而紧的衣服。

【近枝儿】tɕin⁴¹ tsəɯ³³ 近亲。‖ 也说"近门儿哩 tɕin⁴¹ məɯ⁵³ li·"。

【近处儿】tɕin⁴¹ tʂʻʅ⁴¹ 旁边，附近。如：天不早了，咱就改~随便儿吃点儿啥就中了。

【近乎儿】tɕin⁴¹ xur· 关系密切。如：他俩还怪~哩，也不知道啥关系。

【妗子】tɕin⁴¹ tsʅ· 舅妈。

【劲头儿】tɕin⁴¹ tʻəur⁵³ 力气；积极的情绪。如：刘刚快七十了，干事儿哩~还通大哩。

【劲儿】tɕiɯ⁴¹ ①指人的神情、精神状态。如：看他那~，还想再给前走一步儿哩。②指烟酒等对人的刺激作用。如：这酒~大，我都有点儿上头了。③某种感觉正盛的时候。如：瞌睡~上来了，我得去睡一会儿去。

tɕyn

【军大衣】tɕyn³³ ta⁴¹ i³³ 军队士兵的保暖服装，颜色一般是军绿色。20世纪末，既保暖又时尚的军大衣曾成为很多普通人过冬的必备御寒衣物。

【军上衣】tɕyn³³ ʂan⁴¹ i³³ 军装的上衣。20世纪七八十年代，"65式"军装曾风靡全国，男装英武女装飒爽，不论男女，都以穿军上衣为荣。

【藉荙菜】tɕyn³³ ta⁵³ ts'æ⁴¹ 一年生或二年生草本植物，叶子菱形，有长柄，花绿色，以幼苗或叶片为食的蔬菜。

tɕiaŋ

【江米】tɕiaŋ³³ mi· 糯米。

【江良籽儿】tɕiaŋ³³ liaŋ⁵³ tsɯ⁵³ 牵牛花，一年生草本植物，其花色丰富，花朵大，形似喇叭。

【肩膀头儿】tɕiaŋ³³ maŋ⁵³ t'ɤur⁵³ ①肩膀。如：他才担了两担茅粪，～上可磨烂了。②铁锨的肩部，人脚踩蹬的部位。

【刚】tɕiaŋ³³ ①表示勉强能怎么样。如：今儿做哩饭少，～够吃哩。②指刚过去不久。如：他～走你可来了。

【刚浓捏儿】tɕiaŋ³³ nuaŋ⁵³ niar· 刚刚。如：她～才进屋，还没顾着喝口水哩，你可来叫她了。

【刚刚儿】tɕiaŋ³³ tɕiar· 指刚发生或刚过去，表时间极短。如：老张～才从洛阳回来，王方可来办公室寻他了。

【刚够】tɕiaŋ³³ kəu⁴¹ 刚够。如：五尺布～做一件儿布衫儿。

【僵蚕儿】tɕiaŋ³³ ts'ɯ⁵³ 因感染病毒死了的蚕。如：白～│红～│黑～。

【讲台儿】tɕiaŋ⁵³ t'ɤu⁵³ 在教室或会场的一端建造的高出地面的台子。

【讲 究】tɕiaŋ⁵³ tɕiɤu· ①缘 故；道理。如：光定哟亲，这里头哩～就多着哩。②在某些方面非常注意，要求比较高。如：他别哩方面不是很～哩，就是吃一点儿也不将就。

【讲究家儿】tɕiaŋ⁵³ tɕiɤu·tɕiɤr³³ 指做事、穿着打扮要求精美的人。如：老金是出了名儿哩～，啥时候儿皮鞋都是黑明发亮哩。

【茧胝】tɕiaŋ⁵³ tsʅ· 手脚上因为长期摩擦形成的厚皮。

【耩麦】tɕiaŋ⁵³ mæ³³ 用耧来播种麦子。

【耩地】tɕiaŋ⁵³ ti⁴¹ 用耧来播种。

【耩子】tɕiaŋ⁵³ tsʅ· 耧车，旧时的一种使用人力畜力条播机。耧车由耧架、耧斗、耧腿、耧铲等构成，有一腿耧至七腿耧多种，以两腿耧播种较均匀。播种时前面有人或牲口拉着耧车，一人在后面手扶耧车，耧脚在平整好的土地上开沟播种，同时进行覆盖和镇压。

【浆线】tɕiaŋ⁴¹ siɛn⁴¹ 用面汤水浸泡揉搓棉线，使其坚韧耐磨。纺花车纺成的棉线坚韧性很差，不能直接用来织布，需要浆线。浆线的流程是：先将小麦粉洗去面筋，把面粉水煮开，把准备织布用的线拐放在面汤里浸泡并揉搓均匀，捞出后拧干水分，套到浆线杆儿上晾干即可。

【犟】tɕiaŋ⁴¹ 固执。如：这孩子可～了，谁说都不听。

【犟嘴】tɕiaŋ⁴¹ tsuei⁵³ 对上级或长辈的批评不服气，顶撞。如：你再～看我不打你。

【犟筋】tɕiaŋ⁴¹ tɕin³³ 任性，不让做什么非要做什么。如：小东通～哩，谁都管不了他。

【糨子】tɕiaŋ⁴¹ tsʅ· ①用面粉加水煮成的稠糊糊，用来粘贴东西。②比喻人脑子不清楚，糊涂。如：他这人低脑里头是一盆儿～，糊涂不清渣儿。

tɕiŋ

【经布】tɕiŋ³³ pu⁴¹ 把线橛儿一字排开，收集汇总其上的线，经始出布幅的长宽及花色。一般情况下，布幅长约百米，宽约半米。

【荆笆】tɕiŋ³³ pa³³ 用荆条编制的长条形席状物，20世纪时人们把荆笆铺在床架上当床板用，也可以凳起来晾晒粮食

等，还可以用来做屋顶的附棚、界墙
等。

【荆条】tɕiŋ³³ t'io⁵³ 荆树的枝条，性柔韧，
可以编制箩头、篮子、筐子等。

【惊了】tɕiŋ³³ lə· 奶水充盈，经刺激后自
动往外流。如：奶～了，孩子都吃不供。

【景】tɕiŋ⁵³ ①高兴，狂喜。如：孩子考上
大学了，～哩他不轻。②喜欢，偏爱。
如：恁奶可～你了。③卖弄。如：他
家敢有一点好东西，时不时就要拿出
来～～，生怕别人不知道。

【景人】tɕiŋ⁵³ zən⁵³ 长相和神态使人喜欢。
如：这孩子长哩多～。

【敬酒】tɕiŋ⁴¹ tsiəu⁵³ 在酒宴上给别人请人
喝或碰杯与别人一起喝。如：到酒场
儿上咋～也是一门儿学问。

【敬烟】tɕiŋ⁴¹ iɛn³³ 礼貌地递上香烟请别人
抽。如：他见人就～，跟谁都自来熟。

【镜儿】tɕiɯ⁴¹ 镜子。

tɕ'

tɕ'i

【其素】tɕ'i³³ su⁴¹ 整洁干净。如：红红她妈可～了，家里收拾哩干干净净哩。

【曝】tɕ'i³³ ①用东西吸干水分；自然晾干。如：刚下哩雨不大，一会儿路上可～了。②潮湿的衣物使身体不适。如：赶紧给孩子哩湿裤子换喽，甭～着他喽。

【起】tɕ'i⁵³ ①长出。如：天武热了，孩子～了一身痱子。②把嵌入的东西弄出来。如：～钉子。③选取。如：～名儿。

【起面】tɕ'i⁵³ miɛn⁴¹ 把发好的面团从盆里拿到案板上。

【起明发亮】tɕ'i⁵³ miŋ⁵³ fa³³ liaŋ⁴¹ 器物经过摩擦或整理后闪光耀眼；也指衣物长时间不洗或衣领衣袖部位长时间摩擦后呈现的亮光。如：他那棉大衣穿了好些年了，袄袖儿都磨哩～哩了。

【起土】tɕ'i⁵³ t'u⁵³ 挖土、掘土。如：小时候儿家里养了两头猪，俺大隔俩星期都得去南边山上～垫猪圈。

【起头儿】tɕ'i⁵³ t'əuɻ⁵³ 开始。如：打毛衣能从下摆～也能从领子～。

【起灵】tɕ'i⁵³ liŋ⁵³ 把停放的灵柩运走下葬。

【起脊】tɕ'i⁵³ tsi³³ 建筑物的屋顶不是平面而是有坡度屋脊高耸的。如：平房跟～房各哩好处。

【起色】tɕ'i⁵³ sæ· 出息，长进；好转。如：治了半年了，这病儿一点儿～都没有。

【起先】tɕ'i⁵³ siɛn³³ 最初；开始。如：～他光听人家说过，阵着晚儿才知道原来是这回事儿。

【起场】tɕ'i⁵³ tʂ'aŋ⁵³ 起场是把碾好的麦秸挑起，把麦粒收拾起来。起场前要先把麦秸细细翻一遍，尽可能把夹在麦秸里的麦粒抖搂出来，把麦秸堆成麦秸垛。如：俺爷～哩时候儿给那麦秸黑搅好几遍儿，麦搅哩可干净了。

【起急】tɕ'i⁵³ tɕi⁵³ 急躁，着急。如：他干活儿武慢了，看哩我直～。

【起鸡皮圪垯】tɕ'i⁵³ tɕi³³ p'i⁵³ kɯ³³ ta· 因受凉或惊吓等，皮肤上形成的小圪垯。因其状像去了毛的鸡皮，故言。

【起圈】tɕ'i⁵³ tɕyɛn⁴¹ 把猪圈、羊圈、牛栏等里面的粪便和所垫的草、土弄出来。‖也说"出圈 tʂ'ʅ³³ tɕyɛn⁴¹"。

【起伙】tɕ'i⁵³ xuo⁵³ 生火做饭。如：那时候儿学校没有食堂，几个老师就自己～做饭。

【起火儿】tɕ'i⁵³ xuəɻ· 带着苇子秆的花炮，点着后能升得很高。如：今年年下大刚给孩子们买了一大捆儿～。

【起哄】tɕ'i⁵³ xuəŋ⁴¹（许多人在一起）胡闹；捣乱。如：你啥情况都不知道，不应跟着人家瞎～。

【起五更】tɕ'i⁵³ u⁵³ tɕiŋ· 起得很早。如：

天明喽去都不迟，不应～了。

【起五更爬半夜】tɕʻi⁵³ u⁵³ tɕiŋ・pʻa⁵³ pan⁴¹ iɛ⁴¹ 天不亮就起床，深更半夜才睡觉。形容人早起晚睡，辛勤劳苦。如：他～没明没夜哩干，才养活住这一大家子老老小小。

【起夜】tɕʻi⁵³ iɛ⁴¹ 夜里起来上厕所。

【骑拉】tɕʻi⁵³ la・骑。如：你～到墙上抓哩？快点儿下来！

【气不忿儿】tɕʻi⁴¹ pu³³⁵³ fəu⁴¹ 看到不平的事而生气，不服气。如：他听说了这事儿，～，非要去寻老师。

【气脖子】tɕʻi⁴¹ po⁵³ tsʅ・甲状腺肿大的俗称。‖也说"大脖子 ta⁴¹ po⁵³ tsʅ・"。

【气蛋】tɕʻi⁴¹ tan⁴¹ ①腹股沟疝气的俗称，婴幼儿比较常见。②形容人做事不恰当，令人不可思议。如：他这人通～哩。

【气头儿上】tɕʻi⁴¹ tʻɤur⁵³ ʂaŋ・发火的时候。如：他正改～哩，你不应理他。

【气性】tɕʻi⁴¹ siŋ・脾气。如：小红～还怪大哩，说了她两句儿可不理我了。

【气势】tɕʻi⁴¹ ʂʅ・心里踏实。如：各人哩东西儿使起来～。

【气乎乎哩】tɕʻi⁴¹ xu・xu⁵³ li・非常生气。如：也不知道谁惹了王红了，她～谁也不理。

【气眼儿】tɕʻi⁴¹ iɛu⁵³ 钉在鞋脸上或其他物品上，用来穿鞋带或其他条状物的铁圈。

【汽灯】tɕʻi⁴¹ təŋ³³ 汽灯又称汽油灯，是20世纪中叶民间常用的一种照明灯具。它利用点着后本身发出的热量和气压，将煤油变成蒸汽从油壶上方的灯嘴处喷出，喷射在炽热的纱罩上发出耀眼的白光。

tɕʻy

【蚰蚰儿】tɕʻy³³ tɕʻɯ・蟋蟀。

【曲联儿】tɕʻy³³ lʮɛu・围起来的圆圈。如：咱们几个手拉手围成哟～，别人都进不来了。

【曲龙拐弯儿】tɕʻy³³ lyŋ・kuæ⁵³ uɛɯ³³ 形容路弯曲不直的样子或说话不直截了当。如：山里拐路～真不好走。‖也说"曲里拐弯儿 tɕʻy³³ li・kuæ⁵³ uɛɯ³³"。

【屈才】tɕʻy³³ tsʻæ⁵³ 大材小用，指人的才能不能充分发挥。如：你也不应觉着～，这事儿可不好干哩。

【屈说】tɕʻy³³ ʂʮə³³ 错说；冤枉。如：老师真没有～你，你就是忒懒了。

【屈死了】tɕʻy³³ sʅ・lə・特别委屈。如：这事儿她干哩真不赖，老板还嚷了一顿，她都快～。

【蚰蜷】tɕʻy⁵³ tɕʻyɛn⁴¹ 蚯蚓，中药名地龙，性寒，有扩张血管、降压的作用。

【去皮】tɕʻy⁴¹ pʻi⁵³ 扣除皮重。如：这一篮儿红薯去喽皮净重十五斤。

【去茅子】tɕʻy⁴¹ mɔ⁵³ tsʅ・上厕所。如：王轩～了，等等他吧。

【去地】tɕʻy⁴¹ ti⁴¹ 下地干活。如：夏天天明哩早，张玉四点多都起来～了。‖也说"去地里 tɕʻy⁴¹ ti⁴¹ li・"。

【去死】tɕʻy⁴¹ sʅ⁵³ 寻短见。如：碰上这事儿，她～哩心都有了。

【去心病儿】tɕʻy⁴¹ sin³³ piu⁴¹ 去除心中长期集聚的隐忧。如：李老师哩话儿总算是去了他哩心病儿了。

【去下来】tɕʻy⁴¹ ɕia・læ・①取下来。如：墙上那相片快掉了，你给它～吧。②减下来。如：你装哩忒多了，再～点儿吧。

【去砍】tɕʻy⁴¹ kʻan⁵³ 算了。如：～吧，你说那才不中哩。‖也说"去屎 tɕʻy⁴¹ tɕʻiɤu⁵³"。

【去伙】tɕʻy⁴¹ xuo⁵³ 拉倒，算了。如：说不通就～，大不了不干了。

【去火】tɕʻy⁴¹ xuo⁵³ 中医指去除体内的火气。如：这两天有点儿上火，得喝点儿苦丁茶去去火。

【去火药】tɕʻy⁴¹ xuo⁵³ yə³³ 去除体内火气的中草药。如：牛黄解毒片和黄连上清丸是常见哩～。

tɕ'ia

【掐】tɕ'ia³³ ①用手指或指甲用力夹。如：她~人可疼了！②用指甲掐断。如：~了一朵儿花儿。③用虎口用力卡住。如：~脖子。④用拇指点其他四指以计算或思考。如：~指一算。⑤计算。如：锅上汽儿了，你~好时间，三十分钟关火。

【掐点儿】tɕ'ia³³ tiɯ⁵³ 准确无误地按预定时间做事。如：她上班老是掐着点儿来，也不怕迟到。

【掐尖儿】tɕ'ia³³ tsiɯ³³ 掐掉花木的嫩枝梢；也指掐去棉花等作物的顶部。

【掐菜】tɕ'ia³³ ts'æ⁴¹ 薅野菜。

【搭】tɕ'ia³³ ①用手抱、搂。如：甭看他个儿不高，一布袋麦子~住就走。②量词，两臂伸开抱着的数量为一搭。如：该做饭了，你去后头搭一~子柴火吧。

【卡】tɕ'ia⁵³ ①两者互挤而不能松动。如：立柜门儿~住了，开不开了。②管制；刁难。如：学校~哩可严了，平常学生不能出校门｜要不是他~你，你早就提拔了。

【抃腰】tɕ'ia⁴¹ iɔ³³ 两手叉在腰部。如：校长~给那儿一立，孩子们可静下来了。

【抃腰儿】tɕ'ia⁴¹ iɔ³³ 衣服腰部较瘦的式样。如：这件儿连衣裙儿是~哩，穿上显身材。

tɕ'yə

【摧¹】tɕ'yə³³ ①捣。如：今儿晌午吃面条儿，你~点儿蒜吧。②打。如：你气死我了，真想~你一顿。

【摧²】tɕ'yə³³ 用言语欺骗、哄骗。如：你甭~我了，我都知道了。

【摧哒】tɕ'yə³³ ta· 哄骗、欺骗的意思。如：你这憨子，人家~你哩，你还没迷瞪过来哩？

【摧碓窝儿】tɕ'yə³³ tuei⁴¹ iɔr⁵³ 石臼，舂米用的器具。碓窝是圆柱形的，上面挖个窝窝。使用时，先把稻子或谷子等放在碓窝里，用碓锤反复捣，直到把壳全部捣掉。

tɕ'iɛ

【怯】tɕ'iɛ³³ 害怕。如：他脾气不好，孩子们都有点儿~他。

【怯场（儿）】tɕ'iɛ³³ tʂ'aŋ⁵³（tʂ'ər⁵³）胆小害羞，在公共场合不善于交际应酬。如：她有点儿~，脱不了稿儿。

tɕ'yɛ

【缺德】tɕ'yɛ³³ tæ³³ 缺乏好的品德，指人好开玩笑，搞恶作剧，做坏事等。如：这是谁干哩？真~。

【缺德带冒烟儿】tɕ'yɛ³³ tæ³³ tæ⁴¹ mɔ⁴¹ iɯ³³ 极言其行为恶劣。如：这人真是~，好好儿哩路给剜断了。

【缺心肝眼儿】tɕ'yɛ³³ sin³³ kan³³ iɯ⁵³ 形容人愚笨，有点儿痴傻。如：你是不是~呀？啥人都往家里头引？‖也说"缺心眼儿 tɕ'yɛ³³ sin³³ iɯ⁵³"。

【缺胳膊少腿儿】tɕ'yɛ³³ kuɔ³³ po·ʂɔ⁵³ t'uɯ⁵³ 比喻事物残缺不完整。如：这桌子~哩，不能使了。

【搣】tɕ'yɛ⁵³ 折断、断绝。如：~了一根儿树枝儿。

tɕ'æi

【□】tɕ'æi⁵³ "起来"的合音词。

tɕ'iɔ

【跷二郎腿儿】tɕ'iɔ³³ hₐ⁴¹ laŋ⁵³ t'uɯ⁵³ 坐下

来把一只腿放在另一只上的一种坐姿。如：不应～，不好看。

【敲明叫响】tɕʻiɔ³³ miŋ⁵³ tɕiɔ⁴¹ ɕiaŋ⁵³ 说清楚明白。如：这事儿咱先～说明白喽，过后不应再翻旧账。

【敲打】tɕʻiɔ³³ ta· 指批评、教训。如：年轻人不懂事儿，平常得多～～他们。

【敲车角儿】tɕʻiɔ³³ tʂʻɤ³³ tɕyɜr³³ 敲钟，旧时农村上工或有集体活动时以此来召集村民。车角儿，生铁铸的架子车轮子。

【敲锅锤儿】tɕʻiɔ³³ kuɔ³³ tʂʻuɯ⁵³ 形容性情乖张、不服管教的人。如：这孩子是哟～，油盐不进。

【巧】tɕʻiɔ⁵³ ①两件事情偶然相合；正好碰上某种机会。如：今儿真～了，出门儿正好碰见老李家两口儿来串门儿。②聪明灵活。如：她手可～了，啥花儿都会铰。

【巧劲儿】tɕʻiɔ⁵³ tɕiɯ⁴¹ 巧妙省力的方法。如：干这活儿得多动脑子，使～。

【翘边儿】tɕʻiɔ⁴¹ piɯ³³ 物体的边缘翘起。

【翘翘舌】tɕʻiɔ⁴¹ tɕʻiɔ· ʂɤ⁵³ 指那些说话带外地口音的人。

【翘倩】tɕʻiɔ⁴¹ tɕʻiɛn· 形容老年人很健康。如：老张通～着哩。

【缫边儿】tɕʻiɔ⁴¹ piɯ³³ 一种手工缝纫法，缝纫时将布边儿向里折回，缝边后外面不露针脚。

tɕʻiəu

【坯】tɕʻiəu³³ 浮厝，一种葬俗。人死后因各种原因暂不埋入地下，只能暂借荒地用砖或坯在地面上砌住棺材，也有把棺木封在窑洞或房屋中的。孟津旧俗夫妻二人先后去世如果不隔百天，后死者不能下葬，要先用砖坯在一处，待先死者三周年时再发墓合葬。

【求】tɕʻiəu⁵³ 长时间待在某处不肯离去。如：你成天～到家里，也不说出去寻点儿活儿干干。

【求签儿】tɕʻiəu⁵³ tsʻuɛi³³ 迷信的人在神佛面前抽签来占卜吉凶。

【求人】tɕʻiəu⁵³ zən⁵³ 请求别人帮助。如：我这人最害怕～了，张不开嘴。

【求爷爷告奶奶】tɕʻiəu⁵³ iɛ⁵³ iɛ· kɔ⁴¹ næ⁵³ næ· 到处求人。如：我～才给你说下来这事儿，你可倒好，还不干了！

【屎】tɕʻiəu⁵³ ①男性生殖器。②做定语，表示贬低或厌恶。如：看你那～样儿，就你事儿多。③用在单音节动词或形容词后，表示不如意或厌恶。如：火早都灭～了，还烤啥哩烤？

【屎毛】tɕʻiəu⁵³ mɔ⁵³ ①男阴处的毛。②用作詈语，表示无所谓、不在乎。如：～，他算老几？他说喽不算。

【屎势儿】tɕʻiəu⁵³ ʂəɯ⁴¹ 样子，德性，含贬义。如：看你那～，这点儿事儿都办不了。‖也说"屎样儿tɕʻiəu⁵³ iɜr⁴¹"。

tɕʻiɛn

【牵着不走，打着倒退】tɕʻiɛn³³ tʂuɔ· puʻ³³ tsəu⁵³，taʻ⁵³ tʂuɔ· tɔ⁴¹ tʻuɛi⁵³ 形容人不听话，倔强，固执。如：你这人真是哩，～，咋阵犟嘞？

【牵扯】tɕʻiɛn³³ tʂʻɤ· 牵连拉扯；发生关联。如：听说王宏伟哩事儿～到老李了。

【鹄疤疤】tɕʻiɛn³³ pa³³ pa³³ 戴胜鸟的俗称。鹄是啄的意思，疤是疤痕，指树上被虫蛀的洞。鹄疤疤的嘴强直而尖，可以深入蛀洞啄害虫。‖也说"梆梆虫儿paŋ³³ paŋ³³ tʂʻuɯ⁵³"。

【欠】tɕʻiɛn⁴¹ ①身体的一部分稍微向一定方向倾斜。如：他～了～身儿，凑到老胡耳朵边儿小声儿嘀咕了几句儿。②借别人的钱物尚未归还。如：洪波还～单位几万块钱儿哩。③不够；缺少。如：今儿这包子馅儿稍～点儿盐，有点儿甜。

【欠账】tɕʻiɛn⁴¹ tʂaŋ⁴¹ 负债，引申指该做而未做的事。如：老夏家～可不少，日子儿不好过。

【欠人情】tɕʻiɛn⁴¹ zən⁵³ tsʻiŋ⁵³ 得到过别人的帮助但尚未回报。如：我还欠王红哟大人情哩。

【欠火儿】tɕʻiɛn⁴¹ xuɐr⁵³ ①饭菜不太熟。如：今儿炖哩排骨还欠点儿火儿，有点儿塞牙。②喻指人不够数。如：这家伙有点儿～，半生不熟哩。

【欠挨】tɕʻiɛn⁴¹ ɣæ⁵³ 需要用挨打的方式给予教训或惩戒。如：我看他是～了，打一顿就老实了。‖也说"欠揍 tɕʻiɛn⁴¹ tsəu⁴¹""欠收拾 tɕʻiɛn⁴¹ ʂəu³³ ʂ・"。

tɕʻyɛn

【圈】tɕʻyɛn³³ ①用笆箩做底，上面用席子或荆笆围起来储存粮食的器具。②量词，用于圈储存的物品。如：今年打了三～稻子。

【圈椅】tɕʻyɛn³³ i⁵³ 靠背和扶手接连成半圆形的椅子。如：俺家上房屋里头有两把～。

【权当】tɕʻyɛn⁵³ taŋ⁴¹ 姑且。如：你就～没有这哟孩子就妥了。

【蜷腿儿】tɕʻyɛn⁵³ tʻuɯ⁵³ 指腿蜷曲起来的样子。如：他好～睡觉。

【蜷蜷腿】tɕʻyɛn⁵³ tɕʻyɛn・tʻuei⁵³ 稍微或临时蜷曲一下腿部。如：你～叫我过去。

【颧骨】tɕʻyɛn⁵³ ku・眼睛下面两腮上边突出的颜面骨。如：男方嫌丽萍～有点儿高。

【劝酒】tɕʻyɛn⁴¹ tsiəu⁵³ 劝人喝酒。如：老牛可会～了，说哩一套儿一套儿哩。

【劝架】tɕʻyɛn⁴¹ tɕia⁴¹ 劝人停止争吵或打架。如：你是来～哩还是来看热闹哩？

【劝和不劝离】tɕʻyɛn⁴¹ xuo⁵³ pu³³⁵³ tɕʻyɛn⁴¹ li⁵³ 指对于闹矛盾的夫妻，应该劝他们和好，不能劝他们分离。

tɕʻin

【勤】tɕʻin⁵³ ①勤快，不停地工作。如：人～地不懒。②次数多；经常。如：孩子成天改地下爬，地得～拖着点儿。

【勤勤】tɕʻin⁵³ tɕʻin・勤劳肯干。如：他可～了，一年到头儿不失闲儿。

【噙】tɕʻin⁵³ 用嘴含着。如：牙疼哩时候儿嘴里头～一口酒怪管用哩。

【噙住屎橛子打提溜儿】tɕʻin⁵³ tʂʅ・ʂʅ⁵³ tɕyɛ⁵³ tʂʅ・taʔ⁵³ ti³³ liəur・形容人固执任性，不听人劝。如：你这孩子真是～，咋说你都听不进去。

tɕʻyn

【裙儿】tɕʻyn⁵³ yɯ⁵³ 一种服装样式，分连衣裙和半裙两种。

【群众】tɕʻyn⁵³ tʂuəŋ・①指人民大众。②指没有加入共产党、共青团组织的人。

tɕʻiaŋ

【戗欺】tɕʻiaŋ³³ tɕʻi・欺负他人。如：东东仗着他个子大，光～班里头哩小朋友。

【腔门儿】tɕʻiaŋ³³ məu⁵³ 也许；可能。如：今儿王校长不～会来吧？

【腔实】tɕʻiaŋ³³ ʂʅ・结实；壮实。如：这线不～，得合成双股儿。

tɕʻiŋ

【轻不溜儿】tɕʻiŋ³³ pu³³ liəur³³ 很轻松的样子。如：这活儿不算啥，俩人～哩就能干喽。

【轻飘飘哩】tɕʻiŋ³³ pʻiɔ・pʻiɔ⁵³ li・分量很轻。如：这被子～，不是老好。

【轻省】tɕʻiŋ³³ səŋ・轻松，省劲。如：这

活儿干着怪～哩。

【轻式】tɕ‘iŋ³³ ʂʅ· 形容人撒娇发嗲的样子。如：王娇通～哩，都十岁了，改家还成天搂着她爸哩脖子不丢手。

【轻巧】tɕ‘iŋ³³ tɕ‘iɔ· 容易。如：你说哩怪～哩，你去干干试试?

【轻欠】tɕ‘iŋ³³ tɕ‘iɛn· ①轻松。如：你说哩怪～哩，没有一万块下不来。②负担小。如：他家老大毕业了，他觉着～多了。

【轻活儿】tɕ‘iŋ³³ xuɐr⁵³ 不太出力的活儿。如：恁叔腰不好，给他寻哟～叫他干干吧。

【清住】tɕ‘iŋ⁴¹ tʂʅ· ①粥因变凉表面凝住；面条因水分变少而黏合在一起。如：赶快吃吧，一会儿面条儿都～了。②伤口创面不再津血水，开始结痂。‖西乡说"闷住 mən³³ tʂʅ·"。

【清住皮儿】tɕ‘iŋ⁴¹ tʂʅ· p‘iɯ⁵³ ①伤口结痂。如：她胳膊上磕烂那地这都～了。②水浇过地后，地皮结痂。如：地都～了，得锄锄。‖①也说"清住圪痂儿 tɕ‘iŋ⁴¹ tʂʅ· kɯ³³ tɕiɐr·"。

【庆驾山】tɕ‘iŋ⁴¹ tɕia⁴¹ san³³ 地名，在今孟津城关镇，因百姓在此迎接代王刘恒和其母薄姬而得名。

tɕ‘yŋ

【倾盆大雨】tɕ‘yŋ³³ p‘ən⁵³ ta⁴¹ y⁵³ 形容雨极大。如：～哩，咋出去呀?

【穷嘴呱嗒舌】tɕ‘yŋ⁵³ tsuei⁵³ kua³³ ta· ʂʅə⁵³ 话多得没完没了，让别人插不上嘴。如：你哟小闺女儿家，成天～哩，像啥样儿!

【穷家富路】tɕ‘yŋ⁵³ tɕia³³ fu⁴¹ lu⁴¹ 指居家可以节俭，但出门在外一定多带资金，以备不时之需。如：你多带点儿钱儿，～，不应改外头作难。

【穷家子气】tɕ‘yŋ⁵³ tɕia³³ tsʅ· tɕ‘i⁴¹ 形容人吝啬小气。如：刘梅弄啥通～哩，一分钱儿都舍不哩出。

【穷光蛋（儿）】tɕ‘yŋ⁵³ kuaŋ³³ tan⁴¹（tɐɯ⁴¹）一无所有，穷到极点的人。如：他这～，人家小闺女儿谁跟他哩。

ɕ

ɕi

【吸铁石】ɕi³³ t'ie³³ ʂʅ⁵³ 磁石。如：你给这～搁远点儿，不应叫它给手机改一坨儿。

【吸溜】ɕi³³ liəu· 往嘴或鼻子里用力吸并发出响声。如：黄立一到冬天就好感冒，成天～着鼻子。

【吸乎儿】ɕi³³ xur³³ 差点儿。如：还说哩，这一回～没有要喽他哩命。

【吸烟】ɕi³³ iɛn³³ 抽烟。如：他可是哟老烟民了，～吸了几十年了，不好戒。

【稀】ɕi³³ ①水分少，与"稠"相对。如：今儿这汤面条儿忒～了。②庄稼株距大，与"密"相对。如：今年这麦种哩有点儿～。③表示程度高。如：你看你那汗衫儿都～烂～烂了，甭穿了。

【稀巴烂】ɕi³³ pa³³ lan⁴¹ 非常烂。如：家里那一套细瓷碗叫她生气哩时候儿摔哩～。‖ 也说"稀烂 ɕi³³ lan⁴¹"。

【稀面条儿】ɕi³³ miɛn⁴¹ t'ɔr⁵³ 不勾芡的清汤面条。

【稀汤拉水】ɕi³³ t'aŋ³³ la³³ ʂuei⁵³ 形容粥很稀或汤里肉菜和油盐很少，没有味道。如：天天光喝点儿这～哩，营养会跟上啊？‖ 也说"稀汤寡水 ɕi³³ t'aŋ³³ kua⁵³ ʂuei⁵³"。

【稀汤拉水涮坷漏儿】ɕi³³ t'aŋ³³ la³³ ʂuei⁵³ ʂuan⁴¹ k'ɯ⁵³ ləur⁴¹ 汤汤水水的食物撑大了肚子却没有营养。‖ 也说"稀汤拉水灌大肚 ɕi³³ t'aŋ³³ la³³ ʂuei⁵³ kuan⁴¹ ta⁴¹ tu⁴¹"。

【稀里糊涂】ɕi³³ li· xu⁵³ tu· 不清楚，糊里糊涂。如：开完会，他～哩跟着老同学们可去打牌了。

【稀溜儿溜儿哩】ɕi³³ liəur· liəur⁵³ li· 粥汤等很稀的样子。如：感冒了，光想喝点儿～酸汤面叶儿。

【稀屎皮】ɕi³³ sʅ⁵³ p'i⁵³ ①劣质。可说物，指东西不好；也可说人，指窝囊、软弱。如：他通～哩，人家咋戕欺他都跟没事儿一样。②胆小如鼠的人。如：他这人树叶儿掉下来也怕砸住头，是哟～。

【稀碎】ɕi³³ suei⁴¹ 破碎到极点。如：化雪了，屋檐儿下哩冰凌坠儿掉下来摔哩～。

【稀松平常】ɕi³³ suəŋ³³ p'iŋ⁵³ tʂ'aŋ⁵³ 很平常，很一般。如：这事儿～，你甭往心里去。

【稀奇古怪】ɕi³³ tɕ'i⁵³ ku⁵³ kuæ⁴¹ 指很少见，很奇异，不同一般。如：小舟脑子里都是～哩想法儿。

【稀稀落落】ɕi³³ ɕi· la³³ la· 稀疏，零落。如：今儿黑地有点儿阴，天上～哩才有几个星星。

【稀客】ɕi³³ kæ³³ 不常来的客人。如：哟，真是～！你咋有时间来家里了？

【畦儿】ɕiɯ⁵³ ①可供种植排列整齐的一块块长方形田地。②分畦土地的计量单位。如：这一～韭菜长哩真好！

【喜咪咪哩】ɕi⁵³ mi · mi⁵³ li · 形容人面色和善，笑意盈盈。

【喜丧】ɕi⁵³ saŋ³³ 旧时认为"人生七十古来稀"，能活到八十岁就是长寿了，因此把八十以上高寿又无疾而终的人的丧事称为喜丧。如：恁老婆儿都九十多了，是～，不应狠哭了。

【喜货】ɕi⁵³ xuo⁴¹ 提前做好的棺木。孟津旧俗，一般在老人六十岁时选日子制备棺木，棺不能空，里面一般放上刨花、石头等，也有盛放粮食的。

【戏法儿】ɕi⁴¹ frɐr · 魔术。如：俺四大～变哩可好了。

【戏台子】ɕi⁴¹ tʻæ⁵³ tsɿ · 为戏剧演出而建的舞台。如：李庄才修了哟～，听说正月要唱几场戏哩。

ɕy

【虚】ɕy³³ ①松软。如：今儿蒸哩馍还怪～哩。②因心里惭愧或无把握而勇气不足。如：他有点儿心～，偷偷看了一眼老师。③指人身上的肉松软不结实。如：他身上哩肉都是～哩。

【虚扑腾腾】ɕy³³ pʻu · tʻəŋ · tʻəŋ⁵³ 形容东西松软。如：这一回馍蒸哩怪好，～哩。

【虚扑囊囊】ɕy³³ pʻu · naŋ · naŋ⁵³ 形容东西发脬。如：粉皮儿～哩，都泡浓了。

【虚胖】ɕy³³ pʻaŋ⁴¹ 虚胖多指肌肉疏松，脂肪下垂，看起来比较臃肿，多见于一些缺乏锻炼而且进食超标的人群。虚胖一般是脾气虚弱而水湿不化所造成的，解决的办法是健脾祛湿。‖ 也说"虚膘 ɕy³³ piɔ³³"。

【虚麻烫】ɕy³³ ma⁵³ tʻaŋ · 与"瓷麻烫"相对。用发酵较充分的软面炸制的长方形油条。

【虚土】ɕy³³ tʻu⁵³ 路上的黄土面儿。如：滩里头修路哩，路上都是～面子，不能走。‖ 也说"面儿面儿土 miɐɯ⁴¹ miɐɯ · tʻu⁵³"。

【虚头儿】ɕy³³ tʻrəur · 谎头儿。如：黄瓜就是这价钱，真哩一点儿～都没有。

【虚拢凹屋】ɕy³³ luəŋ⁵³ ua⁴¹ u³³ 空虚，不瓷实。如：你看你垛这稻草，～哩，就不能压瓷实点儿？

【虚岁】ɕy³³ suei⁴¹ 虚岁是与周岁相对的一种记岁方法，是中国传统的计龄方式。它是以春节为分界点的，出生时记为一岁，以后每到一个春节便增加一岁，这样虚岁就比实际年龄多出了一岁或两岁。

【虚糕】ɕy³³ kɔ · 用白面和玉米面加水调制的面糊经发酵后蒸制的糕，可加糖和枣等。‖ 也说"发糕 fa³³ kɔ³³"。

【虚汗】ɕy³³ xan⁴¹ 因身体衰弱或患有某种疾病而引起的不正常的出汗现象。

【许】ɕy⁵³ ①允许；容许。如：你咋恁霸道嘞？啥事儿都是光～你不～人家？②承诺，许诺。如：这可是你～哩人家，你到时候可一定得去。

ɕia

【瞎】ɕia³³ ①没有目的没有计划，随意而为。如：你不了解情况，可不应～指挥。②谷物的籽粒不饱满。如：今年这稻子不饱，～哩多。③东西不好。如：这衣裳料子也忒～了，不能要。④人的品质不好。如：这孩子哩成色儿～着哩。

【瞎巴鸡】ɕia³³ pa³³ tɕi³³ 指人或物不好。如：这鞋才阵～嘞？才穿了一天可烂了。

【瞎了】ɕia³³ lə · ①眼睛看不见了。如：你～？没有看见这坐着人哩？②事情败坏，不成了。如：这事儿～，眼看不成了。

【瞎子】ɕia³³ tsɿ · ①指盲人。②指不饱满、干瘪的籽粒。如：今年收成不好，麦、玉蜀黍、谷子都是~可多。

【瞎扯】ɕia³³ tʂʼʔə⁵³ 没有中心地乱说。如：
周国栋东一句西一句~了半天，一句
儿有用哩没有。

【瞎说】ɕia³³ ʂʅə³³ 没有根据地胡说。如：
你~啥哩，王娟就不是那样儿哩人。

【瞎□】ɕia³³ zə³³ 瞎说，胡抢。如：你不
应改这~了。

【瞎话（儿）】ɕia³³ xua⁴¹（xuɐr⁴¹）假话。如：
我不说~，到那天我肯定来。

【瞎话儿布袋】ɕia³³ xuɐr⁴¹ pu⁴¹ tæ· 爱说假
话的人。如：他就是哟~，一句儿真
话没有。

【瞎好】ɕia³³ xɔ⁵³ ①好坏。如：不应管~，
我都要了。②不管怎样，无论如何。
如：他俩只要来喽，~也能顶点儿用。

【虾米】ɕia³³ mi· 小虾。

【霞院】ɕia⁵³ yɛn⁴¹ 村名，在今孟津白鹤镇，
传说是隋炀帝的下花园，与横水镇上
院相对。‖ 也说"下苑 ɕia⁴¹ yɛn⁴¹"。

【下】ɕia⁴¹ 猪牛羊等动物生崽。如：生产
队哩白马~马驹儿了。

【下不来】ɕia⁴¹ pu³³ læ⁵³ 不低于。如：这件
衣裳款式料子都不赖，我看~两千块
钱儿。‖ 也说"下不了 ɕia⁴¹ pu³³ liɔ⁵³"。

【下不去脚儿】ɕia⁴¹ pu³³⁵³ tɕʼy⁴¹ tɕyɜr³³ 地
上太乱太满，难于走动。如：曲海波
家客厅哩摆哩满满哩，人进去真~。

【下巴儿】ɕia⁴¹ pɛr· 下巴。‖ 也说"下
巴颏儿 ɕia⁴¹ pa· kʼər³³"。

【下坡儿】ɕia⁴¹ pʼər³³ 从高处往下走。

【下盘】ɕia⁴¹ pʼan⁵³ 架子车轱辘。

【下雾】ɕia⁴¹ vu⁴¹ 落雾。

【下地】ɕia⁴¹ ti⁴¹ 去地里干农活。如：他两
口都~了，家里没人。

【下地儿】ɕia⁴¹ tiɯ⁴¹ 从床铺上下来（多
指病人）。如：他害了年把病儿，才
能~。

【下蛋】ɕia⁴¹ tan⁴¹ 鸡鸭等产卵。

【下帖儿】ɕia⁴¹ tʼɜr³³ 定下结婚日子后，男
方给女方家送帖儿（聘书）和彩礼。‖

也说"送帖儿 suəŋ⁴¹ tʼɜr³³"。

【下滩】ɕia⁴¹ tʼan³³ 下地干活。孟津白鹤、
会盟两镇地处邙山脚下黄河南岸，庄
稼地都在黄河滩区，故言。如：咱后
晌~逮鱼儿吧？

【下奶】ɕia⁴¹ næ⁵³ 催奶。用药品或食物使
产妇分泌乳汁。如：鲫鱼儿跟猪蹄儿
都是~哩。

【下儿】ɕiɐr⁴¹ 量词。如：下课了，你去
敲一~钟吧？

【下儿子儿】ɕia⁴¹ ʅ⁵³ tsɯr· 牲畜下崽。

【下子儿】ɕia⁴¹ tsɯr⁵³ 鱼虫类产卵。‖ 也
说"艁子儿 fan⁴¹ tsɯr⁵³"。

【下材】ɕia⁴¹ tsʼæ· 贪吃，爱占小便宜。
如：你真~，就跟没吃过饭一样。‖
也说"下材皮 ɕia⁴¹ tsʼæ· pʼi⁵³"。

【下三儿】ɕia⁴¹ sɯu³³ 旧社会民间有"上九
流""下九流"的说法。"下九流"中
的"七娼八唱九吹"叫"下三儿"，是
底层中的底层，死后不能进祖坟。下
三儿除了形容贪嘴好吃外，还有贪婪、
下作、恬不知耻或者没有出息的意思。
如：军生这人不中，坐席一上桌就不
停嘴，真~。

【下账】ɕia⁴¹ tʂaŋ⁴¹ 记账。

【下世】ɕia⁴¹ ʅ⁴¹ 去世。

【下水】ɕia⁴¹ ʂuei· 猪牛羊的头蹄和内
脏的总称。如：村儿东头儿王家杀了
两头猪，宏宇去买了一副猪~。

【下神】ɕia⁴¹ ʂən⁵³ 神汉巫婆等装神弄鬼，
假装神灵附在自己身上。

【下晌】ɕia⁴¹ ʂaŋ· 以后。如：说你你不
听，~可不敢这样儿了。

【下晌儿】ɕia⁴¹ ʂɜr⁵³ 收工。

【下秧】ɕia⁴¹ zaŋ³³ 把浸泡好的稻种均匀地
撒在秧田里使其发芽长成秧苗。

【下劲儿】ɕia⁴¹ tɕiɯ⁴¹ 用力，用功。如：王
梅读书可~了，年年当三好学生。

【下学】ɕia⁴¹ ɕyə⁵³ 放学。

【下锅】ɕia⁴¹ kuo³³ 把食物放入锅中。如：
你快到家了吧？我~煮扁食了。

【下工】ɕia⁴¹ kuəŋ³³ 收工回家。如：他天天下了工还得去商店忙活。

【下火】ɕia⁴¹ xuo⁵³ 去除体内的热毒。如：孩子脸上长圪垯儿了，有热了，吃点儿～哩药吧？

【下药】ɕia⁴¹ yə³³ ①在某个地方放置毒药来毒害人或动物。②指医生的用药。如：这哟医生～有点儿重。

【下腰】ɕia⁴¹ io³³ 发展人的柔韧性的一项身体练习，上身尽力向后弯曲，直至头朝下、两手掌撑地，整个身体呈拱桥状。

【吓人捣怪】ɕia⁴¹ zən⁵³ tɔ⁵³ kuæ⁴¹ 使人感到害怕、恐惧。如：深更半夜你叫唤啥哩？～哩，弄哩人怪害怕哩。

【吓屙了】ɕia⁴¹ yə³³ lə· 形容被吓坏了。如：这一回可给他～，再也不敢去坡头了。‖也说"吓尿了 ɕia⁴¹ niɔ⁴¹ lə·"。

ɕyə

【学】ɕyə⁵³ ①学习。如：老话儿说"跟着好人～好人，跟着巫婆跳大神"。真一点儿没有错说喽。②学校。如：今儿星期哩，不上～。③模仿。如：小花儿，你～～恁老奶是咋走路哩。④转述，把别人的话再复述一遍。如：恁妈都说哩啥？你给我～～。

【学嘴】ɕyə⁵³ tsuei⁵³ ①把听到的话复述给别人。如：晓君通好～哩。②添油加醋，挑拨是非。

【学乖】ɕyə⁵³ kuæ³³ 因遭受挫折而学会察言观色，学会顺从别人。如：他挨了两回训以后也～了。

【学坏】ɕyə⁵³ xuæ⁴¹ 受别人的影响沾染上不好的习惯。如：王刚这两年跟着军军他们～了。

ɕiɛ

【血¹】ɕiɛ³³ 血液。

【血²】ɕiɛ³³ 表示程度高，包含了说话人一种出乎意料、吃惊、赞叹的意思，大多表示褒义。如：他～能哩，看一眼可学会了。

【血圪痂】ɕiɛ³³ ku³³ tɕiɛr· 血凝固后形成的痂。如：小东腿上挠哩都是～。

【歇顶】ɕiɛ³³ tiŋ⁵³ 秃顶。如：王俊生才三十岁可～了。

【歇响儿】ɕiɛ³³ ʂɐr⁵³ 睡午觉。如：恁奶～哩，不应吵。

【歇脚儿】ɕiɛ³³ tɕyɐr³³ 走路停下来休息。如：使死了，歇歇脚儿再走吧？

【歇鹤台】ɕiɛ³³ xɔ⁴¹ t'æ⁵³ 孟津县白鹤镇河清村西的一处台地，相传周灵王太子晋与浮丘公游王屋时曾歇于此。

【蝎子屙儿】ɕiɛ³³ tsʅ· tɽur³³ 蝎子弯曲分段且带有毒刺的尾巴。

【蝎虎儿】ɕiɛ³³ xur· 壁虎。

【□呼】ɕiɛ⁵³ xu· 大声嚷嚷。如：你～啥哩？不应给孩子吵醒喽。

【撅】ɕiɛ⁵³ 揭开，掀起。如：～开怀叫孩子吃会儿妈儿吧，省哩她一势哭。

【撅锅】ɕiɛ⁵³ kuo³³ 揭开锅盖。如：馍蒸熟喽不应慌着～，停几分钟再撅，揭馍哩时候儿不沾。

ɕyɛ

【靴】ɕyɛ³³ 棉鞋。‖也说"棉靴 miɛn⁵³ ɕyɛ³³"。

ɕiæ

【鞋拔子】ɕiæ⁵³ pa⁵³ tsʅ· 提鞋的工具。

【鞋帮儿】ɕiæ⁵³ pɐr³³ 除鞋底以外的部分。

【鞋襻儿】ɕiæ⁵³ p'ɯɯ⁴¹ 鞋帮上用以系扣的物件。

【鞋底儿】ɕiæ⁵³ tiu⁵³ 鞋子接触地面的部分。传统手工做的布鞋鞋底用多层圪帛合成，还要用麻绳纳上密密的针脚增加其耐磨性，现在的鞋底大多是合成材料制成的。

【鞋带儿】ɕiæ⁵³ tɐuɪ⁴¹ 用来把鞋系紧的带子。

【鞋垫儿】ɕiæ⁵³ tiɐuɪ⁴¹ 垫在鞋子里起减震、保暖、吸湿作用的垫子。传统鞋垫用圪帛制成，现在则由各种合成材料制成，作用也更广泛。

【鞋脸儿】ɕiæ⁵³ liɐuɪ⁵³ 鞋子的前面部分。

【鞋楦儿】ɕiæ⁵³ ɕyɐuɪ⁴¹ 鞋的成型模具，决定鞋的造型和式样，更决定着鞋是否合脚，能否起到保护脚的作用。‖ 也说"鞋撑 ɕiæ⁵³ ts'əŋ³³"。

【鞋跟儿】ɕiæ⁵³ kəuɪ³³ 鞋子后面的部分。‖ 也说"鞋后跟儿 ɕiæ⁵³ xəuɪ⁴¹ kəuɪ³³"。

【鞋口儿】ɕiæ⁵³ k'əuɪ⁵³ 鞋上开的口，穿鞋时脚从此出入。

【鞋样儿】ɕiæ⁵³ iɐr⁴¹ 鞋底和鞋帮的式样，用纸剪成。先前人们多自己手工做鞋，要先按照每个人足形的大小肥瘦剪出合适的鞋样儿。

【灪】ɕiæ⁴¹ ①加水使变稀。如：吃芝麻酱前得使水给它～～。②粥或汤类因放置时间长变质而变稀。如：这米汤都～了，不能喝了。③蛋类腐败变质。如：这鸡蛋黄儿都～了，不能吃了。

ɕiɔ

【孝布】ɕiɔ⁴¹ pu⁴¹ 戴孝时包在头上的白布。孟津习俗，白孝布的长短宽窄，视与死者关系的亲疏远近而定，儿女最长，其他依次递减。

【孝顺】ɕiɔ⁴¹ ts'uən· 不仅能尽心尽力地服侍父母，而且能顺从父母的心意。如：王成真是哟～孩子，他妈侄床上十来年，都是他伺候哩。

【孝帽儿】ɕiɔ⁴¹ mʅɔr⁴¹ 服丧期间，孝子戴在头上的白布帽子。

【孝衣】ɕiɔ⁴¹ i³³ 长辈去世以后，在治丧期间，晚辈分不同的辈分穿的白色布衣。

【孝子】ɕiɔ⁴¹ tsʅ⁵³ ①对父母孝顺的人。如：四里八乡都知道他是哟大～。②父母死后居丧的人。如：丧事办完喽，～得去本家近邻磕头道谢。

【孝子贤孙】ɕiɔ⁴¹ tsʅ⁵³ ɕiɛn⁵³ suən³³ ①有孝心和德才兼备的子孙。②比喻为某种势力甘心效劳的人。

ɕiɛn

【锨】ɕiɛn³³ 一种农具。有铁锨，用熟铁或钢打成片状，前端或似锹略呈圆形而稍尖，或为方阔形，后端安有长木把，用来掘土；有木锨，前端方阔，用于拌散肥料或铲取谷物。

【掀房子】ɕiɛn³³ faŋ⁵³ tsʅ· 拆房子。

【掀开】ɕiɛn³³ k'æ³³ 揭开；翻开；打开。

【闲哩叫唤】ɕiɛn⁵³ li·tɕiɔ⁴¹ xuan· 无事可做，过于清闲，有点儿百无聊赖。如：他多半年没有上班了，天天东逛逛西逛逛，～。‖ 也说"闲里慌 ɕiɛn⁵³ li·xuaŋ·"。

【闲钱儿】ɕiɛn⁵³ ts'iɐuɪ⁵³ 指满足生活必需之外的剩余的钱财。如：咱家阵着供俩大学生，一点儿～都没有。

【闲扯】ɕiɛn⁵³ tʂ'ʅɔ⁵³ 没有主题、不着边际地随意交谈。如：俩人喝着茶，东一句儿西一句儿～了一前晌儿。

【闲书】ɕiɛn⁵³ ʂʅ³³ 指对完成学业或工作没有直接帮助，仅供消遣的书籍。如：你都上高三了，少看点儿～吧。

【闲人】ɕiɛn⁵³ zən⁵³ 清闲没事做的人。如：五月天，村里哟～都寻不着。

【闲工夫儿】ɕiɛn⁵³ kuaŋ³³ frur· 多余的时间和力气，常用来表示对某事的否定态度。如：这种事儿不应寻我，我可没有那～。

【闲话儿】ɕiɛn⁵³ xuɐr⁴¹ ①与正题无关的话。如：不应扯～了，开会了。②背后议论是非、传播谣言的话。如：王红哩事儿都调查清楚了，你可不应再传～了。

【咸不咸，淡不淡】ɕiɛn⁵³ pu³³ ɕiɛn⁵³, tan⁴¹ pu³³⁵³ tan⁴¹ 指无关紧要的废话。如：人家快愁死了，你说～哩话儿有啥用？‖ 也说"不咸不淡 pu³³ ɕiɛn⁵³ pu³³⁵³ tan⁴¹"。

【咸吃萝卜淡操心】ɕiɛn⁵³ tʂʅ³³ luo⁵³ pu·tan⁴¹ tsʻɔ³³ sin³³ 多管闲事。如：你真是～，管人家那事儿抓哩？

【咸食儿】ɕiɛn⁵³ ʂəɯ· 一种丸子，用粉条、葱花、粉芡等加调味料拌匀后，挤成丸子炸制而成。可直接食用，也可煮汤或作烩菜的配菜。

【显】ɕiɛn⁵³ ①表示非常明显，看得清楚。如：这笔不能使，写哩字儿一点儿不～。②表示显露出来，与众不同。如：她好出风头儿，哪儿都光～着她。

【显摆】ɕiɛn⁵³ pæ· 炫耀。如：你才学了几天手艺儿，可跑到这儿～来了？

【显灵】ɕiɛn⁵³ lin⁵³ 迷信的人指神鬼现出形象、发出声响或使人感受到威力。

【显轻】ɕiɛn⁵³ tɕʻin³³ 用药后病情有好转。如：她才吃了几服药，病儿可～了。

【显怀】ɕiɛn⁵³ xuæ⁵³ 妇女怀孕后期肚子已经明显变大，别人能看出来了。如：她怀孕五个月了，都～了。

【显眼儿】ɕiɛn⁵³ iɯ⁵³ 明显且容易被看到；惹人注意。如：你给书包搁到～哩地这，一会儿好寻丨你穿这件儿衣裳忒～了，换一件儿吧。

【嫌】ɕiɛn⁵³ 嫌弃，不满意。如：小改～姚现峰家穷，相不中他。

【现钱儿】ɕiɛn⁴¹ tsʻiɯ⁵³ 能立即拿出来的钱。如：今儿这货要～，不赊账。

【现成饭】ɕiɛn⁴¹ tʂʻəŋ⁵³ fan⁴¹ 不用自己动手，回到家就能吃到的做好的饭。如：她家老婆儿不去地，改家看孩子做饭，她能吃上～。

【现世报】ɕiɛn⁴¹ ʂʅ⁴¹ po⁴¹ 迷信的人认为做了坏事，当世就会得到报应。如：王翰生坏事儿干尽，老天爷叫他家绝了后，真是～。

【现眼】ɕiɛn⁴¹ iɛn⁵³ 当众出丑、丢脸。如：赶紧回去吧，不应改这儿～了。

【馅儿】ɕiɛɯ⁴¹ 面食、点心里包的糖、豆沙、肉、菜等。如：今儿蒸哩包子是素～哩。

【馅食饱】ɕiɛn⁴¹ ʂʅ⁵³ po⁵³ 只吃不干，没用处的人。如：你真是哟～，会干点儿啥？

ɕyɛn

【□】ɕyɛn³³ 把东西从器皿中倒出去。如：你给这桶恶水～喽吧。

【煊】ɕyɛn³³ ①美、好。如：今年哩庄稼长哩真～。②品行好。如：这闺女那德性～着哩。③质量好。如：这大米比那大米～。④日子好，生活富足。如：他家哩日子儿这几年越过越～。

【暄】ɕyɛn³³ 形容东西松软而有弹性。如：这馍蒸哩怪～哩，看着不赖。

【暄土】ɕyɛn³³ tʻu⁵³ 松软的土。如：这路上都是～，你慢点儿跑，不应弄哩哪儿都是。

【暄腾腾哩】ɕyɛn³³ tʻəŋ· tʻəŋ⁵³ li· 形容物体松软的状态。如：才状哩新被子，～，盖着叫暖和了。

【悬】ɕyɛn⁵³ ①危险。如：这桥看着有点儿～，你还是不应过了。②不靠谱。如：你不应听他瞎喷，这事儿有点儿～。‖ 也说"悬乎 ɕyɛn⁵³ xu·"。

ɕin

【燆】ɕin⁴¹ 某处病灶影响其他地方出现不适感。如：这两天上火了牙疼，～哩我这半边儿脸都是疼哩。

【燆尿儿】ɕin⁴¹ tɕʻɹəur⁵³ 骂人缺心眼儿，脑子不够使，办事不周延。如：我有哟朋友看着怪帅哩，就是那办事儿～巴叉哩。

【燆尿儿货】ɕin⁴¹ tɕʻɹəur⁵³ xuo⁴¹ 指缺心眼

儿，脑子不够使的人。如：你这 ~，
教也教不会。‖ 也说 "㤈尿儿大低脑
ɕin⁴¹ tɕʻəur⁵³ ta⁴¹ ti³³ nɔ · "。

ɕyn

【熏蚊子】ɕyn³³ vən⁵³ tsɻ · 夏天在院子或
屋里点燃艾草等驱赶蚊子。

【训打】ɕyn⁴¹ ta · 训斥。如：我又没惹他，
叫他 ~ 了半天。

ɕiaŋ

【乡里乡亲】ɕiaŋ³³ li · ɕiaŋ³³ tsʻin³³ 同乡；关
系亲近。如：大家都是 ~ 哩，能帮还
是尽量帮帮忙。

【香炉儿】ɕiaŋ³³ ləur⁵³ 烧香用的碗儿。

【香脂】ɕiaŋ³³ tsɻ³³ 一种化妆品，用硬脂
酸、凡士林、杏仁油等原料制成。

【香椿】ɕiaŋ³³ tʂʻuən · 一种落叶乔木，其
嫩枝叶有特殊香味，可以食用。

【香香】ɕiaŋ³³ ɕiaŋ · 护肤品，小儿用语。
如：宝宝，来，洗洗脸，擦 ~ 了。

【香灰儿】ɕiaŋ³³ xuu³³ 香燃烧后余下的灰烬。

【香胰子】ɕiaŋ³³ i⁵³ tsɻ · 香皂。

【享福】ɕiaŋ⁵³ fu³³ 享受幸福生活。如：老
辛家儿子闺女都争气，也孝顺，老两
口光剩 ~ 了。

【响】ɕiaŋ⁵³ ①发出声音。如：闹钟 ~ 了。
②水快开时发出的声音。如：锅里头
水都 ~ 了，你快点儿擀面条吧。

【响鼻儿】ɕiaŋ⁵³ piuu⁵³ 骡马等动物鼻子里
发出的声响。

【响梆槌儿】ɕiaŋ⁵³ paŋ⁴¹ tʂʻuuu⁵³ 小儿玩具。

【响器】ɕiaŋ⁵³ tɕʻi · ①农村红白喜事上用
的锣、鼓、镲、笙、二胡、唢呐等乐
器。②也指红白喜事上演奏的响器班
子。如：他爹哩事儿上，光 ~ 就使了
好几班儿。

【响呼雷】ɕiaŋ⁵³ xu³³ luei · 打雷。如：~

了，赶紧给晒哩东西儿拿回来吧。

【向】ɕiaŋ⁴¹ 偏袒。如：俺妈光 ~ 着老二。

【向理不向人】ɕiaŋ⁴¹ li⁵³ pu³³⁵³ ɕiaŋ⁴¹ zən⁵³
只支持有理的一方，不偏袒跟自己关
系近的人。如：咱 ~，客观哩说，老
王真不占理儿。‖ 也说 "向理不向亲
ɕiaŋ⁴¹ li⁵³ pu³³⁵³ ɕiaŋ⁴¹ tsʻin³³"。

【向阳】ɕiaŋ⁴¹ iaŋ⁵³ 朝着太阳的一面，一
般指南面。如：这房子不 ~，冬天住
着冷。

ɕiŋ

【兴】ɕiŋ³³ ①准许。如：就 ~ 你不 ~ 人家。
②或许。如：明儿清早起来再说吧？
也 ~ 到时候儿就好了。③流行，盛行。
如：今年又 ~ 喇叭裤了。

【兴哩】ɕiŋ³³ li · 制定的；约定好的。如：
咱家就 ~ 这规矩。

【兴许】ɕiŋ³³ ɕy⁵³ 也许，或许。如：这事
儿 ~ 是你想多了吧？

【行人情】ɕiŋ⁵³ zən⁵³ tsʻiŋ⁵³ 遇有喜事、丧
事，亲友庆贺或吊唁，送份子钱并在
其家吃饭，参加仪式。

【行行】ɕiŋ⁵³ ɕiŋ · ①吃药往下泻。如：孩
子肚子胀哩怪狠哩，给他灌点儿药叫
他 ~ 吧？②让食物稍微消化一下。如：
吃哩有点儿撑，较起走走叫给下 ~ 再睡。

【行好】ɕiŋ⁵³ xɔ⁵³ 做慈善的事。如：他一
辈子 ~，改村儿里头落哩可好。

【行运气】ɕiŋ⁵³ yn⁴¹ tɕʻi · 走运。如：你真 ~，
就哟洗衣机叫你抓走了。

【形儿】ɕiuu⁵³ 嗔怪别人的模样。如：瞧你
那 ~。

【兴】ɕiŋ⁴¹ ①运气好；手气好。如：今儿
打牌老刘哩手气真兴！②兴奋，高兴。
如：今儿可 ~ 哩他不轻，收了仁红包儿。

【兴头儿】ɕiŋ⁴¹ tʻəur⁵³ 兴趣正浓时。如：
他正改 ~ 上哩，你叫他他会回去？

【幸亏】ɕiŋ⁴¹ kʻuei³³ 多亏。表示由于别人

的帮助而得到了好处或因某些有利条件避免了不希望发生的后果。如：～你来哩早，要不是今儿就办不成了。‖也说"幸好 ɕin⁴¹ xɔ⁵³""多亏 tuo³³ kʻuei³³"。

ɕyŋ

【兄弟】ɕyŋ³³ li·①弟弟。如：俺～改洛阳机床厂上班儿哩。②弟兄。如：恁～几个？

【兄弟媳妇儿】ɕyŋ³³ li·si⁵³ frur·弟媳。

【熊】ɕyŋ⁵³ 训斥。如：今儿又叫老师～了一顿。

【熊样儿】ɕyŋ⁵³ ier⁴¹ 窝囊无能的样子。如：看你那～，这事儿你也办不了？

k

ku

【谷城山】ku³³ tʂʻəŋ⁵³ san³³ 山名，在今孟津区横水镇古县村和石门村北，因炎帝在此种谷而得名。谷城山东西长而南北狭，由西向东绵亘，海拔高程约430米。谷城山为瀍河源头之一。

【谷莠子】ku³³ iəu⁵³ tsɿ· 谷子中的杂草。

【孤拐】ku³³ kuæ⁵³ ①大脚趾与脚掌相接处向外凸起的骨头。②颧骨。如：老百姓说~高哩女人妨自己哩男人。

【咕嘟】ku³³ tu· ①形容水汩汩地往外冒的声音。如：下了一场大雨，东边儿哩泉眼儿~~哩往外冒水。②煮饭时开锅的声音。③炖煮东西。如：排骨多~~吧，烘喽才好吃。

【咕咚】ku³³ tuəŋ³³ 大口喝水的声音；重物落地的声音。如：他~~喝了一大碗水。

【咕哝】ku³³ nuəŋ· 小声地说话（多指自言自语，并带不满情绪）。如：他~了几句儿，也没听清他说哩啥。

【咕噜】ku³³ lu· 肚子饿时的肠鸣声。

【咕容】ku³³ zuəŋ· ①软体动物蠕动。如：茅子里头哩蛆~~哩，看着都恶心。②形容缓慢地咀嚼食物。如：俺奶没牙了，使牙圪陵~了半天也没嚼烂那块儿羊肉。

【咕咕喵】ku³³ ku³³ miɔ³³ 一种小猫头鹰，昼伏夜出，因其叫声凄厉，且嗅觉灵敏，能嗅出患病人身上的不好气息，其出现不久就有人去世，因此被认为是不祥之鸟。

【姑奶】ku³³ næ⁵³ 称呼父亲或母亲的姑姑。

【姑爷】ku³³ iɛ⁵³ 称呼父亲或母亲的姑父。

【骨都】ku³³ tu· 形容人生气时嘴向外噘起的样子。如：她成天~着嘴，好像谁欠她两斗黑豆一样。

【骨朵儿】ku³³ tuɐr· ①花蕾。如：这两天天儿好，花~都开了。②量词。如：这园儿里头月季开哩可好看了，一~都有小碗儿大。

【骨堆】ku³³ tuei· ①土或粪草等物堆成的丘状物。如：土~。②量词，用于堆积的东西或聚在一起的人。如：他今儿收拾了收拾车库，扔出来一~废品。

【骨堆堆哩】ku³³ tuei· tuei⁵³ li·（盛放的东西）满得冒尖儿。如：他去给面粉厂送麦，装了~一大车。

【骨堆悬天】ku³³ tuei· ɕyɛn⁵³ tʻiɛn³³ 东西堆得太多太高。如：你这架子车上装哩~哩，也不怕翻喽？

【骨头架子】ku³³ tʻəu· tɕia⁴¹ tsɿ· ①骨骼。②形容极瘦的人。如：他瘦哩成~了。

【骨搦锤】ku³³ nuo· tʂʻuei⁵³ 拳头。‖西乡说"骨都锤 ku³³ tu· tʂʻuei⁵³"。

【骨碌儿】ku³³ lɣur⁴¹ 不太长的一段距离；一段细长形的物体。如：不远了，再走一~都到了｜你给我寻一~细铁丝吧?

【骨挛】ku³³ luan· 人或动物四肢弯曲或收缩。如:刺猬一见人都~成一圪垯儿了。

【骨爪¹】ku³³ tʂua· 咀嚼声。如:他嚼哩~~响,吃哩可香了。

【骨爪²】ku³³ tʂua· 量词,一簇、一撮、一串。如:该做饭了,她去菜地薅了一~小葱。

【骨爽】ku³³ ʂuaŋ· ①身体缩成一团蹲在地上。如:他~到院子里,谁叫也不进来。②脖子因冷缩进衣领。如:今儿格外冷,风又大,冻哩他~着脖儿。

【骨爽脖儿】ku³³ ʂuaŋ· pɽər⁵³ 指人脖子向下缩不抬头挺胸的姿势。如:这孩子是咋~。‖ 也说"爽爽脖儿 ʂuaŋ⁵³ ʂuaŋ· pɽər⁵³"。

【骨蜷】ku³³ tɕʻyɛn· 蜷曲。如:花猫~到沙发上睡着了。

【跍聚】ku³³ tsy· 蹲。如:他就好~到那儿吃饭,有板凳儿也不坐。‖ 西乡说"跍最 ku³³ tsuei·"。

【锢漏锅】ku³³ ləu⁴¹ kuo³³ 用熔化的铁水修复铁锅的破损。

【锢锅哩】ku³³ kuo³³ li· 专门从事锢漏锅行业的人员。如:他年轻哩时候儿是~,走街串巷到处跑。

【箍】ku³³ ①用竹篾或金属条捆紧。如:~桶。②用砖砌井、窑的内壁。如:窑门儿这光泪土,得弄砖好好儿~~。

【箍桶】ku³³ tʻuəŋ⁵³ ①制作木桶。②修补木桶。木桶日久会松动漏水,箍桶匠对其进行修补。

【箍儿】kur³³ 戒指。如:她围女给她买了哟金~,她天天戴着不舍哩摘。

【古董蛋】ku⁵³ tuəŋ· tan⁴¹ 指思想陈旧,跟不上形势的人。如:张苏是哟~,你跟他就说不清道理。

【估摸】ku⁵³ mo· 根据某些情况,对事情做大致的推断。如:天都快黑了,我~着他不会来了。‖ 也说"估计 ku⁵³ tɕi·"、

"估量 ku⁵³ liaŋ·"。

【估堆儿】ku⁵³ tuur³³ 成堆的商品估量估价出售。如:天不早了,剩下哩红薯~卖了吧。

【咕咚蛋】ku⁵³ tuəŋ· tan⁴¹ 蛋类腐败变质,摇起来有声音。

【姑舅姊妹兄弟】ku⁵³ tɕiəu⁴¹ tsɿ⁵³ mei⁴¹ ɕyŋ³³ ti⁴¹ 一种亲属关系,表示兄妹的子女之间的关系。

【股儿】kur⁵³ ①线绳等的组成部分。如:纳鞋底得使三~哩线。②钱财的一份。如:俺几个合伙儿,老王占大头儿,我只占一小~。③量词。用于成条的东西,如:一~水;用于气味,如:你闻闻,屋里一~啥味儿。‖ 也说"股子 ku⁵³ tsɿ·"。

【轱辘儿】ku⁵³ lɽur⁴¹ ①车轮。②圆柱形的可以缠绕东西的器物。如:线~。③量词,计量缠绕在轱辘儿上的物品。如:一~线就够了。

【轱辘黄】ku⁵³ lu⁴¹ tʻi⁵³ 学名狗牙根。多生长于村庄附近、道旁河岸、荒地山坡,其根茎蔓延力很强,广铺地面,为良好的固堤保土植物。

【轱轮】ku⁵³ luən· "滚"的分音词。如:你给这磙子~到西边儿吧。‖ 西乡说"轱辘 ku⁵³ lu⁴¹"。

【骨洞】ku⁵³ tuəŋ· 胡同。这哟~里头都是姓王哩。‖ 也说"骨洞街 ku⁵³ tuəŋ· tɕiæ³³"。

【骨洞洞哩】ku⁵³ tuəŋ· tuəŋ⁵³ li· 后加成分,表示程度高。如:外先黑~,你拿哟手电灯照着吧。

【骨浓浓】ku⁵³ nuəŋ· nuəŋ⁵³ 后加成分,表示味道太重。如:这汤甜~哩,不好喝。

【鼓肚子凹腰儿】ku⁵³ tu⁴¹ tsɿ· ua⁴¹ iɔr³³ 砌墙或挖水井、红薯窖时立面挖得不直,有的地方凸起有的地方凹进去。如:王多平干活儿不中,垒哟墙都~哩,眼窝儿头儿错哩远哩。

【鼓点儿】ku⁵³ tiɐur⁵³ ①打鼓时的音响节

奏。如：~越敲越快，他哩心也越跳越快。②戏曲中鼓板的节奏，用来指挥其他乐器。

【鼓鼓捣捣】ku⁵³ ku·tɔ⁵³ tɔ· 不停地摆弄的样子。如：他成天~哩摆治那些机器。

【鼓眼泡儿】ku⁵³ iɛn⁵³ p'ʅɤr³³ 因哭泣、熬夜或睡前大量饮水等引起眼皮肿胀，向外凸起。如：夜儿黑地喝水多了，今儿清早起来成了~，难看死了。‖也说"肿眼泡儿 tʂuɤn⁵³ iɛn⁵³ p'ʅɤr³³"。

【臌疾】ku⁵³ tsi· 中医对各种胸腹水、水肿、浮肿等症的统称，以胸腹部臌胀如鼓而命名，以腹部胀大、肤色苍黄、腹部脉络暴露为特征，根据病因的不同分为气臌、血臌、水臌等。‖也说"臌症 ku⁵³ tʂɤŋ⁴¹"。

【故意儿】ku⁴¹ iɯ⁴¹ 有意识地去做。如：他是~给你办难看哩！

【顾】ku⁴¹ 注意，照管。如：我哟人真~不过来！

【顾不哩】ku⁴¹ pu³³ li· 顾不上。如：你再寻人吧，我真~了。

【顾哩】ku⁴¹ li· 能顾得上。如：揽阵些活，你~干啥喽？

kɯ

【圪吧】kɯ³³ pa· 东西折断的响声。如：树枝儿~一声可断了。

【圪扒】kɯ³³ pa· 爬在树上或墙上。如：你不应~到那树上，看掉下来。

【圪把儿】kɯ³³⁵³ pʅɤr⁴¹ 果实的蒂。

【圪巴草】kɯ³³ pa·ts'ɔ⁵³ 一种贴在地皮上生长的草。‖西乡说"圪巴藜 kɯ³³ pa·li⁵³"。

【圪疤儿】kɯ³³ pʅɤr· 疤痕。如：他那哟疮害哩怪狠哩，落了恁大哟~。

【圪别】kɯ³³⁵³ piɛ⁴¹ 形容俩人闹别扭，互不理睬。如：他俩~好几天了。

【圪帛】kɯ³³ pæ· 袼褙的俗称，是将碎布或旧布片用糨糊一层一层糊起来的厚片，用来做鞋或鞋垫。如：过去人们农闲哩时候儿就开始抿~，做鞋，纳鞋垫。

【圪嘣】kɯ³³ pəŋ· ①拟声词，吃硬而脆的食物时发出的声音。②拟声词，物体断了的声音。

【圪蹦】kɯ³³⁵³ pəŋ⁴¹ 跳动。如：上火了，低脑~着疼。

【圪蹦】kɯ³³ pəŋ· 说话不连贯，一个字一个字往外蹦。如：你好好说话儿，不应哟字儿哟字儿往外~。

【圪眯】kɯ³³ mi· 小睡。如：响午改沙发上稍微~了一会儿就不瞌睡了。‖也说"眯瞪 mi³³ təŋ·"。

【圪羝】kɯ³³ ti· ①牛羊的角。如：那哟羊~上挂哩都是草。②有高出头部的羊角的公羊。

【圪帝】kɯ³³ ti· 小孩儿突然发出的清脆笑声。如：毛毛可好笑了，一逗笑哩~~哩。

【圪垯（儿）】kɯ³³ ta·(tɤr·) ①皮肤上突起或肌肉上结成的小硬块。②较小的圆形东西。如：面~｜芥菜~。③指人思想上的矛盾、疑虑、问题等。如：有啥话儿就说出来，不应心里有~。④量词。如：俺妈煮哩肉可好了，我拿走了一大~。

【圪垯垯哩】kɯ³³ ta·ta⁵³ li· 形容面部肌肉饱满。如：牛牛胖了，脸都圪哩~了。

【圪垯汤】kɯ³³ ta·t'aŋ³³ 白面加少许水拌成小圪垯做成的咸汤。‖也说"面圪垯 miɛn⁴¹ kɯ³³ ta·"。

【圪垯梨儿】kɯ³³ ta·liɯ⁵³ 一种笨梨，果皮厚，耐储存，梨核大，肉粗糙，果肉中有石细胞。汁水少。

【圪垯镰】kɯ³³ ta·liɛn⁵³ 一种较厚重的镰刀。镰头呈 L 形，一端有圆孔可以安装在木把上。

【圪垯秦椒】kɯ³³ ta·ts'in⁵³ ts'iɔ· 灯笼椒。如：我不好吃~，一点儿都不辣。

【圪叨】kuɯ³³ tɔ· 胡说。如：没有哩事儿，你不应改那儿乱~。

【圪捣】kuɯ³³ tɔ· ①胡乱折腾。如：都怨你改这乱~，弄哩哪儿都不照哪儿。②暗地里活动、捣鬼。如：都是王军改那儿~哩，啥事儿也没有弄成。③弄，摸索着试做。如：没有事儿，你先~~试试吧。

【圪蛋儿】kuɯ³³⁵³ tɯ⁴¹ ①瓜果后边的托儿或挨着把儿的隆起部分。如：柿~。②两腮。如：天冷，孩子哩脸~都冻红了。

【圪扽】kuɯ³³ tən· 路不平，骑车或开车时感到颠簸。如：这路坑坑洼洼哩，快~死我了。

【圪磴儿】kuɯ³³⁵³ tɯ⁴¹ 台阶或像台阶一样的东西。

【圪蹬】kuɯ³³⁵³ təŋ⁴¹ ①上下楼梯的声音。②单腿蹦跳。如：他崴了一只脚，~了半天才来。

【圪丁儿】kuɯ³³ tiɯ· 物体加工成的小丁儿。如：剁饺子馅哩时候儿肉~小点儿好吃。

【圪台儿】kuɯ³³ t'ɯ· 台阶。如：你腿脚不好，下~哩时候儿慢点儿。

【圪挠】kuɯ³³ nɔ· 挠。如：你不应改那儿~了，再~都该流血了。

【圪扭】kuɯ³³⁵³ niɯ⁴¹ 身体小幅度转动，扭来扭去。如：好好儿坐那儿看电视吧，不应改那儿~来~去哩了。

【圪拧】kuɯ³³⁵³ niŋ⁴¹ ①小步挪动，小幅转动。如：不应看俺奶是小脚，一~一~走哩还不慢哩。②肚子一下一下地揪着疼。如：今儿不着咋了，肚子一势~着疼。

【圪拧】kuɯ³³⁵³ niŋ⁴¹ 倔强。如：你这孩子咋恁~嘞，脆咋说都不中。

【圪拧头儿】kuɯ³³⁵³ niŋ⁴¹ t'rɯr⁵³ 倔强、孤怪的人。如：立伟真是哟~。

【圪狸儿】kuɯ³³⁵³ liɯ· 松鼠。‖ 也说"毛圪狸儿 mɔ⁵³ kuɯ³³⁵³ liɯ·"。

【圪里圪垯】kuɯ³³ li· kuɯ³³ ta· 不平整。如：这被子没有状好，~哩，一点儿不引实。

【圪里圪连】kuɯ³³ li· kuɯ³³ liɛn· 连接，牵连。如：他家这一门儿亲戚，~都不着到几辈子了。‖ 也说"圪连 kuɯ³³ liɛn·"。

【圪崂儿】kuɯ³³ lɔr³³ 指一切角落或狭窄偏僻的地方。如："门~""床~""墙~"。

【圪痨】kuɯ³³⁵³ lɔ⁴¹ 疥疮。

【圪料】kuɯ³³⁵³ liɔ· ①指物体弯曲不直。如：这棵树有点儿~，不能使。②指人物性情古怪、脾气倔犟、让人捉摸不定。如：这哟人~着哩，可不好说话儿了。

【圪燎圪燎哩】kuɯ³³⁵³ liɔ· kuɯ³³⁵³ liɔ· li· 形容火苗不旺来回摇摆的样子。如：这火~，就是上不来。

【圪篓蛋】kuɯ³³⁵³ lɯ· tan⁴¹ 瓜蒌的俗称。‖ 也说"麻布罗旦 ma⁵³ pu⁵³ luɔ⁵³ tan⁴¹""瓜圪篓蛋 kua³³ kuɯ³³⁵³ lɯ· tan⁴¹"。

【圪漏】kuɯ³³ lɯ· 吃饭的大碗。如：俺爷饭量还不小，一顿能吃一大~面条儿。

【圪嶙儿】kuɯ³³⁵³ liɯ· ①农田里为了分界及方便管理而修的田埂。如：稻子地里~得高点儿，要不是光跑水。②物体或容器上的长条状凸起。如：这几天上火了，牙~有点儿疼。

【圪绫儿】kuɯ³³ liɯ· 碎布条。如：多撕点儿布~，明儿得绑洋柿柿了。

【圪吱】kuɯ³³ tsʅ· 拟声词，类似扁担受力颤动时或门轴转动时发出的声响。如：门儿没有关好吧？一势~~响。

【圪枝儿】kuɯ³³ tsɯ· 量词，枝条的计量单位。如：桃花儿开哩真好看，撅一~吧？

【圪挤】kuɯ³³ tsi· ①闭上。如：你多~一会儿眼，夑睁开。②眼睛不停地开闭。如：你有话儿就说，不应光改那儿~眼儿。

【圪眨】kuɯ³³ tsa· 不停地眨眼。如：你不应改那儿光~眼。

【圪渣】kuɯ³³ tsa· 做饭时锅底结的锅巴。如：我可好吃锅~了，又焦又香。

【圪渣儿】kuɯ³³ tsrɛr· 小碎块儿。如：弄点儿肥肉炼点儿油~吧。

【圪节儿】kɯ³³ tsɤɜr· ①稻、麦、高粱、竹子等茎上分枝长叶的地方。②泛指长条形东西的一段。如：这根儿棍儿都断成三～了。③量词。节，段。如：你给我再铰一～绳儿吧。

【圪栽】kɯ³³ tsæ· 打瞌睡时头轻微地下垂。如：他低脑一～一～哩改那儿打盹儿哩。

【圪蚤】kɯ³³⁵³ tsɔ· 跳蚤。如：小时候儿床上铺哩稻草，～可多。

【圪诌】kɯ³³ tsəu· 随口胡编。如：你不应改这胡～。

【圪皱儿】kɯ³³⁵³ tsrəur⁴¹ ①衣服等轻微起皱或收缩。如：你这衣裳咋阵～嘞。②发愁或生气时眉毛拧在一起。如：你看你那眉毛～哩，愁啥哩愁？

【圪皱儿纹儿】kɯ³³⁵³ tsrəur⁴¹ vəu⁵³ 皱纹。

【圪争】kɯ³³ tsəŋ· 蔬菜水分充足而水灵的样子。‖ 也说"圪争争哩 kɯ³³ tsəŋ· tsəŋ⁵³ li·"。

【圪凑】kɯ³³ ts‘əu· 凑，聚集。如：真稀罕，恁几个人咋～到一坨儿了？

【圪思】kɯ³³⁵³ sʅ· 犹豫不决。如：你不应再～了，该买就买了吧。‖ 也说"圪圪思思 kɯ³³⁵³ kɯ· sʅ³³ sʅ·"。

【圪嗍】kɯ³³ suo· 用嘴吮吸。如：春霞才生完孩子还没下奶哩，孩子～了半天也没吃住奶。

【圪星】kɯ³³ siŋ· 下小雨。如：稍微有点儿～，不应打伞了。

【圪星儿】kɯ³³ siur· 极言数量少。如：你腌那一～咸菜够谁吃哩呀。

【圪治】kɯ³³ tsʅ· 用手或其他东西搔弄人的腋窝使其发痒而笑。如：双枝儿可怕人～了。

【圪颤】kɯ³³⁵³ tʂan⁴¹ 因发冷或害怕而颤抖。如：天儿忒冷了，一出门儿都打了哟～。

【圪转】kɯ³³⁵³ tʂuan⁴¹ 闲逛，散步，转悠。如：你改这～半天了，还不回家？

【圪针】kɯ³³⁵³ tʂən⁴¹ 枣树上的刺。如：摘枣哩时候儿小心点儿，上头都是～。

【圪扯】kɯ³³ tʂ‘ɤ· 牵连，硬往一处扯。如：光说恁俩哩事儿就中了，不应～人家。

【圪戳】kɯ³³ tʂ‘uo· ①用手或其他东西捣、戳。如：你到底儿会弄不会？～了半天还没有弄好。②唆使、怂恿、支使。如：小红哪儿有这心眼儿，还不是她婆子改后边儿～哩。

【圪闪】kɯ³³ ʂan· 光线忽明忽暗。如：上房屋哩灯接触不良了吧？一～一～哩。‖ 也说"忽闪 xu³³ ʂan·"。

【圪绕】kɯ³³⁵³ ʐɔ⁴¹ 绕来绕去。如：你有啥话儿直说，不应改这～来～去哩。

【圪夹】kɯ³³ tɕia· 用胳膊或筷子类工具夹取东西。如：温度计～了半天了，该取出来了。

【圪痂儿】kɯ³³ tɕiɤr· ①伤口或疮口表面渗出液凝结而成的块状物。如：伤口结了～可覅湿水。②指小块儿的痂状物。如：这件儿衣裳上都是饭～，换一件儿吧。‖ ②西乡也说"饭点子 fan⁴¹ tiɛn⁵³ tsʅ·"。

【圪噘】kɯ³³ tɕyɛ· 噘着。如：谁惹你不高兴了，～着嘴也不理人。

【圪撅】kɯ³³ tɕyɛ· ①用屁股向后顶、挤。如：他屁股往后一～，差点儿给我挤倒。②翘起。如：你哩衣裳前襟儿～着，也不知道拽拽。

【圪撅撅】kɯ³³ tɕyɛ· tɕyɛ⁵³ 形容行走匆忙有力。如：听说王轩害病儿了，我才碰见他，走路～哩，不像呀！

【圪角儿】kɯ³³ tɕyr³³ 墙的角落。如：墙～里有哟笤帚，都快散了，你拿过来叫我再绑绑。

【圪搅】kɯ³³ tɕiɔ· ①搅拌。如：面糊儿里头还有小面圪垯儿，再加点儿水多～～。②把两种或多种东西混合到一起。如：绿豆～到黄豆里头了，咋拣？③搅和，扰乱，挑拨离间致使出现纠纷。如：咱组里闹矛盾都是小王瞎～哩。

【圪卷（儿）】kɯ³³ tɕyɛn·（uɐyɛn·）①把物品卷起来。如：他回去给铺盖一～背着可走了。②量词，卷。如：他手里头拿着一～报纸。

【圪蜷】kɯ³³ tɕˈyɛn· 蜷缩。如：俩孩子给床尿哩湿了好几片儿，他～到床头儿睡了一黑地。

【圪鼓】kɯ³³ ku· 鼓起来。如：气哩我肚子～～哩。

【圪圪别别】kɯ³³˥³ kɯ·piɛ⁴¹ piɛ· 别扭，心里不舒服。

【圪圪登登】kɯ³³ kɯ·təŋ³³ təŋ· 形容快速上下楼梯的响声。

【圪圪摇摇】kɯ³³˥³ kɯ·ciɔ⁵³ iɔ· 形容走路摇摇晃晃走不稳当的样子。如：你看他走路～哩样儿，病儿还没好哩。‖也说"圪圪晃晃 kɯ³³˥³ kɯ·xuaŋ⁴¹ xuaŋ·"。

【圪拐】kɯ³³ kuæ· ①拐弯。如：他家可近了，一～都到了。②跛着脚走路。如：小陈脚扭了，走路一～一～哩。

【圪拱】kɯ³³ kuəŋ⁵³ 稍微费力地拱出。如：看着看着小虫子可从土里～出来了。

【圪吭】kɯ³³ kˈəŋ· 欲言又止，说话吞吞吐吐。如：小旦儿～了半天才说是来借钱儿哩。‖也说"圪唓 kɯ³³ tʂˈ·""圪唓圪唓 kɯ³³ tʂˈ·kɯ³³ tʂˈ·"。

【圪画】kɯ³³˥³ xua⁴¹ 四处乱画。如：好好儿写作业，并改那儿乱～。

【圪晃】kɯ³³˥³ xuaŋ⁴¹ ①没有目的地晃来晃去。如：你改这～啥哩，晃哩我头晕。②摇晃。如：那树上还有不少枣儿哩，你再使劲～～。

【圪癔】kɯ³³˥³ i⁴¹ 对某人某事从心里反感，起腻，讨厌。如：整天发那些乌七八糟哩图片儿，真～人。

【圪亚】kɯ³³˥³ ia⁴¹ 黄颡鱼，也叫黄圪亚、三枪鱼。

【圪压】kɯ³³˥³ ia⁴¹ 以重力压、晃动。如：甭～了，再～床都塌了。

【圪哇】kɯ³³ ua· ①婴儿哭声。②蛙鸣声。如：王兰家离稻子地太近，黑地水鸡儿～～乱叫，睡都睡不着。

【圪摇】kɯ³³ iɔ· 摇动。如：不应～了，再～桌子都塌了。

【圪弯儿】kɯ³³ uɐn· 小弯儿。如：这条路～忒多，不好走。

【圪蔫】kɯ³³ iɛn· 植物因失去水分而枯萎凋谢。如：杜鹃都～了，得赶快浇水了。

【圪应】kɯ³³˥³ iŋ⁴¹ 讨厌，不舒服，令人恶心。如：听七婶儿阵着说，强生心里也有点儿～。

【胳膊】kɯ³³ po· 肩膀以下手腕以上的部分。

【胳膊圪皱儿】kɯ³³ po·kɯ⁵³ tsrɐur⁴¹ 胳膊肘。

【胳老知】kɯ³³ lɔ⁴¹ tʂˈ³³ 腋下。‖也说"胳知窝儿 kɯ³³ tʂˈ³³ uɐr³³"。

ka

【嘎嘎鸡儿】ka³³ ka³³ tɕiɯr³³ 母野鸡的一种，尾巴短，善鸣叫。

【生古】ka⁵³ ku· ①孟津东乡形容人性情乖张，爱说俏皮话或荤段子，爱搞恶作剧。如：他这人通～哩，啥话儿都敢说，啥事儿都敢干。②东乡指人嘴馋，好吃嘴。如：他这哟人真～，见人家吃肉，他急哩嘴直流水儿。③孟津西乡指人不文明，不体面。如：这孩子真～。④西乡指人嘴贱，爱说闲话。如：那人通～哩，你甭听他胡说。

【生古点儿】ka⁵³ ku·tiɯr⁵³ 孬点子。如：就他～多。

【生古货】ka⁵³ ku·xuɔ⁴¹ 爱出生骨点儿，爱说生骨话，爱做生骨事的人。如：不应理他，他就是哟～。‖也说"生骨皮 ka⁵³ ku·pˈi⁵³"。

kua

【瓜皮帽儿】kua³³ pˈi⁵³ mɔr⁴¹ 像半个西瓜皮形状的旧式便帽，一般用六块黑缎子或绒布连缀制成。

【瓜蛋儿】kua³³ tɤu⁴¹ 小瓜。如：今年西瓜不收，净是小～。

【瓜梨儿】kua³³ liu⁵³ 果型大，顶部光滑，果肉细，果皮薄，果脐深。

【瓜子儿脸】kua³³ tsɤu⁵³ liɛn⁵³ 指上部略圆下巴略尖，形似瓜子的脸型，是传统审美中的理想脸型。

【呱哒板儿】kua³³ ta·pɤu⁵³ ①说快板儿时打拍子用的竹板。②旧时人家夏天喜穿的一种没有鞋帮，鞋面只有一根襻儿的木底鞋。后也指凉拖鞋。‖①也说"竹板儿 tsu³³ pɤu⁵³"。②也说"踢拉板儿 tʻi³³ la·pɤu⁵³"。

【刮脸皮】kua⁵³ liɛn⁵³ pʻi⁵³ 用手指在对方脸上刮，奚落其不知羞耻。

【刮锄】kua⁵³ tʂʻu⁵³ 一种小锄，专用来锄小苗。

【刮锅】kua⁵³ kuo³³ 把锅里残留的饭刮干净。

【寡蛋】kua⁵³ tan⁴¹ 未受精的蛋。

【寡气】kua⁵³ tɕʻi· 形容人言语无趣，乏味。如：老高那人通～哩，没意思。

【褂子】kua⁴¹ tsʅ· 中式的单上衣。

【卦沟】kua⁴¹ kɤu³³ 位于朝阳镇东北部的图河故道上的一处山沟，传说伏羲氏即在此河上降服龙马，依据龙马身上的图案演画八卦。卦沟村图河西岸遍布仰韶文化时期的灰坑，1963年6月，"卦沟遗址"定为省级重点文物保护单位。

【挂】kua⁴¹ ①（衣物等）被钉子等钩住。如：树枝儿～住裤子了。②打电话时结束通话。如：没别哩事儿了吧？～了吧。③量词，多用于成套或成串的东西。如：一～四轮大车｜十多～鞭炮。

【挂不住】kua⁴¹ pu³³|⁵³ tʂʅ⁴¹ （脸上）抹不开。如：老张这着一说，弄哩老李脸上有点儿～。

【挂到嘴上】kua⁴¹ tɔ·tsuei⁵³ ʂaŋ 经常说一些言不由衷的话。如：他才上班，见谁都点头哈腰，成天给"请多关照"～，弄哩大家都不自在。

【挂雷子】kua⁴¹ luei⁵³ tsʅ· 打牌时加的较大的注。

【挂幛】kua⁴¹ tʂaŋ⁴¹ 红蓝色的布或绸子，用于红白事的礼物。‖也说"幛子 tʂaŋ⁴¹ tsʅ·"。

【挂橛儿】kua⁴¹ tɕyɤr⁵³ 本指织布时把经线来回挂在两头的两排木橛儿上，引申指计算日子时把开头一天和最后一天也计算在内。如：这一回出差，两头～总共十天。

【挂响】kua⁴¹ ɕiaŋ⁵³ 打牌时赌钱。

【剐】kua⁴¹ 物体表面被尖利之物划破或钩住。如：裤腿叫板凳儿上哩铁钉儿～了哟口子。

kə

【各人】kə³³ zən· 自己、自个儿。如：恁～管好～，妈都省心了。

【鸽儿】kər³³ 鸽子。

【搁不住】kə³³ pu³³|⁵³ tʂʅ⁴¹ 不值得、犯不上。如：她是小哩，～给她生气哩。

【搁不着】kə³³ pu³³ tʂuo⁵³ 指人与人之间合不来。如：刘芳跟她婆子～，成天光生气。

【搁劲儿】kə³³ tɕiu⁴¹ 努力、勤奋。如：你再搁点儿劲儿，考上重点儿高中咱可去北京逛逛。

【俗合】kə³³ xə· 人与人之间的相处。如：老康家俩媳妇儿～哩可好了。‖也说"俗识 kə³³ ʅ·"。

【俗伙儿】kə³³ xuɤr⁵³ 一起合伙做生意。如：他俩人～买了几辆车跑运输哩。

【俗伙计】kə³³ xuo³³ tɕʻi· 做合伙人或朋友。如：咱俩俗了一辈子伙计，你还不知道我是啥人？

【割】kə³³ 买。如：～肉‖～豆腐。

【割包儿哩】kə³³ pɔr³³ li· 小偷。

【割蜜】kə³³ mi³³ 旧法养蜂的取蜜法，把蜂巢中储存蜜的部分用刀割下来，通过挤压的方法把蜂蜜收集起来。如：俺大～哩时候儿俺姊妹们可高兴了，哟人拿一块儿就嚼。

【割肉】kə³³ zəu⁴¹ ①分割肉块。②买肉，特指买猪肉。如：今儿吃扁食，我得去割点儿肉。

【俗气】kə⁵³ tɕʻi· 年轻人或孩子间生气闹别扭或吵嘴打架。如：恁俩好好儿耍，不应～。

【个把钟头】kə⁴¹ pa· tʂuəŋ³³ tʻɹəu⁵³ 一个钟头左右。如：清早起来总有～心慌难受。

【个儿】kər⁴¹ ①身材高低。如：刘宏哩～随了他妈了，不高。②植物茎秆捆成的捆儿。如：麦～‖稻子～。

kuo

【过】kuo³³ 超越了一定的界限。如：你走～了，掉头回来吧！

【聒囗】kuo³³ tsiɔ· 吵闹，乱。如：不应改这儿～了，叫我安生一会儿吧。

【锅】kuo³³ ①做饭用的烹饪工具。②量词，用于计量用锅盛放的东西。如：一～米饭。

【锅拍】kuo³³ pʻæ· 锅盖。

【锅地】kuo³³ ti· 用砖或土坯砌的灶，烧柴用。如：煤火灭了，今儿黑地改～做饭吧？‖西乡说"锅头 kuo³³ tʻəu⁵³"。

【锅底儿】kuo³³ tiɯ⁵³ ①锅里剩下的少量的饭。如：还有点儿～，你刮刮吃喽吧！②锅外面的底部。如：不锈钢锅使了一回，～可熏黑了。

【锅台】kuo³³ tʻæ· 灶台上放东西的平面部分。

【锅铲儿】kuo³³ tsʻɯu⁵³ 锅铲，炒菜用的炊具。

【锅圪渣】kuo³³ kɯ³³ tsa· 做面食时在锅底黏结的焦饭。如：小波就好吃～，他妈说吃熘哩眼明。

【锅盖儿】kuo³³ kɯu⁴¹ 不锈钢、铝制的锅具的盖儿。

【锅灰】kuo³³ xuei³³ 烧地火时锅底被柴草熏烤产生的黑灰。

【锅盔】kuo³³ kʻuei· 在特制的锅中烙制烘烤的一种又大又厚又硬的饼。

【锅烟煤】kuo³³ iɛn³³ mei⁵³ 生火或点煤油灯时的烟气上升而聚成的黑色物质，可以制墨。

【馃子】kuo⁵³ tsɿ· 一种油炸面食。面加盐和芝麻和匀，擀成薄片，切成长条，两头粘合成圆圈状，炸制而成，过白事时回篮儿用。‖西乡说"风曲连馃子 fəŋ³³ tɕʻy³³ lyɛn⁵³ kuo⁵³ tsɿ·"。

【裹腿】kuo⁵³ tʻuei· 旧时妇女用来裹紧裤子下半截的宽布条。

【裹脚】kuo⁵³ tɕyə· ①旧时小脚妇女缠足用的长布条。如：懒婆娘哩～，又臭又长。②男子裹腿或穿布袜前包脚的布条。

【过】kuo⁴¹ ①特指夫妻家庭生活。如：你想～就～，不想～就离。②传染疾病。如：他感冒了，你离他远点儿，不应叫他～给你喽。

【过百儿】kuo⁴¹ pɯu³³ 在人死后的第一百天举行祭奠活动。如：今儿刘婷给她妈～哩。

【过门儿】kuo⁴¹ məu⁵³ 女子出嫁到男方家。如：婷婷才订婚，还没有～哩。

【过道儿】kuo⁴¹ tɔr⁴¹ 位于院子一侧的通道，有门通向不同的院子或后院。孟津传统的民居是两进或三进院落，房屋为三间房宽，侧面有半间房宽的过道。

【过年】kuo⁴¹ niɛn· 明年。如：今年估计不中了，～再说吧。

【过年下】kuo⁴¹ niɛn⁵³ ɕia· 在春节期间进行各种庆祝活动。如：～那几天，天天都忙着串门儿拜年。

【过礼】kuo⁴¹ li⁵³ 婚前一个月男方给女方送四色礼：衣服料子、首饰、点心、肉类等。

【过来人】kuo⁴¹ læ· zən⁵³ 对某事有过亲身经历或体验的人。如：我是～，你说哩事儿我都经过。

【过梁】kuo^{41} liaŋ^{53} 从前墙到后墙撑起房脊的木梁。

【过七】kuo^{41} ts‘i^{33} 人去世后逢七日（一七到十七）家中女眷要上坟祭奠，男子不过七。

【过事儿】kuo^{41} səɯ^{41} 民间举行红白喜事、做寿、摆满月酒等。如：人家～哩时候儿你都没去，恁～也不应给人家说了。

【过生儿】kuo^{41} səɯ^{33} 做生日。

【过水】kuo^{41} ʂuei^{53} ①把煮熟的面食过一下凉开水后捞出，使其不粘连。②把焯水后的蔬菜放入凉水中，使其颜色更青翠。

【过继】kuo^{41} tɕi^{41} 同家族之间男孩相转送以承继家业，补救绝户。如：俺伯～给俺四奶了。

【过家儿家儿】kuo^{41} tɕirɐr^{33} tɕirɐr · 一种幼儿游戏，孩子们根据自己的想象力，模仿大人组成家庭，扮演各种家庭成员，处理各种生活琐事。如：小时候儿～，平平光好当妈。

【过界儿】kuo^{41} tɕiɐɯ^{41} 超过一定限度。如：刘刚家哩倭瓜长～了，都爬到俺地里了。

【过话儿】kuo^{41} xuɐr^{41} 传话，转告。如：你见着老李喽给他过哟话儿，说我明儿去不了了。‖ 也说“捎话儿 sɔ^{33} xuɐr^{41}”。

【过过数】kuo^{41} kuo · ʂɥ^{41} 买卖货物时清点数目。如：咱先给草苫儿～再算账。

kæ

【该】kæ^{33} 欠账。如：桃生家还～咱三千块钱儿哩。

【该死】kæ^{33} sɿ^{53} 妇女间亲昵的笑骂。

【该举】kæ^{33} tɕy^{53} 情状副词，表示动作行为的发生是理所当然，人力无法抗拒的，主要用来描述不好的行为事件。“活该”“命该如此”的意思。如：就～他家倒霉哩，房子早不塌晚不塌，看一家儿人睡觉哩时候儿塌了。

【隔辈儿亲】kæ^{33} pəɯ^{41} ts‘in^{33} 祖父辈的人疼爱自己孙辈的现象。如：真是～，老王走到哪儿都拪着他孙儿。

【隔脉】kæ^{33} mæ^{33} 不在行。如：不应叫他了，他弄这～，不中。

【隔子】kæ^{33} tsɿ · 起隔断作用的墙、屏风、帘子等。

【隔子大红薯】kæ^{33} tsɿ · ta^{41} xuəŋ^{53} ʂɥ · 两棵红薯之间的空地中长的走线红薯。

【隔墙儿】kæ^{33} ts‘iɐr^{53} 隔壁邻居。如：俺家东～是老王家。‖ 也说“隔边儿 kæ^{33} piɐɯ^{33}”。

【犗】kæ^{33} 阉割生育的母猪。

【改】kæ^{53} 相当于普通话的“在”。①动词，表示人或事物存在的处所。如：你去吧，恁舅～家哩。②介词，引进动作、事件发生的处所。如：他正～屋里头看电视哩。‖ 孟津西乡也说“搁 kə^{33}”。

【改天】kæ^{53} t‘iɛn^{33} 说话时间以后的某一天。如：我等着去接孩子哩，咱～再说吧。

【改作业】kæ^{53} tsuo^{33} iɛ^{33} 批改作业。

【改嘴】kæ^{53} tsuei^{53} 改变原来的叫法或所说的内容。如：这孩子拗着哩，他达打哩他恁狠他都不～。

【改这】kæ^{53} tʂʅə^{41} 时间副词，表示动作正在进行，状态正在持续。如：孩子～做作业哩，你甭给他说话儿。

【改水】kæ^{53} ʂuei^{53} 浇地时不断地挖开、堵住田埂来引水浇不同地块。‖ 也说“改沟儿 kæ^{53} kəur^{33}”。

【改卷子】kæ^{53} tɕyɛn^{41} tsɿ · 批阅试卷。如：今儿黑地得加班儿～。

【改口儿】kæ^{53} k‘əur^{53} 婚礼上新郎新娘改称公婆和岳父岳母。

【改口儿费】kæ^{53} k‘əur^{53} fi^{41} 改口时公婆和岳父母给新郎新娘的红包。

【改日儿】kæ^{53} iɯ^{33} 改天，以后。如：今儿不早了，这事儿～再说吧。

【格外】kæ⁵³ uæ⁴¹ ①超出正常或应该的情况。如：俺婶儿对我～好。②额外，另外。如：她结婚哩时候儿，她姨～又给她买了一辆车。

【盖头】kæ⁴¹ tʻəu· 女子出嫁时蒙在头上的红布。

【盖哩】kæ⁴¹ li· 睡觉时盖的东西。如：小红屋里头铺哩～都是做哩新哩。

【盖儿】kɐɯ⁴¹ 器物上有遮蔽作用的东西（较小的）。如：茶壶～。

【盖柿】kæ⁴¹ sʅ⁴¹ 柿子的一种，大而扁平，果肉口感绵软甜蜜。

kuæ

【乖乖¹】kuæ³³ kuæ· 对小儿的爱称。

【乖乖²】kuæ³³ kuæ· 叹词，表示惊讶、感叹的语气。如：我哩个～呀，一件衣裳都一万块，你真敢要。‖ 也说"乖得 kuæ³³ tei·"。

【拐】kuæ⁵³ ①走路时扭动。如：他腿不好，走路一～一～哩。②缓慢地扭动着走。如：不应看着她走路不得劲儿，一会儿都～到了。

【拐子】kuæ⁵³ tsʅ· 纺线织布或放风筝是用来缠绕线绳的木制"工"字形用具。

【拐线】kuæ⁵³ sien⁴¹ 用木制的拐子把线穗上的线倒到拐子上，每拐大约一米。

【拐尺】kuæ⁵³ tʂʻʅ³³ 曲尺，木工用来求直角的尺子，用木或金属制成。

【拐角儿】kuæ⁵³ tɕyɜr³³ 拐弯的地方。如：墙～那儿堆了一堆柴火。

【拐孤】kuæ⁵³ ku· 性情乖僻。如：他通～着哩，你可不应惹他。

【拐骨】kuæ⁵³ ku· ①脚前部，大脚趾根部略为突出的骨头。②剔了肉的牛、羊、猪的腿骨。‖ 也说"拐子骨 kuæ⁵³ tsʅ· ku³³"。

【拐弯儿】kuæ⁵³ uɯ³³ ①道路转弯。如：到大树那儿给右一～就到了。②说话时因有所顾忌而不肯直说。如：咱说话

儿不应～中不中？听着费劲儿。③数目挂零。如：老李今年八十都～了!

【怪】kuæ⁴¹ 程度副词，表示程度高。如：今儿这天还～热哩!

【怪不哩】kuæ⁴¹ pu³³ li· 怪不得。如：～他不来了，半年是这呀! ‖ 也说"怪不道 kuæ⁴¹ pu³³⁵³ tɔ⁴¹"。

【怪羔儿】kuæ⁴¹ kɔr³³ 哭闹烦人的孩子。如：你真是哟～，咋哄都哄不住。‖ 也说"怪羔儿骡子 kuæ⁴¹ kɔr³³ luɔ⁵³ tsʅ·"。

kei

【给】kei³³ ①表示关涉的对象。如：这话你都～谁说了 | 你得弄清楚你是～谁服务哩。②表示处置的对象。如：快～你哩衣裳洗洗吧，再不洗都臭了。③引进动作的施事。如：我都快～你气死了。④表示连接。如：你～刘霞是老乡吧?

kuei

【归置】kuei³³ tsʅ· 收拾，整理。如：屋里乱死了，我先～～。

【龟】kuei³³ 指人品行恶劣。如：这人～着哩，不是哟东西。

【龟孙】kuei³³ 詈语。

【鬼】kuei⁵³ ①迷信的人所说人死后的灵魂。②不可告人的打算或勾当。如：他心里有～，连李小松他家也不敢去了。③扑克牌中的王，分别叫大鬼小鬼。④机灵聪明（多指小孩子）。如：这小家伙～着哩。⑤故意在别人面前招摇、显摆。如：他爸出差给他买了哟随身听，他可拿到学里～去了。‖ ⑤也说"鬼拉 kuei⁵³ la·"。

【鬼谋之三出】kuei⁵³ mu⁴¹ tsʅ· san³³ tʂʻʅ³³ 喻指人心眼多，狡猾。如：他这人～哩，你可不应叫他摧喽。

【鬼风】kuei⁵³ fəŋ³³ 螺旋状运动的风。‖也说"旋风 syɛn⁴¹ fəŋ³³"。

【鬼风圪垯】kuei⁵³ fəŋ³³ ku³³ ta· 荨麻疹。

【鬼剃头】kuei⁵³ tʻi⁴¹ tʻəu⁵³ 斑秃。一种皮肤病，局部头发突然脱落，露出小块儿头皮，无其他症状，一段时间后能自愈。

【鬼脸儿】kuei⁵³ liɐɹ⁵³ ①仿照人物脸形制成的假面具。②滑稽的或丑恶的面部表情。如：不应出 ~ 了，难看死了。

【鬼乍】kuei⁵³ tsa· 炫耀。如：她穿了一条新裙儿，改学校拍哪儿 ~。

【鬼节】kuei⁵³ tsiɛ³³ 中元节的俗称，阴历七月十五，人们在这一天要祭祀祖先，缅怀先人。

【鬼气】kuei⁵³ tɕʻi· 惹人喜爱。如：这孩子长哩怪 ~ 哩。

【鬼火儿】kuei⁵³ xuɐɹ⁵³ 磷火，迷信者以为是幽灵之火，故称。多于夏季干燥的夜晚出现在坟墓间。因为人的骨头里含有磷元素，尸体腐烂后经过变化，会生成磷化氢，磷化氢的燃点很低，可以自燃，人走路的时候还会带动它在后面移动。

【鬼影儿】kuei⁵³ iuɹ⁵³ 人的踪影。如：深更半夜，外先连哟 ~ 都没有，去哪儿寻他？

【贵贱】kuei⁴¹ tsiɛn⁴¹ 语气副词，强调在任何情况下只产生这种结果，表明一种坚决的态度，"无论如何""死活"意思。如：老王今儿 ~ 是不出来了，谁去叫也不中。

【鬼脸青】kuei⁵³ lian⁵³ tsʻiŋ³³ 一种大柿子，扁圆形，上有明显的四条棱，即使成熟后颜色也偏青黄，适合做溇柿，但溇制时间很长。如：老百姓有俗语说"~ ，溇一冬；溇一年，不会烘"。‖东乡读"kuei⁴¹ lan⁵³ tsʻiŋ³³"。

kɔ

【高】kɔ³³ ①从下到上距离大。如：邙山

不是多 ~ 哩。②在一般标准之上。如：今年夏天温度式 ~ 了，热哩人受不了。③指出身不好。如：他家成分儿 ~ ，一势寻不下媳妇儿。

【高低】kɔ³³ ti· ①语气副词，表达坚决的态度和意愿，强调不因其他的条件改变主意，是"横竖、无论如何"的意思。如：单位叫他回家歇歇，他 ~ 不干，非要再上半天班儿。②语气副词，终究，到底。如：这本书寻了好几天，~ 叫我寻着了。

【高角儿】kɔ³³ tɕʏɹ· 泛指骡、马、驴等大牲口。

【高跷】kɔ³³ tɕʻiɔ· 一种民间娱乐活动，表演者踩着有踏脚装置的木棍，边走边表演。

【高高手儿】kɔ³³ kɔ· ʂəuɹ⁵³ 放宽尺度，放松要求。如：求求你了，这事儿你 ~ 他就过去了。

【高靿儿鞋】kɔ³³ iɔɹ⁴¹ ɕiæ⁵³ 鞋筒比较高的鞋。

【搞价儿】kɔ⁵³ tɕiɐɹ⁴¹ 讲价，讨价还价。如：丽萍可会 ~ 了。

【告】kɔ⁴¹ 向国家行政机关或司法机关检举、控诉。

【告状】kɔ⁴¹ tʂuaŋ⁴¹ ①要求司法机构审理某一案件。②向人诉说自己受到某人的欺负或不公正待遇。

【膏】kɔ⁴¹ 在轴、轴承或机器转动部分加润滑油使润滑。如：缝纫机有点儿沉，你用油 ~ ~ 吧。

【膏油】kɔ⁴¹ iəu⁵³ 给机械设备加润滑油。如：自行车蹬着阵沉，该 ~ 了。

kəu

【勾缝儿】kəu³³ fəɹ⁴¹ 用水泥、石灰等涂抹砖石等建筑物的缝隙。

【沟葱】kəu³³ tsʻuəŋ³³ 把大葱的幼苗从田畦中起出，埋植于预先挖好的深沟中，大葱生长过程中不断培土，使其长得

又高又壮。

【钩担】kəu³³ tan· 在扁担的两端装有铁钩的挑货工具。将一根结实的木棍刨成扁平形状，两头安上铁打的钩，可以钩起水桶、箩头等有襻儿的物件。

【钩儿】kəur³³ 用于钩取、悬挂东西的用具。

【狗屁】kəu⁵³ p'i⁴¹ 詈词。比喻荒谬低劣、毫无价值的言辞或事物。如：你不应改这儿放～了，是人都不能干这事儿。

【狗脾气】kəu⁵³ p'i⁵³ tɕ'i· 喜怒无常的脾气。如：你这～也得改改了，人都叫你堆罪完了。

【狗刨儿】kəu⁵³ p'tɔr⁵³ 一种不正规的游泳姿势，平趴在水中的同时头露出水面，用四肢在水中刨水前行，速度较慢。

【狗脸儿】kəu⁵³ liɛu⁵³ 指斥喜怒无常的人。如：这人真是～，说急可急了。

【狗链蛋儿】kəu⁵³ liɛn⁴¹ tɯɐr⁴¹ 狗发情交配。

【狗支叉】kəu⁵³ tsɿ³³ ts'a· ①蚰蜒，一种百足虫，节肢动物，像蜈蚣而略小，体色黄褐，有十五对细长的脚，多生活在阴暗潮湿处。②形容字写得潦草难看。如：你看你写哩字儿，跟～爬哩一样，难看死了。‖西乡说"喜蜷ɕi⁵³ tɕ'yɛn·"。

【狗嘴里吐不出象牙】kəu⁵³ tsuei⁵³ li· t'u⁵³ pu³³ tʂ'ʅ³³ siaŋ⁴¹ ia⁵³ 比喻坏人嘴里说不出好话。如：～，他能有啥好话儿？

【狗吃屎】kəu⁵³ tʂʅ³³ sʅ⁵³ 面部朝下跌倒。

【狗吃日头】kəu⁵³ tʂʅ³³ zʅ³³ t'əu⁵³ 日蚀。

【狗吃月亮】kəu⁵³ tʂʅ³³ yɛ⁵³ liaŋ⁵³ 月蚀。

【狗肉不上桌】kəu⁵³ zəu⁵³ pu³³ˈ⁵³ şaŋ⁴¹ tʂʯɔ³³ 比喻人不争气，上不了台面。如：你这孩子真是～，正经叫你说你又不敢说了。

【狗改不了吃屎】kəu⁵³ kæ⁵³ pu³³ liɔ⁵³ tʂ'ʅ³³ sʅ⁵³ 比喻人本性难移，屡教不改。如：你真是～，还没有出来两天，老毛病可又犯了。

【狗尾巴草】kəu⁵³ i⁵³ pa· ts'ɔ⁵³ 一种野草，花茎细长，花穗有毛似狗尾。

【狗娃儿】kəu⁵³ uɐr· 小狗。

【狗窝儿】kəu⁵³ uɐr³³ ①狗睡觉的地方。②比喻自己居住条件差的家。如：金窝银窝不如自己的～。③指脏乱的房间。如：你成天也不知道收拾收拾家，乱哩跟～样。

【狗咬狗】kəu⁵³ iɔ⁵³ kəu⁵³ 指坏人与坏人争斗。如：俗话儿说："～，一嘴毛儿。"

【狗眼看人低】kəu⁵³ iɛn⁵³ k'an⁴¹ zən⁵³ ti³³ 形容一个人高傲自大，看不起人。如：你不应～，等等叫你看看我哩真本事。

【枸杞子根儿】kəu⁵³ t'i⁵³ tsɿ· kəu³³ 野枸杞。野枸杞果实是常见的滋补品，其叶、茎、根、皮都有很高的营养价值，尤其是枸杞芽，所含的氨基酸、微量元素相当丰富，略带苦味，后味回甘，民间常用其清火明目，缓解咽干喉痛，火气大等情况。‖西乡也读"kəu⁵³ tɕi³³ tsɿ· kəu³³"。

【构蒲穗儿】kəu⁴¹ p'u⁵³ suɯ⁴¹ 构树的果实，中医学上称为楮实子、构树子，与根共入药，功能补肾、利尿。孟津当地百姓习惯把初生的构蒲穗儿用面拌了上笼蒸熟，调上蒜汁吃。

【够】kəu⁴¹ 用手往上抓取东西。如：树上那哟苹果多红，你去给它～下来吧！

【够不着】kəu⁴¹ pu³³ tʂuɔ⁵³ 超出一定的能力范围，无能为力。如：要不是就算了吧？这关系咱～。

【够本儿】kəu⁴¹ pəu⁵³ 做买卖不赔不赚。如：这一趟跑下来，不挣钱儿，才刚～。

【够戗】kəu⁴¹ ts'iaŋ⁴¹ 指某件事情实行起来有些困难；受不了。如：三天赶完阵些活儿，我觉着～。

【够受】kəu⁴¹ şəu⁴¹ 受不了，够呛。如：王霞厉害起来上蹦下跳，可够她男人受哩！

【够够儿哩】kəu⁴¹ kəur⁴¹ li· 达到了所能承受的最大限度，表示厌烦之意。如：不过了，这阵些年跟着你过这苦日子儿过哩～了。

【够意思】kəu⁴¹ i⁴¹ sʅ· 指做人做事讲情分，够朋友。如：他这人可～，能交。

kan

【干巴巴】kan³³ pa·pa⁵³ ①东西失去水分变得坚硬。如：这馍搁了好几天了，～哩，得馏馏再吃。②形容人干瘦的样子。如：这老头看着～哩，还怪有劲儿哩。③指讲话或写文章内容空洞，不生动。如：你这作文儿写哩～哩，这能得高分？

【干崩崩哩】kan³³ pəŋ·pəŋ⁵³ 因烘烤、晾晒或放置时间长而变得非常干。如：拉森晒哩～，能收拾起来了｜一春天没下雨，地里头～。

【干饼】kan³³ piŋ· 白面里加上盐、芝麻等和成硬面擀薄，小火焙干，可以长时间保存，困难时期给小孩当饼干吃。

【干面】kan³³ miɛn⁴¹ 形容有些食物如南瓜、红薯等水分少，绵软粉糯的口感。如：我就好吃～红薯。

【干粉】kan³³ fən· 红薯淀粉。

【干达】kan³³ ta⁵³ 拜认的父亲。

【干打雷不下雨】kan³³ ta⁵³ luei⁵³ pu³³⁵³ ɕia⁴¹ y⁵³ ①空喊口号却没有实际行动。如：你这～，好几个月了，咋还不见动静嘞？②大声哭号而不落泪。如：不应管他，他是装哩，你没看他～，一点儿泪都没有？

【干瞪眼】kan³³ təŋ⁴¹ iɛn⁵³ 对人或事不满意却又无可奈何。如：这孩子谁劝也劝不住，他妈～也没办法儿。

【干冬湿年下】kan³³ tuəŋ³³ ʂʅ³³ niɛn⁵³ ɕia· 气象谚语，意思是冬天如果不下雪，过年的时候往往下雪。

【干娘】kan³³ nia⁵³ 拜认的母亲。

【干儿】kan³³ ɦʅ⁵³ 拜认的儿子。

【干萝卜丝儿】kan³³ luo⁵³ pu·səɯ³³ 白萝卜擦成丝焯水后晒干，也有直接生晒的，吃时用温开水泡发。

【干冷】kan³³ ləŋ⁵³ 又寒冷又干燥。如：今年冬天～，到阵着晚儿了还一点儿雪没下。

【干姊妹】kan³³ tsʅ⁵³ mei· 拜认的姊妹。

【干呲不动】kan³³ tsʰʅ³³ pu³³⁵³ tuəŋ⁴¹ 支使不动。如：你这人咋～嘞？

【干亲】kan³³ tsʰin³³ 拜认的亲戚关系。

【干脆】kan³³ tsʰuei⁴¹ 爽快，直截了当。如：老王说话儿办事儿可～了。

【干瘦】kan³³ səu⁴¹ 瘦而干瘪。如：丽萍～～哩，看着可老相了。

【干着急】kan³³ tʂuo⁵³ tɕi⁵³ 心里着急但没有办法。如：老齐一势都联系不上，家里哩人～也没办法。

【干兄弟】kan³³ ɕyŋ³³ ti⁴¹ 拜认的兄弟。‖也读“kan³³ ɕyŋ³³ li·”。

【干骨】kan³³ ku³³ 尸体腐烂后剩下的骨头。

【干骨匣子】kan³³ ku³³ ɕia⁵³ tsʅ· 盛放干骨的匣子。

【干圪把儿】kan³³ kɯ⁵³ pɤr· 小的干树枝。

【干闺女】kan³³ kuən⁵³ ny· 拜认的女儿。

【干哕】kan³³ yɛ⁵³ 犯恶心，想吐却吐不出来。如：李萍怀孕了，清早起来光～。‖西乡读“kan³³ yɛ⁴¹”。

【肝子】kan³³ tsʅ· 指可供食用的猪、牛、羊等动物的肝脏。

【杆儿秤】kɐɯ⁵³ tʂʰəŋ⁴¹ 利用杠杆原理来称重的传统用具。杆儿秤由秤杆和秤砣组成，秤杆上有两排刻度表示斤两，一端固定有秤钩和两根提绳，离秤钩近的提绳能称量更重的物体。

【秆草】kan⁵³ tsʰɔ· 做饲料用的玉米、谷子等的秸秆。

【秆草火燎你哩】kan⁵³ tsʰɔ·xuo⁵³ liɔ⁵³ ni⁵³ li· 骂人该死。因人死后临时停放在草铺上，草铺铺的是秆草，烧纸扎时也是用秆草点燃的。‖也说“秆草火出律你哩 kan⁵³tsʰɔ·xuo⁵³ tʂʰʅ³³ ly⁴¹ ni⁵³ li·”。

【弇】kan⁵³ 把东西用盖子罩住。如：剩哩菜使筐儿～住，有苍蝇。

【赶】kan⁵³ ①赶制，赶做。如：这批活儿要哩紧，今儿得~出来。②驱赶，驱逐。如：天黑了，你去给羊~到圈里吧。

【赶不上趟】kan⁵³ pu³³⁵³ ʂaŋ⁴¹ t'aŋ⁴¹ ①供应不上，不够用。如：恁都得加把劲儿了，要不是俺这都~了。②赶不上潮流和形势的发展。如：老了，这脑子都~了。

【赶集】kan⁵³ tsi⁵³ 到集市上买卖货物。

【赶车哩】kan⁵³ tʂʽʐ³³ li· 畜力车驾驶员。

【赶趁】kan⁵³ tʂʽən· 因需要早起或早完成任务而时间紧张。如：这货人家明儿都要，有点儿~哩慌。

【赶会】kan⁵³ xuei⁵³ 到寺庙附近去进行祭祀、娱乐或购物活动。‖ 也说"赶庙会 kan⁵³ miɔ⁴¹ xuei⁴¹"。

【擀杖】kan⁵³ tʂʽaŋ· 擀面杖。‖ 也读"kan⁵³ tʂaŋ·"。

【干美哩事儿】kan⁴¹ mei⁵³ li· səɯ⁴¹ 正好。如：我正说着得去洛阳一趟哩，~，你给捎去吧?

【干头儿】kan⁴¹ t'rəur· ①值得干的价值。如：这活儿没啥~，不挣钱儿。②足够干的数量。如：这活儿有啥~，分分钟哩事儿。

【干家儿】kan⁴¹ tɕirɚ· 善于兴业理家的人。如：老李真是哟~。

kuan

【关门儿】kuan³³ məɯ⁵³ ①商店在晚上暂停营业。如：都九点半了，超市该~了，明儿再买吧? ②商店因经营不善而长期停止营业。如：这坨儿恁着晚儿有哟小门市，年时年~了。

【关紧】kuan³³ tɕin⁵³ 要紧；赶紧。如：阵~哩事儿你咋不早点儿说嘞|这墙~得垒垒了，不应叫塌喽!

【观兵台】kuan³³ piŋ³³ t'æ⁵³ 孟津会盟镇扣马村、小集村南邙岭的一处高台，武王伐纣时曾观兵于此，筑台誓众。

【官儿】kuɐɯ³³ ①官员。②指说话管用。如：这事儿他说话儿就是~哩，没问题。

【官司】kuan³³ sʅ· ①诉讼。②脸上显露出的烦恼忧虑或不高兴不耐烦的神色。如：老王成天一脸~，都没有见他笑过。

【官桌】kuan³³ tʂʅ³³ 官方规格的宴席。在孟津平乐镇及其周边地区，逢年过节或者婚丧嫁娶时所摆的宴席叫官桌，大概因为平乐位于汉魏故城旁，受皇家影响，民间把模仿官方的，比较讲究的宴席称为官桌。‖ 也说"官场儿 kuan³³ tʂʽɚ·"。

【棺罩儿】kuan³³ tsɔr⁴¹ 出殡时罩住棺木的罩子。一般由锦缎等制成，上有提花、刺绣等工艺装饰的各式各样的吉祥图案。

【棺材本儿】kuan³³ ts'æ· pəɯ⁵³ 为将来料理后事积攒下来的钱财。如：老潘迷上赌博儿了，~都输光了。

【棺材瓢子】kuan³³ ts'æ· zaŋ⁵³ tsʅ· ①晋语，骂人该死。②喻指人身体虚弱多病。如：他那媳妇儿就是哟~，成年害病儿。

【馆子】kuan⁵³ tsʅ· 饭馆。如：老马通会享受哩，哪哟礼拜都得下几回~。

【管保】kuan⁵³ pɔ⁵³ 保证，肯定。如：卖种子哩说了，只要管好，这麦种一亩地~打八百斤。

【管饱】kuan⁵³ pɔ⁵³ 指饭菜等数量充足，能充分满足需要。‖ 也说"管够 kuan⁵³ kəɯ⁴¹"。

【管饭】kuan⁵³ fan⁴¹ 免费供应膳食。如：他寻哩活儿不赖，工资不低，还~哩。

【管事儿】kuan⁵³ səɯ⁴¹ ①管理事务。如：老张不想~了，厂里头事儿都给他儿了。②管用，有效果。如：吃这药怪~哩! ‖ ②也说"管用 kuan⁵³ yŋ⁴¹"。

【管事儿哩】kuan⁵³ səɯ⁴¹ li· 泛指有一定决策权的负责人。如：你不应瞎忙了，有~改那儿盯着哩。

【管教】kuan⁵³ tɕiɔ· 约束教导。如：这孩子通不听说哩，得好好~~！

【惯】kuan⁴¹（多指对下一代）溺爱，娇惯，纵容。如：刚刚叫他奶~哩没样儿。

【惯以】kuan⁴¹ i· 习惯。如：他穿工作服~了，一猛哩穿西装还真不习惯。

【灌】kuan⁴¹ 喝。如：席上他啥也没吃，光喝汤了，~了哟水饱。

【灌米汤】kuan⁴¹ mi⁵³ t'aŋ³³ 比喻用甜言蜜语奉承人。如：你不应给我~了，这事儿我办不了。‖ 也说"灌迷魂汤 kuan⁴¹ mi⁵³ xuən⁵³ t'aŋ³³"。

kən

【哏儿哏儿】kəɯ³³ kəɯ³³ 象声词，形容笑声。如：这孩子识逗，一逗他笑哩~哩。

【根脚】kən³³ tɕyə· 建筑物的基础、根基。如：盖房子得扎好~。

【跟】kən³³ 指女子嫁给某人。如：小花儿打~喽他，一天好日子儿没过过。

【跟不上趟儿】kən³³ pu³³⁵³ ʂaŋ⁴¹ t'er⁴¹ 追赶不上。如：人家哩红萝卜都出来了，咱再不种都~了。

【跟斗儿】kən³³ tɤur⁴¹ 跌倒时的动作。如：老王下坷台儿哩时候儿栽了哟大~。

【跟儿】¹ kəɯ³³ 鞋后跟。如：我哩鞋~掉了，今儿得去修修哩。

【跟儿】² kəɯ³³ ①身边。如：一会儿吃饭哩时候儿你就坐到我~。②眼前。如：你哩暑假作业一天写一点儿，不应到开学~了再慌着补。

【跟儿改（儿）】kəɯ³³ kæ·（kɤɯ·） 旁边，身边，不远处。如：恁妈年纪大了，~不能没人。‖ 也说"跟儿起 kəɯ³³ tɕ'i·"。

【跟儿跟儿跟儿】kəɯ³³ kəɯ³³ kəɯ⁵³ "跟儿"的强调说法。如：早都给你说了，这倒~了，啥还没弄哩。

【跟前儿】kən³³ ts'iɛɯ⁵³ 身边，附近。如：他哥~有仨小伙子两闺女丨你脚~掉了哟啥？‖ 也读合音"kɛɯ³³"。

【艮牙】kən⁵³ ia⁵³ 食物坚硬，咬不动。如：今儿这甜蜜秆儿吃着有点儿~。

【□】kən⁴¹ 用手向上方不易达到的地方够取东西。如：树上有哟烘柿，你能~着不能？

【□】kən⁴¹ 出门在外遇上风沙扬尘或在家打扫卫生时灰尘飘落在身上。如：今儿干了一整天，给家里打扫了一遍儿，~哩一身灰。

kuən

【闺女（儿）】kuən³³ ny·（nyɯ·）①未结婚的女子。如：小~家黑地不应出去疯了。②女儿。如：四叔家~改洛阳上班哩。

【绲边儿】kuən⁵³ piɛɯ³³ 在衣物、鞋子的边缘缝制上一窄条布条带子。

【滚】kuən⁵³ 詈语，责令人离开。如：~一边儿去，这事儿还轮不着你说话哩。

【滚（儿）】kuən⁵³（kuɯ⁵³）①水沸腾。如：你去看看锅里头水~了没有。②量词，水沸腾一次。如：煮肉扁食点两~都熟了。

【滚烫】kuən⁵³ t'aŋ⁴¹ 很烫。如：才舀哩饭，~~哩，咋吃？

【滚水】kuən⁵³ ʂuei⁵³ 开水。如：你可看好孩子，壶里头才灌哩~，夓烧住孩子喽。

【碌子】kuən⁵³ tsʅ· 用来平整场地、压实道路的工具，是一块圆柱形的石头，两头中间有凹槽，插入铁棒做轴，套上绳索拉动。

【棍儿】kuɯ⁴¹ 与棍子同但较小。

【棍子】kuən⁴¹ tsʅ· 用竹木、金属制成的圆长条形工具。

kaŋ

【钢精锅】kaŋ³³ tsiŋ³³ kuo³³ 铝锅。

【绛】kaŋ⁵³ 红色。如：红~~哩日头，咋会下雨嘞？

【扛】kaŋ⁴¹ 两人互不服气，相互较劲。如：刘锁安跟刘宝成这一回可是~上了。

【杠头】kaŋ⁴¹ t'əu⁵³ 指喜欢与人抬杠的人。如：老高真是哟~。

【杠稠】kaŋ⁴¹ tʂ'əu⁵³ 非常稠。如：这糊涂面条儿~，咋喝哩？

【杠脚】kaŋ⁴¹ tɕyə³³ 把脚在石块或凸起物上按压以舒缓其疲乏或疼痛。

【杠腰】kaŋ⁴¹ iɔ³³ 把腰抵在树干上或其他凸起物上按压以舒缓其疲乏或疼痛。

【钢】kaŋ⁴¹ 把刀在布、皮、石头、缸沿等处磨擦，使刀刃锋利。如：刀不快了，改缸沿儿上~~吧。

kuaŋ

【光】kuaŋ³³ ①老、经常。如：你这一段儿有啥事儿？咋~迟到嘞？②只是；单单。如：她爸妈都去地里了，~她哟人改家哩。

【光卜年年】kuaŋ³³ pu³³ niɛn·niɛn⁵³ 形容光滑平坦。如：这石板儿~哩，能当桌子使。

【光板儿】kuaŋ³³ pɐɯ⁵³ 掉了毛的皮衣。如：这皮袄成~了。

【光屁股】kuaŋ³³ p'i⁴¹ ku· 指不穿衣服的小孩儿。如：~孩子懂啥？你不应跟他置气了。

【光低脑】kuaŋ³³ ti³³ nɔ· ①光头。②不戴帽子。

【光打雷不下雨】kuaŋ³³ ta⁵³ luei⁵³ pu³³⁵³ ɕia⁴¹ y⁵³ ①比喻人只干号而没有眼泪。②比喻只有言语没有行动。如：你不能~呀，说话儿得算话儿。

【光掉】kuaŋ³³ tiɔ⁴¹ 只剩。如：人家都干完了，~他哟人了。

【光秃秃哩】kuaŋ³³ t'u·t'u⁵³ li· 草木稀疏。如：马鞍山上~哩，啥都不长。

【光牛】kuaŋ³³ niəu· 光滑。如：这块儿石头打磨哩怪~哩。‖ 也说"光牛牛哩 kuaŋ³³ niəu·niəu⁵³ li·"。

【光年】kuaŋ³³ niɛn· 光滑平整。如：你哩手摸着还怪~哩！

【光年年哩】kuaŋ³³ niɛn·niɛn⁵³ li· 非常光滑。如：小平哩脸蛋儿~，真好看。

【光刺】kuaŋ³³ ts'ɿ· 讽刺。如：你不应~人家了，你不是也弄过这事儿？

【光出律律】kuaŋ³³ tʂ'ʯ³³ ly·ly⁵³ 形容光滑。如：这树~哩，我爬不上去。

【光杆儿】kuaŋ³³ kɐɯ⁵³ ①植物没有了枝叶只剩下茎秆。如：夜儿黑地下了一场冷子，豆儿都打成~了。②比喻失去群众、没有助手的领导。如：公司哩人都快走光了，他快成~司令了。③单身汉。

【光棍儿】kuaŋ³³ kuɯ⁴¹ ①单身汉。如：春生都三十了，还打着~哩。②霸道不吃亏的人。如：田海涛这人通~哩，你可不应惹他。③形容人利量，列折。如：看人家多~。

【光棍儿戳戳】kuaŋ³³ kuɯ⁴¹ tʂ'uo⁵³ tʂ'uo· 四声杜鹃。

【光棍儿眼子，一眼相待】kuaŋ³³ kuɯ· iɛn⁵³ tsɿ·，i³³ iɛn⁵³ siaŋ³³ tæ⁴¹ 平等对待所有人。光棍儿不蔓不枝、无牵无挂、无所顾忌，喻指混社会、有关系的人；眼子指树枝上有芽眼的，喻指安分守己的普通百姓。如：咱~，你可不能有厚有薄。

【光葫芦】kuaŋ³³ xu⁵³ lu· 光头，形容没有头发的样子像葫芦。‖ 也说"光葫芦瓢 kuaŋ³³ xu⁵³ lu·p'iɔ⁵³"。

【咣当】kuaŋ³³ taŋ³³ 拟声词，物体落地发出的声音。如：我正睡哩香哩，楼上~一声儿给我吓醒了。

【逛荡】kuaŋ⁴¹ taŋ· ①闲逛；游荡。如：你成天没事儿改这儿瞎~啥哩？②衣服过于宽大，穿在身上来回晃。如：这衣裳忒宽了，穿上直~。

【逛游】kuaŋ⁴¹ iəu· 闲逛。如：吃了饭去广场～～走。

【□着哩】kuaŋ⁴¹ tʂuo·li· 形容人滑头。如：这人～，你可小心着他。

kəŋ

【梗儿】kəɯ⁵³ 植物的茎。如：红薯叶儿塌菜馍，红薯～炒着吃。

kuəŋ

【工钱儿】kuəŋ³³ tsʻiɐɯ· 作为劳动报酬的货币或物资。‖ 也说"工资 kuəŋ³³ tsʅ³³"。

【弓长张】kuəŋ³³ tʂʻaŋ⁵³ tʂaŋ³³ 介绍姓氏时说，为了与立早"章"区分。

【公道】kuəŋ³³ tɔ· 公正无私。如：要想～，打个颠倒。

【公公】kuəŋ³³ kuəŋ· 丈夫的父亲。

【供】kuəŋ³³ 养活；供养。如：林安上大学四年都是他叔～哩。

【拱】kuəŋ⁵³ ①猪用嘴翻动土地或撞击物体。如：这猪圈叫猪～哩快塌了，得再垒垒。②暗地里攻击、排挤他人以谋取利益。如：这哟位儿仨人争，还是刘鑫厉害，给那俩人～下来了。③钻进去。如：你成天～到屋里头不出来，干啥哩？

【拱挤】kuəŋ⁵³ tsi· 暗地里算计别人。如：他这人成天光想着～人。

【共满】kuəŋ⁴¹ man⁵³ 总共、一共。如：咱～七个人哩，这活儿轻不溜儿哩都干了。‖ 也说"满共 man⁵³ kuəŋ⁴¹"。

【供】kuəŋ⁴¹ 嫌犯说出自己及同伙的犯罪事实。如：李南进去就都～出来了。

【供桌】kuəŋ⁴¹ tʂʅə³³ 在神佛、祖先牌位前摆放的放供品的桌子。

【供飨】kuəŋ⁴¹ ɕiaŋ· 祭祀鬼神。如：年下第一碗扁食都是先端到条桌上，～祖先。

【洪】kuəŋ⁴¹ 液体凝结成块。如：猪油一冷都～住了。

kʻ

kʻu

【枯揞】kʻu³³ tʂʻu· ①脸上皱纹多。如：小菊还不大哩，都满脸~皮了。②干瘪。如：这苹果再不吃都~了。③物体表面褶皱多。如：床单儿咋阵~嘞？

【枯揞纹儿】kʻu³³ tʂʻu·vəɯ⁵³ ①脸上的皱纹。如：你看那王蓉，才四十多，就一脸~。②褶皱。如：你这衣裳上都是~，咋不熨熨嘞？

【哭丧着脸】kʻu³³ saŋ⁴¹ tʂuo·liɛn⁵³ 因心里不痛快而愁容满面，沮丧的样子。如：他成天~，也不知道遇上啥事儿了。

【哭穷】kʻu³³ tɕʻyŋ⁵³ 故意向别人诉说自己穷困无钱。如：你不应见人都~，没有人跟你借钱儿。

【窟通】kʻu³³ tʻuəŋ³³ 拟声词，重物落地或落水的声音。如：~一声，房子塌了。

【窟窿】kʻu³³ luəŋ· ①洞。如：老槐树倒了，给厦子砸了哟大~。②亏空，债务。如：为给儿子娶媳妇，他背了好些~。

【窟窿儿】kʻu³³ luɯ· 小洞。如：他哩裤子挂了哟小~。

【窟窿儿菜】kʻu³³ luɯ·tsʻæ⁴¹ 藕。‖也说"莲菜liɛn⁵³ tsʻæ⁴¹"。

【窟窿眼儿】kʻu³³ luəŋ·iɛɯ⁵³ 小孔。如：桌子腿儿叫虫拱了哟~。

【苦不拉唧】kʻu⁵³ pu³³ la³³ tɕi³³ 味苦，含厌恶意味。如：这茶喝着~哩，跟中药样哩。

【苦胆】kʻu⁵³ tan· 动物的胆囊。

【苦头儿】kʻu⁵³ tʻɤu⁵³ 微苦的味道。如：这野菜吃着稍微有点儿~，还败火哩。

【苦头儿】kʻu⁵³ tʻɤur· 苦痛，磨难，不幸。如：他年轻哩时候儿因为出身不好可吃了不少~。

【苦哈哈哩】kʻu⁵³ xa·xa⁵³ li· 生活很困苦。如：她男人死了，她哟人带着仨孩子，日子儿过哩~。‖也说"苦凄凄哩kʻu⁵³ tsʻi·tsʻi⁵³ li·"。

【裤鼻儿】kʻu⁴¹ piɯ⁵³ 西式裤子腰部用于穿皮带的小布襻儿。

【裤带松】kʻu⁴¹ tæ⁴¹ suəŋ³³ 形容见到女人就走不动的男子。如：他这人是哟~，一见女人眼都直了。

【裤兜儿】kʻu⁴¹ tɤur³³ 裤裆部分。如：吓哩他屙了一~。

【裤衩儿】kʻu⁴¹ tsʻɤr³³ 内裤或短裤。

【裤腰带】kʻu⁴¹ iɔ³³ tæ⁴¹ 中式裤子所系的腰带，多用布制成。‖也说"裤带儿kʻu⁴¹ tɤu⁴¹"。

【裤腰儿】kʻu⁴¹ iɔr³³ 裤腰。

kʻɯ

【坷啪】kʻɯ³³ pʻa³³ 拟声词，物体断裂的声音。

【坷泡儿】kʻɯ³³⁵³ pʻʈɔr⁴¹ 水泡。如：下雨哩时候儿～多就可能下连阴雨。

【坷泡儿虫】kʻɯ³³⁵³ pʻʈɔr⁴¹ tʂʻuəŋ⁵³ 土元，或称土鳖，喜生活在腐殖质丰富的湿润土壤中，在室内多见于老旧房屋的墙沿边等阴暗处，食性杂，可入药。

【坷烦】kʻɯ³³ fan· 讨厌。如：这孩子真～人，一会儿不闲着。

【坷台儿】kʻɯ³³ tʻɐɯ· 台阶。如：这房子～有点儿高，你上哩时候儿可小心点儿。

【坷麟鼻儿】kʻɯ³³ naŋ· piɯ⁵³ ①鼻子不通气，发音不清。如：他感冒了，说话有点儿～。②指说话时鼻音特别重的人。如：他是哟～。

【坷垃】kʻɯ³³⁵³ la· 土块。如：这块儿地有点儿板结，都是大～。

【坷搂儿】kʻɯ³³⁵³ ləur⁴¹ 克扣，搂取财物。如：他当乡长这些年可没有少～钱儿。

【坷漏儿¹】kʻɯ³³⁵³ ləur⁴¹ ①物体的空壳。如：鸡蛋壳叫鸡蛋～，花生壳叫拉森～。②窝状的空间。如：犁了一后响地，鞋～里头都是土。

【坷漏儿²】kʻɯ³³⁵³ ləur⁴¹ 未成年的男孩子。如：你少跟那～娃儿一块儿耍。

【坷漏儿锨】kʻɯ³³⁵³ ləur⁴¹ ɕiɛn³³ 齐头的铁锨，其两边稍卷起，形似簸箕。

【坷廊子】kʻɯ³³ laŋ· tsʅ· 胸部。

【坷膝盖儿】kʻɯ³³ tsʻi³³ kɐɯ⁴¹ 膝盖。如：夜儿日儿爬了白云山，今儿～有点儿疼。‖朝阳说"圪崂半儿kɯ³³ lɔ⁵³ pɐɯ⁴¹"。

【坷嚓】kʻɯ³³ tsʻa³³ 物体被折断的声音。如：才浓捏儿听见～一声，啥东西折了？

【坷盛儿】kʻɯ³³⁵³ tsʻɐɯ⁴¹ 猪吃食的槽或盆。

【坷呭着疼】kʻɯ³³ tsʻin⁴¹ tʂuo· tʻən⁵³ 形容肚子一下一下地揪着疼。如：今儿不着咋了，肚子一势～。

【坷蹭人】kʻɯ³³ tsʻən· zən⁵³ 故意整人。如：你这不是～哩呀？人家啥都准备好了，你说不叫弄会中？

【柯权儿】kʻɯ⁵³ tsʻɣɛr⁴¹ 树杈。如：球打哩有点儿高，羽毛球夹到树～上了。

【犚㐭儿】kʻɯ⁵³ lɤr⁴¹ 形容器物空空，里面没有东西。如：房子还是哟空～哩，里头啥也没有。‖也读"kʻɯ⁵³ lɤr³³"。

kʻa

【咔嚓】kʻa³³ tsʻa³³ 拟声词，扁担或木棍断裂的声音。

kʻua

【侉】kʻua⁵³ 语音不正，特指与本地口音不同。如：老王媳妇儿是四川哩，说话儿有点儿～。

【侉气】kʻua⁵³ tɕʻi· 说话随便，话说不到点子上。如：你可不能这着说话儿，叫人家听着～。‖也说"侉侉气气 kʻua⁵³ kʻua· tɕʻi⁴¹ tɕʻi·"。

kʻə

【克剥】kʻə³³ po· ①克扣，盘剥。如：哟月才发三千块钱儿，叫他三扣两扣～哩剩两千了。②指待人苛刻；刻薄。如：她那领导通～哩，谁都讨厌他。

【磕绊】kʻə³³ pan⁴¹ 卡住，不顺；不稳当，不流畅。如：这抽屉拉着磕磕绊绊哩，得修修了｜他说话从来不打～。

【磕头虫儿】kʻə³³ tʻəu³³ tʂʻuɯ⁵³ 鞘翅目叩甲科动物。成虫暗褐色，体狭长略扁。前胸和中胸能有力地活动。当虫体被压住时，头和前胸能作叩头状活动，故名。

【瞌睡】kʻə⁵³ sei⁴¹ 困乏想睡觉。如：你要是～喽先去睡吧。

【可】kʻə⁵³ ①语气副词，表示期望的事情终于实现后如释重负的语气。如：恁那孙子儿～上学啦，你～能喘口气儿啦。②程度副词，表示程度高。如：上一回你恁着怼刮他，他 ~ 不服气啦。

【可不是】k'ə⁵³ pu³³⁵³ sʅ⁴¹ 表示肯定的语气。如：~，早就给他说过，他不听。

【可身儿】k'ə⁵³ ʂəuʳ³³ 衣服穿着合身。如：你今儿穿这一身儿衣裳怪 ~ 哩。

【可可儿】k'ə⁵³ k'əʳ³³ ①刚好，恰好。如：这布 ~ 做一件儿褂子，一点儿不浪费。②极言其少，勉强够。如：我是按着人头儿买哩，~ 哩够哟人哟。

【可以】k'ə⁵³ i⁴¹ ①不错。如：恁舅待你够 ~ 了，你不能不知足。②富裕。如：他家条件够 ~ 哩了。

【咳嗽】k'ə⁵³ ts'əu· 一种呼吸道常见症状，由于气管、支气管黏膜或胸膜受炎症、异物、物理或化学性刺激引起。

k'uo

【棵】k'uo³³ 量词，多用于树木等。如：一 ~ 柳树。‖ 新派也读"kə³³"。

【鞁】k'uo³³ ①用棍子、竹竿等敲击。如：八月十五儿都该 ~ 枣儿了。②给树枝打杈。如：这棵树该 ~ 枝儿了。

【□利】k'uo⁵³ li· ①有痛快、干净利索、直截了当之意，多作形容词。如：王红说话办事儿可 ~ 了。②用作动词，是结束，完成的意思。如：再等我一会儿，马上都 ~ 了。

【课】k'uo⁴¹ ①有计划的分段教学。如：上 ~ ｜下 ~ 。②教学的科目。如：语文 ~ ｜数学 ~ 。‖ 新派也读"kə⁴¹"。

【嗑】k'uo⁴¹ 用上下门牙咬有壳的东西。如：~ 瓜子儿。‖ 新派也读"kə⁴¹"。

k'æ

【开】k'æ³³ 发酵完成。如：你去看看面 ~ 了没有。

【开剥】k'æ³³ po· 把鸡鸭鱼等开膛破肚进行加工处理。如：你给这鸡儿 ~ ~ 吧？咱今儿晌午炖炖吃。

【开门儿】k'æ³³ məu⁵³ 店铺开始营业。如：小卖铺儿九点才 ~ 。

【开门儿钱儿】k'æ³³ məu⁵³ ts'uɐu⁵³ 新郎及迎亲队伍到新娘家门口时，女方家故意紧闭大门，要新郎送钱过去才开门。

【开方儿】k'æ³³ fɐʳ³³ 医生给患者开药方。‖ 也说"开药方儿 k'æ³³ yɔ³³ fɐʳ³³"。

【开刀（儿）】k'æ³³ tɔ³³（trɔʳ³³）①动手术。如：医生说得 ~ 才能取出来。②处置；惩罚。如：我又不是挑头哩，凭啥拿我 ~ ？

【开撑】k'æ³³ tuei⁵³ 开始吃饭的戏谑说法。

【开裆裤】k'æ³³ taŋ³³ k'u⁴¹ 小儿穿着的不缝裤裆的裤子，方便大小便。‖ 也说"露屁股裤子 ləu⁴¹ p'i⁴¹ ku· k'u⁴¹ tsʅ·"。

【开脸】k'æ³³ liɛn⁵³ 旧时女子出嫁前用线绞掉脸上的寒毛。‖ 也说"绞脸 tɕiɔ⁵³ liɛn⁵³"。

【开席】k'æ³³ si⁵³ 开始入座饮酒用菜。

【开销】k'æ³³ siɔ³³ ①花销。如：这一大家子，哟月哩 ~ 可是一大笔钱儿哩。②被开除，被解雇。如：你不应说了，小心人家给你 ~ 了。

【开吃】k'æ³³ tʂʅ³³ 宴会、聚餐时开始进食。如：人到齐了，咱 ~ 吧？

【开春儿】k'æ³³ tʂ'uɯ³³ 冬天过去，春天开始。如：等到 ~ 咱多种点儿豆角。

【开价（儿）】k'æ³³ tɕia⁴¹（tɕiɐʳ⁴¹）卖方提出想要的价钱。如：你开哟价儿吧，中喽我都要了。

【开胶】k'æ³³ tɕiɔ³³ 用胶黏合的鞋或家具日久裂开。

【开间儿】k'æ³³ tɕiɐu³³ 传统房屋的宽度单位，相当于一根檩条的长度。如：孟津哩房子一般是三 ~ 哩。

【开气儿】k'æ³³ tɕ'iu⁴¹ 长衫或褂子旁边的开口。

【开光】k'æ³³ kuaŋ³³ 神像雕塑完成后，举行仪式，揭去蒙脸的红布，开始供奉。

【开花儿馍】k'æ³³ xuɐ³³ mo⁵³ 馒头顶部切十字花刀，蒸熟后似绽开的花朵。

【开夜车】k'æ³³ iɛ⁴¹ tsʻʅ³³ 为了赶进度在夜里长时间地学习或工作。如：他平常不用功，快考试了天天～。

【开外】k'æ³³ uæ⁴¹ 超过某一数量。如：这一布袋玉蜀黍要有一百斤～哩。

【开眼】k'æ³³ iɛn⁵³ 指看到新奇或美好的、珍贵的事物，增长了见闻。如：这一趟我算是开了眼了。

【开演】k'æ³³ iɛn⁵³ 电影或戏曲演出开始。如：电影快～了，咱得快点儿走。

【开洋荤】k'æ³³ iaŋ⁵³ xuən³³ 比喻第一次（或难得一次）吃到、看到某种东西或初次经历某种事情。如：这一回我可是开了洋荤了，第一回吃大龙虾。

【客】k'æ³³ 客人。如：来～了，快烧点儿茶。

【克】k'æ⁵³ 妨害；损害。迷信的说法，认为食物之间，人与人之间的属相、五行有的是互相排斥，相互克制的，一起食用或婚配会造成对身体或对方的损害。‖ 新派读"k'ɔ⁴¹"。

【搭】k'æ⁵³ 逮。如：刘刚夜儿～了一只野兔儿。

k'uæ

【扛】k'uæ⁵³ 在胳膊上挎着。如：你是哟大男人，～着这哟沉哩篮儿。

【块】k'uæ⁴¹ 量词。①用于块状物或片状物。如：一～儿（砖、饼干儿、豆腐、手表等）。②用于货币。如：五～ ｜ 二十～。‖ ②也读"k'uæ⁵³"。

【块儿】k'uɐu⁴¹ 指人的高矮胖瘦（多指高大肥胖的）。如：他这～给这一立，挡哩严严实实哩。‖ 也说"块头儿 k'uæ⁴¹ t'ɾəur⁵³"。

【块儿八角】k'uæ⁴¹ ʅ⁵³ pa³³ tɕyɔ³³ 钱数不多。如：算了算了，不应为这～哩事儿伤喽和气。

【快嘴不拉舌】k'uæ⁴¹ tsuei⁵³ pu³³ la³³ ʂʅə⁵³ 形容嘴快。如：君君这闺女～哩，一点儿也不稳当。

【筷子头儿】k'uæ⁴¹ tsʅ · t'ɾəur⁵³ 筷子下部撊菜的部分。如：你弄～蘸点儿酒叫他尝尝。

k'ei

【尅】k'ei⁵³ ①抓住。如：今儿总算～住偷菜哩人了。②训斥，责备。如：龙龙叫他爸～了一顿。

k'uei

【亏本儿】k'uei³³ pəu⁵³ 赔本；损失大于收益。如：这一趟白跑了，肯定～。

【亏待】k'uei³³ tæ⁴¹ 待人不公平或不尽心。如：阵些年我可没～过他，他这着对我可不中。

【亏哩】k'uei³³ li · 多亏，幸亏。如：～他先打了电话，要不是白跑一趟儿。‖ 也说"亏好 k'uei³³ xɔ⁵³"。

【亏心】k'uei³³ sin³³ 言行违背常理，不合正义。如：你说这话儿～不～？

【规程儿】k'uei³³ tʂʻəɯ⁵³ 规矩、程序。如：办啥事儿都是有～哩，不能胡来。

【裸儿】k'uɯ⁴¹ 用绳子或带子打成的结。

k'ɔ

【尻】k'ɔ³³ 男子对女子的性行为。

【考了哟鸭蛋】k'ɔ⁵³ lə · yə · ia³³ tan⁴¹ 考试得了零分。如：这一回～。‖ 也说"考了哟零鸡蛋 k'ɔ⁵³ lə · yə · liŋ⁵³ tɕi³³ tan⁴¹"。

【烤火】k'ɔ⁵³ xuo⁵³ 靠近有火的地方取暖。

【靠背椅子】k'ɔ⁴¹ pei⁴¹ i⁵³ tsʅ · 带后背能靠的椅子。

【靠边儿】k'ɔ⁴¹ piɐu³³ 靠近边沿的地方。

如：阵大地这，你坐恁～抓哩？

【靠头儿】k'ɔ⁴¹ t'ɤur· 可以依靠的人或事物。如：他达死了，他可没～了。

【靠山】k'ɔ⁴¹ san³³ 可以依靠的有力量的人或集体。如：小张肯定有～，要不是能升恁快？

【靠住】k'ɔ⁴¹ tʂʅ⁴¹ 语气副词，表示对事态的推测，"肯定"的意思。如：今儿他～来寻你，你等着吧。

【靠活儿】k'ɔ⁴¹ xuɤ⁵³ 预约活计。

【靠好】k'ɔ⁴¹ xɔ⁵³ 约好。如：明儿哩事儿你给人家～了没有？‖ 也说"说住 ʂɤə³³ tʂʅ⁴¹"。

k'əu

【抠（儿）】k'əu³³（k'əur³³）①用手指或工具挖。如：你不应再～了，再～那瓜就叫你～烂了。②吝啬。如：老刘～死了，一分洋都想掰成两半儿花。

【抠屁股眼儿嘁指头】k'əu³³ p'i⁴¹ ku·mɐi⁵³ suo³³ tʂʅ³³ t'əu· 形容吝啬到了极点。如：你简直是～，抠到家儿了。

【抠门儿】k'əu³³ məm⁵³ 吝啬，小气，不大方。如：你真～，这条裤子补了恁几个补丁了，也不说再买一条。

【抠底】k'əu³³ ti⁵³ ①打扑克时庄家起最后几张底牌。②一把牌出完后，翻开庄家扣的底牌，如果扣的有分，则为赢家所有，且根据赢家赢的牌数，底牌的分可能翻倍。

【抠字眼儿】k'əu³³ tsʅ⁴¹ iɐi⁵³ ①写作时对字词句反复推敲、斟酌。如：稿儿写好了，你再给我抠抠字眼儿吧。②挑别人文章或讲话中字词句的毛病。如：你不应改那儿～了，这一篇儿文章写哩真不赖。

【抠抠索索】k'əu³³ k'əu·suo⁵³ suo· 吝啬，小气，舍不得花钱。如：老张成天～哩，一点儿也不大方。

【口味儿重】k'əu⁵³ viu⁴¹ tʂuəŋ⁴¹ 喜欢吃较咸的味道。

【口头语儿】k'əu⁵³ t'əu⁵³ yu⁵³ 人在说话时经常不自觉地说出来的话。‖ 也说"口头禅 k'əu⁵³ t'əu⁵³ tʂ'an⁵³"。

【口儿】k'əur⁵³ 机会；茬口。如：你给操操心，看看有没有好～给娟娟说说。

【口儿重】k'əur⁵³ tʂuəŋ⁴¹ 喜欢吃味道浓郁的食物。

【口儿轻】k'əur⁵³ tɕ'iŋ³³ 喜欢吃较清淡的味道。如：俺妈～，你炒菜少掌点儿盐。

【～口儿垓/起】～ k'əur⁵³ kæ·/tɕ'i· 指街角。如：卖菜哩改那～哩。

【口粮】k'əu⁵³ liaŋ· 居民日常生活所需要的粮食。

【口哨儿】k'əu⁵³ sɿɔr· 用竹木、金属或塑料制成的能吹响的一种器物。

【口信儿】k'əu⁵³ siu⁴¹ 口头转告的信息。如：张辉托人给他媳妇带了哟～，叫她引着俩孩子去上海一趟。

【口疮】k'əu⁵³ tʂ'uaŋ· 口炎、口角炎的统称。

【㗗】k'əu⁵³ 指人趾高气扬、傲气逼人的样子，引申为凌厉不退让。如：这闺女～着哩，甭叫人给咱儿说了。

【扣】k'əu⁴¹ ①将碗、盘等器皿的口朝下放。如：洗了碗～到那儿控控水。②将扑克、麻将等的花色一面朝下放。如：快点儿～底牌吧。

【扣鼻儿】k'əu⁴¹ piu⁵³ 中式衣服上缝缀的布做的套在盘扣上的布环。

【扣马】k'əu⁴¹ ma· 孟津会盟镇古村名，是河南省首批传统村落之一。扣马是孟津古渡所在地，相传周武王伐纣，师会孟津，伯夷、叔齐扣马而谏，村名即由此来。扣马古寨还保留有城墙、城门，扣马寨内有夷齐祠、武王庙，村南有历史文化名山同盟山、首阳山等。

【扣脉】k'əu⁴¹ mæ³³ 把脉。

【扣门儿】k'əu⁴¹ məm⁵³ 套扣子挖的孔。‖ 也说"扣眼儿 k'əu⁴¹ iɐi⁵³"。

【扣碗儿】k'əu⁴¹ uɐi⁵³ 一种食品，把肉食等放在碗中蒸熟，吃时再倒扣在另一碗中。

k'an

【看】k'an³³ ①守护，照料。如：我出去一会儿，你替我~一会儿孩子。②监视，看守。如：你先~住这俩人，我去叫李主任来。

【看麦】k'an³³ mæ³³ 孟津西部、南部位于邙山之上，人去世后大多葬在平地，故以看麦代指死亡。‖也说"看地k'an³³ ti⁴¹"。

【看稻子】k'an³³ tɔ⁴¹ tsʅ· 稻子快成熟的时节，有很多小鸟会去啄食已经饱满的谷粒，上个世纪，放秋假的学生们被派到生产队的稻田里去驱赶小鸟，看护稻子。

【看场】k'an³³ tʂ'aŋ⁵³ 收麦收秋打场时场院的庄稼很多，晚上需要有人看护。

【看家】k'an³³ tɕia³³ 看守、照看门户。如：俺俩今儿得去洛阳一趟，你改家好好~。‖也说"看家护院儿k'an³³ tɕia³³ xu⁴¹ yɐɯ⁴¹"。

【看家哩本事】k'an³³ tɕia³³ li· pən⁵³ sʅ· 自己最拿手、最擅长的本领和技能，一般不轻易使用。如：这一回老张连~都使出来了，也弄不成。

【看孩子】k'an³³ xæ⁵³ tsʅ· 看护、照顾婴幼儿。

【看孩子哩】k'an³³ xæ⁵³ tsʅ· li· 保姆。如：红丽该上班儿了，你改老家给她寻哟~吧?

【看红薯】k'an³³ xuəŋ⁵³ ʂʅ· ①看护红薯地。②代指人死亡。孟津中部高，南北低，东西横亘的是邙山，邙山上的山地干旱不能灌溉，适合种植耐旱的谷子和红薯等。孟津会盟地处邙山下黄河滩区，那里人去世后多埋葬在邙山之上，因此人们用"看红薯"来代指死亡。‖也说"看山k'an³³ san³³""看

坡k'an³³ p'o³³"。

【坎儿¹】k'ɐɯ⁵³ 命运上的关口。如：她心里这哟~一势过不去。

【坎儿²】k'ɐɯ⁵³ 汗衫，背心。如：黑地蚊子多，你光穿哟小~可不中。

【扻】k'an⁵³ 用手打脸。如：再不听说叫恁爸~你一巴掌。

【砍】k'an⁵³ 把东西扔出去打、砸。如：不应拿着石头乱~，招着打住人喽。

【砍绊马索儿】k'an⁵³ pan⁴¹ ma⁵³ suɐɿ⁵³ 死人下葬的头天晚上要烧纸车马，马的双腿间有细芦苇或竹竿相连，烧前要用刀砍断，以使马可以顺利地驮逝者升天。

【砍绊脚索儿】k'an⁵³ pan⁴¹ tɕyə³³ suɐɿ⁵³ 用刀在学走路的小孩双腿间虚砍几下，使小孩更快地学会走路。因为去世的人双脚被捆住，民间认为孩子是前世的轮回，不会走路是双脚有绊脚索儿。

【砍刀】k'an⁵³ tɔ³³ 螳螂。

【砍蛋】k'an⁵³ tan⁴¹ ①对某些得不偿失的事情不愿意干。如：干那事儿出力不讨好，干它~哩。②多余，无用。如：说那~哩，一点儿用没有。

【砍散】k'an⁵³ san· 算了;完了。如：你说那可~了，本儿也回不来了。

【□】k'an⁵³ 盛器被打翻，东西泼洒出来。如：才盛哩一碗饭都叫他弄~了。

【看】k'an⁴¹ 看望，探望。如：你捃点儿东西儿去~~恁姨奶吧。

【看不上】k'an⁴¹ pu³³⁵³ ʂaŋ⁴¹ 瞧不起，不放在眼里。如：恁着晚儿是她~人家，阵着晚儿人家又~她了。与"看得上"相对。‖也说"看不上眼儿k'an⁴¹ pu³³⁵³ ʂaŋ⁴¹ iɐɯ⁵³"。

【看不过去眼儿】k'an⁴¹ pu³³⁵³ kuo· tɕ'y· iɐɯ⁵³ ①做的事情不符合基本的规范和要求。如：你干这活儿不中，都叫人~。②发生的事情让人不能容忍。如：俩人嗷哩难听死了，我真~了，给她俩哟人嚷了一顿。

【看病儿】k'an⁴¹ piɯ⁴¹ ①医生给病人治病。

如：俺这老歪（本地一名老中医，因走路一歪一歪得名）~看哩好着哩，郑州、洛阳经常有人开车来寻他~。②病人找医生治病。如：恁奶低脑疼，我带着她去城里头~哩。

【看美】k'an⁴¹ mei⁵³ 正好、刚好。如：我正说给你打电话哩，~你来了。‖也说"看好 k'an⁴¹ xɔ⁵³"。

【看风水】k'an⁴¹ fən³³ ʂuei· 以阴阳五行理念来观察某地的地理形貌，来判断是否宜于建筑房屋或茔地。

【看头儿】k'an⁴¹ t'əur· 看的价值、意义。如：这本儿书还是有点儿~哩，写哩不赖。

【看相】k'an⁴¹ siaŋ⁴¹ 通过观察相貌、骨骼、掌纹等来判断人的命运好坏。

【看上】k'an⁴¹ ʂaŋ· 合自己心意，看中了。如：她~这套家具了，咱就买喽吧。‖也说"看中 k'an⁴¹ tʂuaŋ⁴¹""相中 siaŋ³³ tʂuaŋ³³"。

【看起】k'an⁴¹ tɕ'i⁵³ 看重；重视。如：人家能~你，你该觉着高兴。与"看不起"相对。‖也说"看得起 k'an⁴¹ tæ·tɕ'i⁵³"。

【看开】k'an⁴¹ k'æ³³ 不把不如意的事情放在心上。如：这也是没法儿哩事儿，你得~点儿。

【看看】k'an⁴¹ k'an· ①尝试性地看。如：听说超市搞活动哩，咱也去~吧? ②尝试性地考虑考虑。如：你先吃两服草药~再说。

【看好儿】k'an⁴¹ xɔr⁵³ 请人选定结婚、搬家、上梁等重要事情的时间。

【看应】k'an⁴¹ iŋ⁴¹ 正合适。如：我穿他哩鞋不大不小，~。

k'uan

【宽展】k'uan³³ tʂan⁴¹ ①宽大、宽绰。如：这院子怪~哩，豁亮。②心情舒畅。如：孩子考上学了，她心里才~点儿。‖也说"宽宽展展 k'uan³³ k'uan· tʂan⁵³ tʂan·"。

【宽绰】k'uan³³ tʂ'uo· ①地方宽敞。如：他家才翻盖哩房子，比老房子~多了。②经济富裕。如：他家不~，七八张嘴得吃饭哩。

【宽限】k'uan³³ ɕiɛn⁴¹ 延缓期限。如：钱儿不凑手儿，再~几天儿吧?

【宽宽大大】k'uan³³ k'uan·ta⁴¹ ta· 形容衣服又宽又长。如：这哟布衫儿~哩，穿着怪得劲儿。

【款】k'uan⁵³ 钱财。如：下月回来一笔~，先还喽这账。

【款式】k'uan⁵³ tʂ'ʅ⁴¹ 式样。如：你今儿穿这大衣~怪好看哩，改哪儿买哩?

k'ən

【□】k'ən³³ ①雕刻。如：俺达使木头给我~了哟娃娃。②削铅笔或削去蔬果坏的部分。如：这苹果就烂了一点儿，~~还能吃。

【肯】k'ən⁵³ 常，经常。如：他可~来这哟菜市场买菜。

【肯美】k'ən⁴¹ mei⁵³ 时间副词，表示"正好""正巧"的意思。如：我正说去寻他哩，他~可来了。‖西乡说"宴美 iɛn⁴¹ mei⁵³"。

k'uən

【坤表】k'uən³³ piɔ⁵³ 女士戴的比较小巧的手表。

【捆儿】k'uən⁵³ 量词，用于能捆起来的东西。如：一~柴火。

k'aŋ

【糠】k'aŋ³³ ①稻、麦、谷子等禾谷的子实所脱落的壳或皮，主要用来喂养家畜，困难时期穷人也会吃。如：~菜半年粮。②蔬菜水果等失去水分后内部虚而不实，密度变小。如：这萝卜都~了，不能吃了。

【糠包儿菜】kʻaŋ³³ pɔr³³ tsʻæ⁴¹ 比喻无能的人。如：晓东真是哟~，啥都不会。

【糠疮儿】kʻaŋ³³ tʂʻuer· 小儿麻疹。

【糠瓜菜】kʻaŋ³³ kua³³ tsʻæ⁴¹ 形容没有力气的人。如：你真是哟~，这点儿劲儿都没有。

【扛】kʻaŋ⁵³ 抗拒；拒绝。如：人家都交了，就他家硬~着不交。

【炕】kʻaŋ⁴¹ ①在炉子边烘烤食物，使熟热焦酥。如：改煤火顶上~俩馍吧？我饥了。②形容因长时间干渴而导致人体极度缺水。如：一天没喝水，~哩嘴唇儿都起皮了。

kʻuaŋ

【筐】kʻuaŋ³³ 用竹篾、荆条、柳条编成的容器。如：俺婶儿今儿给俺送了一~梨儿。

【筐儿】kʻuer³³ 比筐小的容器。

【狂】kʻuer⁵³ ①狂妄；目空一切。如：这人也忒~了吧？谁他都看不到眼儿里。②小孩儿好说好动，调皮捣蛋。如：贝贝手可~了，一会儿看不住可打了东东一下儿。

【狂花儿】kʻuer⁵³ xuer³³ 不结果实的雄花。如：这两棵倭瓜光开~不结瓜。

【旷课】kʻuer⁴¹ kʻə⁴¹ 不请假却没有上课。

【旷外】kʻuer⁴¹ uæ⁴¹ ①格外，额外。如：过节~多花不少钱儿。②不守本分，做一些出格的事。如：李敖这孩子老老实实哩，一点儿不~。

kʻəŋ

【坑蒙拐骗】kʻəŋ³³ məŋ⁵³ kuæ⁵³ pʻiɛn⁴¹ 泛指坏人所干的坏事。如：他这人一辈子~哩事儿可没少干。

【吭哧】kʻəŋ³³ tʂʻʅ· ①万一出现某种情况。如：咱啥也没准备，~下雨喽可咋办？②因用力而不由自主地发出的声音。如：今儿后响他倒了两块儿地，使哩他~~哩。③形容说话吞吞吐吐，办事不利索。如：他~了半天也没有说清楚啥事儿。‖ 也说"吭吭哧哧 kʻəŋ³³ kʻəŋ· tʂʻʅ⁵³ tʂʻʅ·"。

【吭气儿】kʻəŋ³³ tɕʻiu⁴¹ ①出声，说话。如：恁哥改那儿给你粘大马蛉哩，你可不敢~。②说，告诉。如：有啥事儿你可~。‖ 也说"吭声儿 kʻəŋ³³ ʂəu³³"。

【坑坑洼洼】kʻəŋ³³ kʻəŋ· ua³³ ua· 形容物体表面凹凸不平。如：这路~哩，难走死了。

kʻuəŋ

【空】kʻuəŋ³³ 里面没有东西；没有内容。如：房子里头是~哩 | 你这发言稿忒~，得有事实。

【空肚子】kʻuəŋ³³ tu⁴¹ tsʅ· 空腹。如：明儿清早抽血得~，不能吃饭喝水。

【空达手】kʻuəŋ³³ ta⁵³ ʂəu⁵³ 手中什么东西也没拿；两手空着。如：他啥时候儿来家里都是~，可抠了。

【空捞捞哩】kʻuəŋ³³ lɔ·lɔ⁵³ li· 地方很大，里面东西很少。如：阵大哩客厅只摆了哟小沙发，显哩~。‖ 也说"空荡荡哩 kʻuəŋ³³ taŋ·taŋ⁵³ li·"。

【空心儿】kʻuəŋ³³ siu³³ 植物或东西的内部是空的。如：竹子里头是~哩。

【空坷漏儿】kʻuəŋ³³ kʻɯ⁵³ ləur⁴¹ 里面是空的，什么也没有。如：今年拉森长哩不好，晒干都是~，啥也没有。‖ 也读"kʻuəŋ³³ kʻɯ⁵³ ləur³³"。

【空坷寋儿】kʻuəŋ³³ kʻɯ⁵³ ler³³ ①形容器物内空空，里面没东西。如：毛墙毛地哩房子就是哟~，装修买家具还少花钱儿哩。②穿较厚外衣时里面不穿衬衣。如：他大冬天光穿了哟~棉袄。

【空话儿】k'uəŋ³³ xuɐr⁴¹ 没有用的话。如：你不应光说~，没有用。

【空】k'uəŋ⁴¹ ①腾出来，使空出来。如：你放心，这房子一半天都~出来了，不耽误你住。②空间等没有被占用。如：这哟座位儿还~着哩，你坐吧。③有空余的可自由支配的时间。如：我周二有~儿，你来吧。

【控】k'uəŋ⁴¹ 捞起带水的物品使水慢慢滴下。如：菜洗了捞出来叫它~干水再腌。

X

xu

【呼搭】xu³³ ta・ 扇动生风之状。如：你不应改那儿~~哩扇了，我怕风。

【呼雷】xu³³ luei・ 雷。如：后晌一势响~，说不定要下雨哩。

【呼哨儿】xu³³ sɣʐ⁴¹ 哨子。如：信鸽儿腿上都带着~，飞起来可好听了。

【呼歇儿门儿】xu³³ ɕiзɣ³³ mɯ⁵³ 囟门。指婴儿出生时头顶没有完全闭合而形成的颅骨间隙，一般有两个，分前囟门和后囟门。后囟门一般在出生后3个月闭合，前囟门要到1岁半左右才闭合。

【呼呼揔揔】xu³³ xu・ tsʻʐ⁴¹ ʂʻʐ・ 拉拢。如：他跟那人成天~，混到一坨儿了。

【忽塌】xu³³ tʻa・ 抽风箱的声音。如：他~~哩拉着风掀，火越烧越旺。

【忽通】xu³³ tʻuəŋ³³ 重物落地的声音；房屋倒塌的声音。如：楼上~一声，不着是啥倒了。

【忽剌】xu³³ la・ ①搅合到一起。如：几样儿豆儿都~到一坨儿了。②用力地摇晃瓶子里的液体，使搅拌得更均匀。如：冲了奶嘍使劲儿~~。

【忽灵灵哩】xu³³ liŋ・ liŋ⁵³ li・ 形容眼睛炯炯有神。如：豆豆哩俩大眼儿瞪哩~，通不睡哩。

【忽出¹】xu³³ tʂʻʐ・ 形容动作很快的样子。

【忽出²】xu³³ tʂʻʐ・ 抽泣。如：你不应改那儿~了，擦擦泪吧。‖西乡也说"黑威 xɯ³³ tsʻi・"。

【忽闪】xu³³ ʂan・ ①扇动，掀动。如：这哟小孩子哩眼儿一~一~哩，真好看。②上下颤动。如：这木地板没铺好，走着一~一~哩。③闪电。如：这天儿真反常，大冬天哩又响忽雷又打~。

【忽忽扇扇】xu³³ xu・ ʂan³³ ʂan・ 不牢固。如：厦子屋哩窗户~哩，都快掉下来了。

【忽忽悠悠】xu³³ xu・ iəu³³ iəu・ 形容物体因不稳定或不牢固而晃动。如：你搁哩桌子~哩不稳，再支支吧。

【揔】xu³³ 用手抽打脸部或头部。如：再气蛋，我~死你。

【幠】xu³³ 禾苗被大的植物或野草覆盖、遮蔽。如：草都给菜苗~严了。

【囵挛】xu⁵³ luan・ 量词。团；卷。如：一~毛线。

【囵囵个儿】xu⁵³ luən・ kəɣ⁴¹ 整个，完整无缺。如：我不要那一半儿，你给我挑哟~哩吧。

【囵囵话儿】xu⁵³ luən・ xuɐɣ⁴¹ 对某个要求是否答应的肯定的话。如：能不能办，你给哟~吧？

【虎头帽儿】xu⁵³ tʻəu⁵³ mɔɣ⁴¹ 小儿戴的装饰有虎头形状的帽子。

【虎头鞋】xu⁵³ tʻəu⁵³ ɕiæ⁵³ 小儿穿的前面

贴虎头刺绣的鞋，穿在连脚棉裤外。

【虎牙】xu⁵³ ia⁵³ 突出的犬齿。

【胡】xu⁵³ 随意乱来。如：你可不应~说，八字儿还没一撇哩。

【胡闹台】xu⁵³ nɔ⁴¹ t'æ⁵³ 瞎闹，胡搅蛮缠，不讲理。如：恁都这着弄不是~哩呀？这会中？

【胡二马三】xu⁵³ ȵ⁴¹ ma⁵³ san³³ 马马虎虎；随便。如：不应费劲儿了，~吃点儿就中了。‖ 也说"胡论马三 xu⁵³ luən⁴¹ ma⁵³ san³³""胡趁八九 xu⁵³ tʂ'ən⁴¹ pa³³ tɕiəu⁵³"。

【胡摺】xu⁵³ liɔ⁴¹ 随口胡说。如：你不应改这~了。

【胡抡】xu⁵³ luən³³ 不谨慎地乱说。如：他嘴上没有把门儿哩，成天~一气。

【胡咙】xu⁵³ luəŋ· 喉咙。如：这两天我冻着了，咳嗽哩~疼。‖ 也说"胡咙系 xu⁵³ luəŋ·ɕi⁴¹"。

【胡咙哑】xu⁵³ luəŋ·ia⁵³ 说话声音沙哑。如：老牛有点儿~，声儿小，听着费劲儿。

【胡咙眼儿】xu⁵³ luəŋ·iɐu⁵³ 嗓子眼儿。如：小孩子~细，吃胶囊可费劲儿了。

【胡了拉碴】xu⁵³ tsʅ·la³³ tsʻa· 满脸胡子，看起来不整洁。如：看你那~哩，也不知道刮刮脸。

【胡椒面儿】xu⁵³ tsiɔ⁴¹ miɐu⁴¹ 胡椒粉。

【胡诌】xu⁵³ tsəu³³ 凭空胡说。如：你不应~了，根本没那事儿。

【胡吃海喝】xu⁵³ tʂ'ʅ³³ xæ⁵³ xɤ³³ 不加选择地乱吃。如：你才好了一点儿，就又~哩，也不怕犯病儿。‖ 也说"胡吃海塞 xu⁵³ tʂ'ʅ³³ xæ⁵³ sæ³³"。

【胡势】xu⁵³ ʂʅ⁴¹ 做人做事不讲规矩，莽撞粗俗。如：你这人咋阵~嘞？

【胡尿喷】xu⁵³ tɕ'iəu⁵³ p'ən⁵³ 胡扯；瞎说一气。如：你不应改这儿~，招着领导日呱你。‖ 也说"胡尿说 xu⁵³ tɕ'iəu⁵³ ʂuə³³"。

【胡胡儿哩】xu⁵³ xur³³ li· 一般的；差不多。如：这事儿~就过去了，不应恁较真儿。

【核儿】xur⁵³ 核果中心的坚硬部分。如：这苹果怪好吃哩，~也小。

【葫芦瓢】xu⁵³ lu·p'iɔ⁵³ 将大葫芦剖开做成的水瓢。

【葫芦头】xu⁵³ lu·t'əu⁵³ ①光头。如：夏天热，他去剃了哟光~。②指男孩子。如：他家仁~都该娶媳妇了，可愁死老两口儿了。‖ 也说"光葫芦头 kuaŋ³³ xu⁵³ lu·t'əu⁵³"。

【蝴兔儿】xu⁵³ t'rur⁴¹ 蝴蝶。

【糊涂¹】xu⁵³ tu· 用磨得很细的玉米面熬成的有点儿稠的粥。如：咱今儿黑地熬点儿玉蜀黍面~喝吧？

【糊涂²】xu⁵³ tu· ①对事物的认识模糊混乱。如：他老~了，不应跟他一般见识。②内容混乱的。如：~账。

【糊涂蛮缠】xu⁵³ tu·man⁵³ tʂ'an⁵³ 不讲道理，纠缠不清。如：他这人一天到晚跟你~哩，你真一点儿办法儿也没有。

【糊涂面条儿】xu⁵³ tu·mien⁴¹ t'rɔr⁵³ 勾了芡或面水，使汤汁黏稠的汤面条。

【糊涂蛋】xu⁵³ tu·tan⁴¹ 指不明事理的人。如：王刚真是哟~，你跟他就没法儿说理。

【护犊子】xu⁴¹ tu⁵³ tsʅ· 包庇、偏袒自己的孩子。如：她忒好~了，孩子叫她惯哩不像样儿。

【护短】xu⁴¹ tuan⁵³ 为自己或与自己有关的人的缺点辩护。如：她这人好~，不应当着她面儿说她男人。

【糊弄】xu⁴¹ nuəŋ· ①对付，应付，敷衍。如：先少干点儿，给这一回检查~过去再说。②哄骗。如：咱不能为挣钱儿去~人家。

【黏】xu⁴¹ ①饭食稠而黏。如：今儿这米汤熬哩忒~了。②食物因黏稠而粘嘴。如：这面汤忒稠了，喝着~嘴。

【黏腾腾哩】xu⁴¹ t'əŋ·t'əŋ⁵³ li· 形容饭食稠乎乎的，合乎食者的要求。如：今儿这蜀黍糁儿熬哩~，好喝！

xɯ

【黑】xɯ³³ ①像煤或墨的颜色。②昏暗无光。如：天～喽尽量少出门。③指人阴险狠毒。如：这家伙～着哩，少跟他打交道。

【黑不溜秋】xɯ³³ pu³³ liəu³³ ts'iəu³³ 颜色深黑貌。常形容黑得难看。如：不应看他长哩～哩不好看，心眼儿可好了。

【黑板擦儿】xɯ³³ pan⁵³ ts'rɐr³³ 黑板擦。

【黑地】xɯ³³⁵³ ti· 晚上。如：夜儿～建鸿家丢了哟羊。

【黑地半夜】xɯ³³⁵³ ti· pan⁴¹ iɛ⁴¹ 三更半夜。如：你改那儿抓哩？～还不睡。

【黑地饭】xɯ³³⁵³ ti· fan⁴¹ 晚饭。如：不应慌，你吃了～再去也不迟。‖也说"黑了儿饭 xɯ³³ lər· fan⁴¹"。

【黑黢黢哩】xɯ³³ tu· tu⁵³ li· 庄稼或蔬菜叶子呈深绿色，生长茂盛。如：你看人家王欢家哩麦～，长哩多好。

【黑登登】xɯ³³ təŋ· təŋ⁵³ 形容很黑（多指天气）。如：外头～哩，你甭出去了。‖也说"黑咚咚 xɯ³³ tuəŋ· tuəŋ⁵³"。

【黑灯瞎火】xɯ³³ təŋ³³ ɕia³³ xuo⁵³ 形容黑暗没有灯光。如：咱回去吧？～哩，明儿再干吧。

【黑丁丁哩】xɯ³³ tiŋ· tiŋ⁵³ li· 形容人的头发或眼珠很黑。如：俺娘都快七十了，头发还是～，没有几根儿白头发。

【黑洞洞】xɯ³³ tuəŋ· tuəŋ⁵³ 漆黑昏暗的样子。如：棚上～哩，你拿手电筒照着吧。

【黑天半夜】xɯ³³ t'iɛn³³ pan⁴¹ iɛ⁴¹ 晚上，一般形容天色黑暗，时候已经不早了。如：～哩不应弄了，明儿再说吧。

【黑了儿】xɯ³³ lər· 夜里。如：你先回去，～再来吧。

【黑老猫】xɯ³³ lɔ⁵³ mɔ³³ 传说中的怪物，大人经常用来吓唬小孩子。如：～，白鼻子，不吃大人光吃小孩子。

【黑老鸹】xɯ³³ lɔ⁵³ ua⁴¹ 学名乌鸦，为雀形目中体型最大的鸟类，因其嘴大喜欢鸣叫所以又叫老鸹。全身或大部分羽毛为乌黑色，又叫黑老鸹。

【黑捞】xɯ³³⁵³ lɔ· ①用工具通过扒拉、挑动、勾拽等动作把物体弄过来。如：钥匙看掉到沙发底下了，我～了半天才～出来。②通过非正常手段攫取财物。如：他当镇长阵些年可没少给自己家～东西。

【黑喽儿】xɯ³³ ləur· 睡觉时因睡姿不当或枕头高低不适而发出的鼾声。如：说吧，他睡哩～～哩，听不见。

【黑滓泥】xɯ³³ tsɿ³³ ni· 水中沉淀的杂质、淤泥等。如：前两天跟着俺爷去摘莲蓬，弄了一身～。

【黑紫红】xɯ³³ tsɿ⁵³ xuəŋ⁵³ 黑红。

【黑黢黢哩】xɯ³³ ts'y· ts'y⁵³ li· 形容非常黑。如：洞里～的，啥也看不见。

【黑青】xɯ³³ ts'iŋ³³ 人身上因磕碰或殴打等出现的瘀斑。如：你咋了？脊梁上恁大一块儿～？‖也说"黑蓝青 xɯ³³ lan⁵³ ts'iŋ³³"。

【黑搂】xɯ³³⁵³ səu· 来回抖动。如：孩子改床上吃饼干儿了，你给单子拿出去～～吧。

【黑心烂肚肠】xɯ³³ sin³³ lan⁴¹ tu⁴¹ tʂ'aŋ⁵³ 形容人心地歹毒。如：也不着哪哟～哩东西儿，一黑地给俺地里玉蜀黍都掰完了。

【黑丧】xɯ³³⁵³ saŋ· 面露不满地瞪着。如：你～我抓哩？又不是我推哩你。

【黑丧着脸】xɯ³³⁵³ saŋ· tʂuo· liɛn⁵³ 满脸不高兴的样子。如：你咋了？～，一句儿话儿也不说。

【黑骨洞洞】xɯ³³ ku³³ tuəŋ· tuəŋ⁵³ 形容很黑。如：里头～哩，啥也看不清。

【黑圪星儿】xɯ³³ ku³³ siuu· 小黑点。如：汤碗里咋阵多～嘞？

【黑户儿】xɯ³³⁵³ xur⁴¹ 没有户口的人。如：兰霞长到十岁还是哟～哩。‖也说"黑人 xɯ³³ zən⁵³"。

【黑乎乎】xɯ³³ xu·xu⁵³ ①形容颜色发黑。如：俺家有哟腌咸菜哩缸，~哩，都使了好些年了。②光线昏暗。如：冬天天短，才五点多天都~了。③形容人或东西多，从远处看模糊不清。如：前头那一片儿柳树~哩，走到那儿还害怕哩。

【黑话儿】xɯ³³⁵³ xuɐr⁴¹ 暗语。如：你今儿咋光说~嘞，我都听不懂。

【黑货】xɯ³³⁵³ xuo⁴¹ ①指从非法渠道进口或出口的货物。②指偷逃税物品或违禁的货物。如：他不知道从哪儿弄了一批~，急着出手哩。

【黑坏】xɯ³³⁵³ xuæ⁴¹ 暗地里坏别人的事。如：你可得防着人家~你。

【黑压压】xɯ³³ ia·ia⁵³ ①形容暴风雨来临前的黑暗。如：东边儿那天~哩，快下雨了。②形容人或东西众多，密集在一起。如：广场上~哩挤哩都是人。

【黑油油】xɯ³³ iəu·iəu⁵³ 形容又黑又亮。如：陈平哩头发~哩，又长又多。

【黑麕子】xɯ³³ iɛn⁵³ tsʅ· 脸上或身上长的黑痣。

【黑厌】xɯ³³⁵³ iɛn· 羡慕嫉妒。如：恁家盖那三层楼，快~死老三了。

【蛤蟆】xɯ⁵³ ma· 蟾蜍。‖也说"烂肚子蛤蟆 lan⁴¹ tu⁴¹ tsʅ·xɯ⁵³ ma·"。

【蛤蟆跟蚪儿】xɯ⁵³ ma·kən³³ t'rəur· 蝌蚪。

【后头】xɯ⁴¹ t'əu· ①后面。如：你个子高，立到~吧。②厕所。如：叫我先去一下儿咱再走。

【猡剌儿】xɯ⁵³ lrɐr· 两个物体之间的狭窄缝隙。如：笤帚掉到床~里头了。

xa

【哈气】xa³³ tɕ'i⁴¹ 附着在器皿上的水蒸气。如：冬天外头冷屋里热，窗户上都是~。

【哈巴狗】xa⁵³ pa·kəu⁵³ ①狮子狗，巴儿狗。②指阿谀逢迎的人。如：他见谁都是点头哈腰哩，跟~一样。

xua

【花】xua³³ ①棉花。如：孩子该娶媳妇儿了，今年咱多种点儿~，做几床被子。②棉花的纤维，可以纺线织布。如：今儿咱去弹点儿~吧？得再做一条薄被子。

【花卜溜丢】xua³³ pu·liəu³³ tiəu³³ 形容色彩鲜艳。如：这哟布衫儿~哩，我穿不出去。

【花米团儿】xua³³ mi⁵³ t'ɐu⁵³ 一种特色食品。选用上好的大米膨化成米花，将熬制好的糖稀拌进米花，将拌匀的米花舀进两个一样大小的木碗中，舀得稍多一些，两个木碗对挤，使其密实，晾干即可，多在春节或庙会才有卖的，且上面点有红点，故称。

【花低脑】xua³³ ti³³ nɔ· 棉桃。‖也说"花圪垯儿 xua³³ kɯ³³ trɐr·"，西乡也说"花骨朵儿 xua³³ ku³³ tuɐr·"。

【花搭凉儿】xua³³ ta³³ lɐr⁵³ 太阳透过树枝照到地上的一块儿一块儿的阴影和日光。

【花搭着】xua³³ ta·tʂuo· 品类、形状、色彩等错综配合，不是单纯一种。如：种菜哩时候儿~种，多种几样儿好。‖也说"花插着 xua³³ ts'a·tʂuo·"。

【花大姐】xua³³ ta⁴¹ tsiɛ⁵³ 瓢虫。

【花灯娘儿】xua³³ təŋ³³ niɐr⁴¹ 斑衣蜡蝉，又名"椿皮蜡蝉"，同翅目蜡蝉科昆虫。成虫体背有黑色和白色斑纹，后翅基部红色，飞翔时可见，以吸食植物汁液为食。‖西乡说"花豆娘儿 xua³³ təu⁴¹ niɐr⁴¹"。

【花桃子】xua³³ t'ɔ⁵³ tsʅ· 棉花的果实，因形似桃子，故名。

【花里虎儿】xua³³ li·xur⁵³ 几种颜色相间。如：你看你这孩子，一会儿看不见，脸成了～了。

【花里胡哨】xua³³ li‧xu⁵³ sɔ‧ ①色彩过分鲜艳驳杂。如：这块布～哩，不好看，换一块儿吧？②女人穿着怪里怪气，妖艳浮华。如：这哟女哩穿哩～哩，一看就不是正经人。③说话花言巧语。如：你不应听他说哩～，没几句儿真话儿。

【花儿】xuɐr³³ 花朵。

【花脸儿】xua³³ liɐuɯ⁵³ 被脏东西弄花了的脸。如：这孩子出去一会儿可弄了哟大～回来了。

【花籽儿】xua³³ tsœɯ⁵³ 棉花的种子。

【花鬏儿】xua³³ tsiɐuɯ³³ 脑门上留的头发。旧时，孩子们即使夏天剃光头，也要在头顶到前额留一溜儿头发和花鬏儿，民间认为，呼歇门儿比较娇嫩，留个花鬏儿盖住，可以起到护脑的作用。如：你咋给孩子铰了哟齐～嘞？看着老气。

【花柴】xua³³ ts‘æ‧ 棉花收获之后剩下的棉花茎干，烧火用。

【花媳妇儿】xua³³ si⁵³ fu‧ ①新娘子。②指穿着艳丽的年轻妇女。

【花哨】xua³³ sɔ‧ ①色彩花纹繁多艳丽。如：这件儿衣裳忒～了，我可穿不出去。②表演节目时掺杂一些有趣的内容。如：他哩杂技耍哩可～了。

【花销】xua³³ siɔ‧ 也写作"花消"。开支的费用。如：家里人多，～也大。

【花心儿】xua³³ siuɯ³³ 花蕊。

【花骨都儿】xua³³ ku³³ tuɐr‧ 花蕾。‖也说"花骨朵儿 xua³³ ku³³ tuɐr‧"。

【花红】xua³³ xuɐŋ‧ 蔷薇科苹果属植物，落叶小乔木。叶卵形或椭圆形，花粉红色，果实球形，黄绿色带微红，果肉黄白色，酸甜可口。

【花红梨儿】xua³³ xuɐŋ‧liuɯ⁵³ 梨的一种。

【花红柳绿】xua³³ xuɐŋ⁵³ liɐu⁵³ lu³³ 形容春天的明媚景象；也形容人的穿着色彩鲜艳繁杂。如：春天来了，花园儿里

头～，真好看丨建新嫂子年纪也不小了，成天还是穿哩～哩。

【华达呢】xua³³ ta⁵³ ni⁵³ 一种毛织品或棉织品。带有斜纹，呢面光洁，质地柔软结实，多用来做制服。

【划不着】xua⁵³ pu³³ tʂuo⁵³ 不划算。如：你说这数没法儿干，～。‖也说"划不来 xua⁵³ pu³³ læ⁵³"。

【划着喽】xua⁵³ tʂuo⁵³ lɔ‧ 划得着。如：这事儿只要能弄成，破多大代价都～。‖也说"划算 xua⁵³ suan⁴¹"。

【划拳】xua⁵³ tɕ‘yɛn⁵³ 喝酒时两人同时伸出手指各说一个数，谁说的数目跟两人伸出手指的数目相同的为赢，输的人喝酒。‖也说"猜拳 ts‘æ³³ tɕ‘yɛn⁵³""猜枚 ts‘æ³³ mei⁵³"。

【滑】xua⁵³ 狡诈；油滑。如：李诞这人通～哩，跟他共事儿你可得小心点儿。

【滑丝】xua⁵³ sʅ³³ 螺丝钉因螺牙磨损过度而无法再使用。如：这螺丝钉儿～了，拧不牢了。

【滑机头】xua⁵³ tɕi³³ t‘ɐu⁵³ 形容人为人做事不实在。如：老王是哟～，光会说漂亮话儿。‖也说"滑头 xua⁴¹ t‘ɐu⁵³"。

【化冻】xua⁴¹ tuɐŋ⁴¹ ①冰冻的江河、土地等消解。如：河面还没～。②冷冻的食物解冻。

【化脓】xua⁴¹ nuɐŋ⁵³ 破损的伤口或组织被病菌感染产生脓疮和脓液。

【化雪】xua⁴¹ syɛ³³ 雪融化成水。如：老话儿说"下雪不冷～冷"，一点儿没错。

【化黑儿】xua⁴¹ xœɯ³³ 傍晚。

【话把儿】xua⁴¹ pɐr⁴¹ ①言谈上能被人钻空子的漏洞。如：事儿得做好，不能给人家留～。②回答或顺着正在讲话的人的话头往下说。如：王鑫就好接老师哩～。

【话儿到就中】xuɐr⁴¹ tɔ⁴¹ tsɐu⁴¹ tʂuɐŋ³³ 口头表示尽到礼节就行，不一定真的实行。如：知道你忙，～，不应来回跑了。

【话儿说掉□了】xuɐr⁴¹ ʂƴ³³ tiɔ⁴¹ tia⁵³ lɔ‧

说错话了。‖ 也说 "话儿说拌了 xuer⁴¹ ʂʮə³³ pan⁵³ lə·"。"话儿说到月亮地儿了 xuer⁴¹ ʂʮə³³ tɤ⁴¹ yɛ⁵³ lian· tiuɪ⁴¹ lə·"。

【话儿赶话儿】xuer⁴¹ kan⁵³ xuer⁴¹ 口角时，双方以强硬或讽刺性的语言互相攻击，一句接一句谁也不让谁。如：本来是开玩笑哩，谁知道～，俩人可吵起来了。

【话痨儿】xua⁴¹ lɤər³³ 话多得令人厌烦。如：他这人是哟～，不住嘴哩一直叨叨。

xə

【呵闪儿】xə³³ ʂɛuɪ· 呵欠。如：小徐瞌睡哩，一势打～。

【喝汤】xə³³ t'aŋ³³ 吃早饭或晚饭。以前物资匮乏生活贫困，早上和晚上无干粮可吃，只能喝一些汤汤水水的，故用喝汤代指吃早饭和吃晚饭。如：快点儿走吧，恁妈等着你回去～哩。

【喝汤儿】xə³³ t'er³³ 人去世安葬后，亲人要到坟上祭奠，祭品是甜面叶，因此用 "喝汤儿" 来代指死亡。如：咋啦，你也想～哩?

【喝哩】xə³³ li· 酒水等饮料。如：今儿爬山忘拿～了，渴死了。

【合】xə⁵³ 把水从某处舀出去。如：咱得赶快给这地里哩水～出去，要不是日头一晒茄子都死了。

【合不着】xə⁵³ pu³³ tʂuo⁵³ 不合算，不值得。如：为这事儿再气着喽～。

【合八字儿】xə⁵³ pa³³⁵³ tsəuɪ⁴¹ 民间传统婚俗。根据男女双方出生年、月、日、时和属相推算，查其是否相生相克。

【合盘】xə⁵³ p'an⁵³ 盛放东西的一种简易木托盘。

【合线儿】xə⁵³ sɪɛuɪ⁴¹ 把几股线合在一起。

【合住伙儿】xə⁵³ tʂʮ⁴¹ xuer⁵³ 合力做事。如：哟人不中，咱几个～干。

【合着喽】xə⁵³ tʂuo⁵³ lə· 合得着。如：只要能办成，多花点儿钱儿也～。

【合什板儿】xə⁵³ ʂʮ⁴¹ pəuɪ⁵³ 形容人们之间相处和谐，做事配合默契。如：她俩可～，弄啥都配合哩怪好。

【合身儿】xə⁵³ ʂəuɪ³³ 指衣服合体。如：这件衣裳穿上怪～哩。

【合计】xə⁵³ tɕi· 盘算，商量。如：这事儿咱几个得～该咋办。

【合眼儿】xə⁵³ iəuɪ⁵³ 闭眼。如：孩子发烧，他一夜没～。

【河滩】xə⁵³ t'an³³ 黄河滩涂。

【河沿儿】xə⁵³ iəuɪ⁵³ 河流的边沿。‖ 也说 "河边儿 xə⁵³ piəuɪ³³"。

【饸饹】xə⁵³ luo· 用饸饹架子把蒸熟的红薯面窝头轧成面条状，可凉拌，可加卤吃，也可炒着吃。

【饸饹床】xə⁵³ luo· tʂ'uaŋ⁵³ 用来轧制饸饹的工具。饸饹床的主要部件是床身和压杆。床身用一整段较粗的木头做成，固定在支架上，床身上挖的洞叫床壶，床壶底部镶有一个带孔的圆铁片。压杆固定在架子的上方，正中是一段与床壶严丝合缝的圆木叫壶柱。轧制饸饹时，把蒸熟的红薯面窝头放在床壶中，人坐在压杆上使劲向下压，饸饹面就轧成了。

【盒子炮】xə⁵³ tsʮ· p'ɔ⁴¹ 手枪。

【后响】xə⁴¹ ʂaŋ· 下午。

xuo

【劂】xuo³³ 用刀尖插入物体后顺势剌开。如：剥鱼儿哩时候儿得从肛门儿那儿～。

【豁】xuo³³ ①开阔、亮堂。如：这哟院儿怪～哩。②有缺口或缺损的地方。"豁""豁子"指较大的缺口。"豁儿""豁豁儿"指较小的缺口。③割开，裂开，冲开，裁开。如：使剪子给这块儿布从中间～开吧?④用手或其他工具把一个地方的水洒到或提灌到其他地方。如：桃生，给这刷锅

水 ~ 了吧。

【豁儿豁儿】xuɐr³³ xuɐr³³ 兔子的俗称，因兔子豁唇而称之。‖ 也说"豁子嘴 xuo³³ tʂʅ· tsuei⁵³"。

【豁嘴儿】xuo³³ tsuɯ⁵³ 兔唇的俗称。

【豁嘴唇儿】xuo³³ tsuei⁵³ tʂʻuɯ⁵³ 嘴唇有裂口。

【豁出去】xuo³³ tʂʻʅ· tɕʻy· 表示不惜付出任何代价。如：我 ~ 了，不管多贵也得买一辆开开。

【豁豁牙牙】xuo³³ xuo· ia⁵³ ia· 形容器皿出现豁口，不完整。如：使这哟碗喂猫吧，磕哩 ~ 不能使了。

【豁牙】xuo³³ ia⁵³ 因掉了牙而出现豁口。

【火铺炭儿】xuo⁵³ pu³³ tʻɐɯ⁴¹ 一堆没有熄灭但已经没有火焰的灰烬。

【火盆儿】xuo⁵³ pʻɘɯ⁵³ 盛炭火的盆子，用来取暖或烘干衣物。

【火头儿上】xuo⁵³ tʻɤɯ⁵³ ʂaŋ· 发怒的时候。如：他正 ~ 哩，你不应惹他。

【火燎毛儿】xuo⁵³ lio⁵³ mɤr⁵³ ①火烧了人或动物的毛发。②形容人脾气急躁。如：你这 ~ 脾气得改改了。

【火星儿】xuo⁵³ siɯ³³ 极小的火。

【火柱儿】xuo⁵³ tʂʻʅr⁴¹ 通火炉子的铁棍儿。

【火车头儿帽儿】xuo⁵³ tʂʻʅɤ³³ tʻɤɯ⁵³ mɤr⁴¹ 一种外形似火车头的帽子，用灯芯绒制成，咖啡色，20 世纪六七十年代时流行绿色。帽子的正前方是一扇长毛绒做的立壁，起装饰作用。两边的耳扇和后环箍也是长毛绒的，天暖时可卷起，天冷时放下。

【火石】xuo⁵³ ʂʅ⁵³ 旧时用火镰敲打取火的石头。

【火烧馍】xuo⁵³ ʂɔ³³ mo⁵³ 烤熟的发面饼，外面没有芝麻。

【火绳】xuo⁵³ ʂɘŋ⁵³ 用艾草、野草等搓成的绳，燃烧产生烟雾，用来熏蚊子，也用来取火。

【火钳子】xuo⁵³ tɕʻiɛn⁵³ tsʅ· 生火时夹取煤炭或柴火的工具。‖ 也说"煤火钳儿 mei⁵³ xuo· tɕʻiɐɯ⁵³"。

【火香】xuo⁵³ ɕiaŋ³³ 长而粗的香，一般点鞭炮或放土枪时用。

【火罐儿柿柿】xuo⁵³ kuɐu⁴¹ ʂʅ⁴¹ ʂʅ· 一种小型柿子，果型上大下小，可做柿饼，吃烘柿口感最好。

【火眼】xuo⁵³ iɛn⁵³ 急性结膜炎。

【伙着】xuo⁵³ tʂuo· 合在一起，共同经营或生活。如：他俩孩子结了婚还跟他 ~ 过，没分家。

【和尚】xuo⁵³ ʂaŋ· 出家修行的男性佛教徒。

【和棋】xuo⁵³ tɕʻi⁵³ 下棋不分胜负的结果。

【和气】xuo⁵³ tɕʻi· 对人态度温和。如：他这人可 ~ 了。

【和稀泥】xuo⁵³ ɕi³³ ni⁵³ 折中，无原则地调和矛盾。如：工作上哩事儿不能 ~，得讲原则。

【活不剌儿剌儿哩】xuo⁵³ pu³³ lɐɯ· lɐɯ⁵³ li· 生命力旺盛，活得很好。如：~ 一条鱼儿叫你给弄死了。

【活宝】xuo⁵³ po⁵³ 性格幽默，爱说俏皮话。

【活脱脱儿】xuo⁵³ tʻuɐr· tʻuɐr⁵³ 外貌极像。如：俊杰跟他伯 ~ 是哟模子刻出来哩。

【活套】xuo⁵³ tʻɔ· 活泛，灵活，能随机应变。如：他弄啥事儿忒死板了，一点儿也不 ~。‖ 也说"活泛 xuo⁵³ fan·"。

【活路儿】xuo⁵³ lɿur⁴¹ 能够生存下去的办法。如：你得给人留条 ~，不能给人逼死。

【活络当当儿】xuo⁵³ luo· taŋ³³ tɐr· 形容器物不结实，结构松散。如：得给桌子腿修修了，成 ~ 了，光害怕它塌喽。

【活络拓儿】xuo⁵³ luo· tʻuɐr³³ 形容人与人非常相像。如：王香跟她妈真是 ~。

【活受罪】xuo⁵³ ʂɤu⁴¹ tsuei⁴¹ 活着而遭受苦难，表示抱怨或怜悯。如：他这人就是死要面子 ~。

【活水】xuo⁵³ ʂuei⁵³ 有源头且经常流动的水。

【活人还能叫尿憋死】xuo⁵³ zɘŋ⁵³ xan⁵³ nɘŋ⁵³ tɕiɔ⁴¹ niɔ⁴¹ piɛ³³ sʅ· 形容不能墨守成规，要善于随机应变，想办法克服困难。

如：再想想办法儿，我都不信，~。

【活圪瘩儿】xuo⁵³ kuɯ³³ tɘr・活结，一拉就开的绳结。如：绑哟~都中了，死圪瘩儿解不开。‖ 也说"活襻儿 xuo⁵³ kʻuɯ⁴¹"。

【活该】xuo⁵³ kæ³³ 表示应该这样，一点也不委屈。如：谁叫你不听说嘞，~。

【活话儿】xuo⁵³ xuɐr⁴¹ 不肯定的话。如：他说哩是~，没有说死。

【活活儿哩】xuo⁵³ xuɐr・li・在活的状态下被残害。如：他爷当年是~叫老日给打死哩。

【活阎王】xuo⁵³ iɛn⁵³ uaŋ・指过于暴戾的人。如：王松简直就是哟~，孩子们看见他都害怕。

【和】xuo⁴¹ 淘洗或煎药的次数。如：这衣裳忒脏了，得多洗几~。

【和地】xuo⁴¹ ti⁴¹ 种植水稻前，人或牲畜、机器把水田和匀。

【和腾】xuo⁴¹ tʻəŋ・搅和，从中挑拨。如：要不是他改中间~，这事儿早办成了。

【和锅】xuo⁴¹ kuo³³ 粥或汤稀的时候搅进面粉水或淀粉水使其变稠。

【货¹】xuo⁴¹ 棺木。‖ 也说"板 pan⁵³"。

【货²】xuo⁴¹ 本意指货物，孟津话里也可以指人，一般是贬称。如：这~也能当队长？

【祸根儿】xuo⁴¹ kəɯ³³ 祸事的根源，引起灾祸的人或事物。

【祸害】xuo⁴¹ xæ・①弄乱，损坏。如：看这俩小祖宗给家里~成啥了。②引起灾难的人。如：好人不长命，~活千年。

xæ

【孩儿】xɐɯ⁵³ 男孩子。如：他家那~可不听说了。

【海簸箕】xæ⁵³ pu⁴¹ tɘʻi・河蚌。

【海儿】xɐɯ⁵³ 后置成分，跟在指示代词"这""那"之后表示处所。如：~不能

去，~也不能去，那咱去哪儿?

【海了】xæ⁵³ lə・坏了。

【害病儿】xæ⁴¹ piu⁴¹ 生病。如：人吃五谷杂粮，谁还能不~?

【害疔疮】xæ⁴¹ tiŋ³³ tʂʻuaŋ・皮肤上生长的一种病理变化迅速且伴有全身性症状的恶性小疮。

【害孩子】xæ⁴¹ xæ⁵³ tsʅ・因怀孕而有妊娠反应。如：她这几天~哩，光想吃酸哩。‖ 也说"害喜 xæ⁴¹ ɕi⁵³"。

【害眼】xæ⁴¹ iɛn⁵³ 眼睛有炎症或其他病症。如：冰冰这几天~哩，没有上学。

xuæ

【怀】xuæ⁵³ 胸部或胸前的部分。如：她~里揣着一万块钱儿去市里了。

【怀孩子】xuæ⁵³ xæ⁵³ tsʅ・怀孕。‖ 也说"怀上了 xuæ⁵³ ʂaŋ・lə・""有了 iəuɪ⁵³ lə・"。

【槐米】xuæ⁵³ mi⁵³ 豆科植物槐的干燥花蕾，可入药。

【槐连豆】xuæ⁵³ liɛn⁵³ tɘur・槐角的俗称。槐角是豆科植物槐的干燥成熟果实，可入药。

【槐花儿】xuæ⁵³ xuɐr³³ ①国槐树井的花。②洋槐树开的花，可食用。如：~开了，咱去捋点儿回来蒸蒸吃吧? ‖ ②也说"洋槐花儿 iaŋ⁵³ xuæ⁵³ xuɐr³³"。

【踝子骨】xuæ⁵³ tsʅ・ku³³ 踝骨。

【坏水儿】xuæ⁴¹ ʂuɯ⁵³ 坏主意，坏点子。如：这小子孬着哩，一肚子~。

xuei

【灰不溜秋】xuei³³ pu³³ liəɯ³³ tsʻiəɯ³³ 形容灰色不正。

【灰不初初哩】xuei³³ pu³³ tʂʻʅ・tʂʻʅ⁵³ li・灰色不正。如：这件儿衣裳颜色~不好看。

【灰泡】xuei³³ pʻɔ・灰泡学名叫作玉米黑

粉菌，也叫玉米黑霉，它是由玉米感染上了黑粉菌而引起的一种局部感染病害。灰泡在初期是白色的，后来逐渐变成灰色，把它戳破里面会散发出黑色粉末。嫩灰泡是可以食用的。

【灰子】xuei³³ tsʅ· 泛指本地李子。

【灰出吕吕】xuei³³ tʂˈʅ·ly·ly⁵³ 形容气色不正脸色发灰。

【灰儿灰儿明】xuɯ³³ xuɯ³³ miŋ⁵³ 天刚亮。如：他天~都走了，这一会儿该到了。

【灰灰菜】xuei³³ xuei³³ tsˈæ⁴¹ 藜，一年生草本植物，叶子略呈三角形，上有灰色粉状物，开黄绿色花。嫩茎叶入沸水焯去苦味，可食用。

【回门】xuei⁵³ məŋ⁵³ 婚后第三天新婚夫妇回到女家拜见长辈和亲友。

【回头儿】xuei⁵³ tˈrəur⁵³ ①扭头向后看。如：他一~，看见老宋刚刚从家里出来。②过一段时间。如：这事儿~再说，你先考虑考虑。

【回礼】xuei⁵³ li⁵³ ①接受别人的礼物后回赠人家礼物。②在客人送的礼品中拿掉一部分，补充一些主家的礼品叫回礼。

【回来】xuei⁵³ læ· 以后；过一会儿。如：你先回去吧，咱那事儿~再说。

【回篮儿】xuei⁵³ lɛur⁵³ 把客人带来的礼物退回一部分让其带走，旧时走亲戚多用篮子装东西，故称。‖也说"撒篮儿 pˈiɛ³³ lɛur⁵³"。

【毁】xuei⁵³ 突然想起忘记了某事，表示惊讶的语气。如：（去买东西却发现没带钱）~了，忘拿钱儿了！

【会】xuei⁴¹ 庙会。如：明儿老城有~，咱去赶~吧？

【会盟】xuei⁴¹ məŋ⁵³ 孟津古镇名，位于孟津东北部邙山脚下黄河南岸。明嘉靖十一年（1532年）至1959年（1949—1951年除外）一直是孟津县城，县城迁至长华后改为老城乡，1994年撤乡建立会盟镇，镇名源于"八百诸侯会盟津"的历史典故。会盟镇历史悠久，

是中华民族发祥地之一，境内有龙马负图寺、会盟台、同盟山、夷齐祠、汉光武帝陵、王铎故居等名胜古迹。

【会头儿】xuei⁴¹ tˈrəur⁵³ 每年负责组织筹办庙会的人。

【会来事儿】xuei⁴¹ læ⁵³ səur⁴¹ 有眼色，能迎合别人心意办事。如：小范可~，跟村儿里谁都处哩怪好。

【会过】xuei⁴¹ kuo⁴¹ 节俭，会持家。如：你也忒~了，裤裆都磨烂了，也不说买条新裤子。

【溃脓】xuei⁴¹ nuəŋ⁵³ 溃烂流脓。如：他腿上长了哟疮，都~了。‖也说"化脓 xua⁴¹ nuəŋ⁵³"。

【慧林寺】xuei⁴¹ lin⁵³ sʅ⁴¹ 寺庙名，在今孟津送庄镇梁凹村西五百米处的图河之阳，与少林寺、白马寺号称古代洛阳三大寺。据《新唐书》记载，慧林寺原为唐朝宗室李澄的别墅，安史之乱中，李澄被杀，其子流落洛阳为奴。安史之乱平定后，其子为纪念父亲舍宅为寺。慧林寺为武术圣地，知名武僧史不绝书，北宋末年慧林寺武僧抗金兵的故事流传至今。20世纪70年代，慧林寺被拆，今遗址尚存。

xɔ

【薅】xɔ³³ ①去掉、用力拔掉。如：~草｜~白头发。②拉住；揪住。如：孩子~住她哩衣裳哭着不叫她走。

【薅草】xɔ³³ tsˈɔ⁵³ 用手拔掉田地里的杂草。

【薅秧】xɔ³³ zaŋ³³ 水稻种植的程序之一，把长成筷子长短的稻秧从秧田里薅出来。

【好】xɔ⁵³ ①疾病痊愈。如：她胳膊~了，不疼了。②友爱；和睦。如：他俩可~了。③用在动词后表示动作完成。如：收拾~喽咱就能走了。④容易。如：这活儿~干。⑤女子长相漂亮。如：人家刘栓家闺女长哩多~。⑥用

在数量词、时间词前，表示多或久。如：~几天｜~几百。

【好没得儿哩】xɔ⁵³ muʔ³³ təɯ⁵³ li · 情状副词，表示动作行为发生得很突然且没有缘由，莫名其妙。如：~ 你买阵些苹果抓哩？‖ 也说"好没齐儿哩 xɔ⁵³ muʔ³³ ts'iɯ⁵³ li ·"。

【好门儿哩】xɔ⁵³ məɯ⁵³ li · 不是那么一回事，对事实与现象的不同表示惊讶。如：~，人家老高才不是那儿着哩。

【好点儿】xɔ⁵³ tiɯ · 相比之下稍微好一些。如：我哩头疼这一段儿 ~ 了。

【好天】xɔ⁵³ t'iɛn³³ 晴天。如：今儿是 ~，给被子拿出去晒晒吧。

【好儿】xɔr⁵³ 适合结婚、上梁、出行、搬家等的好日子，民间一般要请阴阳先儿给掐算。如：给孩子们哩 ~ 搁到八月初九儿吧？

【好心】xɔ⁵³ sin³³ 善良的心意。如：这一回可是 ~ 办了哟坏事儿。

【好生生儿】xɔ⁵³ səŋ · səɯ⁵³ 好好儿的。如：这书 ~ 哩，你给它撕喽弄啥哩？

【好说】xɔ⁵³ ʂʅə³³ 表示同意或好商量。如：你只要愿意去，别哩都 ~。

【好说话儿】xɔ⁵³ ʂʅə³³ xuer⁴¹ 指人脾气好，遇事好商量。如：老王可 ~ 了，你去寻他说说吧。

【好受】xɔ⁵³ ʂuei⁴¹ 身体感觉舒服；心情愉悦。如：你这一段还 ~ 吧？

【好家伙】xɔ⁵³ tɕia³³ xuo · 表示惊讶、惊叹。如：~，一下子来了十辆车。

【好过】xɔ⁵³ kuo⁴¹ 家庭生活富裕，日子过得不错。如：老秦家这几年挣了钱儿了，日子儿 ~ 多了。

【好□利】xɔ⁵³ k'uo⁵³ li · 病完全好了。如：老张哩病儿还没有 ~ 哩，走着还一拐一拐哩。

【好话儿】xɔ⁵³ xuer⁴¹ 好听的话；赞扬的话。如：谁都愿意听 ~。

【亳】xɔ⁵³ 钉。如：~一杆秤。

【壕儿】xɔr⁵³ 壕沟。如：我哩手机掉到马路 ~ 里头了。

【号】xɔ⁴¹ 测量并做上记号。如：明儿咱去 ~ ~ 树，看能卖多少钱儿。

【号脉】xɔ⁴¹ mæ³³ 中医大夫诊脉。

【号儿】xɔr⁴¹ 某一类人。如：这 ~ 人真少见。

【好】xɔ⁴¹ 爱好、喜欢。如：老李就 ~ 下围棋。

【好些】xɔ⁴¹ siɛ³³ 很多。如：楼底下围了 ~ 人，不知道出啥事儿了。

【好热闹】xɔ⁴¹ ʐʅə⁵³ nɔ · 喜欢活跃热烈的场面。如：老王 ~，哪儿人多他往哪儿凑。

xəu

【休】xəu³³ 副词，表示禁止或劝阻，相当于普通话的"不要""别"。如：你 ~ 走哩，我还没说完哩。

【豿儿甜】xəur³³ t'iɛn⁵³ 特别甜。如：今儿这酸楂汤做哩 ~，不好喝。

【豿儿咸】xəur³³ ɕiɛn⁵³ 特别咸。如：今儿这菜 ~，没法儿吃。

【猴儿年马月】xəur⁵³ niɛn⁵³ ma⁵³ ye³³ 指不确定的、遥遥无期的时间。如：等着你来伺候我，还不到到 ~ 哩。‖ 也说"驴年马月 ly⁵³ niɛn⁵³ ma³³ ye³³"。

【猴儿急】xəur⁵³ tɕi⁵³ 形容因太想得到而急切的样子。如：菜还没上齐，~ 哩孩子们可吃开了。

【瘊子】xəu⁵³ tsʅ · 疣的统称，是由病毒感染引起的皮肤病，好发于面部及手背。

【后把儿把儿】xəu⁴¹ pʅer⁴¹ pʅer · 后脑勺。如：小伙子 ~ 长哩不好看，月子里得仰脸儿睡，给 ~ 压平点儿。

【后半辈子】xəu⁴¹ pan⁴¹ pei⁴¹ tsʅ · 后半生。如：你挣哩钱儿满够恁老两口儿 ~ 花哩了。

【后半年】xəu⁴¹ pan⁴¹ niɛn⁵³ 下半年。如：前半年任务完不成，~ 活儿可沉了。

【后半晌儿】xəu⁴¹ pan⁴¹ ʂɐr⁵³ 下午。如：这地儿前晌没日头，~ 才能晒住。

【后半夜】xəu⁴¹ pan⁴¹ iɛ⁴¹ 下半夜。如：他俩排了排班儿，小涛值～哩班儿。

【后门儿】xəu⁴¹ məɯ⁵³ ①院子或房间后边开的门。②比喻办事时可以私下通融、营私舞弊的途径。如：阵着晚儿找工作都得考试，不能走～了。

【后爹】xəu⁴¹ tiɛ³³ 继父。如：他这哟～难当呀！说也不是不说也不是。

【后娘】xəu⁴¹ nia⁵³ 继母。

【后年】xəu⁴¹ niɛn· 明年的明年。如：小霞～才考大学哩，你不应逼哩恁紧。

【后李】xəu⁴¹ li⁵³ 村名，在今孟津朝阳镇，南唐后主李煜埋葬于此而得名。

【后响黑儿】xəu⁴¹ ʂaŋ· xəɯ³³ 傍晚。如：明明～哩时候儿才从地里头回来。‖ 也读 "xə⁴¹ ʂaŋ· xəɯ³³"。

【后脚儿】xəu⁴¹ tɕyɚr³³ 常与 "前脚儿" 连用，表示两件事时间上的接近，即在别人后边紧跟着做什么。如：你前脚儿才走，她～可来了。

【后襟儿】xəu⁴¹ tɕiɯ³³ 上衣的背后的部分。

【后劲儿】xəu⁴¹ tɕiɯ⁴¹ 用在后边的力量或指显露较慢的作用。如：马拉松看哩是运动员哩～跟耐力丨这酒～大，你少喝点儿。

【后日儿】xəu⁴¹ iɯ· 后天。

【后音儿】xəu⁴¹ iɯ³³ 说话的声音。如：他说话儿，～像他爹。

【后院】xəu⁴¹ yɛn⁴¹ 代指厕所。农村老宅中，厕所一般设在院子的最后边。

【厚道】xəu⁴¹ to· 为人善良宽容，不苛刻。如：老夏为人可～了，是哟好人。

【厚墩墩】xəu⁴¹ tuən· tuən⁵³ 形容很厚实。如：她婆给孩子做了一身儿棉衣裳，～哩，可暖和了。

xan

【涎水】xan³³ ʂuei· 口水。如：小刚小时候儿可肯流～哩。

【涎水帕儿】xan³³ ʂuei· p'ɚr³³ 婴幼儿戴的围嘴儿，系于脖子，起接住口水或饭菜汤的作用。

【憨不齐儿】xan³³ pu³³ ts'iɯ⁵³ 不明所以。如：我也不知道咋了，～哩叫嚷了一顿。

【憨巴摆舌哩】xan³³ pa³³ liɔ¹ ʂʅ⁵³ li· 形容人傻。‖ 也说 "憨不拉叽哩 xan³³ pu³³ la³³ tsi³³ li·"。

【憨大胆（儿）】xan³³ ta⁴¹ tan⁵³（tɛɯr⁵³）形容做事胆量非常大，但欠缺周密思考。如：你真是哟～，才学会开车哟人都敢上高速。

【憨子】xan³³ tsʅ· ①指智力低下、不明事理的人。如：他妹子有点儿～，一势寻不下婆子家。②戏称憨厚质朴但有些迂腐糊涂的人。如：你是～呀，你都不知道问问人家咋走呀？

【憨精憨精】xan³³ tsiŋ³³ xan³³ tsiŋ³³ 表面上憨厚老实，心里却清楚明白。如：王珂这人～哩，你可蒙不了他。

【还】xan⁵³ ①表示动作行为或状况基本不变，"仍旧""依然"的意思。如：说了多少回了，他～是老样子。②表示程度的加深，"更加"的意思。如：今儿比夜儿～冷。③表示勉强过得去。如：老王哩身体～算可以，没啥大毛病儿。

【寒毛】xan⁵³ mɔ· 人体皮肤表面细小的绒毛。

【寒毛眼儿】xan⁵³ mɔ· iɛɯr⁵³ 人体皮肤表面的毛孔。‖ 也说 "寒毛窟窿儿 xan⁵³ mɔ· k'u³³ luɯ·"。

【寒贱】xan⁵³ tsiɛn· 喜欢用手或语言逗弄别人。如：叫你～？叫老付揍了一顿吧？‖ 也说 "寒毛儿下贱 xan⁵³ mɚr⁵³ ɕia⁴¹ tsiɛn⁴¹"。

【寒缠】xan⁵³ tʂ'an· 寒碜。

【汉子】xan⁴¹ tsʅ· ①已婚女子的丈夫。如：恁～一走半年，你哟人改家伺候着一家儿老小真不容易。②同女人有两性关系的男人。

【汉魏故城】xan⁴¹ uei⁴¹ ku⁴¹ tʂ'əŋ⁵³ 中国历

史上面积最大的古城，其地在今孟津、洛阳、偃师交界处，城区域面积约 100 平方千米，是第一批全国重点文物保护单位。汉魏故城始建于西周初年，称成周，先后有东周、东汉、曹魏、西晋、北魏、后唐等朝代沿用，至唐初废弃，前后达 1600 年之久，其中作为都城时间就达 600 年。该遗址现存有内城、宫城、金塘城、外廓城、永宁寺、太学、辟雍、明堂、灵台等重要文物遗迹。

【汗津津哩】xan⁴¹ tsin·tsin⁵³ li· 微微出汗的样子。如：今儿这天儿有点儿热，孩子身上摸着 ~ 。

【汗衫儿】xan⁴¹ sɐu³³ 夏天穿的上衣，其形制由前后两片构成，肩部缝合，从两腋下用带子系住。现也指针织的短袖上衣。

【汗腥味儿】xan⁴¹ siŋ³³ viu⁴¹ 出汗后没有及时洗澡或汗湿的衣物没及时清洗产生的异味。如：你离我远点儿，身上一股 ~ 。

【旱地】xan⁴¹ ti⁴¹ 不能灌溉的田地。如：坡上哩地都是 ~ ，收成都得看天。

【旱井】xan⁴¹ tsiŋ⁴¹ 在干旱缺水的邙岭上挖掘的用以蓄集地面径流的蓄水设施。‖又说"水窖 ʂuei⁵³ tɕiɐ⁴¹"。

【旱鸭子】xan⁴¹ ia³³ tsʅ· 喻指不习水性的人。如：他是哟 ~ ，不会凫水。

【旱烟】xan⁴¹ iɛn³³ 装在旱烟袋里吸的烟丝或烟叶。

【旱烟袋】xan⁴¹ iɛn³³ tæ· 旧时的一种吸烟用具。一支木制空心烟杆的一头是一个小铜锅用来装烟丝，另一头是玉质或金属的烟嘴，旱烟袋没有过滤装置，吸起来很呛人，毒害也更大。

xuan

【欢】xuan³³ ①形容人或动物活跃，有精神。如：一说上街，你看小红 ~ 哩。②庄稼长势好。如：麦长哩真 ~ 。③火苗旺盛。如：煤火不 ~ 了，再加哟煤球吧？

【欢势】xuan³³ ʂʅ· 形容小孩儿或小动物活泼，有精神。如：这孩子怪 ~ 哩，一会儿不闲着。‖也说"欢欢势势 xuan³³ xuan· ʂʅ³³ ʂʅ·"。

【还礼】xuan⁵³ li⁵³ 回赠礼品。如：咱办事儿哩时候儿人家随哩不少，他家闺女结婚咱得 ~ 。

【还嘴】xuan⁵³ tsuei⁵³ 受到指责时回嘴辩驳，顶嘴。如：恁妈说你几句儿，你还学会 ~ 了？

【还手】xuan⁵³ ʂəu⁵³ 被打后回击对方。如：俺洪娟从来都是骂不还口，打不 ~ ，脾性可好了。

【还人情】xuan⁵³ zən⁵³ tsʼiŋ⁵³ 答谢别人的恩情。如：人家随哩礼都搁好，将来咱都得 ~ 哩。

【还价儿】xuan⁵³ tɕiɐr⁴¹ 购买商品时因嫌价高而与卖主商议价格。如：利巧可会 ~ 了，买衣裳哩时候儿叫她跟咱厮跟着去吧？

【还窟窿（儿）】xuan⁵³ kʼu³³ luəŋ·(luɯ·) 归还欠下别人的债务。如：他这几年拼命干，还是不够 ~ 哩。‖也说"还账 xuan⁵³ tʂaŋ⁴¹"。

【还愿】xuan⁵³ yɛn⁴¹ 按照许下的承诺答谢。如：她男人回家哩第二天她可去庙里 ~ 去了。

【缓过劲儿】xuan⁵³ kuo⁴¹ tɕiur⁴¹ ①消除疲劳，恢复力气。如：刚强到底是年轻，夜儿使成那样儿，睡了一黑地可 ~ 了。②摆脱困境。如：咱家这两年花钱儿哩地这多，等过两年 ~ 喽，咱也翻盖翻盖老房子。‖也说"缓过气儿 xuan⁵³ kuo⁴¹ tɕʼiur⁴¹"。

【缓缓气儿】xuan⁵³ xuan· tɕʼiur⁴¹ 稍微休息一下。如：使死了，叫我歇一会儿 ~ 。

【换帖】xuan⁴¹ tʼiɛ³³ 旧时朋友结拜为异姓兄弟时的一种形式，互换写有姓名、年龄、籍贯、家世的柬帖。

【换茬儿】xuan⁴¹ ts'ər⁵³ 与"重茬"相对，同一块地一季种某种农作物，下一季改种另一种农作物。

【换亲】xuan⁴¹ ts'in· 甲乙双方互相交换女儿做儿媳妇。如：他家老三媳妇是跟下古老张家~娶来哩。

【换洗】xuan⁴¹ si⁵³ 更换并洗涤衣物。如：这一回出差时间长，得多带几身儿~衣裳。

【换季儿】xuan⁴¹ tɕiuʔ⁴¹ 根据季节的变换而随时换上适合的衣服。如：天冷了，~哩衣裳该翻出来晒晒了。

【换锅底儿】xuan⁴¹ kuo³³ tiuʔ⁵³ 给铝制的锅或壶换底。

【换工】xuan⁴¹ kuaŋ³³ 农村地区在农忙季节或翻盖房屋时，亲戚朋友互相帮忙，一般不取报酬，主人家要招待饭食。

【换牙】xuan⁴¹ ia⁵³ 幼儿的乳牙逐一脱落换上恒牙。

xən

【狠】xən⁵³ ①狠毒，歹毒。如：王谦这人~着哩，你得防着他点儿。②控制自己的感情，硬下心肠做某事。如：家里实在养活不了这几个孩子了，她~~心，给老大送人了。

【狠话儿】xən⁵³ xuer⁴¹ 威胁他人使之心理上产生不安全感的话。如：他又撂下几句儿~才走了。

【恨哩牙根儿痒痒】xən⁴¹ li· ia⁵³ kəw³³ iaŋ⁵³ iaŋ· 非常恨。如：老李都不能提他家那老大，提起来都~。

xuən

【荤】xuən³³ 指鸡鸭鱼肉等食物，与"素"相对。如：俺娘不吃~，单另给她炒点儿素菜吧。

【荤腥儿】xuən³³ siu³³ 指中有肉类和海鲜类的荤菜。如：俺嫂子从小到大都不能见一点儿~。

【荤油】xuən³³ iəu⁵³ 可食用的猪油。

【浑】xuən⁵³ ①浑浊。如：下了一场大雨，河里头哩水都成~哩了。②全；满。如：他下地回来，~身上下都湿透了。

【浑实】xuən⁵³ ʂʐ· 体格均匀结实。如：这孩子长哩怪~哩。

【浑砖到顶】xuən⁵³ tʂuan³³ tɔ⁴¹ tiŋ⁵³ 房子的墙全部是砖砌的。如：他家哩房子是~哩，还能住。

【浑身上下】xuən⁵³ ʂən³³ ʂaŋ⁴¹ ɕia⁴¹ 全身，从头到脚。如：今年年下，小红~都买哩新哩。

【混】xuən⁴¹ ①苟且地生活工作。如：他成天瞎胡~，啥正事儿也不干。②不付出而骗取财物。如：刘顺儿成天拍哪儿~吃~喝哩，都没人理他了。③做事谋生，多含贬义。如：刘军会来事儿，才几年可~成科长了。

【混饭吃】xuən⁴¹ fan⁴¹ tʂʐ³³ 指没有尽心尽力地工作，仅仅是为了谋生才做事。如：年轻人可不能光是~，得有点儿想法儿干点儿实事。‖也说"混饭 xuən⁴¹ fan⁴¹""混口饭吃 xuən⁴¹ k'əu⁵³ fan⁴¹ tʂʐ³³"。

【混蛋】xuən⁴¹ tan⁴¹ 晋语，指人不明事理，不讲道理。也指不明事理、不讲道理的人。如：马力那家伙通~着，你可不应惹他。

【混子】xuən⁴¹ tsʐ· 东跑西颠不务正业的人。如：王东可是哟大~，哪儿都有他哩关系。

【混账】xuən⁴¹ tʂaŋ⁴¹ 晋语，骂人言行无理无耻。如：你再说这~话儿看我不揍你。

【混吃等死】xuən⁴¹ tʂʐ³³ təŋ⁵³ sʐ⁵³ 责骂人不求上进，得过且过地混日子。如：你才四十多岁就啥也不干~哩？

【混日子儿】xuən⁴¹ ʐʐ³³ tsəu· 指人没有理想，没有抱负，糊里糊涂地生活。也指工作没有责任心，得过且过。如：

往后大家都得好好干，不能再～了。

【混家儿】xuən⁴¹ tɕiɾɐr· 指八面玲珑，会处理关系，能办成各种事情的人。如：汪涛可是哟～，没有他不认识哩人，没有他办不成哩事儿。

【混尿儿】xuən⁴¹ tɛ'ɾəur⁵³ 指是非不分，不讲道理的人。如：你咋阵～嘞? 不知道好赖!

【混混儿】xuən⁴¹ xɯɯ· 靠不正当手段混饭吃的流氓；无赖。如：刘山就是哟～，不应招惹他。

xaŋ

【行¹】xaŋ⁵³ 正、正在。如：我～吃着饭哩，他给我打电话叫我去加班儿。

【行²】xaŋ⁵³ 内行，有水平。如：他修哟机器、鼓捣鼓捣电脑还怪～哩。

【行³】xaŋ⁵³ 一会儿。如：你咋～这着说，～那儿着说嘞?

【行好行不好】xaŋ⁵³ xɔ⁵³ xaŋ⁵³ pu³³ xɔ⁵³ 时好时坏。如：俺奶这病儿好几年了，～哩。

【□】xaŋ⁵³ 挺，鼓。如：老吴～着哟大肚子，走路看着都怪使哩慌哩。

【□】xaŋ⁵³ 顶住，挺住。如：大病养，小病～。

【行儿】xɐr⁴¹ 量词。如：你看人家种哩菜，都是一～一～哩，谁跟你一样乱糟糟哩。

【项圈】xaŋ⁴¹ tɕ'yɛn³³ 少儿脖子上戴的银质饰品，开口处挂有长命锁。认有干娘的孩子每年生日时要到干娘家行礼，干娘每年给项圈上裹缝上一层红布，至十二周岁。

xuaŋ

【荒草幠坡】xuaŋ³³ ts'ɔ⁵³ xu³³ p'o³³ 指杂草丛生荒无人烟的地方。如：这院子几年没住人，～哩，进都进不去。

【慌哩那儿抓哩】xuaŋ³³ li·nɐr³³ tsua⁵³ li· 慌成那样干什么呢。如：你～? 连饭都不吃了。

【慌里慌张哩】xuaŋ³³ li·xuaŋ³³ tʂaŋ³³ li· 慌慌张张、不安稳的样子。如：你～去抓哩?

【慌着跳锅哩】xuaŋ³³ tʂuo·t'iɔ⁴¹ kuo³³ li· 詈语，意为"慌着死呢"。如：你～，给我哩一碗饭都碰撒了。‖也说"慌着托生哩 xuaŋ³³ tʂuo·t'uo³³ səŋ·li·"。

【慌啥哩】xuaŋ³³ ʂa⁴¹ li· 忙着干什么呢。如：你～，水都不喝一口可走哩?

【皇姑寺】xuaŋ⁵³ ku³³ sʅ⁴¹ 古寺名，遗址在平乐镇天皇岭村北，创建于隋朝。皇姑寺原名龙兴庵，相传庵中比丘尼为隋文帝杨坚三公主，俗称三皇姑，因不满包办婚姻遁入空门，屡请不回。后三皇姑得知隋文帝思女心切，身患重病，需人眼做药引才能医好，遂忍痛剜出右眼让二姐带回。三皇姑自此再未离开寺院，暮年坐化于庵后窑洞。后人为纪念三皇姑剜眼救父壮举，大兴土木，扩建庙宇，并雕刻三皇姑檀香木神像一尊，将龙兴庵改称皇姑寺，三皇姑坐化的窑洞，也称为皇姑洞。皇姑寺屡经战乱，多次修复。1949年后，寺院成为小学。

【黄】xuaŋ⁵³ 事情办不成了。如：孩子上学那事儿～了。

【黄鼻子】xuaŋ⁵³ pi⁵³ tsʅ· 因呼吸道疾病而产生的很稠的黄鼻涕。如：流～说明感冒快好了。

【黄裱】xuaŋ⁵³ piɔ⁵³ 迷信的人给鬼神烧的一种黄纸。

【黄毛儿】xuaŋ⁵³ mɔr⁵³ 又细又软又黄的头发。如：妞妞小哩时候儿一低脑～，长大了头发又黑又多，一把抓不透。

【黄蛋】xuaŋ⁵³ tan⁴¹ 事情没办成。如：这事儿又～了。

【黄历】xuaŋ⁵³ li⁴¹ 历书，排列年月日节气等以供查考的书。

【黄兰兰哩】xuaŋ⁵³ lan·lan⁵³ li· 很黄。如：

孩子屙了晓娟一身，～，快恶心死人了。

【黄菜】xuaŋ⁵³ts'æ⁴¹ 用萝卜缨、萝卜丝、白菜等沤制的酸菜。

【黄水儿疮】xuaŋ⁵³ʂuɯ⁵³tʂ'uaŋ³³ 脓包疮，一种化脓性皮肤病，多生在孩子们的头上，流黄黏水，传染性强。

【黄瓢红薯】xuaŋ⁵³zaŋ⁵³xuaŋ⁵³ʂʅ· 瓢是黄红色的红薯，适合烤着吃。

【黄圪亚】xuaŋ⁵³kɯ⁵³ia⁴¹ 三枪鱼。

【黄干李子】xuaŋ⁵³kan⁴¹li⁵³tsʅ· 孟津本地的一种黄色李子。

【黄河孟津段】xuaŋ⁵³xə⁵³məŋ⁴¹tsin·tuan⁴¹ 黄河从新安县流出东至巩义，流经孟津55千米。这里是黄河中下游的分界线，也是黄河上最大的水利枢纽工程小浪底的所在地。

【黄河鲤鱼】xuaŋ⁵³xə⁵³li⁵³y⁵³ 黄河鲤鱼属名贵鱼种，银背红尾，俗称红尾巴鲤鱼，是孟津最负盛名的特产，其肉质细嫩，无泥腥气，肉味鲜美。孟津河开阔平坦，气候适宜，是黄河鲤鱼繁殖生活的最佳场所。每年阴历六月初六前后，黄河正值汛期，泥沙俱下，河水浑浊缺氧，黄河鲤鱼浮上水面，形成流鱼的奇观。两岸百姓纷纷下滩，用舀子捕鱼，皆满载而归。

【黄河中下游分界点】xuaŋ⁵³xə⁵³tʂuəŋ³³ɕia⁴¹iəu⁵³fən³³tɕiæ⁴¹tiɛn⁵³ 黄河中下游地理分界点标志塔位于孟津会盟镇黄河南岸，洛阳黄河公路大桥西侧。标志塔高54.64米，寓意黄河总长5464千米。5米高的塔座四周是伏羲画卦、大禹治水、诸侯会盟和今日孟津4块汉白玉浮雕，象征着孟津厚重的历史和发展愿景。

【晃】xuaŋ⁴¹ 没有目的地四处乱逛。如：你没事儿也帮帮恁妈，不应成天乱～。

【晃眼】xuaŋ⁴¹iɛn⁵³ 光线太强，使眼睛疲累视物不清。如：黑地开车不应打远光灯，忒～。

xəx

【哼蹦】xəŋ³³pəŋ· 吓唬。如：～住他才会好好学习哩。

【哼哼唧唧】xəŋ³³xəŋ·tɕi³³tɕi· 呻吟之声。如：老王牙疼，一黑地～哩，都没咋睡觉。

【杏儿】xəx⁴¹ 杏树的果实。

【横】xəŋ⁴¹ 蛮横，霸道。如：王兵～着哩，谁都不敢惹他。

【横呼儿】xəŋ⁴¹xur· 雕鸮，鸮形目鸱鸮科雕鸮属动物，中国鸮类中体形最大的鸟类，白天隐蔽在茂密的树丛中休息，听觉和视觉在夜间异常敏锐。雕鸮以各种鼠类为主要食物，也吃兔类、蛙、刺猬、昆虫、雉鸡和其他鸟类。雕鸮在夜间常发出"横、呼，横、呼"的叫声互相联络，故名。

xuəŋ

【烘柿】xuəŋ³³sʅ· 熟透了的软柿子。

【烘柿馍】xuəŋ³³sʅ·mo⁵³ 柿子加玉米面制成的饼。将熟透了的软柿子与玉米面揉在一起，擀成饼状，炕干食用。

【烘锅】xuəŋ³³kuo³³ 汤类煮好后，用热油爆香葱姜蒜之类炝入锅中，用以增加香味。‖也说"焌一下儿锅ts'y³³i⁵³ɕier⁴¹kuo³³"。

【轰】xuəŋ³³ 一群人聚集在一起。如：你看你都～哩是些啥人！

【红鼻子圪垯儿】xuəŋ⁵³pi⁵³tsʅ·kɯ³³trer· 酒糟鼻子。

【红包儿】xuəŋ⁵³pɔr³³ 用红纸包起来的钱，用以馈赠或奖励。‖也说"封儿fəu³³"。

【红皮儿鸡蛋】xuəŋ⁵³p'iu⁵³tɕi³³tan⁴¹ 蛋壳偏红色的鸡蛋，民间认为比白皮鸡蛋营养丰富。

【红扑扑儿哩】xuəŋ⁵³ p'u · p'ʐuɪ⁵³ li · 略带红润的颜色。如：小家伙脸蛋儿～，真好看！

【红煤土】xuəŋ⁵³ mei⁵³ t'u⁵³ 色赤，黏性大的黄土。过去制作煤块或煤球时，都要加入三分之一的红煤土，以增加黏性方便成型。

【红丢丢哩】xuəŋ⁵³ tiəu · tiəu⁵³ li · 颜色鲜红。如：这苹果看着～，真不赖。

【红通通哩】xuəŋ⁵³ t'uəŋ · t'uəŋ⁵³ li · 形容很红。如：孩子小脸儿都烧哩～了，还不赶紧去医院看看！

【红哩发紫】xuəŋ⁵³ li · fa³³ tsʐ⁵³ 形容一个人走红或受重视的程度到了过分的地步。如：那几年他一年升一级，真是～。

【红哩跟猴儿屁股一样】xuəŋ⁵³ li · kən³³ xəur⁵³ p'i⁴¹ ku · i³³⁵³ iaŋ⁴¹ 形容人因喝酒或其他原因脸色通红的样子。如：你看你哩脸，～，还说没喝多少？

【红萝卜】xuəŋ⁵³ luo⁵³ pu · 胡萝卜。

【红脸汉儿】xuəŋ⁵³ liɛn⁵³ xɐuɪ⁴¹ 一喝酒就上头上脸的人。如：酒场儿上一怕～，二怕梳小辫儿哩。

【红绫条儿】xuəŋ⁵³ liŋ⁵³ t'ɹɚ⁵³ 民间办喜事在房门、物品和汽车上系挂的红色丝绸布条。

【红事儿】xuəŋ⁵³ sɐuɪ⁴¹ 男女结婚，小孩满月，老人做寿等喜事。如：按规矩，谁家有白事儿是知道都得去，有～是通知才去。

【红心儿红薯】xuəŋ⁵³ siuɪ³³ xuəŋ⁵³ sʐ · 红薯的一种，皮浅黄色，肉呈微红或西瓜红色。

【红砖】xuəŋ⁵³ tsuan³³ ①红色的砖。②形容人性情暴烈。如：你可不应惹他，他可是哟～。

【红薯片儿】xuəŋ⁵³ sʐ · p'iɐuɪ⁴¹ 红薯切片晒干，可以煮稀饭时放进去，也可以磨成红薯面。

【红薯母儿】xuəŋ⁵³ sʐ · mʐuɪ⁵³ 红薯苗。

【红薯粉条儿】xuəŋ⁵³ sʐ · fən⁵³ t'ɹɚ⁵³ 用红薯淀粉漏制的粉条。

【红薯粉】xuəŋ⁵³ sʐ · fən⁵³ 红薯粉面。是把鲜红薯磨成浆，经过滤后沉淀下来的红薯淀粉。

【红秫秫】xuəŋ⁵³ sʐ⁵³ sʐ · 红高粱。

【红秫秫面儿】xuəŋ⁵³ sʐ⁵³ sʐ · miɐuɪ⁴¹ 高粱面。

【红薯秧儿】xuəŋ⁵³ sʐ · zaʐ³³ ①用于栽种的红薯幼苗。②生长中的红薯秧子。

【红人儿】xuəŋ⁵³ zəuɪ⁵³ 受到上级宠信或事业走运得意的人。如：他可是公司哩大～，谁敢惹他？

【红火】xuəŋ⁵³ xuo · 形容兴旺、热闹。如：店里哩生意可～了，老板忙哩脚不点地儿。

【红眼儿】xuəŋ⁵³ iɐuɪ⁵³ ①眼红，见别人条件好或有好的东西非常羡慕和忌妒。如：人家发财了咱也拼命干，不应光得～病儿。②因受某种刺激或追求某种利益而达到头脑发昏、不择手段的地步。如：俩人喝酒喝～了，谁也不让谁。

【哄】xuəŋ⁵³ ①欺骗。如：你还～我哩，我早都知道了。②用言语或行动逗弄人使高兴。如：孩子哭了，你快去～～。

【横水】xuəŋ⁵³ suei · 镇、村名，位于孟津区西部，因镇区的横水河（《山海经》称"潚潚之水"）由南向北流入黄河而得名。横水古寨地处高埠，背山临谷，沟深墙固，四周为缓坡形开阔地，易守难攻，是历代兵家必争之地。

【横水卤肉】xuəŋ⁵³ suei · lu⁵³ zəu⁴¹ 横水卤肉是孟津横水镇的特色美食，享有"豫西名吃"的美名。相传李世民曾在横水附近平定叛乱，当地百姓为犒劳三军，杀猪数十头，煮到肉半熟时，前方突然传来大批士兵受伤急需草药救治的消息。情急之下，开药的老中医把数十种草药投入肉锅中炖煮，出锅的卤肉奇香扑鼻，将士们食之精神大振，屡战屡胜。将士报捷时，将卤肉献给圣上，圣上龙颜大悦，特封横水卤肉为国宴御菜。

【横】xuəŋ⁴¹ 与"竖""直""纵"相对。如：毛毛黑地睡觉老是～着睡。‖新派也读"xəŋ⁴¹"。

【横财】xuəŋ⁴¹ ts'æ⁵³ 意外得来的财富，多指用不正当的手段取得。如：你得踏踏实实哩干，不应光想着发～。‖新派也读"xəŋ⁴¹ ts'æ⁵³"。

【横着走】xuəŋ⁴¹ tʂuo·tsəu⁵³ 比喻人非常霸道不讲理。如：姓张哩四兄弟厉害着哩，改街里都是～哩。‖新派也读"xəŋ⁴¹ tʂuo·tsəu⁵³"。

【横宽】xuəŋ⁴¹ k'uan³³ 指体型矮胖。如：小强结了婚光给～哩长了。‖新派也读"xəŋ⁴¹ k'uan³³"。

ɣ

ɣɯ

【□囊】ɣɯ³³ naŋ· 脏，不干净。如：你成天也不知道收拾收拾家，～死了。

ɣa

【腌臜】ɣa³³ tsa· ①脏，不干净。如：她家哪儿都～哩不能行，我才不去她家吃饭哩。②奚落，数落，使难堪、尴尬。如：你～我抓哩？③形容人的品行不端，心术不正。如：这人～着哩，你可不应跟他走哩近喽。

【腌臜菜】ɣa³³ tsa· ts'æ⁴¹ 形容邋里邋遢，不讲卫生的人。如：小黎是哟～，家里都没有下脚哩地这。

ɣə

【恶】ɣə³³ ①凶，厉害，贬义。如：王嫂家娶哩媳妇儿～着哩，蹦着跟她吵。②出类拔萃，不简单，褒义。如：人家阵着晚儿是专家了，改这方面～着哩！｜你还怪～哩，一年都出了两本书。③生长茂盛。如：她哩头发～着哩，又黑又多。

【恶老雕】ɣə³³ lɔ⁵³ tiɔ³³ 老鹰。

【恶子】ɣə³³ tsʅ· 蜗牛。

【恶子沙】ɣə³³ tsʅ· sa³³ 南阳出产的一种大黄沙，其中夹有恶子碎屑。

【恶心】ɣə³³ sin· ①要呕吐的感觉。如：她有孩子了，闻见肉味儿都～。②使人厌恶。如：夏天厕所里都是蛆，看着真～。③故意使对方难堪或不快。如：你是不是成心～我哩?

【恶水】ɣə³³ ʂuei· 泔水。淘米、洗菜、洗刷锅碗等用过的脏水。

【恶水桶】ɣə³³ ʂuei· t'uəŋ⁵³ 用来盛泔水的桶。

【恶水梨儿】ɣə³³ ʂuei· liɯ⁵³ 一种梨，因其味道寡淡而名。

【恶水缸（儿）】ɣə³³ ʂuei· kaŋ³³ (kɐr³³) ①盛泔水的缸。②也用来比喻受气的人。如：聚才嫂子就是哟～，谁都敢嚷她。

【屙】ɣə³³ ①解大便。如：你～金尿银哩？再也不出来了。②形容人被吓坏了。如：一听说派出所要抓他，可给他吓～了。

【讹】ɣə⁵³ 栽赃陷害，嫁祸于人。如：他自己干哩好事儿，他倒择哩干干净净哩，最后都～到我头上了。

【讹人】ɣə⁵³ zən⁵³ 假借某种理由向人强迫索取财物。如：他各人栽倒了，非～说是大队哩路没有修好。

【额脑头儿】ɣə⁵³ nɔ⁵³ t'əur⁵³ 额头。

【鹅娃儿】ɣə⁵³ uɐr⁵³ 小鹅。

【蛾儿】ɣər⁵³ 麦蛾，幼虫乳白色，生活在谷粒内，蛀食稻谷、麦子、玉米等。

【饿哩慌】ɣə⁴¹ li·xuaŋ· 有些饿。如：清早没吃饭，～。

【饿死鬼托生哩】ɣə⁴¹ sʅ⁵³ kuei⁵³ t'uo³³ səŋ·li· 形容贪吃，吃饭时狼吞虎咽的人。如：你是～？非要吃撑死哩?

ɣæ

【哀杖儿】ɣæ³³ tʂer· 出殡时，送葬之人手持之物，由一截秫秫秆儿缠上剪制的白纸制成。手拿哀杖时要朝下，不能碰着别人，否则不吉利。哀杖的数量根据死者的年龄确定，一岁一根。棺木下葬后，哀杖插在坟头周围。

【挨】ɣæ³³ ①碰。如：你哩东西儿我可没～过。②紧靠着；挨着。如：你～着刘霞坐。

【挨肩儿】ɣæ³³ tɕieuŋ³³ 指同胞兄弟姐妹中排行相邻，年龄相差很小的两个人。如：她给她二哥是～，才隔一岁多。

【挨个儿】ɣæ³³ kər⁴¹ 逐一，按顺序。如：先不应挤哩，～进。

【挨过一指头】ɣæ³³ kuo·i³³ tsʅ³³ t'əu· 极轻地打过一下，用以形容长辈对晚辈的保护与宠溺。如：她姊妹俩长到阵大，她妈没有挨过她们一指头。

【挨】ɣæ⁵³ 挨打。如：你再不听说，想～哩吧?

【矮半截儿】ɣæ⁵³ pan⁴¹ tsɻer⁵³ 相比之下低很多，多比喻在身份、地位、水平等方面差得远。如：他家条件不好，老觉着各人比人家～。

【挨千刀哩】ɣæ⁵³ ts'iɛn³³ tɔ³³ li· 晋语，骂人该杀该死。如：你这哟～，咋不叫车撞死你嘞? ‖ 也说"挨枪子儿哩 ɣæ⁵³ ts'iaŋ³³ tsəuɻ⁵³ li·"。

【挨嚷】ɣæ⁵³ ʐaŋ⁵³ 受批评，多指长辈训诫晚辈。如：叫你不应去问，你非要问，～了吧? ‖ 也说"挨说 ɣæ⁵³ ʂuə³³"。

【额外】ɣæ⁵³ uæ⁴¹ 在定额或定例以外。如：

他从小胃口就好，～比人家孩子吃哩多。

【艾】ɣæ⁴¹ 多年生草本植物，嫩叶可食，老叶制成绒，供艾灸用。内服可作止血剂，点燃后可以驱逐蚊蝇。

【爱面子】ɣæ⁴¹ miɛn⁴¹ tsʅ· 怕损害自己的体面，被别人看不起。如：他这人可～了，你可不敢再说了!

【挨】ɣæ⁴¹ 故意拖延时间。如：叫你快点儿你不听，非得～到天黑才中。

【碍事儿】ɣæ⁴¹ səu⁴¹ 严重（多用于否定形式）。如：你放心吧，他这病儿不～。

【碍势（儿）】ɣæ⁴¹ ʂʅ⁴¹ (ʂuə⁴¹) 不方便，有妨碍。如：你先出去中不中？你改这～。

【碍眼】ɣæ⁴¹ iɛn⁵³ 在跟前妨碍别人做事。如：人家俩想说说悄悄话儿，你不应改这～了。

ɣɔ

【嗷】ɣɔ³³ 哄小孩儿睡觉的声音。如：～，～，娃娃娇，不吃麻烫吃火烧。

【嗷儿嗷儿】ɣɔr³³ ɣɔr³³ 象声词，人或动物的叫声或哭声。如：孩子饿了，哭哩～哩。

【嗷儿嗷儿叫】ɣɔr³³ ɣɔr³³ tɕiɔ⁴¹ ①（因饥饿、恐惧等原因）发出急切的喊叫声。如：老王急哩～。②形容人们充沛热烈的精神状态。如：哨儿一响，学生们～着往前跑。

【熬磨】ɣɔ³³ mo· 艰难地度过。

【熬馍】ɣɔ³³ mo⁵³ 烩饼。

【熬糟】ɣɔ³³ tsɔ· ①肮脏。如：你这屋里头真～。②烦人。如：你给人～死了。③形容事情不顺利，不称心。如：这事儿办哩真～。

【熬煎】ɣɔ³³ tsiɛn⁵³ 受折磨。如：他儿快四十了还不结婚，他都快～死了。

【熬菜】ɣɔ³³ ts'æ⁴¹ 一种烩菜。传统孟津熬菜是直接在煮肉的高汤里放上白菜、粉条、豆腐、咸食、海带、煮好的猪肉一起炖煮而成。现在也有先炒肉和各种菜，再加开水炖煮的。‖ 也说"熬货 ɣɔ³³ xuo⁴¹"。

【熬着吃哩】ɣɔ³³ tʂuo·tʂʽʅ³³ li· 形容人无用。如：啥事儿也指望不上你，要你～哩？‖ 也说"熬熬吃 ɣɔ³³·çɔ·tʂʽʅ³³"。

【袄里儿】ɣɔ⁵³ liuɿ⁵³ 夹袄或棉袄里边贴身的那一层。

【袄领儿】ɣɔ⁵³ liuɿ⁵³ 衣服的领子。

【袄袖儿】ɣɔ⁵³ sɿəur⁴¹ ①衣服的袖子。②内絮棉花的袖状物，天冷时两只手可以揣在里面取暖。‖ ②也说"小袖儿 siɔ⁵³ sɿəur⁴¹"。

【熬头儿】ɣɔ⁵³ tʽɿəur· 指望、盼头。如：俩孩子都不好好儿学习，他还有啥～哩呀？

【熬年儿】ɣɔ⁵³ niɐuɿ⁵³ 农历年腊月三十晚上通宵不睡觉守岁。如：孩子三十儿黑地不睡觉，非要～。

【熬硝】ɣɔ⁵³ siɔ³³ 扫回的硝土经过过滤后，倒入一个大锅里烧火熬制。大火烧开后改小火，让硝水中的水分充分蒸发，待到硝水剩下原来的三分之一，水的黏稠度比较高了，停火。冷却后，形成一些丫丫渣渣的硝碴子。把这些硝碴子集中起来再烧火熬制，熬的过程中要加水胶，以达到清除杂质的目的。最后再经过清硝，硝就熬制成功了。

【熬出来了】ɣɔ⁵³ tʂʽɿ·læ·lə· 形容历经艰辛，终于摆脱了困境。如：老桑仁儿都娶了媳妇儿了，他可算是～。‖ 也说"熬出头儿了 ɣɔ⁵³ tʂʽɿ·tʽɿəur⁵³ lə·"。

【熬药】ɣɔ⁵³ yɔ³³ 煎煮中草药。

【熬眼儿】ɣɔ⁵³ iɐuɿ⁵³ 熬夜，通宵或深夜不睡。如：贝贝一到黑地就精神，一家儿都得跟着他～。

【鏊子】ɣɔ⁴¹ tʂʅ· 烙饼的工具，用生铁铸成，中间凸起，四周低凹，有盖子。

ɣəu

【殴】ɣəu³³ 用指甲抓挠。如：他俩耍着伢气了，小刚给杰杰脸上～了一道儿。

【瓯儿】ɣəur³³ 小孩子吃饭用的小碗。

【瓯猴儿】ɣəu³³ xəur⁵³ 成群的孩子。如：黑地广场上都是小～。

【瓯猴儿乱叫】ɣəu⁵³ xəur⁵³ luan⁴¹ tɕiɔ⁴¹ 形容人多且乱跑乱叫，环境嘈杂。如：几个孩子改操场上打篮球，～哩。

【牛】ɣəu⁵³ 反刍类哺乳动物，力大，能耕田拉车，孟津有水牛和黄牛两种。

【牛鼻色】ɣəu⁵³ pi⁵³ sæ⁵³ 男子的乳头。

【牛鼻桊儿】ɣəu⁵³ pi⁵³ tɕyɐuɿ⁴¹ 穿在牛鼻子上的小铁环和小木棍儿。

【牛虻】ɣəu⁵³ maŋ³³ 昆虫，体形像苍蝇而大，雌的吸食牛、马等的血，也叮人。

【牛犊儿】ɣəu⁵³ trur⁵³ 小牛。

【牛抬杠】ɣəu⁵³ tʽæ⁵³ kaŋ⁴¹ 独辕车上套两头牛。

【牛儿】ɣəur⁵³ 米和豆子中生的小昆虫，深褐色，有硬壳，蛀食米和豆类粮食。如：这黑豆都生～了，不能吃了。

【牛笼头】ɣəu⁵³ luəŋ⁵³ tʽəu· 戴在牛嘴上的网状物，半圆形，用来阻止牛吃东西。

【牛笼罩儿】ɣəu⁵³ luəŋ⁵³ tsɿɔr⁴¹ 牛拉磨时戴在眼上的罩子。

【牛心柿】ɣəu⁵³ sin³³ sʅ⁴¹ 一种果实呈牛心状，顶端呈奶头状凸起的柿子。果实脱涩吃脆酥利口，烘吃汁多甘甜，晒制的牛心柿饼，甜度大，纤维少，质地软，品质优良。

【牛肉汤】ɣəu⁵³ zəu⁴¹ tʽaŋ³³ 用牛骨和牛肉熬制的汤，食用时将牛肉薄片放入熬好的汤中，撒上香菜和葱花，再加上牛油熬制的辣椒，泡入切成细丝的油饼即可食用。

【牛肉杂肝儿】ɣəu⁵³ zəu⁴¹ tsa⁵³ kɐuɿ⁴¹ 熬好的牛肉汤中放入牛肚、牛肺、牛百叶等牛的杂碎。

【牛圈】ɣəu⁵³ tɕyɛn⁴¹ 养牛的简易房子或棚子。‖ 也说"牛棚 ɣəu⁵³ pʽəŋ⁵³"。

【熰¹】ɣəu⁵³ ①柴草未充分燃烧而产生大量的烟。如：柴火有点儿湿，～哩灶火里头都是烟。②燃烧柴草等让火不旺不熄只冒烟。如：火还～着哩。③燃烧艾草等以产生大量的烟驱蚊虫。如：～蚊子。

【熰²】ɣəu⁵³ 锅里或鏊子上的食品烤得过度出现碳化的迹象。如：锅里水都烧干了，红薯都煮～了。

【熰³】ɣəu⁵³ 身体、心理等各方面都很不舒服。如：今儿心里可～。

【熰岁】ɣəu⁵³ suei⁴¹ 三十晚上，在院中的铜盆里面堆些略微潮湿的松柏枝子点燃使其冒烟，是旧时辞岁守岁的一种仪式。‖也说"熰柏枝儿 ɣəu⁵³ pæ³³ tsəu³³"。

【藕粉】ɣəu⁵³ fən⁴¹ 用藕制成的干粉面，用水稀释后开水冲调或略煮后食用。

【怄】ɣəu⁴¹ 因不想做某事而故意拖延时间。如：不应磨蹭了，～到半夜今儿也得写完数学作业。

【怄气】ɣəu⁴¹ tɕʻi⁴¹ 闹别扭，生闷气。如：你不应跟他～了，不值当。

【沤】ɣəu⁴¹ 木头糟烂。如：这棵树都～了，没用了。

【沤麻】ɣəu⁴¹ ma⁵³ 获得麻纤维的初加工技术。通常用石块或木头把成捆的麻茎压入水中，沤浸时间约为四到六天。沤过的麻茎，露天晒干或烘干，促使纤维与麻茎分离，从而得到麻纤维。

【沤粪】ɣəu⁴¹ fən⁴¹ 将人畜的粪尿、水、土、农作物秸秆、生活垃圾等在猪圈中一层一层地进行缓慢混合，由猪圈中饲养的猪群踩踏、混匀，并经长期发酵而沤制成良好的有机肥。

【沤热】ɣəu⁴¹ ʐəʔ³³ 夏天因高温且空气湿度大而出现的闷热现象。如：今儿这天～，难受死了。

【沤雨】ɣəu⁴¹ y⁵³ 天气闷热预示着快要下大雨了。

ɣan

【安】ɣan³³ 安装。如：咱哩立柜门儿掉下

来了，你有空儿喽给它～～。

【安布】ɣan³³ pu⁴¹ 织布。如：小时候儿布票不够使，俺妈年年都～。

【安插】ɣan³³ tsʻa· 安排合适的位置。如：光老耿都给厂头儿～了三四个人。

【安插住】ɣan³³ tsʻa· tʂʅ⁴¹ 安排好；稳定下来。如：等着我～喽再来接你。

【安生】ɣan³³ səŋ· ①安静，不乱动乱闹。如：这孩子真不～，一会儿看不住可跑出去了。②老实，不惹是生非。如：他俩叫关了几天，回来可～了。③不受打扰。如：你赶紧给贝贝接走，叫我～几天吧。

【安住神儿】ɣan³³ tʂʅ· ʂəuɜ⁵³ 稳定下来。如：这几天才～，慢慢儿都习惯了。

【安实】ɣan³³ ʂʅ· 不大不小，正合适。

【安驾沟】ɣan³³ tɕia⁴¹ kəu³³ 朝阳镇朝阳村的一个自然村，也是一处山沟。相传女皇武则天驻驾神都洛阳，巡行北邙山，曾驻足此处。

【庵子】ɣan³³ tsʅ· 简易的小草屋或小草棚。

【俺】ɣan⁵³ ①第一人称代词单数，相当于"我"。如：不能啥事儿都叫～哟人干吧？②第一人称代词复数，相当于"我们"。如：恁那一组人多，～这一组人少，不公平。‖②也说"俺都 ɣan⁵³ təu·"。

【唵】ɣan⁵³ 吃东西时的一种动作，用手把食物全部塞进嘴里。如：恁大哟包子，东东一下儿可～到嘴里了。

【揞】ɣan⁵³ 用手把药面儿或其他粉末敷在伤口上。如：伤口儿上～上点儿消炎粉都不会发炎了。

【揞眼】ɣan⁵³ iɛn· ①牲畜拉磨时，蒙在眼上的罩子。②指人回避问题，无视事实。如：人叫打成这你都看不见，你戴着～哩?

【按】ɣan⁴¹ ①用手向下压物。如：你再使劲儿给下～～，还能再装点儿。②盖（章）。如：你这证明不管用，上头没有～单位哩章。

【按钉儿】ɣan⁴¹ tiɯ³³ 图钉。

【按住】ɣan⁴¹ tʂʅ· ①把人或物体用力压住使其不移动。如：扎针有点儿疼，你～孩子哩胳膊，不应叫她乱动弹。②盖住。如：给火～。

【按说】ɣan⁴¹ ʂuə³³ 按照事实或情理来说。如：小丽都十五了，～该懂点儿事儿了。

【按扣儿】ɣan⁴¹ kʻəur⁴¹ 子母扣。

【案子】ɣan⁴¹ tsʅ· ①狭长的桌子或台面。如：乒乓球～。②案件。如：王轩这～有点儿麻缠。

【暗戳戳哩】ɣan⁴¹ tʂʻuo·tʂʻuo⁵³ li· 私下里做事；不光明正大。如：他这人就好～哩背地里弄事儿。

ɣən

【恩人】ɣən³³ zən· 对自己有大恩惠的人。如：老张可是咱家哩大～。

【摁】ɣən⁴¹ 用手用力往下按。如：拔喽针得使棉签儿～一会儿针眼儿，不应叫出血喽。

【摁住】ɣən⁴¹ tʂʅ· 用力按住不使其动。如：输液哩时候你可得～孩子哩手，不应叫他给针薅出来喽。

【摁手印儿】ɣən⁴¹ ʂəu⁵³ iɯ· 在契约、文件上按上自己的指纹。如：合同上得签上你哩名儿，还得改你名儿上摁哟手印儿才中。

ɣəŋ

【□□】ɣəŋ³³ ɣəŋ· 小声嘀咕、应答或议论。如：你改那儿～～啥哩?

【硬梆梆哩】ɣəŋ⁴¹ paŋ·paŋ⁵³ li· ①结实有力。如：老头儿身子骨儿还～，下地干活儿还能顶哟棒劳力。②坚硬。如：这床～，咋睡?

【硬碰硬】ɣəŋ⁴¹ pʻəŋ⁴¹ ɣəŋ⁴¹ 不运用智谋，只凭力量来抵抗。如：你不应跟他～对

着干，得多掰活掰活。

【硬支支哩】ɣəŋ⁴¹ tsʅ·tsʅ⁵³ li· 硬是怎么样。如：刘娟～改家歇了三天才来上班儿。

【硬扎】ɣəŋ⁴¹ tsa· ①东西质量好，结实。如：这筐儿编哩怪～哩，不赖。②身体结实健康。如：恁爷哩身子还怪～哩吧? ‖ 也说"硬扎扎哩 ɣəŋ⁴¹ tsa·tsa⁵³ li·"。

【硬撑】ɣəŋ⁴¹ tsʻəŋ³³ 坚持做身体情况或能力难以承受的工作。如：干不动就不应干了，可不应～。

【硬是】ɣəŋ⁴¹ sʅ⁴¹ ①真的是，确实是，强调事实的真实存在。如：这哟事儿谁都说不好弄，小花儿～给跑成了。②一定要，非要，强调任何条件下都如此。如：谁劝她都劝不住，她～要去。

【硬气】ɣəŋ⁴¹ tɕʻi· 理直气壮。如：各人挣钱儿各人花，才硬哩～哩。

【硬圪橛橛】ɣəŋ⁴¹ kɯ³³ tɕyɛ·tɕyɛ⁵³ 坚硬。如：地还冻哩～哩，咋剜?

i

【一把抓】i³³ pa⁵³ tʂua³³ ①小儿戴的针织帽子，先织成一个圆筒，一头绑起来，另一头窝边戴在头上。②指对一切事情都要亲自处理。也指做事不分轻重缓急，一齐下手。如：干事儿得有哟先后，不能眉毛胡子～。

【一鼻子灰】i³³ pi⁵³ tsʅ·xuei³³ 碰壁；受到难堪的对待。如：高高兴兴去了，碰了～。

【一鳖样儿】i³³ piɛ³³ iɐr⁴¹ 一模一样，贬义。如：你跟恁爹～。

【一摆溜儿】i³³ pæ⁵³ liəur⁴¹ 一排。如：这～都是小红娘家人拿哩东西儿。‖ 也说"一卜溜儿 i³³ pu⁵³ liəur⁴¹"。

【一笔】i³³ pei³³ ①从笔落纸到离纸的一个笔画。如："乙"字只有～。②一次交易或一次交易的款项。如：店里～～哩账他都算哩清清楚楚哩。

【一辈儿】i³³⁵³ pəu⁴¹ 平辈，同辈。如：你跟越涵走 ~ 哩。

【一辈儿近，两辈儿远】i³³⁵³ pəu⁴¹ tɕin⁴¹，liaŋ⁵³ pəu⁴¹ yɛn⁵³ 一辈指同一个祖父，关系还比较亲；两辈指同一个曾祖父，关系就比较远了。‖ 也说"一步儿近，两步儿远 i³³⁵³ pɿ̪ur⁴¹ tɕin⁴¹，liaŋ⁵³ pɿ̪ur⁴¹ yen⁵³"。

【一报还一报】i³³⁵³ pɔ⁴¹ xuan⁵³ i³³⁵³ pɔ⁴¹ 害人者自食其果或受到报复。如：~，谁叫他欺负人家孤儿寡母嘞？

【一班班】i³³ pan³³ pan³³ 小时一起上学一起玩耍的同龄人。如：他仨是 ~，从小玩儿大哩。

【一般般】i³³ pan³³ pan³³ 一般。如：夏花哩手艺儿也就 ~ 吧，没有传哩恁好。

【一般见识】i³³ pan³³ tɕien⁴¹ ʂ̩· 计较对方的言行，不肯容让，而与之争执。如：你当哥哩，不应跟他 ~。

【一半天儿】i³³⁵³ pan⁴¹ tʻuɯi³³ 较短时间里。如：你放宽心吧，这~我就给你送去了。‖ 也说"一半会儿 i³³⁵³ pan⁴¹ xuɯi⁴¹"。

【一半儿多】i³³⁵³ pəu⁴¹ tuo³³ 一多半。如：我才买回来一兜冬枣儿，咱嫂子可倒走了~。‖ 也说"一多半儿 i³³ tuo⁵³ pəu⁴¹"。

【一傍个儿】i³³ paŋ³³ kər⁴¹ 旁边。如：人家都改那儿学习哩，就他改 ~ 耍哩。

【一铺摊】i³³ pʻu³³ tʻan· 多而乱的一大片。如：看你弄哩屋里这~可咋拾掇呀？

【一扑溜儿】i³³ pʻu³³ liəur⁴¹ 一排。如：这~都是柳树。‖ 也读"i³³ pʻu³³ liəur⁴¹"。

【一脬尿】i³³ pʻɔ³³ nio⁴¹ 尿一次的量。如：这~憋了一路了，快憋死我了。

【一盘儿】i³³ pʻəu⁵³ ①棋类游戏的局数。如：咱俩下 ~ 棋吧？②用盘子装的食物的计量单位。如：来客了，赶快洗 ~ 橘子端来。

【一片儿】i³³⁵³ pʻuɯi⁴¹ 一带。如：这~原来是水坑。

【一捧】i³³ pʻəŋ⁵³ 用于能捧之物的计量。

【一马平川】i³³ ma⁵³ pʻiŋ⁵³ tʂʻuan³³ 形容地势平坦。如：豫东是 ~ 哩大平原。

【一毛钱儿】i³³ mɔ⁵³ tsʻuɯi⁵³ 一角。如：他攒了可多 ~ 哩纸钱儿。

【一满】i³³ man⁵³ 总共，一共。如：他妈~才上过半年学。

【一门儿不门儿】i³³ məu³³ pu³³ məu³³ 没有专长，什么也不会。如：读了恁些年书，干点儿这活儿还是 ~ 哩。

【一门多儿】i³³ mən⁵³ tuər³³ 一样多。如：不应挑了，这两份儿 ~。

【一门样儿】i³³ mən⁵³ ier⁴¹ 一个样儿。如：他俩是双生儿，长哩 ~。‖ 也说"一满样儿 i³³ man⁵³ ier⁴¹"。

【一猛（里）】i³³ mən⁵³（li·）情状副词，表示动作行为发生在很短时间之内，相当于普通话的"突然""猛然"。如：那天看见老徐，我 ~ 咋也想不起来是谁了。

【一乏儿】i³³ frer⁵³ 指一茬庄稼或年龄相仿的人。如：这 ~ 茄子怪好哩，又大又嫩。‖ 也说"一乏子 i³³ fa⁵³ tsɿ·"。

【一分洋】i³³ fən³³ iaŋ⁵³ 一分钱。如：她姨可仔细了，~ 都得掰成两半儿花。

【一滴儿滴儿】i³³ tiu³³ tiu³³ 一滴儿，形容很少。如：医生说了，你肝不好，酒上是 ~ 也不能喝了。

【一递一半儿】i³³⁵³ ti⁴¹ i³³⁵³ pəu⁴¹ 各一半。

【一递一声儿】i³³⁵³ ti⁴¹ i³³ ʂəu³³ 你一声我一声彼此互相应答。

【一嘟噜】i³³ tu³³ lu· 量词，用于成串的东西。如：今年这葡萄结哩真多，~ ~ 哩，架子上都挂满了。

【一沓儿】i³³ trer⁵³ 一摞。如：开学了，去办公室领 ~ 稿纸吧？‖ 也说"一沓子 i³³ ta⁵³ tsɿ·"。

【一多半儿】i³³ tuo⁵³ pəu⁴¹ 超过半数；多半。如：学外语哩~都是女哩。

【一袋烟】i³³⁵³ tæ⁴¹ iɛn³³ ①吸旱烟的人称烟锅装满吸食完毕为"一袋烟"。如：不应慌着走哩，先叫我吸 ~ 再说。②吸食完一袋烟的时间。如：不到 ~ 哩功夫儿，他可干完活儿了。

【一道】i$^{33|53}$ tɔ^{41} 一样（菜或点心）。如：孟津水席哩热菜是上～撤～。

【一道儿】i$^{33|53}$ tɔr^{41} ①一个线条或细长的痕迹。如：谁给我车上刮了～？②一种形式。如：这是老规矩了，总得有这～。

【一点儿点儿】i^{33} tiɯ^{53} tiɯ^{53} 形容很少的量。如：你少掫点儿吧，俺妈说～就够了。

【一丁点儿】i^{33} tiŋ^{53} tiɯ^{53} 很少。如：这～事儿也值得给恁叔说？

【一庹】i^{33} t'uo^{33} 两臂向两侧平伸，左右中指指尖之间的距离。

【一坨儿】i^{33} t'uer^{53} 一起，一块儿。如：他俩从开始工作就一势改～了。

【一天到晚】i^{33} t'iɛn^{33} tɔ^{41} van^{53} 成天。如：谁跟你样？～不着家，家里啥事儿你都不管不问。

【一头儿沉】i^{33} t'rəur^{53} tʂ'ən^{53} 一边儿带有抽屉或柜子的桌子。如：我买哩第一件儿家具是哟～哩桌子。

【一天价】i^{33} t'iɛn^{33} tɕiæ· 整天。如：你也老大不小了，不应～光知道耍。

【一捏儿捏儿】i^{33} niɛr^{33} niɛr^{33} 一小撮。如：炸麻烫哩时候儿，小苏打不能多放，～就行。

【一男半女】i^{33} nan^{53} pan^{41} ny^{53} 不论男女，没有一个孩子。如：他俩结婚四五年了，也没有个～哩。

【一年到头儿】i^{33} niɛn^{53} tɔ^{41} t'rəur^{53} 成年。如：老王～改外先打工，他媳妇哟人改家伺候一家儿老小。

【一拧儿拧儿】i^{33} niu^{53} niu^{53} 形容极少。如：蒸老酵子馍揉面哩时候儿，搁～碱面儿，馍就好吃了。

【一路货】i$^{33|53}$ lu^{41} xuo^{41} 形容人与言行恶劣的坏人是一样的。如：他跟王孬都是～，吃喝嫖赌啥都干。

【一来】i^{33} læ^{53} 第一。如：～我没时间，二来我也不会。

【一老服势哩】i^{33} lɔ^{53} fu^{33} ʂʅ^{41} li· 指人踏

实稳当。如：纪平～改厂里干了快三十年了。

【一溜膀儿】i$^{33|53}$ liəu^{41} pɚ^{53} 一个紧靠一个（站着）。如：孩子们哟挨哟～改那儿立着哩。

【一溜儿】i$^{33|53}$ liəur^{41} 一排，一行。如：河滩边儿种了～杨树。

【一溜顺儿】i$^{33|53}$ liəu^{41} ʂuɯ^{41} ①一个挨着一个顺次排列。如：他把收回来哩白菜～放到北墙根儿了。②形状、位置完全一样。如：这两只鞋是～哩，没法儿穿。

【一篮儿麻烫】i^{33} lɚɯ^{53} ma^{53} t'aŋ· 俗称生了个闺女。如：王刚家媳妇又给他拾了～。

【一轮儿】i^{33} lyɯ^{53} ①一场，一遍。如：今儿参加婚宴哩人忒多，～吃罢再开第二轮儿。②十二生肖的一个轮回。如：他跟他儿哟属相，隔两轮儿。

【一指】i^{33} tsʅ^{53} 指一个食指或中指指节的宽度。如：蒸大米哩时候儿，加～深哩水正好。

【一自己】i$^{33|53}$ tsʅ^{41} tɕ'i· 同族，本家，一般指五服之内的宗族。如：咱跟贺飞是～哩。

【一拃】i^{33} tsa^{53} 手伸开，拇指指尖到中指指尖之间的距离。

【一早】i^{33} tsɔ^{53} 很早，非常早。如：他～都走了。

【一早儿】i^{33} tsɔr^{53} 往常。如：他～可腼腆了，阵着变哩还怪活泼哩。

【一七】i^{33} ts'i^{33} 人去世后第七天，亲属要进行祭祀。

【一齐儿】i^{33} ts'iɯ^{53} 一起，一块儿。如：等等我，咱～去。

【一茬儿】i^{33} ts'ɚ^{53} 一批，一代。如：这～年轻人都起来了。

【一时】i^{33} sʅ^{53} 一旦，万一。如：你说他今儿能来，～来不了咋办？

【一时三刻】i^{33} sʅ^{53} san^{33} k'æ^{33} 短时间。如：这雨～还停不了。‖也说"一时半会

儿 i³³ sʅ⁵³ pan⁴¹ xuɯ⁴¹"。

【一事儿】i³³⁵³ sǝu⁴¹ 一伙的，一家的，一派的。如：一看就知道他们是 ~ 哩。

【一势】i³³⁵³ sʅ⁴¹ 一直。如：她这几十年 ~ 这样儿，一点儿没变。

【一势儿】i³³⁵³ sǝu⁴¹ 一时；一下子。如：刚刚儿想给你说啥哩呀？~ 想不起来了。

【一先】i³³ siɛn³³ 以前，先前。如：他 ~ 光种粮食，阵着果树、莲菜啥都种。

【一生儿】i³³ sǝu³³ 一周岁。如：她孙子儿都快 ~ 了。

【一星儿】i³³ siɯ³³ 一点儿。如：这 ~ 东西不算啥，你就不应推了。

【一星儿星儿】i³³ siɯ³³ siɯ 比"一星儿"程度高，形容极少。如：炒菜哩时候儿，油里不敢溅 ~ 水。

【一只眼儿】i³³ tʂʅ³³ iɛɯ⁵³ 指瞎了一只眼睛的人。

【一锤子买卖】i³³ tʂʻuei⁵³ tsʅ · mæ⁵³ mæ⁴¹ 只此一次，孤注一掷。如：咱得做长久哩生意，可不能干这 ~。

【一水儿】i³³ suɯ⁵³ 一律，全部。如：来哩 ~ 都是十几岁哩小伙子。‖ 也说"一水子 i³³ suei⁵³ tsʅ ·"。

【一手（儿）】i³³ sǝu⁵³ (sǝur⁵³) ①一人之力；亲自。如：楠楠是她婆 ~ 带大哩。②一种手艺、技能。如：你啥时候儿学会这 ~ 哩？

【一晌儿】i³³ sɛr⁵³ 半天的时间。如：活儿不多，~ 就能干完喽。

【一家子】i³³ tɕia³³ tsʅ · 同宗或同姓的本家。如：恁跟刘顺儿家是 ~ 哩不是？

【一家伙】i³³ tɕia³³ xuo · ①出乎意料地一次把事情办成。如：调动工作阵大哩事儿，邢田 ~ 可办成了。②全部。如：这火腿肠本来想分给恁姊妹几个哩，小芳 ~ 都拿走了。

【一脚蹬】i³³ tɕyǝ³³ tǝŋ³³ 一种连脚裤。

【一惊一乍】i³³ tɕiŋ³³ i³³⁵³ tsa⁴¹ 指人的精神过于紧张或兴奋，行为举止反常夸张，让人受惊吓。如：你可不应 ~ 哩了，

快给我吓出毛病儿了。

【一尿样儿】i³³ tɕʻiɑu⁵³ iɛr⁴¹ 一个样，一模一样。如：他跟他爹 ~，都是犟筋。

【一气儿】i³³⁵³ tɕʻiɯ⁴¹ ①一口气，一直。如：他清早起来 ~ 干到阵着晚儿，连口水都没喝。②一起；一伙儿。如：你不应听这俩人说，他们都是 ~ 哩。

【一下儿】i³³⁵³ ɕiɛr⁴¹ 突然。如：他跑哩忒快了，~ 可绊倒了。

【一骨都】i³³ ku³³ tu · 量词。如：你给我剥 ~ 蒜吧！

【一骨堆】i³³ ku³³ tuei · 一堆。如：你还怪有劲儿哩，一会儿都剜了恁大 ~。

【一骨堆儿】i³³ ku³³ tuɯ · 一堆，与一骨堆相比较小。如：这 ~ 土豆儿看起来怪好哩。

【一骨搦锤】i³³ ku³³ nuo · tʂʻuei⁵³ 一拳。如：你再孬，~ 搌死你。

【一骨碌儿】i³³ ku³³ lɹur · 长度度量词，一般用于圆柱状物体，尺度较短。如：这根儿管子有点儿长，得锯 ~。

【一骨抓】i³³ ku³³ tʂua · 一丛（指草或毛发等）。如：这 ~ 小蒜长哩真好，薅喽回去做汤面条儿吧。

【一圪包儿】i³³ kɯ³³ pɹor · 一包。如：老李低脑疼，去卫生所取了 ~ 药，吃了两天可好了。

【一圪垯】i³³ kɯ³³ ta · 数量词，块状物体的计量单位。如：陈刚来召他妈，给他妈买了 ~ 牛肉。

【一圪垯儿】i³³ kɯ³³ tɛr · 数量词，比"一圪垯"量少。如：叫你买肉，你只买这 ~，够谁吃哩？

【一圪节儿】i³³ kɯ³³ tsɛr · 长条状物体截下的一段。如：这根儿绳儿忒长了，得铰 ~。

【一挂】i³³⁵³ kua⁴¹ 一串。如：~ 鞭炮。

【一个】i³³⁵³ kǝ · 数量词。‖ 也读合音"yǝ⁴¹"。

【一个劲儿】i³³ kǝ³³ tɕiɯ⁴¹ 连续不停。如：他从早到晚 ~ 哩干，一会儿也不歇。

【一个蛤蟆还有四两力哩】i³³⁵³ kǝ · xuɯ⁵³

ma·xan⁵³ iəu⁵³ sʅ⁴¹ lian⁵³ li³³ 形容再弱小的个体也有一定的能量。

【一锅粥】i³³ kuo³³ tʂəu³³ 形容许多人或事杂乱地掺搅在一起，不分彼此。如：你快点儿去吧，会场儿上都乱成~了。

【一干二净】i³³ kan³³ h̩⁴¹ tsin⁴¹ 干干净净，一点儿也不剩。如：今儿人多，一大锅饭吃哩~。

【一干子】i³³ kan³³ tsʅ· 一伙。如：饭店才开门儿就来了~人。

【一杆子插到底】i³³ kan³³ tsʅ· ts'a³³ tɔ⁴¹ ti⁵³ 直截了当，把事情彻底完成。如：他干事儿哩风格就是~。

【一滚儿】i³³ kuɯ⁵³ 水开一次为一滚儿。如：手擀面条煮~就能捞了。

【一桄】i³³⁵³ kuaŋ⁴¹ 量词，用于线。

【一口闷】i³³ k'əu⁵³ mən³³ 碰杯时一口喝完杯中酒。如：感情浅，舔一舔；感情深，~。

【一块钱儿】i³³⁵³ k'uæ⁴¹ ts'iɯ⁵³ 一元。

【一忽栾】i³³ xu³³ luan· 一团儿。如：小狗给那毛线弄成~了，敁都敁不开。

【一黑地】i³³ xu⁵³ ti· 一晚上。如：将就~吧，明儿咱就回去了。‖也说"一夜黑地 i³³⁵³ iɛ⁴¹ xuɯ⁵³ ti·""一黑了儿 i³³ xuɯ³³ lər·"。

【一河滩】i³³ xə⁵³ t'an³³ 满地都是。孟津会盟地处黄河滩区，河滩上种满了各种庄稼，故此言。如：我才出去了一会儿，孩子们给玩具扔了~。

【一牙儿】i³³ ier⁵³ 瓜果切成的窄长小块，像月牙一样。如：糖尿病人吃西瓜的话~就够了。

【一和】i³³⁵³ xuo⁴¹ 洗一遍。如：这衣裳忒脏了，洗了~还是黑哩。‖也说"一水 i³³ ʂuei⁵³"。

【一号儿】i³³⁵³ xɔr⁴¹ 一种。如：这~人啥都不干，光想吃现成哩。

【一行儿】i³³⁵³ xɤr⁴¹ 一行。如：蒜得~哩种。

【一眼不见】i³³ iɛn⁵³ pu³³⁵³ tɕiɛn⁴¹ 瞬间未注意。如：~，这俩孩子可不知道跑哪儿去了。

【一样儿】i³³⁵³ ier⁴¹ ①一类。如：这几样儿东西儿你~拿点儿吧。②相同，类似。如：这孩子跟她妈~，心好着哩。③相当于"一件事"。如：出门在外，头~是安全。

【一碗水端平】i³³ uan⁵³ ʂuei⁵³ tuan³³ p'in⁵³ 形容办事公道，不偏不倚。如：对仨孩子你可得~，不应偏这哟向那哟。

【一圆圈儿】i³³ yen⁵³ tɕ'yeɯ³³ 附近。如：这~你去打听打听，谁不知道老宋？

【日儿】iɯ³³ ①一天，整天。如：你~啥也不干，光知道耍手机。②跟在表时间的名词后，表示"天"，如：白~丨夜儿~丨后~。

【衣襟儿】i³³ tɕiɯ³³ 上衣正当胸前的部分。

【尾巴儿】i⁵³ pɛr· ①鸟、兽、虫、鱼等动物的身体末端突出的部分，主要作用是辅助运动、保持身体平衡等。②指事物的残留部分。如：那事儿快完了，就剩一点儿~了。

【尾巴根儿】i⁵³ pa·kəu³³ 尾骨。如：下雪路滑，摔了哟屁股蹲儿，拌哩~疼。

【宜苏山】i⁵³ su³³ san³³ 宜苏山位于今洛阳市孟津区横水镇寒亮村和会瀍村交界处，是平逢山的核心区域，因山上长满紫苏，别称苏山。宜苏山是一座土山，地处黄土高原上的东端，自古就是古人类生活繁衍之地，周围密布裴李岗文化、仰韶文化、龙山文化遗迹。古籍记载这里是赫苏氏、炎居（不居）居住地，也是十世炎帝炎居生活繁衍的重要地区。武王伐商时以冬祭华胥的名义，召集诸侯齐聚宜苏山协商灭商大计并作"泰誓"。

【姨奶】i⁵³ næ⁵³ 对爸爸妈妈的姨母的称谓。

【姨爷】i⁵³ iɛ⁵³ 对爸爸妈妈的姨夫的称谓。

【胰子】i⁵³ tsʅ· 肥皂，香皂。如：内衣还是使~洗哩干净。

【移】i⁵³ 移栽植物。如：李焕家哩无花果树不少，我想~他几棵。

【椅子掌儿】i⁵³ tsʅ · tsʻɤɯ⁴¹ 桌椅等的腿跟腿之间的横木。

【椅子靠儿】i⁵³ tsʅ · kʻɔr⁴¹ 椅子背。

【疑心】i⁵³ sin · ①猜疑之心。如：人家是真心帮你哩，你可不应起～。②推测；猜测。如：他光～人家来害他。

【意思】i⁴¹ sʅ · 略表情意。如：老王家闺女出门给他上二百，～～都中了。

【意意迟迟】i⁴¹ i · tsʅʻʅ⁵³ tsʅʻʅ · 情绪迟疑而吞吞吐吐、犹豫不决的样子。如：刘宝来家里坐了半天，～哩也不知道想抓哩。

【癔而巴怔】i⁴¹ ʅ · pa³³ tsəŋ³³ 形容人迷迷糊糊不太清醒的状态。如：他成天～哩，啥事儿也干不好。

【癔症】i⁴¹ tsəŋ · ①刚睡醒的样子。②说梦话。如：莉莉夜儿黑地发～，又哭又笑哩。③反应迟钝。如：俺爷这一段儿说话儿办事儿有点儿～。

【癔症蛋】i⁴¹ tsəŋ · tan⁴¹ 形容人办事时总是迷糊不清醒，不够伶俐。如：高保刚真是哟～，叫他去买胶水他买了几盒图钉回来了。

u

【兀肚子水】u³³ tu⁴¹ tsʅ · ʂuei⁵³ 烧热了但还没烧开的水或是开水和凉水混合在一起的水，喝了会不舒服。

【乌蓝青】u³³ lan⁵³ tsʻiŋ³³ 黑中带蓝的颜色。

【乌挛】u³³ luan · ①揉、塞。如：那哟花布衫也不着～到那儿了，寻了几回都没寻着。②不平展，褶皱多。如：看你那裙儿～成啥了，赶紧熨熨吧。③稍嚼嚼囫囵咽下去。如：油菜嚼不烂，～～咽了吧。

【乌七八糟】u³³ tsʻi³³ pa³³ tsɔ³³ 形容肮脏龌龊的人或事。如：不应听他说那～哩事儿，有影儿没影儿哩事他就好添油加醋乱传。

【乌黑】u³³ xɯ³³ 深黑色。

【呜哩呜喇】u³³ li · u³³ la · 说话不清楚不利索。如：她～说了半天，谁也没有听清她说哩啥。

【屋鸾儿】u³³ luɤɯ · 村名，在孟津会盟镇，是狄仁杰父母所居之地。因狄仁杰曾为鸾台侍郎，其家宅所在地后称为屋鸾儿。

【五迷三道】u⁵³ mi⁵³ san³³⁵³ tɔ⁴¹ 迷迷糊糊，不够清醒。如：少喝点儿酒吧，成天喝哩～哩，耽误事儿。

【五马长枪】u⁵³ ma⁵³ tsʻaŋ⁵³ tsʻiaŋ³³ 指有势力、有办法，什么事都能干出来的人。

【五服里头】u⁵³ fu³³ li⁵³ tʻɤu · 没有出五服的宗亲。

【五大三粗】u⁵³ ta⁴¹ san³³ tsʻu³³ 形容人身材高大粗壮。如：贾童长哩～哩，胆儿可小了。

【五男二女】u⁵³ nan⁵³ ʅ⁴¹ ny⁵³ 指一对夫妇生育七个子女，五个男孩，两个女孩，说明子孙繁盛，是吉祥幸福的象征。如：张雄筹祖上积了大德了，到他这积作了～。

【五二混鬼】u⁵³ ʅ⁴¹ xuən⁴¹ kuei⁵³ 指游手好闲不务正业的人。

【五升篮儿】u⁵³ ʂəŋ³³ lɤɯ⁵³ 旧时串亲戚时扛的篮子，用荆条编成篮筐，三片竹片或木片拼接做襻儿，漆成大红色，能盛五升粮食，故名。‖ 也说"圆荆篮儿 yɛn⁵³ tɕiŋ³³ lɤɯ⁵³"。

【五个】u⁵³ kə · 数量词。‖ 也读合音"uo⁴¹"。

【五黄六月】u⁵³ xuaŋ⁵³ lu³³ yɛ · 指农历五六月间，天气炎热，正是麦收农忙季节。

【五月端午儿】u⁵³ yɛ · tan³³ ur · 农历五月初五，端午节。

【误】u⁴¹ 耽误。如：你到时候可一定得来，不应～喽事儿。

y

【吁】y³³ ①赶牲口的吆喝声。②喝令牲口止步的吆喝声。

【迂阔】y³³ k'uo· 思想行为迂腐而不切实际。如：你这人咋阵～嘞，阵着晚儿谁还这着弄哩？

【淤】y³³ 肿胀。如：他夜儿黑地喝水喝哩忒多了，清早起来脸都～了。

【鬻】y³³ 沸水或热汤从器皿中溢出。如：赶快关火吧，锅都～了。

【鬻鸡蛋】y³³ tɕi³³ tan· ①孵化前对鸡蛋的处理。②蒸蛋羹。

【鱼儿】yuɯ⁵³ 鱼。

【鱼儿草】yuɯ⁵³ ts'ɔ⁵³ 水生绿色藻类，生长于沟渠和池塘之中。

【鱼儿尿脬】yuɯ⁵³ suei⁵³ p'ɔ· 鱼鳔。

【鱼儿腥气】yuɯ⁵³ siŋ³³ tɕ'i⁴¹ 鱼及水体草地散发出的腥臭气味。

【鱼鳞甲儿】y⁵³ liŋ⁵³ tɕier³³ 鱼鳞。

【鱼子儿】y⁵³ tsɯ⁵³ 鱼卵。

【余】y⁵³ 裁衣时比量好的尺寸稍微宽松一些。如：铰袄袖儿哩时候儿得稍～着点儿。

【余头儿】y⁵³ t'ɚɯ· 钱或东西使用后剩余的部分。如：这块儿布做布衫儿看美使完，一点儿～都没有。

【雨搅雪】y⁵³ tɕiɔ⁵³ syɛ³³ 雨夹雪。如：～，下半月。

【榆木圪墶】y⁵³ mu⁴¹ kuɤ³³ ta· 形容思想顽固不开化的人。如：你那低脑就是哟～，一点儿不开窍。

【榆钱儿】y⁵³ ts'yɯɯ⁴¹ 榆树结的荚状子实，嫩的时候可以食用。如：春天她好捋点儿～蒸着吃。

ia

【压蛋儿】ia³³ tɕɯɯ⁴¹ 鸡鸭交尾。

【压从】ia³³ ts'uəŋ³³ 与"从"一样，主要说明时间从哪里开始。如：～年时年到今年，我都没见过他。

【压箱】ia³³ siaŋ³³ 新娘兄弟子侄押送嫁妆。

【压箱底儿】ia³³ siaŋ³³ tiɯ⁵³ ①最好的衣物等平时舍不得穿用，重要场合才用。如：这一件儿大衣是怹妈～哩衣裳，过年才穿几天。②比喻平时不常显露的技术、学识。如：老曹不应藏着掖着了，给你～哩本事都亮出来吧。

【压尺】ia³³ tʂ'ʅ³³ 压纸或书的工具，多为长方形，有玉石、金属、红木、竹子等各种材质，以白铜为最常见，其上往往镌刻书画作品。

【压秤】ia³³ tʂ'əŋ⁴¹ 压得住秤，指物体重量大，有分量。如：这袋儿拉森看着不多，还怪～哩。

【压床】ia³³ tʂ'uaŋ⁵³ 孟津民间的一种婚俗，青年男女结婚的头天晚上，新郎家要请一些自己弟弟或子侄辈的男孩和自己一起在新床上就寝。据说寓意新婚夫妇可以早生贵子。

【压价儿】ia³³ tɕier⁴¹ 压低价格。

【压轿先儿】ia³³ tɕiɔ⁴¹ sieɯ³³ 结婚时，男方去迎娶的花轿不能空着，得请一个五六岁的男孩儿坐在轿里，压着轿去。

【压根儿】ia³³ kəɯ³³ 从来，根本。如：这件事儿我～就不知道。

【鸭蛋】ia³³ tan⁴¹ 零分。

【鸭子】ia³³ tsʅ· 鸭。

【□】ia³³ 从。如：～这边儿往东走。

【牙儿】iɐr⁵³ 量词，把整个的东西分成几块，一块叫一牙儿。如：宝宝吃一～西瓜就中了，吃多了怕冒肚。

【牙碜】ia⁵³ ts'ən· 食物中夹杂着砂石，吃起来硌牙。如：这一袋儿小米不好吃，有点儿～。

【牙猪】ia⁵³ tʂʅ³³ 东乡指骟过的公猪，西乡指打圈的公猪。

【牙圪嶙儿】ia⁵³ kuɤ⁵³ liɯ· 牙龈。如：这几天上火了，～疼。

【牙狗】ia⁵³ kəɯ⁵³ 公狗。

【牙根儿】ia⁵³ kəɯ³³ 牙齿的根部，是牙齿埋在牙龈下的部分。

【牙口】ia⁵³ k'əɯ· 指老年人牙床的咀嚼能力。如：他爷都九十多了，～还好着呢！

【牙花儿】ia⁵³ xuɐr³³ 齿龈，牙齿与牙床接触的部位。如：这几天上火，~ 都烂了。

【哑炮】ia⁵³ p'ɔ⁴¹ 在施工爆破中，由于发生故障没有爆炸的炮。‖ 也说"瞎炮 ɕia³³ p'ɔ⁴¹"。

【亚亚葫芦枣儿】ia⁴¹ ia·xu⁵³ lu·tsɿ·ər⁵³ 一种果实外形两头粗中间细，酷似葫芦的枣。

【轧面条儿】ia⁴¹ miɛn⁴¹ t'ɔr⁵³ 用点动或手动的压面机碾压面条。

【轧花】ia⁴¹ xua³³ 用轧花机把棉花和棉籽分离开来。

【轧油】ia⁴¹ iəu⁵³ 用植物种子榨油。如：俺吃哩都是小菜籽儿轧哩油。

ua

【搲】ua³³ 用手指甲抓或搔。如：你甭改那儿一势 ~ 了，脊梁都叫你 ~ 烂了。

【凹】ua³³ ①周围高中间低，与"凸"相对。如：~ 凸不平。②同"洼"，多用于地名。如：大姚 ~ 村｜梁 ~ 村。

【凹斗儿脸】ua³³ tɘur⁴¹ liɛn⁵³ 两个颧骨之间稍微凹进去的面容。

【挖耳勺儿】ua³³ ɦ̩⁵³ ʂuɐr⁵³ 掏耳朵的小勺。

【哇哇叫】ua³³ ua³³ tɕiɔ⁴¹ 不断地大叫。如：赶会哩时候儿有人踩住他哩脚了，他疼哩 ~ 。

【娃儿】uɐr⁵³ 小孩，也指幼畜。如：狗 ~ ｜猪 ~ 。‖ 也读"uɐr⁴¹"。

【娃儿娃儿】uɐr⁵³ uɐr·人的画像或塑像。如：不应哭了，一会儿给你买哟 ~ 。

【娃子】ua⁵³ tsɿ·小孩子。

【娃子蛋儿】ua⁵³ tsɿ·tɐur⁴¹ 小男孩儿。

【娃娃脸儿】ua⁵³ ua·liɛur⁵³ 人类的一种脸部特征，脸型圆润、额头饱满、脸部的五官位置较低、鼻子小而翘挺、下巴短小圆滑、五官线条柔和。

【瓦】ua⁵³ 瓦片。如：你这孩子，三天不打，你就敢上房揭 ~ 。

【瓦盆儿】ua⁵³ p'əur⁵³ 陶土烧制的盆子。

【瓦房】ua⁵³ faŋ⁵³ 屋顶用瓦片覆盖的房屋，多为砖墙。

【瓦凸罗儿】ua⁵³ t'u³³ luɐr·破碗的碗底，一般用来支门轴，也可以用来捣指甲花。

【瓦蓝】ua⁵³ lan⁵³ 深蓝色。

【瓦□儿】ua⁵³ ts'ər⁴¹ 碎瓦块，

【瓦□儿云】ua⁵³ ts'ər⁴¹ yn⁵³ 瓦块状的云。

【瓦松】ua⁵³ syŋ³³ 旧房瓦上生长的松针状植物。

【瓦罐儿】ua⁵³ kuɐur⁴¹ 陶土烧制的底小口小肚大的陶器，多用来盛放东西或腌制咸菜。

【瓦缸（儿）】ua⁵³ kaŋ³³（kɐr³³）陶土烧制的底小口大的陶器，用来盛放酒水谷物等。瓦缸稍大瓦缸儿稍小。

【搲】ua⁵³ 用瓢、盆或其他容器从另一容器中舀取粮食或面粉。如：使瓢 ~ 点儿面，咱包扁食吃吧？

【瓦】ua⁴¹ 顺着瓦垄将瓦片一片一片地砌好，叫"瓦瓦"。

【瓦刀】ua⁴¹ tɔ·瓦匠用以敲击砖瓦的工具，形略似刀。

【哇凉】ua⁴¹ liaŋ⁵³ 特别凉。

iɛ

【叶儿】yɜr³³ 植物的叶子。

【曳】iɛ³³ ①（牲畜或人）拉（车辆、农具等）。如：恁着晚儿犁地都是人改前头 ~ 着哩。②比喻辛苦劳作以养家糊口。如：一家儿大小都靠他哟人 ~ 着过哩。

【噎】iɛ³³ ①指人说话难听使人难受。如：你可不能这着 ~ 恁妈呀！②吃饭时因太干咽不下去。

【噎病儿】iɛ³³ piɯ⁴¹ 食道癌。‖ 也说"噎食病儿 iɛ³³ ʂ̩·piɯ⁴¹"。

【噎哩人吃咽不下】iɛ³³ li·zən⁵³ tʂʅ³³ iɛn⁴¹ pu³³⁵³ ɕia⁴¹ 非常难听的话让人无法忍受。如：老王那几句话儿怼哩人 ~ 哩，阵着还难受哩。

【噎死人】iɛ³³ sʅ·zən⁵³ ①指红薯、瓜果等过于干面吃时难以下咽。如：微波炉烤哩红薯忒面了，～，还是煮煮吃吧。②形容人说话态度生硬，顶撞别人，使人难堪，不便再说下去。如：这哟服务员说话儿～，我得投诉她。

【□毛儿】iɛ³³ mɔr⁵³ 雨季时因空气湿度大，导致食品或其他物品发生霉变，表面长有黄绿色霉菌或出现破损、皱缩、变色等。

【也兴】iɛ⁵³ ɕiŋ³³ 语气副词，表示对事态的推测。如：～他没去吧？我还真弄不清楚。‖ 也说"也许 iɛ⁵³ ɕy⁵³"。

【爷】iɛ⁵³ 祖父。

【爷们儿】iɛ⁵³ məuɯ· 对男子汉的尊称。‖ 也说"老爷们儿 lɔ⁵³ iɛ⁵³ məuɯ·"。

【爷儿俩】iɜr⁵³ lia⁵³ 称呼父子、父女、祖孙、叔侄二人。

【野】iɛ⁵³ 不受拘束随意外出，且长时间不归。如：这孩子不着又～到哪儿去了。

【野菠菜】iɛ⁵³ po³³ ts'æ· 学名酸模，是蓼科酸模属多年生草本植物，可食用也有药用价值。‖ 也说"水菠菜 ʂuei⁵³ po³³ ts'æ·"。

【野面】iɛ⁵³ miɛn⁴¹ 由豆类和小麦一起磨成的面粉。‖ 也说"杂面 tsa⁵³ miɛn⁴¹"。

【野地】iɛ⁵³ ti⁴¹ 野外的荒地。如：看着孩子甭往～里跑，虫可多了。

【野照住葵】iɛ⁵³ tʂɔ⁴¹ tʂʅ· k'uei⁵³ 旱莲草，菊科鳢肠属一年生草本植物。全株被白色粉毛，折断后流出的汁液数分钟后即呈蓝黑色。茎直立或基部倾伏，着地生根，绿色或红褐色。叶对生，花似向日葵而小。旱莲草为中医常用的养肝益肾、凉血止血药物。

【野芹菜】iɛ⁵³ tɕ'in⁵³ ts'æ⁴¹ 学名水芹，是一种生长在池沼边和水田里的水生植物，可食用也有药用价值。

【野汗】iɛ⁵³ xan· 蚜虫。

【野汉子】iɛ⁵³ xan⁴¹ tsʅ· 女子在外面混的男人。

【夜鳖虎】iɛ⁴¹ piɛ³³ xu· 蝙蝠。

【夜猫子】iɛ⁴¹ mɔ³³ tsʅ· ①猫头鹰。②指夜里迟睡的人。如：她是哟～，黑地不睡白日儿不起。

【夜儿】iɜr⁴¹ 昨天。‖ 也说"夜儿日儿 iɜr⁴¹ iɯ·""夜儿个 iɜr⁴¹ kə·"。

【夜儿黑】iɜr⁴¹ xuɯ³³ 昨天晚上。‖ 也说"夜儿黑地 iɜr⁴¹ xuɯ⁵³ ti·""夜儿黑了儿 iɜr⁴¹ xuɯ⁵³ lər·"。

yɛ

【月把地儿】yɛ³³ pa·tiɯ⁴¹ 一月左右。如：这一回出差得～才能回来。‖ 也说"月把子 yɛ³³ pa·tsʅ·"。

【月白】yɛ³³ pæ· 浅蓝色。

【月婆婆】yɛ³³ p'o⁵³ p'o· 月亮。如：～，白亮亮，开开后门洗衣裳。洗哩白，浆哩光，打发哥哥上学堂。

【月份儿】yɛ³³ fəuɯ⁴¹ ①指某一个月。如：从今年元～开始涨工资。②指怀孕的时间长短。如：孩子～大了都不能打了，得生下来。

【月子】yɛ³³ tsʅ· 妇女生孩子后，在一个月之内不下床静养休息，俗称"月子"或"坐月子"。如：王欢～里吃了几十斤鸡蛋。

【月子婆娘】yɛ³³ tsʅ· p'o⁵³ nian· 指还未出满月的产妇。按旧俗，在一个月之内，产妇足不出户，吃住均在室内，不能洗澡，不能碰凉水。

【月子里】yɛ³³ tsʅ·li· 妇女生孩子以后未满月。如：老人都说，～坐下哩病儿可不好治了。

【月子娃儿】yɛ³³ tsʅ·uɐr⁵³ 指未满月的婴儿。

【籆儿】yɜr³³ ①竹木制成的绕线器具。②量词，一个桄子所绕的线的量。如：一～线。

【哕】yɛ⁵³ 呕吐，气逆。

【月亮地儿】yɛ³³⁵³ liaŋ·tiuu⁴¹ ①月光照到的地方。②空说，白说。如：你这话儿可说到~里了。

uo

【倭瓜】uo³³ kua· 南瓜。

【倭瓜包儿】uo³³ kua·pɔr³³ ①用倭瓜作馅蒸的包子。②对某些软弱无能人的称谓。如：他这人看着长哩膀大腰圆哩，实际上办事不咋的，是哟~。‖也说"倭瓜菜 uo³³ kua·tsʻæ⁴¹"。

【喔】uo³³ 吆喝牛站住的声音。

【捼】uo³³ ①用两手将铁丝等东西弄弯。如：槐花儿开了，你弄铁丝~哟钩儿，咱去够槐花儿吧？②折。如：信里头有相片儿，不应~了。

【窝憋】uo³³ piɛ· ①地方不宽敞。如：这房子忒小了，住着~哩慌。②心情不舒畅。如：改这单位工作有点儿~。③因身体伸展不开而感到不舒服。如：沙发忒低了，坐那儿~着难受。

【窝边儿】uo³³ piɛuu³³ 把衣服的边向里折叠上去。

【窝到家里】uo³³ tɔ·tɕia³³ li· 整天待在家里不愿出门工作与人交流。如：你年纪轻轻哩不能成天~，得寻点儿活儿干干。

【窝囊】uo³³ naŋ· ①因受委屈而烦闷。如：~气｜~事儿。②说话办事都不干脆利落。如：他这人说话办事拖泥带水哩，真~。

【窝囊废】uo³³ naŋ·fi⁴¹ 指愚笨无能的人。如：他就是哟~，啥都干不成。

【窝里窝囊】uo³³ li·uo³³ naŋ· ①衣着不利落。如：你成天穿哩~哩，咋寻媳妇儿呀？②办事不痛快，没魄力；说话不干脆，吞吞吐吐。如：他干啥都是~哩，一点儿都不利量。③能力差，没本事。如：他~那样儿，谁用他呀？

【窝儿】uɐr³³ ①鸟兽昆虫住的地方。如：狗~｜马蜂~。②比喻坏人聚集的地方。如：土匪~｜贼~。③量词。暖了一~鸡娃儿｜下了一~狗娃儿。

【窝儿里横】uɐr³³ li·xəŋ⁴¹ 在外边表现良好，回到家里与自家人争吵打闹显得蛮横。如：他这人是~，到外边儿屁都不敢放。‖也说"窝儿里炸 uɐr³³ li·tsa⁴¹"。

【窝工】uo³³ kuəŋ³³ 因计划或调配不好，使干活的人没事可做或不能充分发挥作用。如：阵些人都改这等着，有点儿~。

【蹉】uo³³ ①四肢扭伤或挫伤。②专指足部骨折。如：~住脚脖子了。

【□】uo⁴¹ "五个"的合音词。

yə

【乐器】yə³³ tɛʻi⁴¹ 可以发出乐音，供演奏音乐用的器具，如二胡、笛子等。

【约会】yə³³ xuei⁴¹ 预先约定相会。

【药铺儿】yə³³ pʻɽur⁴¹ 售卖药品的铺子。

【药面儿】yə³³ miɐuu⁴¹ 粉状的药。

【药方儿】yə³³ fɐr³³ 针对某种疾病，根据配伍原则，以若干药物配合组成的方子。

【药碾子】yə³³ niɛn⁵³ tsɿ· 一种铁制船形的研磨药材的用具。

【药捻儿】yə³³ niɐuu⁴¹ ①涂上药的深入伤口的线或纱布条。②爆竹的捻子。

【药死】yə³³ sɿ· 用毒药杀死。如：夜儿黑地~了仁老鼠。

【药水儿】yə³³ ʂuuu⁵³ 液态的药。

【药锅儿】yə³³ kuɐr³³ 熬中药的砂锅。

【药膏儿】yə³³ kɔr³³ 膏状的外敷药。

【药丸儿】yə³³ uɐuu⁵³ 制成丸剂的药物。

【药引子】yə³³ in⁵³ tsɿ· 中药药剂中另加的一些药物，能加强药剂的效力。

【哟】yə⁴¹ "一个"的合音词。

【哟样儿】yə⁴¹ iɐr⁴¹ 一个样子。如：这孩子跟他爹~，都是死犟死犟哩。

uæ

【歪把儿梨儿】uæ³³ pʅɤr⁴¹ liu⁵³ 梨把儿根部歪斜，果皮上有红色条纹，皮薄肉细核小，汁水丰富的一种梨子。

【歪二巴好】uæ³³ ɻ·pa³³ xɔ⁵³ 好歹。如：我～是恁爹哩，你咋这着对我？

【歪瓜裂枣儿】uæ³³ kua³³ liɛ⁵³ tsɿɔr⁵³ 形容人外貌丑陋。如：你看你介绍哩这几个对象，都是～哩，没有哟看着顺眼儿哩。

【歪好】uæ³³ xɔ⁵³ ①表示略微具备某种条件，就能取得某种结果。如：你～弄点儿啥，就比坐到家里强。②将就，不管怎样。如：不应费事儿了，～吃点儿都中了。‖也说"孬好 nɔ³³ xɔ⁵³"。

【崴】uæ⁵³ 脚扭伤。如：今儿下山哩时候儿脚～了，上了夹板儿，不能走路了。

【拐】uæ⁵³ 把东西折断。如：这花柴有点儿长，你给它～～再搭进来。

【外八字儿】uæ⁴¹ pa³³|⁵³ tsəu⁴¹ 指走路或跑步时脚尖朝外分得太开。

【外粉】uæ⁴¹ fən⁵³ 对房屋的外墙进行粉刷。

【外头】uæ⁴¹ tʻəu· 外面。如：今儿大晴天，～可热了。

【外来户（儿）】uæ⁴¹ læ⁵³ xu⁴¹（xur⁴¹）从外边迁来的住户。如：她家是～，从她老爷那一辈儿才来到咱村儿。

【外先人】uæ⁴¹ siɛn·zən⁵³ 指很少在家里待，成天在外边跑的人。‖也读"uei⁴¹ siɛn·zən⁵³"。

【外孙儿】uæ⁴¹ suɯ³³ 孟津西乡指女儿的儿子。

【外甥儿】uæ⁴¹ səɯ· 孟津西乡仅指姐姐或妹妹的儿子，东乡既指姐姐或妹妹的儿子，也指女儿的儿子即外孙。

【外姓（儿）】uæ⁴¹ siŋ⁴¹（siu⁴¹）本家族以外的姓氏。如：俺都商量李家哩事儿哩，你哟～人掺和啥哩？

【外间儿】uæ⁴¹ tɕiɤu³³ 孟津传统正房结构是三大间，两边是住人的卧室，叫里屋。中间是会客和吃饭活动的地方，叫外间儿。

【外气】uæ⁴¹ tɕʻi· 因见外而过分客气。如：你说这话儿可有点儿～了。‖也说"外道 uæ⁴¹ tɔ·"。

【外快（儿）】uæ⁴¹ kʻuæ⁴¹（kʻuɐu⁴¹）指正常收入以外的收入。如：你想不想挣点儿～？

【外号儿】uæ⁴¹ xɔr⁴¹ 人的本名以外，别人根据其特征给另起的名字。如：他忒瘦了，班里同学给他起了哟～，叫细麻杆儿。

uei

【偎】uei³³ 往……地方去。如：你～那边儿挪挪吧？

【偎黑儿】uei³³ xɯ³³ 天快黑的时候，傍晚。如：他家没人，你等到～再来吧。‖西乡也说"化黑儿 xua⁴¹ xɯ³³""哈黑儿 xa⁴¹ xɯ³³""行黑儿 xaŋ⁴¹ xɯ³³"。

【□】uei³³ 给。如：我买了一箱樱桃，～你点儿吧？

【苇子】uei⁵³ tsʅ· 芦苇。

【苇喳儿喳儿】uei⁵³ tsɿɐr³³ tsɿɐr· 学名苇莺，生活在苇塘及沼泽地区内常见的食虫鸟类。苇莺筑巢在距地面或水面约一米的地方，以干枯的植物的根茎编成杯状巢，悬挂在几根苇茎之间。

【苇蚔】uei⁵³ sæ³³ 芦苇茎上附着的一种芝麻大小内有浆汁的菌类，剥去苇叶后用指甲刮下，炒熟后很香，也可以与面粉和在一起烙饼吃，是难得的美味。

【苇叶儿】uei⁵³ yɜr³³ 芦苇的叶子，黄河滩边的会盟人一般用苇叶来包粽子。

【苇缨儿】uei⁵³ iɯ³³ 芦苇的花，是穗状花序组成的圆锥花序，秋后采收晒干可入药。民间常把其穗收集起来捆扎成束用作笤帚，其白色绒毛也可填充枕芯。

【围腰】uei⁵³·ɕi·围裙，因多围在腰部，故名。

【为人】uei⁵³ ẓən⁵³ 能够团结人，与人搞好关系。如：上班儿喽得学会～，跟同事处好关系。

【矬】uei⁵³ 小孩子不会走路时或人因残疾不能走路而坐在地上向前挪动。如：丁丁还走不稳，平常都是改地上～着走。

【□鼻子】uei⁵³ pi⁵³ tsɿ·用袖子擦鼻涕。

【卫坡古民居】uei⁴¹ pʻo³³ ku⁵³ min⁵³ tɕy³³ 卫坡古民居位于孟津区朝阳镇卫坡村，因名门望族卫氏家族常居而得名，是豫西面积最大、保存最好的清代民居建筑群。卫氏家族在清朝先后出过4位诰命夫人、26位七品以上官员。卫坡古民居初建于清顺治年间，兴于乾隆年间，经近百年修建，形成了集祠堂、私塾、绣楼、南北老宅于一体的较完整的封建官宦家族宅院。现存16所南北分布的两大建筑群。街南全是七进院，街北则是五进院，分别有宗祖祠堂、靠山窑洞、天井窑院、私塾院等。建筑庄重古朴，木雕砖雕工艺精美，具有较高历史文化与研究价值。卫坡古民居为河南省重点文物保护单位和历史文化名村，第二批国家级传统村落。

【卫生球儿】uei⁴¹ sən³³ tɕʻuer⁵³ 参看"臭蛋儿"。

【外先】uei⁴¹ siɛn⁵³·外边。如：你先改～等一会儿，叫你你再进来。‖也读"uæ⁴¹ siɛn·"。

【外爷】uei⁴¹ iɛ·外祖父。

【位儿】uɯ⁴¹ 座位；位置。如：你先去图书馆儿给我占哟～吧？

【喂不熟】uei⁴¹ pu³³ ʂu⁵³ 比喻翻脸不认人的人。如：他是哟～哩货。

【喂牲口哩】uei⁴¹ sən³³ kʻəu·li·饲养员。

【喂猪哩】uei⁴¹ tʂu³³ li·养猪的人。

【魏紫】uei⁴¹ tsɿ⁵³ 传统牡丹品种之一，相

传出自宰相魏仁浦的培育。魏仁浦是后周至宋的宰相，在今孟津朝阳镇卫坡村建魏氏池馆，此人酷爱牡丹，因而在此花园中栽培野生牡丹树，培育了牡丹花后"魏紫"。据欧阳修《洛阳牡丹记》记载，该花是砍柴人在寿安山中发现，砍下售卖给魏家，魏家培育成功的，故名魏紫。

iɔ

【吆喝】iɔ³³ xə·①大声喊叫。如：他可能睡死了，你使劲儿～。②小贩的叫卖声。如：卖啥哩～啥。

【妖魔鬼怪】iɔ³³ mo⁵³ kuei⁵³ kuæ⁴¹ 传说中的各种妖精和恶魔。比喻各种各样的恶人或邪恶势力。

【腰子】iɔ³³ tsɿ·人或动物的肾脏。

【腰身儿】iɔ³³ ʂɤɯ³³ 人体腰部的粗细，也指上衣腰部的尺寸。

【腰花儿】iɔ³³ xuɐr³³ 做菜用的猪、牛、羊的肾脏，多用刀切十字花刀后切块烹饪。如：爆炒～。

【咬不动】iɔ⁵³ pu³³⁵³ tuɔŋ⁴¹ 指肉类或蔬菜纤维粗硬，烹饪后嚼不烂。如：这牛肉没有炖烂，～。

【姚黄】iɔ⁵³ xuaŋ⁵³ 洛阳牡丹的古老品种，也是牡丹中的神品，有"牡丹花王"之称，其花呈深米黄色，花朵大如金瓯，华贵艳丽，自古以来深得文人墨客喜爱，因最早产于孟津白鹤镇范村附近通往黄河渡口大坡下的古村牛庄姚家而得名。

【舀】iɔ⁵³ ①买。如：～酱油｜～油｜～点儿醋。②盛。如：～一瓢水喝。

【舀饭】iɔ⁵³ fan⁴¹ 盛饭。如：菜快好了，你先～吧。

【舀汤】iɔ⁵³ tʻaŋ³³ 把汤从锅里或盆里盛到碗里。

【窑】iɔ⁵³ ①烧制砖瓦以及陶器、瓷器的

炉灶。如：砖瓦～。②土法采煤开挖的洞。如：他达从十八都下煤～了。③窑洞，在土山的山崖上挖的洞，靠近邙岭居住的百姓旧时多居住在土窑洞中。

【窑儿】iɔr⁵³ 地下或墙上容量不大的小窝儿。如：北墙上有哟～，账本改那儿搁着哩。

【窑窟窿】iɔ⁵³ k'u³³ luɐŋ· 窑洞。如：过去哩～住着可舒服了，冬暖夏凉。

【窑窝儿】iɔ⁵³ uer³³ 墙壁上掏的小龛。如：墙上那～里有哟油灯。‖ 也说"坷窑儿 k'u³³ iɔr⁵³"。

【窑院儿】iɔ⁵³ yeur⁴¹ 豫西地区独有的一种传统窑洞建筑。窑院儿是沿地面深厚的黄土层向下挖掘6—7米，形成大小不等的矩形深坑，然后在四壁凿出窑洞。窑院儿四周有低矮的拦马墙，防止雨水倒灌和人畜坠落，院子一角通过斜坡式甬道延伸至地面，供居民上下。由于孟津地势平坦、土层深厚，窑院儿的保温隔热效果极好，堪称冬暖夏凉。‖ 也说"地坑院儿 ti⁴¹ k'əŋ³³ yeur⁴¹""地打窑儿 ti⁴¹ ta⁵³ iɔr⁵³"。

【摇蜜】iɔ⁵³ mi³³ 利用摇蜜机的离心惯性原理，把蜂巢上的蜜全部甩出来的一种取蜜方法。

【摇耧】iɔ⁵³ ləu⁵³ 播种时，扶耧的人不断摇晃耧把儿使种子均匀播下。

【摇钱儿树】iɔ⁵³ ts'iəu⁵³ ʂ̩u⁴¹ 神话中的一种宝树，一摇晃就有许多钱落下来；也比喻借以获取钱财的人或物。

【要命】iɔ⁴¹ miŋ⁴¹ 后加成分，用在形容词后，表示程度达到极点。如：今儿热哩～，改家歇歇吧，不应下地了。

【要饭哩】iɔ⁴¹ fan⁴¹ li· 乞丐。

【要脸】iɔ⁴¹ lien⁵³ 顾面子，不愿出丑或低三下四地向人乞求。

【要想公道，打哟颠倒】iɔ⁴¹ siaŋ⁵³ kuəŋ³³ tɔ·，ta⁵³ yɔ⁴¹ tien³³ tɔ⁵³ 要设身处地地为对方着想，双方才能想法一致，合理

解决矛盾冲突。

【要账】iɔ⁴¹ tʂaŋ⁴¹ 索取借给别人的钱。

【要啥没啥】iɔ⁴¹ ʂa⁴¹ mu³³⁵³ ʂa⁴¹ ①形容贫穷、缺乏到了极点。如：他家～，你咋偏偏就相中他了？②形容人没有什么优点。如：他～，凭啥提拔他？

【要啥有啥】iɔ⁴¹ ʂa⁴¹ iəu⁵³ ʂa⁴¹ 应有尽有。如：你说想吃啥吧，咱这儿～。

【要价儿】iɔ⁴¹ tɕiɐr⁴¹ 卖东西的人向顾客报出货物的价格。如：你这洋柿柿～有点儿高呀！

【要样儿】iɔ⁴¹ ier⁴¹ 拿架子，提额外要求。

【蒌子】iɔ⁴¹ tsɿ· 用麦秆、稻草等临时拧成的绳状物，用来捆庄稼和草木等。‖ 也说"蒌儿 iɔr⁴¹"。

【鞠儿】iɔr⁴¹ 靴子或袜子的筒儿。如：冬天冷，女哩好穿高～靴。

【鹞店】iɔ⁴¹ tien· 鹞店古寨位于孟津平乐镇后营村鹞店自然村西北，河南省重点文物保护单位。始筑于汉魏时期，后来历代重修，是一处清代防寇防盗村寨建筑遗存。

iəu

【悠着点儿】iəu³³ tʂou· tiɐir· 有节制，不使过度。如：这钱儿你可～花。

【悠悠】iəu³³ iəu· 抱起孩子来回地晃悠使其安静下来或入睡。如：孩子哭哩，你拀起来～他。

【悠悠闲闲】iəu³³ iəu· ɕien⁵³ ɕien· 形容有空闲，日子过得很轻松自在。如：他成天走走路，遛遛狗，～哩，可自在了。

【游街】iəu³³ tɕiæ³³ 旧指节日时穿街而过的民间文艺演出或文娱活动，现指押着犯人在街上游行示众。

【由不哩】iəu⁵³ pu³³ li· 由不得。如：这事儿可～你。

【由头儿】iəu⁵³ t'uər· 缘由。如：我得有哟～才能去呀！

【有】iəu⁵³ 富有。如：人家家可~了，仁孩子一家儿买了哟别墅。

【有鼻子有眼儿】iəu⁵³ pi⁵³ tsʅ· iəu⁵³ iɛuɯ⁵³ 说得活灵活现，像真的一样。如：他说哩~哩，你没法儿不信。

【有板儿有眼儿】iəu⁵³ pɐuɯ⁵³ iəu⁵³ iɛuɯ⁵³ 比喻做事有条有理，不慌乱无序。如：刘秋生干啥事儿都~哩，可踏实了。

【有病儿】iəu⁵³ piuɯ⁴¹ 生病。如：俊生今儿~了，请了一天假。

【有盼头儿】iəu⁵³ pʻan⁴¹ tʻɤur⁴¹ 有希望；即将实现。如：好在孩子知道学习，老三才觉着~了。

【有面子】iəu⁵³ miɛn⁴¹ tsʅ· 受到客气礼貌的对待。如：还是老王~，人家接待哩还怪好哩。

【有门儿】iəu⁵³ məɯ⁵³ ①所期望的事情有可能实现。如：听老王哩口气，这事儿估计~。②有门路。如：人家王红~，啥事儿都能办成。

【有名儿】iəu⁵³ miu⁵³ 因某些原因名声在外，为大家所熟知。如：李军是俺村儿~哩懒汉。

【有名儿有姓儿】iəu⁵³ miu⁵³ iəu⁵³ siu⁴¹ 指在某地有一定的知名度和信誉度。如：你放心买吧，俺这店改镇上开了十几年了，~哩，不会骗你哩。

【有味儿】iəu⁵³ viu⁴¹ ①食物味道好；有滋味。如：今儿炒这菜怪~哩，好吃。②食物腐败变质或空间密闭空气不流通有异味。如：豆腐都~了，不应吃了。

【有头有脸】iəu⁵³ tʻəu⁵³ iəu⁵³ liɛn⁵³ 指在社会上有一定的名望和地位。如：人家都是~哩，不会骗咱哩。

【有你哩】iəu⁵³ ni⁵³ li· 夸赞对方有本事，技艺高超。如：真~，这人你也敢惹！

【有那一道儿就中】iəu⁵³ na⁴¹ i³³⁵³ tɤur⁴¹ tsəu⁴¹ tʂuəŋ³³ 对办事程序的要求，即使不那么认真讲究，但哪一个程序都要有。

【有囊气】iəu⁵³ naŋ⁵³ tɕʻi· 有志气。如：人家那哟孩子通~哩。

【有哩】iəu⁵³ li· 人或事物的一部分。如：咱村儿~人打过疫苗了，~还没打。

【有了】iəu⁵³ lə· 怀孕了。如：听说高欢家媳妇儿~。‖也说"有喜了 iəu⁵³ ɕi⁵³ lə·""有身子了 iəu⁵³ ʂən³³ tsʅ· lə·"。

【有脸】iəu⁵³ liɛn⁵³ 厚着脸皮。如：你咋还~来寻我哩？

【有脸气】iəu⁵³ liɛn⁵³ tɕʻi· 有面子。如：你还怪~哩，一说领导可批了。

【有两把刷子】iəu⁵³ liaŋ⁵³ pa⁵³ ʂua³³ tsʅ· 比喻有能力、有办法。如：你可不应小看孙涛，这小伙子还真~哩。

【有两下子】iəu⁵³ liaŋ⁵³ ɕia⁴¹ tsʅ· 有些本事。如：你还真~，这事儿还真办成了！

【有主儿】iəu⁵³ tʂʅ⁵³ ①指物品为某人所有或已经预定出去。如：这两件儿家具都~了，你再看看别哩吧？②女孩子有了婆家。

【有种】iəu⁵³ tʂuəŋ⁵³ 有骨气；有胆量。如：苗宏可~了，小偷儿拿着刀吓他他也不怕。

【有吃有喝哩】iəu⁵³ tʂʻʅ³³ iəu⁵³ xɤ³³ li· 日常生活没有问题。如：你阵着晚儿~，这日子儿咋不能过？

【有场儿】iəu⁵³ tʂʻɐr⁵³ 有酒宴要赴。如：他天天都~。

【有商量】iəu⁵³ ʂaŋ³³ liaŋ· 指还有可以商量、讨论的余地。如：你说这价儿还~没有？

【有人了】iəu⁵³ zən⁵³ lə· 指人在自己配偶之外有了第三者。如：刘刚改外头~，非要跟媳妇儿离婚哩。

【有人缘儿】iəu⁵³ zən⁵³ yɐuɯ⁵³ 所有人都喜欢，愿意与其结交。如：王霞怪~哩，医院里头谁都说她好。

【有家儿了】iəu⁵³ tɕiɐr³³ lə· 指女子已有婆家。如：恁家闺女~了没有？

【有救】iəu⁵³ tɕiəu⁴¹ 有可能挽救或补救。如：恁妈这病儿还~，你不应哭了。

【有讲究】iəu⁵³ tɕiaŋ⁵³ tɕiəu· ①指有道理，有科学上的依据。如：补身子也是~哩，啥能吃啥不能吃得听医生哩。②迷信的人指做事的禁忌。如：结婚铺床也是~哩，叫恁婶儿来铺，她懂。

【有喜】iəu⁵³ ɕi⁵³ 指家中女子怀孕或即将添丁。

【有戏】iəu⁵³ ɕi⁴¹ 有希望，有可能把事情办成，与"没戏"相对。如：听老刘这话儿，这件事儿还~。‖也说"有成儿iəu⁵³ tʂʻəuɻ⁵³"。

【有根儿有梢儿】iəu⁵³ kəuɻ³³ iəu⁵³ sɿɔɻ³³ 有头有尾；有根有据。如：三婶儿说这件事儿~哩，我觉着是哩。

【有话儿】iəu⁵³ xuɐɻ⁴¹ 有交代的话。如：老郑~，叫咱几个明儿去他家喝酒哩。

【有红似白哩】iəu⁵³ xuəŋ⁵³ sɿ⁴¹ pæ⁵³ li · 形容肤色白里透红。如：妞妞哩小脸儿~哩，多好看！

【有一腿】iəu⁵³ i³³ tʻuei⁵³ 指男女间有不正当关系。如：他俩关系不一般，肯定~。

【有哟说头儿】iəu⁵³ yə⁴¹ ʂuə³³ tʻəuɻ · 有正当理由；有确定的说法。如：这事儿咱单位得~，要不是留不住人。‖也说"有哟说法儿iəu⁵³ yə⁴¹ ʂuə³³ fɻəɻ · "。

【有外心】iəu⁵³ uæ⁴¹ sin³³ 由于有外遇而对配偶不忠心。如：老刘家~了，天天不着家。

【油布】iəu⁵³ pu⁴¹ ①涂上桐油的布，用来防水防潮。②塑料布。如：天气预报说黑地有雨，你弄~盖住玉蜀黍吧！

【油布伞】iəu⁵³ pu⁴¹ san⁵³ 用上过桐油的纸做伞面的伞。‖也说"油纸伞iəu⁵³ tsɿ⁵³ san⁵³"。

【油馍】iəu⁵³ mo · 烙制的葱油饼。

【油毛毡】iəu⁵³ mɔ⁵³ tsan³³ 油毡。一种建筑材料，有韧性，不透水。

【油坊】iəu⁵³ faŋ · 榨油的作坊。

【油灯】iəu⁵³ təŋ³³ 以植物油为燃料的没有罩子的灯。

【油子】iəu⁵³ tsɿ · 指阅历多、熟悉情况而狡猾的人。如：他成天跑法院，都成老~了。‖也说"老油子lɔ⁵³ iəu⁵³ tsɿ · ""老油条lɔ⁵³ iəu⁵³ tʻiɔ⁵³"。

【油茶】iəu⁵³ tsʻa⁵³ 孟津正月十五、十六和十九吃的一种美食。用适量炒熟的花生、杏仁、芝麻，加粉条、丸子、豆腐丝和水煮开，搅进炒熟的小米面，再下些水饺，煮熟食用。‖也说"油茶糊涂 iəu⁵³ tsʻa⁵³ xu⁵³ tu · "。

【油旋儿馍】iəu⁵³ syɐuɻ⁴¹ mo⁵³ 一种分层的烧饼。发面擀成长条状，抹上油酥卷起，竖起按下，再擀成圆形即成生坯，放在鏊子上稍烙，再放在炉膛内烘烤即成。

【油水儿】iəu⁵³ ʂuɻ · ①指饭菜中含有的脂肪质。如：你吃这饭一点儿~都没有，营养跟不上可不中呀！②指不正当的额外收入。如：承包这哟工程，他可捞了不少~。

【油角子】iəu⁵³ tɕyə³³ tsɿ · 油炸的菜角，用烫面做皮，包上韭菜、粉条、鸡蛋等拌成的馅料，捏成饺子的形状，炸制而成。

【油卷儿】iəu⁵³ tɕyɐuɻ⁵³ 蒸制的葱油花卷。

【油圪腻】iəu⁵³ kɯ⁵³ ni⁴¹ 油污很多。如：抹布~哩，都发黏了，得使洗洁精好好洗洗。

【油圪渣儿】iəu⁵³ kɯ³³ tsɻæɻ · 指肥猪肉炼油后余下的半焦状肉渣，可调味后单独食用，也可加入其他菜一起烹制食用。

【油乎乎】iəu⁵³ xu · xu⁵³ 满是油腻的样子。如：她家灶火里哪儿都是~哩，摸都不敢摸。

【油花儿】iəu⁵³ xuɐɻ³³ 带汤食物表面漂的油点儿。如：吃这饭连点儿~都没有，咋会有营养嘞？

【油货】iəu⁵³ xuo⁴¹ 油炸食品的统称。如：年下家儿家儿都炸可多~。

【蚰子】iəu⁵³ tsɿ · 学名蝈蝈，螽斯科的大型鸣虫。蝈蝈的身体呈扁或圆柱形，触角一般长于身体，雄性前翅附近有发音器，两翅通过摩擦而发音，具有发达的跳跃式后脚。食肉性强于食植性，主要以捕食昆虫及田间害虫为生。

【右耳朵儿】iəu⁴¹ ɻʅ⁵³ tuɐɻ · 指位于右边的

汉字偏旁"阝"，是"邑"的变形，如
"都""郑"的右偏旁。

【右手】iəu⁴¹ ʂəu⁵³ ①右侧的手。②右边
（多指座位）。如：你坐到我 ~ 边儿，
咱俩说说话儿。

iɛn

【烟】iɛn³³ ①物质燃烧时产生的气体。②烟
气刺激使得眼睛或嗓子出现不适的感
觉。如：你吸烟咋不开窗户？屋里 ~ 死
了！③供人点燃后吸用的香烟、旱烟、
水烟等。

【烟屁股】iɛn³³ pʻi⁴¹ ku· 烟头，纸烟吸到
最后剩下的部分。

【烟袋】iɛn³³ tæ⁴¹ 吸水烟的壶状器具或吸
旱烟的杆状器具。

【烟袋嘴儿】iɛn³³ tæ⁴¹ tsuɯ⁵³ 吸旱烟的杆
状器具中的一部分，是衔在嘴里的部
分，一般由玉石或玛瑙制成。‖ 也说
"烟袋哨儿 iɛn³³ tæ⁴¹ sɿɔr⁴¹""烟嘴儿 iɛn³³
tsuɯ⁵³"。

【烟袋锅儿】iɛn³³ tæ⁴¹ kuɛr³³ 吸旱烟的杆状
器具中的一部分，安装在烟袋杆儿的
一端，是装填烟丝或烟末的铜制的金
属小锅。

【烟袋杆儿】iɛn³³ tæ⁴¹ kuɛr⁵³ 吸旱烟的杆
状器具中的一部分，是一段空心的木
杆或竹杆。

【烟斗儿】iɛn³³ tɤur⁵³ 吸烟用具，一端装
填烟丝或插上香烟，一端衔在嘴里抽
吸，似旱烟袋但短小。

【烟儿煤】iɯu³³ mei⁵³ 煤化程度低于无烟
煤而高于褐煤的一种煤，因含硫化物
多燃烧时有烟和刺激气味而得名。

【烟枪】iɛn³³ tsʻiaŋ³³ 戏称吸烟的人。如：
恁这几个大 ~ 给屋里熏哩进不去人。‖
也说"烟鬼 iɛn³³ kuei⁵³"。

【烟囱】iɛn³³ tsʻuəŋ· 炉灶上安装的出烟
的筒状物。

【烟丝儿】iɛn³³ səu³³ 烟叶加工后切成的
细丝，是制作卷烟的材料。

【烟卷儿】iɛn³³ tɕyɐu⁵³ 纸烟。

【烟熏火燎】iɛn³³ ɕyn³³ xuo⁵³ lio⁵³ 指由于
经常被烟火熏烤而变得乌黑油腻。如：
灶火里成年 ~，墙跟顶棚都黑乎乎哩。

【烟火儿】iɛn³³ xuɛr· 以烟火药为原料，用
于产生声光色的娱乐用品。点燃后会
引发爆炸，释放出来的能量转化成光
能呈现出五彩缤纷的颜色。

【烟灰（儿）】iɛn³³ xuɛi³³（xuɯ³³）烟抽完
后余下的灰烬。

【烟叶儿】iɛn³³ yɜr³³ 烟草的叶子，是制造
香烟的原料。

【烟油子】iɛn³³ iəu⁵³ tsɿ· 指烟袋锅和烟嘴
里集存的黑褐色黏液。

【淹】iɛn³³ ①淹没。如：今年种哩玉蜀黍
都叫水 ~ 了。②人的肌肤因长时间受汗
液、尿液等浸蚀而发红溃烂。如：小
孩儿大腿根儿都 ~ 了。

【腌菜】iɛn³³ tsʻæ⁴¹ 凉拌菜。

【芫荽】iɛn⁵³ suei· 俗称香菜。提味蔬菜，
状似芹而小，茎和叶有特殊香味。原
产地为地中海沿岸及中亚地区。从北
方传入，所以别名又称"胡荽"。

【严丝合缝（儿）】iɛn⁵³ sɿ³³ xɤ⁵³ fəŋ⁴¹（fəu⁴¹）
形容非常严密，没有丝毫缝隙。如：老
刘手艺儿好，做这箱子 ~ 哩，真好看！

【严严实实】iɛn⁵³ iɛn· ʂɿ⁵³ ʂɿ· 周严紧密，
没有暴露的地方或缝隙。如：今儿风大，
胡凤霞给孩子捂哩 ~ 哩才出门儿。‖
也说"严实 iɛn⁵³ ʂɿ·"。

【言一声儿】iɛn⁵³ i³³ ʂəu³³ 说一声，打个
招呼。如：你这孩子，出门咋不 ~？
还当你丢了哩！

【沿】iɛn⁵³ ①顺着田埂、河道边沿的窄道
走。如：路不好走，你从渠边儿慢慢
儿 ~ 着过来吧。②顺着衣物的边缘再
贴上一条边。如：~ 鞋口。

【沿边儿布】iɛn⁵³ piɐu³³ pu⁴¹ 沿边儿用的
布条。‖ 也说"沿条儿 iɛn⁵³ tʻiɔr⁵³"。

【盐碱地】iɛn⁵³ tɕiɛn⁵³ ti⁴¹ 土壤中含有较多盐分的土地，不利于庄稼的生长。如：小时候儿俺滩里好些～，冬天哩时候儿地上白花花哩。

【掩】iɛn⁵³ 遮蔽、隐蔽。如：钱儿搁这儿太显眼儿了，拿哟东西儿～一下儿，甭叫人家看见喽。

【掩门儿】iɛn⁵³ məu⁵³ 对襟衣服前开口加的一条布，可以掩缝。

【掩怀】iɛn⁵³ xuæ⁵³ 上衣不系纽扣，衣襟交叉叠在一起。

【眼（儿）】iɛn⁵³（iɛu⁵³）①人或动物的视觉器官。②孔洞，窟窿。如：针～ | 泉～。

【眼不前儿】iɛn⁵³ pu³³ tsʻiɛu⁵³ 眼前，目前。如：你先给～这件儿事儿干完再说别哩。

【眼白】iɛn⁵³ pæ⁵³ 白眼珠。

【眼皮儿跳】iɛn⁵³ pʻiɯ⁵³ tʻiɔ⁴¹ 眼皮不由自主地抖动，民间认为眼皮儿跳是祸福降临的征兆，俗称"左眼跳财，右眼跳挨"。

【眼皮儿浅】iɛn⁵³ pʻiɯ⁵³ tsʻiɛn⁵³ 指没见过世面，看见别人的好吃好穿好用的东西就心生艳羡，甚至想据为己有。如：这孩子～，你哩镯子说不定是她拿走了。

【眼皮子底下】iɛn⁵³ pʻi⁵³ tsʅ· ti⁵³ ɕia· 眼睛下边，指离得很近。如：这不是改你～搁着哩？还拍哪儿寻！

【眼泡儿】iɛn⁵³ pʻɔr³³ 指上眼皮。如：小红是肉～。

【眼明】iɛn⁵³ miŋ⁵³ 眼力好；看得清楚。如：老百姓说吃啥补啥，吃鱼儿眼儿～。

【眼法儿】iɛn⁵³ fɚr· 缘分。如：他俩没～，成天吵架。

【眼毒】iɛn⁵³ tu⁵³ 眼光敏锐。如：王苏～，一眼可认出来他就是那天来哩人。

【眼定珠儿】iɛn⁵³ tiŋ⁴¹ tʂʅ³³ 眼珠。

【眼定珠儿乱转】iɛn⁵³ tiŋ⁴¹ tʂʅr⁴¹ luan⁴¹ tʂuan⁴¹ ①眼珠在眼眶中来回转动，通常表明正在紧张思考问题。②与人接触时这样则说明不专心、缺乏诚意。如：这

孩子，你跟他说话儿哩，他～，也不着改那儿想啥哩。

【眼跳】iɛn⁵³ tʻiɔ⁴¹ 眼睑的肌肉紧张而跳动，多因过度疲劳所致。如：今儿一势～，会有啥事儿吧？

【眼头亮】iɛn⁵³ tʻɚr⁵³ liaŋ⁴¹ 察言观色的能力强。如：他哩～，一看势儿不对，先跑了。

【眼里头没活儿】iɛn⁵³ li⁵³ tʻəu· mu³³ xuɚr⁵³ 没有眼色，不知道也不想做事情。如：她这人～，去谁家都是给那儿一坐，不知道帮忙干点活儿。

【眼里头有活儿】iɛn⁵³ li⁵³ tʻəu· iəu⁵³ xuɚr⁵³ 不等别人指派，自己就知道找活干。如：小王这年轻人～，一上班就忙着打扫办公室卫生、打开水。

【眼力见儿】iɛn⁵³ li³³ tɕiɛu⁴¹ 审时度势，及时采取恰当行动的能力。如：老宋咋阵没有～嘞？眼瞅着菜都上齐了，他还唠叨哩没完。‖ 也说"眼力头儿 iɛn⁵³ li³³ tʻɚr⁵³""眼窝头儿 iɛn⁵³ uo³³ tʻɚr⁵³"。

【眼子】iɛn⁵³ tsʅ· 植物茎秆枝条或蔬菜块茎上可以生芽的地方。

【眼眨毛】iɛn⁵³ tsa³³ mɔ⁵³ 眼睫毛。如：贝贝哩～又黑又长，可好看了。

【眼尖】iɛn⁵³ tsiɛn³³ 视觉敏锐、犀利。如：刘芳～，一眼可认出来了。

【眼睁睁】iɛn⁵³ tsəŋ· tsəŋ⁵³ 睁眼看着却无可奈何。如：他～看着孩子疼哩满地打滚儿，一点儿办法儿都没有。

【眼瞅着】iɛn⁵³ tsʻəu⁵³ tʂuo· ①立刻，马上。如：闺女儿出门儿哩日子儿～快到了，她妈还没出院哩。②听凭不好的事情发生发展却无可奈何。如：老张哩身子～是一天不胜一天了。

【眼色】iɛn⁵³ sæ· ①向人示意的目光。如：你到时候看我～办事儿。②指见机行事的眼力。如：这孩子一点儿～都没有，大人说话乱插嘴。

【眼涩】iɛn⁵³ sæ³³ 因疲劳或困倦而眼睛发涩睁不开。

【眼生】iɛn⁵³ sən³³ 认生；看着不认识、不熟悉。如：他忒~，见人连句话儿都不会说｜这小伙子看着~，是才哩吧？

【眼熟】iɛn⁵³ ʂu⁵³ 看起来很熟悉，好像见过一样。如：我说看着~，咱是不是改学校见过？

【眼神儿】iɛn⁵³ ʂəu⁵³ ①眼力，视力。如：我哩~不好，天一黑就看不清了。②眼色。如：她正想回屋哩，她妈~一撇，她又乖乖坐到大门儿外石头上了。

【眼饥肚饱】iɛn⁵³ tɕi³³ tu⁴¹ pɔ⁵³ 看见食物还想吃但肚子已经吃不下了。如：你真是~，做阵些，一顿能吃了？

【眼镜儿】iɛn⁵³ tɕiuɯ⁴¹ ①眼镜。②戏称戴眼镜的人。如：他从小就近视，孩子们都叫他"小~"。

【眼气】iɛn⁵³ tɕ'i· 看见美好的事物极为羡慕并想得到。如：你不应~人家了，各人回去好好干吧。

【眼圈儿】iɛn⁵³ tɕ'yɯ³³ 眼皮的一周边缘。如：他~都哭红了。

【眼下】iɛn⁵³ ɕia· 立刻，马上。如：~最要紧哩是先给稻子割喽。

【眼高手低】iɛn⁵³ kɔ³³ ʂəu⁵³ ti³³ 想法、愿望很高但实际动手能力很差。如：阵着儿个哩大学生~，光说不练。

【眼看】iɛn⁵³ k'an⁴¹ 时间副词，表示动作行为即将发生或性状即将改变。如：~都该过年下了，还算不了账，真愁人。

【眼红】iɛn⁵³ xuəŋ⁵³ ①（因愤怒、悲伤等）眼睛发红。如：你看你眼红成啥了，不应再哭了。②看见别人有名利时而心生羡慕忌妒恨。如：孬蛋做生意发了财，他哩同学们都~死了。

【眼窝儿浅】iɛn⁵³ uer³³ ts'iɛn⁵³ ①指人容易动感情，爱流泪。如：天章嫂子~，看电视通好哭哩。②指人见识少，目光短浅。如：桃生就是~，一听说有好处可信了。

【阎王（爷）】iɛn⁵³ uaŋ⁵³（iɛ⁵³）佛教指主管地狱和生死的神。

【演草儿纸】iɛn⁵³ ts'ɤr⁵³ tʂɿ⁵³ 演算数学题时使用的草稿纸。

【魇住了】iɛn⁵³ tʂʅ⁴¹ lə· 一种睡眠障碍，指睡眠时出现做噩梦、心慌、发抖、恐惧，甚至喊叫等情况，或出现神志貌似清醒却动弹不得的现象，和大脑皮层过度紧张、疲劳过度、消化不良等有关。

【黡子】iɛn⁵³ tʂɿ· 黑痣，皮肤上所生的黑色斑点。‖ 也说"黑黡子 xuɯ³³ iɛn⁵³ tʂɿ·"。

【宴】iɛn⁴¹ 等到。如：~我走到公园儿门口儿，人家都跳了好几段儿了。

【咽气儿了】iɛn⁴¹ tɕ'iuɿ⁴¹ lə· 人断气死亡，停止呼吸。

【艳】iɛn⁴¹ 指衣物色泽艳丽。如：这件儿衣裳颜色怪~哩，年轻人穿上好看。

【燕美】iɛn⁴¹ mei⁵³ 正好，刚好。如：我正说着去寻你哩，~你来了。

【燕菜】iɛn⁴¹ ts'æ⁴¹ 燕菜又名"牡丹燕菜"，是一道具有豫西地方特色的佳肴，历来被列为洛阳水席中的首菜。燕菜是把白萝卜切细丝拌上绿豆面清蒸九次，上面放上蛋皮丝、香菇丝、火腿丝、冬笋丝、鸡丝等，配以鲜味汤汁，撒上香菜末或者葱花即可。据传女皇武则天登基称帝时，孟津黄河边的百姓献上一只特大萝卜，厨师精心烹制，武则天吃后认为大有燕窝风味，赐名"燕菜"。

uan

【弯儿弯儿绕】uaŋ³³ uaŋ³³ zɔ⁴¹ 因顾忌太多，因而说话、行事有所避讳，不直截了当。如：我这人是哟炮筒子，不会那些~，我可直说了啊？

【剜】uan³³ 瞪视或对他人怒目而视。如：小平气哩说不出来话儿，使劲儿~了他两眼。

【剜地】uan³³ ti⁴¹ 用铁锨深翻土地。如：今儿得去大路地下～哩，该种萝卜了。

【剜土】uan³³ t'u⁵³ 挖土。

【豌豆角儿】uan³³ təu⁴¹ tɕyɜr³³ 豌豆的豆荚，嫩时可以食用，老时可以剥豆子吃。

【丸儿】uɯ⁵³ 量词，用于丸药。如：这药一回一～，一天两回。

【丸儿药】uɯ⁵³ yə³³ 制成丸剂的中药。如：去火哩药有～也有冲剂，你要啥？

【丸子汤】uan⁵³ tsʅ·t'aŋ³³ 孟津特色美食，丸子是用绿豆面和黄豆芽、粉条等炸制而成，炸好的丸子放入碗中，配以血块、油炸豆腐、葱花、香菜等辅料，浇入滚烫的热汤即成。

【完蛋了】uan⁵³ tan⁴¹ lə· 完了，坏了，不行了。如：～，我哩茶杯忘到出租车上了。‖也说"完屎了 uan⁵³ tɕ·iuɯ⁵³ lə·"。

【碗底儿】uan⁵³ tiɯ⁵³ ①碗的底部。如：～烧，使手巾垫住。②碗内剩余的少量的饭食。如：剩一～汤了，你喝喽吧？

【碗儿】uɯ⁵³ ①盛饭菜的器皿。如：给孩子拿哟不锈钢～。②量词，用于碗里盛放的东西。如：清早我喝了两～面圪垯汤。

【碗坷塃儿】uan⁵³ k'ɯ⁵³ tsʻɯ⁴¹ 有破损的碗。如：使这哟～盛点儿饭叫猫吃吧。

yɛn

【冤大头】yɛn³³ ta⁴¹ t'əu⁵³ 称上当受骗而枉费钱财的人。如：恁都快活了，叫我当～？不干。

【冤家对头】yɛn³³ tɕia³³ tuei⁴¹ t'əu· 因仇恨而敌视的人。如：他俩是～，就不能见面。

【冤枉路儿】yɛn³³ uaŋ·lɯr⁴¹ 不该走的路，白走的路。如：他改这路不熟，可没少走～。

【冤枉钱儿】yɛn³³ uaŋ·tsʻiɯr⁵³ 不值得花而花掉的钱。如：不应花那～了，不管用。

【元宵】yɛn⁵³ siɔ· 一种食品，把蒸熟的馅料切成小块，淋上少许水放在干糯米粉中来回滚动使沾在上面，如此多次反复即成。

【远门儿】yɛn⁵³ məu⁵³ ①离家很远的地方。如：四伯明儿得出～，一自己哩都来看他。②远亲。如：刘刚家是咱～哩亲戚。

【远亲】yɛn⁵³ tsʻin³³ 血缘关系比较远的亲戚。‖也说"远房 yɛn⁵³ faŋ⁵³"。

【言语】yɛn⁵³ i· ①说话。如：这孩子坐这咋一声儿不～嘞？②打招呼。如：你夜儿日儿咋不～一声儿可走了？

【圆墓】yɛn⁵³ mu⁴¹ 圆墓是传统葬俗中的一种祭奠仪式，通常在安葬后第三日举行。圆墓时家属要前往坟地进行培土、踩土和献祭，以表达生者对逝者的追思、缅怀之情。‖也说"圆坟 yɛn⁵³ fən⁵³"。

【圆梦】yɛn⁵³ məŋ⁴¹ 解说梦境所预示的吉凶祸福。

【圆奏奏哩】yɛn⁵³ tsəu·tsəu⁵³ li· 圆得很周正。如：俺爷垛哩麦秸垛～，通好看哩。

【圆券门儿】yɛn⁵³ tɕ'yɛn⁴¹ məu⁵³ 用砖砌的拱形门。如：俺家二门是～。

【圆圈儿】yɛn⁵³ tɕ'yɯr³³ ①圆形的圈儿。②附近。如：这～还有卖东西儿哩没有了？

【圆圪垯哩】yɛn⁵³ kɯ³³ ta·ta⁵³ li· 圆而且很丰满。如：君君才仨月，脸吃哩～，可喜欢人了。

【圆滚滚哩】yɛn⁵³ kuən·kuən⁵³ li· 形容物体像球状。如：今儿这羊吃哩不少，哟哟儿肚子都～。‖也说"圆骨碌碌哩 yɛn⁵³ ku³³ lu·lu⁵³ li·"。

【圆口儿鞋】yɛn⁵³ k'əur⁵³ ɕiæ⁵³ 鞋口呈圆形的布鞋。

【原封儿不动】yɛn⁵³ fəu³³ pu³³⁵³ tuaŋ⁴¹ 保持原貌，一点儿没改变。如：我借你哩钱儿没用着，还～还给你。

【原汤化原食】yɛn⁵³ t'aŋ³³ xua⁴¹ yɛn⁵³ ʂʅ⁵³ 民间认为吃面条、饺子时要喝一些面汤或饺子汤，有助于消化。

【原子笔】yɛn⁵³ tsʅ·pei³³ 圆珠笔。

【原先】yɛn⁵³ siɛn³³ 原来，先前。如：咱 ~ 说哩好好哩，你咋又不愿意了？

【怨】yɛn⁴¹ 责怪。如：这事儿都 ~ 我了，对不起啊。

【怨不哩】yɛn⁴¹ pu³³ li· 怪不得。如：~ 咋说刘刚都不去，原来他俩闹别扭了呀！

【院墙】yɛn⁴¹ ts'iaŋ⁵³ 围在房屋或院子周围的墙。

【愿意】yɛn⁴¹ i⁴¹ 能愿动词，同意。如：她 ~ 去跑一趟。

【愿意】yɛn⁴¹ i· 表示祈祷或用作祭拜先人的祝词。如：今年咋阵不顺嘞？有空儿得去天地庙 ~ ~ 哩。

in

【阴坡儿】in³³ p'ɿɚ³³ 背阴的山坡。如：~ 哩雪半月还没化哩。

【阴面儿】in³³ miɐu⁴¹ 不被太阳晒到的一面。如：他改马鞍山 ~ 种了点儿花椒树，长哩不老好。

【阴历年儿】in³³ li⁴¹ niɐu⁵³ 春节。

【阴宅】in³³ tsæ⁵³ 坟墓。

【阴死古洞】in³³ sɿ⁵³ ku⁵³ tuaŋ· ①阴云密布，马上要下雨的样子。如：这天 ~ 哩，恐怕得下雨。②形容人的面部表情阴沉恐怖。如：她今儿一整天脸都 ~ 哩，看着可怕。

【阴间】in³³ tɕiɛn³³ 迷信的人认为人死后灵魂所在的地方。

【阴干】in³³ kan³³ 在背阴处晾干。如：丝绸衣裳最好 ~ ，不应晒。

【阴阳先儿】in³³ iaŋ⁵³ siɐu³³ 泛指以星相、占卜、相宅、相墓为职业的人。

【音儿】iu³³ ①口音；声音。如：听他说话儿那后 ~ 像是西乡哩。②话语中透露出来的意思。如：听话儿听 ~ ，锣鼓听声儿。

【洇】in³³ 液体在纸、布及土壤中向四处散开或渗透。如：这一回买这本儿不好，写字儿光 ~ 。

【引】in⁵³ ①带领。如：你 ~ 着恁叔去看看吧，中不中给人家回哟话儿。②看顾。如：我腾不出来手，你先 ~ 一会儿孩子吧。③生养孩子。如：恁姐 ~ 了仨小伙子，也没有见享一点儿福。

【引子】in⁵³ tsɿ· 药引子。

【引实】in⁵³ ʅ· 一直是这样。如：他哟月去老城给老家寄一回钱儿，可 ~ 了，没有断过。‖ 也说"引引实实in⁵³ in·⁵³ ʅ·"。

【银条】in⁵³ t'iɔ· 银条，又名地灵、罗汉菜、螺丝菜，主食地下块茎，肉质脆嫩无纤维，可盐渍、酱制、凉拌食用，是食用和药用兼备的名特蔬菜品种。据说因商汤宰相伊尹培植而得名"尹条"，后讹为"银条"。银条的主产地是伊洛地区及周边的黄河滩区，这里水源充足，优质的沙质土壤非常适宜银条的栽培种植。

【银生货】in⁵³ səŋ³³ xuo⁴¹ 泛指银质的装饰物。

【银箍儿】in⁵³ kuɚ³³ 银戒指。

【瘾大】in⁵³ ta⁴¹ 对烟酒的依赖程度高。如：老谢哩 ~ ，一天得吸三盒烟。

【繼】in⁵³ 做棉衣、棉被时的一种缝纫方法，用针线横竖成行地把面、里和棉花缝缀在一起。

【□】in⁵³ 踩、坐或躺在凸起的东西上觉得不舒服或受伤。如：这鞋穿上咋阵 ~ 哩慌嘞？

【饮牲口】in⁴¹ səŋ³³ k'əu· 让牲口喝水。

【饮酒台】in⁴¹ tsiəu⁵³ t'æ⁵³ 孟津会盟镇台荫村南山的一处高台，传说李密曾在此饮酒，旧存基址，附近居民后改筑为寨。‖ 也说"李密台 li⁵³ mi³³ t'æ⁵³"。

【胤】in⁴¹ 繁衍；蔓延。如：这草不几年 ~ 哩哪儿都是。

uən

【温水】uən³³ ʂuei⁵³ 不冷不热的水。

【温罐儿】uən³³ kuɐuɪ⁴¹ 盘煤火时砌进去的瓦罐，可以利用炉子余温温水。

【稳当】uən⁵³ taŋ⁴¹ ①稳重妥当。如：小周办事儿怪～哩，你放心吧。②稳固。如：这桌子一条腿儿短点儿，不～，得支支。

【稳住势儿】uən⁵³ tʂʅ⁴¹ ʂəuɪ⁴¹ 稳定下来；沉住气。如：先不应急哩，～再说。‖也说"稳住劲儿 uən⁵³ tʂʅ⁴¹ tɕiuɪ⁴¹"。

yn

【晕塘】yn³³ t‘aŋ⁵³ 在澡堂洗澡时晕倒。

【晕说胡撂】yn³³ ʂuə³³ xu⁵³ liɔ⁴¹ 胡说八道。‖也说"胡撂 xu⁵³ liɔ⁴¹""晕撂 yn³³ liɔ⁴¹"。

【晕鸡儿】yn³³ tɕiuɪ³³ 指喝醉酒的人。如：你看你都喝成～了，还喝！

【云排大脸】yn⁵³ p‘ɐ⁵³ ta⁴¹ liɛn⁵³ 又圆又大的脸，民间认为是福相。

【云天雾地】yn⁵³ t‘iɛn³³ vu⁴¹ ti⁴¹ 形容人说话没遮没拦，不着边际。如：你说哩～哩，真哩假哩呀？

【云天菜】yn⁵³ t‘iɛn³³ ts‘ɐ⁴¹ 苋菜，一年生草本植物，茎干粗壮，绿色或红色，叶片卵形、菱状或披针形，是一种药食两用的蔬菜。

【云彩】yn⁵³ ts‘ɐ · 天上的云。如：今儿这～真好看！

【云彩坨儿】yn⁵³ ts‘ɐ · t‘uɐr⁵³ ①衣服被汗水湿透再干后出现的一片片白色汗渍。如：你那汗衫儿快脱下来洗洗吧，都是～。②小孩儿尿床后被褥上尿渍形成的不规则印记。如：小褥子得拆洗拆洗哩，孩子尿哩都是～，还有尿臊味儿。

【匀】yn⁵³ 分出一些给别人。如：这一批货不多了，你～给他点儿吧？

【匀实】yn⁵³ ʂʅ · 指大小、长短、稀稠大致差不多。如：黄瓜苗儿出哩怪～哩。

【运气好】yn⁴¹ tɕ‘i · xɔ⁵³ 幸运。如：他～，正好赶上涨工资。

iaŋ

【央不动】iaŋ³³ pu³³⁵³ tuən⁴¹ 使唤不动。如：刘黄强这人一般人～。

【央人】iaŋ³³ zən⁵³ 请人帮忙办事。如：今儿搬家光咱家哩人不够，得再央俩人。

【仰摆叉】iaŋ⁵³ pɐ⁵³ ts‘a³³ 仰面朝天倒下。如：今儿出去哩时候儿没有看路，拌了哟～。

【仰摆脚儿】iaŋ⁵³ pɐ⁵³ tɕyɜr³³ 仰脸躺在床上，四肢摊开睡觉。如：老李～俺到床上，弄哩老伴儿我没地这睡。

【仰脸儿睡】iaŋ⁵³ liɐuɪ⁵³ sei⁴¹ 面部朝上平躺睡觉。

【扬场】iaŋ⁵³ tʂ‘aŋ⁵³ 碾好的麦子麦粒和麦糠混在一起，需要迎着风头把麦子抛向空中，在风力的作用下，使麦粒和麦糠分开。扬场一般需要两个人配合，一个人尽力扬，一个人拿一把大扫帚把麦秸、麦糠和麦余儿扫出去，只留下干净的麦粒。

【扬花儿】iaŋ⁵³ xuɐr³³ 指水稻、小麦、高粱等作物开花时，柱头伸出，花粉飞散。

【羊毛出在羊身上】iaŋ⁵³ mɔ⁵³ tʂ‘ʅ³³ tsɐ⁴¹ iaŋ⁵³ ʂən³³ ʂaŋ⁴¹ 谚语，比喻表面上好像得到了一些利益，其实最后还是要自己负担代价。

【羊门儿】iaŋ⁵³ məuɪ · 车上装东西多时两边加高的四根棍儿，插在架子车四角预留的孔中，中间有横掌固定。如果装的东西细碎，可以在羊门儿中加席圈。‖也说"羊角 iaŋ⁵³ tɕyə ·"。

【羊架子】iaŋ⁵³ tɕia⁴¹ tsʅ · 羊的骨架，可以熬制羊汤。

【羊角辫儿】iaŋ⁵³ tɕyə³³ piɐuɪ⁴¹ 两根辫子向上竖起的发型。

【羊屎蛋儿】iaŋ⁵³ ʂʅ⁵³ tɐuɪ⁴¹ 羊粪蛋。

【羊屎蛋儿杏】iaŋ⁵³ ʂʅ⁵³ tɐuɪ⁴¹ xəuɪ⁴¹ 一种实生杏，是杏核落地生长出的没有经过嫁接的杏。

【羊圪觝】iaŋ⁵³ ku³³ ti・ 羊角。

【羊羔儿疯】iaŋ⁵³ kɔr³³ fəŋ³³ 癫痫病。

【阳坡儿】iaŋ⁵³ p'ɿər³³ 向阳的山坡。如：~哩雪都化哩差不多了。

【阳历年儿】iaŋ⁵³ li⁴¹ niɯ⁵³ 元旦。

【杨蒲穗儿】iaŋ⁵³ p'u⁵³ suɯ⁴¹ 杨树花，学名毛白杨花絮。春季现蕾开花时，摘取未成熟花絮，做蒸菜或清炒食用。成熟的杨絮也可以捋去白毛吃其穗。‖ 也说"杨毛毛虫 iaŋ⁵³ mɔ⁵³ mɔ・tʂ'uən⁵³"。

【杨毛儿毛儿】iaŋ⁵³ mɿɔr⁵³ mɿɔr・ 杨絮成熟后长出的白毛。

【佯大二眰】iaŋ⁵³ ta⁴¹ ħ̩⁴¹ tsəŋ³³ 精神不集中，心不在焉，对别人的呼唤反应迟缓。如：他们家孩儿成天~哩，你给他说话他待理不理哩。

【洋布】iaŋ⁵³ pu⁴¹ 旧时称机器织的平纹布叫洋布，手工纺织的粗布叫土布。

【洋白菜】iaŋ⁵³ pæ⁵³ ts'æ⁴¹ 学名结球甘蓝，又名包菜、卷心菜，原产于地中海地区。

【洋码儿】iaŋ⁵³ mɿɔr⁵³ 指阿拉伯数字或外文。

【洋袜子】iaŋ⁵³ va³³ tsɿ・ 针织线袜。

【洋钉儿】iaŋ⁵³ tiɯ³³ 机制铁钉。

【洋铁皮】iaŋ⁵³ t'iɛ³³ p'i⁵³ 旧称镀锌或镀锡的铁皮。

【洋糖】iaŋ⁵³ t'aŋ⁵³ 旧指一块一块用塑料纸包裹好的糖块，即现在的水果糖、奶糖等。‖ 也说"糖圪垯儿 t'aŋ⁵³ ku³³ trer・"。

【洋蜡】iaŋ⁵³ la³³ 用石蜡制成的蜡烛。

【洋楼】iaŋ⁵³ ləu⁵³ 旧指西式花园楼房，现也指新式楼房。如：退休喽也回农村盖哟小~养老。

【洋瓷盆儿】iaŋ⁵³ ts'ɿ⁵³ p'əɯ⁵³ 搪瓷盆。

【洋铲儿】iaŋ⁵³ ts'ɿɐr⁵³ 铲土石、野草等的工具，用熟铁或钢制成，方形或桃形，一端安装有长木棍。

【洋钱】iaŋ⁵³ ts'iɛn⁵³ 银元的旧称。

【洋枪洋炮】iaŋ⁵³ ts'iaŋ³³ iaŋ⁵³ p'ɔ⁴¹ 指外国生产的武器装备。

【洋葱】iaŋ⁵³ ts'uən³³ 圆葱。原产于西亚。

【洋柿柿】iaŋ⁵³ sɿ⁴¹ sɿ・ 番茄。原产于南美洲。

【洋伞】iaŋ⁵³ san⁵³ 用铁做伞骨，蒙上布、绸子或尼龙做成的伞。这种伞由外国传入，故名。

【洋线】iaŋ⁵³ siɛn⁴¹ 机制的棉纱线。

【洋人】iaŋ⁵³ zən⁵³ 外国人。‖ 也说"老外 lɔ⁵³ uæ⁴¹""洋鬼子 iaŋ⁵³ kuei⁵³ tsɿ・"。

【洋碱】iaŋ⁵³ tɕiɛn⁵³ 洗衣服用的肥皂。‖ 也说"洋胰子 iaŋ⁵³ i⁵³ tsɿ・"。

【洋姜】iaŋ⁵³ tɕiaŋ³³ 菊芋，又称鬼子姜，根茎可腌制咸菜。原产于北美。

【洋气】iaŋ⁵³ tɕ'i・ 穿着打扮非常时尚。如：咱村儿李萍打扮哩可~了。

【洋茄子】iaŋ⁵³ tɕ'iɛ⁵³ tsɿ・ 气球。如：十五儿会哩时候儿给孩子买了俩~，还没走到家可□（p'ia）了。

【洋火儿】iaŋ⁵³ xuer⁵³ 火柴的旧称。

【洋槐】iaŋ⁵³ xuæ⁵³ 刺槐，其花穗可以食用。原产于美洲。

【洋灰】iaŋ⁵³ xuei³³ 水泥的旧称。

【洋芋】iaŋ⁵³ y⁴¹ 土豆。原产于南美洲。

【洋娃娃】iaŋ⁵³ ua⁵³ ua・ ①仿照外国小孩儿的相貌制作的玩具娃娃。如：恁姨一家伙给莉莉买了仨~。②形容长得漂亮洋气的小孩儿。如：丹丹长哩跟~一样，真好看。

【洋油】iaŋ⁵³ iəu⁵³ 民间指从国外进口的煤油，多用来点灯照明。

【洋油灯】iaŋ⁵³ iəu⁵³ təŋ³³ 民间自制或购买的燃煤油的简易灯具。洋油灯制作很简单，一个用过的玻璃罐头瓶，一个金属圆片及自制的金属管，再加上一根旧布条做的灯芯，倒些洋油便可使用了。

【洋烟】iaŋ⁵³ iɛn³³ 纸烟、香烟。

【养人】iaŋ⁵³ zən⁵³ 食物营养丰富且利于消化吸收，能使人身体康健。如：小米汤可~了，恁叔才出院，你多给他熬点儿喝。

【养活】iaŋ⁵³ xuo・ 供给给人或物生活资料及生活费用。如：他哟人哩工资得~七口儿人，日子儿过哩通不容易哩。

【养汉精】iaŋ⁵³ xan⁴¹ tsiŋ³³ 骂女人不正经。

【样儿】iɐr⁴¹ ①指人的神态、表情。如：这哟小孩儿看～怪聪明哩。②谓可供人模仿的式样或效法的标准。如：俺嫂子手可巧了，铰哩鞋～好着哩。

【样哲哲哩】iaŋ⁴¹ tʂʐə·tʂʐə⁵³ li· ①不听人劝，我行我素。如：俺俩劝了半天也没用，人家～哩该咋还咋。②指人长于打扮，做事干练。如：刘娟通利量着哩，弄啥都～哩。

【样样儿】iaŋ⁴¹ iɐr⁴¹ 每一样。如：老八家媳妇儿可能干了，家里头地里头活儿～都在行。

【惕摆】iaŋ⁴¹ pæ· 悠然自得地到处游玩、闲逛。如：半天看不见你，又去哪儿～去了？‖也说"撇拉 p'iɛ⁵³ la·"。

uaŋ

【王八】uaŋ⁵³ pa· 甲鱼。

【王鋆故居】uaŋ⁵³ tuo⁵³ ku⁴¹ tɕy³³ 王鋆故居位于孟津会盟镇老城村，是明末清初著名书法家王鋆的宅第，河南省重点文物保护单位。王鋆官至明礼部尚书，清加太子太保。王鋆故居始建于明天启年间，清顺治和康熙年间两次扩建，至占地近 2 万平方米，后因历史变迁，其故居毁于战火，现有建筑是 1998 年按王鋆故居原貌修复重建的。整个府邸由三部分构成：内宅、外宅、后花园（拟山园）。王鋆故居内宅墙上镶嵌不少王鋆书法碑刻，珍藏大量书法、绘画及手稿真迹。

iŋ

【萦记】iŋ³³ tɕi⁴¹ 牵挂，惦记，对人或事念念不忘。如：恁妈通～你哩。

【缨儿】iŋ³³ 蔬菜的叶子。如：萝卜～。

【膺】iŋ³³ 充当某一类角色，做某种身份的人。如：你～姨哩，甭跟小丽一般见识。

【鹰钩儿鼻子】iŋ³³ kəur³³ pi⁵³ tsʐ· 指鼻头有尖且微向下垂的鼻子，因像鹰嘴，故名。

【迎】iŋ⁵³ 朝着人或风来的方向走；迎接。如：他哩眼这一段儿光～流泪｜恁哥去换面该回来了，你去～～吧？

【迎春花儿】iŋ⁵³ tʂ'uon³³ xuɐr³³ 一种落叶灌木，有细长的枝条，早春生叶前开黄色花，是观赏价值较高的花卉。

【茔地】iŋ⁵³ ti· 墓地。如：咱家哩～风水好。

【蝇子】iŋ⁵³ tsʐ· 苍蝇。

【蝇子拍儿】iŋ⁵³ tsʐ·p'ɛɯ³³ 打苍蝇的工具。

【蝇子屎】iŋ⁵³ tsʐ·sʐ⁵³ 脸上长的小黑点儿，即雀斑。

【影】iŋ⁵³ 遮挡、遮盖。如：你往边儿站站，～住我了。

【影壁墙儿】iŋ⁵³ pei⁴¹ ts'iɐr⁵³ 大门外或大门内对着大门做屏蔽或装饰用的墙。

【影儿】iɯ⁵³ ①踪影。如：说好哩八点来，都八点半了，连哟人～还没有哩。②动静；消息。如：这事儿还早着哩，还没～哩。

【应¹】iŋ⁴¹ ①答应；回复。如：叫你了半天你也不～一声儿。②符合。如：这可～了恁爷那句儿话儿了。

【应²】iŋ⁴¹ 舒服，自在。如：你还怪～哩，不用出门还能吃上热肉夹馍。

【应名儿】iŋ⁴¹ miɯ⁵³ 名义上。如：我光应了哟名儿，好处人家都得了。

【应时应点儿】iŋ⁴¹ sʐ⁵³ iŋ⁴¹ tiɛɯ⁵³ 按照一定的时间。如：孙子儿一上学，老高可没时间打牌了，得～哩接送孩子哩。

【应酬】iŋ⁴¹ tʂ'əu· 出于礼貌需要与人交际。如：李存江这一段时间～多，眼看着肚子都起来了。

【应承】iŋ⁴¹ tʂ'əŋ· 答应、应允。如：你～了人家了，还不赶快去看看？

uəŋ

【搋】uəŋ³³ 用力推。如：你~我抓哩，我又没挡你哩路。

yŋ

【壅】yŋ³³ 衣物等堆积在某处。如：你哩衣裳领子都~到脖子那儿一大堆，你也不拽拽？

【永】yŋ⁵³ 一直；永远。如：自打他出门儿喽，我~没有见过他。

【永满】yŋ⁵³ man⁵³ 范围副词，表示低量，"一共只有"的意思。如：~阵些儿钱儿，够干啥喽？

参考文献

陈刚、宋孝才、张秀珍:《现代北京口语词典》,语文出版社 1997 年版。

陈晓姣:《河南获嘉方言的儿化韵》,《方言》2020 年第 1 期。

崔黎:《汉语合音现象简论》,《郑州大学学报》(哲学社会科学版) 1994 年第 3 期。

丁全、田小枫:《南阳方言》,中州古籍出版社 2001 年版。

丁喜霞:《〈歧路灯〉助词"哩"之考察》,《古汉语研究》2000 年第 4 期。

段亚广:《中原官话音韵研究》,中国社会科学出版社 2012 年版。

段亚广:《河南话与中原文化》,中国国际广播出版社 2014 年版。

段亚广:《汴洛方言音系十三种》,中国社会科学出版社 2018 年版。

段亚广:《河南方言 ʅ 韵的分布与形成》,《中国语言文学研究》2021 年第 2 期。

范崇峰:《〈集韵〉与洛阳方言本字》,《古汉语研究》2006 年第 4 期。

郭熙:《河南境内中原官话中的"哩"》,《语言研究》2005 年第 3 期。

高永奇:《河南浚县方言"圪"头词的语音和谐现象》,《殷都学刊》2017 年第 3 期。

河南省孟津县地方史志编纂委员会:《孟津县志》,河南省人民出版社 1991 年版。

贺巍:《河南省西南部方言的语音异同》,《方言》1985 年第 2 期。

贺巍:《河南山东皖北苏北的官话(稿)》,《方言》1985 年第 3 期。

贺巍:《获嘉方言研究》,商务印书馆 1989 年版。

贺巍:《洛阳方言研究》,社会科学文献出版社 1993 年版。

贺巍：《中原官话分区（稿）》，《方言》2005 年第 2 期。

李荣主编，贺巍编纂：《洛阳方言词典》，江苏教育出版社 1996 年版。

李长云：《扬雄〈方言〉词语河南方言今证》，《新乡学院学报》2020 年第
　　11 期。

李荣主编：《现代汉语方言大词典》，江苏教育出版社 2002 年版。

李如龙：《汉语方言的比较研究》，商务印书馆 2001 年版。

李如龙：《论汉语方言的语流音变》，《厦门大学学报》2002 年第 6 期。

李学军：《河南内黄方言研究》，中国社会科学出版社 2016 年版。

李新魁：《〈中原音韵〉音系研究》，中州书画社 1983 年版。

李行健主编：《河北方言词汇编》，商务印书馆 1995 年版。

刘宏、赵祎缺：《河南方言词语考释》，河南人民出版社 2012 年版。

卢甲文：《郑州方言志》，语文出版社 1992 年版。

罗竹风主编：《汉语大词典》，汉语大词典出版社 2001 年版。

马克章：《偃师方言儿化初探》，《开封教育学院学报》1990 年第 4 期。

马克章：《偃师方言与中古音声母的比较》，《乌鲁木齐成人教育学院学报》
　　1994 年第 2 期。

马克章：《偃师方言词例释》，《乌鲁木齐成人教育学院学报》2008 年第 4 期。

麦耘：《音韵与方言研究》，广东人民出版社 1995 年版。

王福堂：《方言本字考证说略》，《方言》2003 年第 4 期。

王福堂：《文白异读和层次区分》，《语言研究》2009 年第 1 期。

王临惠：《山西方言的"圪"字研究》，《语文研究》2002 年第 3 期。

辛永芬：《豫北浚县方言的"嘞"》，《河南大学学报》（社会科学版）2008
　　年第 5 期。

辛永芬：《河南方言表原因的后置成分"嘞/哩事儿"》，《河南大学学报》
　　（社会科学版）2018 年第 2 期。

许巧枝：《洛阳方言合音词研究》，《语文学刊》2015 年第 12 期。

袁家骅等：《汉语方言概要》（第二版），语文出版社 2001 年版。

曾光平、张启焕、许留森：《洛阳方言志》，河南人民出版社 1987 年版。

张慧丽、陈保亚：《从河南儿化韵的方言差异看结构因素在语音演变中的
　　作用》，《语言研究》2016 年第 3 期。

张启焕、陈天福、程仪：《河南方言研究》，河南大学出版社 1993 年版。

张生汉：《〈歧路灯〉词语汇释》，河南大学出版社 1999 年版。

张生汉：《从〈歧路灯〉看十八世纪河南方言词汇》，《河南广播电视大学学报》2001 年第 4 期。

张生汉：《河南方言词语释源四则》，《河南大学学报》（社会科学版）2018 年第 2 期。

赵祎缺：《河南方言动物"阉割"类词语诠释》，《河南教育学院学报》（哲学社会科学版）2011 年第 4 期。

中国社会科学院语言研究所：《方言调查字表》（修订本），商务印书馆 1981 年版。

中国社会科学院语言研究所词典编辑室：《现代汉语词典》（第 5 版），商务印书馆 2005 年版。

中国社会科学院和澳大利亚人文科学院合编：《中国语言地图集》，香港朗文有限公司 1987 年版。

后　记

对家乡话孟津方言产生兴趣是很早的事了。因为教授现代汉语和古代汉语的缘故，总是自觉不自觉地把孟津方言与普通话、中古音进行比较，从中找出其差异和演变的规律，慢慢搜集整理，语料倒也积累了不少。但几十年来一直侧重于词汇和传统文化方面的教学研究，对方言研究只是"心向往之"，搁置的材料也一直疏于分拣。目今语保工程的蓬勃开展使我猛然意识到，拯救日渐式微的方言的紧迫性。社会的巨变使那些记录业已消失或渐趋萧索的事物和现象的词语早就沉寂在了我们的脑海深处，我们的子侄辈们更是从小浸润在普通话的氛围中乡音难觅。作为一种文化记忆的方言成了濒危语言，数千年沉淀积累下来的地域文化可能消失，责任感油然而生。于是下定决心编一部《孟津方言词典》，一则可以保留住祖祖辈辈传承下来的鲜活的语言和丰厚的文化，二则也可以为家乡的地方文化建设做些事情，以慰四十余年离乡之思。

系统地着手孟津方言的田野调查和相关资料的搜集整理工作是从2020年开始的，四五个春秋的寒来暑往，从分片分点的田野调查到语料的分类甄别，从音系的确定到本字的考证，或四处奔波，或黾夜伏案，或因一字之考寝食不宁，方知编词典费力费神不讨好之言不虚。

由于地理位置的原因（孟津两个镇位于黄河滩区，其他处邙山之上），加之历史上行政区划变动纷繁的影响，孟津方言内部有明显差异，大致可划分为东乡、西乡和南部三个小片区。社会的发展和巨变又使孟津方言有了新派和旧派的区别。为了确定声韵调系统，三个小片、新旧两派的发音人找了不少，几次三番地读各种调查表，一支录音笔删了又删，近百个小时的音频资料翻来覆去听了一个多月。为了审定初稿，三个小片十数人聚在一起，花费近十天时间逐个词条念着让大家讨论，嗓子嘶哑疼痛到刀割般难忍。但艰辛的田野调查中，发现的惊喜和探索的乐趣也俯拾皆是：听到朝阳人把东乡说的"麦余儿"叫"穿着布衫儿哩麦"，把"睡觉"说成"顺床立"时的哈哈大笑；为了了解小时候在沙土地上抠的小虫子的学名，深夜几人一起上网搜索，终于查到"退儿退儿"的学名叫地蜘蛛，"地当"原来是蜘蛛目蝼蝲科的统称时的狂喜；为了弄清"光棍儿戳戳"和"死咕嘟"到底是哪种鸟，与弟弟妹妹一起翻书、上网、看视频，大弟又费尽周折找来《洛阳鸟类图册》——对照，终于知道它们的学名叫"四声杜鹃"和"珠颈斑鸠"，都不是原来以为的布谷鸟或杜鹃（二声杜鹃）时的恍然；为了弄清"穗夫儿""樾儿""线锥儿""花积撮儿"是什么，"绣花儿"和"扎花儿"有什么区别，小姑边说边比划时的顿悟。王国维所言"众里寻他千百度，蓦然回首，那人却在，灯火阑珊处"，真真如此。

搜集整理语料的过程烦琐艰辛却也充满了浓浓的乡土气息和乡情乡思的温暖。十六岁离家赴郑求学，二十岁到安阳师专（现安阳师范学院）任教，倏忽四十余年已逝。工作和生活的忙碌，家乡成了寒暑假短暂驻留的驿站，乡音也成了偶尔在电话或梦中响起的温暖记忆。方言调查成了我与故乡又一次亲密接触的契机，也唤醒了我记忆深处那渐行渐远的乡音乡情。

透过这些方言土语，父老乡亲的音容笑貌都浮现在面前，已经远去的隐藏在心底深处的生活场景都鲜活了起来，我仿佛又回到了那个淳朴纯真的年代。想起有月光的夜晚我们在"廖天野地"里疯跑时的无拘无束，看到"烧青塔儿"冒出的蓝色火焰时的不可思议；雨后上山逮"水夹子"，拾"地曲联儿"时的欣喜与满足；去退水渠"摸鱼儿"，逮"水鸡儿"，去苇子地掏"苇喳儿喳儿"蛋时的兴奋；玩"打车轮儿""纳子儿""打面包""操交""盘脚盘儿"等游戏时的忘情；腊月里从二十三儿吃了"祭灶饼儿"，就开始扳着手指头等着蒸"扁垛"、炸"麻烫"、"扳柏枝儿"、"贴花门"、"坐桌"、吃"八碗儿"的期盼。这些鲜活的语言曾经活在祖辈父辈的口中，活在昔日困窘但温馨的生活里，如今却成了难以触摸的记忆。是词典的编写让我重温了旧日时光，方知这一切已然深深地镌刻在我心底，从来不曾远去。

　　本词典的编写力求材料真实可靠，原汁原味。在全面和科学的搜集整理的基础上，尤为重视对于反映孟津本地风物、习俗、观念、史迹的词语的搜集，以及对于反映业已消失或日渐式微的事物和现象的词语进行抢救式调查收集，选辑那些最具特色又行将消亡的老词古音。本词典不着意于本字的考释分析，而倾心于方言词语与民俗及地域文化的互释互证，释义时注重深入挖掘方言词语所蕴含的民俗文化信息，以此揭示词语的构词理据，从而反映孟津独具的地域文化特色。把方言词汇研究与地域文化、民俗文化结合起来，既可以扩大方言研究的视域，也希望对相关学科的研究有所助益。

　　在本书即将付梓之际，我要对所有给予我无私帮助的人说声谢谢！

　　感谢小姑李凤珍女士、堂兄李大广先生，感谢弟弟李宏建、李宏杰、李宏飞，弟媳向前玉、邢红霞、方小婷和妹妹李润红。他们不仅经常受到我的电话"骚扰"，做东乡的发音人，帮助我厘清很多动物、植物的学名与俗名，初稿完成后，他们又陪着我用了几天时间逐条核对注音、释义和例句，订正了许多在音义方面的疏漏与错误。谢谢我的"亲友团"，你们永远是我坚强的后盾。

　　感谢陈艳艳、王淑先、李玲华、习丽华、畅丫丫女士，她们除了做南部和西乡的发音人，还陪我通读了初稿的大部分内容，补充了很多新词条，指出了不少错误，提出了很多修改意见，谢谢她们放下繁杂的家务耐心地配合我帮助我。

　　感谢原孟津县政协副主席、教育局局长孙顺通先生，感谢原横水镇元庄小学韩亚副校长、横水镇中心小学陈凤池老师，他们或为我提供研究资料，或做我的发音人，给了我极大的帮助。

　　感谢河南省语言学会会长张生汉教授赐序。初稿发给张老师时已进入腊月，百忙之中的张老师不仅通读书稿，详细地指出了书中不少音义方面的错漏之处，提出了很多极富建设性的修改意见，还在电话中为我解疑释惑，使我受益匪浅。能得到张老师的首肯和提点，幸甚至哉！

　　本研究也得到了安阳师范学院文学院领导的重视与支持，并提供经费资助出版，谨向他们表示崇高的敬意。文学院翟传增教授、李学军教授、郑献芹教授、全国斌教授也对本书提出了诸多具有启发性的修改意见，谢谢他们的关心和帮助。

感谢爱人杨奇才先生，没有他的支持和鼓励，我可能坚持不下去，谢谢他几十年如一日的尊重与包容。

感谢中国社会科学出版社的安芳老师及工作人员，方言词典因为国际音标的原因，在编辑校勘的过程中会遇到很多问题和麻烦，编辑往往需要付出更多的努力和耐心，感谢各位为词典的出版付出的心血和劳动。

《孟津方言词典》的编写还有一个遗憾，时间的原因，我们的调查范围是原孟津县境，没有涵盖 2021 年与孟津合并的吉利区，只能留待日后补充。

笔者才疏学浅，加之时间仓促，书中挂一漏万乃至舛误之处在所难免，敬请方家和读者朋友指正。

李润桃

2024 年 4 月 1 日于园鼎苑